海船船员合格证培训教材

基本安全

主　编▶尹桂强　莫文中

副主编▶孟　健　王大安　张德佳　于照世

主　审▶丁善读

大连海事大学出版社

DALIAN MARITIME UNIVERSITY PRESS

图书在版编目(CIP)数据

基本安全 / 尹桂强,莫文中主编. — 大连 ：大连
海事大学出版社，2022.12(2023.12 重印)
海船船员合格证培训教材
ISBN 978-7-5632-4320-4

Ⅰ．①基…　Ⅱ．①尹…　②莫…　Ⅲ．①船舶航行—交
通运输安全—资格考试—教材　Ⅳ．①U698

中国版本图书馆 CIP 数据核字(2022)第 215839 号

大连海事大学出版社出版

地址：大连市黄浦路523号　邮编：116026　电话：0411-84729665(营销部)　84729480(总编室)
http://press. dlmu. edu. cn　E-mail：dmupress@ dlmu. edu. cn

大连天骄彩色印刷有限公司印装　　　　　　大连海事大学出版社发行

2022 年 12 月第 1 版　　　　　　　　　　2023 年 12 月第 2 次印刷
幅面尺寸：184 mm×260 mm　　　　　　　　　　　　印张：36.5
字数：908 千　　　　　　　　　　　　　印数：2001～4000 册

出版人：刘明凯

责任编辑：张　华　　　　　　　　　　　　　责任校对：孙笑鸣
封面设计：张爱妮　　　　　　　　　　　　　版式设计：张爱妮

ISBN 978-7-5632-4320-4　　　定价：98.00 元

前　言

本教材依据 2010 年 STCW 公约马尼拉修正案、中华人民共和国《海船船员培训大纲 (2021 版)》、中华人民共和国《海船船员考试大纲(2022 版)》等编写,既可用作海船船员基本安全培训和考试用书,也可作为航海院校师生的教学参考用书。

教材由基本安全四项内容(海上个人求生、船舶防火与灭火、基本急救、个人安全与社会责任)合并构成。本书由尹桂强、莫文中主编,丁善读主审,尹桂强统稿。

海上个人求生部分主要由孟健负责编写,由包法伟、莫文中参与编写。本部分主要包括六项内容:项目一海上求生概述;项目二船舶求生设备;项目三船上培训、应变部署及演习;项目四弃船行动;项目五海上漂流待救;项目六实操训练与评估。

船舶防火与灭火部分主要由王大安负责编写,由王学法、莫文中参与编写。本部分主要包括六项内容:项目一船舶消防基础知识;项目二船舶消防设备;项目三船舶火灾的原因与预防;项目四船舶消防组织与应变部署;项目五船舶灭火与营救;项目六船舶消防技能训练与评估。

基本急救部分主要由张德佳负责编写,由王翔宇参与编写。本部分主要包括九项内容:项目一急救概述;项目二人体结构和功能;项目三现场评估、判断病情;项目四船上常用急救技术;项目五环境及理化因素损伤的急救;项目六常见急症的现场急救;项目七救生艇筏上常见疾病;项目八急救箱和常用急救药品;项目九实操训练与评估。

个人安全与社会责任部分主要由尹桂强负责编写,由于照世、朱启增参与编写。本部分主要包括九项内容:项目一船员的综合素质和职业素养;项目二船舶紧急情况的预防控制;项目三船舶应急应变知识和程序;项目四船上安全作业方法;项目五防止船舶污染海洋环境的措施;项目六船员的社会心理与人际关系;项目七船上信息交流和语言技能;项目八船员疲劳的预防控制;项目九实操训练与评估。

教材编写以项目为引导,以任务为驱动,方式新颖,充分体现了"理实一体化"的特点,旨在培养学员对理论知识和专业技术技能的应用能力,进而提升解决船舶生产实践过程中的实际问题的能力。教材编写力求概念清楚、理论正确、文字通顺、内容精炼、实用够用、条理清晰、重点突出、图文并茂、工学结合;教材创新模式有利于教师教学、学生自学,对船员专业技能培训具有重要指导意义。

但由于编者水平有限,不足之处或差错在所难免,竭诚希望广大船员和业内同行批评指正。

编　者

2022 年 10 月

目　录

第一部分　海上个人求生

第二部分　船舶防火与灭火

第三部分　基本急救

第四部分　个人安全与社会责任

第一部分
海上个人求生

项目一　海上求生概述

【知识目标】

1. 了解海上发生的紧急情况的类型；
2. 熟悉求生者的主要危险；
3. 掌握有关求生的原则；
4. 了解海上求生训练的目的和意义。

【能力目标】

1. 能够对船上各种紧急情况保持戒备；
2. 能够正确认识海上求生训练的目的和意义，严格按要求训练，锻炼求生意志。

【内容摘要】

当船舶发生海难决定弃船时，船上所有人员应利用船上的救生设备，并充分地运用海上求生的知识和技能，沉着冷静地克服海上的困难和危险，延长遇险人员生存时间，增加获救机会，直至脱险获救或自救成功，称为海上求生。

任务1　了解海难与海上紧急情况

地球表面71%被海洋所覆盖，海上船舶运输具有运量大、运价低等其他运输方式无法比拟的优势，因此在国际贸易中承担着绝大部分的货运任务。然而，海洋运输历来是高风险行业：人员、货物、机器设备和能量系统被集中到船上有限的空间内，相互间的干扰容易引发事故；船舶航行于急流、狂风、巨浪或浓雾中，难免会发生海上事故。

一、海难

海难（Maritime Distress）：船舶在海上遭遇自然灾害或其他意外事故所造成的船毁人亡或重大损失的海上事故。海上事故、海上险情可导致海难，海难可给生命、财产造成巨大损失。

二、海上紧急情况的类型

海上船舶发生的紧急情况很多，常见的有碰撞、抵碰、触碰、触礁、搁浅、火灾、爆炸、船体破损/进水、沉没、严重横倾/倾覆、机器故障、船舶失踪/灭失、恶劣天气灾害、海上人身伤亡等。

碰撞(Collision):是指两艘或两艘以上船舶在海上或者与海相通的可航水域发生接触造成损害的事故。

抵碰(Allision):是指一艘运动着的船舶碰撞另一艘静止的船舶的(IMO示范教材中的定义)。

触碰(Contacts/Strike):是指船舶触碰岸壁、码头、航标、桥墩、浮动设施、钻井平台等水上水下建筑物或沉船、木桩、渔栅等碍航物并造成损害的事故。

触礁(Strike on a Rock):是指船舶在航行中碰上暗礁。

搁浅(Aground):是指故意或非故意使船舶与海底接触,并由于重力作用而使船舶固定在其接触的海底上。

火灾(Fire):是指第一项灾情为失火的事故。

爆炸(Explosion):是指第一项灾情为爆炸的事故。

漏沉(Sinking):是指由于水从船舶水线以下部位灌入船内而致的沉没。

灌沉/淹沉(Foundering):是指由于水从船舶水线以上部位灌入船内而致的沉没。

倾覆(Capsizing):即船体翻转导致船舶沉没或未沉没。

失踪(Missing):是指船舶因不明原因失去音讯(常为60天以上)。

灭失(Loss):即船舶残骸已不存在的船损。

任务2 掌握海上求生的原则

当听到船舶发出的弃船信号,船上人员利用相应的救生设备离开难船,海上漂流待救,直至救援船舶、飞机赶到,脱险获救为止。在这样一个弃船求生过程中,每一位船员必须采取积极、有效的行动,并且具备一定的求生条件,即海上求生要素,才能获救。

一、海上求生要素

海上求生要素主要包括:救生设备、求生知识与技能和求生意志三个方面。

1. 救生设备

救生设备是海上求生的第一要素。救生设备是海上求生者赖以生存的必要条件。如果没有救生设备,那么在茫茫大海中要自救生还,希望显然是十分渺茫的。据统计,具有求生设备的待救者,约有94%的获救机会。船舶上常见的救生设备主要包括:救生艇、救生筏、救助艇、救生衣、保温救生服、抗暴露服、保温用具、救生圈、求生信号、救生艇筏登乘设备等。

2. 求生知识与技能

求生知识与技能包括救生设备及其属具的使用方法,弃船时每个人应尽的职责和应采取的措施,弃船后的正确行动,在等待救援时的求生常识和要领,被救援时的行动和注意事项等。

3. 求生意志

在求生过程中,求生者会遇到各种恶劣环境和困难。如果没有顽强的求生意志和坚定的生存信念,也很难存活。国内外许多经验表明,坚定的求生意志和信念有时候比身体素质更为重要,求生者在任何时候都不能放弃获救的信念,直至脱险获救成功。

因为每条船舶都严格按照公约和强制性规范的要求配备求生设备,每一个海员均需经过系统的培训和严格考核,从而掌握一定的求生知识,因此求生意志在海上求生三要素中显得特别重要。

上述三要素在求生过程中相互依赖、缺一不可,否则难以获救。

二、海上求生一般原则

在变幻无穷的海上,大船比救生艇筏更安全,只有船舶发生严重海难并导致人员无法继续留在大船上时,才能选择弃船求生。在进行弃船和海上求生过程中,必须掌握海上求生的一般原则:

(1)注意自身保护,在海上遇险求生中,求生者必须采取各种有效的措施保护好自己,避免使自己暴露在不利的环境中而受到伤害。

(2)弃船初期,保持救生艇筏在难船附近海面,沉着等待救援,以增加获救机会。

(3)合理分配使用有限的淡水和食物;积极搜寻补充淡水和食物。

(4)保持坚定的求生意志和信念,这是求生者求生过程中最重要的因素。

任务3 熟悉海上求生者面临的主要危险

当船舶发生海难事故时,在弃船和随后待救过程中会随时遇到各种各样的困难和危险,威胁求生者的生命安危。这就需要求生者能够依靠船上所配备的救生设备,运用海上求生知识与技能,沉着冷静地克服面临的困难和危险,延长生存时间,增加获救机会,直至脱险获救。

在海上求生过程中遇到的主要的困难和危险有:

一、溺水

求生者落入水中,首先遇到的威胁是溺水。溺水是指人员落入水中后,由于气管内吸入大量水阻碍呼吸,或因喉头强烈痉挛,在短时间内引起呼吸道关闭而导致窒息死亡。

二、暴露

人暴露在寒冷环境中,会使人体热量很快散失,容易冻伤身体组织,尤其是当人体浸泡在水中,会使体热迅速散失,致使人体在短时间内体温下降直至昏迷死亡,这是弃船后求生者丧生的一个主要原因;另外寒冷会降低人的行动效率,使人的思维变得迟缓,并且严重影响人的求生意志。

人暴露在炎热环境中,会造成日光性灼伤、人体水分丧失或引发中暑。中暑是由于人体在过高环境温度的作用下,体温调节机制暂时发生障碍,而发生体内热蓄积的一种人体反应。

三、晕浪

救生艇筏经常会遭遇各种海浪袭击,并且救生艇筏体积较小,导致其在海上剧烈摇摆。因救生艇筏在海浪中与大船摇晃不同,即使是一名有多年航海经历的老船员在救生艇筏内也可能会晕浪。晕浪必然会使人员出现疲劳、头晕、面色苍白、出冷汗,随后出现眩晕、精神抑郁、唾液分泌增多和呕吐等症状。

一旦呕吐会引起人体严重缺水,更重要的是晕浪会使人精神萎靡,动摇求生意志而使求生者失去争取获救的信心。

四、缺乏饮水和食物

经验表明,人员缺水只能维持生命数天,而在有水缺粮的情况下,可生存数周。由于救生艇筏中配备的淡水和食物十分有限,因此缺水是弃船后使求生者丧生的一个主要原因。另外,由于缺少足够的淡水和食物,求生者会出现疲劳、乏力、行动迟缓、嗜睡甚至昏迷等现象。

五、悲观与恐惧

悲观与恐惧是使求生者丧生的另一个主要原因。在海上求生过程中,由于人员处在一种危险环境中,经历各种意想不到的困难,求生者会产生悲观和恐惧甚至绝望情绪。它会使人的思维混乱,失去为生存而斗争的力量和信心,甚至使人丧失行动能力。

六、受伤和疾病

若人员在海上求生过程中受伤或患病,伤者或患者往往无法及时得到救治,严重者还会因此丧失生命,并且受伤和疾病也会严重动摇求生信心。

七、求生者位置不明

遇险船舶在发生海难时,由于设备、人员、当时环境等原因没有及时有效地将遇险信息发送给附近的船舶、飞机和岸台,致使救援者没有及时收到船舶遇险出事位置的信息。即使信息发送出去,由于救援不能短时间到达遇险位置,受外部恶劣天气诸如狂风、急流等影响导致救生艇筏快速漂移,离开初始遇险位置,很可能失去获救的机会。

任务4　了解海上求生训练的目的和意义

随着科技发展,船舶配备的求生设备越来越先进,但由于人为因素或自然灾害,船舶海难事故仍然时有发生,给海员生命、财产和环境造成了巨大的损伤。国际海事界公认,80%以上的海上事故是由于人为因素造成的。一旦船舶遇险,被迫弃船,海员将直接面临生命的严重威胁,因此,这就要求每位海员都必须接受严格的海上求生训练,使他们掌握海上求生的基本知识和技能,增强求生意志,提高生存信心,从而增加遇险海员在海上生存获救的机会,减少损失和人员伤亡。

通过海上求生训练,应使每个受训者达到:

(1)掌握船舶主要救生设备及其属具的配备情况和正确使用方法。

(2)熟练和掌握船舶各种应急信号,正确进行船舶弃船演习,并熟知弃船时应采取的措施。

(3)熟悉和掌握漂流待救中的求生知识和技能。

(4)锻炼求生的意志,提高生存的信心。

思考题

1.海难的定义是什么?

2.海上求生者面临的主要困难有哪些?

3.海上求生三要素指的是什么?

4.海上求生的一般原则有哪些?

项目二　船舶求生设备

【知识目标】

1. 掌握船舶大型求生设备类型、配备标准;
2. 掌握个人求生设备的类型、配备标准、存放位置;
3. 了解应急通信设备的种类、配备标准。

【能力目标】

1. 能够在规定时间内正确穿好救生衣、保温救生服、保温用具等个人求生设备;
2. 能够正确维护、保养、管理个人求生设备;
3. 能够正确操作定位仪器,包括无线电设备。

【内容摘要】

为了保证船员和旅客的生命安全,船舶必须按照《国际海上人命安全公约》(International Convention for the Safety of Life at Sea,SOLAS 公约)、《国际救生设备规则》(International Lifesaving Appliances Code,LSA 规则)和其他相关的救生设备规范的要求配置各类救生设备。一旦船舶发生海难需要弃船求生时,船上人员可以充分利用这些救生设备离开难船,在海上生存和等待救援。

任务 1　掌握救生艇类型、配备标准、属具

救生艇是一种具有一定浮力、强度、航速,能搭载一定人数,属具备品比较齐全的刚性小艇,是一种非常有效的脱险求生工具。它的主要作用是当船舶遇险时,帮助船员、旅客脱离难船,便于在海上进行求生活动,保障船员、旅客的生命安全。

一、救生艇的类型

救生艇按结构形式可分为三类:开敞式救生艇、部分封闭式救生艇和全封闭式救生艇。

1. 开敞式救生艇(Open Lifeboat)

如图 1-2-1-1 所示,开敞式救生艇是一种船舷以上没有固定顶篷装置的救生艇。有些救生

艇上配备有应对气候影响的、可人工拆装的临时顶篷。开敞式救生艇的主要特点:操纵简单,视野开阔。由于没有固定顶篷,救生艇上层比较宽敞,人员登、离艇和在艇内活动非常方便。而且艇内空气流通好,求生人员不易晕船。但是因为没有顶篷,求生人员暴露于自然环境中,当处在炎热、寒冷和潮湿的恶劣环境当中,人员的生命安全受到极大的威胁。当遇到风雨海浪时,人员也会受到海水的侵袭,并且当艇被风浪打翻后,不能自行扶正。

目前,开敞式救生艇仅配备在沿岸小型船舶及内陆水域船舶。

图 1-2-1-1　开敞式救生艇

2. 部分封闭式救生艇(Partially Enclosed Lifeboat)

如图 1-2-1-2 所示,部分封闭式救生艇在艇首、尾部各有不少于艇长 20% 的永久固定的刚性顶盖,中间设有可折式顶篷。部分封闭式救生艇的主要特点:可折式顶篷连同刚性顶盖形成一个能遮风挡雨的遮蔽,使艇内人员免受风浪的侵袭和烈日的暴晒。可折式顶篷由 1~2 人就可以撑起。艇的两端及两舷设有比较大的出入口,方便人员登、离艇以及用来通风。这种救生艇既保留了开敞式救生艇的优点,又克服了其人员暴露在自然环境中的缺点。只是当艇被风浪打翻后艇员逃出不如开敞式救生艇那样方便,现代的部分封闭式救生艇都具有自行扶正功能。

目前,部分封闭式救生艇主要用于巡航船、渡船和客船等。

图 1-2-1-2　部分封闭式救生艇

3. 全封闭式救生艇(Totally Enclosed Lifeboat)

如图 1-2-1-3 所示,全封闭式救生艇是一种在救生艇的上部设有封闭的固定刚性顶篷装置的救生艇。全封闭式救生艇的主要特点:艇两舷及首尾部设有内外能开启和关闭的通道盖,便于艇员出入。关闭通道盖时能保障救生艇具有良好的水密性和艇内隔热保温性,固定顶篷装置顶部,设置了四周能够瞭望的窗户,同时能使足够的日光射进救生艇内。此类救生艇可使人员在艇内免遭风雨、海水的侵袭和烈日的暴晒,并具有自行扶正功能。

对于具有空气维持系统的救生艇在布置上还应做到当救生艇全部进口和开口均关闭的情况下航行时,救生艇内空气保持安全和适宜于呼吸,而且发动机正常运转时间不少于 10 min。对于耐火救生艇,装有喷水防火系统,应能保护其额定乘员经受持续油火包围该救生艇不少于 8 min。

但全封闭式救生艇出入口较小,人员登离不太方便。艇内观察瞭望视域不及开敞式救生艇开阔;由于艇密封好,空气流通不畅,人员在乘坐时较易晕船。

目前,全封闭式救生艇的安全可靠性已得到了国际航海界的一致认同,因此,国际海事组织将全封闭式救生艇纳入国际航行客船和货船必须配备的主要救生设备,已广泛地被世界各国民用船舶所采用。

图 1-2-1-3　全封闭式救生艇

二、救生艇的配备标准

船舶上配备救生艇的数量及种类是根据各船所载人员的定额、航行区域、船舶种类、船舶长度决定的。根据《1974 年国际海上人命安全公约》及其修正案,客船及货船救生艇的配备如表 1-2-1-1 和表 1-2-1-2 所示。

1. 客船

表 1-2-1-1　客船救生艇的配备

种类	救生艇型式	每舷容纳的人数
国际 （非短程）	部分封闭式救生艇或全封闭式救生艇	50%船上人员总数，最低不得少于 37.5%船上人员总数（另外 12.5%用可降落式救生筏代替）
短程国际 （符合分舱特种标准）	部分封闭式救生艇或全封闭式救生艇	至少容纳船上总人数的 30%，连同可降落式救生筏应能容纳船上人员总数

注：短程国际航行的客船是指船舶在航行中，距离能够安全安置乘客和船员的港口或地点不超过 200 n mile 的国际航行的客船；或船舶航行的最后起航港到最终目的港的航程不超过 600 n mile 的客船。

2. 货船

表 1-2-1-2　货船救生艇的配备

种类	救生艇型式	容纳的人数
货船	全封闭式救生艇（特殊情况允许用部分封闭式救生艇）	每舷 100%船上人员总数；或船尾 1 艘自由降落救生艇，其总容量能容纳船上人员总数
化学品船和液化气体船	具有自供气体系统的全封闭式救生艇	每舷 100%船上人员总数；或船尾 1 艘自由降落救生艇，其总容量能容纳船上人员总数
油船、化学品船和液化气体船（货物闭杯闪点不超过 60 ℃）	全封闭式耐火耐高温的救生艇	每舷 100%船上人员总数；或船尾 1 艘自由降落救生艇，其总容量能容纳船上人员总数

三、救生艇属具

所要求的各项救生艇属具都应绑扎在救生艇内，并储存在柜内或舱内；储存在托架内或类似的支架装置上或其他适宜的方式系固于救生艇内。但是，如果救生艇靠吊艇索降落，艇钩应不加固定以供撑开救生艇。属具的系固方式应不致妨碍任何弃船步骤。各项救生艇属具应尽可能小巧轻便并应包装合适而紧凑。除另有说明者外，每艘救生艇的正常属具应包括：

（1）自由降落救生艇除外，足够数量的可浮桨，以供在平静海面划桨前进。所配备的每支桨应配齐桨架、桨叉或等效装置。桨架或桨叉应以短绳或链条系于艇上。

（2）带钩艇篙 2 支。

（3）可浮水瓢 1 只，水桶 2 只。

（4）救生手册 1 本。

（5）具有发光剂或适当照明装置的操舵罗经 1 具。在全封闭式救生艇，该罗经应固定在操舵位置；任何其他救生艇，该罗经必要时应配备 1 具罗经柜以保护它免受气候影响，并且应配备支架装置。

（6）适当尺度的海锚 1 只，配有浸湿时还可用手紧握的耐震锚索 1 根。海锚、耐震锚索和收锚索（如设）的强度在一切海况中均应是适用的。

（7）有效的首缆 2 根，其长度不小于从救生艇存放位置至最轻载航行水线距离的 2 倍或 15 m，取其长者。自由降落救生艇的 2 根首缆应设置在救生艇的前端附近供备用。在其他救生艇上按所要求的脱开装置相连的一根首缆应设在救生艇前端，另一根应牢牢地系固在或靠近救生艇的前端供备用。

（8）太平斧 2 把，救生艇每端各 1 把。

（9）水密容器数个，内装总数为救生艇额定乘员每个人 3 L 的淡水，其中每个人所需 1 L 的淡水可用 2 天内能生产等量淡水的海水除盐器来代替；或者其中每个人所需 2 L 的淡水可用 2 天内能生产等量淡水的人工逆渗透除盐器来代替。

（10）附有短绳的不锈水勺 1 个。

（11）不锈饮料量杯 1 个。

（12）总数为救生艇额定乘员每个人不少于 10 000 kJ 的口粮，口粮应保存于气密包装内并存放在水密容器内。

（13）符合要求的火箭降落伞火焰信号 4 支。

（14）符合要求的手持火焰信号 6 支。

（15）符合要求的漂浮烟雾信号 2 支。

（16）适于莫尔斯通信的防水手电筒 1 只，连同备用电池 1 副及备用灯泡 1 只，装在水密容器内。

（17）日光信号镜 1 面，包括与船舶和飞机通信的用法须知。

（18）印在防水硬纸上，或装在防水容器内的救生信号图解说明表 1 张。

（19）哨笛或等效的音响号具 1 只。

（20）急救药包 1 套，置于用后可盖紧的水密箱内。

（21）每个人配备的防晕船药至少足够 48 h 和清洁袋 1 个。

（22）以短绳系于艇上的水手刀 1 把。

（23）开罐头刀 3 把。

（24）系有长度不小于 30 m 浮索的可浮救生环 2 个。

（25）如果救生艇不是自动舀水的，应为有效的舀水配备 1 具手摇泵。

（26）钓鱼用具 1 套。

（27）对发动机及其附件做小调整用的足够数量工具。

（28）适用扑灭油类火灾认可型手持灭火器 1 具。

（29）探照灯 1 具，垂直和水平扇面至少为 6°，所测的光强为 2 500 cd，连续工作时间不少于 3 h。

（30）有效的雷达反射器 1 具，除非救生艇内存放有 1 具救生艇筏搜救雷达应答器。

（31）足供不少于救生艇额定乘员 10% 用的符合要求的保温用具或 2 件，取其大者。

（32）如主管机关在考虑该船所从事的航行性质与时间认为口粮和钓鱼用具不必要者，可准予免配。

任务 2　掌握救助艇类型、配备标准、属具

救助艇是为救助遇险人员和集结救生艇筏而设计的救生设备,救助艇具有较好的机动性能和操纵性能,并且配备了相应的救助设备。

一、救助艇的类型

救助艇从制作材料上可分为三类:刚性救助艇、充气式救助艇和刚性充气混合式救助艇。

1. 刚性救助艇(Rigid Rescue Boat)

如图 1-2-2-1 所示,刚性救助艇是指由刚性材料构成的救助艇,是目前船上使用比较普遍的一种救助艇。它由阻燃玻璃钢或碳纤维制成,在内壳与外壳间充满了聚氨酯泡沫,提供给救助艇足够的浮力。

图 1-2-2-1　刚性救助艇

2. 充气式救助艇(Inflatable Rescue Boat)

如图 1-2-2-2 所示,充气式救助艇是主要由橡胶材料制成的浮力舱和艇底结构,俗称橡皮艇。其浮力由几个体积大致相等的独立浮力舱提供,并且一般在艇尾舷外配有汽油发动机。

图 1-2-2-2　充气式救助艇

3. 刚性充气混合式救助艇(Rigid Inflatable Combination Rescue Boat)

如图 1-2-2-3 所示,刚性充气混合式救助艇是指在建造艇体的材料中既有刚性材料又有橡胶材料。其一般底部由玻璃钢或碳纤维材料制成,两舷配有充气的舱室。

图 1-2-2-3　刚性充气混合式救助艇

二、救助艇的配备标准

根据《1974 年国际海上人命安全公约》及其修正案,对船舶配备救助艇有如下要求:

(1)货船应该至少配备 1 艘救助艇。

(2)500 总吨以下的客船至少配备 1 艘救助艇,500 总吨及以上的客船每舷至少配备 1 艘救助艇。

(3)如果救生艇也符合救助艇的要求,可以将此救生艇作为救助艇。

(4)配备在客船上的每一艘救助艇,在弃船时需要承担集结的救生筏不超过 6 只,从事短程国际航行的客船不超过 9 只。

三、救助艇属具

每艘救助艇的正常属具应包括:

(1)足够数量的可浮桨或手划桨,以供在平静海面划桨前进。每支桨应配齐桨架、桨叉或等效装置。桨架或桨叉应以短绳或链条系在艇上。

(2)可浮水瓢 1 只。

(3)内装有涂有发光剂或具有适宜照明装置的有效罗经的罗经柜 1 具。

(4)海锚 1 个和配有足够强度锚索的收锚索(如设)1 根,其长度不少于 10 m。

(5)足够长度和强度的首缆 1 根,附连在要求的脱开装置,并设置在救助艇的前端。

(6)长度不少于 50 m 的可浮索 1 根,具有足够拖带要求的救生筏的强度。

(7)适于莫尔斯通信的防水手电筒 1 只,连同备用电池 1 副及备用灯泡 1 只,装在防水密容器内。

(8)哨笛或等效的音响号具 1 只。

(9)急救药包 1 套,置于用后可盖紧的水密箱内。

(10)系有长度不小于 30 m 浮索的可浮救生环 2 个。

(11)探照灯 1 盏,其水平和垂直扇面至少为 6°,所测得的光强为 2 500 cd,连续工作时间不少于 3 h。

(12)有效的雷达反射器1具。

(13)足供10%救助艇额定乘员使用的符合要求的保温用具或2件,取其大者。

(14)适用于扑灭油火的认可型可携式灭火器1具。

除上述所要求的属具以外,每艘刚性救助艇正常属具应包括:

(1)带钩艇篙1支。

(2)水桶1只。

(3)小刀或太平斧1把。

除上述要求的属具以外,每艘充气式救助艇正常属具应包括:

(1)可浮安全小刀1把。

(2)海绵2块。

(3)有效的手动充气器或充气泵1具。

(4)装在适当容器内的修补破洞的修补工具1套。

(5)安全艇篙1支。

任务3 掌握救生筏类型、配备标准、属具

救生筏是在船舶遇险时供求生者使用的一种救生设备。它体积小、轻便灵活、操作简单,能够迅速地由船员施放或船舶下沉后自动施放漂浮于水面供求生者登乘,有遮风挡雨、御寒的篷帐和供求生者食用的口粮、淡水及必要的属具备品。但其无自航能力,部分施放后可能呈倾覆状态,需人工扶正。

一、救生筏的类型

救生筏按其结构可分为刚性救生筏和气胀式救生筏。

1. 刚性救生筏(Rigid Liferaft)

刚性救生筏也称传统式救生筏,其主体是用刚性材料制成的。一般在救生筏的四周采用镀锌铁皮、铝合金板、不锈钢板或硬塑料类材料制成的若干个联体空气箱作为救生筏的主体浮力部分,然后外覆盖或者不覆盖阻燃材料;筏的顶部设有固定式刚性顶篷和出入口,筏的底部为木质的花格板。平时固定在船舷边斜面滑架上或救生甲板处,施放时打开滑架固定钩,救生筏由滑架自行滑落入水或是用吊筏装置吊放入水。

刚性救生筏的最大特点是:结构简单、造价低廉;但其体积大、较笨重、载员少、存放占地面积大、施放维护和登乘不及气胀式救生筏方便,现已极少使用。

2. 气胀式救生筏(Inflatable Liferaft)

如图1-2-3-1所示,气胀式救生筏主要由上、下浮胎,篷柱,篷帐及筏底等部分组成,是用橡胶材料及双层防水尼龙布制成篷帐,用气体充胀成型。救生筏体叠起后和属具一起存放在玻璃钢筒内。其结构紧密、安全性好、使用方便、操作简单、自动充气成型迅速,是目前使用最广泛的一种救生筏。

气胀式救生筏根据其施放方式不同有抛投式救生筏和吊放式救生筏(吊架降落救生筏)两种。其中最为常见的是抛投式救生筏,吊放式救生筏多用于客船。

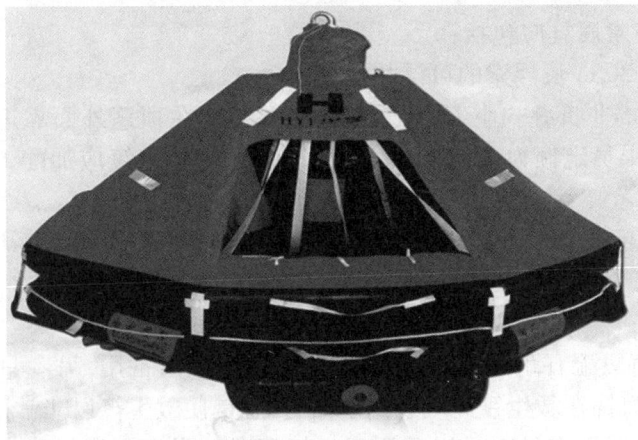

图 1-2-3-1 气胀式救生筏

二、救生筏的配备标准

客船及货船救生筏的配备如表 1-2-3-1 和表 1-2-3-2 所示。

表 1-2-3-1 客船救生筏的配备

船舶种类	全船救生筏容纳人数
国际航行客船	25%全船总人数
500 总吨以下(总人数少于 200 人)可配备足够的救生筏代替救生艇	100%全船总人数或每舷 150%全船总人数

表 1-2-3-2 货船救生筏的配备

船舶种类	全船救生筏容纳全船总人数
$L \geqslant 85$ m	100%全船总人数 (救生筏质量小于 185 kg,存放在一个能在单层开敞甲板上方便地做舷对舷转移);或 每舷 100%全船总人数 (救生筏不能迅速地做舷对舷转移)
$L < 85$ m 可配备足够的救生筏代替救生艇 (油船、化学品液货船和 气体运输船除外)	100%全船总人数 (救生筏质量小于 185 kg,存放在一个能在单层开敞甲板上方便地做舷对舷转移);或 每舷 150%全船总人数 (救生筏不能迅速地做舷对舷转移)

注:如船尾是自由降落救生艇,至少船舶一舷救生筏应使用降落设备。

三、救生筏属具

每具救生筏的正常属具应包括：

（1）系有不少于 30 m 长浮索的可浮救生环 1 个。

（2）装有可浮柄的非折叠式小刀 1 把，以短绳并存放在顶篷外面靠近首缆与救生筏系连处的袋子内。另外，乘员定额为 13 人或者说 13 人以上的救生筏应加配 1 把不必是非折叠式的小刀。

（3）乘员定额不超过 12 人的救生筏配有可浮水瓢 1 只；乘员定额为 13 人或 13 人以上的救生筏配有可浮水瓢 2 只。

（4）海绵 2 块。

（5）海锚 2 只，每只配有耐震锚索及收锚索各 1 根，1 只备用，另一只固定地系于救生筏上，其系固方法应使海锚在救生筏充气或到水面时，总是使救生筏以非常稳定的方式顶风。每只海锚及其锚索和收锚索应具有足以适用于一切海况的强度。海锚应有防止绳索旋转的设施，并应是不能在其支索之间外转的一种类型。永久地固定在吊架降落救生筏上和安装在客船的救生筏上的海锚只供人工布放。所有其他的救生筏应配备当筏充气时能自动布放的海锚。

（6）可浮手划桨 2 支。

（7）开罐头刀 3 把。带特殊开罐头叶片的安全小刀可满足要求。

（8）急救药包 1 套，置于使用后能紧密关闭的防水箱内。

（9）哨笛或等效的音响号具 1 只。

（10）符合要求的火箭降落伞火焰信号 4 支。

（11）符合要求的手持火焰信号 6 支。

（12）符合要求的漂浮烟雾信号 2 支。

（13）适于莫尔斯通信的防水手电筒 1 只，连同备用电池 1 副及备用灯泡 1 只，装在同一防水容器内。

（14）有效的雷达反射器 1 具，除非救生筏内存放有 1 只救生艇筏雷达应答器。

（15）日光信号镜 1 面，包括与船舶和飞机通信用法的须知。

（16）印在防水硬纸上，或装在防水容器内的救生信号图解说明表 1 份。

（17）钓鱼用具 1 套。

（18）总数为救生筏额定乘员每个人不少于 10 000 kJ 口粮。这些口粮应在建议的储存期内保持可口，能够食用，且其包装方式易于分开和打开。口粮应保存于气密包装内并储存于防水容器内。

（19）防水容器数个，内装有总数为救生筏额定乘员每个人 1.5 L 的淡水，其中每个人所需的 0.5 L 可用 2 天内能生产等量淡水的海水除盐器来代替或每个人所需的 1 L 可用 2 天内能产生等量淡水的人工逆渗透除盐器来代替。

（20）不锈饮料量杯 1 个。

（21）救生筏额定乘员每个人配足够用 48 h 的防晕船药以及清洁袋 1 只。

（22）救生须知。

（23）紧急行动须知。

(24)符合要求的足供 10%的救生筏额定乘员使用的保温用具或 2 件,取其大者。

在根据上述属具配备的救生筏上,内装应急袋子型号所要求的标志应是以印刷体大写罗马字母标明的"SOLAS A PACK"字样。

从事短程国际航行的客船,如主管机关在考虑到航程性质与时间后认为上述属具规定的全部项目不都是必要的,主管机关可准许这些船上所载的救生筏配备 1-6,8-9,13-16,21-24 所规定的属具,10-12 规定的属具的半数。在这些救生筏上,内装应急袋子型号所要求的标志应是以印刷体大写罗马字母标明的"SOLAS B PACK"字样。

属具应收存在容器内,如容器不是救生筏的整体部分或固定地附于救生筏上的,则容器应存放并制牢在救生筏内,并能在水面漂浮至少 30 min,不会损坏其内存属具。

任务 4　掌握救生衣类型、存放位置、配备标准

救生衣(Lifejacket)是船上每人必备的个人救生设备。它穿着方便,可以使包括处于昏迷状态人员在内的穿着者在水中自动浮于安全状态,并保持穿着者脸部高出水面一定高度而不致灌水,以减少落水人员的体力消耗,并可减少体热的散失。救生衣主要用于人员在弃船或救生演习、水上作业、舷外作业时穿着。

一、救生衣的类型

船用救生衣根据适用对象不同,可分为成人救生衣和儿童救生衣;按所用的浮力材料不同,可分为固有浮力式救生衣、气胀式救生衣。

1.固有浮力式救生衣(Lifejacket)

如图 1-2-4-1 所示,该类救生衣是利用轻质浮力材料的固有体积提供浮力的,其浮力材料主要以泡沫塑料为主。它一般以软质闭孔聚乙烯泡沫塑料为浮力材料,外表包有尼龙绸。泡沫塑料救生衣不仅能提供较大的浮力,而且还具有一定的柔软性。由于救生衣外表包有尼龙绸布,因而非常光滑,可以减轻救生衣随波浪起伏时对身体产生摩擦而造成的伤害,因此泡沫材料救生衣在船舶上得到了广泛应用。我国现有的商船基本上都采用此类救生衣。

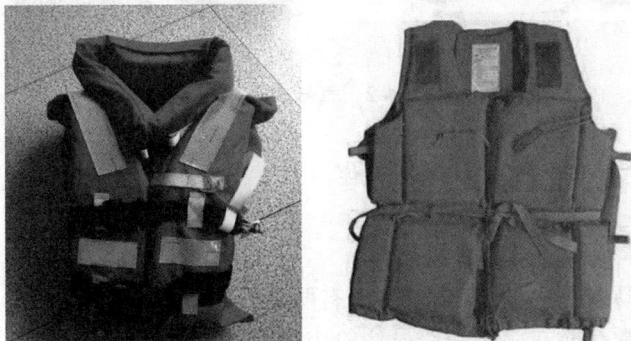

图 1-2-4-1　固有浮力式救生衣

然而,泡沫塑料救生衣还存在着较大的局限性。由于泡沫塑料救生衣是以固有浮力材料

的体积提供浮力的,因而平时体积较大,妨碍穿着者从事舷外工作;另外,固有浮力式救生衣因体积所限,它所提供的浮力也不可能太大。

2. 气胀式救生衣(Inflatable Lifejacket)

如图1-2-4-2所示,气胀式救生衣是利用救生衣内的充气室提供浮力的。整个救生衣呈背心形状,分成左右两个互不相通的密封气室。此类救生衣按充气方式可分为以下两种:

(1)半自动气胀式救生衣

它是由气室、机械充气装置、充气钢瓶等组成的。使用时,用手拉动机械充气装置的拉索,钢瓶口处的密封膜片被刺破,瓶内的 CO_2 自动地迅速充满气室。

(2)全自动气胀式救生衣

全自动气胀式救生衣是由气室、钢瓶和自动充气装置组成的。其自动充气装置主要有三种:一种是以能溶于水的片剂起传感启动作用;另一种是以水压启动阀起传感启动作用;国外较为流行的是利用海水电池起传感启动作用,在海水电池随救生衣落入海水后,海水电池被海水活化,产生电流,作用于火药引信,使火药起爆,产生推力,刺破膜片,放出 CO_2 气体使气室充气成型,使穿着者在水中处于安全状态。

另外,气胀式救生衣胸前有两套胶管和口吹阀分别与左右两个气室相通,用于供气体不足时补气。吹气时,应用牙齿将气嘴向下顶紧,并用力向气室里吹气。待气室充满后,松开牙齿,口吹阀会自动关闭气室。在水中补气时,应特别注意要左右交替补气,避免一次将其中一个气室直接充满。

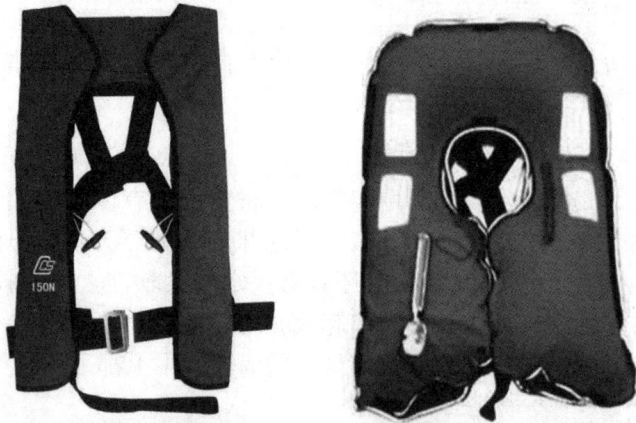

图1-2-4-2　气胀式救生衣

二、救生衣的存放位置和配备标准

1. 救生衣的存放位置

救生衣存放在容易取用之处,存放位置应有明显标志,如图1-2-4-3所示。

船上的救生衣通常存放在旅客和船员住舱内的床头柜或衣柜里,以方便人员使用。为值班人员配备的救生衣直接存放在驾驶室、机舱控制室及其他有人值班工作的地点。

客船附加配备的不少于船上人员总数5%的救生衣应存放在甲板上或集合地点明显易见

的地方,例如公共场所、集合地点或者介于两者之间的通道上。

图 1-2-4-3 救生衣标志

2.救生衣的配备标准

(1)船上不得配备多于两种以上的救生衣;

(2)应为船上每人配备一件救生衣;

(3)驾驶室、机舱控制室和救生艇站应配备足够数量的救生衣;

(4)客船上还必须配备占旅客人数至少 10% 的适合儿童穿着的救生衣;

(5)每艘客船应附加配备不少于船上人员总数 5% 的救生衣。

3.救生衣属具的配备

(1)每件救生衣应备有一只用细绳系牢的哨笛,如图 1-2-4-4 所示。

(2)每件救生衣应备有一盏救生衣自亮灯,其颜色为白色,光强不小于 0.75 cd,能持续使用至少 8 h,如图 1-2-4-5 所示。

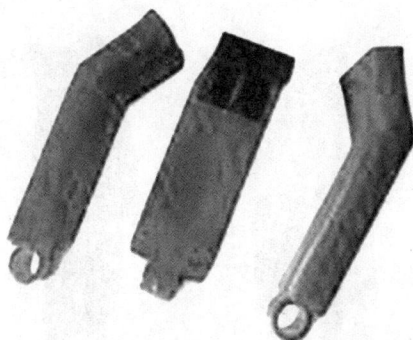

图 1-2-4-4 救生衣口哨

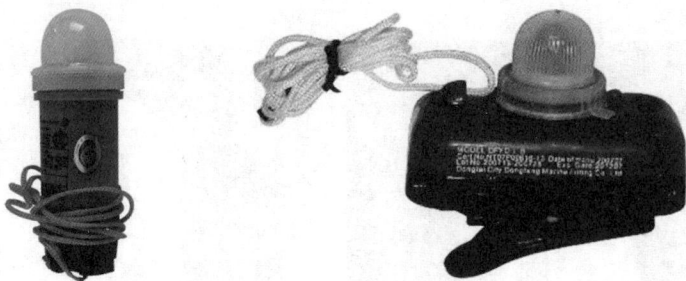

图 1-2-4-5　救生衣自亮灯

任务 5　掌握保温救生服、抗暴露服及保温用具存放位置、配备标准

保温救生服又称浸水服,是指能够减少在低温水中穿着该服人员体热损失的防护服。抗暴露服是供救助艇艇员和海上撤离系统人员使用的保护服。如图 1-2-5-1 所示,两者均具有水密、浮力和保温等功能要求,并配有哨笛和救生衣灯。

保温救生服是借助于柔软的防水橡胶和尼龙衬里材料制成的使穿着者保持内部衣服干燥,同时全身封闭与外界不产生对流,形成良好的保温层,从而减少在冷水中穿着者的体热损失。该保温救生服保温性好,不易老化,不易燃烧。

保温救生服外表颜色为橙色,一般制成上衣与裤子连在一起的"连身式"服装。保温救生服胸前配有水密拉链,便于穿着者迅速使用。为了使穿着者能执行一定的工作任务,它配备了连衣手套和带有防滑装置的连裤靴鞋;为防止空气在保温救生服内流动散失热量,在保温救生服裤腿两侧加装了限流拉链;为便于直升机救助,有的保温救生服前面设有一个带有弹簧开关的起吊环。

图 1-2-5-1　保温救生服(左)、抗暴露服(右)

一、保温救生服(Immersion Suit)和抗暴露服(Anti-exposure Suit)的存放和配备

(一)保温救生服和抗暴露服的存放

保温救生服和抗暴露服应平时叠放于专用包箱内存放在易于取用的地点,通常存放在船舶救生站和船员住舱内,并且存放位置应有明显标志,如图1-2-5-2所示。

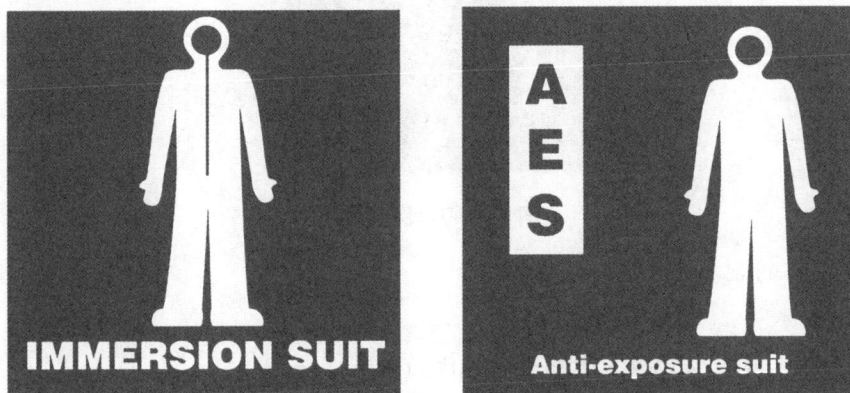

图1-2-5-2　保温救生服和抗暴露服标志

(二)保温救生服和抗暴露服的配备

(1)救助艇艇员或海上撤离系统工作人员每人1件保温救生服或抗暴露服;如果船舶一直在主管机关认为不需要热防护的温暖气候区域航行,则不必配备。

(2)客船上每艘救生艇配备至少3件保温救生服,此外,还应为救生艇中没有配备保温救生服的每个人配备符合规则要求的保温用具(全封闭、部分封闭救生艇内人员或者一直在温暖气候区域航行的船舶可不必配备救生服)。

(3)货船上每艘救生艇配备至少3件保温救生服,此外,还应为救生艇中没有配备保温救生服的每个人配备符合规则要求的保温用具;或者,如主管机关认为必需和可行时,为船上每人配备1件救生服。

二、保温用具(Thermal Protective Aids)

如图1-2-5-3所示,保温用具是指采用低导热率的防水材料制成的袋子或衣服。穿着后能遮盖除脸部以外整个身体以减少体热的损失。保温用具主要用于救生艇筏内的求生者抵御寒冷。

(一)保温用具的存放和配备

1.保温用具的存放

保温用具一般装在比较结实的真空袋内,防止意外损坏。平时存放于救生艇筏和救助

艇内。

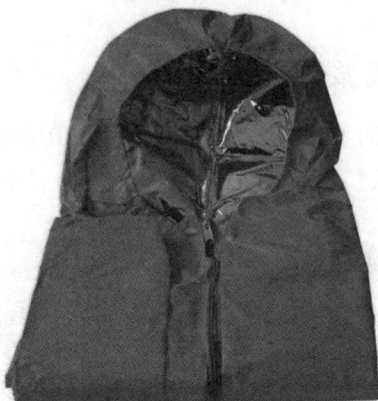

图 1-2-5-3　保温用具

2. 保温用具的配备

（1）客船

其为每艘救生艇中没有救生服的每个人配备 1 件保温用具。

（2）货船

其为每艘救生艇中没有救生服的每个人配备 1 件保温用具。

（3）每艘救生艇、救生筏和救助艇

配备足够 10% 额定乘员使用的保温用具或 2 件保温用具，取其大者。

（二）保温用具的穿着方法

（1）拆开包装袋，取出保温用具于较平的地方展开，将水密拉链由颈部向腹部拉开。

（2）穿着者坐在保温用具上部，双手分别向上拎起拉链两侧，方便双下肢先穿进。

（3）人体躺下并向下挪动，使头部戴上帽子，帽子的收紧带和面部紧贴。

（4）合上水密拉链，将上体和双手置于其内。

（5）穿着完毕后，人员采取坐姿或卧姿。

任务 6　掌握救生圈存放位置、配备标准、使用方法

　　船用救生圈（Lifebuoy）是采用轻质的固有浮力材料制成的圆环状救生设备。常见的是采用自然浮力材料（如闭孔的泡沫塑料）制成的救生圈。海船上禁止使用灯心草、软木刨片或软木粒作为浮力材料，也不允许使用充气形式的救生圈。救生圈具有体积小、重量轻、使用简单方便，适用于救助落水人员，供落水人员在水中攀扶等待救助。

一、救生圈及属具的存放位置和配备标准

(一)救生圈的存放位置

如图 1-2-6-1 所示,救生圈应分布在船舶两舷易于取用之处,并尽量分放在所有延伸至船舷的露天甲板上,且至少有一只放在船尾附近。存放位置处有明显的标志,如图 1-2-6-2 所示,救生圈应能随时从存放地点迅速取用,不允许以任何方式永久系牢。

图 1-2-6-1 救生圈存放

图 1-2-6-2 救生圈标志

(二)救生圈属具的存放

可浮救生索、自亮浮灯和烟雾信号应平均配置在船舶两舷救生圈附近的栏杆或舷墙的存放架上。烟雾信号应易于从驾驶室释放。

1. 可浮救生索

船舶每舷至少有 1 只救生圈设有可浮救生索,其长度一般为 30 m,或是从船舶轻载水线至存放处距离的 2 倍,两者选其大者。一端系于甲板栏杆上,另一端则系于救生圈上。

可浮救生索应:不打纽结(一般用编织绳);直径不少于 8 mm;破断强度不少于 5 kN。

2. 自亮浮灯

每艘船舶至少总数一半的救生圈配备自亮浮灯,如图 1-2-6-3 所示,以便在夜间显示救生圈及其使用者的位置,便于搜寻救助。目前,船上的自亮浮灯主要以干电池和海水电池作为电源。自亮浮灯通过绳索与救生圈相连,干电池的灯平时将其倒置放在救生圈附近的夹架上。其内部设有一个接通开关;平时倒置时,此开关不导电,一旦将救生圈投入水中,自亮浮灯靠重力自动正浮于水面上,开关接通发出白色闪光。海水电池的灯,在接触海水后会自动发光。救生圈自亮浮灯发光时间不少于 2 h,且每分钟不少于 50 闪也不多于 70 闪的闪光,其发光强度不少于 2 cd。

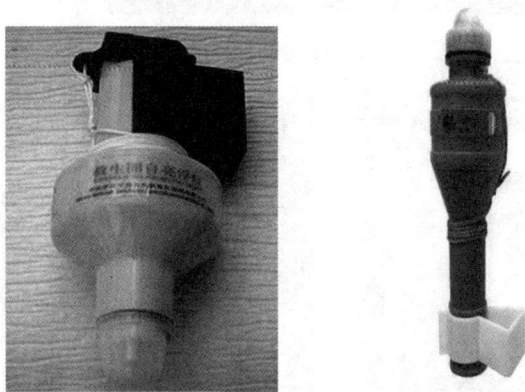

图 1-2-6-3 救生圈自亮浮灯

3. 烟雾信号

每艘船舶驾驶室附近的救生圈至少有 2 个设有烟雾信号。烟雾信号罐平时用小绳与救生圈相连接,它的拉环则用小绳系固在船上,当抛投救生圈时,拉环随之被拉掉,烟雾罐随救生圈漂浮在水面上,并发出橙黄色烟雾。这种烟雾在平静的水面上至少可发烟 15 min,即使被完全浸没在水下时,仍能喷出烟雾 10 s。

现在船舶驾驶台两侧救生圈多配备自亮灯及烟雾组合信号,如图 1-2-6-4 所示,使用时直接投入水中,依靠海水自动触发,同时发出灯光和烟雾。

图 1-2-6-4 自亮灯及烟雾组合信号

（三）救生圈配备的标准

救生圈是按船的种类和船体长度配备，不能说按照船舶结构配备。

客船及货船救生圈的配备如表 1-2-6-1 所示。

表 1-2-6-1 客船及货船救生圈的配备

船长（m）		最少救生圈数（只）
客船	$L<60$	8
	$60 \leqslant L<120$	12
	$120 \leqslant L<180$	18
	$180 \leqslant L<240$	24
	$L \geqslant 240$	30
货船	$L<100$	8
	$100 \leqslant L<150$	10
	$150 \leqslant L<200$	12
	$L \geqslant 200$	14

二、救生圈的使用方法

当发现有人落水，应立即大声呼喊，并抛下就近的救生圈，及时向驾驶值班人员报告。当船舶在码头或锚泊时，最好能使用带救生索的救生圈，甲板上的抛投者应一只手握住救生圈的救生索，另一只手将救生圈抛在落水人员的下流方位，这样有利于人员随流漂到救生圈处。无流而有风时应抛于上风，以便于落水者攀拿。也可以将救生索系在栏杆上，两手同时抛投救生圈。注意不要打在落水者的身上。

落水人员在水中抓住救生圈后，用手压救生圈的一边使它竖起来，另一只手把住救生圈的另一边，并把它套进脖子，然后再置于腋下，或先用两手压住救生圈靠近身体的一边，使救生圈竖直起来,双手和头部顺势套入圈内,使救生圈夹在两腋下。这样落水人员就能安全地漂浮在水面上,等待救援。

任务7　掌握抛绳设备类型、作用和使用方法

按照 SOLAS 公约要求应配备 1 具符合 LSA 规则要求的抛绳设备(Line-throwing Appliances)。

LSA 规则要求每具抛绳设备应:

(1)能相当准确地将绳抛射出,误差不大于 10%或 20 m;

(2)包括不少于 4 个抛绳体,每个能在无风天气中将绳抛射至少 230 m;

(3)包括不少于 4 根抛射绳,每个抛射绳具有破断力不少于 2 kN;

(4)备有简要说明书或图解阐明抛绳设备的用法。

一、船用抛绳设备的类型

船用抛绳设备主要有两种类型,即枪式(火箭式)抛绳设备、筒式抛绳设备,如图 1-2-7-1 所示。

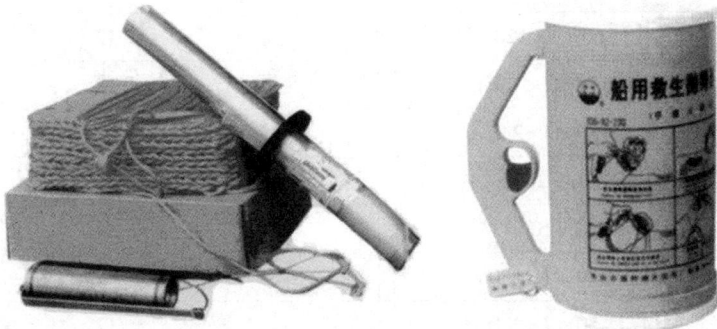

图 1-2-7-1　船用抛绳设备

二、船用抛绳设备的作用

船用抛绳设备用于难船、救生艇筏、救援船舶或陆岸之间传递绳索,快速带缆以便得到救助。

三、船用抛绳设备的使用方法

每套船用抛绳设备均备有简要说明书或图解阐明抛绳设备的用法。

1.枪式(火箭式)抛绳设备

枪式抛绳设备由 4 枚抛射火箭、4 只抛射药筒、4 根抛射绳(每根绳长 400 m)和 1 支抛射

枪组成,整套装备装在一个防水箱子内,箱子里备有使用说明书及图解。

（1）使用时,先取出一根抛射绳,去掉四周的水密胶带,找出两个绳头。

（2）再将抛射绳上面的绳头与抛射火箭末端的眼环系牢,抛绳的另一端与要传递的粗大缆绳连好（或先系固在船舶固定物体上）。

（3）然后将火箭插入枪筒的前端,其末端的钢丝一定要放在枪身下面。

（4）再把抛射枪后膛打开,装上抛射药筒,关闭枪膛。

（5）发射时,持枪者应站在抛射盒的后方,枪口对准目标,水平仰角一般为30°左右,触动发射开关,即可引发火箭。为得到尽可能远的抛射距离,发射船应位于上风。

2. 筒式抛绳设备

筒式抛绳设备因使用简单方便,现在船舶上使用比较广泛。筒式抛绳设备将抛射体、抛射绳和发射弹药都集中在一个桶内。

（1）打开前后盖；

（2）将抛绳末端系固在船上固定物体上；

（3）拔掉保险栓；

（4）双手紧握把柄将筒体固定好,并调整好角度,对准目标方向发射。

四、船用抛绳设备的存放

枪式发射的火箭,或火箭与抛射绳组成整体的组件,应装在防水的外壳内。此外,对于枪式发射的火箭,抛射绳和火箭以及引燃器材应储存在抗风雨的容器内。平时,应将抛绳设备放于驾驶室或海图室内,存放位置应有明显标志,如图1-2-7-2所示。

图 1-2-7-2 抛绳设备标志

五、船用抛绳设备的管理

抛射火箭及抛射药筒的有效期一般为3年,应注意及时换新。

任务 8 掌握视觉信号类型、配备标准、使用方法

船舶和救生艇筏按规定配有一定数量的视觉信号。求生信号的种类有火箭降落伞火焰信号(Rocket Parachute Flare)、手持火焰信号(Hand Flare)、漂浮烟雾信号(Buoyant Smoke Signal)、日光信号镜(Heliograph)等,如图1-2-8-1、图1-2-8-2所示。

船舶遇险时利用这些视觉信号可以显示难船以及救生艇筏位置,以便引起周围船舶、飞机上人员的注意。在使用这些信号时应特别注意:白天最好使用烟雾信号;夜间尽可能使用灯光火焰信号,以达到容易被发现的目的,而且只有当船舶、飞机出现在视线范围内时使用这些信号时,才会起到遇险报警的作用。

图 1-2-8-1 手持火焰信号(左)、火箭降落伞火焰信号(中)、漂浮烟雾信号(右)

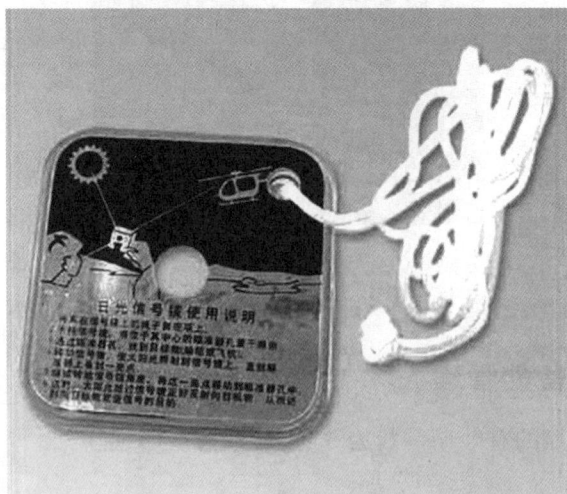

图 1-2-8-2 日光信号镜

一、求生视觉信号的存放和配备

1. 存放

应按照相关规定将各类求生信号存放于救生艇筏和船舶驾驶室内。

2. 配备

求生视觉信号的配备如表 1-2-8-1 所示。

表 1-2-8-1　求生视觉信号的配备

		信号名称	救生艇	救生筏	船舶驾驶台
视觉信号	夜间用	火箭降落伞火焰信号	4	4	12
		手持火焰信号	6	6	
		防水手电筒	1	1	
	白天用	漂浮烟雾信号	2	2	
		日光信号镜	1	1	

二、求生视觉信号的使用方法

(一)火箭降落伞火焰信号(Rocket Parachute Flare)

火箭降落伞火焰信号外观呈圆柱形,上端(发射口)和下端(触发装置)均有密橡胶盖和防潮膜保护,其触发装置一般有压发式和拉发式两种。使用时应注意查看说明。

1. 压发式火箭降落伞火焰信号的使用

(1)撕掉塑料袋,拆下顶盖及底盖,并注意保持外壳上的箭头方向朝上。

(2)打开防潮纸,放下底部触发器的铰链式压杆,一只手握住火箭筒,垂直高举过头,另一只手手掌托在压杆上。

(3)把压杆上推,双手迅速紧握火箭筒,有风时可略偏向上风,火箭信号发射出去。

2. 拉发式火箭降落伞火焰信号的使用

(1)撕掉塑料袋,拆下顶盖及底盖,并注意保持外壳上的箭头方向朝上。

(2)打开防潮纸,将降落伞火箭信号下端的拉索取出。

(3)一只手握住火箭筒,一只手向下用力拉出拉环。

(4)然后双手紧握火箭筒,有风时可略偏向上风,火箭信号发射出去。

3. 使用注意事项

火箭降落伞火焰信号主要在夜间使用,便于搜救船舶发现求生者和确认难船或救生艇筏位置。信号发射过程当中绝对不能将筒体对向他人或自己身体的任何部位。有些火箭信号在发射时往往会有一段时间延迟,应尽量用双手握住火箭筒体。但如果击发10 s后火箭还没有发射出去,则应尽快将火箭信号抛入水中,以防发生危险。另外,在有风天气下,应在发射时将发射筒口略偏向上风方向。

（二）手持火焰信号（Hand Flare）

手持火焰信号外观呈圆柱形，类似于火箭降落伞火焰信号，其上端和下端均有水密橡胶盖和防潮膜保护。根据触发装置不同，常见的手持火焰信号用时应按其说明书及图解进行。

（1）擦发式手持火焰信号的使用：

撕去外面的防水袋，取出手持火焰信号；先将底部的胶带撕掉，然后再把顶部的胶带及盖子去掉；一只手握紧火焰信号，另一只手用底盖里的擦头去擦火焰信号上部，即可引燃火焰信号。

（2）拉发式及击发式手持火焰信号有一个机械装置，操作比较方便。

拉发式手持火焰信号的使用：打开拉发式手持火焰信号的顶盖，撕开防潮膜，会露出一个拉环，只要拉动拉环，就可点燃火焰信号。

击发式手持火焰信号的使用：需转动把手下部一定角度，然后用力向上一推，火焰信号即可点燃。

部分国产的手持火焰信号一般由外壳和内芯两部分组成。使用时应先将内芯取出，再将其翻转后装入外壳并旋紧，然后引燃火焰信号。外壳作为把手使用，以防止使用者烧伤手部。

使用注意事项：点燃后应注意将信号伸出救生艇筏下风舷外，并应向下风倾斜，以防手被火焰烤伤，筏体被烧坏。

（三）漂浮烟雾信号（Buoyant Smoke Signal）

漂浮烟雾信号能均匀喷出颜色鲜明易见（通常为橙色）的烟雾。其外壳为金属或塑料圆罐，通常在其顶部中央有一突出圆孔，拉环式触发装置装于顶部圆孔防潮盖（膜）内。其使用方法如下：

（1）左手握住罐体，右手旋开顶部密封盖，除去防潮膜；

（2）将罐体倾斜倒出或直接拎出金属触发拉环；

（3）右手用力拉掉金属触发环后再将其扔于水中，该信号的罐体即漂浮在水中（燃烧）并发出浓烈的橙黄色烟雾。

使用注意事项：漂浮烟雾信号仅限于白天使用；有风天气，应将其点燃后扔于救生艇筏下风舷的水中。

（四）日光信号镜

如图1-2-8-3所示，使用日光信号镜反射日光，射向船舶或者飞机可以引起驾驶员的注意。日光信号镜的中部有一个观测孔，围绕观测孔刻有同心圆环及十字线。信号镜和瞄准环配合使用。其使用方法如下：

（1）左手拿住信号镜，将观测孔放在眼前，镜子的光亮面对着船舶或飞机。

（2）右手持瞄准器向前张紧限位绳并使瞄准器垂直于水面，使用者通过反光镜孔、瞄准器孔观察到目标物即搜救飞机或船舶。

（3）转动反光镜，由于反光镜具有镜孔，日光经反光镜反射到瞄准器上时，可以在瞄准器上出现一个黑点，继续调整反光镜使黑点移至瞄准器孔，此时日光线经反光镜反射正好射向目标物,达到了向目标发送信号的目的。

图 1-2-8-3　日光信号镜使用方法

三、求生视觉信号的管理

有些求生信号的使用年限和数量是有一定限制的,因此有年限规定的求生信号应在平时的检查中按规定年限予以更换,使之处于有效期限内,确保正常使用。

任务 9　掌握应急求生通信设备种类、配备标准、使用方法

与海上求生有关的应急通信设备主要有:卫星紧急无线电示位标(EPIRB)、搜救雷达应答器(SART)、甚高频双向无线电话(Two-way VHF Radiotelephone)、通用报警系统(General Alarm System)、公共广播系统(Public Address System)。

一、卫星紧急无线电示位标

卫星紧急无线电示位标(Emergency Position Indicating Radio Beacon,EPIRB)在船舶遇险时可人工或自动启动,当被启动后,可以发出包括本船识别码在内的遇险报警信号,发出的信号经卫星转发后传至相关的搜救中心,以便采取适当的行动使遇险人员获救。其工作原理如图 1-2-9-1 所示。

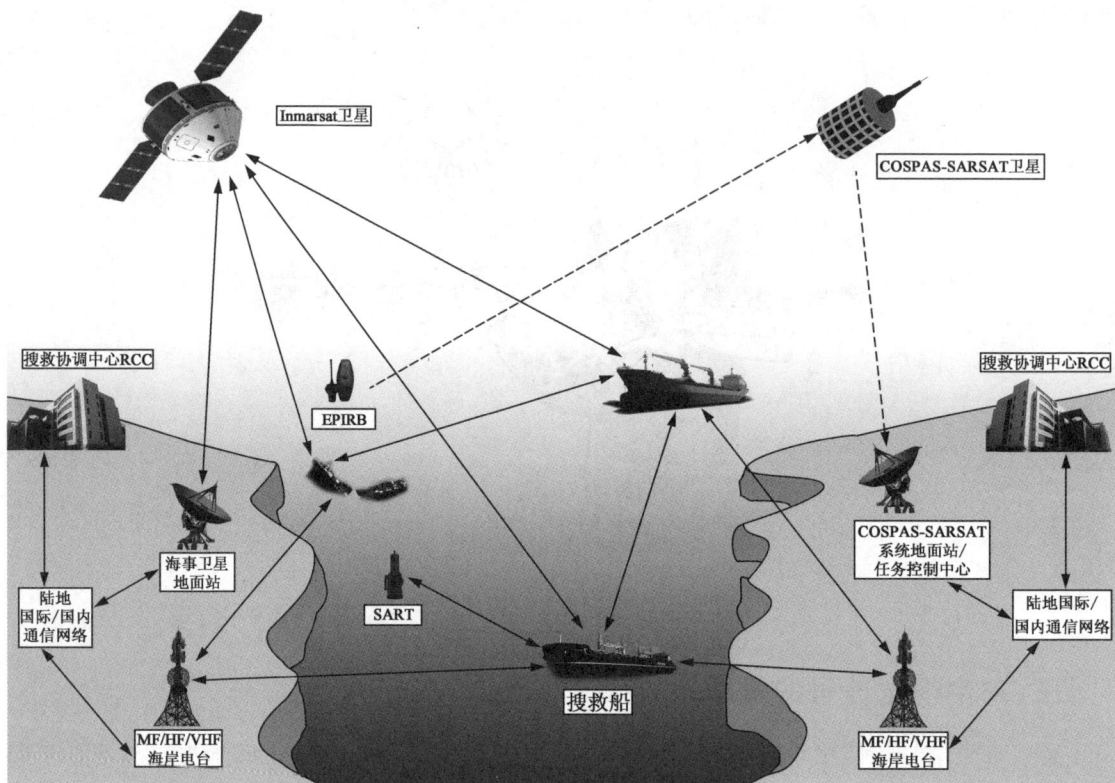

图 1-2-9-1　EPIRB 工作原理示意图

（一）卫星紧急无线电示位标的存放位置

卫星紧急无线电示位标通常应存放在船舶航行甲板两侧的舷墙或栏杆上，存放位置应有明显标志，如图 1-2-9-2 所示。

图 1-2-9-2　卫星紧急无线电示位标存放标志

(二)卫星紧急无线电示位标的配备

每艘船舶应配备 1 台卫星紧急无线电示位标。

(三)卫星紧急无线电示位标的技术性能要求

(1)能在 406 MHz 频带发送遇险报警;

(2)能人工启动发送遇险报警,并由一人携带进入救生艇筏;

(3)船舶沉没时,能自由漂浮。浮起之后能自动启动发送遇险报警。

(四)卫星紧急无线电示位标的使用方法

无线电救生设备种类型号繁多,原理基本相同,都能够通过人工发射和自动发射,不同的是有些是海水控制的开关,有些是靠磁性控制的开关。下面仅介绍 Smartfind 系列 406 MHz EPIRB 使用方法。

Smartfind 系列 406 MHz EPIRB 是由英国 MCMURDO 生产的卫星紧急无线电示位标,如图 1-2-9-3 所示。

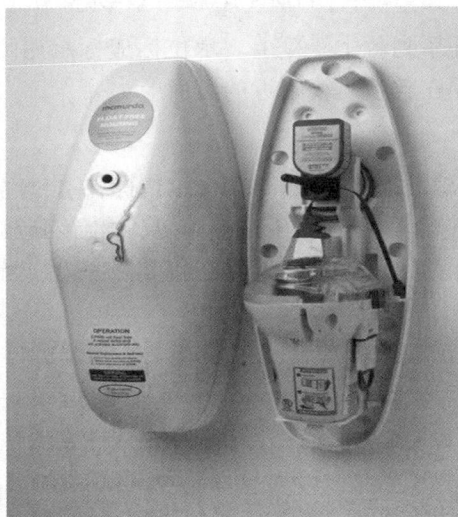

图 1-2-9-3　Smartfind 系列 406 MHz EPIRB

这类紧急无线电示位标是一个整套设备装在一起的功率强大的遇险发射机,它以一块锂电池作为电源,更换时间为 5 年。卫星紧急无线电示位标为一键式设备,一旦启动后可以工作至少 48 h。它最好漂浮在水面使用,但也可以在船上或救生艇筏内工作。

1.船舶沉没时自动发射

按要求船上装备可自行漂浮的机箱(通过静水压力释放器来实现),当船舶下沉水面 4 m 以下时,机箱将自动打开施放出示位标。因海水开关已经接通,示位标浮到水面开始发射遇险报警信号,如图 1-2-9-4 所示。

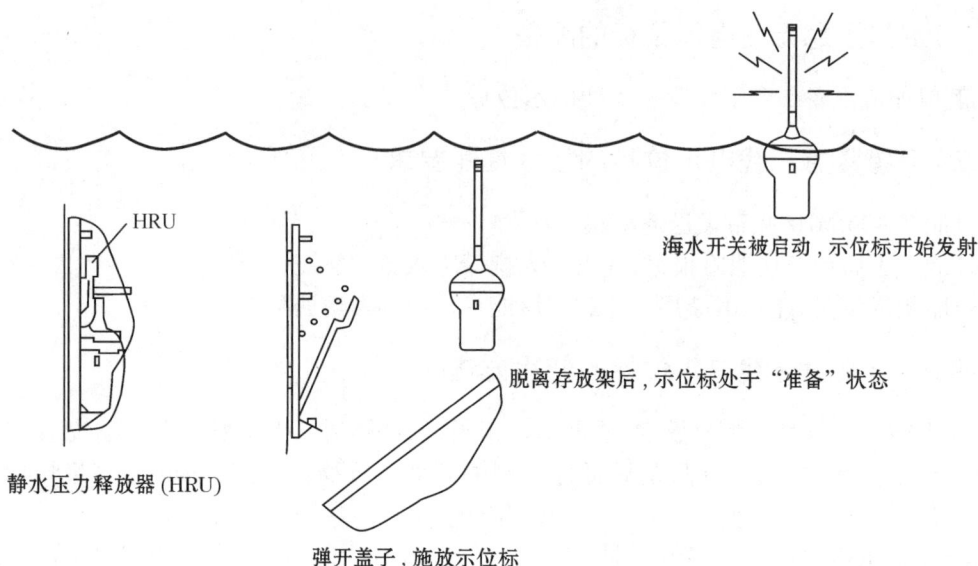

HRU

海水开关被启动,示位标开始发射

脱离存放架后,示位标处于"准备"状态

静水压力释放器(HRU)

弹开盖子,施放示位标

图 1-2-9-4　自动施放紧急无线电示位标

如果可能,应收回示位标系到救生艇筏上。示位标应标示遇险者的位置,而非海难现场。为更好操作,应使示位标漂浮在救生艇筏附近的海面上。

2. 人工发射

当船舶遇险需要发射 EPIRB,或者弃船时携带示位标,应自存放架上取下示位标。可通过手动按下启动按钮启动示位标。如带到救生筏上,一旦救生筏降放到水中,解开拉索将示位标系在救生筏上,然后将示位标抛入水中使其漂浮在救生筏旁边。因海水开关已经接通,示位标开始发射遇险报警信号。

二、搜救雷达应答器

搜救雷达应答器(Search and Rescue Radar Transponder,SART)用于在船舶遇险时寻找遇险船舶、救生艇筏或求生者,以及求生者手持搜救雷达应答器时,可以使他们得知是否有救助船舶或飞机在靠近他们。

搜救雷达应答器在遇险时由人工启动或自动启动后处于待命状态。当搜救船舶或飞机接近待救的救生艇筏或求生者时,搜救雷达应答器便会收到搜救船舶或飞机导航雷达发来的探测脉冲,触发搜救雷达应答器,使其产生一组由 12 个脉冲组成的特殊信号,这种信号作为回波被导航雷达收到后,便会在其荧光屏上显示出由 12 个亮点(8 nm 长)组成的沿半径方向的亮线,由此可判断出持有搜救雷达应答器的救生艇筏或个人的方位和距离,便于迅速营救。搜救雷达应答器的搜索与救助功能主要体现在下述两个方面:

(1)在搜救船舶或直升机上的导航雷达探测脉冲作用下,搜救雷达应答器发射的信号能使搜救船舶或直升机上的导航雷达荧光屏显示搜救雷达应答器的确切位置;

(2)能使手持搜救雷达应答器的求生者或配备搜救雷达应答器救生艇筏上的人员确信有搜救船舶或直升机在靠近他们。

(一)搜救雷达应答器的存放和配备

1. 存放

搜救雷达应答器应存放在驾驶台内两侧的存放架上,存放位置应有明显标志,如图 1-2-9-5 所示。

2. 配备

(1)客船和 500 总吨及其以上的货船应每舷至少配备 1 台;

(2)500 总吨以下的货船应至少配备 1 台。

(二)搜救雷达应答器的技术性能要求

(1)其能在 9 GHz 频带上工作。

(2)其启动后处于待机状态,即"收"状态。当搜救船舶飞机接近时,搜救雷达应答器被触发并发出一组由 12 个脉冲(8 nm 长)组成的特殊信号。

(三)搜救雷达应答器的使用方法

如图 1-2-9-6 所示,S4 RESCUE SART 是英国 MCMURDO 生产的搜救雷达应答器,它的机体为醒目的橙色热塑性塑料,通过不锈钢装置与密封电池连成一体,O 形密封圈可以保持连接部位水密。旋转环形开关可以执行启动、关闭和测试功能。只有撕下安全标签,才能将环形开关转到启动位置。环形开关为弹性设计,可以从"测试"位置自动返回。

图 1-2-9-5 搜救雷达应答器标志

图 1-2-9-6 S4 RESCUE 搜救雷达应答器

S4 RESCUE SART 操作方法:

(1)松开夹片,从支架上取下搜救雷达应答器。

(2)撕下位于搜救雷达应答器中部的安全标签,旋转环形开关至启动位置,即标示为"1"的位置。

(3)伸展拉杆:

①抓住拉杆下面的橡胶盖,转动拉杆由拉杆座架上施放拉杆;

②向下拉并转动拉杆,将搜救雷达应答器锁在拉杆座架上;

③移开拉杆下面的橡胶盖,旋转每个部分锁定。

(4)若在救生筏上使用:

①按上述方法伸展搜救雷达应答器的拉杆;

②在无风处用绳子将搜救雷达应答器固定于合适地点;

③将搜救雷达应答器插入救生筏的篷帐上接口;

④将搜救雷达应答器支撑杆下端放入天线插座;

⑤固定支撑杆。

不同型号的救生筏,搜救雷达应答器安装固定的位置不尽相同,也可能位于有登筏平台一侧进出口的外侧,除支撑杆固定在浮力胎外,其他安装方法相同。

该型号搜救雷达应答器发射的特征信号在搜救船舶雷达荧光屏显示,如图1-2-9-7所示。

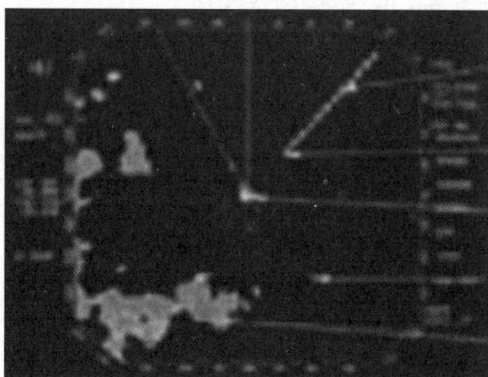

图1-2-9-7 雷达扫射到 SART 特征信号

三、甚高频双向无线电话

甚高频双向无线电话(Two-way VHF Radiotelephone),便于携带,使用简单,主要用于较短距离遇险通信,具体主要用于下列通信:

(1)本船船内通信,如船头与船尾之间关于遇险与搜救的通话;

(2)用于救生艇筏及本船相互间的通信;

(3)用于救助艇或搜救飞机与难船或救生艇筏之间的搜救现场通信。

(一)甚高频双向无线电话的存放和配备

1.存放

双向无线电话应存放在驾驶室内,电池应在有效期内并保持充足状态。存放位置应有明显的标志,如图1-2-9-8所示。

图 1-2-9-8　双向无线电话标志

2. 配备

（1）客船和 500 总吨及其以上的货船,应至少配备 3 台。

（2）300 总吨及以上,500 总吨以下的货船,应至少配备 2 台。

（二）甚高频双向无线电话的使用方法

甚高频双向无线电话等通信设备有多种型号,下面介绍比较常见 ICOM 公司的 IC-GM1500 双向无线电话,如图 1-2-9-9 所示。这是一款救生艇筏双向无线电话,其输出功率为 0.8 W 和 2 W。

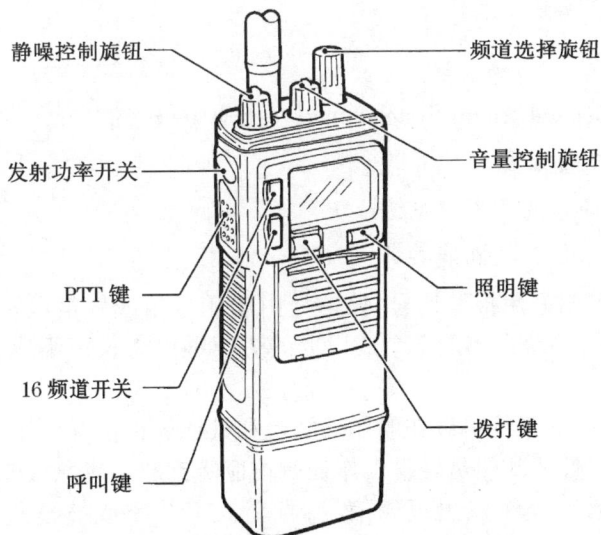

图 1-2-9-9　IC-GM1500 双向无线电话

1. 功能键

（1）静噪控制旋钮［SQL］。

（2）发射功率开关［HI/LOW］。

选择高或低的输出功率,也可以激活其他键附属功能。

（3）PTT 键(按键式对话)［PTT］。

按下 PTT 键,发射信号;松开 PTT,接收信号。

（4）16 频道开关［16］。

16 频道是遇险呼救频道,它用于与其他站台建立初始联系及应急通信。接通电源时,机器自动选择 16 频道模式。

（5）呼叫键［C］。

选择呼叫频道模式。呼叫频道用于存储最常使用的频道,以便快速调取。按下［HI/LOW］键,同时选择呼叫频道写入模式。

（6）频道选择旋钮［CHANNEL］。

（7）音量控制旋钮［OFF/VOL］。

接通和关闭电源,调节音量。

（8）照明键［LIGHT·LOCK］

开启和关闭照明灯;按下［HI/LOW］键,可以启动锁定功能。

（9）拨打键［DIAL］选择拨打模式。在此模式下,可以在 19 个国际通信频道中选择一个通信频道。在 16 频道建立初始联系后,使用此模式选择一个频道继续通信。

2.使用方法

（1）顺时针旋转音量控制旋钮［OFF/VOL］,接通电源;

（2）用音量控制旋钮［OFF/VOL］调节音量至适宜水平;

（3）顺时针转动静噪控制旋钮［SQL］,直至噪声刚好消失为止;

（4）按住［PTT］键,开始讲话;松开［PTT］键,开始接收。

四、通用报警系统

通用报警系统(General Alarm System)可以发出应急报警信号。

1.通用报警系统的配备

船舶应配备一个应急通用报警系统。

2.通用报警系统的技术性能要求

（1）该系统可以发出通用报警信号,该信号由船舶号笛或气笛以及附加电铃或小型振膜电警笛或其他等效报警系统发出的 7 个或以上的短声继以 1 长声组成,并由船舶主电源或应急电源供电;

（2）除船舶号笛外,该系统可以在船舶驾驶台和其他要害位置操作;

（3）全船所有起居处所和船员经常工作处所均应听到通用应急报警系统的报警;

（4）系统在启动后能连续发出报警信号,直至人工关闭或被公共广播系统的信息暂时打断。

五、公共广播系统

公共广播系统(Public Address System)可以广播包括紧急信息在内的各类信息。

1.公共广播系统的配备

所有客船应设置一套公共广播系统。现在货船上也都配备了此系统。

2.公共广播系统的技术性能要求

公共广播系统为一扬声器装置,能向船员或乘客或两者经常活动的所有地方广播信息,并通向集合地点,也可以在驾驶台和船上其他地方广播信息。

思考题

1.救生艇、救助艇和救生筏分别有哪些种类?

2.船舶一般配备几套抛绳设备,存放在何处,如何使用?

3.船舶个人求生设备有哪些?

4.救生衣、保温救生服和抗暴露服以及保温用具的配备要求有哪些?

5.船舶救生圈及其属具配备要求有哪些?

6.视觉求生信号有哪些,如何使用视觉求生信号?

项目三　船上培训、应变部署及演习

【知识目标】

1. 了解船上培训的内容,船舶培训手册内容;
2. 掌握应变信号及应变部署;
3. 掌握弃船演习的基本知识,以及培训和演习的意义。

【能力目标】

1. 能够正确识读应变信号、应变部署表和应变部署卡;
2. 对于操作级船员,还要能够编制应变部署表和应变部署卡;
3. 能够按要求参加船舶培训与演习。

【内容摘要】

为了保障船上人命安全,应对各种紧急情况,船舶会提前制定出应变部署,归纳为消防部署、堵漏部署、人落水部署、弃船部署、综合应变部署和防污染部署。各种应变部署,每名船员均有明确的行动指示及应完成的工作和任务。平时船员应按要求参加培训和演习,以保证遇到紧急情况,能够按照应变部署执行自己的任务。

任务1　了解船上培训的内容及记录要求

一、船上培训与授课

船员上船后,应尽快在不迟于2个星期内,对其进行有关使用(包括救生艇筏属具在内的)船上救生设备和使用船上灭火设备的船上培训。但是,如果船员是定期安排轮派上船,则这种培训应在不迟于船员第一次上船后2个星期内进行。应讲授船舶灭火设备和救生设备的用法以及海上求生的课程,授课间隔期与演习间隔期相同。每次授课可以包括船舶救生设备和灭火设备的各个不同部分,但在任何2个月的授课期内应包括该船的全部救生和灭火设备。

每位船员均应听课,课程应包括但不必局限于:

(1)船舶气胀式救生筏的操作与使用;

（2）低温保护问题,体温过低的急救护理和其他合适的急救程序;

（3）在恶劣气候和恶劣海况中使用船舶救生设备所必需的专门课程;

（4）灭火设备的操作与使用。

在每艘装有吊架降落式救生筏的船上,应在不超过 4 个月的间隔时间内举行一次此项设备用法的船上培训。凡可行时,此项培训应包括一个救生筏的充气与下降。这个救生筏可以是培训专用救生筏,而不是船舶救生设备的组成部分,并应明显地标出专用救生筏标志。

二、船舶培训手册

每个船员餐厅和娱乐室,或每个船员舱室内均应配备一本培训手册。培训手册应以船上的工作语言撰写。培训手册可分若干分册,应包括关于船上所配备的救生设备和最佳救生方法的须知和资料并应用易懂措辞写成,如有可能,应加以图解说明。这些资料的任何部分都可以用视听辅助教材的形式提供。下列各项应予详细解释:

（1）救生衣、救生服和抗暴露服的穿着方法;

（2）在指定地点集合;

（3）救生艇筏和救助艇的登乘、降落和离开,包括(如适用)海上撤离系统的使用;

（4）在救生艇筏内降落的方法;

（5）从降落设备上脱开;

（6）降落区域内防护方法与防护设备的用法(如适用);

（7）降落区域的照明;

（8）所有救生属具的用法;

（9）所有探测装备的用法;

（10）用图解说明无线电救生设备的用法;

（11）海锚的用法;

（12）发动机及其附件的用法;

（13）救生艇筏和救助艇的回收,包括存放和系固;

（14）暴露的危害性和穿用保暖衣服的必要性;

（15）为救生而使用救生艇筏设备的最佳方法;

（16）拯救的方法,包括直升机救助装置(吊绳、吊篮、吊担架)、连裤救生圈、海岸救生工具和船舶抛绳设备的用法;

（17）应变部署表与应变须知所列出的所有其他措施;

（18）救生设备应急修理须知。

三、记录

举行集合的日期、弃船演习和消防演习的详细情况、其他救生设备演习以及船上培训均应记载于主管机关可能规定的航海日志内。如果在指定时间内未举行全部集合、演习或培训项目,则应在航海日志内记述其原因和已举行的集合、演习或培训项目的范围。

任务 2　掌握船上应变信号及应变部署

一、船用应变信号

船舶的应变信号是通过通用应急报警系统以船舶号笛或者气笛以及附加电铃或小型振膜电警笛或其他等效报警系统发出的。除了船舶号笛外，船舶通用应急报警系统必须能自船舶驾驶台和其他要害位置操作。全船所有起居处所及船员通常工作场所均能听到该系统的报警。船舶通用应急报警系统在启动后应能连续发出直至人工关闭或被公共广播系统的信息暂时打断。船舶应变信号表如表 1-3-2-1 所示。

表 1-3-2-1　船舶应变信号表

项目	信号	
救生（弃船）	七短一长声，连放警铃气笛 1 min	·······　—
消防（救火）	乱钟或连放短声气笛 1 min	······
船舶前部失火	乱钟后敲一响或连续施放短声警铃气笛后一长声	
船舶中部失火	乱钟后敲两响或连续施放短声警铃气笛后二长声	
船舶后部失火	乱钟后敲三响或连续施放短声警铃气笛后三长声	
船舶机舱失火	乱钟后敲四响或连续施放短声警铃气笛后四长声	
船舶甲板失火	乱钟后敲五响或连续施放短声警铃气笛后五长声	
进水（堵漏）	两长一短声，连放警铃气笛 1 min	—— ·
溢油	一短二长一短声，连放警铃气笛 1 min	· —— ·
人员落水	三长声，连放警铃气笛 1 min	———
人员右舷落水	三长一短声，连放警铃气笛 1 min	——— ·
人员左舷落水	三长两短声，连放警铃气笛 1 min	——— ··
解除警报	一长声连放 6 s	—

二、船舶应变部署（Muster List）

火灾、沉没或伤害是船员在海上工作时常面临的危险，为了确保船上人命安全，每艘船舶都必须根据本船的设备和人员情况，编制包含消防、堵漏、人员落水、弃船救生、综合应变及防污染等应变部署表。该应变部署表中应写明分派给每个船员的任务，写明通用紧急报警信号的细则，并应规定发出警报时船员和旅客必须采取的行动。

1. 应变部署表的内容，见附页

应变部署表包括：应变信号的发放方法及其所表明的意义，发出警报信号时船员和乘客应采取的行动。其具体的内容包括：

（1）指定驾驶员负责维护救生和消防设备，使其处于完好状态，并立即可用。

（2）指明关键人员受伤后的替换者。

（3）写明分派给每个船员的任务，包括：

①船上水密门、防火门、阀、泄水孔、舷窗、天窗、装货舷门和其他类似开口的关闭；

②救生艇筏和其他救生设备的配备；

③救生艇筏的准备工作和降落；

④其他救生设备的一般准备工作；

⑤集合乘客；

⑥通信设备的用法；

⑦指定处理火灾的消防队的人员配备情况；

⑧消防设备和装置的使用和分工。

（4）每艘客船应有寻找和救出困在客舱内乘客的程序。

（5）指明在紧急情况下分配给船员的与乘客有关的各项任务。这些任务包括：

①向乘客告警；

②查看乘客是否穿好衣服，是否正确穿好救生衣；

③召集乘客至集合地点；

④保持通道及梯道的秩序，控制乘客的动向；

⑤确保将毛毯送到救生艇筏上。

2. 应变部署表的编制

应变部署表应在船舶出航前制定。在应变部署表制定后，如船员有所变动，应及时更改应变部署表或制定新表。SOLAS 公约规定，客船用的船舶应变部署表的格式应该经主管机关认可。我国规定，中国籍 200 总吨及以上的运输船舶，都必须配备我国海事主管机关认可的统一印制的货船或客船应变部署表。

应变部署表一般由船上三副根据每位船员的职务、工作能力和船舶设备情况编制。编制应变部署表时，船员具体职责的分配应遵循下述原则：

（1）关键部位、关键动作派得力人员；

（2）根据本船情况，可以一人多职或一职多人；

（3）人员编制应最有利于应变任务的完成。

船长在各种紧急情况发生时均负有总指挥的职责。大副和轮机长任现场指挥，甲板部及轮机部的其他人员依其相应的职务承担其较为合适的任务。客运部人员主要任务是疏散旅客，包括用广播向旅客播放应急声明等。

其填写的内容包括：

（1）船舶名称；

（2）填写应变部署表的日期；

（3）船公司名称；

（4）船长的签字；

（5）船上人员的姓名和编号；

（6）船员的应急岗位和职责；

（7）指定每艘救生艇的成员。

经大副审核再报请船长批准,然后公布实施。只有船长有权签署应变部署表,同时船长也有责任及时更新应变部署表。如遇情况改变,比如船员变动时,三副应对应变部署表及时进行修改,每次开航前还应对新船员交代本船的应变部署情况。

应变部署表应张贴在船舶醒目的位置,如驾驶室、机舱控制室、餐厅和生活区的主要走廊等部位,具体位置应根据船舶控制图来定。

3. 船舶应变部署卡

如表 1-3-2-2 所示,每位船员也分配有特定的应变卡(Emergency Card,俗称床头卡),并张贴在床位附近。应变卡列明船员应变部署表的编号、姓名、职务、救生艇艇号、弃船和火灾应急职责和岗位。

表 1-3-2-2　船员应变部署卡

编号		职务		姓名		艇号		筏号	
弃船	信号	·······—重复连放一分钟							
	任务								
消防	信号	·····················短声连放一分钟 之后加—船首,——船中,———船尾,————机舱,—————居室							
	任务								
人员落水	信号	———重复连放一分钟							
	任务								
堵漏	信号	——·重复连放一分钟							
	任务								

任务 3　掌握弃船演习程序

为使每位船员了解和熟悉本人在各种应急时刻的岗位和职责,熟练掌握各项操作技能,船舶应定期举行应变演习,以便在发生紧急情况时人员能立即采取应变措施,避免因惊慌失措而造成人员无谓的伤亡。同时,定期进行演习还可以及时发现救生及消防设备存在的问题,有利于维修及保养工作,消除各种隐患。

一、熟悉安全设备

每位承担应急职责的船员在开船之前必须熟悉自己的应急职责。若乘客在船上的计划航行时间超过 24 h,应在乘客登船后的 24 h 内召集乘客,向他们介绍救生衣的使用方法和在紧急情况下应采取的行动。当有新乘客上船时,应在开船之前或开船后不久向乘客简要介绍安全须知,并使用乘客能听懂的一种或多种语言进行广播。广播应使用船上公共广播系统或其他手段,应至少使航程中还未收听到此种广播的乘客能听到。如果召集乘客是在开航后立即进行的,则简要介绍可以安排在集合演习内进行,同时可以使用信息板、公告栏或录像演示作为辅助手段,但不能代替广播。

二、演习期限

货船每位船员每月应至少参加一次弃船演习和一次消防演习。若有 25% 以上的船员未参加船上前一月弃船和消防演习,应在离港后 24 h 内举行这两项演习。当船舶在经过重大改装后首次投入营运或有新船员时,应在开航前进行这些演习。

客船每周举行一次弃船演习和消防演习,鼓励乘客参与这些演习。

每艘救生艇在弃船演习中,每 3 个月至少进行一次由船上指定操艇人员降落下水并在水中进行操作。自由降落式救生艇,每 6 个月应至少进行一次自由降落演习,或能够等效替代的方式来证明自由降落的完好性。

三、弃船演习

(一)SOLAS 公约的弃船演习规定

(1)每次弃船演习应包括:

①利用有线广播或其他通信系统通知演习,将乘客和船员召集到集合地点,并确保他们了解弃船命令;

②准备执行应变部署表规定的任务;

③查看乘客和船员的穿着是否合适;

④查看是否正确地穿好救生衣;

⑤在完成任何必要的降落准备工作后,至少降下一艘救生艇;

⑥起动并操作救生艇发动机;

⑦操作降落救生筏所用的吊筏架;

⑧模拟搜救几位被困于客舱中的乘客;

⑨介绍无线电救生设备的使用。

(2)每艘救生艇一般应每 3 个月在弃船演习时乘载被指派的船员降落下水一次,并在水上进行操纵。

(3)在合理可行的情况下,专用救助艇应乘载被指派的船员每个月降落下水一次,并在水中进行操纵。在任何情况下,至少应每 3 个月进行一次。

(4)如救生艇与救助艇的降落下水演习是在船舶航行中进行,因为涉及危险,该项演习应在遮蔽水域(船舶下风静浪区域),并在有此项演习经验的驾驶员监督下进行。

(5)每次弃船演习时应试验供集合和弃船所用的应急照明系统。

(二)弃船演习的组织

1. 集合地点

弃船或其演习的集合地点应设在紧靠登乘地点。集合与登乘地点一般在救生艇甲板。通往集合与登乘地点的通道、梯口和出口应有能用应急电源供电的照明灯,货船要能保持最少3 h,客船要能保持最少36 h。

客船应有旅客容易到达登乘的集合地点,并且是一个能集结和指挥旅客用的宽敞场地,人均至少占地 0.35 m^2。

2. 演习组织

(1)听到弃船警报信号后,全体船员应在 2 min 内穿好救生衣并到达集合地点。

(2)艇长检查人数,检查各艇员是否携带规定应携带的物品,检查每人的穿着和救生衣是否合适,并加以督促、指挥,然后向船长汇报。

(3)船长宣布演习及操练内容。

(4)由 2 名艇员在(船长发出准备放艇命令后)5 min 内完成登乘和降落准备工作;其他船员按分工各就各位。

(5)在完成任何必要的降落准备工作后,至少降下一艘救生艇;起动并操纵救生艇发动机。

(6)操作降落救生筏所用的吊筏架。

(7)模拟搜救几位被困在客舱中的乘客。

(8)介绍无线电救生设备的使用。

(9)试验集合与弃船所用的应急照明系统。

演习结束,船长发出解除警报信号;收回救生艇;清理好索具;由艇长进行讲评后解散艇员并向船长汇报。

(三)弃船应急反应及人员安全

当确认不弃船就无法保全船上人命安全时,船长应果断下令弃船。

(1)船长下达弃船命令后,除"固定值班人员"外,全体船员应立即穿着救生衣,按应急部署表的分工完成各自的弃船准备工作。

(2)无线电员须在电台值守,按规定发送遇险电文,直至通知撤离。

(3)机舱固定值班人员在听到警报信号后仍坚守岗位按令操作;在得到完车后,在轮机长的领导下,抓紧做好熄火放汽、关机、停电等弃船安全防护工作;接到两次完车信号或船长利用其他方法的通知后,应立刻携带规定物品撤离机舱登艇。

(4)船长应督促检查下列工作(国旗和航海日志应亲自携带):

①降下国旗并携旗下艇;

②销毁秘密文件;

③锅炉熄火放汽;

④关停发电机和机舱内正在运转中的其他一切设备;

⑤关闭海底阀及各个应急遥控油阀等;

⑥是否已发出遇险求救电报并已投放(卫星)紧急无线电示位标;

⑦油舱在甲板上的呼吸口是否封死;

⑧检查艇长的放艇准备工作。

(5)船长应检查按应急计划规定须携带的物品,如国旗、航海日志、VHF 和雷达应答器,如有可能也应带上 EPIRB,以及足够的食品、淡水、毛毯等物品。

（6）在登艇前,船长应布置(艇长应请示)如下事项:本船遇险地点;发出遇险信号地点;发出遇险求救信号是否有回答;可能遇救的时间及地点;驶往最近陆地或交通线的航向、距离;各救生艇筏间的通信约定及其他有关指示。

（7）按船长命令放下救生艇和救生筏,有序地登救生艇筏。

（8）最后,船长应通知坚守岗位的无线电员和机舱值班人员撤离,在确信全船无任何人员后方可离船登艇。

（9）各艇应迅速在离开难船数百米以外集合(一般要求 0.25 n mile 以上),以防船舶沉没时产生浪涌的袭击。

（10）离船后,船长对全体船员和旅客仍保持完全的职权。

思考题

1. 试述船上培训内容及要求。

2. 船舶应变信号种类有哪些?

3. SOLAS 公约对船舶演习期限如何要求?

4. 试述船舶弃船演习要求。

项目四　弃船行动

【知识目标】

1. 掌握为任何紧急情况做好准备的必要性；
2. 掌握被召至救生艇筏位置时应采取行动的方法；
3. 掌握弃船时应采取的行动；
4. 掌握跳水离开难船的注意事项；
5. 掌握在水中时应采取的行动。

【能力目标】

1. 能够快速通过救生艇筏离开难船，或通过登乘设备保持"干身"离开难船；
2. 能够在跳水后应对面临的困难。

【内容摘要】

船舶在海上遇到严重危险时，全体船员应立即按应急计划执行，利用船上的各种设备尽最大努力抢救，减小财产损失和人员伤亡。在执行应急计划时，应首先抢救人命，然后救助船舶、货物和海洋环境。如果船员竭尽全力抢救仍然无法挽救船舶，船上人员生命面临巨大威胁，船长可以宣布弃船。

弃船(Abandonment of Ship)是指船舶处于严重的危险状态时，船上的所有人员主动撤离船舶的行为。弃船的命令应由船长下达。如果当时条件许可，船长在做出弃船决定前应征询船上主要船员的意见，并征得船公司的同意。船长在决定弃船时机时，应考虑以下各点：面临危险程度；采取的应急行动是否有效；船舶状况；气象和海况等周围环境状况；救援通信情况，受到救助的可能性；本船的救生设备的特性等。

宣布弃船后最先撤离到救生艇筏的应是旅客，其次为一般船员，船长最后撤离。只要有可能，撤离时应带出船舶相关证书、航海日志、VDR 数据卡等。

任务 1　掌握听到弃船命令后的应急行动

当听到弃船命令或信号后，全体船员和旅客切勿惊慌混乱，应按应急计划应变部署，各司

其职,履行弃船职责,服从指挥,保持良好秩序。相关人员按照应变部署表内指定的职责携带下列物品入艇:

(1)各种船舶证书及相关文件;

(2)航海日志、轮机日志、车钟记录簿、电台日志;

(3)国旗;

(4)一只救生圈;

(5)现金账款及贵重物品;

(6)EPIRB、SART、Two-way VHF、VDR CARD/DISK。

一、个人行动

1.加穿适当的衣服

弃船无论是发生在热带水域还是低温水域,求生者在离开难船前不得脱掉衣服和靴鞋,应尽量多穿一些衣服,以防止身体表面灼伤或失热过快。尤其是在寒冷水域遇险,更应注意多穿几层保暖性能好的衣服,里层最好选用羊毛织物,而外层以厚实、防水的紧身衣物为最佳。如果在弃船时必须进入水中,最初遇到的"冷冲击"可以使人员失去活动能力,甚至丧命。多穿着的衣服可以明显减小"冷冲击"的不利影响,而外层的防水衣服则可有效防止其影响。而且多穿着的衣服可以减少身体表面的热量消耗,延长人员在水中的生存时间。

没有救生衣或者救生衣损坏时,上衣和裤子可能是求生者唯一可以使用的漂浮工具。即使登上救生艇筏等待救援,多穿些衣服也有助于获救。

2.穿妥救生衣、救生服

人员穿好衣服后,外面一定要穿着一件救生衣,按要求系好领口带、胸带和腰带(如有必要应该穿上救生服)。注意有些救生衣需要将腰带穿过救生衣前的绳环并系上死结,防止绳结在海浪的冲击下自动解开或滑掉。如果船舶配备气胀式救生衣,离开船舶之前不得给救生衣充气。充足气的救生衣会妨碍人员离开船舶,而且一旦被划破,将无法提供浮力。

3.戴上帽子和手套

资料显示,人体50%的热量是通过头部散失的。无论是平时演习还是实际的弃船,求生者都应戴上帽子和手套。

4.多吃、多喝、多收集携带必需品

如时间允许,要尽量多喝些淡水和吃些食物,并多收集食物、淡水和毛毯等保温材料,携带到救生艇筏上,做好在海上长时间等待救援的准备。

5.尽快到达集合站

所有人员应在2 min内携带指定物品赶到集合地点。

二、引导疏散乘客

在突发紧急情况下,客船乘客容易产生恐惧情绪,正确引导疏散乘客、采取应急行动是非常重要的。在疏散乘客时,为避免乘客恐慌,船员应注意如下几个方面:

(1)各种信息应以恰当的方式告知乘客,即使在危急时刻,也应使用一种不致产生危机感

的方式告知。

（2）在引导乘客时，船员必须坚决果断，采取一种强有力的方式比采用一种优雅的方式更为有效。

（3）如果可能应将乘客分成若干小组。

（4）给乘客分配适当的任务也是一种营造正常氛围的不错办法。

（5）船上的公告对平息激动的乘客并保证工作平稳地进行有一定作用。当进行公告时应注意：

①应平静地宣布，避免产生混淆和错误；

②尽量避免使用技术性词汇，清楚地讲解，重复重点；

③如果可能应进行连续公告；

④为即将采取的行动给出明确的指导和建议。

（6）老人、妇女和儿童优先。

（7）考虑到乘客的不同国籍，通过广播等形式发出的信息应使用乘客能够理解的语言。

在紧急情况下，没有经过专业训练的乘客极易陷入恐慌之中，因此，应有效地指挥乘客迅速到达指定地点，并使乘客尽快登上救生艇筏离开难船。

任务 2 掌握通过救生设备离开难船

弃船命令下达后，船员应迅速做好各项准备工作，组织和引导乘客迅速到达指定的集合站，准备离开难船。如果可能，应尽量避免与海水接触，保持"干身"离开难船。

一、从船上登上救生艇离船

艇长指挥有关人员解开固艇索，打开吊艇架的保险销子，做好放艇前的各项工作。然后，立即关闭所有水密舱口和其他进出口，全体人员登艇。人员全部登艇后，在指定位置坐好，系好安全带。

对于重力式吊艇架，艇长在艇内操纵吊艇机控制索，先放倒吊艇架，然后将救生艇降至水面，根据当时海况选择脱钩方式（风浪较小时可用无负载脱钩/风浪较大时可用负载脱钩），脱开首尾吊艇钩。对于自由降落式吊艇架，艇长在艇内直接操纵脱钩装置，救生艇自由降落入水后如船上仍然有船员，可通过登乘设备进入救生艇。

二、从船上登上救生筏离船

气胀式救生筏的登乘方式主要有四种：

1. 从船上直接登入救生筏内，然后将救生筏吊放至水面

对于吊放式救生筏可采用此种登筏方法，一般在客船上比较常见。使用时要用专用的吊筏装置将救生筏吊起，在舷边充气成型。然后人员依次进入筏内，操作人员再利用吊筏装置将筏降于海面，脱开吊钩，离开难船。

2. 通过登乘梯登上救生筏

利用人工施放方式将救生筏抛投入海,拉动首缆,救生筏在水面上会自动充气,待筏体充胀完毕成型后,拉救生筏的首缆将筏贴在登乘梯舷边,船上人员可通过登乘梯进入筏内。这种登筏方法主要在货船上采用。

3. 通过海上撤离系统登上救生筏

(1)海上撤离系统一般设置在客船的两舷,通过启动装置从其密闭的箱中开启施放,滑道和平台被抛出舷外至海面,充气装置自动将其充气成型。

(2)撤离系统充气完成后,有专人负责检查平台登乘围板、救生筏引导索和平台等设备。施放救生筏使其漂浮于水面,调整控制索,确定登筏平台的位置为登乘做好准备。

(3)位于撤离系统入口处的指挥人员指挥乘客依次撤离到登筏平台上。

(4)在平台上,船员应引导滑下来的乘客快速离开滑道出口,并登乘到平台旁边系泊的救生筏上。

(5)乘客进入救生筏后,船员应为其安排座位并给予指导。

(6)救生筏满员后将其与海上撤离系统分离,移到指定地点,在救生艇/救助艇的牵引下漂流待救。再将另一个救生筏系好,继续撤离旅客,直到全部撤离难船。

4. 从舷边跳入救生筏内

如果船舶干舷较低,船员也可以穿着救生衣由船舷较低的地点直接跳入救生筏内。跳入救生筏时,严禁从高处直接跳到救生筏的篷帐上,以免使筏内人员受伤和筏体损坏。跳入筏内时,应伸开手臂,胸部对着篷柱。注意应使脚掌首先接触筏底。如果脚跟首先接触筏底,人体会向后弹起而落入水中。

三、正确操纵救生艇筏尽快离开难船

海上求生者弃船时,如果能够成功登上救生艇筏,应正确操纵救生艇筏尽快离开难船,并正确使用相关属具设备,采取相应的行动,以增加获救机会。

1. 操纵救生艇离开难船

艇员登乘完毕后,应在艇长指挥下,立即脱开首缆(现在全封闭式救生艇一般艇首缆都有遥控脱开装置)。利用机动救生艇车舵,快速离开难船,如果救生艇被大船压得太紧,用车舵无法离开,可以派艇员用艇篙撑开艇首后,再利用车舵离开。或者倒车使救生艇倒到难船尾部凹处,再进车用舵离开。

2. 操纵救生筏尽快离开难船

人工施放救生筏时,首缆是系固在大船上的,当人员登乘完毕后,求生者需要利用救生筏的属具可浮柄的非折叠式的小刀来切割断首缆。

因救生筏没有动力,只能靠手划桨来驱动其离开难船。为了加快救生筏的速度,求生者可以将筏底四周的平衡水袋提起,以减少救生筏移动时候的阻力。

四、离开难船后的初始行动

(1)救生艇筏离开难船的距离应根据当时具体情况而定,一般离开难船 1/4 n mile 处停

留。离开一定距离主要是为了避免难船可能发生的各种情况给救生艇筏带来危险。不远离的原因,主要是为了便于救援船舶、飞机搜救。船舶手动或自动发出的各种遇险报警,是难船遇险的位置,救生艇筏应尽可能停留在遇险船舶附近等待救援,并利用救生艇筏上配备的各种属具,使自己尽可能被发现。

(2)在救生艇筏摇晃颠簸剧烈时,应按规定剂量及时服用晕船药防止呕吐,避免体内水分大量流失,同时又能在一定程度上抑制饮水的欲望。

(3)救生艇筏离开难船后,应根据当时情况,主动搜索救助附近海面上的落水人员,可以通过吹口哨,在夜间应同时打亮手电筒来招引落水人员。同时应积极捞取有用的求生物资。

当搜索到海面上落水人员时,应从下风向落水人员接近,并在适当距离将艇挺住,以免撞压落水人员。如落水人员仍有活动能力,可抛出救生浮环或伸出桨、篙,帮助落水人员靠近救生艇,再将其营救上救生艇,切勿碰伤落水者。如落水人员已经失去知觉,应用艇篙小心勾拉其救生衣、救生服或衣服,使其靠拢救生艇后再营救。如落水人员已经负伤,应避免碰及伤口。

(4)集结:离开难船后,所有救生艇筏因尽可能地用缆绳连接在一起,各救生艇筏之间的距离保持在 20~30 m,这样可以增大目标,便于前来救援的船舶、飞机发现。集结还可以使得各救生艇筏之间相互照应,共同克服各种困难。

(5)为了保持救生艇筏位置,可施放海锚,当 2~3 天后仍然没有救援希望,可以考虑驶往最近的陆地或船舶习惯航线上。

任务3　掌握紧急情况下直接跳水离开难船

如果情况紧急,求生者不能直接自船上登上救生艇筏,就只能选择从船上跳入水中,然后游泳登上附近海面上的救生艇筏或在水中漂浮等待救援。

一、跳水时的注意事项

(1)确认已经穿好救生衣。如果没有系紧救生衣的带子,跳水就可能使头部受伤。

(2)最好选择高度不超过 5 m 处跳水。在高度超过 10 m 处跳水时,求生者容易使自己受伤,这主要取决于跳水高度和身体入水角度。应选择船舶较低的位置跳水。

(3)摘下假牙、眼镜(包括接触镜,即隐形眼镜),取出口袋内的尖锐的物品。

(4)注意船舶漂移方向和速度。在风和流的作用下,船舶漂移速度可以超过人员游泳速度。因此,跳水时应选择船舶漂移方向的上游(一般是上风舷)跳水。

(5)如果船体已经损坏,跳水时尽量避开船体破损位置。

(6)注意观察水面救生艇筏的位置。不要直接从船上跳入救生艇内或筏顶,以免自身、救生艇筏内人员受到伤害。

(7)如果周围没有救生艇筏,最好选择船首或船尾部离开。因船舶漂移,在船中附近离开难船非常困难。

(8)注意海面的漂浮物和其他障碍物。

二、跳水后应该立即采取的行动

跳水后游泳离开时,不要回头观望难船,防止因此降低游泳速度。必须明确:当前的首要任务是尽快离开难船。因为:

(1)船上的各类设备和碎片可能自船舶甲板滑下或散落船舶周围。

(2)如不快速游泳离开,后跳水人员可能会落到先跳水人员上面,就可能出现伤亡。

(3)难船下沉产生的吸附作用会给附近的漂浮人员带来危险。

(4)离开难船一段距离后,不要做无谓的游泳和剧烈的活动,因为这样会散失体热,消耗体力,这将影响求生者自水中登上救生艇筏的能力。在没有明确目标时,可以使用救生衣保持面部向上的位置在水中等待救助。

(5)如发现周围的救生艇筏,应快速游到救生艇筏处。同时可以吹救生衣上的哨笛,夜间应打开救生衣自亮灯,引起救生艇筏上人员的注意。

三、求生者在水中,应具备的能力

当船舶发生紧急情况,没有时间通过救生艇筏离开难船时,就需要求生者直接跳入水中。此时求生者必须具备一定的水中技能,STCW公约要求求生者在水中应掌握两方面技能:穿着救生衣游泳;未穿救生衣保持漂浮。

1. 穿着救生衣游泳

首先要记住在没有明确目标前不要做无谓的游泳。跳水后,游泳离开大船一定距离后,应主动搜索海面求生设备,有目标后再继续游向目标,或原地吹救生衣上哨笛打开救生衣自亮灯,吸引救生艇筏上或其他救助人员注意,等待救援。

2. 未穿救生衣保持漂浮

如由于各种原因,跳水弃船时未穿着救生衣,跳水后就要面临很多难题。此时除了需要求生者具有坚强意志外,还需要求生者掌握未穿救生衣在水中漂浮的技能。

未穿着救生衣保持漂浮对于会游泳者来说,相当容易,可以采取任何一种泳姿保持漂浮。海况好的情况下仰泳最好,运动量小,体力消耗少。如果海况恶劣,无法仰泳漂浮,此时可以利用人体吸气后的自然浮力保持漂浮。此方法比较简单并且消耗体力少。

漂浮时应充分利用衣服的浮力。在弃船行动中要求尽可能多穿衣服,衣服不仅能够抗御寒冷和烈日,并且可以给水中人员提供浮力。落水者所穿衣服的纤维中存在着无数细小空气泡,会产生一定的浮力。此时,湿的衣服在海中不仅不会使落水者增加重量,反而给他们增加了浮力。即使过一段时间衣服中的气泡都逸散消失了,但由于所穿的衣服使落水者在水中的体积增大,因此浮力仍比不穿或少穿衣服时要大。

另外,大帽子、带袖子的上衣、裤子、靴子等都可以改做临时浮具使用。具体方法:将上衣脱下,纽扣全部扣住并扎紧袖口和领口,衣服下端也扎紧。在第二、三个纽扣之间吹气使其膨胀,即可支持体重。如用裤子则更加理想,将两裤管扎紧倒持裤腰迎风张开,待两裤管胀满后,即扎紧裤腰,便可做成一个非常好的马鞍形浮具。

3. 水中漂浮自救

在水中漂浮时,应尽可能捞取并利用较安全可靠的、可用作救生浮具的漂浮物,减少浸入水中的面积,增大水上目标,等待救援。

当在水中漂浮过程中,发现附近救生艇筏或者过往船只时,应立即采用立泳姿势,双手举出水面摆动。不要盲目大声呼叫,在距离 1 000 m 以内时,呼叫才可能有效。不要做无谓的游泳去追赶航行中的船舶。

在水中如感觉疲倦想入睡时,应设法保持清醒,要有坚强的意志力克服海上各种困难,坚持时间越久,获救机会越大。

任务 4 掌握跳水后面临的困难和应对措施

一、溺水

求生者落入水中,首先遇到的威胁是溺水。人淹没于水中,呼吸道被水或泥草等异物堵塞称为湿溺(病死率为 70%~80%),或淹溺短时内发生会厌、喉、气管反射性痉挛性堵塞呼吸道称为干溺(病死率为 10%~20%)。湿溺或干溺均能导致窒息、通气障碍、严重缺氧、呼吸衰竭,甚至呼吸、心跳停止。对病情濒危但未死亡者称为濒临淹死,死亡者称为淹死。

防止溺水的措施:

(1)落水后不要心慌意乱,一定要保持头脑清醒。

(2)冷静地采取头顶向后,口向上方的方式,将口鼻露出水面,此时就能进行呼吸。当在水中保持静止状态时,救生衣浮力可以使人自然保持此状态。

(3)呼气要浅,吸气宜深,尽可能使身体浮于水面,以等待他人救援。

(4)切记:千万不能将手上举或拼命挣扎,因为这样反而容易使人下沉。

二、抽筋

长时间在水中特别是低温水中游泳,最容易引起抽筋(肌肉痉挛)。由于抽筋会妨碍求生者继续游泳,从而容易引起求生者产生更大的恐惧和惊慌心理,严重者直接危及求生者生命。为了减少抽筋发生,求生者应避免一直使用一个姿势游泳,注意肌肉放松。

若游泳时发生抽筋一定要保持镇静,不要惊慌,如身边有人,应一面呼救,一面采取解痉措施自救。不管是哪一个部位抽筋,缓解的措施基本相同,采取相应的姿势拉伸抽筋的部位,或对相应的部位进行按摩。

通常容易发生抽筋的部位是:脚趾、小腿、大腿、腹部、手指、手掌。

(1)脚趾、小腿后面抽筋:脚趾、小腿后面是最常见而且多发的抽筋部位,解决的方法是先用一只手按住膝盖,另一只手则抓住脚趾,伸直腿部,手用力向胸前方向拉伸。

(2)小腿前面抽筋:当小腿前面肌肉抽筋时,解决的方法是先用一只手抓住脚趾尽量向后压,借以对抗小腿前面肌肉的强直收缩,以使其得到缓解。

(3)大腿后面抽筋:当大腿后面肌肉抽筋时,解决的方法是用同一侧手按住膝盖,另一只手则抓住脚趾,尽量向上抬起或双手抱住大腿使髋关节做局部屈曲动作,这样也可以得到缓解。

（4）大腿前面抽筋：当大腿前面肌肉抽筋时，解决的方法是用同一侧手抓住脚部，尽量使其向后伸直，反复做几次以后，肌肉抽筋就可以得到缓解。

（5）手掌抽筋：当手掌抽筋时，解决的方法是双手合掌向左右两侧按压，反复做几次后即可消除抽筋。

（6）手指抽筋：当手指抽筋时，解决的方法是先将手握拳，然后再用力张开伸直，反复做几次后即可消除抽筋。

三、低温

跳水后面临的最大危险就是身体暴露在低温水中，受到低温效应的影响。对于落入冷水中的求生者而言，热量损耗相当快，研究证明，水的导热速度比空气快 26 倍。了解采取何种方法可以帮助身体延缓冷冲击的破坏性影响将有助于落水人员在冷水中维持生命。

（一）低温效应

1912 年"泰坦尼克"号客船在航行途中与冰山相撞不幸沉没，此次令人震惊的海上灾难向人们展示了浸泡在冰冷的水中所造成的严重后果："泰坦尼克"号客船沉没 1 h 50 min 后，救援船赶到现场，此时浸在 0 ℃冷水中的 1 489 人无一幸存。造成这一惨剧的部分原因是没有准备防护衣服、浮具不足以及缺乏求生常识。如果求生者和救援人员多了解一些应对冷水方面的知识，将会有更多人员得救，几乎所有救生艇上的人员均活着就足以说明这一点。

在第二次世界大战期间，仅英国皇家海军就有 45 000 人在海中丧生。据估计，其中30 000 人为淹死或低温致死。许多淹死者之所以溺水死亡是由于寒冷而丧失活动能力。时至今日，类似情况还会时常发生。了解低温效应，采取简单的自救技术能够延长生存时间。

1. 人体

设想人体是由一个"核心"和一个"外层"组成的。由于人体的正常功能，如运动和消化食物，身体会产生大量热量。大自然要求人体"核心"温度必须保持 37 ℃的理想温度。流经"核心"和"外层"的血管系统将"核心"内部产生的热量输送到身体各部。大自然也给人体提供了一套可以自动将"核心"温度调节到 37 ℃的非常精密的系统。例如，人体周围温度高，如在热天或在热的锅炉房里，接近人体皮肤的血管将扩张，让更多的血液流向"外层"以便增大体热消耗，使人感到舒适，防止"核心"温度升高。如果人体周围环境寒冷，人体会收缩"外层"血管，防止过快消耗宝贵的体热。

当环境温度有所变化时，人体内的调节系统会通过上述调整，努力使人体"核心"温度保持不变，但人体的这种调节系统只能在某种程度内发挥作用。在寒冷中暴露到一定程度，人体必须通过采取正确行动并穿上救生服等才能使"核心"温度维持在大自然所选择的 37 ℃。

2. 体热的损耗和保温

人体通常以下列方式向周围散热：

（1）传导，是指直接与冷水或其他物质接触传递热量。热量从温度较高的人体传到温度较低的物质。某些物质的导热性比空气要好，如水比空气导热快 26 倍。

（2）对流，是指通过空气或水流传递热量。人体会感觉到流动空气比静止空气凉得多。

人们将用风进行冷却的方式称作"风冷效应"。同样,在人体周围扰动或流动的水比相同温度的静水要冷得多。

衣服本身并不会使人体变暖,人体实际上是依靠自身产生热量才会温暖的。体热使皮肤与衣服之间的一层空气变暖,而且正是这层空气起到了隔热作用。对于落水的求生者而言,尽管身上衣服完全湿透并紧贴在身上,且其导热性能与水的导热性能相差无几,但落水者身体表面与所穿的衣服之间可形成一层较暖的水包围全身,而衣服能够降低这层暖水与周围海水交换与对流的速度,因此能大大延缓体温下降。这足以说明在寒冷水中多穿衣服的重要性。即使在较暖的水中将衣服脱掉也是完全错误的。

如果没有足够的衣服保护,身体周围较暖的水会不断与冷水交换,导致皮肤温度下降。来自人体"核心"的热量将会用于尽力保持皮肤温度。如果不能阻止皮肤的热量消耗,人体的"核心"温度就会下降。

3. 低温效应对求生者的影响

(1)干溺水(Dry Drowning)

危险存在于从浸水开始阶段一直到随后的任何时间段。

干溺水是指人进入冷水后,会厌、喉、气管反射性痉挛性堵塞呼吸道,导致窒息死亡。干溺水被认为是因冷水接触鼻子或喉头而出现的一种本能冲击反应。一进入水中就可能出现干溺水现象。如果紧张并且没有做好精神准备则更容易发生干溺水。

(2)冷冲击(Cold Shock)

最大危险出现在 1~5 min 内。

冷冲击是人体应对进入冷水的一种加快呼吸反应。最初,一阵非自主性气喘之后,伴随着换气过度,通常还会出现一定程度的"定向力障碍"(对环境或自身状况的认识能力丧失或认识错误)。冷冲击影响的严重程度与水温下降程度成正比。对于最初至关重要的几分钟,求生者必须全力以赴避免溺水。若面部浸入水中出现初期的非自主性气喘,肺内的空气就将被水替换。若在波浪滔滔的水中无法控制呼吸并失去方向感,则在涌浪之间调整呼吸或许更加困难。为避免溺水,必须尽力保持面部露出水面,转动身体背对着涌浪,防止吸入浪花和海水。竭尽全力控制呼吸,提示自己,冷冲击很快就会度过。一旦解决了呼吸问题,应辨认方向、判断局面、确定为获救应采取的最有利的行动。

(3)游泳障碍(Swimming Failure)

在冷水中,求生者的游泳能力会下降。水温越低,人员游泳能力下降越严重。这种情况在身体"核心"温度明显下降之前就开始出现。游泳划水的幅度下降而速率增加,结果划水的效率越来越低,更耗费体力。游泳角度增加,如身体在水中更加处于直立姿态,会降低每次划水向前运动的效果,伸展四肢和协调游泳动作会越来越困难。

(二)低体温症(Hypothermia)

低体温症是指人体"核心"温度由 37 ℃降到 35 ℃以下。对于海上求生人员而言,体热消耗是最主要的危险之一。体热消耗的速度取决于:

(1)水和空气的温度;

(2)气象条件:风速、海况;

(3)在水中的时间;

(4)穿着的保护服;

(5)求生者心理和身体状况;

(6)求生者身体中所含酒精和药物的程度;

(7)求生者的自救方法。

不正常的低体温可以通过多种症状辨认出来:在暴露于寒冷中的最初一瞬间,人体为避免热量过分消耗会收缩皮肤表面的血管以减少从血管传热至体表,而且身体发抖以产生较多的热量。然而,如果暴露时间一长,人体将不能保存体温或产生足够热量,于是体温开始下降。当体温下降至 35 ℃以下时,人员就会患上"低体温症"。此时,患者多会出现不适、疲倦、失调、麻木、说话不清、意识不清和精神恍惚等状况。随着体温进一步下降,患者会失去知觉,肌肉僵硬而不再发抖,并且瞳孔可能放大,心跳变得无规律而且缓慢微弱,几乎察觉不到脉搏。虽然患者处在低体温的各个阶段都有可能死亡,但当其体温很低时难以确定是死还是活,低体温致死定义为无法回暖复苏。

低体温症在不同阶段的症状表现如下:

(1)当体温下降到 35 ℃时,人就会患"低温昏迷";

(2)当体温下降到 31 ℃时,人就会失去知觉;

(3)当体温下降到 28 ℃时,人体血管硬化;

(4)当体温下降到 24~26 ℃时,即发生死亡。

不同水温中能生存的参考时间如表 1-4-4-1 所示。

表 1-4-4-1　不同水温中能生存的参考时间

水温	低于 0 ℃	低于 2 ℃	2~4 ℃	4~10 ℃	10~15 ℃	15~20 ℃	超过 20 ℃
预计生存时间	少于 1/4 h	少于 3/4 h	少于 3/2 h	少于 3 h	少于 6 h	少于 12 h	视疲劳情况而定

(三)低温水中自救要点

(1)弃船入水前,应多穿保暖防水的衣服,将头、颈、手、脚遮护好,袖口、裤管口、腰带扎紧。

(2)穿上救生衣和保温救生服。

(3)禁止饮用含有酒精的饮料。

(4)落水后尽快搜寻并登上救生艇筏或其他漂浮物,以缩短浸泡时间。

(5)不应做不必要的游泳;在冷水中求生者可能会猛烈发抖并伴有疼痛感,这是人体本能反应,没有危险。最要紧的是在水中尽可能地静止不动才能延缓体温下降。

(6)在两手失去全部功能之前,提前准备好救生衣灯和哨笛。

(四)对过冷现象患者的急救

治疗方法主要取决于求生者当时的状况和可以使用救助环境及医疗器材的情况。若求生者处于半昏迷或完全昏迷状态,应立即与船或岸上医疗机构取得联系,以获得护理和转运求生者的详细资料。在等待医疗指导期间,应采取如下急救行动:

（1）若患者意识尚清醒，只要脱去全部的湿衣服换上干衣服或裹上毛毯，在不低于22 ℃的环境中休息，逐渐恢复体温即可。

（2）给患者提供热的白糖开水或牛奶，并根据其体质和恢复情况逐渐增加浓度。

（3）切忌给患者喝酒或含酒精的饮料，也绝对禁止采用按摩、药物或酒精涂擦、局部加热或烤火等方法来给患者加温。不当的复温会导致血管向肢体末端开放，带走"核心"的温暖的血液，而使滞留在肢体末端的较凉血液返回"核心"，造成"核心"温度进一步下降，而这或许是最危险的。

（4）对刚捞起的有严重过冷现象的患者，可将其放进40~45 ℃的热水中浸浴，恢复体温时间不超过10 min。如体温增加不超过1.1 ℃，每隔10 min再浸浴一次，直至体温恢复35 ℃。

（5）若患者处于半昏迷、昏迷或假死状态，应一方面急救保命，另一方面等待医生救助。除了呕吐者之外，应保持遇险者面部向上，头部稍微向下的平卧体位。这一点非常重要，因为过冷遇险者处于低血压状态，低头位有利于为大脑提供足够的血液。

四、油或油火海面

在弃船过程中，必须注意难船泄漏的燃油可能漂浮至海面，严重者可能发生燃烧或爆炸。因此，必须尽快游离难船，摆脱浮油。采取逆流或者向船舶上风方向游进，风和流将浮油带走，将有助于快速离开浮油。

1. 游出油污海面

如果周围水域布满油污，但未燃烧，要保持头部一直在水面上，同时注意海浪方向，应尽量抬高头部，避免油污接触眼睛、鼻腔及口腔。必要时可多穿、带救生设备（器材）或者将其他救生设备（器材）绑在腰上，提升浮力抬高肢体。

2. 游出火势较弱的油火海面

跳水后如需要游泳穿越火势较弱的油火海面，应保持镇静，选择好方向。应始终穿着救生衣，始终保持头部高出水面。其正确步骤如下：

（1）跳入水中后，采用蛙泳向前游进，边观察边前进，尽量选择油薄、火弱的地方通行。

（2）当发现前方有油火时，可用双手手掌向前上方及两侧拨打水花，驱赶油火，快速游离火区。

3. 游出火势强劲的油火海面

跳水后如需要游泳穿越火势强劲的油火海面，同样应保持镇静，选择好方向。此时应禁止穿着救生衣。应采取如下措施：

（1）选择上风舷、火势较弱、油层较薄且容易通过的海面跳水。

（2）将救生衣两根腰带系一个结，挎在腋下，并保持一定长度。

（3）跳水和正常求生跳水一样，保持身体头在上、脚在下，垂直入水的姿态。

（4）入水后，采用潜泳迅速向预定的方向游进。由于腋下挎着救生衣，所以不要担心下潜过深。

（5）在需要呼吸时，先将双手伸出水面做圆周拨水动作，待拨开水面油火后，再将头露出水面调整呼吸。深吸一口气，继续朝着既定方向游进。

（6）以此方法继续潜游，直到离开油火海区。

4.水中穿着救生衣

当携带救生衣脱离油火海面后,如救生衣完好,要迅速在水中穿好救生衣;如已被烧坏,可以抱在怀中增加浮力。在水中穿着救生衣的具体方法,如图1-4-4-1所示:

(1)首先将救生衣套在头上,并系好领口带;

(2)解开腰带(跳水时,将两根腰带打结,挎在腋下),并将其两端分别穿过救生衣两侧的固定绑环(扣);

(3)上体尽量后仰,双手下拉并向后用力拉紧腰带,使救生衣尽量紧贴身体;

(4)双手将腰带经体后交叉至体前,穿过胸前吊扣系好腰带;

(5)如果救生衣还没有收紧,可解开腰带,采取一边下压救生衣,一边收紧腰带的方式穿妥救生衣。

图1-4-4-1 水中穿着救生衣

五、常见海洋危险物

(一)鲨鱼

1.鲨鱼的习性

如图1-4-4-2所示,鲨鱼(Shark)被认为是海洋中最凶猛的动物。其种类很多,世界海洋中至少有350多种。鲨鱼食肉成性,凶猛好斗,狡诈多疑,牙齿锋利,游泳速度很快。其食饵时的贪婪凶残本性,给人们留下了可怕的形象,所以鲨鱼号称"海中狼"。

全世界所有海洋中都有鲨鱼出没。很多鲨鱼在深海生活和捕食,也有一些鲨鱼仅在近海海面捕食。而我们看到的往往是那些生活在近海面的鲨鱼,它们的背鳍常会耸出海面。它们通常捕食所有类型的活体动物。

鲨鱼视力不是很好,但是对反差强烈的物体极为敏感(黑与白)。其侧线系统能感受到周围压力场任何细微的变化。鲨鱼在海水中嗅觉特别敏感,甚至能超过陆地狗的嗅觉,尤其对血腥味。

它可以嗅出水中1ppm(百万分之一)浓度的血腥味。日本科学家研究发现,在1万吨的海水中即使仅溶解1 g氨基酸,鲨鱼也能觉察出气味而聚集在一起。1 m长的鲨鱼,其鼻腔中密布嗅觉神经末梢的面积可达4 842 m^2,如5~7 m长的噬人鲨,其灵敏的嗅觉可嗅到数千米外的受伤人员和海洋动物的血腥味。因此,难船沉没后,往往会出现大量的鲨鱼。

图 1-4-4-2 双髻鲨(左)、大白鲨(右)

2. 鲨鱼袭击落水者的规律

一般来说,全世界所有的海洋中都有鲨鱼,特别是在热带和亚热带海区更为常见,且该海域的鲨鱼比温带海域的鲨鱼更具有攻击性。鲨鱼在全天各个时刻都会进食。

袭击一般发生在夏季,即北半球的7月和南半球的1月,水温在22 ℃以上,与水深无关。大多数遭遇鲨鱼和鲨鱼攻击的报告均在白天,其中很多事件发生在午后不久。

鲨鱼袭击人的水温区域,如图1-4-4-3所示,深色区全年都有鲨鱼危害。北半球从5月至12月,南半球则是从11月至次年5月,都有鲨鱼攻击人类的情况。一般在水温很高的情况下才会发生鲨鱼攻击人的事件。

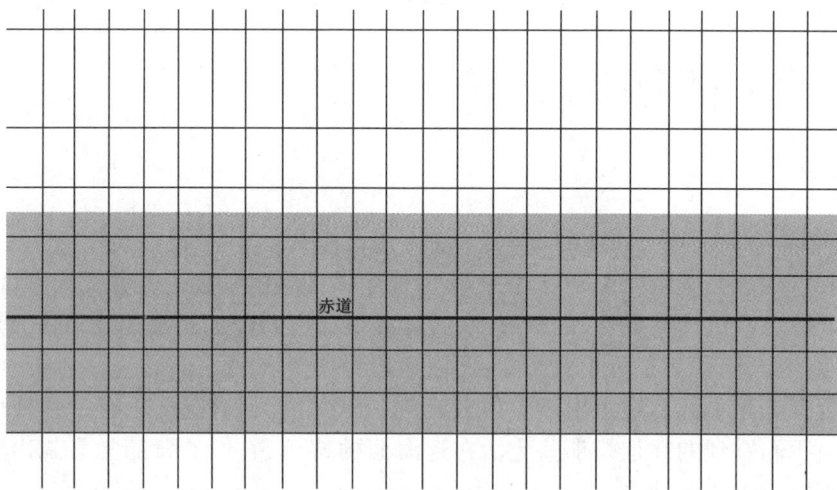

赤道

图 1-4-4-3 鲨鱼袭击人的水温区域图

3. 预防鲨鱼攻击的措施

在鲨鱼出没水域可以采取下列措施保护自己免遭鲨鱼袭击:

(1)减少反差:跳水前尽量穿上暗色的衣服,包括鞋靴。取下身上任何外露反光物品。

(2)不出气味。鲨鱼的视力有限,在水中主要通过嗅觉和身体摆动确定目标的位置,对血液和身体的排泄物如汗水、大小便相当敏感。因此,在弃船和海上待救过程中,求生者必须注意自身保护,避免身体受伤,附近有鲨鱼活动时不要小便。如果尿急,必须采取少量多次排尿。让尿液在几次小便期间稀释。如果忍不住要呕吐,也应采取相同的方法。

(3)不要振动:发现附近有鲨鱼活动时,应保持冷静沉着,不要急于游泳逃跑。因为突然剧烈游泳导致附近水的振动,引起周围水的压力变化,会被鲨鱼感受到。

(4)制造强刺激:一旦鲨鱼逼近,可用力拍击水面和急速打水或可将头沉在水中大喊大叫,对其高度敏感的侧线系统造成强烈刺激,迫使其放弃攻击。

(5)如果强刺激无效,鲨鱼仍然攻击,应该勇于和鲨鱼斗争,猛击其鼻眼等敏感部位,如能击中则会迫使其离开。

(6)禁忌用刀攻击鲨鱼。因为鲨鱼生性好斗,如不能刺到要害部位,鲨鱼嗅到血腥味后,反而会更加凶猛攻击,这样会给求生者造成更大的危害。

(7)如配有驱鲨剂,可以释放。目前驱鲨剂有很多,虽然已经取得不同程度的效果,但至今还没有一种驱鲨剂对所有鲨鱼都100%有效。

(二) 虎鲸

如图1-4-4-4所示,虎鲸为一种大型齿鲸,又称杀人鲸,身长为8~10 m,体重9 t左右,背呈黑色,腹为灰白色,有一个尖尖的背鳍,背鳍弯曲长达1 m,嘴巴细长,牙齿锋利,性情凶猛,食肉,善于进攻猎物,是企鹅、海豹等动物的天敌。有时它们还袭击其他鲸类,吃掉自己的同类——长须鲸,甚至是大白鲨,可称得上是"海上霸王"。虎鲸一般只在一定的条件才对求生者造成威胁,如有时会将救生艇筏碰翻。

图1-4-4-4　虎鲸

(三)有毒水母

1. 箱型水母

如图 1-4-4-5 所示,箱型水母(Box Jelly Fish)又称作黄蜂水母,属腔肠动物,主要生活在澳大利亚东北沿海水域,经常漂浮在昆士兰海岸的浅海水域,被认为是目前世界上已知的对人类毒性最强的生物。人被它的触须触及后,最短在 30 s 内便可死亡。当箱型水母发现猎物时,它就快速漂过去,用触须把猎物牢牢缠住,并立即用毒针喷射毒液。毒液一旦喷射到人的身上,皮肤上就会立即出现许多条鲜红的伤痕,毒液很快侵入人的心脏,只需 2~3 min 就会致人死亡,连抢救的时间都没有。

箱型水母的毒性为什么这么大?目前还不是十分清楚,但研究人员已发现,它的毒液主要损害的是心脏。一个健康人的心脏,有上百万个肌细胞,这些肌细胞都以同一节奏跳动着。当箱型水母的毒液侵入人的心脏时,会破坏肌细胞跳动节奏的一致性,从而使心脏不能正常供血,导致人迅速死亡。

在水中的求生者,如遇到箱型水母应尽可能远离。

图 1-4-4-5　箱型水母

2. 僧帽水母

如图 1-4-4-6 所示,僧帽水母(Physalia)为亮蓝色,浮囊充满气体,浮于海面,形状如一顶和尚帽,故称作僧帽水母。

僧帽水母主要分布在亚热带海域,这种漂浮的囊状物近 15 cm 长,但其触须可延伸到 12 m 开外。接触其触须后会造成麻痹症状,而且神经系统尤其中枢神经系统比肌肉系统出现得早。受其伤害虽不足以致命,但足以致残,会造成溃烂、头晕、恶心、呕吐,甚至全身酸痛,严重者意识不清,呼吸急促,最后休克死亡。

图 1-4-4-6　僧帽水母

（四）海蛇

如图 1-4-4-7 所示，海蛇（Pelamis Platurus）为蛇目眼镜蛇科的一个亚科。从古生物学的角度观察，海蛇是眼镜蛇祖先进入海洋后演化而来的，其身体构造与眼镜蛇相似，都是具有前沟牙的毒蛇。从蛇毒的生物化学看，海蛇毒仍保留着古眼镜蛇毒的原始特征。但是海蛇尾侧扁如桨，躯干后部亦略侧扁。

图 1-4-4-7　海蛇

海蛇的毒液属于最强的动物毒。钩嘴海蛇毒液相当于眼镜蛇毒液毒性的 2 倍，是氰化钠毒性的 80 倍。海蛇毒液的成分是类似眼镜蛇毒的神经毒，然而奇怪的是，它的毒液对人体损害的部位主要是随意肌，而不是神经系统。

海蛇咬人后,开始局部症状往往不明显,无异常出血,无疼痛感。若在浑浊水域,海蛇咬一口后会立即松开,隐藏于水下,受害者往往误认为是被鱼或其他动物刺了一下。而且,海蛇毒性发作有一段潜伏期,被海蛇咬伤后0.5~3 h内都没有明显中毒症状,然而这很危险,容易使人麻痹大意。实际上海蛇毒被人体吸收非常快,中毒后最先感到的是肌肉无力、酸痛,眼睑下垂,颌部强直,有点像破伤风的症状,同时心脏和肾脏也会受到严重损伤。被咬伤的人,可能在几小时至几天内死亡。

由于海蛇的毒素仅是蛇类制服敌人或猎物的工具,除了孵化期间护卵外,海蛇通常排毒较少,并不主动攻击人。多数海蛇是在受到骚扰时才伤人。

(五)蓝色圆环章鱼

如图1-4-4-8所示,蓝色圆环章鱼体形较小,生活在澳大利亚以东海域,特别是大堡礁海域,体色呈淡灰白色,缀有彩虹色圆环标记,有剧毒,受践踏或触摸时,可发出致命一击。对所有热带礁石附近的章鱼都要极其小心。

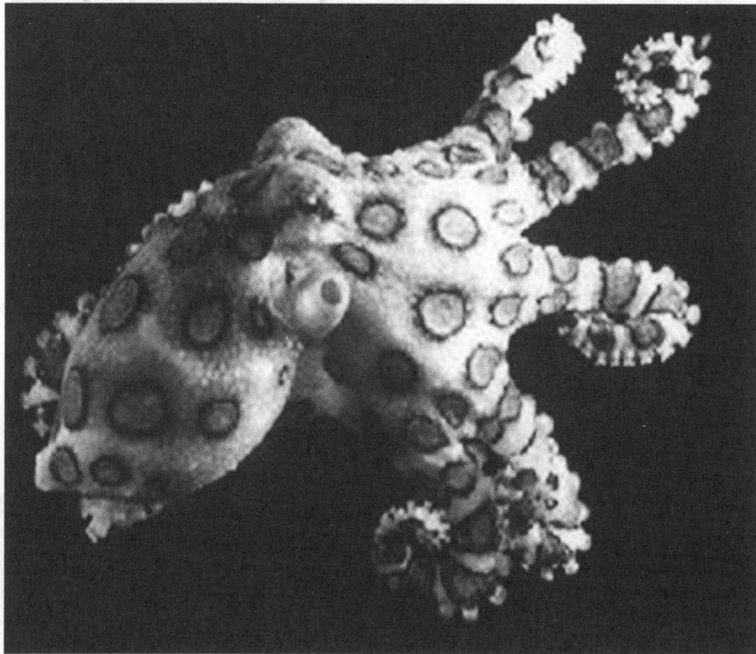

图1-4-4-8　蓝色圆环章鱼

(六)鳐鱼

如图1-4-4-9所示,鳐鱼一般不会主动攻击人类,但它们身躯庞大,有的体宽可达5~7 m,体重达1~2 t。鳐鱼尾部的长刺内有毒液,所以在水中千万不要试图去靠近它。

图 1-4-4-9 鳐鱼

（七）鲉鱼

如图 1-4-4-10 所示，鲉鱼是世界上最毒的鱼类之一，它的毒腺长在鳍棘下面。如果被其鳍棘刺伤，毒液进入伤口，就会引起全身性严重炎症、神经麻痹和剧痛及过敏性头痛。

图 1-4-4-10 鲉鱼

（八）刺鲀

如图 1-4-4-11 所示，刺鲀大多数颜色鲜艳，受到攻击后，其身体会鼓成球状，致使其体积变大，并从无数细孔中向四周伸出毒刺，一旦有微量的毒液刺入人体内，就会导致人死亡。

图 1-4-4-11　刺鲀

（九）长棘海胆

　　还有许多不为人们注意的海底生物，对人类的威胁并不比上述海洋生物小，例如长棘海胆，如图 1-4-4-12 所示。长棘海胆中有一些海胆的棘刺有毒，如毒棘海胆或者环刺海胆等，人如果不慎被刺，就会引起皮肤红肿、疼痛，严重的甚至还会出现心跳加快、全身痉挛等症状。

图 1-4-4-12　长棘海胆

💡 思考题

1. 当听到弃船信号后，船员应采取哪些行动？
2. 离开难船的方法有哪些，最好通过什么方法离开难船？
3. 低温水中求生者自救要点有哪些？
4. 落水求生者如何游出火势强劲的油火海面？
5. 跳水后的落水者如遇到鲨鱼，如何预防鲨鱼攻击？
6. 列举出对落水者有危险的常见海洋生物。

项目五　海上漂流待救

【知识目标】

1. 掌握在救生艇筏上如何合理分配补充淡水和食物；
2. 掌握救生艇筏上自我保护措施；
3. 掌握海上辨认方向的基本知识。

【能力目标】

1. 能够正确操纵管理好救生艇筏应对各种海况；
2. 能够利用现有条件或自然条件正确辨认方向。

【内容摘要】

能成功弃船，并不意味着海上求生的成功。在海上等待救援的过程中可能会面临种种困难。此时要求求生者要有坚强的求生意志和遵守严格的管制制度。为了更好地完成自救和待救任务，求生者必须组织起来，加强人员领导，同舟共济，明确职责。

任务1　掌握合理分配补充淡水和食物

水是人体内含量最多的物质，约占体重的60%，是维持机体正常生理活动的必要营养物质之一。一个普通成年人在正常情况下平均每天要排出2.5 L水，其中，通过肾脏排出1.5 L，肺排出0.5 L，出汗排出0.5 L，失去的水分如果补充不上，体内的水分就会失去平衡。

当人体失去1/5以上的体液时，人就会死亡。根据研究得知，人每天的饮水量以0.5 L为维持生命的最低限度。对海上求生者来说，淡水比食物更加重要。有淡水无食物时，求生者仍可生存30~50天，但如果无淡水只有食物，则求生者仅能维持数天生命。所以，在救生艇筏上的求生船员必须对饮水实行严格控制管理以及正确分配使用，同时还应想方设法获取可饮用的淡水。

一、淡水

1. 救生艇筏淡水的配备

救生艇筏上会配备一定数量的应急饮用水，如图1-5-1-1所示。

救生艇:按照额定乘员每人 3 L 配备,按每人每天 0.5 L 计算,可供满载人员 7 天使用(最初的 24 h 不供给淡水,伤病员除外)。

救生筏:按照额定乘员每人 1.5 L 配备,按每人每天 0.5 L 计算,可供满载人员 4 天使用(最初的 24 h 不供给淡水,伤病员除外)。

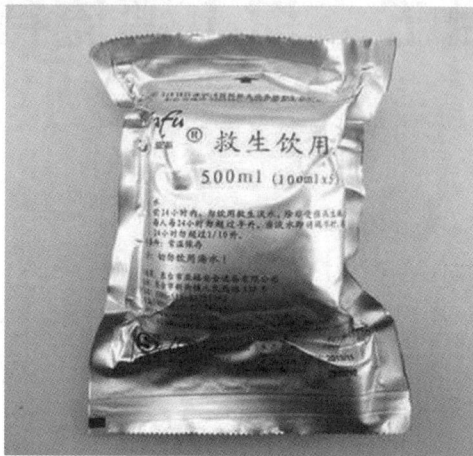

图 1-5-1-1　应急饮用水

2. 淡水的分配与使用

救生艇筏上的淡水要集中存放,并有专人管理和分配。淡水的分配方法是:从弃船求生 24 h 后每人每天 0.5 L。饮用时,最好将每天分到的淡水分为三等份,日出时喝 1/3,日中天喝 1/3,日没后喝 1/3。饮用时不要一口饮尽,要一小口一小口地喝,水要尽可能地在嘴中含一会儿,润一润嘴唇,然后再慢慢咽下,这样可以减轻口渴感。

3. 淡水的补充

救生艇筏内配备的淡水是有限的,因此求生者应尽可能收集、补充淡水,海上求生者补充淡水的主要途径有:

(1)收集雨水和露水

雨水是最好的淡水来源,因此,当在海上遇到下雨时,应使用一切可以作容器的装置多收集雨水(救生艇筏属具中都配有雨水收集器,能够从救生艇筏相应的位置收集雨水)。但最初收集到的雨水会因为容器含有盐分,如雨水充足,最好倒掉,然后再收集干净的雨水;收集到雨水后应让大家喝足,以补充体内水分。由于雨水不能长期保存,所以,有雨水时应先喝雨水,而救生艇筏上配备的淡水则留作备用。雨水很少时,可用清洁布、衣服或干净的海绵吸取救生艇筏上的露水,然后将水拧在准备好的容器内。

(2)利用海洋生物的体液

①生鱼的眼球含有相当多的水分。

②鱼的脊骨不仅含有可饮的髓液,而且还含有大量的蛋白质。

③将捉到的鲜鱼切成块,放在干净的布中拧出体液,放入容器内。

④饮用海龟血。

(3)海水的淡化

①物理方法:利用太阳能蒸馏器来制取淡水。其工具结构简单,效果良好,但是容易受到

气候的影响。

②化学方法:目前应用的方法有组合式交换法及离子交换器、421 型海水淡化器等。化学方法虽然不受气候影响,但是成本高,主要配备在飞机上,船舶一般不配备海水淡化装置。

(4)在极地航行时,可利用海中的浮冰补充淡水。

4.淡水的储存和水质的辨别

淡水储存时间的长短与很多因素有关,其中主要因素有环境温度、水温、贮水器的清洁程度等。如条件许可,平时救生艇筏内的淡水应每隔 30 天更换一次(如配备的是密封包装的淡水,则应注意其保质期,现在船舶基本上都采用后者),这样能使救生艇筏内淡水在 40~60 天内保持气味良好。但在炎热的天气里,饮水的保存时间可能缩短一半。

在海上求生时,如果对饮水水质存有怀疑,不可轻易丢弃,应进行采样试验,具体分两步进行:

第一步:初试——饮用少许,等待 1~2 h,如果身体无不良影响,可再试。

第二步:再试——多饮一些,等待 4~5 h,如果无副作用,说明饮水水质基本是好的,但饮用也不宜过多。

另外,可闻一闻饮水的气味,这样也可辨别水质的好坏。

5.禁止饮用海水和尿

国际海事组织明确表示,在海上求生中,禁止饮用海水和尿。海水中含有较高的盐分,人的肾脏无法承受,饮用海水可致使肾功能丧失。正常人体肾脏能够承受的盐浓度一般不超过 2%,而海水中含盐量往往大于 5%,为了排泄掉饮用的 100 mL 海水中所含有的盐量,不仅要把饮入的海水中的水分全部排泄掉,还要使身体另外失去 50 mL 的水分。否则体内盐分就会增加,使肾脏的负担过重,以致肾功能丧失。饮入海水后,还会导致口渴、腹胀而后出现意识不清、精神错乱,威胁求生者的生命安全。国外有人做过调查:饮用海水而死亡的要比未饮用海水而死亡的高出 12 倍。

而尿液中含有过多的有毒物质,饮用还会导致恶心、呕吐,使身体内的水分更加减少,更加口渴,甚至发狂而死亡。

以上仅是从海水和尿液的化学成分分析,国内外也有不少报道喝自己的尿液坚持数十天的例子,但这只是个例,不具有代表性。

6.盐分的补充

如救生艇筏上无储备盐,而又处于酷热天气,出汗很多,这时求生者身体内将需要补充盐分,这也是机体维持生命所不可缺少的电解质。

体内缺盐时的表现为:口渴,甚至饮用相当数量的水后仍觉得口渴。这时可将海水冲淡后(海水含 15%~30%)内服。这样做不仅可以供给身体所需的盐分,而且还增加了相当于一天的供水量。

二、食物

1.救生艇筏上应急口粮的配备

救生艇筏上配备的应急口粮是一种按份包装的压缩食品,如图 1-5-1-2 所示,每份压缩食品都是按最佳比例配制而成的,它只含有少量的蛋白质,是淡水供应不足情况下唯一比较适宜的食物。

救生艇:每个人不少于 10 000 kJ 的口粮,口粮应保存于气密包装内并存放在水密容器内。

救生筏:每个人不少于 10 000 kJ 的口粮,口粮应保存于气密包装内并存放在水密容器内。

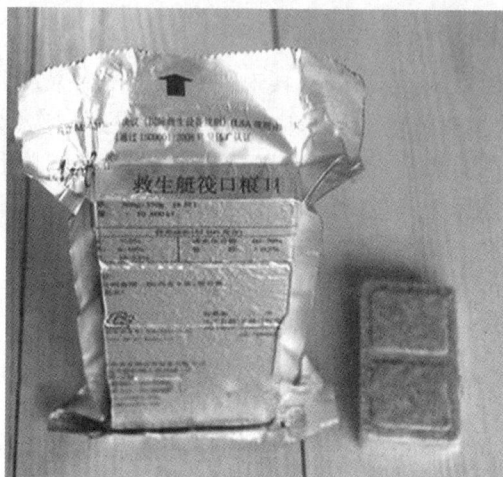

图 1-5-1-2　救生艇筏应急口粮

2. 应急口粮的分配

第一天:(遇险最初 24 h 内)不得进食、饮水。

第二、三天:按日出、日中和日没分配三次口粮,不得给予超额食物。

第四天:若仍未获救,口粮配额应予以减少;必要时可减少至规定配额的一半。

如救生艇筏上已经断水,则不得再吃食物,以免加剧减少体内的水分。

3. 食物的补充

救生艇筏上的应急口粮是有限的,所以较长时间在海上求生时就必须设法从海上获取食物。获取途径有以下几方面:

(1)用救生艇筏上配备的鱼钩钓取鱼、虾等。

(2)捞取海藻、海带等可以生食的海洋植物。

(3)利用袜子、裤子、衣服或多孔的织物收集浮游生物。

注意:捕捉到的鸟、鱼、虾等高蛋白质食物,只能在淡水充足时食用。

4. 食物好坏的辨认

求生者从海中获取食物后,应注意辨认食物的好坏。吃海藻前应仔细检查,把附着在上面的小生物弄掉;有些没有正常鱼鳞而带有刺、硬毛或者棘毛的鱼多数是毒鱼,不能食用。不可食用有以下迹象的鱼:发育不正常的鱼;有恶劣气味的鱼;腹部隆起的鱼;鳍翘至腹部黏滑的鱼;眼珠深陷入头腔的鱼;用手揿入鱼肉会有凹陷印的鱼。

5. 不应配备的食品

救生艇筏上不应配备葡萄糖或者炼乳之类会使人口渴的食品。

任务 2　掌握救生艇筏上自我保护措施

弃船登上救生艇筏的求生者在漂流待救过程中,根据所处海域不同,可能会遇到各种恶劣环境,这时求生者需要正确操纵和使用救生艇筏及其属具,克服困难,以增加获救机会。

一、组织人员分工与值班

为了更好地完成待救和自救的任务,求生者们必须组织起来,加强领导,同舟共济,明确值班职责,进行有序的管理。指定专人管理饮水和食物;专人管理医药器材并照顾伤员;专人负责救生艇筏的维护修理。全体人员 24 h 轮流值班,每小时 2 人一班,一人负责外勤,一人负责内勤。当人员不够时,值班人员可以减为一人同时负责内外勤。

1. 外勤人员职责

(1)及时发现前来救援的船舶或飞机,必要时可以运用相关求生设备,如:各种视觉信号、雷达应答器和双向无线电话等。

(2)人员不齐时,应积极关注海面搜寻落水人员。如发现落水人员,应及时通知其他人员操纵救生艇筏靠近落水人员,向其抛投救生浮环,将其救起。

(3)随时注意救生艇筏周围及其附近情况以及海洋生物动态。关注放出的渔具情况,及时捕捉海洋生物,以便不断补充食物。

(4)关注气象海况变化。判断大风浪将来临时,应告知所有成员,做好应对措施,密封和固定好所有艇筏属具和相关物资,督促每个人正确系好安全带。

(5)降雨时,及时告知其他救生人员,利用雨水收集器做好雨水收集工作。

(6)负责保持与其他艇筏的联系。

(7)根据各种情况,寻找陆地。

2. 内勤人员职责

(1)及时发现救生艇筏内的各种不安全情况,如救生艇筏漏水、救生筏漏气等。气胀式救生筏由于烈日暴晒使筏内气体膨胀,压力升高,气体会自动从安全阀溢出,发出"嘶嘶"声,这是正常现象,切勿乱动安全阀。如遇温度下降,浮胎气压不足时,应用充气装置及时向浮胎补气。

(2)及时排除救生艇筏内的积水,注意通风保暖和保持内部干燥卫生。

(3)照料好伤员。

二、掌握施放、回收海锚或流锚的方法

海锚是救生艇筏必备属具之一,具有非常重要的作用,海上求生者应熟练掌握施放、回收海锚的方法。

1. 海锚的功用

救生艇海锚如图 1-5-2-1 所示,救生筏海锚如图 1-5-2-2 所示,其功用如下:

（1）在大风浪中可保持艇首顶风顶浪，减少上浪，以防救生艇筏被风浪打正横而发生倾覆。

（2）在救生艇抢滩登陆时，可控制艇首的方向，以保持艇不被风浪打横。

（3）可减缓救生艇（筏）的漂流速度，保持弃船后救生艇筏能在遇险海域附近停留，等待救援。

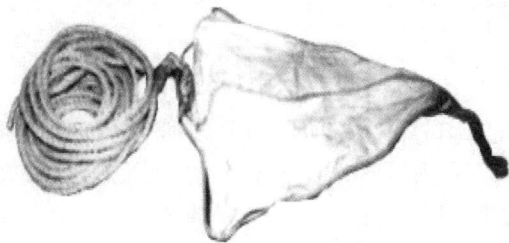

图 1-5-2-1　救生艇海锚

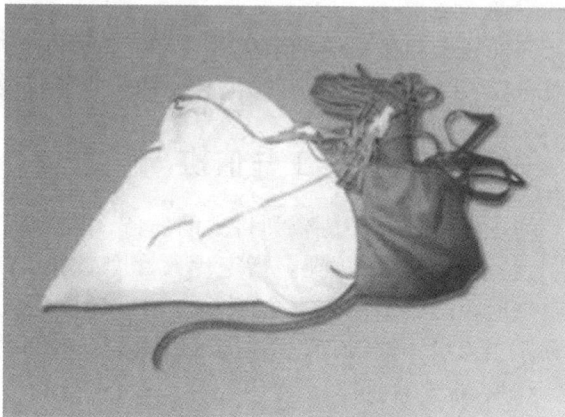

图 1-5-2-2　救生筏海锚

2. 海锚的施放、回收步骤

（1）操舵，使艇首顶风顶浪。

（2）将海锚放在水中，把海锚索的末端系固在艇的固定件上，再把海锚索从艇首的导缆钳逐渐松出。

（3）海锚吃力后，海锚索张紧，而收回索应始终保持松弛。

（4）当救生艇受到风暴袭击产生剧烈摇摆时，应在救生艇周围洒镇浪油，抑制海浪，以免救生艇遭受倾覆危险。

（5）回收海锚时只需拉紧收锚索，使海锚倒置，顶端朝艇即可省力地将其拉回艇上。

3. 镇浪油的使用

（1）救生艇上规定配备有 4.5 L 的植物油或者鱼油作为镇浪之用，存放在专用的油箱内。

（2）用时将油灌注入布油袋，注满后将袋口木塞旋紧系好，然后再用细绳将袋系结在海锚上，随海锚投入海中。

（3）袋中的油不断地从袋口木塞的孔眼中渗出，流到艇周围的海面上，当袋内的油流完后，则须重新灌注。

三、大风浪侵袭时的应对措施

因大风浪侵袭，海水极易进入救生艇筏内，此时应尽可能关闭救生艇筏所有入口，仅留最小口以保证呼吸及通风之用。如已有海水打入，则应尽快将海水排出救生艇筏之外，以保持救生艇筏内不受水浸。大风浪中操纵救生艇要领：

（1）操纵救生艇时应尽量避免在横浪中行驶，应使艇首与浪成 20°～30° 的角度航行，防止艇身被风浪打横而发生倾覆危险。

（2）操艇时也不能使艇首顶着风浪行驶，以免艇首被大浪压下。最好采取艇首或尾舷部位受浪。

（3）救生艇在大风浪中行驶，必须保持一定艇速，维持舵效控制艇首方向。若风浪太大无法行驶时，应迅速抛出海锚，洒镇浪油，使艇身顶着风浪。

（4）大风浪中不要轻易掉头，因为这样很容易造成艇身被打横摇晃，严重时可能造成艇倾覆。如必须掉头，则要特别注意，要善于观察波浪的规律，当出现较弱的波浪和艇处于波谷时，迅速掉头。

四、在寒冷环境中的应对措施

在寒冷环境中，一旦风浪把海水带入救生艇筏内，求生者的脚和腿会因为长时间浸泡在水里（尤其是水温低于 15 ℃时）和活动量的减少而变得麻木和肿胀，容易产生湿冻伤，这就是常说的"浸泡足"。为了预防该现象产生，求生者应该：

（1）保持救生艇筏内温暖干燥，关闭救生艇筏出入口，减少海浪侵入，调整通风至最低需要。

（2）应穿着保暖衣服，外层最好穿上能防水的衣服，扎紧袖口、领口及裤管口。

（3）必要时求生者可紧靠在一起取暖。如有备用毛毯、衣服，应及时用于保暖。

（4）要特别注意手脚保暖和血液流畅，需要经常活动手脚和全身关节。

（5）避免长时间暴露于寒冷环境之中，定时更替瞭望值班人员，必要时缩短每班的时间。

（6）不要吸烟，因为吸烟会使手脚的供血减少。也不要饮酒，饮酒会加速血液循环，对于没有足够能量补充的求生者来说，会加速热量散失。

五、在烈日酷热环境中的应对措施

在酷热环境中，救生艇筏上的求生者所面临的最大威胁是缺水。一旦断水，求生者的生命仅能维持数天。由于人体需要摄取水分的数量是由体内排出水分的数量而定的，因此要设法减少人体失去水分。具体的措施如下：

（1）用海锚调整救生艇筏方向（通风口方向），保持救生艇筏内良好的通风，应注意保持凉爽，平静休息，以防出汗。

（2）架设遮篷，保持救生艇筏外部及遮篷潮湿。避免太阳直射，减少皮肤在阳光下直接暴晒的时间，以免造成晒伤。

（3）在热带地区，白昼太热时，可将所穿衣服弄湿，但夜晚前应晒干或将衣扣解开使身体露于微风中。

（4）救生筏内应将下浮胎放气，利用海水冷却筏底以降低筏内的温度。

（5）不可下海游泳，因为游泳容易消耗体力而感觉口渴。

（6）按照定额口粮食用可减少额外水分的需要。每日分配的淡水按要求分三次慢慢喝下，如流汗过多，可以按前面的方法在水中补充盐分。

六、在风雨侵袭下的保护措施

（1）如天气寒冷时，救生艇筏应放出海锚来调整其受风方向，以减少风雨的侵袭。

（2）开敞式救生艇筏应采取遮盖方式，防止救生艇筏内雨水侵积，注意及时排水（救生艇筏属具中都配有手动排水泵)。

(3)雨水较大时可将入口关闭,以防雨水渗入,并应及时用海绵擦干救生艇筏内部。

(4)利用雨水收集器(救生艇筏属具中配有)或其他容器积极收集雨水,并予以储存。

七、预防晕浪和常见疾病的防治

1.预防晕浪

晕浪引起的过度呕吐会使身体大量失水、电解质紊乱,求生者会感到头晕、疲劳,同时也很容易动摇意志而失去获救的信心。救生艇筏内人员呕吐发出的难闻的气味,又会造成各种刺激,从而加重晕浪的症状。因此,为了预防晕浪,应该做到:

(1)每个求生者在登上救生艇筏后均应立即按规定剂量服用晕船药片,以防止呕吐;

(2)施放海锚,保持适当的通风并使救生艇筏顶浪以减轻摇摆;

(3)保持安静,适当休息,保存体力;

(4)按要求供给水分;

(5)晕船者应尽量呼吸新鲜空气,用湿毛巾擦拭面、额,并尽快清除呕吐物(救生艇筏属具中配有清洁袋);

(6)互相鼓励帮助,坚定意志和信心。

2.冻伤的防治

手、脚及面部特别是耳朵最易因严寒侵袭而发生冻伤,冻伤发生后要注意对患部保暖,可用手轻轻摩擦皮肤到发红发热为止,如不加以保护,即会溃疡。冻伤应以预防为主,尽可能地对身体的暴露部分进行保暖,或经常用手轻轻摩擦使其发热、改善血液循环,衣服鞋袜要保持干燥,坐久了要活动一下四肢。

3.日炙的防治

皮肤长时间在强烈日光下暴晒后会起小水疱,以后可能感染、溃烂。因此求生者要采取措施避免在强烈日光下暴晒,日炙后可涂烫伤药膏治疗。

4.褥疮的防治

长时间在救生艇筏内生活,可能生褥疮,多发生于骨骼突起受压部位。根据其发生、发展过程,褥疮可分为三度:

一度:局部仅表现为红斑水肿,或苍白色、青灰色,境界清楚,有麻木感或触痛。若及时处理,可于数天内好转。

二度:皮肤颜色为深紫色或紫黑色,可出现水疱,疱壁破裂后形成浅表糜烂面。

三度:溃疡形成,浅者达皮下组织,深者可达骨组织,继发感染后脓液多,且有臭味。

最好的预防方法是保持衣服干燥,经常变换坐姿和位置。治疗褥疮应该及早开始,原则是解除患处压迫,促进局部血液循环,加强创面处理。如已发生褥疮,可用四环素软膏擦涂患处。

八、修理筏体破损

如发现筏体有泄漏时,应对泄漏处及时处理。当泄漏处呈较小洞时,可在补漏工具袋内取出锥形补洞塞,旋进小洞进行堵漏,旋进时不要用力太大和旋入过深,否则洞口将被扩大。如发现有裂纹或小洞口时,可用螺旋补洞夹堵漏。如破洞较大,应先将破洞周围的水迹擦干,用砂纸打毛,然后剪取一块比破洞四周至少大 25 mm 的粘补胶布,该胶布同样用砂纸打毛,在破洞四周及胶布上均匀地涂上胶水,待数分钟后即可将胶布贴在破洞处,再用小滚筒做往复运动,以压紧胶布,排出气体,使之贴牢,贴妥后再等 5 min 方可向筏体充气。上述用具均在救生筏属具的补漏工具袋内。

任务3　掌握海上辨认方向的方法

辨认方向在海上求生过程中非常重要,如果迷失方向、位置不明,就可能失去获救的机会,甚至会导致死亡。因此,辨认方向,是一名海员应具备的最基本的能力。辨认方向的方法很多,特别是随着科学的发展,利用各种仪器定位辨认方向越来越精确、便捷,但在求生过程中最实际的、最有用的是利用自然环境辨认方向。

一、利用自然环境辨认方向

1. 太阳定向

如果救生艇筏位置在北纬 23.5°以北,中午时太阳在救生艇筏的南方经过。如果救生艇筏位置在南纬 23.5°以南,中午时太阳在救生艇筏的北方经过。在这两纬度之间,中午时太阳随季节的不同(太阳的赤纬不同)可能在南方或北方经过。

在晴朗的白天,根据日出、日落就可以方便地知道东西方向,也就可以判断出大致方向。在北半球,冬季日出位置是东偏南,日落位置是西偏南;夏季日出位置是东偏北,日落位置是西偏北;春分、秋分前后,日出正东,日落正西。在南半球则相反。可以根据表 1-5-3-1 推算出太阳日出日落大概方位。也可以利用公式 $cosA = sin$ 太阳赤纬$/cos$ 测者纬度,精确计算出太阳日出日落方位。

表 1-5-3-1　太阳日出日落方位

日期	纬度			
	北纬 60°	北纬 30°	赤道 0°	南纬 30°
二月五日	122°/238°	108°/252°	106°/254°	109°/251°
三月二十一日	90°/270°	90°/270°	90°/270°	90°/270°
五月五日	55°/305°	71°/289°	74°/286°	72°/288°
六月二十五日	37°/323°	63°/297°	67°/293°	64°/296°
八月九日	55°/305°	71°/289°	74°/286°	72°/288°
九月二十三日	90°/270°	90°/270°	90°/270°	90°/270°
十一月七日	122°/238°	108°/252°	106°/254°	104°/256°
十二月二十二日	140°/220°	116°/244°	113°/247°	117°/243°

2.星座定向

（1）北极星

如图 1-5-3-1 所示,北极星是北半球最好的指北针(尤其在中低纬度精度很高),因为北极星所在的方向接近于正北方向,北极星可通过大熊星座找到。大熊星座也称作北斗七星,星间的连线像一个巨大的勺子,在晴朗的夜空是很容易找到的,勺口两颗星的连线向勺口方向延伸 5 倍于两星之间的距离有一颗较亮的星,这就是北极星,北极星所在的方向即正北方向。

图 1-5-3-1 北极星

（2）南十字星

如图 1-5-3-2 所示,在南半球夜晚天空,利用南十字星辨别方向。南十字星由 4 颗较亮的星组成,形同"十"字,长轴的连线延伸 4 倍即是地球南极,即正南方。

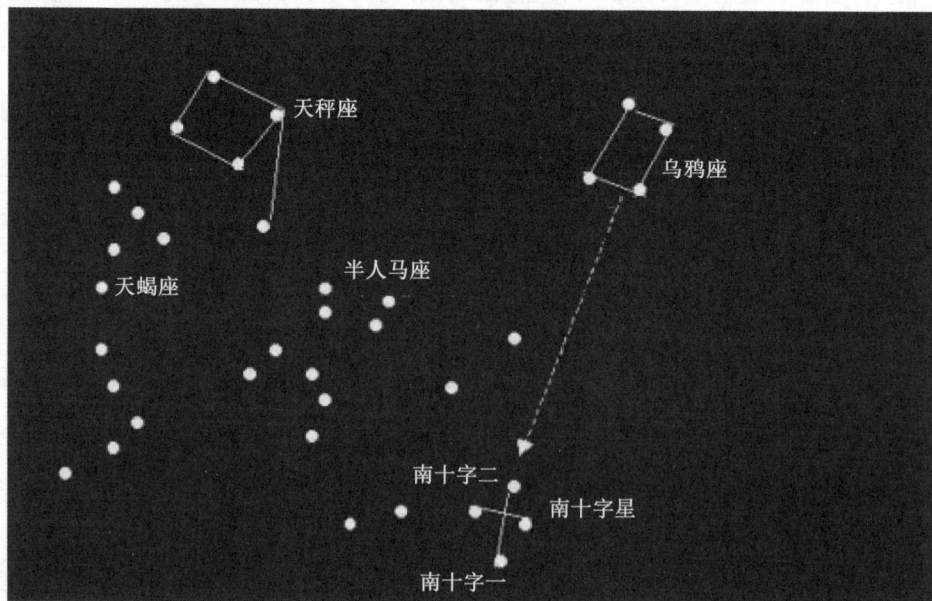

图 1-5-3-2 南十字星

3. 月亮定向

夜间还可以用月亮判定方向。例如,月亮满月时,正好面对着太阳,半夜 12 时它往往是在正南或者正北。知道了南北方向,其他方向就可以推测出来。此方法不适用于月亮赤纬和测者纬度相近或相同。

另外,月亮的升落是有规律的。月亮升起的时间,每天都比前一天晚 48～50 min。例如,阴历十五的 18 时,月亮从东方升起。到了阴历二十,相距 5 天,就迟升 4 h 左右,约于 22 时于东方天空出现。月亮"圆缺"的月相变化,也是有规律的(如图 1-5-3-3 所示)。阴历十五以前,月亮的亮部在右边,十五以后,月亮的亮部在左边。上半个月为"上弦月",月中称为"圆月",下半月称为"下弦月"。每个月,月亮都是按上述两个规律升落的。求生者可以利用此规律来确定方向,方法有以下两种:

方法一: 可以根据月亮从东转到西,约需 12 h(地球自转半圈),平均每小时约转 15°这一规律,结合当前的月相、位置和观测时间,大致判定方向。

例如,22 时,看见夜空的月亮是右半边亮,便可判明是上弦月。假设太阳落山时(18 时),月亮正好位于正南方,此时,22 时-18 时=4 时,即已经过去了 4 h,月亮在此期间转动了 15°×4=60°。因此,将此时月亮的位置向左(东)偏转 60°,即为正南方。

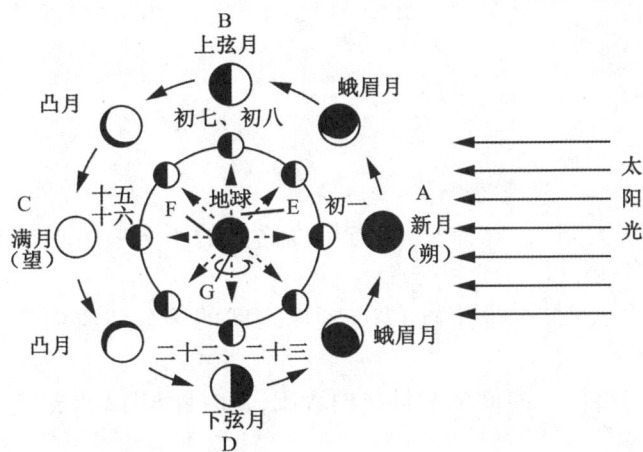

图 1-5-3-3　月相变化图

方法二: 根据缺月来判断太阳到月亮位置的时刻,然后利用手表来确定方向。

首先看一下手表确定时间,并记录下来。

用目力将月亮直径分成 12 等份,估计所看到的月亮发亮部分占其直径的几分之几。具体月相可参照图 1-5-3-3,如遇上弦月(看见月亮的右半部),则要将获得的数字减去观测时刻。如遇下弦月(看见月亮的左半部),则要加上观测时刻。如两数相加超过 12 时,则要减去 12 时;如两数相减不够时,则先加 12 然后再减。

经过加或减之后,把加或减所得的数字(时间)在手表上调好,并把手表的时针朝向月亮,然后找出和 12 点时的等分线,这条等分线就是南北方向线。(可参考手表测向法)

例如: 观测时间是清晨 0530,所看到的月亮如图 1-5-3-4 所示,发亮部分直径相当圆月的 10/12,计算步骤如下:

因为这是下弦月(大约是阴历十八九),所以将观测时间加上月亮发亮部分,即分子(0530

+1000），可以算出当时间到 1530 时刻，太阳正好到现在月亮的位置。

为了便于在手表上画图，再用 1530−1200＝0330。

将手表 0330 时刻对准月亮，也可以将手表调整到 0330，如果没有手表也可以自制手表。后面确定方法同手表测向法。

图 1-5-3-4　月相

二、利用仪器仪表辨认方向

1. 手表测向法

如图 1-5-3-5 所示：

（1）北半球：将手表放平，时针指向太阳，在时针与 12 点刻度之间的平分线方向就是南方。

（2）南半球：将手表放平，时针指向太阳，在时针与 12 点刻度之间的平分线方向就是北方。

（3）若无指针式手表，可自制表盘。将实际时间的时针指向太阳，在时针与 12 点刻度之间的平分线就是南方（北方）。

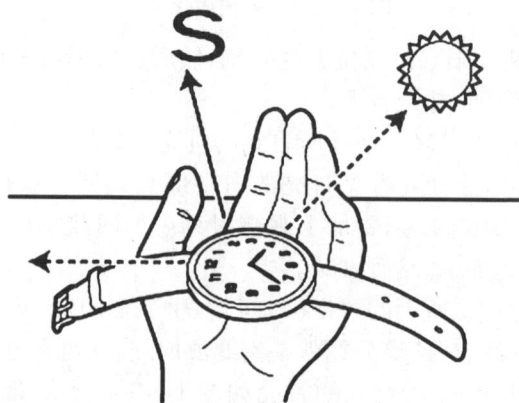

图 1-5-3-5　利用手表辨别方向（北半球）

2. 磁罗经定向

磁罗经,如图 1-5-3-6 所示,是海上求生非常重要的器材。救生艇属具中要求配有 1 只具有发光剂或适当照明的操舵罗经。但要记住:罗经指针指向"北"或"N"是指罗北方向,与真北方向存在一个偏差角度,应测量出磁偏角的数值,以取得准确的罗经方向。当指北针的磁针静止后,其 N 端所指的方向即为罗北方向。

图 1-5-3-6　磁罗经

3. 利用 GPS 接收机定向

GPS 接收机,如图 1-5-3-7 所示,本身并不具备定向功能,GPS 接收机能给用户提供连续不断的时间和位置信息。GPS 接收机可以根据连续的时间和位置信息计算出移动的方向。应该注意此方向是物体运动的航迹向,并非救生艇的船首向。当风流压较大的时候,两者角度相差甚大。

图 1-5-3-7　GPS 接收机

思考题

1. 救生艇筏上淡水和食物是如何配备的,应如何分配?

2. 补充淡水的方法有哪些,如何辨别水质?

3. 在寒冷环境中保护措施有哪些?

4. 在酷热环境中保护措施有哪些?

5. 求生者在救生艇筏上如何预防晕船?

6. 海上求生过程中可以利用哪些方法来辨别方向?

项目六 实操训练与评估

【技能目标】

1. 正确穿着救生衣;

2. 正确穿着和使用保温救生服;

3. 安全地从高处跳入水中;

4. 穿着救生衣游泳;

5. 未穿着救生衣保持漂浮;

6. HELP 姿势;

7. 穿着救生衣扶正倾覆救生筏;

8. 穿着救生衣从水中登上救生筏。

【内容摘要】

根据中华人民共和国《海船船员培训大纲(2021 版)》、中华人民共和国《海船船员考试大纲(2022 版)》、《中华人民共和国海船船员培训合格证评估规范》(2012 年),实操训练涉及个人救生设备穿着、从高处跳入水中、在水中进行求生活动等部分的内容,分别从实训内容和要求、实训场地和器材、实训步骤、评估方式和评估参考标准等方面做了介绍,方便实操训练和评估的组织开展。

任务 1 正确穿着救生衣

一、实训内容和要求

1. 固有浮力式救生衣的穿着方法

如图 1-6-1-1 所示:

(1)穿着前应检查救生衣浮力块有无受损,腰带、颈带、插口、救生衣口哨和救生衣灯是否完好;

(2)将救生衣从头套上;

(3)将腰带从腰部绕过来,插入插扣,并收紧腰带;

（4）插上颈部插扣并收紧颈带。

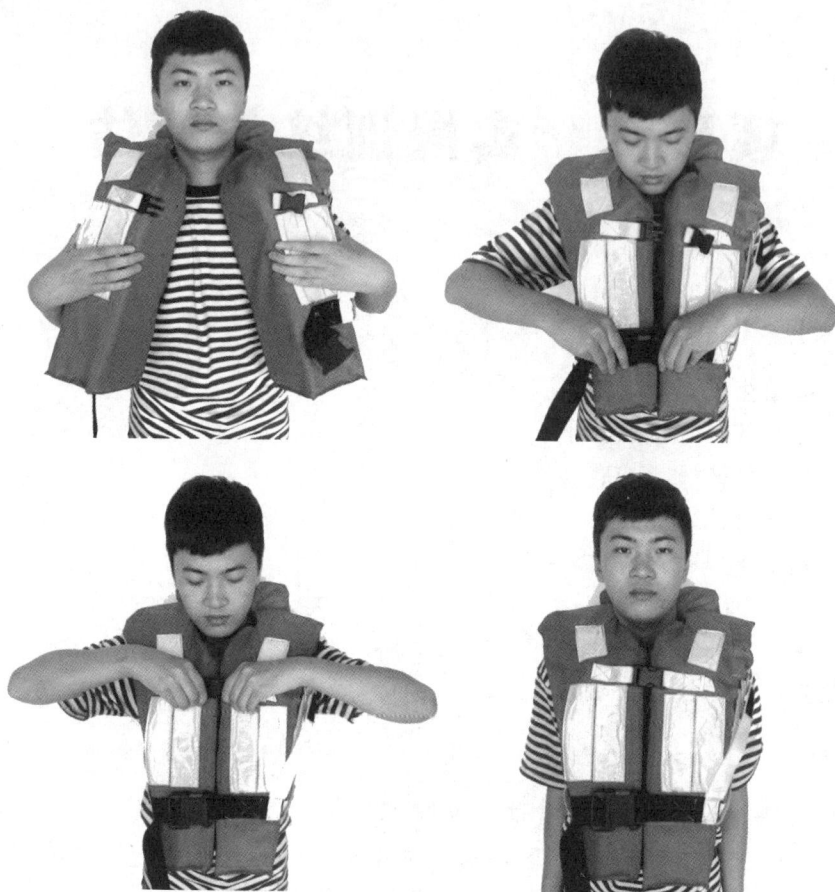

图 1-6-1-1　固有浮力式救生衣穿着图解

2. 气胀式救生衣的穿着方法

如图 1-6-1-2 所示：

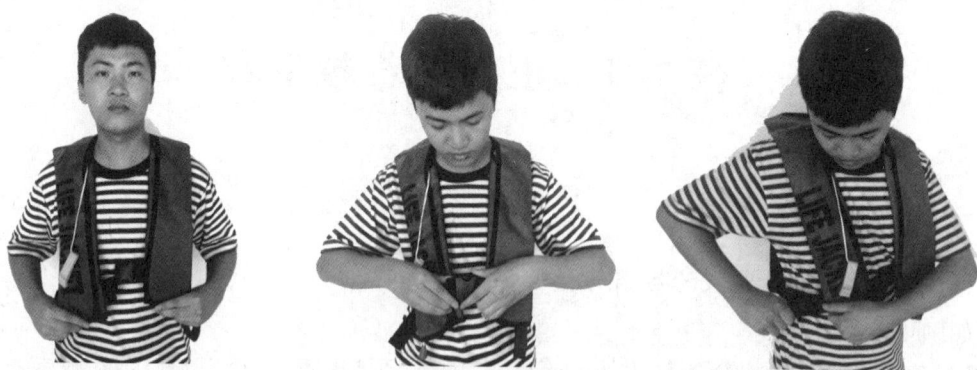

图 1-6-1-2　气胀式救生衣穿着图解

（1）穿着前应检查救生衣外表有无损坏，口吹阀、胸带、胯带，救生衣口哨和救生衣灯是否完好；

（2）像穿马甲一样穿着后,扣好缚带,调整胯带;

（3）再根据不同的充气形式的救生衣进行充气。

3. 实训要求

指导教师通过设备实物的讲解使学员掌握救生衣的特点和穿着方法。要求学员在 1 min 之内能够正确穿着救生衣,并检查哨笛和救生衣灯,让学员反复练习。

二、实训场地与器材

符合海船船用标准的救生衣 40 件。

三、实训步骤

（1）全班分成若干小组,每组 6~10 人,进行分组训练;

（2）指导教师介绍救生衣检查过程并演示其穿着方法,学员分组训练。要求学员在规定的时间内正确检查和穿妥救生衣。

四、评估方式

通过计时,检查学员在规定时间内穿着的正确性。

五、评估参考标准

1 min 以内能够正确穿着,并检查哨笛和救生衣灯。正确穿着救生衣(10 分),根据穿着时间和正确性扣分,低于 6 分为不及格。

任务 2　正确穿着保温救生服

一、实训内容和要求

1. 保温救生服的穿着方法

如图 1-6-2-1 所示:

（1）穿着者根据身高选择大小合适的服装,并检查救生服各部分是否完好无损。

（2）展开服装,由颈部向下打开胸部水密拉索和腿部限流拉索或松紧带。

（3）双手拎起救生服腰部,不必脱鞋子,穿进两下肢后,收紧腿部限流拉索或松紧带;再穿进两上肢,戴上帽子,整理衣襟,拉上胸部水密拉索;调整帽子宽紧带使面部密封圈与脸部接触紧密。

（4）最后,横向拉紧并粘妥保护面颌部的挡浪片,穿着完毕。

（5）如果需要增加浮力,可在他人协助下,外面加穿一件救生衣。

（6）脱除方法,脱险后按穿着时相反的顺序脱下,晾干、叠起收藏。

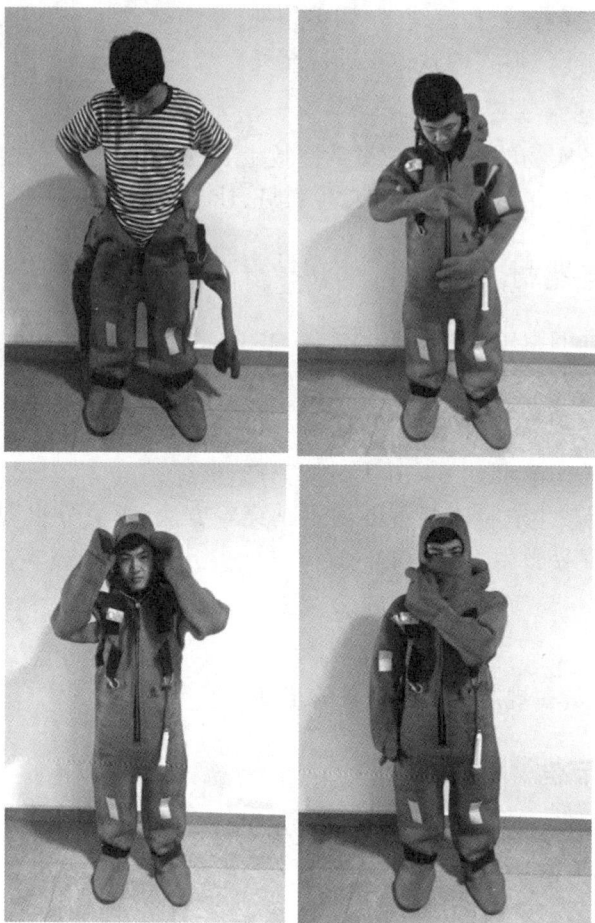

图 1-6-2-1　保温救生服穿着图解

2. 实训要求

指导教师通过设备实物的讲解使学生掌握保温救生服的结构特点和穿着方法。要求学员在 2 min 以内能够正确穿着保温救生服,并检查其属具,让学员反复练习。

二、实训场地与器材

符合海船船用标准的保温救生服 40 件。

三、实训步骤

(1)全班分成若干小组,每组 6~10 人,进行分组训练。

(2)指导教师介绍保温救生服的结构特点、检查过程并演示其穿着方法,学员分组训练。要求学员在规定的时间内正确检查和穿妥保温救生服。

四、评估方式

通过计时,检查学员在规定时间穿着的正确性。

五、评估参考标准

2 min 以内能够正确穿着保温救生服,并检查其属具。正确穿着保温救生服(10 分),根据穿着时间和正确性扣分,低于 6 分为不及格。

任务 3 跳水求生的方法

一、实训内容和要求

1. 跳水方法

如图 1-6-3-1 所示:

(1)穿妥救生衣,再选定跳水的位置。

(2)深吸一口气,用左(右)手捂住口鼻。

(3)右(左)手经过左(右)上臂紧握救生衣上端。

(4)肘部尽可能靠在身体两侧,双臂在胸前抱紧。

(5)保持两眼向前平视,不要向下看,否则会造成身体前倾。

(6)一只脚向前迈开一大步,后脚随即跟上,双腿并拢夹紧,保持头在上、脚在下垂直入水。始终保持上述姿势,直至身体浮出水面后,才能松开双手。

图 1-6-3-1　跳水姿势

2. 实训要求

指导教师通过现场演示动作及讲解注意事项,让学员在游泳池边练习跳水动作。熟练后,再让学员过渡到 5 m 跳台进行训练。

二、实训场地与器材

游泳池(25 m×25 m),跳水区域满足安全要求并设有 5 m 跳台,符合海船船用标准的救生衣 40 件。

三、实训步骤

(1)全班分成若干小组,每组 6~10 人,进行分组训练。

(2)指导教师在 5 m 跳台演示安全跳入水中的动作要领,学员分组在教师的指导下在水池岸边进行跳水动作的模拟训练。动作熟练后,由教师指挥学员分组在 5 m 跳台上进行训练,指导教师检查学员救生衣穿着情况,并控制学员的训练进度。

四、评估方式

根据学员跳水过程中的动作规范程度打分。

五、评估参考标准

从高处跳入水中(20 分),现场根据学员动作标准进行评分,低于 12 分为不及格。

任务 4 未穿救生衣保持漂浮和穿着救生衣游泳

一、实训内容和要求

1. 穿着救生衣游泳

穿着救生衣可以采用各种泳姿来游泳,例如仰泳、蛙泳、自由泳等常见的泳姿。和正常游泳一样要正确掌握呼吸方法,可采取鼻呼口吸的方式,避免换气时呛水。如果海况比较好,最好选择仰泳姿势,因为救生衣在正常情况下就可以使人自动保持此姿势。

具体游泳姿势会在航海专业的体育课中进行教学。

2. 未穿救生衣保持漂浮

如图 1-6-4-1 所示:

(1)深吸一口气,使肺部扩张增大;保持面部向下,四肢自然下垂,由于此时身体的重力和浮力相当,不会下沉太多,后脑勺基本上能够露出水面;在水中慢慢吐气。

(2)当感觉需要换气时,慢慢抬起双臂划水,腿部也可以辅助蹬水,此时身体上浮,当鼻嘴部露出水面时,再一次深吸一口气;换气时应该睁开眼睛,快速搜寻救生艇筏或其他漂浮物。

(3)然后再次放松四肢,保持自然下垂姿势,漂浮在水中。依次循环上述动作,保持漂浮在水中待救。

图 1-6-4-1　未穿着救生衣保持漂浮姿势

3. 实训要求

指导教师通过现场演示动作及讲解注意事项,让学员在游泳池边地垫上模仿水中漂浮和游泳动作。熟练后,再让学员过渡到水中反复练习。

二、实训场地与器材

游泳池(25 m×25 m),跳水区域满足安全要求并设有 5 m 跳台,符合海船船用标准的救生衣 40 件。

三、实训步骤

(1)全班分成若干小组,每组 6~10 人,进行分组训练。

(2)指导教师分别演示在水中未穿救生衣保持漂浮和穿救生衣游泳的动作要领和注意事项,学员分组在教师的指导下在水池岸边进行动作的模拟训练。动作熟练后,在水中由指导教师监督学生训练。

四、评估方式

根据学员在水中完成动作的规范程度打分。

五、评估参考标准

未穿救生衣保持漂浮和穿着救生衣游泳(20 分),现场根据学员水中完成动作的程度进行评分,低于 12 分为不及格。

任务 5 HELP 姿势及 HUDDLE 姿势

一、实训内容和要求

1. HELP 姿势

如图 1-6-5-1 所示：

图 1-6-5-1 HELP 姿势

两腿弯曲并拢，两肘紧贴在身体两侧，两臂交叉抱在救生衣前面，尽可能不动地漂浮在水面。这种姿势可以最大限度地减少身体表面暴露在水中，尽量保持头颈露出水面。

2. HUDDLE 姿势

如图 1-6-5-2 所示：

将学员分组，三个漂浮学员紧紧地抱在一起，肩搭肩围成圈，胳膊挽着胳膊，每个人蜷缩双腿、双脚、双膝贴近腹部，身体尽量接触。

图 1-6-5-2 HUDDLE 姿势

3. 实训要求

指导教师通过现场演示动作及讲解注意事项,让学员在游泳池边地垫上模仿 HELP 姿势和 HUDDLE 姿势。熟练后,再让学员过渡到水中反复练习 HELP 姿势和 HUDDLE 姿势。

二、实训场地与器材

游泳池(25 m×25 m),跳水区域满足安全要求并设有 5 m 跳台,符合海船船用标准的救生衣 40 件。

三、实训步骤

(1)全班分成若干小组,每组 6~10 人,进行分组训练。

(2)指导教师在水中演示 HELP 姿势和 HUDDLE 姿势的动作要领和注意事项,学员分组在指导教师的指导下在水池岸边进行动作模拟训练。动作熟练后,在水中由指导教师监督学生进行 HELP 姿势和 HUDDLE 姿势训练。

四、评估方式

根据学员在水中完成动作的规范程度打分。

五、评估参考标准

HELP 姿势及 HUDDLE 姿势(10 分),现场根据学员动作标准进行评分,低于 6 分为不及格。

任务 6   穿着救生衣扶正倾覆救生筏

一、实训内容和要求

1. 扶正救生筏的方法

如图 1-6-6-1 所示:

(1)将救生筏标示"由此翻筏"(装有钢瓶)一侧筏体拉至下风海面,即使扶正者迎风。

(2)双手向上抓住扶正带,并用力向上攀爬,直到脚踩着充气钢瓶。有些小型筏在爬上救生筏过程中,就可能扶正。

(3)双手尽可能向上拉紧扶正带,以增加力臂,双脚踩在充气钢瓶上,身体用力向后仰,筏即被翻过来。

(4)扶正救生筏过程中,当筏体与水面垂直后(一般要到 100°以上),快速松开双手,两脚用力蹬筏,采取仰泳姿势迅速游离救生筏,防止被压在筏底。

如果未能及时游开而被压在筏底,也不必惊慌。因为气胀式救生筏的筏底是柔软有弹性的,可以用双手向上推,筏底形成一个"气袋",借此机会深吸一口气,摆动手臂,面部向上,游出筏底。注意救生筏平衡水带很可能挂住救生衣。一旦出现这种情况,从筏底离开救生筏是很困难的。应从筏的两侧游离,避免在救生筏进出口方向游离,以防被登筏软梯套住而遭遇危险。

图 1-6-6-1　扶正救生筏

2. 实训要求

指导教师通过现场演示动作及讲解注意事项,让学员穿着救生衣在水中正确扶正救生筏。

二、实训场地与器材

游泳池(25 m×25 m),跳水区域满足安全要求并设有 5 m 跳台,符合海船船用标准的救生衣 40 件,属具备品齐全的气胀式救生筏 2 具。

三、实训步骤

(1)全班分成若干小组,每组 6~10 人,进行分组训练。

(2)指导教师在水中演示扶正救生筏的动作要领,学员分组在教师的指导下在水中进行训练。

四、评估方式

根据学员扶正救生筏过程中的动作规范程度打分。

五、评估参考标准

穿着救生衣扶正倾覆救生筏(20 分),现场根据学员动作标准进行评分,低于 12 分为不及格。

任务 7　穿着救生衣水中登上救生筏

一、实训内容和要求

（一）水中登上救生筏的方法

1. 利用登筏平台登上救生筏

如图 1-6-7-1 所示，救生筏一侧进出口设置了登筏平台，一般为气胀式梯形结构，位于救生筏下浮胎上，可以供求生人员登筏时使用。使用时，水中人员首先游到登筏平台旁边，可以先用手托住救生筏登乘平台将自己稍微下沉，借助救生衣的浮力，双手抓住并下拉救生筏上浮胎上面的攀拉索，同时用力向下蹬腿，顺势将一条腿膝盖跪在登筏平台，然后另一条腿登上登筏平台，抬起一只腿，跨入救生筏内，或者身体前倾滚入救生筏内。

图 1-6-7-1　水中登上救生筏

2. 利用绳梯登上救生筏

根据 LSA 规则要求,容纳 8 人以上的救生筏应设有不少于 2 个对称的进口。一般一侧是气胀式登乘平台,一侧是登筏绳梯,同时在进出口处上浮胎上设有攀拉索带。水中人员游到筏的入口处下方,先用一只手抓住登艇梯,另一只手抓住上浮胎上的攀拉索带。双脚登上登乘梯的最下面一格,两只手同时抓住攀拉索带,两脚向上爬绳梯,直到最上面一格,两臂弯曲用力拉筏内攀拉索或上浮胎内沿,头部向前倾,使上身倾向筏内,身体其他部分则顺势滚入筏中。

(二)实训要求

指导教师通过现场演示动作及讲解注意事项,让学员穿着救生衣在水中登上救生筏。

二、实训场地与器材

游泳池(25 m×25 m),跳水区域满足安全要求并设有 5 m 跳台,符合海船船用标准的救生衣 40 件,属具备品齐全的气胀式救生筏 2 具。

三、实训步骤

(1)全班分成若干小组,每组 6~10 人,进行分组训练;
(2)指导教师在水中演示正确登上救生筏的动作要领,学员分组在教师的指导下在水中进行训练。

四、评估方式

根据学员登上救生筏过程中的动作规范程度打分。

五、评估参考标准

穿着救生衣水中登上救生筏(10 分),现场根据学员动作标准进行评分,低于 6 分为不及格。

海上个人求生模拟题一

一、判断题

1. 国际海事界公认,80%以上的海上事故是由人为因素造成的。(　)
   　A. 对　　B. 错

2. 救生艇按照结构形式不同可分为开敞式救生艇、部分封闭式救生艇和全封闭式救生艇三种。
   (　)
   　A. 对　　B. 错

3. 气胀式救生筏平时固定在专用的架子上,若未被投入水中,则将与难船一起沉入海底。
   (　)
   　A. 对　　B. 错

4. 救生圈的自亮浮灯必须人工打开开关才能发光。(　)
   　A. 对　　B. 错

5. 应变部署卡与应变部署表的应变任务执行人可以不一致。(　)
   　A. 对　　B. 错

6. 听到弃船信号后,每个人都应按应变部署表的安排,完成各自任务。(　)
   　A. 对　　B. 错

7. 海锚施放时,一般情况下都应从艇尾施放。(　)
   　A. 对　　B. 错

8. 求生者浸泡在水中的生存时间,主要取决于当时的水温。(　)
   　A. 对　　B. 错

9. 救生艇筏上的求生者,饮水的正确方法是将 0.5 L 水分成三次饮用。(　)
   　A. 对　　B. 错

10. 救援时,救生艇筏和漂浮待救的落水者应尽量不要停留在救援船的船首方向。(　)
   　A. 对　　B. 错

二、选择题

11. 求生的基本原则中,最主要的是_____。
   　A. 注意自身保护
   　B. 停留在遇险船舶附近待救
   　C. 合理分配食物和淡水

12. 发生下列哪些情况,就可以认为发生了海上险情_____。
    ①船舶触碰海底电缆;②船舶被卷入碰撞险情或强迫局面中;③货物移动或货物落水;④船舶危险品泄漏;⑤船舶抵碰
    A. ①②③④　　　　　　　B. ①②③⑤　　　　　　　C. ①②③④⑤

13. 救助艇的施放装置在船上有_____。
    ①重力式吊艇架;②单臂悬吊式吊艇架
    A. ①②　　　　　　　　　B. ①　　　　　　　　　　C. ②

14. 救生艇、救生筏和救助艇是船上配备的大型救生设备,它们的特点有_____。
    ①载员多;②属具备品齐全;③施放快速;④操纵简便;⑤机动性强;⑥安全性高
    A. ②③④⑤⑥　　　　　　B. ①②④⑤⑥　　　　　　C. ①②③④⑤⑥

15. 下图是_____。
    A. 开敞式救生艇　　　　　B. 部分封闭式救生艇　　　C. 全封闭式救生艇

16. 海上求生者一般距过往船舶_____时呼喊能被听见。
    A. 100 m　　　　　　　　B. 1 000 m　　　　　　　C. 5 000 m

17. 每艘刚性救助艇正常属具应包括_____。
    ①小刀或太平斧1把;②水桶1只;③带钩篙1支;④探照灯1盏;⑤海锚2个
    A. ①②③④　　　　　　　B. ①②③　　　　　　　　C. ①②③④⑤

18. 在海上扶正倾覆的救生筏时,扶正者必须_____。
    A. 顺风　　　　　　　　　B. 侧风　　　　　　　　　C. 迎风

19. 通向登艇地点的通道、进出口以及救生设备的存放地点应有_____。
    A. 应急照明　　　　　　　B. 日常照明　　　　　　　C. 普通照明

20. 船用救生衣主要有_____。
    ①非固有浮力式救生衣;②固有浮力式救生衣;③充气式救生衣;④工作马甲式救生衣;⑤气胀式救生衣
    A. ①④⑤　　　　　　　　B. ②⑤　　　　　　　　　C. ①③④

21. 救生服的强度要求:从不小于_____高度处跳入水中,救生服不损坏或不位移,人员不受伤。
    A. 3 m　　　　　　　　　B. 4.5 m　　　　　　　　C. 5 m

22. 救生衣能在_____内将水中失去知觉的人员从任何姿势翻转到嘴部高出水面的姿势。
    A. 3 s　　　　　　　　　B. 4 s　　　　　　　　　C. 5 s

23. 使用漂浮烟雾信号时,应将信号罐_____,让其发烟漂浮。

①抛入上风舷水中;②抛入下风舷水中;③抛入艇内;④抛入筏内;⑤持在手中

    A.③④　　　　　　　　　B.①⑤　　　　　　　　　C.②⑤

24. 为了确保船上人命安全,每艘船舶都必须根据本船的设备和人员情况,编制包含_____等的应变部署表。

    ①消防;②堵漏;③人员落水;④弃船救生;⑤综合应变;⑥防污染

    A.②③⑤⑥　　　　　　B.①③④⑤　　　　　　C.①②③④⑤⑥

25. 应变部署表应指明在紧急情况下分配给船员的与乘客有关的各项任务,包括_____。

    ①查明乘客是否穿好衣服,是否正确穿好救生衣;②保持通道及梯道的秩序,并大体上控制乘客的动向;③召集乘客到集合地点;④船上天窗的关闭;⑤确保将毛毯送到救生艇筏上

    A.①②③④　　　　　　B.①②③⑤　　　　　　C.①②③④⑤

26. 船舶施放乱钟 1 min 后敲一响,或连续施放短声汽笛 1 min 后一长声的应变信号表示_____。

    A.船舶机舱失火　　　　B.船舶前部失火　　　　C.船舶中部失火

27. 船舶进水,应立即发出堵漏报警_____,连放 1 min。

    A.二长一短　　　　　　B.三长声　　　　　　　C.一长一短

28. 每次弃船演习应包括_____。

    ①利用有线广播或其他通信系统通知演习;②查看乘客和船员救生衣穿着是否正确;③在完成任何必要的降落准备工作后,至少降下一艘救生艇;④模拟搜救几位被困于客舱中的乘客;⑤介绍无线电救生设备的使用

    A.②③⑤　　　　　　　B.①②④　　　　　　　C.①②③④⑤

29. 货船上,救生艇入水及操艇训练应_____一次。

    A.1 个月　　　　　　　B.2 个月　　　　　　　C.3 个月

30. 如果船舶配备气胀式救生衣,离开船舶之前_____给救生衣充气。

    A.必须　　　　　　　　B.不得　　　　　　　　C.视情

31. 听到弃船信号后,每个船员应_____。

    A.按照应变部署表的安排完成各自任务

    B.各自逃生

    C.带好求生物品集合

32. 要穿越较弱的油火海面时,正确的方法是_____。

    ①跳入水中后,采用自由泳快速向前游进;②前进时不要环顾四周;③发现前方有油火时,可用双手手掌向前上方以及两侧拨打水花,驱赶油火,快速游离火区;④遇到油火范围较大时,可采用边拨打水花边前进的方式,直到脱离危险位置为止;⑤尽量选择油薄、火弱的地方通行

    A.③④⑤　　　　　　　B.②③④⑤　　　　　　C.①②③④⑤

33. 从船上入水后应尽快离开难船,原因是_____。

    ①船上的各类设备和碎片可能自甲板落下;②船舶的各类设备和碎片可能散落船舶周围;③缩短待救时间;④难船下沉的吸附会将人员带入水中;⑤落水者落在其他待救人员上面会造成更多落难者

    A.①②③　　　　　　　B.②③⑤　　　　　　　C.①②④⑤

34. 救生艇筏尽可能停留在遇险船地点附近 2~3 天,其主要目的是_____。
①增加获救机会;②搜救可能落水的人员;③捞取有用的求生物资;④钓鱼;⑤捞取海洋生物
  A. ①②③④⑤   B. ①②③   C. ①③④

35. 扶正倾覆的救生筏时,脚应踩在_____。
  A. 筏底中部   B. 筏底任意部位   C. 筏底有钢瓶一侧

36. 人的体温降到_____就会死亡。
  A. 36~34 ℃   B. 33~30 ℃   C. 26~24 ℃

37. 当水温低于 0 ℃时,海上求生者在水中的生存时间预期不超过_____。
  A. 45 min   B. 30 min   C. 15 min

38. 对有严重过冷现象的患者,可将其放进 40~50 ℃的热水浴盆中浸浴,时间不超过_____。
  A. 5 min   B. 10 min   C. 15 min

39. 下列对过冷现象的遇险者的处置方法中,错误的是_____。
  A. 可局部加温或烤火
  B. 可给患者提供冲淡的牛奶和糖水
  C. 可脱去潮湿的衣服裹上毛毯

40. 登上救生艇筏后,需要服用晕船药的是_____。
  A. 全体遇险者   B. 晕船者   C. 想服用的人

41. 海锚的主要作用是_____。
  A. 保持艇首顶风顶浪 B. 减缓漂流速度   C. A+B

42. 荒岛上狩猎行走时,应_____。
  A. 迎风   B. 斜风   C. 顺风

43. 发现岛屿需要登岛时,求生者应注意,最好选择_____。
  A. 白天涨潮时   B. 夜间退潮时   C. 夜间涨潮时

44. 寻找水源时,下列现象中无法判断水源可能存在的是_____。
  A. 树木茂盛   B. 青草茂盛   C. 发现昆虫

45. 登岛后安排全体人员轮流担任瞭望值班工作的时间为_____。
  A. 8 h   B. 12 h   C. 24 h

46. 用碘液处理不清洁的水至少需要_____后方可饮用。
  A. 3~4 min   B. 8~10 min   C. 12~16 min

47. 下列有关求生者登上救生艇筏后为增加获救机会而采取最初行动的说法,正确的有_____。
①应保持救生艇筏处于完整良好状态;②建立一个尽可能完善的组织;③注意防备严寒或酷热;④主动在失事地点搜救其他落水者
  A. ①②③   B. ②③④   C. ①②③④

48. 直升机与救生艇筏间表示"勿吊升"的联络信号是_____。
  A. 两臂伸开放平,手指紧握,拇指向下
  B. 两臂向上伸

C. 两臂向上伸开,手指紧握,拇指向上

49. 吊运区中央应标注_____字样,以向直升机显示吊运位置。

    A. 白色"H"　　　　　　　　　　B. 白色"W"　　　　　　　　　　C. 黑色"H"

50. 接受船舶救援时,水中的求生者应_____。

    A. 主动集结　　　　　　　　　　B. 原地待救　　　　　　　　　　C. 分散待救

海上个人求生模拟题二

一、判断题

1. 在海上求生时,产生悲观、恐惧、绝望的心理,会失去求生的勇气。(　　)
   A. 对　　B. 错

2. 全封闭式救生艇因出入口小、视域不及开敞式艇开阔、侧翻后人员逃生不方便,故安全性不高。(　　)
   A. 对　　B. 错

3. 施放气胀式救生筏时,可用人工将筏抬起,抛投入水。(　　)
   A. 对　　B. 错

4. 为避免跳入水中受冻,尤其是在寒冷水域遇险,弃船前应多穿衣服。(　　)
   A. 对　　B. 错

5. 船舶在大风浪中航行,为防止救生圈打入海中,应把救生圈牢固系在存放架上。(　　)
   A. 对　　B. 错

6. 穿着防寒服者无须专门训练即可在 2 min 之内迅速拆包并穿好。(　　)
   A. 对　　B. 错

7. 跳入救生筏时,应从高处直接跳入救生筏的帐篷上。(　　)
   A. 对　　B. 错

8. 需要穿越火势较弱的油火面时,可采用蛙泳向前游进,边观察边前进,并应尽量选择油薄、火弱的地方通行。(　　)
   A. 对　　B. 错

9. 弃船入水后应尽快离开难船,游向周围的救生艇筏,尽量减少在水中浸泡的时间。(　　)
   A. 对　　B. 错

10. 待救初期后的存活者,如不能摆脱弃船时所造成的心理上的打击,就会迅速地从恐怖到精神错乱,但不至于死亡。(　　)
    A. 对　　B. 错

二、选择题

11. 在求生的基本原则中较为重要的一点是_____。
    A. 注意自身保护　　　　B. 24 h 轮流值班　　　　C. 救生艇筏集结

12. 求生者跳入水中之后,首先遇到的危险是_____。

A. 溺水　　　　　　　　B. 寒冷　　　　　　　　C. 晕浪

13. 海上求生中的主要困难有_____。

A. 遇险者位置不明　　　B. 悲观与恐惧　　　　　C. A+B

14. 部分封闭式救生艇是指在艇首和艇尾各有不少于艇长_____的固定的刚性顶盖、中间设有可折式顶棚的救生艇。

A. 10%　　　　　　　　B. 20%　　　　　　　　C. 30%

15. 救生艇、救生筏和救助艇是船上配备的大型救生设备,它们的特点有_____。
①载员多;②属具备品齐全;③施放快速;④操纵简便;⑤机动性强;⑥安全性高

A. ②③④⑤⑥　　　　　B. ①②④⑤⑥　　　　　C. ①②③④⑤⑥

16. 听到弃船信号时,除值班人员外,全体船员应穿妥救生衣_____。

A. 立即就近登上救生艇筏

B. 携带指定用品到艇甲板集合

C. 立即跳海求生

17. 船舶施放二长一短声的应变信号是表示_____。

A. 消防　　　　　　　　B. 求生　　　　　　　　C. 堵漏

18. 救助艇在船上应始终保持准备使用状态,要求在_____之内能够降落。

A. 2 min　　　　　　　B. 5 min　　　　　　　C. 10 min

19. 应变部署表应由_____批准,然后公布实施。

A. 公司经理　　　　　　B. 船长　　　　　　　　C. 大副

20. 500 总吨及以下的客船,每船至少配备_____艘救助艇。

A. 1　　　　　　　　　B. 2　　　　　　　　　C. 3

21. 下图中存放架上放的是_____。

A. 救生筏　　　　　　　B. 救生衣　　　　　　　C. 浸水服

22. 通向登艇地点的通道、进出口以及救生设备的存放地点应有_____。

A. 应急照明　　　　　　B. 日常照明　　　　　　C. 普通照明

23. 漂浮烟雾信号在海浪中不会被淹没,在浸入 100 mm 深的水中历时_____后,仍能继续喷出烟雾。

A. 5 s　　　　　　　　B. 10 s　　　　　　　　C. 15 s

24. 每只救生圈的质量不少于_____。

A.2.5 kg   B.5.0 kg   C.7.5 kg

25. 船长大于等于150 m，但小于200 m的货船至少配备救生圈_____。
    A.8 只   B.10 只   C.12 只

26. 个人救生设备包括救生衣、保温救生服、救生圈和_____。
    A.保温用具   B.桨   C.抛绳器

27. 穿着抗暴露服的人员，应能在淡水中，在_____内从脸部朝下姿势翻转至脸部朝上姿势，并且保持脸部朝上。
    A.5 s   B.10 s   C.15 s

28. 在有风的静水水域，船上的救援人员应将救生圈抛在落水人员的_____，以便于落水者攀拿。
    A.上风方向   B.下风方向   C.身上

29. 漂浮烟雾信号能均匀喷出橙黄色烟雾信号，持续时间不少于_____。
    A.1 min   B.2 min   C.3 min

30. 编制应变部署表的原则是_____。
    A.职务、能力、设备   B.个人要求、爱好、设备   C.爱好、能力、设备

31. 海面有油火时跳水应穿着_____。
    A.棉毛衣服   B.化纤衣服   C.尼龙衣服

32. 跳水前，应双脚并拢，身体保持垂直，两眼_____。
    A.向前平视   B.俯视水面   C.仰望天空

33. 跳入水中，必须明确，当前的首要任务是_____。
    A.救助水中人员   B.保存体温   C.尽快离开难船

34. 若是多人同时落入低温水中，最好_____人一组组成HUDDLE姿势。
    A.2   B.3   C.4

35. 自身保护即不论在热带海洋还是寒冷环境中都要注意_____。
    A.避免暴露   B.避免悲观   C.避免晕船

36. 在登上救生艇筏后，所有的求生者应服用抗晕船药，因为服药可以_____。
    A.减轻痛苦   B.减少身体对水的需要   C.保持体温

37. 在酷热环境中为降低筏内温度，应将_____。
    A.筏底放气   B.上浮胎放气   C.下浮胎放气

38. 在酷热环境中，救生艇筏上的求生者所面临的最大威胁是_____。
    A.中暑   B.缺水   C.日晒

39. 一个普通成年人在一般条件下平均每天要排出2.5 L水，其中，通过肾脏排出_____，肺排出_____，出汗排出_____。
    A.1.5 L;0.5 L;0.5 L   B.0.5 L;1.5 L;0.5 L   C.0.5 L;0.5 L;1.5 L

40. 对海上求生者来说，有淡水无食物时，求生者仍可生存_____天。
    A.5~10   B.10~30   C.30~50

41. 在救生艇上除伤病员之外，最初_____内不供给淡水。
    A.6 h   B.12 h   C.24 h

42. 降雨时，救生艇筏上的执勤者应及时发动全体人员做好_____工作。

　　A. 待救　　　　　　　　　B. 避雨　　　　　　　　　C. 收集雨水

43. 月亮满月时,正好面对着太阳,_____往往是在正南或正北方向。

　　A. 凌晨　　　　　　　　　B. 傍晚左右　　　　　　　C. 半夜 12 时

44. 在晴朗的夜空很容易找到,星间的连线像一个巨大的勺子,这是_____。

　　A. 北斗七星　　　　　　　B. 南十字星　　　　　　　C. 小熊星座

45. 观察陆地与岛屿就在附近的正确方法是_____。

　　A. 有船舶过往　　　　　　B. 有蚊虫叮咬　　　　　　C. 有飞机经过

46. 荒岛上饮水消毒的方法中,将水煮沸_____最为保险。

　　A. 3 min　　　　　　　　 B. 6 min　　　　　　　　　C. 10 min

47. 用碘液处理不清洁的水至少需要_____后方可饮用。

　　A. 3~4 min　　　　　　　 B. 8~10 min　　　　　　　C. 12~16 min

48. 荒岛上能否驻留的首要条件是看是否有_____。

　　A. 淡水　　　　　　　　　B. 动物　　　　　　　　　C. 植物

49. 援救过程中,救援船应于下风舷侧挂下网孔为_____左右的救生网,以便水中待救人员攀上大船。

　　A. 10 cm　　　　　　　　 B. 20 cm　　　　　　　　　C. 50 cm

50. 使用直升机救助时,吊运区周围至少_____m 内无障碍。

　　A. 10　　　　　　　　　　 B. 15　　　　　　　　　　 C. 20

第二部分
船舶防火与灭火

项目一　船舶消防基础知识

【知识目标】

1. 掌握燃烧基本知识,包括燃烧含义、燃烧条件、燃烧类型、燃烧产物及火的蔓延;
2. 掌握火灾分类;
3. 掌握常用的灭火剂的种类、灭火原理、灭火对象以及灭火注意事项;
4. 掌握基本灭火方法。

【能力目标】

1. 能够利用燃烧条件避免燃烧的发生、区分火灾类型,做好防火与灭火工作;
2. 能够根据不同火灾特点选择适当的灭火方法进行灭火;
3. 能够根据灭火剂的灭火原理、灭火对象及注意事项,具有针对性扑救相应火灾。

【内容摘要】

　　船舶消防是一门综合性的科学,它的内容涉及物理学、化学、电子学、社会学、统筹学、管理学、心理学、行为学等广泛领域。船舶活动环境、船舶的功能、船舶的结构和船舶所承担的任务等因素,决定了船舶消防工作的特殊性和重要性,因此,船舶消防是水上运输系统的一个重要工作领域,也是水上应急抢险救助的重要研究领域。

任务1　掌握燃烧基础知识

一、燃烧含义

　　燃烧是一种放热、发光的剧烈的化学反应。燃烧进程中的化学反应十分复杂,有化合反应,也有分解反应。有的复杂物质燃烧,先是物质受热分解,然后发生氧化反应。它实际上是各种可燃物质在一定温度下快速氧化的化学过程。

　　剧烈氧化的结果是放出光和热,而一般氧化则没有发光现象。因此,氧化与燃烧同是一种化学反应,只是各自的反应速度和发生的现象不同。也就是说,物质燃烧是氧化反应,而氧化反应却不一定都是燃烧。比如硫在空气中燃烧生成二氧化硫,并放出光和热,这属于燃烧;生石灰与水起反应生成熟石灰,同时发出热,但并不发出光,这只是化学反应,并不属于燃烧;铁在空气中氧化生成三氧化二铁,放热少并且没有发光现象,这属于一般的氧化反应,也不属于燃烧;灯泡通电后会发出光和热,但未产生氧化反应,这只是一种物理现象,而不属于燃烧。

近代链锁反应理论认为燃烧是一种游离基的链锁反应。链锁反应也称为链式反应,即在瞬间进行的循环连续反应。游离基又称自由基,是化合物或单质分子中的共价键在外界因素(如光、热)的影响下,分裂而成含有不成对电子的原子或原子团,它们的化学活性非常强,在一般条件下是不稳定的,能轻易自行结合成稳定的分子,或与其他物质的分子反应生成新的游离基。当反应物产生少量的活化中心——游离基时,即可发生链锁反应,如图 2-1-1-1 所示。反应一经开始,就可经过许多链锁步骤自行加速发展下去,直至反应物燃尽为止。当活化中心全部消逝时,链锁反应就会终止。

近代燃烧理论认为,可燃物质的多数氧化反应不是直接进行的,而是经过一系列复杂的中间阶段反应;不是氧化整个分子,而是氧化链锁反应中间产物——游离基和原子。可见,燃烧是一种极其复杂的化学反应,游离基的链锁反应是燃烧反应的实质。光和热是燃烧过程中产生的物理现象。

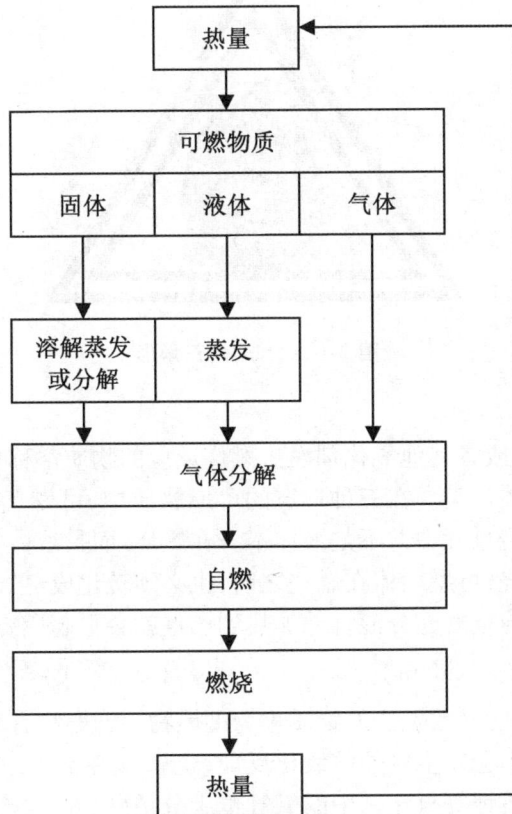

图 2-1-1-1　链锁反应

二、燃烧条件

任何物质发生燃烧都要经历一个由未燃状态转向燃烧状态的过程。这一过程的发生必须同时具备三个条件:可燃物、助燃物(氧化剂)和着火源,通常又将其称为燃烧三要素。但在某些情况下,虽然具备了燃烧的三个必要条件,然而由于可燃物的数量不够,或氧气不足,或者火源的热量不大,温度不够,燃烧也不能发生,因此燃烧还需具备相应的充分条件。

燃烧通常有两种基本形式,即有焰燃烧和无焰燃烧。燃烧过程中不产生火焰的是无焰燃烧,如焦炭、木炭等,它由固态的碳直接参与氧化反应,这种燃烧是不出现火焰的表面燃烧,是无焰燃烧。对无焰燃烧用"燃烧三角形"表示三者关系,是再恰当不过的。如果三个要素中任何一个消失,燃烧将会停止发生。

(一)燃烧的必要条件

燃烧需要一定的条件才能发生,必须同时具备三个必要条件,又称三要素,这三个要素是指可燃物(燃料)、助燃物(氧化剂)和着火源(温度),将这三个要素组成一个等边三角形——燃烧三角形,如图 2-1-1-2 所示,表示三要素对燃烧具有同等的重要性。通常也用燃烧三角形来描述起火和灭火理论。

图 2-1-1-2　燃烧三角形

1. 可燃物(Fuel)

凡是能与空气中的氧或者其他氧化剂发生燃烧反应的物质都称为可燃物。可燃物按其形态可分为固体、液体和气体三类。在三种形态的可燃物质中,可燃气体最易燃烧,燃烧的速度也较快;液体可燃物在燃烧过程中并不是液体本身在燃烧,而是液体受热时蒸发出来的气体被分解、氧化达到燃点而燃烧;可燃固体在燃烧之前,也必须转化成蒸气状态,即在高温作用下产生化学分解,生成的蒸气与空气充分混合并加热到燃点就会引起燃烧。

2. 助燃物(Oxygen 或 Oxidant)

与可燃物质相互结合能导致燃烧的物质称为助燃物。助燃物有氧气和氧化剂。氧气本身不会燃烧,但没有氧气就不会发生剧烈的氧化反应,也就没有燃烧,所以氧为助燃物质。另外像氯气、过氧化钠或高锰酸钾等氧化剂中的氧气也十分活跃,在一定的条件下,这些氧化剂中的氧气也会像空气中的氧气一样与可燃物结合,引起剧烈的氧化反应而产生燃烧,所以它们也是助燃物。

没有助燃物,任何物质都燃烧不起来。空气中氧的含量约为 21%,要维持燃烧空气中的氧含量至少要达到 16%,但闷火只需要 3% 的氧气。燃烧时如空气中的氧含量降至 11%,一般物质的燃烧就会熄灭。

氧气也是人呼吸生存所必需,当空气中氧含量降低到 16%时,对人体会造成影响,下降至 10%以下,人就会因缺氧晕倒直至死亡。

3. 着火源(Heat)

能引起可燃物与助燃物发生燃烧反应的热能源称为着火源。常见的有热能,其他还有化学能、机械能、电能和核能等转变成的热能。根据着火的能量来源不同,着火源可分为明火、高温物体、化学热能、机械热能、电热能、核能、生物能和光能等。在火灾发展过程中,可燃物质本身燃烧所释放的热量也可以维持本身的火势,并促使火灾向四周发展蔓延。

(二)燃烧的充分条件

燃烧必须同时具备燃烧的三要素,但在某些情况下,虽然具备了燃烧的三个必要条件,燃烧却不一定会发生。要发生燃烧,必须同时具备下列充分条件:

1. 一定的可燃物浓度

空气中可燃气体或可燃蒸气只有达到一定浓度时,才能发生燃烧或爆炸。虽有可燃气体或可燃蒸气,但浓度不够,燃烧或爆炸就不会发生。如在常温下,用火柴去点燃汽油和柴油时,汽油会立即燃烧,而柴油却不会立即燃烧,这是因为柴油在常温时的蒸气量并没有达到燃烧所需要的浓度,所以,虽然有足够的氧及着火源,也不能发生燃烧。

2. 一定的氧气含量

必须有足够的氧气含量,否则燃烧也不会发生。即使发生了燃烧,随着氧气含量的下降,物质的燃烧就会逐渐地受到影响而减弱,直到当空气中氧气含量降至 11%以下,此时绝大多数可燃物质的燃烧就会停止。也就是说,虽然有氧气存在,但浓度不够,也不能发生燃烧。部分可燃物质燃烧所需的最低氧含量,如表 2-1-1-1 所示。

表 2-1-1-1　部分可燃物质燃烧所需的最低氧含量

物质名称	氧含量	物质名称	氧含量
汽油	14.4%	乙醚	12.0%
乙醇	15.0%	橡胶粉	13.0%
煤油	15.0%	棉花	8.0%
丙酮	13.0%	氢气	5.9%

3. 一定的着火能量

不论是何种形式的点火能量,只有达到一定的温度和足够的热量才能引起燃烧反应,否则,燃烧不会发生。不同的可燃物所需要的点火能量的强度不同,低于这个能量就不能使可燃物发生燃烧。如点燃的火柴可以轻易地点燃汽油、柴草和刨花,但不能点燃一块木板,这说明这种火虽有相当高的温度(约 600 ℃),但缺乏足够的热量,因而无法将木板点燃。

4. 相互结合相互作用

只有燃烧的三个条件相互结合作用在一起,燃烧才会发生和持续。例如在充满空气的房间,有桌椅门窗、纤维织物等可燃物,也有火源——电源,构成了燃烧的三要素,但并没有发生燃烧,这是因为这些条件没有结合在一起、没有相互作用的缘故。

综上所述,我们知道可燃物质、氧气和热源是燃烧的三要素,只有三要素同时存在并达到一定的条件,燃烧才会发生。反之,如果缺少其中任何一个条件,燃烧就不能发生。防火的原理就是保管好可燃物和火种(热源)。而灭火主要是中断燃烧时所需要的氧气或降温冷却。

(三)燃烧四面体

对于有火焰的燃烧,因为燃烧过程中存在未受抑制的游离基(自由基)作中间体,所以,燃烧三角形增加了一个空间坐标,从而形成燃烧四面体,如图 2-1-1-3 所示。四面体的底部代表链锁反应的自由基,三个侧面分别代表燃料、氧、温度,除掉四个面中的一个或多个都将形成一个不完全的四面体,即燃烧就会停止,使火熄灭。

有火焰的燃烧具有以下三个特点:

(1)燃烧过程中未受到抑制,形成链锁反应,存在游离基(自由基);

(2)扩散并自动连续着火,释放能量,达到有火焰燃烧的温度;

(3)可燃物呈蒸气或者气体状态。

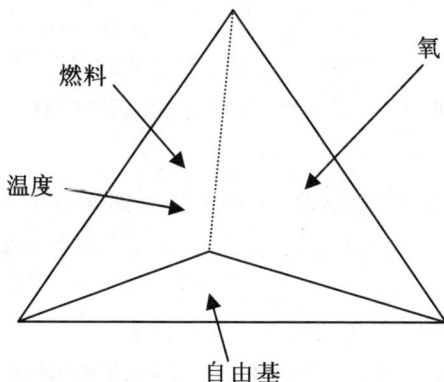

图 2-1-1-3　燃烧四面体

三、燃烧类型

燃烧类型是指具有共同特征但表现形式不同的燃烧现象。根据燃烧所表现的不同形式,可以分为闪燃、着火、自燃和爆炸四种类型。

(一)闪燃(Flash)

1.闪燃的定义

闪燃是指在一定温度下易燃或者可燃液体(包括可熔化的少量固体,例如石蜡、樟脑和萘等)蒸气与空气混合后,达到一定浓度,此时遇明火源产生一闪即灭(5 s 以内)的燃烧现象。

闪燃发生的原因是易燃或可燃液体在闪燃温度(闪点)下,蒸发速度还不快,蒸发出来的气体仅能维持一刹那的燃烧,还来不及补充新的蒸气以维持稳定的燃烧,所以燃烧一下就熄灭了。但闪燃往往是火警的先兆。

2.闪点

闪点又称为闪火点,是指能发生闪燃现象的最低温度。

闪点是表示可燃液体性质的重要指标之一,比燃点(着火点)低。闪点是在规定的试验条件下,液体表面上的蒸气与空气混合物接触火源时首次发生蓝色闪光的温度,它可在标准仪器中测量出来。标准仪器有开杯式和闭杯式两种。其中,开杯式用于测定高闪点(80 ℃以上)液体,而闭杯式则用于测定低闪点(80 ℃以下)液体。

闪点是评定液体火灾危险性的主要依据。一般认为,液体的闪点就是可能引起火灾的最低温度,闪点越低的易燃液体,其火灾危险性越大。

根据闪点可以确定生产和储存可燃性液体的火灾危险性类别:闪点低于28 ℃的为一级易燃液体;闪点在28~60 ℃的为二级易燃液体;闪点高于60 ℃的为三级易燃液体。

如装运石油产品无闪点资料,应按一级易燃液体对待。我国规定,闪点在65 ℃以下的可燃液体都属于易燃液体。

(二)着火(Fire)

1. 着火的定义

可燃物在一定的温度条件下遇明火源能产生一种持续(5 s以上)燃烧的现象,称为着火。

2. 着火点

着火点又称为燃点,是指能产生燃烧现象所需要的最低温度。着火点可用标准仪器测定。所有可燃液体的燃点都高于其相应的闪点。易燃液体的燃点比其闪点高出1~5 ℃,液体闪点越低,这一差数也就越小。着火点越低,越容易着火。部分可燃物质的燃点如表2-1-1-2所示。

表2-1-1-2　部分可燃物质的燃点

物质名称	燃点(℃)	物质名称	燃点(℃)
纸张	130~230	木材	250~300
松节油	53	麦草	200
蜡烛	190	赛璐珞(硝酸纤维素塑料)	100
棉花	210~255	腈纶	355
麻绒	150	聚乙烯	341
胶布	325	硫	207
布匹	200	黄磷	34
樟脑	70	天然橡胶	235

燃点对可燃固体和闪点比较高的可燃液体具有实际意义。控制这些物质的温度,使其在燃点以下,这是预防火灾发生的有效措施之一。

(三)自燃(Spontaneous Ignition)

1. 自燃的定义

自燃是指可燃物质在空气中未接触明火源,在一定温度下发生的自行燃烧现象。

2. 自燃点

自燃点是可燃物质能够发生自燃的最低温度。部分可燃物质在空气中的自燃点如表

2-1-1-3 所示。

表 2-1-1-3　部分可燃物质在空气中的自燃点

物质名称	自燃点(℃)	物质名称	自燃点(℃)
汽油	415~530	煤油	210
石油	约350	二硫化碳	112
氢气	572	木材	250~350
一氧化碳	609	褐煤	250~450
木炭	350~400	乙烷	248
辛烷	218	棉纤维	530
乙炔	305	甲醇	498
苯	580	乙醇	470
锌	680	镁	520

3. 自燃的种类

根据热的来源不同,自燃可分为自热自燃和受热自燃两种。自热自燃和受热自燃两种现象的本质是一样的,只是热的来源不同,前者是物质本身的热效应,而后者是外部加热的作用。

（1）自热自燃

自热自燃系指有些可燃物质在没有外来热源作用下,由于其本身内部的生物、物理或化学的作用而产生热,在一定的条件下,积热不散,温度逐渐升高,达到该物质的自燃点而发生的自行燃烧的现象,也称本身自燃。形成自热自燃的热能有氧化热、分解热、聚合热、吸附热、发酵热等。

某些可燃物质的自热自燃能在常温下发生,潜伏着极大的火灾危险性,应予以特别注意。常见的能发生自热自燃的物质如下:

植物产品:稻草、洋草、麦芽、树叶、甘蔗渣、锯末和棉籽等。

油脂及制品:主要是植物油和动物油黏附于植物纤维或其制品上,如油布、油纸及其制品或者粘油棉纱头等。

煤:除无烟煤之外的烟煤、褐煤和泥煤,主要是由于煤的呼吸和氧化作用以及热交换而引起的。煤的粉碎程度、湿度、挥发物的含量以及单位体积的散热量对煤的自燃影响都很大。

硫化铁:主要是硫铁矿以及金属油罐、油舱受腐蚀而生成的硫化铁等。

（2）受热自燃

可燃物质在空气中被加热到一定温度,不用外界明火作用而引起的自行燃烧的现象,称为受热自燃。引起受热自燃的原因有:接触灼热物体、直接火加热、摩擦生热、化学热效应、压缩热、辐射热等。

（四）爆炸(Explosion)

1. 爆炸的定义

爆炸是指物质氧化还原反应的速度急剧增加,并在极短时间内突然放出大量能量的一种破坏力很大的现象。爆炸时,温度和压力急剧升高,发出光和声,产生爆炸和推动作用。

2.爆炸的分类

按照爆炸物质在爆炸过程中的变化可分为核爆炸、物理爆炸和化学爆炸。

(1)核爆炸

由于原子核裂变或核聚变引起的爆炸叫作核爆炸。例如,原子弹、氢弹的爆炸就属于核爆炸。

(2)物理爆炸

物质因状态或压力发生突变而形成的爆炸叫作物理爆炸。例如,蒸汽锅炉、压缩和液化气钢瓶、油罐的爆炸等就属于物理爆炸。这种爆炸能间接引起火灾。

(3)化学爆炸

由于爆炸性物质本身发生了化学变化,产生出大量气体和较高温度而形成的爆炸叫作化学爆炸。例如,爆炸品、可燃气体、蒸气和粉尘与空气的混合物发生的爆炸就属于化学爆炸。这种爆炸能直接造成火灾,具有很大危险性。按照爆炸的变化传播速度,化学爆炸可分为爆燃、爆炸、爆震。实际上化学爆炸就是可燃物质事先与氧化剂充分混合的混合物(或者本身是含氧的炸药)遇到火源而发生的极短时间的燃烧。这种燃烧速度很快,每秒可达几十米至几千米,燃烧的同时产生大量的气态物质,从而在爆炸时形成很高的温度,产生很大的压力,并发出巨大的响声。而一般可燃物质的燃烧却没有这种现象,这是因为一般可燃物质与氧化剂的混合物不是预先充分混合的,而是在燃烧过程中逐渐形成的,所以,燃烧速度较慢,放出热量和气体少,没有向四周冲击的巨大压力,也没有多大的响声,因此没有爆炸现象。

3.爆炸浓度上、下限

可燃气体、蒸气或粉尘与空气的混合物遇着火源能够发生爆炸的最低浓度,称为爆炸浓度下限,也称为爆炸下限;遇火源能发生爆炸的最高浓度,称为爆炸浓度上限,也称为爆炸上限。低于下限,气体量不足,称"过稀";高于上限,气体量过多,称"过浓"。过稀和过浓都不会爆炸。但过浓,重新遇空气仍有爆炸危险。

爆炸性混合物在不同浓度时发生爆炸所产生的压力以及放出的热量不同,因而所具有的危险性也不同。不同成分的可燃气体和蒸气的爆炸极限范围也不一样,同一物质的爆炸极限也不是固定不变的,如表2-1-1-4所示。

表2-1-1-4　在空气中部分可燃气体和液体蒸气的爆炸极限范围

物质名称	爆炸下限	爆炸上限	物质名称	爆炸下限	爆炸上限
氢气	4.0%	75.0%	乙烯	2.75%	34.0%
乙炔	2.5%	82.0%	丙烯	2.0%	11.0%
甲烷	5.0%	15.0%	氨	15.0%	28.0%
乙烷	3.0%	12.45%	环丙烷	2.4%	10.4%
丙烷	2.1%	9.5%	一氧化碳	12.5%	74.0%
乙醚	1.9%	40.0%	丁烷	1.5%	8.5%

4.爆炸温度极限

可燃液体除了爆炸浓度极限之外,还有一个爆炸温度极限。这是因为液体的蒸气浓度是在一定温度下形成的。可燃液体在一定温度下,由于蒸发而形成等于爆炸浓度极限的蒸气浓度,这时的温度称为爆炸温度极限。

爆炸温度下限是指液体在该温度下所蒸发出等于爆炸浓度下限的蒸气浓度;爆炸温度上限是指液体在该温度下蒸发出等于爆炸浓度上限的蒸气浓度。液体的爆炸温度下限就是液体的闪点。

5. 最小点火能量

每种气体爆炸混合物都有一个起爆的最小点火能量,低于该能量,混合物就不会爆炸。掌握各种气体混合物爆炸所需要的最小点火能量,对有爆炸危险的场所判断哪种火源能引起爆炸事故具有重要的意义。

6. 影响爆炸极限的因素

同一种可燃气体和液体蒸气的爆炸极限会受温度、压力、氧含量、容器以及火源性质等因素影响。

(1)温度

初始温度升高,则爆炸下限会降低,上限会增高,爆炸极限扩大,爆炸的危险性就会增加。

(2)压力

混合气体在压力条件下的爆炸下限无明显变化,但上限一般都会有明显提高。当混合气体的原始压力减小时,爆炸极限的范围将缩小,当压力降低到某一数值时,上限和下限会合成为一点,压力再降低,就不会发生爆炸。这一最低压力就称为爆炸的临界压力。

(3)氧含量

混合气体中氧含量增加,爆炸极限就会扩大。如掺入氮气或二氧化碳等不燃气体,混合气体中氧浓度降低,爆炸的危险性就会降低。油船货舱充灌惰性气体,就是利用此原理防止爆炸。

(4)容器的体积

容器的直径越小,火焰在其中的蔓延速度越慢,爆炸极限范围也越小。

(5)热源能量

热源能量即点火能量,若火源强度高,热表面积大,且与混合气体接触时间长,就会使爆炸极限扩大,使爆炸危险性增加。

四、燃烧产物

所谓可燃物质燃烧,即可燃物被空气中的氧剧烈氧化。这种氧化反应所产生的气体、水蒸气和固体物质等统称为燃烧产物。不同物质燃烧产物不同,其数量、组成随着物质的化学组成以及温度、空气的供给等条件的不同而不同。燃烧通常会产生火焰、热、气体和烟,这些产物中的每一种都能对人体造成严重的伤害。

(一)火焰(Fire)

与火焰直接接触会烧坏全部或部分皮肤并严重地伤害呼吸器官。船员如果没有穿戴防火装备,应该与火保持一定的安全距离,以防止在救火过程中皮肤被烧伤。救火时,应穿着防护服,佩戴呼吸器,但是消防人员要记住,呼吸器并不能使身体免遭高温的侵害。

（二）热（Heat）

火能够很快地使温度上升到 $93\ ℃$ 以上，封闭区域内的气温能超过 $427\ ℃$。即使人们穿着防护衣，佩戴呼吸器，气温一旦超过 $50\ ℃$，就会对人体有危险，时间超过 30 min，防护服的防护作用下降，热造成危害的范围从轻微的烧伤直到把人烧死。直接暴露在热空气中会造成脱水、中暑衰竭、烧伤以及液体堵塞呼吸管道等，热也会造成心跳过速，消防人员在高温中时间过长会得高温病。

（三）气体（Gas）

火能产生什么种类的气体，主要取决于燃料。最常见的危险气体有二氧化碳和一氧化碳。通常大部分可燃物质都是有机化合物，主要由碳、氢、氧、硫等组成，如果燃烧时氧含量充足，温度高且高于燃点温度，则为完全燃烧，其燃烧产物包括二氧化碳、水蒸气、含硫气体等。如果氧含量不足或温度不稳定且低于燃点温度，则为不完全燃烧，其产物为一氧化碳、烟、焦炭等。船舶在发生火灾时，一方面由于采取了切断通风等控制火灾措施，因此燃烧往往都是不完全燃烧；另一方面由于船舶的舱室空间狭小且通风不好，所以在火场内部除了有大量的可致人窒息的二氧化碳等惰性气体外，还会有大量的一氧化碳等有毒气体产生。二氧化碳能使人窒息，当空气中含量达到 5% 时，人就会呼吸困难；超过 10% 时，会使人窒息而亡。一氧化碳为一种无色无臭的有毒可燃气体，在空气中的含量只要达到很小的浓度（约为 0.05%），人体就有中毒的危险，浓度达到 0.5% 至 1% 就能在 5 min 内致人死亡。因此，为了保证人员在消防过程中的安全，又能成功完成灭火任务，必须加强对消防人员的防护措施，有效避免火灾时危险燃烧产物（主要是危险气体）可能造成的危害。

（四）烟（Smoke）

烟是火的可见产物，它给呼吸带来进一步的困难。烟由碳和其他未燃烧的悬浮粒子组成。它也含有水蒸气、酸和其他化学物质，吸入这些物质对人体有害或有刺激性。

烟会严重地降低失火现场内及其附近的能见度，它会刺激眼睛、鼻子和肺。无论是较长时间薄烟还是较短时间呼吸浓烟，消防人员都会感到很不适，在失火现场内未佩戴呼吸器的消防人员最终不是被迫退出失火现场，便是被烟熏倒。

（五）其他燃烧产物（Other Products of Combustion）

在不完全燃烧的情况下，燃烧产物不仅有一氧化碳，还有醇类、醚类、醛类、酮类等对人体有害物质。例如木材不完全燃烧会产生一氧化碳、甲烷、焦油、乙酸以及其他干馏产物。再如塑料、人造丝、羊毛等高分子材料燃烧会产生氨、氰化物、醛等物质，这些都对人体极其有害。

（六）燃烧产物对灭火工作的影响

燃烧产物对灭火工作有密切的关系，要充分利用它的优势帮助灭火，有效地克服不利因素。

1. 有利方面

燃烧产物在一定条件下有阻燃作用。完全燃烧的燃烧产物都是不燃的物质，如 CO_2、水蒸气等。如果是室内火灾,随着这些燃烧产物的增加,就能相对减少空气中氧的浓度,燃烧速率减缓。如果能关闭通风的门窗、孔洞,就会使燃烧速度减慢,直至停止燃烧。

燃烧产物可以为火情侦查提供依据。不同的燃烧物质,不同的燃烧温度,在不同的风向条件下,烟的气味、颜色、浓度、流动方向也是不一样的,通过烟的这些特征,消防人员可以大致判断燃烧物质的种类、火灾发展阶段、火势蔓延方向等。

2. 不利方面

引起人员中毒、窒息。燃烧产物中有不少为毒性气体,如 CO、HCl、HCN、NO 等对人体有麻醉、窒息、刺激作用。这些燃烧产物妨碍人们的正常呼吸、逃生,也给消防人员灭火工作带来困难。

会使人员受伤。燃烧产物的烟气中载有大量的热,人在这种高温、湿热环境中极易被烫伤。

影响视线。燃烧产生大量的烟雾,影响人的视线,使能见度大大降低,人在浓烟中往往会辨不清方向,给灭火、人员疏散工作带来困难。

成为火势发展、蔓延的因素。燃烧产物有很高的热能,极易造成轰燃或因对流或热辐射引起新的着火点。

五、火的蔓延方式

影响火势蔓延的因素有热传播、气候、风势、地理环境以及建筑物等,但主要的是热传播。热传播除了火焰外,还有三种途径:热传导、热对流、热辐射。

(一) 热传导(Heat Conduction)

1. 热传导的定义

热量通过直接接触的物体从温度较高的部位传递到温度较低的部位,称为热传导。这种传导方式主要是靠物质彼此接触的微粒间能量交换得以实现的。

2. 影响热传导的因素

不同的物质,其热传导能力不同。固体物质是较强的热导体,在固体中又以金属的导热性最强,其次是液体物质,气体物质最弱。一般金属物质较非金属物质导热性强,如钢材的导热性是木材的 350 倍,铝比木材强 1 000 倍。影响热传导的因素有温度差、导热系数、导热物体的厚度(距离)和截面积、时间长短等。

3. 热传导与火灾

热可以通过物体从一处传到另一处,有可能引起与其接触的可燃物燃烧。导热系数大的物体(如金属)更加容易成为火灾发展蔓延的途径。在火灾扑救中,应对被加热的金属物体和管道进行冷却;清除与被加热金属材料或物体靠近的可燃物质,或者用隔热材料将可燃材料与被加热的金属物隔开。

(二) 热对流(Heat Convection Currents)

1. 热对流的定义

热量通过流动介质由空间中的一处传到另一处的现象,称为热对流。根据流动介质的不同可分为气体对流和液体对流。就引起对流的原因而言,有自然对流和强制对流两种。自然对流是由于流体各部分的密度不同而引起的。例如,热设备附近空气受热膨胀向上流动以及火灾中热气体(主要是燃烧气态产物)上升流动,而冷(新鲜)空气则与其作相反方向流动。强制对流是通过鼓风机、压气机和泵使气体、液体强制对流。发生火灾时,如通风机械还在运行,就会成为火势蔓延的主要途径;使用防烟、排烟等强制对流设施能抑制烟气扩散和自然对流。

2. 影响热对流的因素

通风孔洞面积和高度、温度差、通风孔洞所处位置的高度等都会影响热对流。

3. 热对流与火灾

热对流是热传递的重要方式,是影响早期火灾发展的最主要因素。高温热气流能加热它流经途中的可燃物,引起新的燃烧。热气流能往任何方向传递热量,但通常都是向上传播,引起上层楼板、天花板燃烧。由起火房间燃烧至楼梯间、走廊,主要是热对流的作用。通过通风孔口进行热对流,使新鲜空气不断流进燃烧区,供应持续燃烧。为了防止火势通过热对流而发展蔓延,主要应控制通风口,冷却热气流或把热气流导向没有可燃物或火灾危险较小的方向。

(三) 热辐射(Heat Radiation)

1. 热辐射的定义

热射线以电磁波形式向周围传递热量的现象,称为热辐射。这种热射线是肉眼看不见的,但我们可以感受到它的存在及其强度的大小。任何物体(气体、液体、固体)都能把热量以电磁波的形式辐射出去,同时也能吸收别的物体辐射出来的热能。热辐射不需要通过任何介质,通过真空也能辐射。当有两个不同温度的物体并存时,温度较高的物体将向温度较低的物体辐射热能,直到物体温度渐趋平衡。

2. 热辐射与火灾

热辐射的热量和火灾温度的四次方成正比(即燃烧物温度越高,辐射强度越大)。被辐射物的受热量与放射物的距离的平方成反比(即距离近,受热多;距离远,受热少)。在火灾的发展阶段,温度较高时,辐射热成为热传播的主要形式。热辐射传播的热量可使被辐射物自燃燃烧。

在船内,辐射热会使附近的或者离火相当远的可燃物的温度升高,引起火灾。强烈的辐射热使人很难接近火源,因此,消防人员必须穿着防火服,同时用诸如水雾或干粉之类的灭火剂作为屏障减轻热辐射对消防人员的攻击。

总之,火灾的蔓延主要是由热传导、热对流和热辐射三种热传播途径引起的,因此,为了防止火灾蔓延,就必须阻止或减弱热量的传导、辐射和对流。

六、室内火灾的发展

室内火灾是指发生在受限空间内的火灾,是指有顶棚、有墙壁、有开口的空间,除了这些常规的建筑物,汽车、火车的车厢、飞机的机舱、轮船的船舱都是室,因此发生在这些地方的火灾都称为室内火灾。

当火灾发生在室外时,火灾产生的热量和烟气都会快速向周围的空间散失,因此火势的增长会比较稳定,温度的上升也会稳定而缓慢;而当火灾发生在室内时,由于室内有顶棚和墙壁,因此燃烧产生的热量和烟气难以向外散失,在室内不断聚集起来,聚集的烟气和热量不仅会加热顶棚和墙壁,而且还会产生辐射热反馈,加热房间内的其他可燃物,使整个房间升温。室内火灾的高温会使燃烧反应的速率大大提高,在其他燃烧条件相同的情况下,室内火灾的燃烧速率会远远大于室外火灾,而且随着室内烟起,两个频段聚集,还可能造成燃烧速率突然增加,室内温度迅速上升的特殊现象,这种现象被称为轰燃,它是室内火灾发展过程中的一个部分。

根据室内温度的变化,可以把室内火灾划分成三个阶段:第一个阶段为初始增长阶段,也称为轰燃前阶段;第二个阶段为充分发展阶段,也称之为轰燃后阶段;第三个阶段为衰减阶段。在初始增长阶段,室内的平均温度较低,燃烧区域较小;在充分发展阶段,室内的平均温度很高,房间内所有可燃物表面都在燃烧,整个室内充满了火焰,当室内温度下降至峰值温度的80%之后;火灾进入衰减阶段,由于可燃物不断被消耗,房间内的温度开始下降。而在初始增长阶段和充分发展阶段之间,有一个火势快速发展,室温急剧上升这样一个转变,这个现象被称为轰燃。在轰燃发生之前,室内温度的燃烧范围小,而经过短暂的轰燃之后,所有可燃物整体燃烧,室内的温度可以高达上千摄氏度,如图2-1-1-4所示。

室内火灾的发展阶段

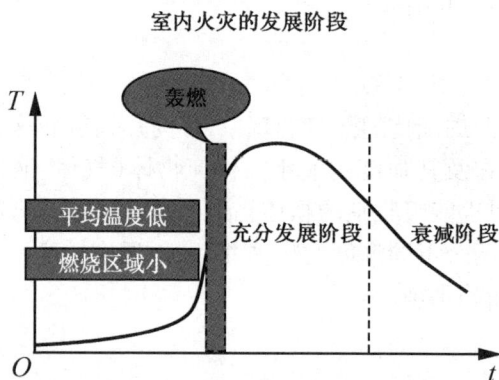

图 2-1-1-4　室内火灾的发展阶段

任务 2　掌握火的分类

要掌握不同物质燃烧的特征,比较有效的方法就是对其进行分类。随着科技进步和火灾情况变化,原有的火灾根据物质燃烧特性分为 A、B、C、D 四类,已不能满足现在的消防要求。国际标准化组织于 2007 年对火灾分类标准进行修订,发布了《火灾分类》(ISO 3941:2007),我国依据此标准结合我国国情,根据可燃物的类型和燃烧特性,将火灾分为 A、B、C、D、E、F 六大类(GB/T 4968—2008)。

一、甲(A)类火

普通固体可燃物着火称为甲类火,如木材及木制品、棉花、纸、布、塑料、橡胶、煤炭等的着火。

甲类火的特点是不仅在表面燃烧,而且能深入内部,如果只将其表面火熄灭,而内部还有余燃,一旦条件成熟就会复燃。

扑灭此类火最适宜的灭火剂是水,但用水灭火时要注意可能对货物造成的损失及对船舶稳性和船体强度的影响。

船上常见的可引起甲类火的物质可分为三大类:木材和木制品、纺织品和纤维、塑料和橡胶等。

虽然船舶是用金属造成的,而且表面上看上去不可燃,但是船舶上有许多易燃物品。船舶上可能引起A类火灾的位置如下:

(1)驾驶室内有木质的书桌、海图,还有其他航海类图书资料等可燃品;

(2)木工房里可能有各种各样的木材;

(3)水手长物料间可能有各种各样的绳索;

(4)驾驶室侧翼的应变柜存放有抛绳器用的火药和炸弹;

(5)金属集装箱的下面通常是用木头和木质材料制成的;

(6)用来垫舱、做脚手架以及其他用途的材料可能存放在甲板下面;

(7)船员住舱。

二、乙(B)类火

可燃液体或可溶化的固体着火称为乙类火,如煤油、柴油、石油、油漆、酒精和石蜡等的着火。

"B类火灾"的实质并不是可燃液体本身燃烧而是可燃液体蒸气与空气的混合物在液体表面的燃烧。如果可燃液体不加热至其闪点以上就不会产生可燃的混合气体,因此又称"B类火灾"为表面燃烧。其特点是只限于表面燃烧,燃烧速度快,温度也高,有爆炸的危险。

扑灭乙类火首先应切断可燃物质的来源,再采用泡沫灭火剂施救最为有效,也可采用二氧化碳和干粉等灭火剂来扑救。密度比水小的不溶于水的油类物质,会漂浮在水面上而使火灾扩散,因此,不能用水扑救。

船舶上容易发生"B类火灾"的位置:

(1)各种类型的易燃或可燃液体作为货物由油船运输。这些货物除了散装运输外,也可以用大容量的长桶、圆桶或其他类型的容器来运输。货舱里或大的集装箱里,往往能看到有易燃液体的小型液体容器包装。

(2)船舶上燃油舱和柴油舱,燃油和柴油在输入燃烧器之前是最危险的。如果管道有裂缝,会使油泄漏出来,被火源点燃。大量的油泄漏,就会引发大规模的火灾。

(3)有可燃液体的其他地方是厨房以及使用和存储滑油的各类舱室和地点,机舱的油头和设备也都有残存的一层燃油和柴油。

三、丙(C)类火

可燃气体着火为丙类火,如煤气、天然气、甲烷、乙烷、丙烷、氢气所引起的火灾。

这类火的特点是易燃易爆性大,爆炸的危险性比乙类火大。扑救丙类火较为适宜的灭火

剂为干粉。船舶"C 类火灾"的发生主要来源于:

(1)船舶电气焊作业储存的乙炔气体泄漏。

(2)油船、化学品船运输的易挥发货物所产生的大量可燃烃气。

(3)船舶厨房使用的液化天然气等。

四、丁(D)类火

可燃金属着火称为丁类火,如钠、钾、钙、镁、铝等所引起的火灾。

此类火的特点是燃烧温度极高,有的可以达到 3 000 ℃以上,并且在高温下金属性质非常活泼,能与水、二氧化碳、氮、卤素及含卤化合物发生化学反应,使常用灭火剂失去作用,所以不准用水进行扑救,也不能用二氧化碳扑救,必须采用特殊的灭火剂(如金属型干粉、7150 或砂土)扑救。

船舶上容易发生 D 类火灾的位置:

(1)钢是造船的主要金属,而铝合金或其他金属可能被用来建造上层建筑。

(2)金属还可能作为货物以各种形态被运输。一般块状金属在积载时没有任何限制;而铝粉、钛和镁粉及其他粉末状金属必须装在干燥和隔绝高温的地方。同样钾、钠等金属也应置于干燥的位置。

(3)集装箱通常是铝制成的,在失火时很容易溶化破裂,致使货物暴露在火中。

五、电气(E)火灾

电器及其设备的火灾称为电气火灾,如导航仪器、通信设备、电视机、电机、电气设备等着火。

此类火并不具体划分在哪一类,电气火灾往往造成断电,尤其是晚上容易引起船员恐慌,耽误灭火时机。应首先切断电源,然后首选不导电的二氧化碳或干粉等灭火剂来扑灭,如果没有二氧化碳和干粉等灭火剂,断电后的电气火灾可以作为甲类火扑救,如无法断电,则应使用不导电的灭火剂来扑灭。

船舶上容易发生"电气火灾"的位置:

机舱、驾驶台、船员住舱等有电气设备的地方都容易引起电气火灾,尤其老旧船舶绝缘性能差,线路老化,极易引起电气火灾。1998 年 2 月 11 日,"德安"轮的火灾就是因为机舱电气线路老化,绝缘性能差引起的意外事故。

六、F 类火灾

F 类火灾是指烹饪器具内的烹饪物(如动植物油脂)火灾。此类火灾原属于 B 类火灾,但它的火灾特点是高闪点,起火时液体温度高,多发生在厨房。扑灭 F 类火灾时,先关闭燃气或电源后,可以采用锅盖或者防火毯窒息灭火,也可以使用灭火器,禁止使用水来扑灭。

任务3 熟悉各种灭火剂

在燃烧过程中,能有效地破坏燃烧条件达到中止燃烧目的的物质,称为灭火剂(Fire Extinguishing Agent)。灭火剂的种类有很多,使用时只有根据火场燃烧的物质性质、状态、燃烧时间和风向风力等因素,正确选择并保证供给强度,才能发挥出灭火剂效能。目前常用的灭火剂有水、泡沫灭火剂、二氧化碳、干粉灭火剂等。另外,伴随着卤代烷灭火剂(如1211、1301)的被淘汰,世界各国开始着手于新型灭火剂的研发和生产,至今,已取得了不错的进展。这些新型灭火剂在保护地球环境方面,不同程度上优于卤代烷灭火剂,成为替代之选。

一、水(Water)

水是常用的灭火剂,在所有的火灾扑救中被广泛应用,特别是在船舶上,可以很容易获得,各种船舶都设有水灭火系统。

(一)灭火作用

1.冷却作用

冷却是水的主要灭火作用。水的比热比任何其他液体的比热都要大。常压下,1 kg的水,温度升高1 ℃要吸收4.18 kJ的热量。水的汽化热也很大,1 kg的水在100 ℃时变成同温度的蒸汽要吸收2 259 kJ的热量。所以,当水与炽热的燃烧物接触时,在被加热和汽化的过程中,会大量吸收燃烧物的热量,从而迫使燃烧物的温度大大降低,最终停止燃烧。

2.窒息作用

水遇到炽热的燃烧物后会因汽化而产生大量的水蒸气。1 kg的水汽化后可生成1 700 L的水蒸气。水变成水蒸气后,体积会急剧增大,大量水蒸气的产生会排挤和阻止空气进入燃烧区,从而降低了燃烧区内氧气的含量,可燃物的燃烧因缺氧而熄灭。试验表明,当空气中的水蒸气体积含量达到35%时,大多数燃烧都会停止。1 kg的水变成水蒸气时的抑燃空间可达到5 m³。水有着良好的窒息灭火作用。

3.对水溶性可燃易燃液体的稀释作用

对于水溶性(能够与水互相溶解)液体火灾,水与可燃液体混合可降低可燃液体的浓度,从而降低了蒸发速度和燃烧区内可燃气体的浓度,使燃烧强度减弱;再者当水溶性可燃液体被水稀释到可燃浓度以下时,燃烧就会自行停止。

4.水力的冲击作用

在船舶消防泵的作用下,直流水枪射出的密集水流具有强大的冲击力和动能。高压水流强烈地冲击燃烧物和火焰,可冲散燃烧物,使燃烧强度显著减弱;还可冲断火焰,使之熄灭。

5.对可燃液体的乳化作用

当喷雾水以一定的速度喷向黏性的非水溶性可燃液体表面时,由于雾状水流的冲击作用,在可燃液体表面会形成相对稳定的"乳化层"。可燃液体表面覆盖了这一层乳化物,就可以减少可燃液体的蒸发量,从而使燃烧难以继续下去。

总之,水的灭火作用是多方面的,灭火时往往不是一种作用的结果,而是几种作用的综合结果。在不同情况下,水的各种灭火作用在不同情况下地位可能不同,但一般情况下冷却是水的主要作用。

(二)水流形态及其灭火对象

水作为灭火剂,通常有四种形态。水的不同形态,灭火效果也不同。在船上,可以用水柱、喷雾水流、开花水、水蒸气等灭火。

1. 水柱

水柱射程远、冲击力强,一般用于扑救下列物质火灾:

(1)一般固体物质火灾,如木材、纸张、粮草、棉麻、煤炭、橡胶等。

(2)能够冲击、渗透到可燃物质的内部,用于扑救阴燃物质的火灾。

(3)可以扑救闪点在120 ℃以上、常温下呈半凝固状态的重油火灾。

(4)利用水柱的冲击力,可切断火焰、驱除火焰,如扑救石油和天然气井喷火灾。

当高度较高,水的穿透力要求大时,通常使用水柱。

2. 喷雾水流(雾状水)

喷雾水流覆盖面大,可以冷却更广阔的表面积,吸收更多的热量。另外,当喷雾水接触到任何被火加热的物体表面时,会产生水蒸气,水蒸气可以产生间接的窒息效果,可以进一步帮助火熄灭。一般情况下,喷雾流可以扑救下列火灾:

(1)重油或沸点高于80 ℃的石油产品火灾。

(2)粉尘火灾、纤维物质、谷物堆等固体可燃物质火灾。

3. 开花水(滴状水)

开花水覆盖面积大,当消防员靠近火灾灭火时起保护作用。

开花水除了可扑救一般可燃固体物质火灾外,还可扑救纤维物质、谷物堆等火灾。

4. 水蒸气

(1)利用水蒸气可扑救汽油、煤油、柴油和原油等可燃气体火灾,当燃烧区域的水蒸气浓度达到35%以上时,燃烧就会停止。

(2)利用水蒸气扑救高温设备火灾时,不会引起高温设备的变形和破坏。

(3)水蒸气主要适用于容积在500 m^3 以下的密闭场所,以及空气不流通的地方或燃烧表面积不大的火灾。

(三)灭火注意事项

(1)不能用水扑救轻金属的火灾,因为在极高温度下水会分解生成氢气,并能放出大量热量,使氢气自燃或爆炸。

(2)不能用直流水柱扑救三酸(硫酸、硝酸、盐酸)火灾,因为水与酸液接触会引起酸液发热飞溅,危害严重。

(3)不能用水扑救碳化钙(电石)的火灾,因为碳化钙遇水会生成易燃气体乙炔,放热、易爆炸。

（4）不能用水扑救油类火灾，对闪点低于 $60\ ℃$ 的易燃液体，采用水雾灭火效果极差。

（5）不能用水扑救未切断电源的电气设备火灾。水为导电体，有触电的危险。

（6）不能用水扑救熔化钢液的附近的火灾，水在高温下能分解出氢气和氧气，有爆炸危险。

（7）用水灭火，要考虑对船舶稳性和船体强度的影响。

（8）水柱或者水雾能对油舱壁、甲板以及油柜表面等进行冷却，并可保护消防人员免受火辐射热的灼伤，使消防人员可以更加接近火场。

二、泡沫灭火剂（Foam）

泡沫灭火剂是指凡是能够与水混溶，并可通过化学反应或机械方法产生灭火泡沫的灭火药剂。泡沫是一种体积较小，表面被液体所包围的气泡群。火场中所使用的灭火泡沫是由泡沫灭火剂的水溶液，通过物理、化学作用，填充大量气体（二氧化碳或者空气）后形成的。

（一）灭火作用

1. 窒息作用

泡沫与泡沫之间的黏附力使易燃液体的蒸气无法穿过，当泡沫把液面全部覆盖以后，就会形成空气隔绝层，从而断绝新鲜空气的来源，起到窒息灭火作用。

2. 冷却作用

泡沫中含有水分，对可燃物表面也能起到冷却作用，并抑制可燃、易燃液体的蒸发速度。

3. 隔热作用

由于泡沫的密度远远小于一般可燃易燃液体的密度，因此可以漂浮于液体的表面，形成一个泡沫覆盖层。由于泡沫导热性能低，故可以阻止热量向液面传热。

（二）泡沫的分类

泡沫灭火剂一般按其生成机理、发泡倍数、用途和发泡剂的类型进行分类。

1. 按生成机理分类

泡沫灭火剂按照泡沫的生成机理可以分为化学泡沫灭火剂和空气泡沫灭火剂两大类。

（1）化学泡沫是通过两种药剂的水溶液发生化学反应所产生的，泡沫中所包含的气体是二氧化碳。发泡倍数为 $5.5\sim10$，与水的密度比为 $0.15\sim0.25$，泡沫持久性不少于 $25\ s$，$30\ min$ 泡沫消失率小于 25%。化学泡沫由发泡剂、泡沫稳定剂或其他添加剂组成。船舶上多见的化学泡沫是由碱性的碳酸氢钠和酸性的硫酸铝水溶液、发泡剂、甘草汁互混产生化学反应而生成的。其反应方程式为 $6NaHCO_3+Al_2(SO_4)_3=3Na_2SO_4+2Al(OH)_3+6CO_2$。

（2）空气泡沫又称为空气机械泡沫，它是一定比例的空气、泡沫液和水，利用机械搅拌，使其相互混合而形成的充满空气的膜状气泡。空气泡沫中的气体为空气。

2. 按发泡倍数分类

发泡倍数是指泡沫灭火剂的水溶液变成灭火泡沫后的体积膨胀倍数。通常使用的灭火泡沫,其发泡倍数的范围为 2~1 000 倍。泡沫灭火剂按其发泡倍数可以分为低倍数泡沫、中倍数泡沫和高倍数泡沫灭火剂三类。

(1)低倍数(低膨胀率)泡沫灭火剂的发泡倍数一般在 20 倍以下。

(2)中倍数(中膨胀率)泡沫灭火剂的发泡倍数一般在 20~200 倍之间。

(3)高倍数(高膨胀率)泡沫灭火剂的发泡倍数一般在 200~1 000 倍之间。

化学泡沫灭火剂都属于低倍数泡沫灭火剂,空气泡沫灭火剂中的绝大部分也属于低倍数泡沫灭火剂。

3.按用途分类

泡沫灭火剂按照泡沫用途可以分为普通泡沫灭火剂和抗溶性泡沫灭火剂两类。

(1)普通泡沫灭火剂适用于扑救甲类火灾和乙类火灾中的非可溶性液体火灾。

(2)抗溶性泡沫灭火剂适用于扑救甲类火灾和乙类火灾中的可溶性液体火灾。

4.按发泡剂的类型分类

(1)蛋白泡沫

蛋白泡沫是以动植物蛋白的水溶液为基料,加入稳定剂、防腐剂和防冻剂等辅料加工而成的。目前,蛋白泡沫灭火剂是我国石油化工消防中应用最广泛的灭火剂之一。它所产生的空气泡沫相对密度小(一般在 0.1~0.5 之间),流动性能好,抗烧性强,又不易被冲散,能迅速在非水溶性液体表面形成覆盖层迅速将火扑灭。由于蛋白泡沫能黏附在垂直的表面上,因而也可以扑救一般固体物质的火灾。蛋白泡沫灭火剂主要用于扑灭油类火灾,但使用蛋白泡沫灭火剂扑灭原油、重油贮罐火灾时,要注意可能引起的油沫沸溢或喷溅。蛋白泡沫不能与干粉一起使用。

(2)氟蛋白泡沫

氟蛋白泡沫是在蛋白泡沫的基础上再添加一种氟碳表面活性剂加工而成的。由于氟碳表面活性剂的加入可改善蛋白泡沫的流动性、抗油污染性。所以,氟蛋白泡沫的灭火效率大大高于普通蛋白泡沫。它与蛋白泡沫灭火剂一样,主要用于扑灭各种非水溶性可燃、易燃液体和一些可燃固体火灾。广泛用于扑灭大型贮罐(液下喷射)火灾,由于氟蛋白泡沫灭火剂中氟碳表面活性剂的作用,具有抵抗干粉破坏的能力,与干粉有良好的联用性。因此,氟蛋白泡沫灭火剂可与各种干粉联用,且均能取得良好的灭火效果。

(3)水成膜泡沫

水成膜泡沫灭火剂是 20 世纪 60 年代初发展起来的一种新型高效泡沫灭火剂,由氟碳表面活性剂、碳氢表面活性剂和添加剂及水组成。水成膜泡沫又称为"轻水泡沫"。它比氟蛋白泡沫有更好的流动性和抗油污染性,当把水成膜泡沫灭火剂喷射到燃烧的油面时,泡沫一面在油面上散开,一面在油上形成一层水膜,泡沫和水膜的共同存在能迅速抑制燃油蒸气的蒸发,使其与空气隔绝,并使泡沫迅速向尚未直接喷射到的区域扩散,进一步灭火。

水成膜泡沫灭火剂适用于低倍数泡沫灭火设备,主要用于扑灭一般非水溶性可燃、易燃液体的火灾,且能迅速地控制火灾的蔓延,还能与干粉灭火剂联用,也可采用液下喷射方法扑灭油罐火灾;在扑灭因飞机坠毁、设备爆裂而造成的流淌的液体火灾时,效果也很好。

(4)抗溶性泡沫

用于扑救水溶性可燃液体火灾的泡沫灭火剂称为抗溶性泡沫,主要用于乙醇、甲醇、丙酮、醋酸乙酯(乙酸乙酯)等一般水溶性可燃液体火灾,不宜用于扑救低沸点的醛醚和有机酸、胺等类液体火灾。

对水溶性可燃、易燃液体,抗溶性泡沫灭火剂具有较好的稳定性,可以抵抗水溶性可燃、易燃液体的破坏。当这种抗溶性泡沫液在与水混合,并在机械作用下产生泡沫时,即在泡沫壁上形成一种薄膜,这种薄膜能有效防止水溶性溶剂吸收泡沫中的水分,从而保护了泡沫,使泡沫较好地覆盖在水溶性溶剂的液面上,起到灭火作用。另外,从抗溶性泡沫中析出的水,还可对水溶性溶剂的表面产生稀释作用,有利于灭火。

(5)合成泡沫

合成泡沫是一种以合成表面活性剂为基料的泡沫灭火剂。

(三)灭火对象

1. 主要用于扑救乙类火

对于非溶性可燃液体火灾,可用普通泡沫扑救;而对于可溶性可燃液体火灾,则只能用抗溶性泡沫扑救。

2. 可以扑救甲类火

泡沫可以扑救一般固体物质火灾,如木材、纸张、棉麻和粮草等火灾。

(四)灭火注意事项

(1)不宜扑救丙类火,灭火效果不良。

(2)不可以扑救丁类火。泡沫中含有水分,能生成氢气。

(3)不可以扑救未切断电源的电气设备火灾。

(4)使用泡沫灭火剂时不能同时使用水,因为与水同时使用会破坏泡沫层。

(5)对甲类火能起隔绝空气作用,对固体内部的火灾无法扑灭,想要彻底扑灭固体火灾,必须辅以喷水。

三、二氧化碳(Carbon Dioxide)

常温常压下纯净的二氧化碳(CO_2)是一种比空气重50%的无色无味的气体,其本身不助燃,降温、加压便能使其液化,当从容器中释放出来时,气体会比其储藏体积膨胀约500倍,制造方便,便于储存。

(一)灭火浓度

灭火浓度是评价二氧化碳灭火剂的灭火效能的一个指标。对于普通固体物质的火灾,用二氧化碳扑救时,其浓度要求达到30%以上;对于可燃液体或者类似的物质火灾,用二氧化碳扑救时,其浓度要求应达到40%以上。

(二)灭火作用

1. 窒息作用

用二氧化碳灭火时,从灭火器喷射出低温二氧化碳气体,并夹有少量的干冰,干冰进入空气后即会迅速吸热升华,产生二氧化碳气体。因为二氧化碳气体密度大于空气,所以,一经喷出即在火场区域下沉,罩住燃烧物的表面,使其与空气隔绝,同时也冲淡了火场中的氧气,使其含量降低。实验证明,当二氧化碳在空气中的浓度达到30%~50%时,绝大多数的燃烧都会熄灭。

2. 冷却作用

气态二氧化碳在0℃时,加压到3.6 MPa以液态形式储存在钢瓶内,体积会缩小450倍。二氧化碳施放时,能迅速汽化吸收其自身的热量,导致液体本身温度急剧下降。当其温度低至−78.5℃时,就会有细小的雪花状二氧化碳固体(干冰)出现,并从周围空气中吸收大量的热量(每千克液态二氧化碳汽化时约需577.7 kJ的热量)来降低燃烧物的温度,对燃烧物有一定冷却作用。

(三)灭火对象

(1)适用于扑救可燃液体火灾。

(2)适用于扑救带电设备的初起火灾。

(3)对甲类火能起控制作用,但必须尽快喷水才能见效。

(4)二氧化碳特别适用于扑救那些易受到水、泡沫及干粉等灭火剂损坏的物质火灾,这是因为在灭火时,二氧化碳不会对火场的环境造成污染,不腐蚀设备和贵重物品,灭火后不留痕迹。

(四)灭火注意事项

(1)CO_2对可燃气体的灭火效果较差,一般不用CO_2扑救。除非CO_2连续使用直到所有的火焰全部熄灭,否则火灾很容易复燃。

(2)CO_2不宜扑救活泼金属及其氢化物火灾。在一般情况下,CO_2是化学性质不活泼的气体,但在高温下,它能与钠、钾、镁等金属起反应,例如金属镁能在CO_2中燃烧,在反应中释放大量的热,因此CO_2不能用以扑救锂、钾、镁、锑、钛、镉、铀等金属及其氧化物的火灾。

(3)不宜扑救自燃分解的化学物品火灾,如某些过氧化物、联氨等。不宜扑救内部阴燃的纤维物火灾。

(4)由于CO_2施放时,能出现低温,故应防止手、眼冻伤。

(5)CO_2灭火具有窒息作用,对人也有窒息危险,使用时会逐渐扩散到空气中,引起火场缺氧,这样会危及扑火人员的安全。在密闭或通风不良空间使用时要防止对人员的伤害。在船上,使用CO_2固定灭火系统灭火前,必须先发出警报,通知人员撤离。

(6)CO_2有一定的渗透力、环绕力,可以达到一般喷射不容易达到的地方,但仍难扑灭固体火灾及一些纤维物质内部的隐燃火,所以用CO_2扑灭固体火灾时,应注意防止复燃,最好扑救后再用水灭火。

四、干粉灭火剂(Dry Powder)

干粉灭火剂,又称粉末灭火剂,是一种干燥、易于流动的微细固体粉末。它是由灭火基料(如碳酸氢钠、碳酸氢钾、氯化钾、硫酸钾、磷酸铵或磷酸铵盐等)与适量流动促进剂和防潮剂等添加剂(滑石粉、云母粉、石英粉、硬脂酸镁、磷酸钙等)研制而成的。其中,基料为各种灭火剂,含量一般在90%以上;添加剂都是一些疏水性物质,通过这些疏水性物质的机械隔离作用与在无机盐粉粒表面形成疏水膜来改正干粉的吸湿性,从而增强抗结块能力与流动性,含量一般在10%以下。干粉灭火剂的优点是:灭火效力大、速度快、无毒、不腐蚀、不导电且久储不变质等。

(一)干粉灭火剂的种类

目前国际上生产的干粉灭火剂品种繁多,但归纳起来大致可以分为以下三类:

1.重碳酸为基料的干粉

该类干粉常见的有小苏打(碳酸氢钠)干粉、碳酸氢钾干粉(紫钾盐干粉)。小苏打干粉灭火剂是以含量不小于90%的碳酸氢钠为原料,再加入适量添加剂,并经过防潮防结块处理的干粉灭火剂。

2.磷酸铵(如磷酸三铵、磷酸二氢铵及其混合物)为基料的干粉

磷酸铵灭火剂是以磷酸二氢铵为主要成分的干粉灭火剂。这种干粉不仅具有磷酸氢钠干粉灭火剂的灭火性能,并且还能灭A类物质的火灾,故简称为A、B、C干粉,又称为通用干粉,可扑救易燃液体、可燃气体、电气设备的火灾,也可扑救木材一类的可燃固体火灾。

3.其他干粉

其他干粉是以氯化钠、碳酸钠、氯化钾和氯化钡等为基料的干粉。

目前我国主要生产小苏打干粉。这种干粉成本低,且原材料易得,并有一定的灭火效力,是上述几类产品中年产量最多、应用最广的品种。

(二)灭火作用

干粉灭火剂平时一般储存于干粉灭火器或干粉灭火设备中,灭火时依靠加压惰性气体(二氧化碳或者氮气)的压力使干粉从喷嘴射出,形成一股夹带着加压气体的雾状粉粒气流,以此射向燃烧物。当干粉与火焰接触时便会发生一系列的物理化学作用,从而将火扑灭。

1.对有焰燃烧的抑制作用

干粉的主要灭火作用是化学抑制作用。在维持燃烧链式反应中关键的游离基是"H^+"和"OH^-",当干粉进入燃烧区域与火焰接触时,可以同时捕获大量的"H^+"和"OH^-"。大量的干粉喷入燃烧区,"H^+"和"OH^-"就会很快地被耗尽,链式燃烧反应被终止,从而使火焰熄灭。

2.干粉的遮断热辐射作用

浓云般的干粉与火焰相混合可以降低残存火焰对燃烧物表面的热辐射。磷酸盐等化合物还有导致碳化的作用,可使燃烧固体表面碳化,因为碳化层是热的不良导体,所以,它可使燃烧过程暂时变得缓慢,从而使火焰的温度降低。

3.对火场中空气的稀释作用

干粉灭火剂的基料在火焰的高温作用下会发生一系列的分解反应,这些反应通常都为吸热反应,可吸收火焰的部分热量。这些分解反应所产生的不活泼性气体,如二氧化碳、水蒸气等,对区域内的氧气浓度具有稀释作用。

4.烧爆现象

干粉受到高温作用会爆裂成许多更小的微粒。这样,干粉与火焰的接触面积就会急剧增加,从而提高了干粉的灭火效果。

(三)灭火对象

(1)扑救可燃液体火灾,效果较好。

(2)扑救可燃气体火灾,效果较好。

(3)对于一些电气设备火灾,可以使用,但对于一些精密仪器的火灾,应谨慎使用。

(4)对于可燃固体,它只能起控制火灾的作用,必须辅以喷水,才能见效。

(四)灭火注意事项

(1)对于轻金属火灾,不能使用普通干粉,而应采用金属型干粉或7150灭火剂进行扑救。

(2)燃烧时能够自身供氧或施放氧的化合物的火灾,例如,硝酸纤维、过氧化物等的火灾,不能使用干粉灭火剂扑救。

(3)干粉只能扑救普通固体的表面火灾,而不能控制其内部的火灾。

(4)精密仪器设备和贵重电气设备的火灾,不能使用干粉灭火剂扑救。因为干粉喷射后,设备虽能得以保护,但残存的干粉却很难清除干净,这会使设备丧失精度或被腐蚀。

(5)大量排放干粉会影响灭火人员。它所产生的不透明的烟团会使人们的视线模糊,而且粉末飞扬,会影响消防人员呼吸,如果烟团的浓度太大,还会使人呼吸困难。

(6)干粉对蛋白泡沫和一般泡沫有较大的破坏作用,因此干粉不能与这两种泡沫联用。

五、砂土(Sand)

砂土、干土也常被作灭火剂使用,主要用于扑灭初起小火。

1.灭火作用

火灾发生的初期,面积不大,产生的热量不多,如附近没有其他灭火器,可随手使用砂土或干土对着火点进行覆盖,以隔绝空气,阻止氧气进入,达到窒息灭火的效果。

2.灭火对象及灭火注意事项

砂土可用来扑救甲类火、乙类火及丁类火,效果较好,对丙类火效果不佳。

对于镁粉、铝粉、闪光粉等易燃固体引起的火灾,使用砂土扑救是很适宜的。应该注意的是,砂土不能用来扑救爆炸品的火灾。

六、新型灭火剂

(一)卤代烃灭火剂

七氟丙烷(HFC-227ea)灭火剂和三氟甲烷(HFC-23)灭火剂属于这一类型。七氟丙烷灭火剂的灭火机理为冷却和部分化学作用,灭火剂在汽化过程中要吸收大量热量。三氟甲烷灭火剂的灭火机理与七氟丙烷类似,在灭火过程中还会降低空气中氧气的含量。

这两种灭火剂都是人工合成的无色、无味、不导电的气体，不破坏大气臭氧层，灭火后无残留物。在灭火过程中，两者会产生氢氟酸，因此要求该灭火剂的喷放时间不得超过 10 s，以保证不会造成分解物 ppm（百万分比浓度）值过高。

（二）惰性气体灭火剂

惰性气体灭火剂常用的有烟烙尽 IG-541。它是氮气（52%）、氩气（40%）、二氧化碳（8%）混合而成的惰性气体，无色、无味、无毒、不导电，灭火过程洁净，灭火后不留痕迹，不破坏大气臭氧层，对环境无任何影响。当火灾发生时喷入上述气体使保护区氧气浓度降至 12.5% 以下，阻止可燃物体氧化继续进行，从而达到灭火目的。

（三）扑救忌水物质火灾的特效灭火剂——7150 灭火剂

7150 灭火剂是一种无色透明液体。它的化学名称为三甲氧基硼氧六环$(CH_3O)_3B_3O_3$。7150 灭火剂热稳定性较差，同时本身又是可燃物。当它以雾状被喷到炽热的、燃烧着的轻金属上面时，会发生以下两种化学反应：

（1）分解反应：

$$(CH_3O)_3B_3O_3 \xrightarrow{60\ ℃以上} (CH_3O)_3B + B_2O_3$$

三甲氧基硼氧六环　　　　硼酸三甲酯硼酐

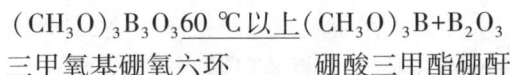

所谓高效灭火剂就高效在此，即此分解反应为可逆反应，反复生成硼酐。

（2）燃烧反应所生成的硼酐在轻金属燃烧的高温下熔化为玻璃状液体，流散于金属表面及其缝隙中，在金属表面形成一层硼酐隔膜，使金属与大气（氧气）隔绝，从而使燃烧窒息。同时在 7150 发生燃烧反应时，还需消耗金属表面附近的大量氧气，这就能够降低轻金属的燃烧强度。

（四）气溶胶灭火系统

1. 气溶胶的分类

气溶胶的介质是气体，气溶胶是微细的固体颗粒，或微细的液体颗粒和惰性气体在气体介质中悬浮、弥散形成的溶胶状态。气溶胶按形成的方式可分为："高温技术气溶胶"（通常称"热气溶胶"）和"非高温技术气溶胶"（通常称"冷气溶胶"）。

（1）"高温技术气溶胶"是将固体燃料混合剂通过自身燃烧反应，产生足够浓度的悬浮固体颗粒和惰性气体，释放于着火空间，抑制火焰燃烧，并且使火焰熄灭。烟雾灭火技术就属于热气溶胶技术范畴。

（2）"非高温技术气溶胶"是通过压力使容器内的超细干粉经喷头喷出，使其悬浮于着火空间，使火焰熄灭。实际上，超细干粉和细水雾灭火技术属于冷气溶胶灭火技术范畴。

2. 气溶胶的特点

（1）以固态形式存放，不会挥发、储存寿命长，制成灭火装置后不存在泄漏问题，因此设计、安装、维护管理简单方便。

（2）灭火效率高、速度快，是 1301（哈龙）的 4~6 倍，是 CO_2 灭火剂的 10~15 倍。

（3）不导电，无毒无害，对大气臭氧层耗损潜能值 $ODP=0$，温室效应潜能值 $GWP=0$，或极小,符合环保要求,属于绿色消防灭火剂。

(4)具有很强的扩散性,能绕过障碍物而流动和进入微小的空隙之内,能全方位灭火,是全淹没式灭火剂。

(5)具有优越的综合功能,可制成简单的手持式灭火器,也可制成具有自动探测、自动报警、自动巡检、自动和手动启动的固定式灭火系统。

(五)细水雾灭火系统

"细水雾"是相对于"水喷雾"的概念,所谓的细水雾,是使用特殊喷嘴、通过高压喷水产生的水微粒。细水雾灭火系统对保护对象可实施灭火、抑制火、控制火、控温和降尘的多种方式的保护,其灭火机理和水完全相同,只是其灭火性能比经过消防水枪喷出的消防水的灭火效果更佳。

细水雾灭火系统是利用高压或气流,将流过喷嘴的水形成极细的水滴,进行灭火或防护冷却的一种固定灭火系统。灭火机理主要是冷却、窒息,可以用于保护经常有人的场所。细水雾具有良好的电绝缘性,对环境无污染,可以降低火灾总烟气含量的毒性。

细水雾灭火系统的缺点:一是细水雾对水的粒径要求严格,导致对喷嘴的制造与使用要求较高,目前国内外开发的细水雾灭火系统要求的系统压力高,对管路配件及水泵的工作压力要求相应提高,也带来相应的价格和技术方面的问题;二是作为灭火剂的水质要求要绝对稳定(即纯净水),给细水雾灭火系统大范围的推广带来一定难度;三是该系统还处于不断的自我完善阶段,系统应用范围狭窄,不同的细水雾灭火系统只适用于规定的保护对象大小,不具备通用性,局限性较大。

任务4　掌握基本灭火方法

燃烧必须同时具备三要素,并相互结合、相互作用。而灭火的原理就是使三要素不同时存在或者相互不发生作用,故灭火方法主要有隔离法、窒息法、冷却法、抑制法(又称化学中断法或中止法)等。

一、隔离法

隔离法是针对可燃物,将正在燃烧的物质与其周围未燃烧的可燃物分隔开来不使火势蔓延,中断可燃物的供给,使燃烧因缺乏可燃物而停止。下列措施属于隔离法:

(1)将未燃的可燃物质从燃烧的地方移走。

(2)迅速将燃烧物从燃烧的地方转移到安全地点或投入海中。

(3)撤除火场附近的可燃、易燃和易爆物品。

(4)关闭可燃气体或可燃液体的进入燃烧地点的阀门等,以减少或阻止可燃物进入燃烧区。

(5)设法阻拦流散的易燃、可燃液体等。

二、窒息法

窒息法是将可燃物质与空气隔绝,使火因缺氧而窒息,以达到灭火的目的。具体方法有:

(1)用不燃的石棉毯、泡沫、干粉和沙子等覆盖在燃烧物的表面,将可燃物与空气隔开,使空气中的氧起不了助燃作用。

(2)向燃烧的舱室、容器灌入二氧化碳或者其他惰性气体,以降低燃烧区域空气中的氧含量。

(3)关闭火场的门窗、通气筒、舱盖和人孔等以停止或减小空气中氧气的供应,使燃烧区域空气中氧含量迅速减少。当火灾区域中的空气氧含量降到11%以下,对一般可燃物质来说,就会因缺氧而使火熄灭。

三、冷却法

冷却法是将燃烧物的温度降低,使燃烧温度低于燃烧物质的燃点温度,使火因失去热量而熄灭。如用水、二氧化碳等直接喷洒在燃烧物上来降温灭火;或者用水对火源附近的可燃物进行喷射来降低其温度,从而阻止火灾的蔓延。灭火剂在灭火过程中不参与燃烧过程中的化学反应。这种方法属于物理灭火方法。

在使用消防水龙灭火时,水应以适当的形式直接喷射到火的底层根部,以达到最快地降低热量,彻底扑灭火灾,喷射扑灭火灾。喷射出的水能成为高效灭火剂。

四、抑制法(化学中断法或中止法)

抑制法是将灭火剂渗入到燃烧反应中,使助燃的游离基消失,或者产生稳定的或活动性很低的游离基,从而使燃烧反应终止。例如,使用干粉灭火剂扑灭可燃气体火灾就属于此种灭火方法。

综上所述,在灭火过程中,应根据实际情况,综合分析选择合理的灭火方法。

思考题

1. 简述燃烧形成的充要条件。
2. 简述火灾分类的方式及各种火灾类型的特点。
3. 简述常用灭火剂的原理及灭火注意事项。

项目二　船舶消防设备

【知识目标】

1. 掌握手提式二氧化碳灭火器、手提式泡沫灭火器、手提式干粉灭火器等船舶常用灭火器的结构、性能、使用方法及维护；

2. 掌握各种推车式灭火器及移动式灭火装置的结构、性能、使用方法及维护；

3. 掌握船舶消防员装备的配备要求、组成及使用；

4. 掌握紧急逃生呼吸装置及防毒面具的配备、性能及使用；

5. 掌握消防斧、消防钩、砂箱、消防桶、防火毯等其他消防器材的使用；

6. 掌握固定式水灭火系统、固定式二氧化碳灭火系统、干粉灭火系统、泡沫灭火系统、自动喷水灭火系统等船舶消防固定灭火系统的组成、要求、使用及维护；

7. 掌握固定式探火和失火报警系统、抽烟式探火及报警系统、自动喷水器探火和失火报警系统等船舶火灾探测报警系统的组成使用及维护。

【能力目标】

1. 能够使用手提式灭火器(水、二氧化碳、泡沫、干粉等)扑救初起火灾；

2. 能够使用各种移动式灭火装置(便携式泡沫发生器,移动式泡沫、二氧化碳、干粉装置)进行灭火；

3. 能够正确装备消防员装备、使用紧急逃生呼吸装置等；

4. 能够正确使用消防斧、消防钩、砂箱、消防桶、防火毯等其他消防器材；

5. 能够正确操作使用固定式水灭火系统、固定式二氧化碳灭火系统、干粉灭火系统、泡沫灭火系统、自动喷水灭火系统等船舶消防固定灭火系统；

6. 能够正确操作使用固定式探火和失火报警系统、抽烟式探火及报警系统、自动喷水器探火和失火报警系统。

【内容摘要】

根据 STCW 78/2010 公约、SOLAS 公约及《国际消防安全系统规则》(FSS 规则)要求,船舶必须配备主管机关认可的型式适合、数量足够的船舶消防设备,以保障船舶消防安全。本章就船舶常见的消防设备的配备、结构、性能、使用、维护等方面进行详细的介绍。

任务1 掌握手提式灭火器

手提式灭火器是指在其内部驱动压力的作用下,将所充装的灭火剂喷出来以达到扑救火灾的目的。其特点是:可方便地由人力移动,并且结构简单、轻便灵活。其主要用于扑救初起的小范围的火灾。在船舶起居处所、服务处所、机器处所、火灾控制站内、厨房和每一易燃物料储藏室,都配备有足够数量的手提式灭火器。每位船员都必须掌握各种手提式灭火器的结构、灭火性能、操作使用方法及日常维护保养要求。

一、灭火器的配备(SOLAS)

1 000 总吨以上船舶至少备有 5 具手提式灭火器。船舶所配备的手提式灭火器,应为认可的型式和设计,每个干粉或二氧化碳灭火器容量至少应为 5 kg,而每个泡沫灭火器的容量至少应为 9 L。所有手提式灭火器的质量应不超过 23 kg,而且必须有至少相当于一个 9 L 液体灭火器的灭火能力。

二、灭火器的布置(SOLAS)

(1)起居处所、服务处所和控制站内应配备使主管机关满意的型式适用和数量足够的手提式灭火器。1 000 总吨及以上的船舶应至少备有 5 具手提式灭火器。

(2)用于任何处所的手提式灭火器,其中应有 1 具存放在该处所的入口附近。

(3)在起居处所内不得布置二氧化碳灭火器。在控制站和其他设有船舶安全所必需的电气或电子设备或装置的其他处所,所配备灭火器的灭火剂应既不导电也不会对设备和装置产生危害。

(4)灭火器应位于易于看到的位置并随时可用。该位置应在失火时能迅速和便于到达，且灭火器所处位置应不会使其可用性受到天气、振动或其他外部因素的影响。手提式灭火器应配有表明其是否已被用过的标志。

三、灭火器的灭火级别

(一)灭火级别的概念

灭火级别定量和定性地表征灭火器的灭火能力及其适用扑救火灾的种类，是一种衡量标准。灭火级别由数字和字母组成，数字表示灭火级别的大小，字母表示灭火级别的单位值及灭火器适用扑救火灾的种类；其中 A 表示灭火器扑灭 A 类火灾的灭火级别的一个单位值；B 表示灭火器扑灭 B 类火灾的灭火级别的一个单位值。

(二)A 类和 B 类的单位值

A 类火灭火试验中，1A 是将 72 根木条(500 mm×39 mm×39 mm)分 6 层堆放在金属架上，上下层木条成直角排列，每层的木条应间隔均匀，在其金属支架下方的有正方形金属的引燃盘内，倒入汽油引燃盘使木垛燃烧，木垛燃烧至其质量减少到原来量的 53%～57%时，开始使用灭火器灭火，能够将火灭掉而不复燃，则代表此灭火器具备为 1A 灭火能力。

B 类火灭火试验模型由圆形盘(用钢板制成)内放入车用汽油构成。例如 8B 是将 8 L 燃料体积(水为 1/3，车用汽油为 2/3)倒入特制圆形盘(面积近似 0.25 m²，不同燃料体积圆形盘面积不同)内点燃，预燃 60 s 后开始使用灭火器灭火，能够将火灭掉。一般 B 类火灾的灭火级别中的数字近似代表燃料的体积数量(L)。

(三)灭火级别在灭火中的作用

首先，理解 A 类和 B 类灭火试验中，如 1A 代表多大范围(体积)的火灾，B 类火灾的灭火级别中的数字近似代表燃料的体积数量(L)，建立其所代表灭火能力的概念。其次，了解各种灭火器的 A 类和 B 类灭火级别大小，做到心中有数。在灭火中，根据灭火器上的灭火级别，判定现场火灾是否能够扑灭。最后，建立"小火"概念。"小火"一般是指仅靠单一灭火器能够灭掉的火灾，不同灭火器的灭火能力有所不同，了解其上面注明的灭火级别大小，有利于灭火。

四、手提式二氧化碳灭火器(Portable Carbon Dioxide Fire Extinguisher)

(一)结构

手提式二氧化碳灭火器由钢瓶、瓶头阀和喷射系统组成。

1. 钢瓶

钢瓶是充装液态二氧化碳的容器，为高压容器。二氧化碳灭火器不配备压力表，而采用称重的办法来测量器灭火剂的量，主要原因在于二氧化碳气体易液化，并且随着温度变化压力变化范围较大。

2. 瓶头阀

瓶头阀既是密封灭火器钢瓶的盖子,同时也是控制灭火剂喷射的阀门。瓶头阀上装有超压安全保护装置和开启机构。超压安全保护装置为安全膜片。开启机构有两种:手轮式和压把式。手轮式的开启机构是由手轮、螺杆组成的,开启后只能一次用完,现在已淘汰使用。压把式开启机构是由压把和压杆组成的。开启时压下压把,压杆就会下移,推动密封阀芯脱离密封座,使二氧化碳释放出来。松开压把,阀芯则会在弹簧和内部压力的作用下自动复位而关闭。所以,这种开启机构是手动开启,自动关闭型。

3. 喷射系统

喷射系统由虹吸管、喷射连接管和喷口组成。二氧化碳灭火器喷口与瓶头阀保险销钢瓶的连接形式有以下两种:

(1)刚性连接式二氧化碳灭火器(图 2-2-1-1)

这种灭火器的喷口是用金属管连接在灭火器的瓶头阀上。使用时,喷口和金属管只能绕瓶头阀上下转动,并可以在任意位置停顿,如要左右摆动,就需水平转动灭火器瓶体。

(2)软管连接式二氧化碳灭火器(图 2-2-1-2)

这种灭火器的喷口用喷射软管与瓶头阀相连,喷口可以绕瓶头阀上下左右任意转动,在喷射软管与喷口的连接处有供人握持的手柄。一般船舶上配备的二氧化碳灭火器都采用这种连接方式。

图 2-2-1-1　刚性连接式二氧化碳灭火器　　　　图 2-2-1-2　软管连接式二氧化碳灭火器

(二)主要技术性能

以国产 MTZ5 型鸭嘴式灭火器为例,其主要技术性能为:钢瓶内装二氧化碳 5 ± 0.2 kg,喷射时间小于 45 s,射程为 2~2.2 m,钢瓶容量为 7 ± 0.2 L。

（三）使用方法

（1）取下灭火器,有条件时戴好手套,托住提把提至火场附近,尽量立于上风,距火场 2 m 左右（即相当于其射程的距离）,拉出保险插销,调节好喷口。

（2）将喷口对准火焰根部,按下压把,使二氧化碳灭火剂喷出,由近而远、左右摆动扫射,直到把火扑灭为止。扑救容器内火灾时,操作者应手持喷筒根部的手柄,从容器上部的一侧向容器内喷射,但注意不要使二氧化碳直接冲击到液面上,以免将可燃液体冲出容器而扩大火灾。

（四）注意事项

（1）在使用二氧化碳灭火器灭火时要戴好棉手套,没戴防护手套时,不要用手直接握喷筒或金属管,以防冻伤。

（2）灭火动作要迅速、准确,喷射要连续,以防复燃。

（3）由于二氧化碳灭火器有一定喷射距离,如喷口离火焰太近或太远都不能充分发挥它的作用,应保持适当的距离。

（4）灭火时,应注意灭火方向,站在上风位置顺风灭火。在狭小的室内空间使用时,灭火后应迅速撤离,以防被二氧化碳窒息而发生意外情况。

（5）灭火器在喷射过程中应始终保持直立状态,不可将灭火器颠倒使用。

（五）维护保养

（1）每月对灭火器进行检查。检查的内容包括:外观、安全销和标志等。

（2）每年对灭火器进行称重,重量减少 1/10 及以上时,必须及时进行补充。

（3）二氧化碳灭火器的存放环境温度不得超过 42 ℃,并且要确保通风、干燥。

（4）灭火器每 5 年或再充装前,需对受压部件进行水压试验,合格后方可继续使用。

五、手提式泡沫灭火器（Portable Foam Fire Extinguisher）

船用泡沫灭火器以前大多为化学泡沫灭火器,现在广泛采用水成膜（轻水）泡沫灭火器。

（一）手提式化学泡沫灭火器

1. 结构

化学泡沫灭火器主要由筒身、瓶胆、筒盖和提环等组成,如图 2-2-1-3 所示。筒身内盛有碱性溶液（如碳酸氢钠和泡沫剂的水溶液）,并且还悬挂有玻璃或聚乙烯塑料瓶胆,瓶胆内盛有酸性溶液（如硫酸铝水溶液）。瓶胆用瓶盖盖上,以防酸液蒸发或者振荡溅出。筒盖是用塑料或钢板压制而成的,装有滤网、喷嘴。筒盖与筒身之间有密封圈;筒盖用螺栓及螺母固定在筒身上。泡沫灭火器分船用和陆用两种,陆用的瓶胆无盖,船用的瓶胆有盖。船用泡沫灭火器按开启方式的不同可分为旋转式、开关式、揿压式和手柄式四种。

图 2-2-1-3 手提式化学泡沫灭火器

2. 主要技术性能

MPJ 手提式泡沫灭火器容量一般为 8~9.55 L,喷射距离为 8~10 m,能持续喷射 60 s,发泡倍数为 8 倍,30 min 内泡沫消失量不超过 50%。

3. 使用方法(揿压式泡沫灭火器)

用手握住灭火器的提环,平稳、快捷地将灭火器提到现场。迅速扳起瓶盖机构,一只手握住提环,另一只手握住筒身的底边,将灭火器倒置,两种溶液相混产生化学反应而射出泡沫,将泡沫喷向火源,覆盖火焰。倒置时如能摇动筒身,以促使两种溶液更快相混,泡沫射程会更远,能提高灭火效果。扑救液体火灾时,要对准火场中的舱壁或物体的垂直面进行定点喷射,让泡沫借助反冲力向周围均匀流散,直至将燃烧液面全部盖住,使火窒息熄灭。

4. 注意事项

奔赴现场灭火时,筒身不宜过度倾斜,以免酸碱两种药液自行混合;喷射泡沫时,筒盖和筒底不可对着人体,以防万一喷嘴堵塞而发生的爆裂伤人事故。

5. 维护保养

(1)泡沫灭火器应存放在干燥、阴凉、通风并取用方便之处,不可靠近高温或可能受到暴晒的地方,以防碳酸分解而失效;冬季要采取防冻措施,以防冻结。泡沫灭火器存放地点的环境温度应在 -8~45 ℃之间。如果低于 -8 ℃,容易使灭火器内产生冰冻而失去作用;如果超过 45 ℃,会使筒内碳酸氢钠分解出二氧化碳而失效。

(2)喷嘴应经常保持畅通,筒盖内的滤网应每年清洗一次。

(3)灭火器内的药剂每年更换,在换药前,发现筒身锈蚀应进行液压试验。

(二)手提式水成膜(轻水)泡沫灭火器(Aqueous Film Forming Foam)

1. 结构

手提式水成膜(轻水)泡沫灭火器由灭火器钢瓶、瓶盖、驱动钢瓶、喷射系统和开启机构组成。它是将轻水泡沫灭火剂(即水成膜泡沫灭火剂)与压缩气体(氮气或压缩空气)同储于灭火器筒体内,灭火剂由压缩气体的压力驱动而喷射出灭火;具有灭火速度快、灭火效率高、操作方便、可间隙喷射、抗复燃性能强、有效期长等特点,如图 2-2-1-4 所示。

图 2-2-1-4　手提式轻水泡沫灭火器

2. 使用方法

将灭火器竖直提至火场,拉出保险插销,压下施放手柄,打开驱动气瓶瓶头阀,驱动气体推动水成膜泡沫灭火剂由虹吸管压出。水成膜泡沫灭火器应对准火焰喷射,尽可能站在上风处施放。

3. 维护保养

每月应进行检查;存放环境温度为 0~40 ℃;施放完毕后应尽快填充药液;应定期检查灭火器,当驱动气体重量减少 10%时,应及时补充。

六、手提式干粉灭火器(Portable Powder Fire Extinguisher)

1. 结构

手提式干粉灭火器(图 2-2-1-5)根据驱动气存储方式不同分为储气瓶式和储压式两种。

图 2-2-1-5　手提式干粉灭火器

储气瓶式干粉灭火器有一个单独的储气瓶用来储存驱动气体,而储压式干粉灭火器的驱动气体是和灭火剂一起封装在灭火器的筒体中的,没有单独的储气瓶,但是有一块显示筒体内压力的压力表,便于检查灭火器压力是否正常。

因储气瓶式干粉灭火器的驱动气体单独储存在一个独立气瓶内,灭火器筒体内部不承受压力,所以船员可以拆开上盖来检查或更换筒内灭火剂,如图 2-2-1-6 所示。

储压式干粉灭火器是由筒体、筒盖、喷射系统和开启机构等部件组成的,如图 2-2-1-7 所示。储压式干粉灭火器的结构简单,由于压缩氮气与干粉共贮于灭火器筒体内,所以没有储气瓶和出气管。但为了显示压力,应在筒盖上增加一块压力表。它经常处于加压状态,因此对灭火器的密封性能和耐压强度提出了更高的要求。

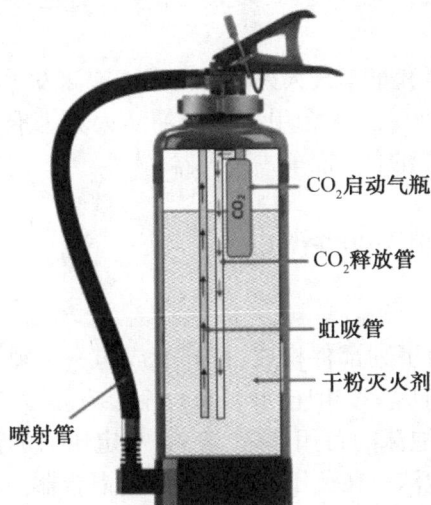

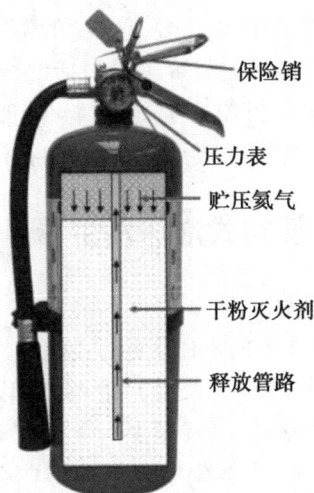

图 2-2-1-6　储气瓶式干粉灭火器　　　　图 2-2-1-7　储压式干粉灭火器

2. 主要技术性能

MF 型手提式干粉灭火器的装粉量为 2~8 kg,喷射距离为 3~5 m,喷射时间为 11~20 s。

3. 使用方法

(1)将灭火器竖直提至火场,上下颠倒几次,拉出保险插销。

(2)尽可能站在上风,压下释放手柄,打开驱气瓶瓶头阀,驱动气体推动干粉由虹吸管喷出。

(3)使用干粉灭火器扑救可燃固体火灾时,应从火焰上风侧对准火焰根部,水平左右扫射,由远而近,快速向前推进,直至把火焰全部扑灭为止。

(4)扑救容器内火灾时,应注意不要把喷嘴直接对准液面喷射,以免干粉气流的冲击力使油液飞溅,引起火势扩大,造成灭火困难。

4. 维护保养

(1)干粉灭火器应放置于便于取用和通风、阴凉、干燥的地方,以防筒体受潮腐蚀。

(2)避免暴晒和强辐射热,以防驱动气体气瓶由于气体受热膨胀、压力升高而漏气。

(3)各连接件要拧紧,不得松动,喷嘴胶塞要堵好,不得脱落,以保证密封良好。

(4)每年抽查干粉一次,防止干粉受潮结块,并将二氧化碳钢瓶称重一次,检查漏损率。

如发现干粉结块或气瓶内气量不足,应重新更换干粉灭火剂或充气,以防需使用时失效。

（5）干粉灭火器在保管、运输和使用过程中,严禁撞击和剧烈振动。

任务 2　掌握移动式灭火装置

移动式灭火装置主要包括移动式泡沫灭火装置和推车式灭火器。移动式灭火装置的作用与手提式灭火器相同,都是用于扑灭初起的火灾,灭火性能、灭火方法和灭火注意事项也是相同的,两者的区别主要是容量的不同。

移动式灭火装置主要包括便携式泡沫发生器和推车式灭火器。便携式泡沫发生器主要用来扑救 A 类机器处所、客货船/油船甲板舱室以及钻井平台甲板等处油品火灾。推车式灭火器又称非便携式灭火器,通常包括泡沫、二氧化碳和干粉推车式灭火器。

一、便携式泡沫发生器(Portable Foam Generator)

1. 组成

图 2-2-2-1 所示为便携式泡沫发生器,单元由下列部件构成:自导型或与一个独立导入器相连的泡沫喷嘴(叉管),能够经消防水龙带与消防总管相连,并带有一个装有至少 20 L 泡沫的便携式储罐,以及至少一个带有等同容量浓缩泡沫的备用储罐。当有一定压力的消防水通过该装置的混合器内时,混合器内会形成负压,泡沫液在负压作用下被吸入混合器。在混合器内泡沫液与水混合,在进入泡沫管枪时扩散雾化,同时吸入大量空气而形成泡沫,从泡沫管枪喷出。

移动式泡沫灭火装置如图 2-2-2-2 所示。

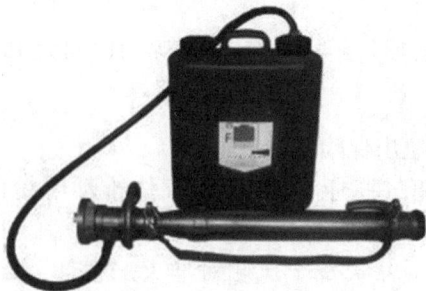

图 2-2-2-1　便携式泡沫发生器　　　图 2-2-2-2　移动式泡沫灭火装置

2. 技术性能

喷嘴(叉管)及导入器须能产生适合于扑灭油类火的有效泡沫,在正常消防总管压力下,泡沫溶液的流量至少为 200 L/min。

3. 使用方法

将连接药桶和泡沫枪的软管连接好,将水龙带一端接在消火栓上,另一端接在泡沫枪上,逆时针打开消火栓,灭火人员应手持泡沫喷枪,并处于失火部位的上风位置,调整灭火距离,使泡沫平稳地覆盖在着火油面或者物体上。

4. 注意事项

（1）该装置应按照要求配备有足够的泡沫液。

（2）对油类火灾,不可直接将泡沫射向油面,这样会扩大火灾,而应对准着火后的舱壁或火场中物体的垂直面等喷射,使泡沫均匀流下覆盖液面。当泡沫液用完时应立即断水。

（3）喷射时如有风,则应使泡沫向顺风方向喷射,避免侧风喷射。

二、推车式灭火器（Transportable Fire Extinguisher）

1. 推车式泡沫灭火器

推车式泡沫灭火器分为推车式空气泡沫灭火器和推车式化学泡沫灭火器。

（1）推车式空气泡沫灭火器:该灭火器筒身内装空气泡沫溶液,驱动气瓶悬挂于火器外。驱动气瓶和灭火器之间由高压气管连接。推车式泡沫灭火一般常配备于船舶的机舱内。一般推车式泡沫灭火器在船上有两种规格:45 L 和 130 L。45 L 推车式泡沫灭火器配备于船舶主机附近,而 130 L 推车式泡沫灭火器配备于船舶锅炉附近。图 2-2-2-3 所示为推车式泡沫灭火器。

图 2-2-2-3　推车式泡沫灭火器

（2）推车式化学泡沫灭火器:现代船舶上通常配备有推车式空气泡沫灭火器,但有些老龄船舶上还配备有推车式化学泡沫灭火器。该灭火器筒身内装碱性溶液,瓶胆装酸性溶液。瓶胆悬挂于筒身内。胆塞在手轮丝杆的作用下封住瓶口。筒盖上有安全阀,可防止筒身因超压而发生爆炸。推车式化学泡沫灭火器的射程为 16 m 左右,喷射时间约为 170 s。

使用方法:将该灭火器推到火场,一个人施放喷射管,手握喷枪对准火源;另一个人逆时针旋转手轮,开启胆塞,然后放倒筒身,摇晃几次,使拖杆触地,打开施放网,将泡沫喷射在燃烧面上。

推车式泡沫灭火器容量一般为 65～100 L,喷射距离为 15～18 m,能持续喷射 170～175 s,

发泡倍数和 30 min 内的泡沫消失量与手提式灭火器相同。

2. 推车式干粉灭火器

推车式干粉灭火器主要设置在 A 类机器处所和滚装船装货处所内,由筒体、筒盖、驱动气瓶、转移系统、喷射系统和开启机构等组成。驱动气瓶有两种设置形式:内装式和外置式。内装式的结构紧凑,美观大方。外置式的检查、修理和维护方便,如图 2-2-2-4 所示。MFT 型推车式干粉灭火器装粉量为 35~70 kg,喷射距离为 10~13 m,喷射时间为 20~50 s。一般船舶上配备的推车式干粉灭火器有两种规格:23 kg 和 40 kg。这两种规格分别相当于 45 L 和 130 L 的推车式泡沫灭火器。所以有的船上分别用以上两种干粉灭火器来替代泡沫灭火器,配备于船舶主机和锅炉附近。

使用方法:将灭火器迅速拉(推)到火场,在离起火点大约 10 m 处停下。将灭火器放稳,拔出开启机构上的保险销,迅速打开二氧化碳钢瓶。取下喷枪,迅速展开喷射软管,然后一只手握住喷枪枪管,另一只手钩动扳机,将喷嘴对准火焰根部,喷射干粉。推车式干粉灭火器最好两人配合使用。

图 2-2-2-4　推车式干粉灭火器

3. 推车式二氧化碳灭火器

推车式二氧化碳灭火器如图 2-2-2-5 所示。这种灭火器使用灵活、可靠,且灭火后不留痕迹,适用于扑灭醇、油类等可燃液体和电气设备等初起火灾。其结构与手提式二氧化碳灭火器基本相同,主要不同点在于:多了一个固定和运送灭火器的推车;开启机构全部采用手轮式。一般船舶上配备的推车式二氧化碳灭火器有两种规格:16 kg 和 23 kg。这两种规格相当于 45 L 和 130 L 的推车式泡沫灭火器。所以有的船上分别以上两种二氧化碳灭火器来替代泡沫灭火器,配备于船舶主机和锅炉附近。

使用方法:使用时一般由两人操作,首先把灭火器拉(推)到火场附近,在距火点大约 10 m 处停下。一人迅速取下喇叭喷筒,展开喷射软管后,双手紧握喷筒根部手柄,把喇叭喷筒对准火焰准备进行喷射,另一人迅速卸下安全帽,逆时针方向转手轮,把手轮开到最大位置以释放二氧化碳,灭火方法与手提式二氧化碳灭火器相同。

图 2-2-2-5　推车式二氧化碳灭火器

任务3　掌握消防员装备

根据 SOLAS 公约和 FSS 规则要求,每艘船舶应至少配备 2 套消防员装备,每套消防员装备包括一套个人设备和一副呼吸器,存放在易于到达的位置并随时可用,该位置应有永久性的清晰标志。如所配备的消防员装备或个人配备不止 1 套时,其存放位置应彼此远离。

在客船上,应在任一位置可获得至少 2 套消防员装备外加 1 套个人配备。在每个主竖区内应至少存放 2 套消防员装备。

如图 2-2-3-1 所示,消防员装备(Fireman's Outfit)和个人配备(Personal Equipment)主要为船员穿戴后进入火场执行探火、灭火和救人的任务时使用。

图 2-2-3-1　消防员装备

一、个人配备

1. 防护服（Fire-protective Clothing）

如图 2-2-3-2 所示，防护服的材料应能保护消防人员的皮肤不受火焰和燃烧的热辐射，并且不受蒸汽的烫伤。防护服的外表应能防火和防水。船用防护服一般使用消防隔热服。

消防隔热服由上衣、裤子、手套、头罩和盖脚组成。它采用纤维织物与镀铝薄膜复合材料制作而成，不含石棉，其优点是：质量轻、强度高、阻燃、耐高温、抗热辐射、耐磨、耐折以及对人体无毒害等，能够有效地保障消防队员和高温作业人员不被烈焰或高温灼伤，但是船用防护服不能接触火焰或者融化的金属。

图 2-2-3-2　防护服

2. 消防长筒靴（Fire Boot）

消防长筒靴由橡胶或其他电绝缘材料制成，具有防砸、防刺穿、防电、防水等作用，如图 2-2-3-3 所示。

3. 消防头盔（Fire Helmet）

消防头盔由帽壳、佩戴装置及附件（面罩、披肩）等组成。消防头盔应坚固结实，能对撞击提供有效保护。其可保护使用者的头、面部，使其免受强力冲击，避免尖锐物、热辐射、火焰或者静电的伤害，在消防队员灭火战斗时用于保护消防队员头颈部的安全。穿戴时一定要注意将消防头盔的长帽檐置于头颈后方，以便较好地保护后颈，如图 2-2-3-4 所示。

图 2-2-3-3　消防长筒靴

图 2-2-3-4　消防头盔

4. 太平斧(Fire Axe)

消防人员随身携带的太平斧一般为小型太平斧,可做腰斧使用,挂于安全腰带扣环上,方便携带。其手柄应设有绝缘层,能够提供高压绝缘保护作用。其主要用于破拆和支撑,如图 2-2-3-5 所示。

5. 安全灯(Safety Lamp)

一盏认可型的安全灯(手提灯),其照明时间至少应为 3 h。在液货船上使用的和危险区域的安全灯应为防爆型,如图 2-2-3-6 所示。

图 2-2-3-5　太平斧

图 2-2-3-6　安全灯

二、呼吸器(Breathing Apparatus)

储压式空气呼吸器作用是供给使用者新鲜空气。呼吸器应为瓶内空气储存量至少为 1 200 L 的自给式压缩空气呼吸器,或可供使用至少 30 min 的其他自给式呼吸器。呼吸器的所有气瓶都应能够互换使用。

目前船舶广泛使用的是正压式空气呼吸器,其主要由以下部件组成:面罩组件、供给阀组件、减压器组件、气瓶与气瓶阀组件、背托与背带、通信装备等。

1. 面罩组件

面罩组件是一种单眼窗大视野、双状片密封的正压型全面罩,面罩内还有口鼻贴合的小口鼻罩,能减小全面罩实际有害空间。同时在口鼻罩内还设有呼气阀,将呼出气体排至外面,并设有传音器,以便在使用过程中互相讲话,面罩上装有橡胶系带,能使佩戴者脸部与全面罩密封贴合,保证安全可靠地佩戴。

2. 供给阀组件

正压式供给阀最大正压性供气量为 300 L/min,吸气感觉舒适。供给阀与全面罩连接,当佩戴者着装完毕后吸气时供给阀转换开关会自动开启,供给阀使全面罩内处于正压状态,使全面罩内气体压力始终大于外界大气压力,外界气体不能进入面罩,从而保证使用者在有毒有害气体环境中保证自身安全。

3. 减压器组件

减压器主要作用是将高压空气的压力从 30 MPa 降至 0.7 MPa 左右。减压器上装有中压安全阀、压力指示与余压警报器,空气输出导管。

4. 气瓶与气瓶阀组件

气瓶是储存可供人体呼吸用压缩空气的高压容器,用超高度合金钢或碳纤维等相等材料制成,容积有 3 L、4 L、5 L、6.8 L 等。因空气的临界温度很低(约 -194.4 ℃),所以在正常情况下空气无论如何压缩都不会液化,此时,空气压力和体积成反比。相同量的空气,压力越大需要的空气瓶容积就越小。例如:如果是 6 L 空气瓶,仅需要 20 MPa 压力就满足 1 200 L 要求;如果是 4 L 钢瓶,则需要 30 MPa 才能满足要求。目前广泛使用的空气瓶,工作压力一般不超过 30 MPa,气瓶阀手轮逆时针旋转为开启,反之则关闭。

5. 背托与背带

背托上所有的环和卡都用不锈钢制成,以防在易燃易爆气体中作业时产生静电火花引起爆炸,背托上的负荷分布对称均匀。背带由腰带、肩带组成,可自由调节长度,可根据使用者的身材快速调节。

6. 通信装备

对于 2014 年 7 月 1 日或以后建造的船舶,船上每个消防队应携带至少 2 台便携式双向无线电话用于消防员的通信。这些便携式双向无线电话机应为防爆型或本质安全型。2014 年 7 月 1 日以前建造的船舶应不迟于 2018 年 7 月 1 日以后的第一次检验符合本要求。

为了便于佩戴呼吸器的人员进行有效通信,目前消防队配备双向无线电话一般会增加耳机和骨传导麦克。

7. 空气输出导管

空气输出导管由一根耐压橡胶软管、快速插头组成。其一端连接供给阀,另一端连接减压器。

8. 软导管快速插头

快速插头由两个部件组成。两部件未连接时,减压器端的软导管快速插头是关闭的,打开气瓶开关仍然气密,气体不会泄漏。当两部件连接时,快速插头闭锁开关被打开,气体及时通入供给阀。

9. 压力指示与余压报警器

压力指示由高压导管、压力表和余压警报器组成。压力表用于指示气瓶内的储气压力,压力表壳外有防振良好的保护罩。呼吸器余压报警装置应设有听觉报警和视觉或其他装置,以在瓶内储气量降至不少于 200 L 前向使用者发出警报,在实际应用中,不同的厂家和设备型号不同,呼吸器设备在使用时也略有差异,部分呼吸器设备当气瓶压力降至 4~6 MPa 时,警报器发出警报音响,操作者听到报警后应及时撤离工作现场。

备用气瓶,SOLAS 公约第 II-2/15.2.2.6 条规定,关于"船上训练和演练","需要为训练用过的呼吸器气瓶再充气,或合适数量的备用气瓶置换",其含义是应提供为训练用过的呼吸气瓶重新充气的装置,或者在船上备有合适数量的备用气瓶以备替换训练用过的气瓶。该规定于 2014 年 7 月 1 日后应用于所有船舶。正压式呼吸器如图 2-2-3-7 所示。

图 2-2-3-7　正压式呼吸器

三、耐火救生绳(Lifeline)

每个呼吸器都应配有一根长度至少为 30 m 的耐火救生绳。其主要作用表现在两个方面:显示通道和联系工具。耐火救生绳应能够用卡钩系在探火队员(或消防队员)呼吸器的背带上,以便与接应人员进行联络,或者系在一条单独的系带上,用于在火场营救遇险被困人员,以防在使用耐火救生绳时呼吸器脱开。当用于联络时,一般按事先约定的前进、停止、撤退及救助等信号拉绳示意,如图 2-2-3-8 所示。

图 2-2-3-8　耐火救生绳

任务4　掌握紧急逃生呼吸器和防毒面具

根据公约和规则的要求,除消防员装备外,船舶还应配备一些其他个人设备,如紧急逃生呼吸器、防毒面具等。

一、紧急逃生呼吸器(Emergency Escape Breathing Devices,EEBD)

紧急逃生呼吸器是一种为从危险气体场所逃离的人员提供呼吸保护的装置,可以保护船员从火灾发生处的危险环境中逃生,但不得用于灭火、进入缺氧隔离空舱或舱室,或由消防员佩戴。

1. EEBD 的配备要求

IMO 在第 73 届会议上于 2000 年 12 月 5 日通过的《国际消防安全系统规则》(FSS 规则),在《国际消防安全系统规则》(FSS 规则)第 3 章 2.2 中要求,将从 2002 年 7 月 1 日起在所有的公约适用船舶上,起居处所和机器处所强制配置紧急逃生呼吸器(EEBD)。

船舶机器处所按处所值班人数配备,每人一具,但不得少于两具,起居处所内配两具。船上还应另备用一具,不包括训练用。对于 2002 年 7 月 1 日以前建造的现有船舶不要求配置备件。

必须在紧急逃生呼吸器上清晰地印有简要的使用说明或清晰的图示。佩戴程序应迅速且容易,以便在极短的时间就能安全摆脱有害气体。在每一个紧急逃生呼吸器上还应印有保养要求、厂家的商标和序列号、贮藏期限及生产日期以及认可机关的名称。用于培训的紧急逃生呼吸器必须清楚地标示。

2. EEBD 的特点

紧急逃生呼吸器具有以下特点:体积小、重量轻、操作简单、使用方便,可手提、肩挎或挂在颈部,适合各类人员使用。

3. EEBD 的组成

紧急逃生呼吸器由储气瓶、瓶头阀、头罩或全脸面罩和挎袋组成,如图 2-2-4-1 所示。头罩和面罩由耐火材料制成,并包括一个清晰的视窗。储气瓶的储气量大于 400 L,容积 2.2~3 L,额定工作压力为 21 MPa,供气量大于 35 L/min,应能够供应使用者不少于 10 min 的使用时间。

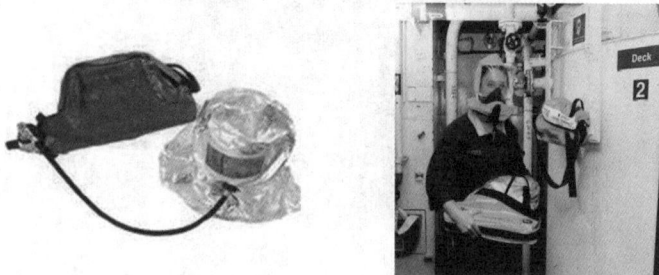

图 2-2-4-1　紧急逃生呼吸器

4. EEBD 的存放和管理

（1）EEBD 应存放在便于取用之处，应避免放置在重压，高温烘烤和低温冷冻区域。

（2）在机器处所内 EEBD 可放置在集控室、工作间、机舱下部的脱险通道或梯道的入口处。

（3）EEBD 的存放处应贴有 IMO 标识，并能在黑暗中被识别。

（4）每月检查瓶头阀上的压力示值，若气瓶内的压力低于额定工作压力的 95%，应进行检查或充气。

（5）当压力低于 13.5 MPa 时必须补气。气瓶每 3 年要进行一次水压试验。

5. EEBD 的操作步骤

目前，紧急逃生呼吸器装置种类较多，但在使用上大同小异，下面仅介绍 TH10 型紧急逃生呼吸器装置使用方法。如果有的船舶配置的紧急逃生呼吸器与介绍的不一样，可根据本船紧急逃生呼吸器重新制定操作步骤。

（1）将挎袋挎于逃生人员的颈部，打开挎袋取出面罩。

（2）将面罩从上向下戴在头部，注意透明窗应朝前，披肩覆盖好肩部。

（3）迅速打开瓶头阀开关并迅速逃离事故现场。

二、防毒面具（Breathing Apparatus）

防毒面具按防护原理，可分为过滤式防毒面具（图 2-2-4-2）和隔绝式防毒面具。过滤式防毒面具由面罩和滤毒罐（或过滤元件）组成；隔绝式防毒面具由面具本身提供氧气，分储气式、储氧式和化学生氧式三种。

图 2-2-4-2 过滤式防毒面具

过滤式防毒面具是一种过滤式呼吸防护用品，是利用面罩与人面部周边形成密合，使人员的眼睛、鼻子、嘴巴和面部与周围染毒环境隔离，同时依靠滤毒罐中吸附剂的吸附、吸收、催化作用和过滤层的过滤作用将外界染毒空气进行净化，提供人员呼吸用洁净空气。防毒面具一般由面罩、滤毒罐、导气管、防毒面具袋等组成。

为了防止对面部皮肤过敏，高级的防毒面具的材质已由普通橡胶，改为采用优质硅胶制作的全面罩主体,抗老化、防过敏、耐用、易清洗。各种防毒面具的材质和结构不同,但都可以参照同样的使用方法,以下为硅胶大视野防毒面具使用方法:

(1)防毒面具使用前应检查:面具是否有裂痕、破口,确保面具与脸部贴合密封性;呼气阀片有无变形、破裂及裂缝;头带是否有弹性;滤毒盒座密封圈是否完好;滤毒盒是否在使用期内。

(2)防毒面具佩戴:将面具盖住口鼻,然后将头带框套拉至头顶;用双手将下面的头带拉向颈后,然后扣住;面具戴上后要仔细检查连接部位及呼气阀、吸气阀的密合性,方法是将手掌盖住呼气阀并缓缓呼气,如面部感到有一定压力,但没感到有空气从面部和面罩之间泄漏,表示佩戴密合性良好;若面部与面罩之间有泄漏,则需重新调节头带与面罩排除漏气现象,确认密合性良好后方可投入使用。使用时如闻到毒气微弱气味,应立即离开有毒区域。过滤式防毒面具只能在空气中有毒气体浓度小于2%,氧气浓度大于18%的情况下使用。

任务5　熟悉其他消防用品

消防用品是用于消防目的的用具或物品,在船舶上常用的消防用品有消防水桶、防火毯、砂箱、太平斧、消防钩、铁铤、国际通岸接头、消防战斗服等,还有用于测量舱室气体的测爆仪和测氧仪等。

一、消防水桶(Fire Bucket)

消防水桶一般是手提水桶,俗称太平桶,采用镀锌铁皮制成,其外壳涂以红漆,并用白漆标出编号,按规定固定存放于驾驶室附近或者露天甲板的木座上,如图2-2-5-1所示。它的作用是浇灭初起火灾。

二、防火毯(Fire Blanket)

防火毯是用耐火材料制成或经过防燃浸渍处理的专用毯,一般用石棉制成,也可使用其他耐火材料浸渍过的毯子,如图2-2-5-2所示。

图 2-2-5-1　消防水桶　　　　　图 2-2-5-2　防火毯

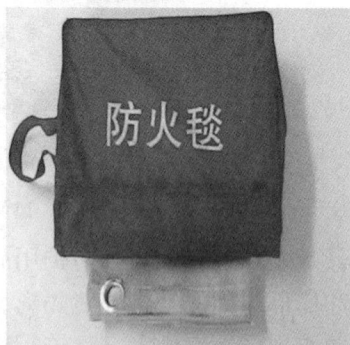

其规格多为 1.2 m×2 m。平时放在专用的箱子里,着火刚开始时,可用毯子盖上,使火源

与空气隔绝,以达到窒息灭火的目的。另外,用帆布或毛毯制成的毯子也可临时用作防火毯,但使用时必须先用水浸湿。人身上着火时也可用防火毯裹住灭火。

三、太平斧、消防钩、铁链(Fire Axe、Hook、the Iron Stand)

太平斧有两种规格,其中,大型太平斧主要用于断缆或者破拆。小型太平斧是消防人员随时携带的装备之一,主要用于破拆或者支撑。作为腰斧的太平斧,其斧柄上套有绝缘胶套,具有防滑、绝缘的作用。铁链和消防钩也都是破拆工具。太平斧如图 2-2-5-3 所示,消防钩如图 2-5-4 所示。

图 2-2-5-3　太平斧　　　　　　　　图 2-2-5-4　消防钩

四、砂桶和砂箱(Sand Box)

砂桶和砂箱是储存消防砂的木箱或金属箱,如图 2-2-5-5 所示。砂箱的容量在 0.3~0.33 m³ 范围内。砂土必须干燥,应每三个月检查一次。使用时将其覆盖在燃烧物体表面,隔绝氧气并吸收一部分热量,从而使火熄灭。

五、测爆仪(Explosimeter)

测爆仪,也称为可燃气体检测仪,是检测可燃性气体和蒸气的仪器,如图 2-2-5-6 所示。按采样方式不同可分为扩散式和泵吸式两种;按仪器的监测原理不同可分为催化燃烧式、热导式以及红外线吸收式等。测爆仪能够快速检测危险气体是否低于爆炸下限或者可燃气体体积百分比,它适用于数百种可燃性气体和蒸气。

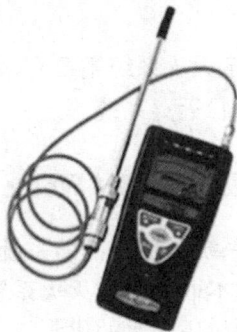

图 2-2-5-5　砂箱　　　　　　　　图 2-2-5-6　测爆仪

六、测氧仪(Oxygen Analyser)

测氧仪通常是用来确定在一个封闭的空间大气中氧气水平。例如,检查货舱可以视为安全惰性,还是货舱可以安全进入。测氧仪有多种形式。其中小型的测氧仪可以随身携带,能够连续测量大气中氧气含量,大气中氧气变为不足时,能够提供声光及视觉报警,如图 2-2-5-7 所示。

七、消防战斗服(Fire Suit)

消防战斗服是为消防人员在火场灭火战斗中保护自身而设计的一种防护服装,它集阻燃、隔热、防水、透湿于一体,可有效保护消防员在灭火战斗时的人身安全及灭火战术的实施和灭火器材的有效发挥。它是由阻燃层、隔热层、防火透气层、舒适层组成的,具有很好的阻燃性能和抗辐射性能。图 2-2-5-8 所示为"97"式消防战斗服。

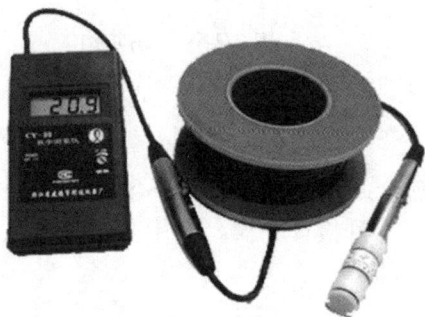

图 2-2-5-7 测氧仪　　　　　　　图 2-2-5-8 "97"式消防战斗服

任务6　掌握固定灭火系统

船舶固定灭火系统主要有水灭火系统、固定压力喷水灭火系统、二氧化碳灭火系统、泡沫灭火系统、干粉灭火系统等。

一、水灭火系统(Water Fire-extinguishing System)

水灭火系统是船舶消防系统的主要组成部分,它是所有类型船舶都应配备的固定灭火系统,也是最基本而有效的灭火系统之一。其一般可兼作甲板冲洗、锚链冲洗和喷射器供水等用途,也作顶边舱压载水的供水。

水灭火系统情况如表 2-2-6-1 所示。

表 2-2-6-1　水灭火系统情况

水灭火设备		船舶种类				
		客船		货船		
		4 000 总吨以上	4 000 总吨以下	6 000 总吨以上	1 000~6 000 总吨	1 000 总吨以下
消防泵	数量	3	2	2		2 其中 1 台应为独立驱动
	总排量（m³/h）	舱底泵总排量的 2/3		同样尺度客船一台舱底泵的 4/3 以上（不需要超过 180 m³/h）		
	每台泵的排量（m³/h）	大于（总排量×80%）/泵数不小于 25 m³/h		大于（总排量×80%）/泵数不小于 25 m³/h		
	消火栓应维持最低压力	0.4 MPa	0.3 MPa	0.27 MPa	0.25 MPa	0.25 MPa
	通海连接件、消防泵及其动力源的布置	分舱布置（1 000GT 以下可设置 FSS 要求的应急消防泵）		分舱布置或设置 FSS 要求的固定应急消防泵		一般用手台式消防泵来满足独立驱动要求
消火栓数量和位置		两股从不同消火栓喷射出的水柱，其中一股仅用一根消防水带，射至船舶在航行时旅客或船员经常到达的任何部位、任何货物处所空舱时的任何部位、任何滚装处所或任何车辆处所。另外，消火栓应布置位于靠近被保护处所的出入口处				
消防水带		每个消火栓配 1 根		每 30 m 船长配 1 根（另备 1 根）总数不少于 5 根（不包括机器处所）		每 30 m 船长配 1 根（另备 1 根）总数不少于 3 根（不包括机器处所）
消防水枪（水雾/水柱两用）		每个消防水带配 1 支		每个消防水带配 1 支		每个消防水带配 1 支
国际通岸接头		1 支（可用在船舶任何一舷）		1 支（可用在船舶任何一舷）		

（一）组成

1. 消防泵（Fire Pump）

船舶所配备的消防泵根据船舶的类型不同也会有所不同：对于 4 000 总吨及以上的客船，至少应配备 3 台的独立消防泵；对于 4 000 总吨以下的客船和 1 000 总吨及以上的货船，至少应配备 2 台独立的消防泵，如图 2-2-6-1 所示。船舶上的卫生泵、压载泵、舱底泵或者通用泵只要不用来抽输油类，均可作为消防泵。每一消防泵的排量不得少于 25 m³/h，至少应能维持 2 股所需水柱。

图 2-2-6-1　消防泵

2. 消防总管（Fire Main Pipe）

消防总管和消防水管的直径应足够有效地从两个同时工作的消防泵传输所需的最大出水量，但货船的消防总管的直径仅需满足每小时排送 140 m³ 的水量。

消防总管布置形式分为直线形和环形两种。直线形总管适用于小型船舶或大型船舶的宽敞甲板上和机舱内,而环形总管适用于大型船舶或上层建筑区域,如图2-2-6-2所示。

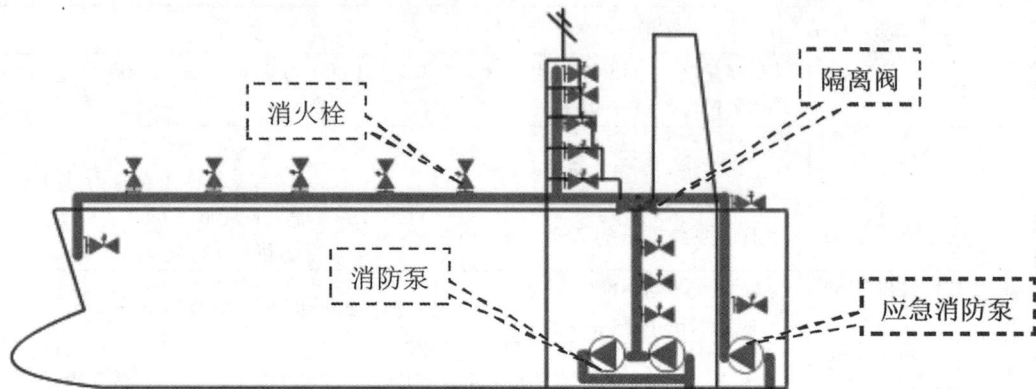

图2-2-6-2　消防管

环形总管的优点是能增强系统的生命力。当某一段环形总管发生故障时,则可以通过关闭附近的截止阀,切断对该段管路的供水,而其他消防管路能继续发挥作用。它要求总管上配有足够的截止阀,因而阀件多、管路比较复杂,安装的工作量也大,船舶水消防系统的布置均采用混合布置的形式,即既有环形布置也有直线形布置。一般货船的机舱或甲板上为直线形布置,而上层建筑为环形布置;客船采用环形布置。

兼作甲板冲洗用的消防总管应均匀地置在主甲板上,而不应通过货舱。消防总管和消火栓的位置应便于连接消防水带。管子和消火栓的布置应防止冻结的可能性。消防总管应设有适当的排水设施。

3. 消火栓(Fire Hydrant)

消火栓的数目和位置至少应能将两股不是由同一消火栓发出的水柱射至船舶在航行时旅客或者船员经常到达的任何部位、任何货物处所空舱时的任何部分、任何滚装处所或任何车辆处所,其中一股应仅用一根消防水带。在可能装运甲板货物的船上,消火栓的位置应随时易于接近。各消防水带接头与各水枪应能完全互换使用,否则船上每一消火栓应备有一条消防水带和一支水枪,如图2-2-6-3所示。

4. 消防水带(Fire Hose)

消防水带是消防用的很长的管状织物,应由经认可的不腐蚀材料制成,如图2-2-6-4所示。最常用的材料是内衬橡胶并涂有聚氯乙烯的合成纤维织物。这种水带很坚实,不受油类、大部分化学品、霉腐以及酷暑、严寒天气的影响。船舶使用的每条消防水带应配有一支水枪和必要的接头。水带长度至少为10 m,但用于机器处所的不得超过15 m;用于其他处所和开敞甲板的不得超过20 m;用于最大型宽超过30 m船舶的开敞甲板的不得超过25 m。直径一般为50 mm和65 mm两种,有时也使用直径为80 mm的水带。

图 2-2-6-3　消火栓　　　　　　　　　图 2-2-6-4　消防水带

配备要求:对于客船,每一个消火栓都应至少配备 1 条消防水带,载客超过 36 人的客船内部处所,消防水带应一直保持与消火栓相连接。对于超过 1 000 总吨的货船,所需要的消防水带数目应为每 30 m 船长配备 1 条,1 条备用,但总数不得少于 5 条。此数目并不包括机炉舱所需水带。对于不超过 1 000 总吨的货船,应备有不少于 3 条消防水带。

5. 消防水枪(Fire Nozzle)

消防水枪由铝合金和铜材料制成,是消防队员在灭火时使用的主要器材,它可以把水带内的水流通过不同的结构转化成为水枪的高速射流的不同流态,并把这种射流(直流或雾状射流)喷射到火场的物体上,以达到灭火、冷却或保护的目的。

水枪有直流水枪、喷雾水枪及两用(直流喷雾)水枪和脉冲水枪等。

直流水枪如图 2-2-6-5 所示,用于扑救一般的固体物质火灾以及灭火时的辅助冷却等。水枪的标准口径有 12 mm、16 mm 和 19 mm 三种尺寸,压力范围在 0.2~0.7 MPa 之间。船舶起居舱室一般配备 12 mm 水枪。

喷雾水枪如图 2-2-6-6 所示,一般用于扑救室内火灾,还可用于扑救可燃粉尘及部分油类火灾。在机舱等可能有溢油危险的处所应配备喷雾水枪或两用水枪。

两用水枪如图 2-2-6-7 所示,既可喷射直流又可喷射雾状水流。多种水流可以相互转换、组合使用,机动性能好。船舶配备的水枪应为经认可的设有关闭装置的两用型水枪。

图 2-2-6-5　直流水枪　　　　　图 2-2-6-6　喷雾水枪　　　　　图 2-2-6-7　两用水枪

脉冲水枪是近年来在国外发展起来的一种高效灭火装备,主要用于扑救初期小面积的 A、B、C 类火灾。

6. 国际通岸接头(International Shore Connections)

国际通岸接头作为船与船或船与岸连接的公共接头,是一种大小转换接头,用钢材或其他等效材料制成并设计成能承受 1.0 N/mm^2 的工作压力,如图 2-2-6-8 所示。大头系国际统一规格;小头为永久附连于船上消火栓或消防水带的对接口。500 总吨及以上的船舶应设有至少一个符合要求的国际通岸接头,并应备有使此种接头能用于船舶任何一舷的设施,以便能够从岸上或他船向本船消防总管供水。

图 2-2-6-8　国际通岸接头

7. 应急消防泵(Emergency Fire Pump)

应急消防泵如图 2-2-6-9 所示,为固定式独立动力驱动的泵。其主要用于船舶应急消防,即任何一个舱室失火可能导致所有消防泵失去作用时向消防总管提供消防水。该泵组具有质量轻、体积小、启动迅速、出水时间快、燃油箱容量大、耐腐蚀,且使用可靠、维护方便等优点。应急消防泵有两种驱动方式,即电驱动和柴油机驱动。配备有应急发电机的现代化大型船舶通常采用的驱动方式是电驱动。由柴油机驱动的应急消防泵,在允许使用蓄电池的场合,该机组可安装并使用蓄电池启动装置。燃油供应柜所装盛的燃油应能使泵在全负荷下至少运行 3 h,同时在 A 类机器处所外应储备足够数量的燃油,能使该泵在全负荷下再运行 15 h。应急消防泵正常工作时能维持两股所需的水柱。泵的排量应不低于船舶所要求的消防泵总排量的 40%,而且在任何情况下不低于下列排量:

小于 1 000 总吨的客船和 2 000 总吨及以上的货船:25 m^3/h。

小于 2 000 总吨的货船:15 m^3/h。

为了保证应急消防泵的可靠性,使相关人员能熟练掌握其启动程序,应每月检查试验应急消防泵。

图 2-2-6-9　应急消防泵

（1）电驱动的应急消防泵

电驱动的消防泵可在甲板上的消防控制站和机舱内的应急消防泵间启动。

（2）柴油机驱动的应急消防泵

作为应急消防泵驱动力的柴油机应在温度降至 0 ℃时的冷态下能用人工手摇曲柄随时启动。如不能做到，或可能遇到更低温时，则应设置经主管机关认可的加热装置，以确保能随时启动。如果人工启动不可行，主管机关可允许采用其他启动装置。这些启动装置应能在 30 min 内至少使柴油机驱动的动力源启动 6 次，并保证在前 10 min 内至少启动 2 次。

（二）维护保养

为了保证水灭火系统的可靠性，应定期对其进行检查，并经常进行维护保养。

（1）整个系统每半年检查一次。修船时船检部门要对其进行试验。每次修船时检查出水情况、出水时间及喷射距离等，并记录在航海日志上。

（2）消火栓附近装甲板货时，不得压盖水带或阻碍水带的连接和使用；消火栓应保持活络。

（3）消防水带每三个月检查一次，并摊开重卷，使折痕处得以变换，用后或受潮后应吊高晾干，不可暴晒烘烤以延长使用寿命，且不得挪作他用，以保证随时可用。

（4）寒冷冬季，消防管及消火栓应防冻包扎，使用后应放尽管内的残水。

二、固定压力喷水灭火系统（Fixed Pressure Water-spraying Fire-extinguishing System）

此系统原理与自动喷水探火和失火报警系统相似，区别在于固定压力喷水灭火系统喷水器是开口式的。系统需要通过其他探火报警装置感应后来控制其施放或者采用手动来施放。

固定压力喷水灭火系统主要用于火灾高发区域的灭火，在普通货船上机舱、油漆间就应用了固定式局部水喷雾灭火系统。因现在货船大部分使用固定式局部水基灭火系统。所以在此仅介绍后者。

(一)基本要求

SOLAS 74/2000 修正案《用于 A 类机器处所的固定式水基局部使用灭火系统认可指南》MSC/Circ. 913 的基本要求如下:

(1)500 总吨以上的客船和 2 000 总吨以上的货船,A 类机器处所容积超过 500 m^3 的,还应由一个经认可的固定式水基或等效的局部灭火系统来保护。

(2)对于周期性无人值班机器处所,该灭火系统应能自动和手动施放。对于连续有人值班的机器处所,仅要求该灭火系统能手动施放。

(3)固定式局部使用灭火系统用来保护下列区域,而无须关闭发动机、撤离人员或封闭这些处所:

①船舶主推进和发电所用的内燃机上有失火危险的部分。

②锅炉前部。

③焚烧炉有失火危险的部分。

④加热燃油的净化器。

(4)任何局部使用灭火系统启动时,应在被保护的处所和连续有人值班的处所发出视觉报警和清晰的听觉报警。该报警应指明所启动的具体系统。本规定所述的系统报警要求是对其他部分要求的探火和失火报警系统的补充,而不是替代。

(二)工作原理

水雾的灭火原理主要有以下三个方面:

(1)空间分布的水雾颗粒可迅速吸收火焰释放的热量,使火灾空间范围的温度迅速下降。实验证明:在用水雾熄灭 6 MW(兆瓦)燃油火焰试验中,距火焰正上方 10 m 高度位置的温度 30 s 内可从 250 ℃降至 50 ℃以下。

(2)温度降低后,可燃气体蒸发速度降低,空间形成的可燃气体大大减少,因此,火焰在很短时间内可得到有效的控制。

(3)由于微小颗粒水雾吸收热以后,大量蒸发水雾气量比例增大,使得火灾空间空气中氧气比例减少,从而火焰燃烧速度降低,进而达到灭火的目的。

(三)系统组成

为了达到较好的灭火效果,采用高压水喷射系统,利用喷嘴节流形成水雾覆盖层。系统分别由高压供水单元、喷嘴组单元、电磁阀组单元、检测单元、控制及报警单元和相关管路组成,如图 2-2-6-10 所示。

1.高压供水单元

高压供水单元主要有水泵、供水缓冲箱、压力调节阀等设备,其功能是提供适当的水压。

2.喷嘴组单元

按规定,主机缸头部位、发电柴油机顶部、锅炉燃烧器部位、焚烧炉燃烧部位、加热燃油净化器需要安装喷嘴。其可以根据不同的部位,分成若干分区,每个分区根据面积安装不同数量的喷嘴。

3. 电磁阀组单元

实际灭火过程是每次针对某个区域进行喷射水雾,因此,需要有电磁阀分别控制。

4. 检测单元

检测单元主要由探火传感器组成。为了保证系统能够正常工作,并且没有误动作,需要两种不同传感器(一般为感温和感烟)同时发出火灾信号。

5. 控制及报警单元

该单元是本系统控制中心,包括接受火灾信号、发出报警信号、提供水泵工作和区域供水电磁阀动作信号等。

此系统应具备手动和自动工作方式。手动工作方式能启动或停止水泵,手动打开或关闭电磁阀。当系统接收到火灾信号后,等不及系统采取自动方案来进行灭火时,可以手动控制系统工作。在自动情况下,仍然保留手动方式,而且手动方式优先于自动方式。

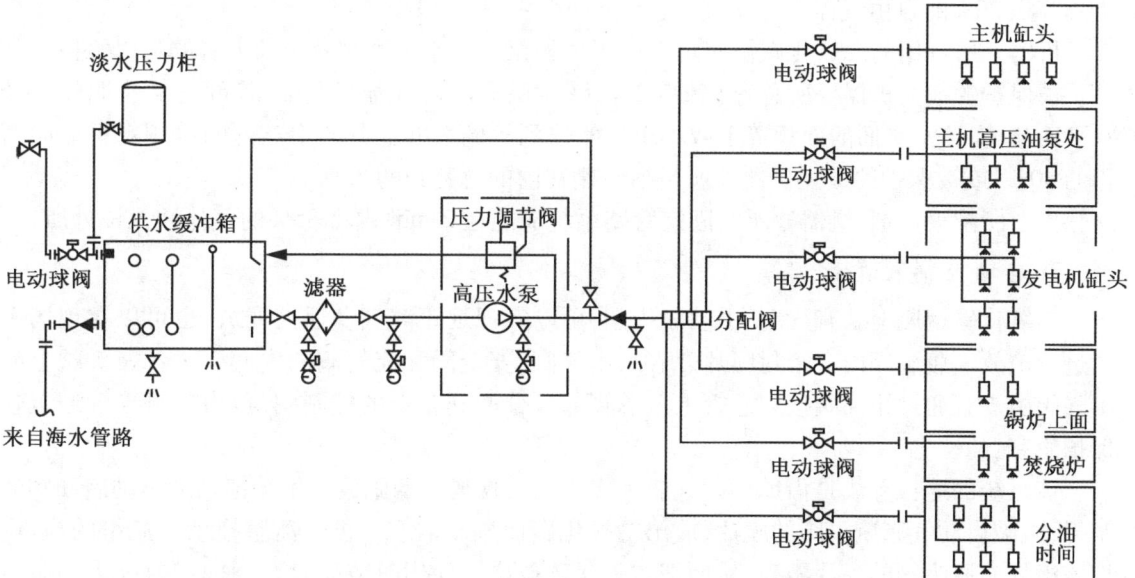

图 2-2-6-10 固定式水基灭火系统其管路示意图

三、二氧化碳灭火系统(Carbon Dioxide Fire-extinguishing System)

(一)系统组成

二氧化碳灭火系统由气瓶组、启动控制装置和通往各舱室的分配阀与导管组成。

1. 气瓶组

目前,国际上通用的是 68 L/45 kg 二氧化碳钢瓶。钢瓶的二氧化碳装充率为 0.67 kg/L。气瓶用管系连接成若干组,固定并存放于二氧化碳站内,如图 2-2-6-11 所示。船上配备二氧化碳钢瓶的数量应满足最大舱室的灭火需要量。

图 2-2-6-11　二氧化碳站

除非另有规定,货物处所可用的二氧化碳量应足以放出体积至少等于该船最大的装货处所总容积 30% 的自由气体。

机器处所可用的二氧化碳量应足以放出体积至少等于下列两者中较大者的自由气体:

被保护的最大机器处所总容积的 40%,该容积不包括机舱棚上部,该部分从舱棚的一个水平面起算,该水平面的面积等于或小于从舱顶到舱棚最低部分的中点处的舱棚水平截面面积的 40%;或被保护的最大机器处所包括舱棚在内的总容积的 35%。

以上所配灭火剂,机器处所的固定管路系统应能在 2 min 内将 85% 的气体注入该处所。

2. 启动控制装置

二氧化碳钢瓶上装有气动/手动瓶头阀,可以实现远距离气动遥控释放,也可以在现场手动进行施放。瓶头阀内有密封膜片、闸刀、出气阀、安全阀和充气阀的内底管。各瓶头阀上的出气阀由支管通过止回阀接到总管上。总管通过分配阀箱上的控制阀,再由独自导管通至各保护舱室。

该系统的遥控释放是借助启动气瓶来实现的。现场手动施放以手动拖索来拖动启动阀的闸刀,戳破启动气瓶瓶头阀的膜片,放出二氧化碳而推动活塞。再由活塞拖动气瓶组的拖索,把该组气瓶瓶头阀的膜片戳破,从而把二氧化碳放出。使用时应先打开通向需要灭火的舱室的控制阀和通往分配阀箱的主阀门,然后才可启动气瓶。

遥控释放箱由两只驱动气瓶、控制阀和微型开关组成。驱动气瓶内的压缩气体,作为启动二氧化碳钢瓶瓶头阀的气源。控制选择阀主要是对气动施放阀和瓶头阀进行控制顺序的选择。微型开关则主要完成报警及其他的辅助功能。时间延时是保证气动施放阀在二氧化碳钢瓶释放二氧化碳前打开。延迟时间一般为 30 s 和 60 s。

当瓶内压力超过 19 ± 1 MPa 时,瓶头阀上的安全膜片会发生破裂,瓶中的二氧化碳气体通过专设的管路导至二氧化碳站外,排放到大气中。

3. 分配阀与导管

分配阀能够把二氧化碳气体输送到各个所需舱室。

随着大型船舶的出现,当配备的二氧化碳数量超过 10 t 时,可采用低压二氧化碳系统。低压二氧化碳灭火系统是在高压二氧化碳灭火系统原理的基础上研制而成的,是优于后者的灭火设施,低压二氧化碳系统的优点是系统更加简单、安全、可用。

（二）释放操作步骤

大部分船舶配备有二氧化碳灭火系统，但在释放步骤上还存在差异，在此仅介绍两种释放步骤。一种是在 CO_2 站内释放；另一种是利用 CO_2 控制箱释放，只能向机舱里释放。与介绍释放步骤不同的船舶，要根据本船操作步骤重新进行制定。

1. 在 CO_2 站内向机舱释放操作步骤

（1）关闭通风口。

（2）首先关闭通往货舱里 CO_2 管路阀。

（3）人员撤离机舱。

（4）释放之前将所有通往机舱的门、窗、烟囱挡板、通风筒挡板关严。

（5）开启通往机舱总阀。

（6）打开两个启动瓶使全部 CO_2 进入机舱。

2. 在 CO_2 站内向货舱释放操作步骤

（1）关闭货舱通风口、道门、舱盖。

（2）首先关闭通往机舱的 CO_2 管路阀。

（3）开启通往货舱阀。

（4）打开两个启动瓶。

（5）将所需释放 CO_2 的数量释放到货舱。

3. 用 CO_2 控制箱释放操作步骤

（1）开启起动箱门，立即报警响起，风机自动停止工作。

（2）人员撤离机舱。

（3）释放之前将所有通往机舱的门、窗、烟囱挡板、通风筒挡板关严。

（4）开启控制箱里的引导瓶。

（5）隔 20~30 s 后，再开启通往机舱里的阀，CO_2 注入机舱。

（三）存放与使用及维护保养注意事项

（1）二氧化碳灭火系统操作室应保持清洁及良好通风，要有可靠照明和通信设备。

（2）室温应保持在 0~45 ℃，室内不应存放其他物品，无关人员不得入内。

（3）客船至少每 2 年（2 年±3 个月间隔），货船在每次中间或期间检验或换证检验时，以下维护保养应该被实施如下：所有高压二氧化碳钢瓶以及启动气瓶被称重，或通过其他可靠的方式能够证实其充装二氧化碳量不少于额定量的 90%。如果少于额定量的 90%，应该重新充装并做好记录。高压二氧化碳的钢瓶应该在不超过 10 年被周期性地水压测试。在 10 年检查中，应有至少 10% 的钢瓶数量被内部检查和压力试验。如果发现有问题，应进一步扩大到 50% 的钢瓶数量被内部检查水压测试，如果仍然发现有问题，那么所有钢瓶应全部被内部检查和水压测试。柔性软管适应根据生产商的建议或 10 年周期被更换。

应测试二氧化碳施放管道和喷嘴，以验证它们没有被堵塞。应将施放管道与二氧化碳系统隔离并用干燥空气或氮气流过管道进行试验。

（4）使用二氧化碳灭火，尤其是扑灭机舱、货舱等封闭舱室的火灾时，在施放前应发出声光警报,在确认人员已全部撤离后方可施放。

(5)灭火后,人员进入现场前应进行彻底通风,以防发生人员窒息事故。二氧化碳有一定的渗透、环绕能力,可以达到一般直射所达不到的地方。但即使这样,仍然难以扑灭一些纤维物质内部的阴燃火,所以,在用二氧化碳进行货舱的封舱灭火后,不可过早地开启货舱进行检查,否则新鲜空气进入,有可能导致未彻底扑灭的火复燃。

(6)在使用二氧化碳灭火时,不能同时用水灭火,因为水能与二氧化碳化合成为碳酸,降低其灭火性能。

四、泡沫灭火系统(Foam Fire-extinguishing System)

泡沫有化学泡沫和空气泡沫两种,由于化学泡沫不适用于管道长距离输送,船上的固定泡沫灭火系统均采用空气泡沫。低倍泡沫多用于油船的甲板泡沫灭火系统,而高倍泡沫则用于A类机器处所、货油(泵)舱、滚装船的特种装货处所等。泡沫灭火系统由泡沫液储存罐、管路、泡沫液泵、截止阀和泡沫枪(炮)等组成。

(一)低倍泡沫灭火系统

低倍泡沫灭火系统多用于油船甲板,尤其是 20 000 t 以上的油船,必须装设这种灭火系统。该系统应能够在 5 min 内经固定喷射口喷射出足量的泡沫,足以覆盖燃油所能散布的最大单个面积,厚度达 150 mm。泡沫是由若干泡沫炮和泡沫管枪来喷放的,泡沫炮的喷射方位由两个手轮进行调节,射程取决于水压,但是,从泡沫炮到其前方所保护区域的最远距离不应大于该炮在平静空气中射程的 75%。泡沫炮所屏护的区域应由泡沫管枪来进行灭火,还需要一定数量的水枪用来冷却上层建筑,以防火势蔓延。

(二)高倍泡沫灭火系统

如图 2-2-6-12 所示,高倍泡沫灭火系统是由一个发生器将 0.4~0.79 MPa 压力的水源接入后,经混合器因缩口造成真空吸入泡沫溶剂,混合后经喷嘴将泡沫溶液喷至泡沫形成网,同时另一电动风机将空气经整流叶片均匀地吹向泡沫形成网,吹动喷在网上的泡沫溶液,从而产生大量泡沫。泡沫直径大于 10 mm,壁厚 0.1 mm,膨胀率不超过 1 000 倍。

图 2-2-6-12　高倍泡沫灭火系统

高倍泡沫灭火系统的泡沫液应由主管机关依据 IMO 制订的导则予以认可。该系统通常布置在机舱和货油舱、滚装船的特种装货处所等。机器处所所要求的固定式高倍泡沫灭火系统应能通过固定喷射口迅速喷出泡沫，其数量足以每分钟向被保护处所中的最大者至少注入 1 m 厚度的泡沫。储备发泡液应足够产生 5 倍于被保护的最大处所容积的泡沫。使用该系统时还应对施放舱室示警，以便人员撤离。

五、干粉灭火系统（Powder Fire-extinguishing System）

干粉灭火系统主要用于扑救可燃气体、易燃可燃液体和电气设备火灾。易燃可燃液体的油槽、可燃气体压缩机房、变电器室、配电室、发电机房以及与水接触能发生化学反应的催化剂等场所和部位，都可设置干粉灭火系统。其常用于液化气体船上。

（一）特点

（1）灭火时间短、效率高，特别是对石油及产品的灭火效果尤为显著。

（2）绝缘性能好，可扑救带电设备火灾。

（3）灭火后，对机器设备的污损较小。

（4）干粉灭火剂长期保存不变质。

（5）以有相当压力的 CO_2 和氮气作为喷射动力，不受电源限制。

（6）干粉能够长距离输送，设备可远离火区。

（7）寒冷地区使用不需防冻。

（8）不用水，特别适用于缺水地区。

（二）组成

干粉灭火系统主要由干粉罐、启动气瓶、控制箱、动力气罐、减压阀、导向阀、固定管路、喷粉枪或喷粉软管等组成，如图 2-2-6-13 所示。

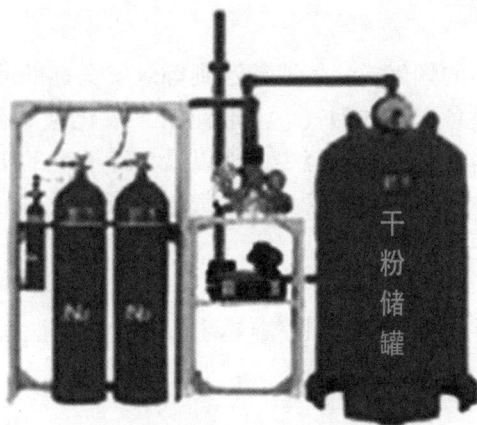

图 2-2-6-13　干粉灭火系统

一个独立的干粉灭火系统至少应配备有两个手持喷粉软管或一个手持喷粉软管和一个喷粉枪。

（三）维护保养

干粉储存在气密的干粉容器内，其中可容纳 1 500 kg 左右的干粉，每一容器另备 2~4 只驱动氮气瓶，该气瓶为 50 L，压力为 200 kg/cm³。在船舶关键部位设置施放装置（即软管箱）。

船舶必须严格遵守操作规程，对各部件勤加检查，确保各项设备完好。动力启动气瓶要定期检查，测定气体压力和重量是否在规定范围内。低于规定值时，要找出漏气的原因，立即更换或修复。要检查喷嘴的位置和方向是否正确，喷嘴上有无存在的污物，密封是否完好。要经常检查阀门、减压门、压力表等是否都处于下沉状态。应每隔 2~3 年对干粉进行开罐取样检查，如不符合性能指标，应立即更换。

六、惰性气体灭火系统（Inert Gas Fire-extinguishing System）

（一）配备要求

原油储存不少于 20 000 t 或使用原油洗舱机的平台应设有惰性气体灭火系统对原油舱进行保护。

（二）功能要求

（1）降低每一被保护舱柜内大气氧含量，使舱柜内大气达到不能支持燃烧的程度而被惰性化。

（2）在营运中保持被保护舱柜内任何部分的大气氧含量（以体积计）不超过 8%，并处于正压状态。

（3）在正常作业中，空气不应进入被保护舱柜。

（4）驱除空油舱柜内的烃气，使其后的除气过程中，舱柜内不致形成可燃气体。

（三）惰性气体的来源

惰性气体可以是经处理的烟气或氮气或能达到等效安全标准的其他气体。烟气可以是燃烧装置排出的废气或专用设备产生的烟气。不准使用二氧化碳储存系统，以防止系统本身产生的静电引起气体爆炸。惰性气体系统至少应能以最大卸油率的 125% 的速率（以体积计）向被保护舱柜输送惰性气体。惰性气体总管上惰性气体的氧含量（以体积计）应不超过 5%。

（四）设备布置要求

惰性气体发生器、洗涤塔、鼓风机、惰性气体调节阀应设在非危险区。惰性气体总管上的止回装置应设在危险区。

（五）试验

惰性气体受压管路应在车间以 1.5 倍设计压力进行液压试验，装船后以 1.25 倍设计压力进行密封试验。惰性气体系统包括报警装置和安全装置安装完工后，应在工作条件下进行试验。

任务7　掌握船舶火灾探测及报警系统

火灾探测及报警系统是船舶的一个十分重要的安全系统,它用于尽早探测到起火处初起的火灾,并发出安全撤离和采取灭火行动的警报,通过报警呼唤人员及时进行扑救,以最大限度地减小火灾损失。该系统的功能可通过安装固定式探火和失火报警系统、手动报警按钮和采取消防巡逻(客船)等措施来实现。

客船的起居处所以及服务处所均应设置失火自动报警器。另外,国际航行的货船或专业船,或者装有爆炸品、易燃品的舱室及其相邻装货舱室内,也应设置失火自动报警器。

一、自动探火及报警装置

自动探火及报警装置主要由两大部分组成,即探测器和报警器。如需要,该系统还可担负其他辅助功能,如自动关闭防火门窗、自动切断通风机等。

(一)探测器(Detector)

探测器用来探测火灾的存在,并将探测到的火灾信号(火灾产生的热量、烟气或光谱信号)转换为电信号,再通过电气线路传输给报警器。探测器的类型有很多,其敏感元件的反应原理不同,一般可分为感温、感烟、感光等几类。

1. 感温探测器

一个用于探测极度不正常的高温或温升率的设施。感温探测器(图 2-2-7-1)可分为三种:定温式(图 2-2-7-2)、差温式(也称温度速升式)、差定温式(联合式)(图 2-2-7-3)。此类探测器能探测到火灾发生时所产生的热量(热气)信号,并把热量信号转换为直流低压电信号。

定温式——动作温度一般设定为 57 ℃、70 ℃和 87 ℃。

差温式——随单位时间温升速率的突然变化而动作。

差定温式——上述定温式和差温式的组合。

图 2-2-7-1　感温探测器　　　图 2-2-7-2　定温式探测器　　　图 2-2-7-3　差定温式探测器

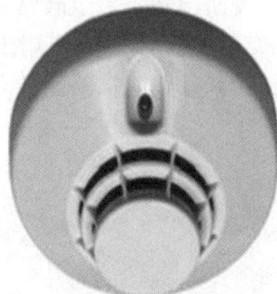

感温探测器具有工作可靠,不易发生误报的优点。它用于探测火灾的火焰阶段,且当辐射热达到一定能量时探测器才会动作。它的缺点是探测到火灾比较晚,灵敏度不高。相对而言,

差温式灵敏度要高一点。

当温度以每分钟不超过 1 ℃的速率升高时,感温探测器在温度超过 78 ℃之前动作,但在温度超过 54 ℃之前不应动作。升温率更大时,感温探测器应在主管机关认为满意的温度极限内动作。另外,安装在干燥室和通常温度较高的类似处所的感温探测器动作温度可以达到130 ℃,在桑拿房可达到 140 ℃。所有探测器的型式均应能接受正确工作试验并且无须更换任何部件便能恢复到正常的监测状态。

2. 感烟探测器

感烟探测器主要是通过感应悬浮微粒和烟气来探知火灾的发生。常用的感烟器有以下两种类型:

离子感烟式——应用放射性元素镅 241 的作用,如图 2-2-7-4 所示。

光电感烟式——应用光电管原理,如图 2-2-7-5 所示。

感烟探测器用于探测火灾的初起阶段和发烟阶段,其优点是能够比较早地探知火灾的发生,灵敏度高。其缺点是容易发生误报,而且对环境条件的要求较高,一般探头必须设在室内。离子感烟式可用于探测火灾的初起阶段,由于其预报最早,所以居住区目前使用离子感烟式的较多。

图 2-2-7-4　离子感烟式探测器　　　　图 2-2-7-5　光电感烟式探测器

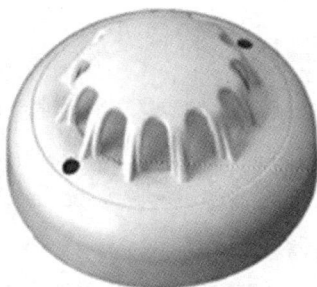

在船舶上,所有梯道、走廊和起居处所内的脱险通道要求的感烟探测器,在烟密度超过每米 12.5%减光率之前动作,但在烟密度超过每米 2%减光率之前不应动作。安装在其他处所的感烟探测器应在主管机关认为满意的温度极限内动作。

3. 感光探测器

现阶段在平台上较常用的是紫外线、红外线探测器,它们仅能感应频率较低的火光中的紫外线和红外线,而不能感应阳光中的紫外线和红外线。它能探测到火灾发生时由火灾产生的红外线或者紫外线或辐射的信号,并能够把这些信号转换成直流低压电信号,如图 2-2-7-6 所示。

图 2-2-7-6　感光探测器

红外线式——应用火灾时红外线作用。

紫外线式——应用火灾时紫外线作用。

感温探测一般用于车床间、锅炉间、焚烧炉间、集控室等相对封闭的高温处所;感烟探测用于起居处所和服务处所的走廊、舵机间、应急消防泵间、机舱等处;感光探测装机舱主机缸头上方,用于主机明火的探测。

(二)报警器(Alarm Apparatus)

报警器是自动探火及报警系统的一个重要组成部分,是系统中探测器的指示与控制设备。其功能是对探测器感应传输过来的火灾电信号做出及时反应,自动接通报警器,以声光形式发出报警,呼唤人员,并显示火灾发生的具体部位。另外,对系统操作所必需的电源和电路在断电或故障时,报警器也应发出不同于失火信号的声光故障报警。在货船上,报警器一般安装在驾驶台。

二、火灾报警器具

(一)火灾报警工具

船舶均应按规定设有一定种类和数量的火灾报警工具,如警钟、气笛、警铃和报警器等。一般报警工具常设置在驾驶台或其附近,值班人员收到火警报告后,可以利用这些工具向全船发出消防应变信号。

(二)手动失火报警器

手动失火报警器由手动报警按钮通过电路与驾驶台或火警控制站相连。它分布在船员、旅客的起居处所、控制站以及机器处所等人员易于到达的地点。

如图 2-2-7-7 所示,手动报警按钮应安装在有人出入的通道、走廊、公共处所、驾驶台以及机舱内的通道出口。每一层甲板的走廊内的手动报警按钮应该是便于到达的,并且走廊内的任何部位与其距离均不能超过 20 m。具体安装时应尽可能靠近应急照明,距离甲板的高度应为 1.4 m。按钮应安装在铁盒里,外面由玻璃片将弹簧压紧,使两金属片离开而断电,避免任意触动而造成误报警。当发现某一舱室或区域失火时,只需及时地将附近的手动报警器按钮铁盒的玻璃片击碎,弹簧便会松开,使得两金属片接触通电,电铃随即发出声响而报警。同时驾驶台或火警控制站面板上相应的指示灯也发光,显示火灾的发生地点。

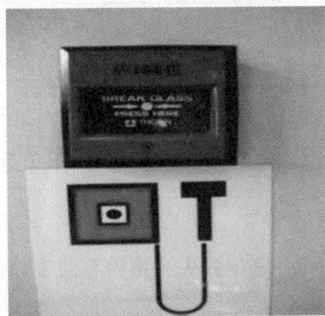

图 2-2-7-7 手动报警按钮

三、固定式火灾探测和失火报警系统(Fixed Fire Detection and Fire Alarm System)

在客、货船的起居处所、服务处所和控制站等处所,A 类机器服务场所应设置固定式探火和失火报警系统。

固定式火灾探测和失火报警系统由控制和指示设备组成。其功能是对受保护处内已经动作的探测器做出反应,自动接通报警,并显示出已经动作的探测器所处的位置。其组成部分包括控制单元、电源单元、继电器箱、探头、呼叫点和复示器。

(1)控制单元用于声响和视觉报警,如图 2-2-7-8 所示。

图 2-2-7-8 固定式火灾探测和失火报警系统控制器

(2)电源单元包括 AC 220 V 的主电源和 DC 24 V 的备用电源。

(3)继电器箱用于传送全船报警。

(4)探头分为感烟、感温、感光三种。

(5)呼叫点用于手动报警。

(6)复示器用于显示火警和故障警报。

固定式火灾报警系统工作流程图如图 2-2-7-9 所示。

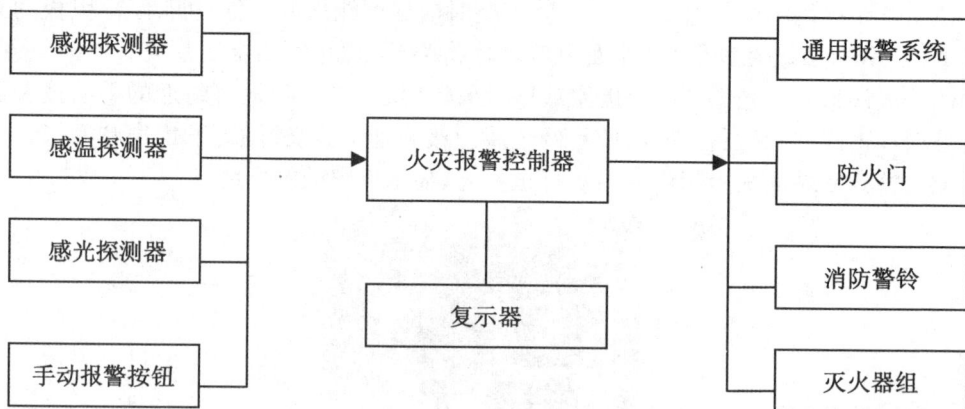

图 2-2-7-9 固定式火灾报警系统工作流程图

四、自动喷水器、火灾探测和失火报警系统(Automatic Sprinkler, Fire Detection and Fire Alarm System)

为了延滞火灾在控制站、起居处所和服务处所包括梯道、走廊内的蔓延,并迅速控制火灾,在这些处所内设置了自动喷水器、火灾探测和失火报警系统。自动喷水器、火灾探测、失火报警系统连接在一起,火灾探测系统探测到被保护的处所内温度升高至某极限值时,则喷水器动作,还会立即发出声光警报,指示被保护的任一处所的火灾征兆及其位置。由于喷水器在动作的同时还会进行报警,所以能够及时召集船员进行扑救,把火灾扑灭在可能发展蔓延到大火之前的早期阶段。

容积超过 500 m³ 以上的船舶机舱,应设立自动喷水系统。该系统具有自动报警功能,并确保随时工作。

(一)组成

1. 喷水器水泵

如图 2-2-7-10 所示,应装有一台专供喷水器自动连续喷水的独立动力泵。该泵在压力柜内常备淡水完全排干之前,由于系统压力的降低而应自动开始工作。泵的排量和管系应能对在最高位置的喷水器保持所需要的压力,以确保其能以不少于每分钟每平方米 5 L 的出水量连续喷水,足以同时覆盖至少 280 m² 的最小面积,即泵的最小排量应为 84 t/h。在泵的出水一侧,应装有一个带有一根末端开口的排水短管的测试阀。阀和管子的有效截面积应足以放出对该泵要求的出水量,并同时在系统内保持规定的压力。

2. 压力柜

如图 2-2-7-11 所示,应装有容积至少等于规定充注水量两倍的压力柜,其储存的常备充注淡水量相当于上述水泵的 1 min 排量,并应设有能保持柜内空气压力的装置,当柜内常备充注淡水被使用时,应能确保柜内的压力不低于喷水器的工作压力加上所测得的柜底至系统中最高位置的喷水器的水头压力。应装设在压力下补充空气和补充柜内淡水的适当设施、能显示柜内正确水位的玻璃水位表和有防止海水进入柜内的设施。

图 2-2-7-10　喷水器水泵

图 2-2-7-11　压力柜

3. 管系布置

喷水器应分组成若干独立分区,每一分区内的喷水器应不多于200个。在客船上,任一喷水器分区内的喷水器所服务的处所应不多于两层甲板,并应布置在不多于一个主竖区内。但如果主管机关确信不致因此而降低船舶的防火性能,可以允许一个喷水器分区所服务的处所多于两层甲板或位于一个以上的主竖区内。

每一喷水器分区只能用一个截止阀加以分隔。每一分区的截止阀应易于接近,位于相关分区的外面或梯道围壁内的小间里。阀的位置应有清楚的永久性标志,并应有防止任何未经许可的人员操作该截止阀的措施。

喷水器系统应与船上的消防总管相连接,在连接处应装设一个可锁闭的螺旋止回阀,防止水从喷水器系统中倒流至消防总管。

在每一个分区的截止阀处和中心站内,均应装设一个指示该系统中压力的仪表。

泵的海水入口应尽可能位于该泵所在处所,并应布置成当船舶处于漂浮状态时,除检查或修理水泵外,不需因任何其他目的而切断水泵的海水供给。

4. 喷水器

喷水器应能耐海上大气腐蚀。起居和服务处所内的喷水器应在68~79 ℃的温度范围内开始动作,但如在干燥室等可能出现较高环境温度的处所内,喷水器的动作温度可增加至不超出舱室顶部最高温度30 ℃。需在船上备有一定数量的各种型号和规格的备用喷头。玻璃球形喷水器如图2-2-7-12所示。

工作原理:当温度达到规定度数时,热敏元件就会破裂,玻璃阀失去支撑而脱落,致使压力水柱打在散射盘上,变成水花下周围喷射。喷水器的水量不大,而且不能完全喷在火焰上,只能起到降温阻焰作用。

喷水器应设置在被保护处所的顶部位置,并保持适当的间隔,使喷水器所保护的额定面积保持不少于 5 L/m² · min 的喷水量。但是,如果表明不比上述效果差并使主管机关满意,主管机关也可以准许使用适当分布的不同喷水量的喷水器。

5. 监控装置

如图2-2-7-13所示,声光信号报警设施安装在客船上的驾驶台或消防控制站内,应能显示出火灾区域,而在货船上除驾驶室或消防控制站内能显示出发生火灾的分区之外,还应在轮机人员居住处所装有集中的声光报警。此外,该警报系统应能指示系统中发生的任何故障。

图 2-2-7-12　玻璃球形喷水器　　　图 2-2-7-13　监控装置

6.试验阀和释压阀

每一喷水器分区应设有一只试验阀,用于放出相当于一只喷水器正常工作时的出水量来对自动报警装置进行试验。每一分区的试验阀应安装在该分区的截止阀附近。释压阀用于试验水泵的自动启动功能。

(二) 系统控制要求

1.即时可用性

所要求的任何自动喷水器探火和失火警报系统应能在任何时间立即启动而不需依靠船员的操作启动。自动喷水器系统应以必要的压力保持充水,并应按上述要求具有连续供水的设备。

2.报警与指示

每一喷水器分区都应包括能自动发出声光信号的报警装置,当任一喷水器工作时,能在一个或几个指示装置中发出信号(指示装置的位置之一应设有能够对每一喷水器分区的报警和指示器进行试验的开关)。该警报系统应能指示系统中发生的任何故障。此种装置应显示出该系统所服务的哪个分区内已经发生火灾,并应集中于驾驶室或连续有人值班的中央控制站内。此外,该装置的声光报警设施还应位于上述处所以外的位置,以确保火灾信号能立即被船员收到。

在每一指示装置处应有表或图显示该装置所涉及的处所和有关每一分区的位置,并应有试验(降低系统压力来试验水泵自动工作的装置)和保养的适当说明。自动喷水器系统原理布置图如图 2-2-7-14 所示。

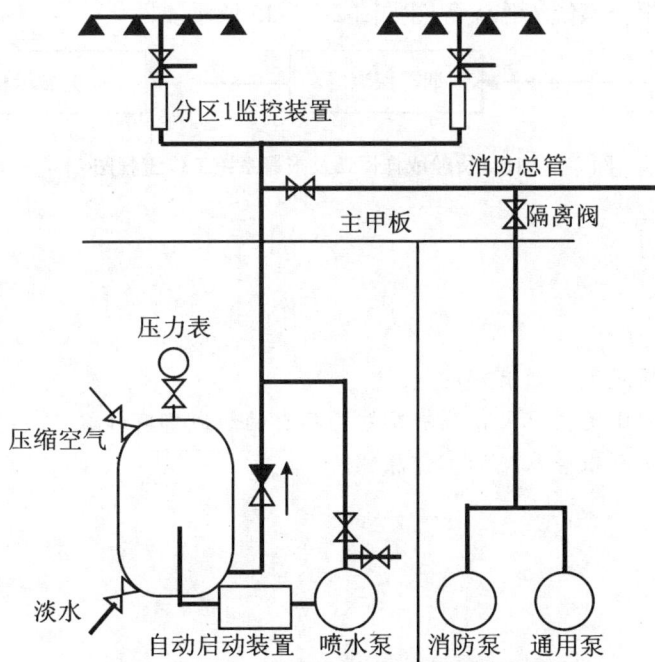

图 2-2-7-14　自动喷水器系统原理布置图

五、货舱取样探烟及报警系统(Sample Extraction Smoke Detection and Alarming System)

船舶货舱在装卸完货物后,一般要关上舱盖,货舱也就构成一个独立的密闭舱室,且较少人员到达,因此,多采用抽烟式探火及报警系统。

(一)组成

1. 取样风机

其有 2 套,以便交替使用或备用 1 套。

2. 抽烟管路

其一般与船舶二氧化碳灭火系统释放管路共用,通过三通阀进行转换。

3. 烟雾探测器

从抽风管道抽吸的货舱的空气被送往探测器进行烟雾感测,烟密度超过每米 6.65% 的减光率之前感烟元件动作,发出火灾信号。

4. 火灾显示和警报设备

将烟雾探测器接收的火灾警报进行声光显示,发出火灾警报,呼唤人员引起注意。

(二)工作原理

启动取样风机,将货舱内产生的烟气,抽取到管路里送至烟雾探测器,探测器感受到烟气后发出火警声光报警,从观测窗中查到火灾在哪个货舱。

货舱取样探烟及报警系统工作流程图如图 2-2-7-15 所示。

| 取样风机 | → | 烟雾探测器 | → | 火灾显示和警报设备 |

图 2-2-7-15　货舱取样探烟及报警系统工作流程图

💡 思考题

1. 船舶常用的手提式灭火器有哪些?

2. 一般船舶配备的固定式灭火系统有哪些?各自的组成都有什么?

3. 简述船舶火灾探测报警系统的工作原理。

项目三 船舶火灾的原因与预防

【知识目标】

1. 熟悉船舶消防工作方针;

2. 掌握火灾发生的各种原因,熟悉船舶重点区域火灾原因,提高船舶防火意识;

3. 掌握一般火灾预防措施,了解修船期间防火要求;

4. 掌握船舶结构防火的作用及要求;

5. 了解船舶消防管理一般要求。

【能力目标】

1. 能够根据船舶火灾主要原因,在船舶工作、生活中注意火灾的预防;

2. 在发生火灾时,能够正确利用船舶结构防火设施,阻止火势蔓延;

3. 能够严格按照船舶消防要求做好船舶消防安全管理工作。

【内容摘要】

火灾是船舶最大的潜在隐患之一,同时火灾事故的发生又是船舶事故中全损率最高的事故。为了全面做好船舶的防火工作,所有船员应首先充分了解船舶火灾产生的原因,为实现船舶防火工作目标创造有利条件,使船舶防火工作能够有的放矢。

任务 1 熟悉船舶特点与火灾的关系

船舶是水上交通运输的重要工具,是水面上的漂浮建筑和经济实体,它具有吨位大、载货(客)量多、运输成本低廉、续航时间长等特点。但由于船载货物中可(易)燃货物较多,船舶机器中的电力、动力设备以及储油柜和输油管内存有大量燃油、滑油;船舶起居处所的装修和船员的日常生活用具采用大量木材、化纤等可(易)燃材料,使船上潜伏着较大的火灾危险性;另外,船舶在航行、停泊、检修以及装卸货中的操作不当以及船舶机电设备的故障,也极易引发火灾。由于船体内部结构复杂、分舱多、通道狭窄、货物密集、回旋余地小,一旦发生火灾,仅能依靠船上现有的人力和设备对火灾进行施救,这更增加了扑救难度。所以火灾对船舶有很大的安全威胁,易造成重大损失,甚至还会严重影响海洋环境。

一、船舶的特点

船舶按照用途可简单地分为民用船舶和军用舰艇。民用船舶又可分为运输船舶、渔业船舶、工程船舶、工作船舶、特种船舶等。运输船舶进一步分为客船和货船，货船又可细分为干货船、散装货船、集装箱船、油船等类型。由于船舶种类或类型的不同，各自的建筑风格、结构形式、设备的配备、造船材料的应用以及承运货物的种类、数量和包装形式等方面也不尽相同。但从消防的角度看，船舶都具有下述特点：

（1）可燃物质多：船载货物密集，其中可（易）燃货物较多；船舶机器中的电力、动力设备以及储油柜和输油管内存有大量燃油、滑油；船舶起居处所的装修和船员的日常生活用具采用大量木材、化纤等可（易）燃材料。

（2）火源多：火源包括机舱、锅炉或焚烧炉等高温热表面，明火作业，吸烟，机器设备和电气设备，厨房炉灶等。

（3）人员较多且集中：一艘普通货船上的配员数为 20 人左右，在靠泊期间，船上还会有一定数量的装卸工人等外来人员。客船上的旅客和船员人数少则几百人，多则几千人。

（4）燃油储量大：现代船舶主要是以重油、柴油等作为机电设备的燃料，此外，还有相当数量的润滑油。与其他的交通工具相比，船舶的燃油储量是最大的。一艘万吨级的远洋货船，其燃油储量可达上千吨，大型船舶储油量可达几千吨。

（5）结构复杂：船体内部结构复杂、分舱多、通道狭窄、回旋余地小。

（6）热传导性能强：现代船舶的船体多为钢质或其他金属材料构成，导热性能较强。

（7）船舶消防设施及器材有限：船舶除了固定式水灭火系统所需要的水灭火剂比较充裕之外，其他固定式灭火系统所配备的灭火剂量都是十分有限的，通常只能扑灭船舶最大一个舱室发生的火灾。另外，船舶配备的灭火器的种类和数量也是有限的。

从上述这些船舶特点看，船舶极易引发火灾且难以扑救。

二、船舶火灾的特点

（1）难以扑救：船舶一旦发生火灾，由于船体内部结构的原因，使火灾的施救工作活动范围受到影响和限制，导致火灾难以扑救，扑救条件比陆地恶劣得多。尤其在海上航行时发生火灾，不易得到外界的救助，有时虽有邻船，由于风大浪急或火焰的炙烤，使邻船难以靠拢，难以实施有效的救助。因此船舶火灾从根本上讲主要依靠船上现有的人力和设备进行自救，船上的灭火器材又是有限的，一旦用完，得不到及时补充，进一步增加了扑救的难度。

（2）损失大：船舶发生任何火灾都会对船舶本身和装载的货物造成损害，一旦火灾蔓延扩大还会造成人身伤亡事故，其损失是巨大的。

（3）危害大：船舶火灾除了给财产和人命安全带来严重危害，有时还会造成航道堵塞以及严重的海洋污染，给国家和船公司带来恶劣的负面影响。

任务2　熟悉船舶消防工作方针

船舶消防工作必须贯彻"预防为主,防消结合"的方针,重在预防,不发生火灾是预防的目的,同时要做好扑灭火灾的一切准备工作。

火灾是一种对国家财产造成严重损失,给人民生命带来严重威胁的事故。船舶一旦发生火灾,从上述船舶的特点和船舶火灾的特点可知,其后果更为严重,扑救条件比陆上更为恶劣,人员脱险也较陆上困难。为此,所有船员和有关人员都必须对船舶消防安全保持高度警觉和重视。

消防工作必须贯彻"预防为主,防消结合"的八字方针。这一方针的基本含义是在消防工作的指导思想上,要把预防火灾工作放在首位,积极采取和落实各项防火措施,力求防止火灾的发生;同时,要切实做好各项灭火准备工作,一旦发生火灾,能够及时有效地予以扑救,最大限度地减少火灾所造成的人身伤亡和财产损失。积极预防和成功扑救,是有效地减少火灾危害的两个基本手段。两者在消防工作中紧密相连,不可分割,相互补充和促进。只有把两者紧密结合起来,才能真正实现减少火灾危害的目的。

船舶消防管理也不例外,包括"灭火"和"防火"两个方面:即灭火工作指船舶发生火灾后,有效地组织人员,正确地使用各种灭火设备和器材去扑灭火灾;防火工作指日常生活中要坚持和遵守防火规则,预防火灾的发生,以及在船舶设计建造上,采用防火构造、材料,切实提高所有船员的消防意识,加强消防安全教育,健全消防组织,严格消防制度,定期组织消防演习等,使人员思想警惕,常备不懈,这样火灾才会处于可控状态。

"预防为主,防消结合"是消防工作的指导方针和普遍原则,无论"防"还是"消",作为消防行为的主体,人的因素是第一位的,在船舶上更决定了对船员个人和群体的特殊要求。对每个船员而言,无论何种职责分工,都必须随时随地做好防火工作,也必须毫无区别地掌握和熟悉各种类型消防器材的灭火性能、使用方法及其操作使用程序。在平时人人都是防火安全员,在火灾面前人人都是一名消防员。对群体而言,船舶的消防损害管理好比一场战役,为了最大限度地实现灭火,就必须建立独立的消防体制,将掌握了消防知识和技能的船员组织成一个整体。根据船舶的设计要求,船舶消防器材的配备应该是基本合理的。

船舶除了日常的维护保养、检查、定期运转以及更换之外,还应严格按照应变部署的要求,定期进行消防演习。根据假想的灭火内容进行综合演练,要以实战的要求、临战的态度、统一的指挥、科学的分工和群体的力量来实现"1+1>2"的整体优势,确保收到良好的消防效果。特别是要通过建立防火责任区,增强全员的防火责任意识,以提高群防的实效性,这样才能真正落实"以防为主",实现火灾的真正预防和控制。

任务 3　了解船舶火灾的原因

一、船舶火灾原因

船舶发生火灾的主要原因有以下几个方面。

(一)船员消防安全意识

船舶长期漂浮在水上,船舶生活与陆上生活存在很大差异,如船员活动范围狭窄、时区和季节变更快影响生物节律、长期远离家庭、船上生活单调乏味等,导致船员心理活动极其复杂,加上部分船员责任心不强,规章制度落实不到位,在日常生活和工作中,可能会出现诱发火灾的不安全因素。在船员吸烟时,比如乱扔未熄灭的烟头,醉酒后吸烟,躺在床上吸烟,在禁止吸烟的场所吸烟等,都是消防安全意识淡薄的表现。

1998 年 4 月 14 日,"德大"轮拖带钻井平台从孟加拉国大港驶往阿联酋沙加港航行在印度洋上时,值班轮机员发现主机 9 号缸高压油管闷头有漏油现象,紧固螺栓无效后,决定更换垫床。作业时既没有停车也没有采取相应的安全措施,致使带有一定温度和压力的燃油喷溅到主机高温排烟管上引起燃烧。

(二)机器设备

船舶机器设备众多,如主机、辅机(发电机)、锅炉、舵设备、锚泊和系缆设备、起货设备、通信设备及保障和方便船员日常生活的设备等,这些设备主要以燃油或电力来驱动,引发火灾的原因主要有轴承过热、维护保养上的缺陷、厨房设备使用不当等。

1. 轴承过热

柴油机由于滑油系统故障引起轴承断油,使曲柄箱内滑油点燃引爆。对此的预防措施主要是加强机器的维护保养,在营运中注意滑油仪表及报警装置,巡回检查时注意观察滑油透气管口出来的油气情况。

2. 船舶维护保养上的缺陷

电缆及电气设备的老化,特别是老龄船舶,其电缆基本都在船舶舾板内,线路复杂平时又看不见,且老龄船舶线路改动较大又不易直观检查。电气设备老化,绝缘性能降低;操纵设备磨损严重,故障增多;设备未及时更新,致使燃油滴跑漏;预防性保养和维修不及时等。

1997 年 12 月 2 日,"新惠"轮从湛江开往上海途中在广东沿海针头岩附近海域机舱发生火灾,造成机舱、船员起居处所、主甲板层等严重烧毁。据调查,该轮净油机存在缺陷,出油口观察孔的照明灯(220 V、15 W)罩橡皮垫圈密封不好,致使油气进入灯罩内,高温引燃油蒸气,导致船舶火灾。

3. 厨房设备使用不当

如厨房电气设备和炉灶使用不当;炉灶上方的集油罩及通风道,未定期清除油污,由油炸食品时的高温引燃导致火灾等。

(三) 环境因素

1. 自燃起火

自燃是船舶发生火灾的重要原因之一,而自燃有许多是由于化学反应引起的,特别是自热自燃。如船上沾上油或油漆的布料(如清洁布、清洁毛巾)、棉纱头、木屑等,如通风不良,在一定条件下会发生自燃。木材、纺织品等易燃物与高温管道接触后,在特定条件下也会发生自燃,为了防止此类火灾,应按规定及时处理相关物品,使易燃物品接触不到热源。

作为运输对象的许多货物都能发生自燃,如装运粮食、谷物时,由于潮湿生热,热量聚集又不能散发,最后导致自燃。危险货物积载不当,值班驾驶员对装卸货物的操作没有进行严格监督,货物系固不符合要求,运输途中没有遵循有关规定等,都会造成货物自燃起火。运输危险物品应严格遵守国际和我国海上运输危险物品的有关规定,不能混装的货物应予以有效隔离。

2. 静电起火

固体的相互摩擦、液体或气体的喷射、油水的混合等都会产生静电火花,油船油舱洗舱时所产生的静电火花、装卸原油或者石油产品时所产生的静电火花都会引起火灾甚至爆炸。

(四) 管理的因素

1. 热工作业

各种明火作业都是一项危险的工作,明火作业引起的火灾是船舶火灾的重要原因之一,主要是明火作业没有严格遵守相关规程造成的:

(1)焊接前未清理干净动火区以及周边的可燃物。

(2)在未经测爆合格的油舱或油柜内动火。

(3)动火时未准备好消防器材。

(4)动火时未安排合格人员看火。

(5)作业后没有彻底地清理现场等。

2. 电气设备

电缆及电气设备老化,绝缘性能降低,未及时进行更新;使用不完善的电气工具、电线、电插头及其插座等;电路过载保护装置失灵;在船上易产生油气或可燃气体的危险区域不使用安全型手电筒等,都可能导致火灾的发生。

3. 机舱漏油

燃油、滑油溅落至排气管或过热蒸汽管上,是造成机炉舱失火的主要原因之一。燃油系统相关部件未及时更新,致使燃油滴跑漏;预防性保养和维护不及时;船舶在补充燃油和驳油过程中,由于管路破损或值班人员疏忽容易造成溢油或漏油,遇火源或高温物体引起火灾等。

二、重点区域火灾原因

(一)机舱火灾的主要原因

1. 在机舱内进行热工作业时,防护不当或者违规操作,引起火灾或爆炸

由于船舶机舱构造复杂,机械种类多,发生故障进行维修是正常的事,有的还有动用电气焊进行维修,如果明火作业时防范措施不到位,极易引起火灾事故。如2003年4月8日,"福安"轮在进行维修作业时,电焊工在机舱上层的金属燃油箱(内有残油)顶部表面,即主甲板上方第一层走道地板处进行电焊作业时,电焊产生的高温造成燃油箱内可燃气体爆燃,致使油箱爆炸,引起机舱火灾。

2. 电气设备过载、电缆绝缘老化导线短路而引起火灾

船舶机舱内电气设备繁多,线路布置密集。如果线路破损极易产生短路和放电现象,引燃机舱内易燃物品发生火灾。如2008年4月11日,在日照港停泊的"福州"轮,因电气设备长时间运转过热短路引发火灾;2000年2月25日,停泊在巴东官渡口的"齐兴号"机驳船由于船舶与岸电连接不规范,线头脱落短路产生火花,易燃机舱配电板下方堆放的易燃物品引发火灾。

3. 输油管破裂或渗漏引发火灾

有的新建船舶,由于油路安装连接不牢容易发生漏油;有的船龄较大的船舶,由于有道管路老化、锈蚀,也会发生漏油,而泄漏的油料一旦溅到高温部位,极易引起火灾,这类火灾在船舶机舱火灾事故中占有一定比例。如1997年9月20日,一艘名为"库卡瓦"的29 000 t集装箱船,在航行途中,由于机舱右侧一台发动机输油管爆裂碰到火星引起火灾。1998年3月27日,"品河"轮辅机燃油管泄漏,喷溅到高温的排烟管上引发机舱火灾。2006年2月15日,从天津港驶出的"勤丰169"轮,由于导热油管爆裂,导热油泄漏引发机舱火灾。

4. 操作燃油锅炉不当引起火灾

由于船舶机械和船员生活需要,机舱内设有锅炉,锅炉大多是燃油型的,如果不严格按照操作规程,锅炉也会发生火灾事故。此类火灾主要原因有燃油锅炉油头漏油,锅炉熄灭后燃油慢慢漏入炉膛,由于炉膛内高温使燃油汽化,再次点火时扫气不彻底引发爆炸发生火灾。2004年2月14日,停泊在日照岚山港区锚地的圣文森特籍"阿里汗"轮机舱发生火灾,就是因为该轮三管轮在启动燃油锅炉时未进行扫气,由于油头漏油,在点火时致使油气发生爆炸,爆炸瞬间产生的高压致使油膛内的油火从燃烧器的火焰探测孔、火焰观察孔、进风孔等处喷射而出引发机舱火灾,事故造成一人受伤,一人死亡。

5. 机械设备故障或缺陷引发火灾

船舶机舱内设备多且复杂,由于机舱内长期高温、潮湿,机器设备老化快,故障率高。如不及时发现和排除也会引发火灾。如1997年11月30日,"新惠"轮自上海驶往日本途中机舱发生火灾。火灾原因就是净油机存在缺陷,漏油形成油蒸气,该净油机上方的灯泡表面温度很高,致使油蒸气进入灯罩,遇电器短路引起爆燃。

6. 船舶加油操作不当引发火灾

船舶会经常受载货油或加载燃油,此类作业一定要严格按照操作规范进行,并派专人进行监护,一旦疏忽极易引起火灾或爆炸事故。2002 年 2 月 24 日,靠泊在长江江阴港的"昌运368"轮机舱发生爆炸,火灾原因就是加油过程中油船内的燃油蒸气经打开的检修孔挥发至主机舱,与机舱内空气形成爆炸性混合气体,遇手持电瓶灯的电火花引起爆燃。

7. 机舱内管理不善

废弃棉纱头没有放在指定的有盖金属桶内,自燃起火;缺乏润滑油;柴油机在运转过程中转速过高产生高温;曲轴箱爆炸;燃油油量不足,油质不佳,影响雾化;柴油机过热;违章在机舱内吸烟;在柴油机排气管上烘烤衣物;船舶发生碰撞等都可引起机舱火灾。2009 年 1 月 9 日中国香港籍"安泰江"轮从韩国蔚山港载沥青 4 080 t 开往宁波镇海港途中,在长江口外主机右侧中部排气管防护罩正下方安装等油雾浓度探测器发生故障,产生高温,引燃主机排气管防护罩上的油垢,蔓延成灾。

在船舶营运和船舶管理过程中,船舶管理人员要针对机舱船舶常见的起火原因,重点防护,及时排除火灾隐患。

(二) 货舱火灾的主要原因

货舱火灾主要是由于货物引起的,因此正确认识装载货物的性质并进行适当的保管和装卸是防止这类火灾的重要措施。引起船舶货舱火灾的原因包括:

(1)装卸货时,装卸工人在货舱内吸烟。

(2)容易发热和自燃的混装物,由于航行时间长、温度高、湿度大,通过生化或氧化,通风不良导致发热并蓄热的货物本身自燃,如煤炭、鱼粉、种子、硫黄等。2009 年 1 月 9 日,"浙舟508"秦皇岛开往宁波港途中所载运煤阴燃起火。

(3)易产生易燃气体的散装货物。遇火或火星发生燃烧,如散装煤炭。2009 年 5 月 13日,"兴万信贷 5075"轮舱内装载的"粉煤灰"堆中溢出可燃气体,在非封闭的隔舱内积聚,浓度达到爆炸极限时,导致发生火灾爆炸事故。

(4)在甲板上进行热工工作,导致舱内货物受热自燃。

(5)装运危险品时,在装卸和航行期间操作与管理不规范。

(6)修船期间的用火作业引起火灾,如果不能及时发现和补救不力,就会导致火势迅速蔓延,以致殃及上层起居和服务处所。

(三) 生活处所火灾的主要原因

起居处所的特点是人员集中,火源多且不容易控制,是船舶防火的重要区域。火灾原因主要有:

(1)可燃易燃物品较多,没有严格管理。

(2)违规使用电熨斗、热水器、电炉等电气设备。

(3)纺织品离热源太近,如灯、暖气等。

(4)电气线路短路或者电气设备老化。

(5)吸烟者没有将烟头熄灭,乱扔烟头,尤其是在床上吸烟。

(四) 厨房火灾的主要原因

厨房是容易发生火灾的区域,尤其是由于燃油(目前船舶已经很少使用燃油灶)、可燃气体和电器等使用管理不当引起的火灾经常发生。引起厨房火灾的原因包括：

（1）用电设备或者电路故障。

（2）油锅内的油洒落在炉灶上。

（3）厨房排烟管路内积油太多。

（4）厨房用火期间有关人员离开的时间较长。

（5）加热食用油的温度过高，自燃或被点燃起火。

（6）集油罩内的积油多而未被及时清理，遇火发生火灾。

（五）油漆间火灾的主要原因

（1）电路故障。

（2）吸烟或者火花。

（3）油漆间存放大量的易燃品，如油漆和稀释剂等。

任务 4　熟悉船舶火灾的预防措施

船舶火灾的预防措施主要是控制燃烧的三个要素，即控制可燃物、控制通风、控制起火源，相比而言，控制好热源更为重要。

（1）控制可燃物

船上可燃物质种类多，且易燃易爆。因此有效控制可燃物质，对船舶防火事半功倍，至关重要。

为了有效控制燃油、滑油，在船舶建造时必须严格遵守有关公约及建造规范的规定，对船舶的燃油系统采用合理的结构形式；选用高闪点的燃油、滑油。

对装货处所的防火控制要做到专人负责，对易燃易爆危险品运输严格按国际公约和国内法规进行分类管理。

对船用材料尽可能选用阻燃性材料，采用防火隔热层。

（2）控制通风

在船舶火灾中，空气起到重要的助燃作用。当发生火灾后，应想方设法迅速切断通向火灾现场的所有通风道和通风设备。对通风设备按照国际公约和法规的要求，装有可靠的能够迅速关闭的速闭装置。

（3）控制起火源

船舶火灾的预防，最为重要的是管理和控制好起火源，对待不同起火源引起的火灾要采取不同的预防措施。

船上热源多，且温度较高。对机舱的热表面应进行包扎，形成绝热层，高温高压容器及装置应装有安全阀，以免发生爆炸引起火灾。

一、常见火灾预防措施

从引起火灾的起火源来看，火灾基本可以归纳为六方面：明火或暗火引起的火灾、热表面引起的火灾、火星引起的火灾、电气设备引起的火灾、自燃起火和静电引起的火灾。对待不同成因的火灾要采取不同的预防措施。

1. 明火或暗火引起的火灾

明火是指有火焰的火,例如,火柴、气割及油灶的火等。暗火是指没有火焰的火,例如,烟头及火星等。不论明火还是暗火,都密切关系到人们的安全,稍有不慎或者管理不善,就很容易引起火灾,因而都需要我们特别警惕。预防的方法主要有如下几个方面:

(1)对人员经常进行安全教育,严禁在货舱、机舱、锅炉舱、油漆间、物料间或者存放易燃物品的舱室、工作间以及装有危险货物的露天甲板等场所吸烟。对于参观者、码头装卸工以及上船工作人员,应向他们提醒吸烟的规定,只能在指定的吸烟处所吸烟。

(2)不准随便乱扔烟头、火柴杆,吸烟者必须把火柴、烟头放入非易燃的容器内,该容器应安放在船上每一处允许吸烟的地方。待烟头熄灭后,才能倒烟缸,烟灰必须倒在有盖、非易燃的注水容器内。

(3)对厨房用火要严格管理、谨慎操作。禁止私自使用敞开式电炉在舱室内烧煮食物。

(4)对于正在进行电焊或气割的场所,要派专人备好灭火器具在旁守候,以便能够随时施救。工作完毕后 24 h 内要不断检查、巡视。

(5)机舱、泵间易于积存油污,厨房排出油气的通风道易于积存油垢,要经常进行清理。

2. 热表面引起的火灾

(1)排气管、过热蒸汽管以及锅炉外壳等热表面,应用隔热材料妥为包扎,如因修理需要,需将隔热材料拆下,在修理结束后应立即将之恢复装妥。

(2)向日用燃油柜或者机油柜注油时,要防止溢油溅落到热表面。

(3)装货时不要将易燃货物靠近货灯,装卸结束后应立即切断货灯电源。

(4)不要使电灯泡或者其他电热器靠近可燃物体,如纸张、布料、棉纱头等,以防温度升高而起火。

(5)对正在运转中的机器,要经常检查机油的压力是否正常、转动部位是否得到有效润滑,以防摩擦生热而引起火灾。

3. 火星引起的火灾

火星具有较高的温度,可以引燃一些可燃物质,而且还会引起石油气体或者其他可燃气体的爆炸。火星包括烟囱里飞出的、金属撞击摩擦产生的、气割吹开的火星等。

(1)要清除烟囱飞出的火星,必须掌握燃烧在气缸或炉灶中的正确燃烧时间,所有轮机人员要关心排烟的颜色及有无火星出现,厨房要保证灶正常使用并定期清扫烟囱。

(2)进行气割或烧焊作业时,对火花可能飞溅到的区域进行有效防护。

(3)防止一切工具从高处跌落。皮鞋后跟加铁钉,也是油船所不允许的。

(4)在装卸棉花、麻黄等易燃货物时,要加强值班,注意有无火星溅落在上面。

4. 电气设备引起的火灾

电气设备引起的火灾主要是由于短路、超负荷、设计不当、安装错误、绝缘失效,以及乱拉电线、随意使用电炉和电熨斗等引起的。

预防电气设备火灾要注意以下几点:

(1)要经常检查电线的质量,绝缘是否良好,对不符合要求的应及时予以更换。

（2）严禁任意增加电路负荷、随便拉线装灯及使用电炉等设备。

（3）严禁随意加大保险丝规格，不得用钢铁丝或铜丝来替代保险丝。

（4）保险丝要接牢，防止松动。

5. 自燃起火

棉、麻、棕制品包括棉纱、缆绳、破布以及工作服，凡是沾有油脂的，如暴露在空气里时间长了，都会氧化发热而自燃，因此，这些可能自燃的物质要存放在阴凉通风的地方，尽量远离热源。

（1）沾了油的棉纱头、破布等必须放在有盖的金属桶里，以防自燃而发生火灾。

（2）对化学危险品物件必须弄清其物理性质、化学性质及装载中的注意事项，凡不能混装的化工产品，在配载时应坚决将之隔离。

6. 静电引起的火灾

在油船上要严格遵守有关操作规程，防止静电火花的产生。

二、船员日常防火

（1）树立防火责任意识，积极主动学习有关的消防知识，自觉遵守有关的消防规章和制度，严格遵守安全操作规程及有关安全规定。

（2）禁止任何人、任何时候在禁烟场所吸烟。烟头、火柴杆必须随手熄灭并放入注水的烟灰缸内，不得随地乱扔，更不能向舷外乱扔。

（3）不得私自携带和存放易燃易爆品，禁止随意焚烧废旧纸张和塑料等物品。船舶上禁止燃放烟花爆竹；禁止玩弄救生信号。

（4）对于废弃的含油棉纱头、抹布等，应存放在专用的带盖金属容器内，不得随手乱扔，对含有油污的棉毛织品要及时处理，不要长时间存放在闷热的地方，以防其自燃。不准随意接、拆电线和插座，不准擅自拉线装灯或乱拉收音机天线。

（5）所使用的电加热器必须是合格的安全型产品，使用时必须有人看管，离开时须关掉电源。禁止私自使用明火电炉。用厨房炉灶烹调食物时必须有人看管，不得随意离开厨房。

（6）离开房间时应随手关灯，靠近舷窗的灯具应特别注意，不得使用纱或布等易燃材料制作的灯罩。航行中不得锁门睡觉，以免发生火灾时既不利于自己逃生，也不利于他人营救。

（7）机舱、泵间易积存污油，厨房排烟管易积烟垢和油垢，应经常清理。塑料桶及橡胶桶不能作为垃圾桶，可燃性垃圾不要长时间存放，应及时处理。

（8）严格执行防火巡视值班制度，对易于发生火灾的场所，每班都应按规定进行全面的巡回检查，相关内容应记入航海日志。

（9）每位船员应积极参加船舶定期进行的消防训练和消防学习，熟悉消防应知应会，都应确保其居住区、值班区域、工作区域或所在区域的防火安全。提高警惕，加强防范，发现火险隐患及时报告；发现违章行为，人人有责制止。

三、修船防火

船舶修理一般需要在船厂或者航修站进行。在整个修船期间，修船人员多，明火作业增多，作业地点分散，作业时间较长，因此极易发生火灾。

1.进厂前的准备工作

(1)油船应进行有效洗舱。全船的货油舱、泵舱及隔离空舱均应清洗干净,除去油垢及油脚并保持通风。进厂前应取得船舶检验局颁发的"船舶可燃气体清除证书",只有经船舶检验局检验发证确认安全后才能进厂。油船的各种货油管系统以及其他含油管系统均应清理干净。

(2)机炉舱内的易燃物,例如,木材、油棉纱、破布及污油等,应清除干净并集中保存。

(3)需要修理燃油舱、油柜时,要把油脚洗擦干净,以取得船舶检验局颁发的"船舶可燃气体清除证书"。

(4)需要动火修理的输油管、驳油管、油舱加温管以及泵舱内管系,应用热水冲洗,并用手拆去一节,确保管内无油和空气畅通后再动火。

(5)测爆工作需先经船舶检验局检验发证,确认安全后,再由厂方复查合格,然后方可进厂。

2.进厂后的防火工作

(1)作业前,船方应当清除作业现场及其周围(包括上下左右管系、相邻舱室)的易燃、可燃物;厂、站方应将与下层舱室连通的孔洞封堵。

(2)应在作业场所周围划定安全警戒区,设置禁火标志。警戒区内严禁使用明火以及非防爆插座、开关和电气设备,同时,距离所清理的油舱5 m范围内不准动火。

(3)在机舱内(包括油舱柜、油管线附近)进行明火作业时,可燃气体的浓度须保持在爆炸下限值的1%以下,否则应当停止作业。

(4)敷设氧气软管、乙炔气软管以及电焊线时,要采取防挤、压、摩擦等措施。当班作业完毕后,须切断电源和气源。

(5)修船过程中应当对船舶电气设备和施工用电进行严格管理。凡临时拉接线路都要采用绝缘物架空。严禁拖、拽、挤、压。

(6)在高空动火作业时,必须注意火星可能飞溅到的范围内有无易燃物品,并应派人看守,看火人员不得擅离职守。

(7)修船期间,船方应当严格实行护船值班制度,确保有三分之一以上的船员留船。

(8)船上配置的消防器材和消防设施,应保证随时可用,任何人不得随意动用或者挪作他用。

(9)在修理驾驶台及船员住舱等地方时,进行焊割工作前应拆除动火部位可燃性衬板、隔热材料等,并移走其他易燃物品。

(10)氧气瓶和乙炔瓶必须分开存放,不能混装在一起,氧气瓶不能接触油污,更不能接触高温和明火。

(11)当班作业完毕后,施工和看火人员应再次认真检查、清理现场,确认无火灾隐患后方可离开。

船厂修船如图2-3-4-1所示。

图 2-3-4-1　船厂修船

四、结构防火

由于船舶的特殊性,发生火灾可能性极大。火灾隐患,重在预防,所以船舶在结构上具有一定的防火功能,尤其是容易引发火灾的危险区域。

结构防火主要是针对热量的传播方式,使金属结构的热传导能力减弱,并大大增强对热辐射的抵御。在船舶结构上设置一些耐火分隔能够有效地防止船舶火灾的发生并在一定时间内对遏制火灾的蔓延产生一定的抑制作用,有利于控制和扑灭火灾。

结构防火中的耐火分隔,分为 A 级分隔、B 级分隔和 C 级分隔。

1. A 级分隔

A 级分隔系指由符合下列要求的舱壁与甲板所组成的分隔:

(1)它们用钢或其他等效的材料制造。

(2)它们有适当的防烧加强。

(3)它们的构造经 1 h 的标准耐火试验至结束时,能防止烟及火焰的通过。

(4)它们用经认可的不燃材料隔热,使在下列时间内,其背火一面的平均温度较原始温度增高不超过 140 ℃,且包括任何接头在内的任何一点的温度较原温度增高不超过 180 ℃。

"A-60"级	60 min
"A-30"级	30 min
"A-15"级	15 min
"A-0"级	0 min

2. B 级分隔

B 级分隔系指由符合下列要求的舱壁、甲板、天花板或衬板所组成的分隔:

(1)它们以认可的不燃材料制成,其构造应在最初半小时的标准耐火试验结束时,能够防止火焰通过。

（2）它们具有这样的隔热值,使在下列时间内,其背火一面的平均温度较原始温度增高不超过 140 ℃,且包括任何接头在内的任何一点的温度,较原始温度增高不超过 225 ℃。

"B-15"级　　　　　　15 min

"B-0"级　　　　　　0 min

3. C 级分隔

C 级分隔是指以认可的不燃材料制成的分隔,它不必满足防止烟和火焰通过以及限制温升的要求。

4. 不燃材料

不燃材料是指某种材料加热至约 750 ℃时,既不燃烧,也不产生足量的造成自燃的易燃蒸气。天花板、衬板、通风挡板及起居处所通风挡板的连接处、服务处所和控制站及这些处所内的走廊和梯道应使用不燃材料。

任务 5　了解船舶消防安全管理

船舶消防安全管理是以人为本,充分利用船舶有限的各种消防资源,全面贯彻"预防为主,防消结合"的方针,使船舶火灾能够得到标本兼治。"防"可以减少火灾的发生,避免火灾的危害,而"消"则可以减少已经发生火灾所造成的损失和伤亡。应依据现有消防法律规章制度治理人为因素导致的各种火灾隐患,不留死角,防患于未然,并建立一整套科学管理体系和规章制度,保证措施落实。

一、船舶消防安全责任制

船舶消防安全工作必须贯彻执行"预防为主,防消结合"的方针,实行防火安全责任制。船长为船舶防火责任人,对船舶防火安全负全面的责任;大副、轮机长对其部门防火安全负责;船员对其工作场所和居所防火安全负责。船舶领导有责任对船员进行遵章守纪、消防安全的宣传教育,定期进行消防演习、消防培训,提高船员消防知识、灭火技能和安全防范意识。

二、消防设备、器材管理

（1）船舶应按《1974 年国际海上人命安全公约》及其修正案、船舶所入船级社的规范要求和船旗国的规定配备消防设备和器材。

（2）船舶消防设备和器材由三副负责管理,由各主管人员按相关规定进行维护保养,保持消防设备和器材处于立即可用的良好状态。船长、大副和轮机长负责指导并检查。

（3）船舶应每月定期进行防火检查,对检查出的问题应尽快进行整改。

（4）每周对通用报警设备进行试验;定期对货舱、机舱、生活区的感烟、感温等探测报警设备进行检查、试验。

（5）每月对灭火器、消防设备进行检查,并做好记录。

(6)安全通道、应急通道、逃生孔必须保持畅通,照明、应急照明保持良好。

(7)自闭式防火门必须保持正常使用状态,禁止人为将其长期固定并敞开。

(8)船舶通风筒设备良好,防火挡板开关正常,开关操纵标志明显。

(9)消防泵、应急消防泵使用2根水带时,压力符合要求;消火栓四周不得堆放杂物;国际通岸接头及其附件齐全。

(10)大型固定灭火系统按要求进行维护保养,并持有有效证书;站室配有中英文施放操作说明及各舱室所需灭火剂量;各阀门良好、开关标志清晰,船员能熟练操作。

(11)船舶应配备适量的备用手提式灭火器,能够自行进行充装的应备有药剂,并满足主管机关的要求。

(12)定期对固定式柴油机应急消防泵进行维护保养和试验,燃油储备符合要求。

三、危险货物安全管理

(1)船舶必须经过船检检验,取得船舶检验机构签发的危险货物适装证书,只能承运危险货物适装证书规定的范围内的危险货物,只能装载在证书允许的舱室内。船舶载运危险货物,应当符合有关危险货物积载、隔离和运输的安全技术规范。

(2)承运危险货物船舶必须配备最新版《国际海运危险货物规则》并对其及时修正。

(3)船舶承运危险货物必须按《国际海运危险货物规则》正确合理配载,严格遵守交通运输部《船舶载运危险货物安全监督管理规定》。对不符合国际、国内有关危险货物包装和安全积载规定的,船舶应当拒绝受载、承运。

(4)船舶装卸《国际海运危险货物规则》中的爆炸品(第1类);压缩、液化或加压溶解气体(第2类);闪点低于61 ℃的易燃液体(第3类);易燃固体(第4.1类);易自燃物质(第4.2类);遇水放出易燃气体的物质(第4.3类);氧化物质(第5.1类);有机过氧化物(第5.2类)须接受主管监督机构消防监护。

(5)装运可能释放有毒气体或可能造成缺氧的货物,应配备测量空气中这类气体或氧气浓度的适当仪器及其使用说明。

(6)装运易自燃货物的船舶,在航行途中要定时检测舱内温度,发现异常应及时采取措施。不准装运已发生自燃的货物。

(7)装运易燃易爆危险货物的舱内应使用防爆灯具。

(8)装载危险货物的船舶,应按《国际海运危险货物规则》中有关灭火和应急货物处理的内容对船员进行培训。

(9)载运危险货物的船舶在航行、停泊、作业时应当按规定显示信号。

(10)载运危险货物的船舶通过狭窄或拥挤的航道、航路,或者在气候、风浪比较恶劣的条件下航行、停泊、作业,应当加强瞭望,谨慎操作,采取相应的安全、防污措施。

(11)载运危险货物船舶的船员应当事先了解所运危险货物的危险性和危害性及安全预防措施,掌握安全载运的相关知识。发生事故时,应遵循应急预案,采取相应的行动。

(12)载运危险货物船舶的船员,应当持有海事管理机构颁发的适任证书和相应的培训合格证,熟悉所在船舶载运危险货物安全知识和操作规程。

(13)载运危险货物的船舶应当制定保证水上人命、财产安全和防治船舶污染环境的措施,编制应对水上交通事故、危险货物泄漏事故的应急预案以及船舶溢油应急计划,配备相应的应急救护、消防和人员防护等设备及器材,并保证落实和有效实施。

(14)载运危险货物的船舶办理进、出港口申报手续,申报内容应至少包括:船名、预计进出港口的时间以及所载危险货物的正确名称、编号、类别、数量、特性、包装、装载位置等,并提供船舶持有安全适航、适装、适运、防污染证书等文件。

四、明火作业管理

1.明火作业环境区域考察

需要进行明火作业的地点、场所作业审批前必须进行作业环境考察,确认安全。

(1)危险区域(指经常产生和积聚可燃气体、粉尘或装卸易燃易爆货物的场所)的开敞甲板,从作业点向首尾延伸15 m,以船舶宽度为界,向下至平台或甲板,向上2 m的柱形空间。

(2)危险区域的舱室内,考察作业舱室及毗邻舱室。

(3)不属危险区域的开敞甲板,以作业点为中心,10 m为半径向上2 m,向下至平台或甲板的柱形空间。

(4)不属危险区域的舱室内,以作业点为中心,5 m为半径的空间内。

2.明火作业的基本条件

(1)可燃气体的浓度不大于爆炸下限的1%,相对风速不大于13.8 m/s。

(2)明火作业前,必须确认符合环境考察条件要求。施工现场必须清除易燃易爆物品,备妥足够有效的消防器材,并有防止火花扩散的安全措施。

(3)明火作业前,应拆除作业现场内有影响的电缆或切断其电源,并对其安全遮盖。

(4)在隔热舱壁或间架板上进行明火作业前,必须拆除距焊割边缘0.5 m内的一切可燃物,对0.5 m以外的一切可燃物,应采取防止焊割热传导的措施及有效遮盖。

(5)可以拆除的管子等机件,应移至电焊间或安全地点焊补;对无法拆除的油管、污油管等,应进行有效清洗,使管内可燃气体浓度不大于爆炸下限的1%,或采取充惰性气体、水或拆开管子接头,对作业点两端进行有效隔堵。

(6)长期封闭的舱室或空间狭小通道作业前,必须通风,氧含量达到18%以上。

(7)明火作业前,必须对作业现场进行清理,检查作业面的背面及四周,确认无易燃、易爆物品。

(8)明火作业的设备质量必须符合要求,使用前,必须确认设备技术状况良好。

(9)明火作业操作者必须持有主管机关认可的合格证书。

(10)明火作业时,必须有人负责监护。作业完毕,必须彻底清理现场,在确认无残留火种时,监护人员方可撤离。

3.测爆

(1)燃油、滑油、污油舱(柜)以及与其相连通且无法拆卸的管系,如需明火作业,必须清除舱内及管系内的油、气,由船舶检验部门或其认可的机构检验,确认符合消防安全并出具检验合格证书。

(2)测爆合格的舱室或处所明火作业必须4 h内完成,否则应重新测爆认可,作业前和作业中应有专人对施工区域及有影响的场所,随时复测可燃气体的浓度。

4. 禁止进行明火作业的条件

（1）对明火作业地点考察确认不符合安全条件的。

（2）对明火作业地点无法考察或对其能否保证安全有怀疑的。

（3）进行加油、涂刷油漆等有火灾危险的工作场所。

（4）盛有或残存易燃易爆油、气的容器或管道。

（5）正在装卸易燃易爆危险货物或产生易燃易爆粉尘货物的船舶，禁止明火作业。

5. 明火作业审批

（1）船舶在港口需进行明火作业，必须向港口海事部门报备。

（2）明火作业仅限审批获准项目，不得擅自扩大明火作业范围、超过作业时限。

（3）船舶在港口以外水域进行明火作业，需由部门长提出申请，经船长批准，并按"明火作业劳动安全措施检查确认表"所列内容逐项检查确认。

（4）船长在审批前要对作业现场进行检查，确认符合作业安全条件，落实各项安全措施，方可批准作业。

五、船舶消防值班巡逻

载客超过 36 人的客船应建立和保持有效的巡逻制度，其他船舶应根据本船实际情况建立和保持有效的消防巡逻制度，以便迅速探知火灾的发生。每位消防巡逻人员应熟悉船舶的布置以及可能需要由他使用的任何设备的位置和操作方法。应为每位消防巡逻人员配备双向无线电对讲机。最好能根据本船的具体情况，建立本船巡逻检查记录表，要求值班巡逻员定期按表列各部位循环进行检查，并将检查结果记录在表格上。

防火值班巡逻制度的执行、值班员的责任感以及平时的训练对火灾的防范都极为重要。优良称职的值班巡逻员能够在早期就发现船上的火势，此时采取相应的正确措施，就可把初起火灾扑灭或有效控制住，使其不致扩大。

（1）停泊时，在货船的甲板上一般由水手担任值班巡逻，守护上甲板及外部舱室。驾驶员负责巡视和监察内部舱室等工作，值班轮机员则负责机炉舱等部位的安全。

（2）航行时，值班人员的人数显著增加，除客船之外，虽没有硬性规定要指派巡逻员，但仍应根据船上的实际情况，在必要时予以派遣。而在客轮上，则必须由指定人员或防火员担任。

（3）值班人员在巡视全船时，必须认真负责，细致检查，只要发现可疑情况，就应立即做进一步的检查，以确定是否会发生危险。一旦发现火灾，值班人员就要立刻发出火灾信号，并立即着手灭火。所以，每一个值班人员都应该掌握一般消防器材的使用知识，并熟悉它们在船上的位置。要求每一艘船舶都应展示该船的消防控制图、应变信号和船员应变部署，以利于应急所需。

（4）修船时，因留船船员较少，外来人员较多，进行焊割等热工作业极易引起火灾，且船上可能已经没有动力供给消防用水。在这种情况下，应加强巡视工作，加派巡逻员和看火员，必要时还可通知岸上派消防人员来船值班，以策安全。

思考题

1.简述船舶的消防工作方针。
2.船舶火灾发生的原因有哪些？如何预防？
3.简述船舶结构防火的作用、等级。

项目四　船舶消防组织与应变部署

【知识目标】

1. 掌握船舶消防应变部署表、应变部署卡的编制要求、内容及使用；
2. 掌握一般船舶消防组织及消防训练、消防演习等；
3. 掌握船舶防火控制图的要求、内容、作用以及防火控制图的识别；
4. 掌握船舶逃生通道的要求、标识等，掌握火场逃生一般行动。

【能力目标】

1. 能够正确识读船舶消防应变部署表、应变部署卡的各项内容；
2. 根据船舶消防组织，能够认真完成船舶消防训练及演习；
3. 在紧急情况下，能够正确使用逃生通道逃离工作场所或生活区；
4. 被困火场时，能够采取有效的措施进行自救逃生。

【内容摘要】

　　船舶在营运过程中发生火灾，尽管扑救的难度比陆地大得多，但船舶在构造上已经采取了一些必要的防火措施，船上还配备有各种消防设备，货舱和机舱内还安装了固定灭火系统；只要船员掌握了它们的特性及正确使用方法，平时经常注意检查和维修，使其处于良好的状态；一旦失火，只要充分利用船舶的防火结构，合理发挥消防设备的作用，合理地进行消防组织，扑救得当，是可以依靠船舶自身的力量将火扑灭或有效控制，从而将火灾损失减少到最低限度。

任务1　熟悉船舶消防组织

一、应变部署表(Muster List)

　　船舶消防应变部署是船舶综合应变部署表的一部分，由三副具体负责应变部署表的编写和变更。在编写消防应变部署表时，应根据本船的人员和设备情况编制消防应变部署分工，以便全体船员在消防紧急情况下能够立即各就各位，有条不紊地投入灭火战斗。

编制应变部署表应根据各船员的职务、特长和能力,选派最适于承担该项工作的船员来担任,经船长批准后,分别公布于船员或者旅客经常到达的地方,例如,餐厅、驾驶台、机舱、通道和起居处所等处。同时还应将每个船员在应变时应到达的岗位、担任的职务以及应变信号等写在每位船员的"应变任务卡"(俗称"床头卡")上,张贴在各人的房间内。另外,在该船使用的救生衣上也应系上一个同样的"应变任务卡",以便船员能随时熟悉自己所担负的任务。当船员调动时,应将"应变任务卡"列入交接事项中,在每次开航前三副应根据船员的调动情况对应变部署表做出调整和修订,经船长审核签字后重新公布。应变部署卡和应变部署表见求生部分表 1-3-2-2 和附页。

1. 消防应变信号

船舶上各种应变信号除由号笛施放外,还应补充以其他电动信号或警钟。所有这些信号均由驾驶台操纵施放。我国统一规定的消防应变信号如下:

(1)消防:乱钟或气笛连放短声 1 min 后加上失火部位信号:

船前部失火　　　乱钟或连放气笛后一长声

船中部失火　　　乱钟或连放气笛后二长声

船后部失火　　　乱钟或连放气笛后三长声

机舱失火　　　　乱钟或连放气笛后四长声

上甲板失火　　　乱钟或连放气笛后五长声

(2)解除警报:鸣放气笛一长声,或口头宣布。

2. 集合地点

船舶应根据本船的具体情况,确定船舶不同部位失火时船员的集合地点。集合地点应易于到达并有助于灭火行动的迅速展开。

3. 消防应变职责

船舶消防应变是每个船员应尽的责任与义务。应变部署根据在船实有人数制定,它是按照船员的工作性质和个人技术职务,安排在紧急情况发生时的应急岗位和职责,与船员的日常工作紧密相连。例如,甲板部船员的职责主要是负责消防水和灭火器;轮机部船员的职责是负责给排水;客船客运部人员负责维护旅客秩序、组织疏散等。全体船员的消防应变职责、岗位、任务及编号等应在应变部署表中写明并被公示。有关个人的上述内容在船员应变任务卡中应予以写明。

二、消防组织

在船舶的消防应变中,船长为总指挥,大副或者轮机长(机舱失火)任现场指挥,其他船员组成下列三个队,如图 2-4-1-1 所示。

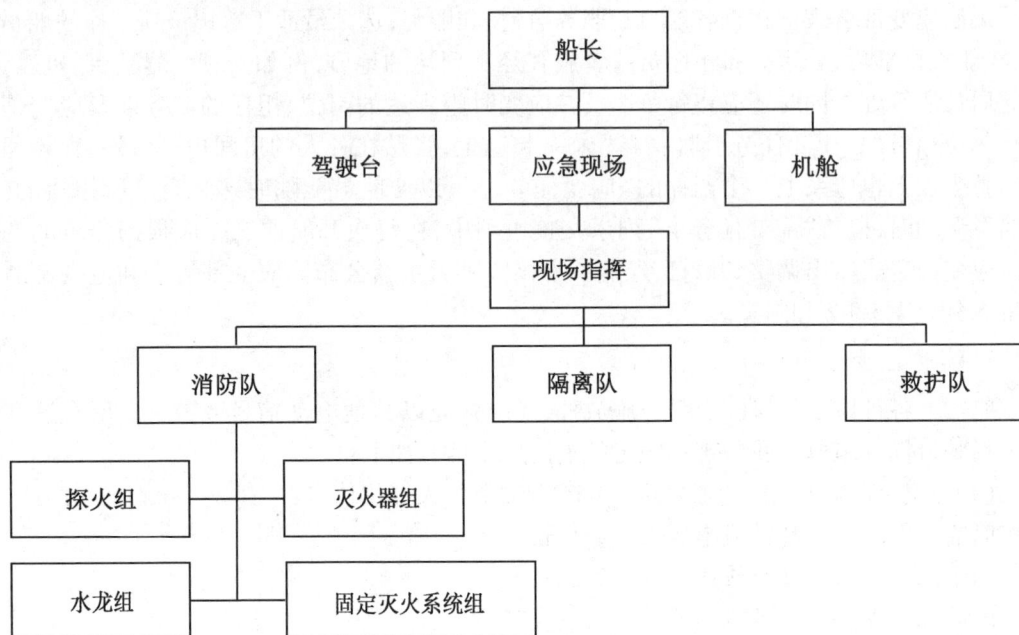

图 2-4-1-1　船舶消防组织

1．消防队

消防队一般由三副或者水手长担任队长，直接负责火灾现场的灭火工作，下设水龙组、灭火器组、固定灭火系统组及应急消防泵组等。

2．隔离队

隔离队一般由木匠或者三管轮担任队长，其任务是根据火情关闭门窗、舱口、风筒及孔洞，切断局部电路，移走火场附近的易燃易爆物品，以阻止火势蔓延。

3．救护队

救护队由医生或厨师负责。其任务一是负责维持现场秩序，二是准备好担架、救护伤员、准备急救药箱等。如需要，由二副负责准备施放救生艇筏等工作。

另外，在驾驶台、机舱安排固定值守人员，驾驶台为二副和水手；机舱为大管轮和机工。

三、船上消防培训和训练

船上培训的目的是通过对船上人员在紧急情况下按正确程序进行训练和演习的指导来减轻火灾的影响，使船员能够掌握应具备的处理火灾紧急情况（包括照顾乘客）的必要知识和技能。

1．一般要求

（1）对船员进行关于船上防火安全知识及其所承担职责的指导。

（2）建立负责灭火的小组。在船舶运营期间，小组成员应具备在任何时候都能完成其职责的能力。

2. 船上培训的内容和演习

(1)培训船员熟悉船舶的布置和需要使用的灭火系统和设备的位置及操作要求。

(2)紧急逃生呼吸装置的使用训练。

(3)负责灭火的船员应通过开展船上培训和演习进行定期评估,以发现其需要加以提高的方面,从而保证其灭火技能提高,并确保灭火组织处于就绪状态。

(4)在不迟于船员上船两周内,对船员进行船舶灭火系统和设备的训练。

(5)货船上消防演习应每月举行一次,客船一般每周一次。举行应变演习的日期以及消防演习的细节等应记载于航海日志和相关文件内。

3. 培训手册

在每一船员餐厅和文娱室,或每一船员舱室内均应提供用船舶的工作语言书写的培训手册。培训手册应详细解释以下内容:

(1)有关烟气的危害、电气危险、易燃液体和船上类似常见危险,一般防火安全的预防手段。

(2)关于灭火行为和灭火程序的一般性应知,包括报告火灾及使用手动报警按钮程序。

(3)船舶各种警报的含义。

(4)灭火系统和设备的操作及使用。

(5)防火门的操作和使用。

(6)挡火闸和挡烟闸的操作和使用。

(7)脱险通道系统及设备的操作和使用。

4. 船员培训

在实施 ISM 规则(《国际船舶安全营运和防止污染管理规则》)管理中,船上培训是必不可少的内容。新船员(包括从外单位新调入的人员)在正式上船到上岗操作前,应组织他们进行安全培训,向他们介绍有关安全规则的防火防爆知识,介绍船舶生产特点,重点舱室和部位,上特种船舶(如油船、化学品船、液化气船等)的船员,还应组织他们学习基本的理化知识,学会使用一般灭火器材。分配到船后,还应结合本船、本部门的特点进行船上及部门的安全教育。船公司和船舶及部门二级安全教育应经常进行并逐步深化,当船舶运输生产任务变化时,安全教育内容也应及时相应充实。

5. 船上消防培训和训练

消防训练分为一般灭火训练和编组灭火训练。

(1)一般灭火训练

训练由大副拟定,其内容包括:燃烧基本理论、船上火灾成因及预防、火的分类及主要灭火剂的性能、本船灭火器的设置位置及使用方法、灭火器的检查保养与责任分工、个人发现火警后的处置步骤、危险气体的警觉、基本急救技术等。

(2)编组灭火训练

该项训练的本质着重于灭火的组合行动,其要求如下:

各组集合部位及带至火场的灭火器材放置处所、火灾现场调查及报告方法、建立火灾限界的方法、控制及扑灭火灾之正确步骤、舱内搜索及救助方法、火区的电源及通风之切断步骤、火场清理方法、防止复燃步骤等。

以上灭火训练均由大副编制并报船长批准后实施,训练要讲究实效,防止形式化。

四、消防演习

船舶灭火是一项复杂的工作,事实证明,在船舶发生火灾时,不遵照一定的程序组织灭火,很容易造成人员混乱、措施不力、贻误灭火时机,因此这就要求所有船员都要熟练掌握正确的灭火程序并加以严格训练。船舶消防演习的目的在于验证船舶应变预案和应变部署的可行性以及符合实际情况的程度。船上平时按应变部署定期举行消防演习,可以使船员完全了解和熟悉正确的灭火程序及其在应急时执行的任务,掌握实际技能,并且在思想上有充分准备,这样才能临危不惧,勇敢顽强地进行灭火工作。

1. 船舶消防演习的内容

每次消防演习应至少包括以下几方面的内容:

(1)向各站报告并准备执行的职责。

(2)启动消防泵,至少使用两根消防水龙,以示该系统处于正常工作状态。

(3)检查消防员装备和其他个人救助设备。

(4)检查演习区域内的防火门、水密门、挡火闸和通风系统的主要进出口的可操作性。

(5)检查有关通信设备。

(6)检查为随后的弃船而做的必要准备。

(7)在演习中发现的任何错误和不足均应尽快予以纠正。

2. 船舶消防演习的基本要求

(1)根据 SOLAS 公约有关规定,每位船员每月至少参加一次消防演习,所以货船应每月至少进行一次消防演习,但船员一次更换超过 25% 时应在离港后 24 h 内举行一次消防演习。客船一般每周一次,对国际航行(非短程)的客船,应在离开最后出发港后做一次这样的演习。这种演习既可以是单项的,也可以是综合的,例如,由消防转入救生,或由消防转入堵漏再转入救生等。

(2)演习时一定要从实际出发,不但白天要进行演习,而且还要在夜间进行;不但要在停泊中进行演习,而且还要在航行中进行。定期演习是船员进行消防训练的有效方法,许多大的火灾事故都是由于发现火警时采取的行动错误,或措施不当而造成的。

(3)参与演习的人员应着装规范。每次演习都应假设火灾场所、火灾种类和火灾蔓延趋势。根据船舶种类,相应成立消防队、隔离队和救护队等,客船还应组成乘客疏散队。这些小组应具备在任何时候都能完成其职责的能力。

(4)船舶处于营运期间的消防演习应由船长任总指挥。机器处所的现场指挥由轮机长担任,其他处所的现场指挥则由大副担任。拖船船队的总指挥应由拖船船长担任,现场指挥则由拖船大副或被拖船舶负责人担任。

(5)船舶火警发出后,船员应按应变部署携带规定的器材,2 min 内到达指定地点集合,听从现场指挥的命令,实施各自的行动。

(6)演习结束后应进行评估,并将演习的详细内容记录在航海日志中。

3. 船舶消防演习的程序

(1)火灾发现者大声呼喊报警,某部位着火了,并立即报告驾驶台,同时取用就近的灭火器灭火。

（2）当班驾驶员接警后立即用气笛或警铃发出相应火警警报，启动消防泵，做好相关记录。船长立即上驾驶台指挥全船的消防行动。警报发出后，用无线电通信设备及时向船公司、就近海事部门报告火灾情况，请求指导和必要的援助。

（3）听到警报后，除驾驶台和机舱固定人员外，其他所有船员应根据着火部位的不同按照消防应变部署表指派的任务，佩戴好个人防护用品，携带灭火器材在 2 min 内奔赴指定集合地点，同时大声呼喊某部位着火了。

（4）集合后，立即清点人数，现场指挥向船长报告人员集合情况，船长命令现场指挥根据火情迅速组织灭火。

（5）现场指挥接到命令后，立即查明火情，组织救人和灭火行动：命令消防队用灭火器灭火，水龙组连接消防水带、水枪，消防泵组启动应急消防泵，探火人员穿着消防员装备准备救人和探火；命令隔离队采取防止火灾扩散措施，如切断通风、电源，关闭有关防火门窗和开口等；命令救护队做好救治伤员准备。

（6）模拟初始火灾扑救失败，现场指挥立即向船长报告，船长命令立即派探火员深入火场救人和探明火情，并做好启动大型固定灭火系统灭火的准备。探火员在水枪掩护下进入火场救人和探火。

（7）探火员救出受困人员后交由救护队处理，并向现场指挥报告火场情况，现场指挥向船长报告火情，请求启动大型固定灭火系统进行灭火。

（8）船长根据火情，命令现场指挥启动大型固定灭火系统进行灭火。现场指挥命令隔离队封闭失火处所，然后命令启动固定灭火系统灭火，同时命令水龙组对失火场所周围进行防护，命令隔离队检查失火舱室密封、舱壁温度变化情况等。

（9）通过外部观察和一定的时间后，判断火已被扑灭，现场指挥报告船长后，命令探火员再次进入失火场所探火。

（10）探火员回来报告，火已被完全扑灭并无复燃可能，现场指挥将情况报告给船长，船长命令打开所有通风系统，清除失火场所烟气。通风一段时间后，探火员再次进入失火场所测氧测爆，测得现场含氧正常，现场指挥迅速组织人员查明火灾原因，并报告船长。

（11）船长施放警报解除信号，宣布演习结束，清理现场，器材归位，如图 2-4-1-2 所示。

图 2-4-1-2　船舶消防演习

（12）演习结束后，驾驶员应在航海日志中详细记录整个演习过程，船长应立即集合全体船员进行讲评，总结演习中存在的问题，并提出整改意见。这些问题和意见也均应记入航海日志，并保证在下次消防演习中得到解决。

4. 消防演习的重要性

消防演习是船舶的一项非常重要的工作，它关系到船员生命安危、船舶的生存。船舶消防演习的好坏也是检验船长及船员对消防安全的态度，应坚决杜绝在演习中不负责任或作假行为。本着实事求是的态度，把消防训练和演习做好，使每一个船员都能弄懂消防知识，清楚个人在消与防中的职责，每一个高级船员都能正确使用固定灭火系统，每一个船员都能正确使用消防器材。

正确对待消防演习和消防设备、器材的训练的操作，是每一个船员的职责。预防船舶火灾主要靠船员正确掌握消防知识和做好各项火灾预防工作，消除船舶火灾隐患，一是保障各类灭火设备要保持处于随时可用状态；二是要靠船长组织指挥能力；三是船员勇敢作风；四靠船员对灭火设备器材正确使用的技能。任何火灾造成船毁人亡事件，基本上是没具有以上四点造成的。广大船员要充分认识到不重视消防演习的危害。消防演习要坚持在不同的部位进行轮回演习，使船员们能及时有效地扑灭船舶各个部位的火灾。

任务 2   熟悉防火控制图

一、船舶防火控制图的内容

船舶防火控制图（Fire Control Plan，FCP）是一张供永久展示全船各种消防设备及设施（以标识或符号表示）的总布置图，供高级船员参考。它集中反映了船舶消防、救生设备的安全技术性能，是保障船舶营运安全的重要性图纸。

船舶防火控制图的主要内容有每层甲板的控制站，A、B 级防火分隔围蔽的各防火区域，探火和失火报警系统，喷水装置，消防器材，各舱室和甲板出入通道等设施的细目，以及各通风系统的位置，其中包括风机、挡火闸、遥控关闭装置、应急通道，还有船舶所配备的各种救生设备和位置等细节。或经主管机关同意，上述细节可编入一个小册子，每个高级船员人手一本，另有一本放于船上易于到达的地方，以便随时取用。

二、船舶防火控制图的意义

《1974 年国际海上人命安全公约》规定：船上应有固定展示的防火控制图作为对船上高级船员的指导，它能够提供船舶消防应急时船长和现场指挥所需要的全部船舶技术信息。这些信息有助于确定消防人员进出火场的路线、其所在位置、火场中可供消防人员使用的消防设备、通风控制等，能够迅速做出决策。

防火控制图提供的信息对船舶三副进行全船安全设备检查和维护有指导作用，防火控制图上显示了船上所配备的全部消防、求生设备，按照防火控制图检查可以避免遗漏。防火控图对船舶进厂修理安全设备也有指导作用,按照防火控制图对船舶的安全设备进行修理,可以保证船舶的入级标准,避免施工不当而降低船舶的技术标准。

三、船舶防火控制图布置要求

防火控制图除了在技术档案中保存并在公共场所张贴外,还必须将防火控制图或含有该图的小册子的一套复制品永久置于舷梯附近的甲板室外面有明显标志的风雨密的盒子中,用于帮助岸上的消防人员,如图 2-4-2-1 所示。控制图和小册子应不断更新,任何改动都应尽可能随时记录。此种控制图和小册子的说明文字应用主管机关所要求的语言书写,如果该语言既不是英文也不是法文,则应包括其中一种语言的译文。

图 2-4-2-1 防火控制图的存放

四、船舶防火控制图符号

国际标准化组织(ISO)与国际海事组织(IMO)密切合作,对船舶防火控制图符号进行细化、扩展,新制定了 ISO 17631:2002 船舶和航海技术标准——船舶消防图、救生设备和脱险通道符号,提供了总体上符合 A.654(16)决议中规定的相应识别符号的防火识别符号。并经国际海事组织大会的大会决议——MSC 77/26/Add.1 通过。船舶防火控制图识别符号见附录二。

新制定的 ISO 17631:2002 船舶和航海技术标准——船舶消防图、救生设备和脱险通道建议在 2004 年 1 月 1 日以后建造的船舶中使用;而国际海事组织原要求的 A.654(16)决议中规定的符号在现有船舶中使用;两项决议形成两类符号,存在部分差异。国际海事组织同意2004 年 1 月 1 日之前建造的船舶可继续配备应用 A.654(16)决议中所列识别符号的防火控制图;也就是说老船老办法,新船新办法,两类符号长时间共存。

符号的图注和解释应是防火控制图的组成部分,包括在控制图中的一系列符号和适当的解释,还可包括附加信息,如在固定式灭火系统中使用的灭火剂。

五、新版防火控制图符号识别方法简介

1. 灭火剂

灭火剂以颜色区分种类。

(1)灰色代表二氧化碳;

(2)黄色代表泡沫;

(3)棕色代表二氧化碳以外的气体;

(4)白色代表干粉;

(5)绿色代表水。

以字母表示灭火剂种类。

(1)CO_2 代表二氧化碳气体;

(2)H 代表除二氧化碳以外的气体;

(3)N 代表氮气;

(4)F 代表泡沫;

(5)P 代表干粉;

(6)W 代表水。

2. 通风类

(1)通风类识别以颜色区分处所;

(2)起居处所颜色蓝色;

(3)机器处所颜色绿色;

(4)货舱处所颜色黄色。

3. 灭火器容量的标识

(1)气体和干粉的容量用 kg 表示;

(2)水和泡沫的容量用 L 表示。

4. 遥控类设备

遥控类设备用三角形标识。

5. 防火控制图符号的分类

(1)结构防火识别符号;

(2)消防设施识别符号;

(3)脱险通道和相关的脱险设施的识别符号。

任务3　熟悉船舶脱险通道

一、脱险通道(Escape Route)

船舶脱险通道是指在发生紧急险情时,提供人员脱险的通道,从而使船上人员能够安全迅速地从所在处所撤向救生艇和救生筏登乘甲板。它应满足以下几点功能要求:应提供安全的脱险通道;脱险通道应保持安全状况,内无障碍物;应提供其他辅助逃生设施,确保其易于到达、标志清晰、设计能满足紧急情况需要。所有船员上船后应尽快熟悉本船的脱险通道,特别是起居和工作场所的脱险通道,如图2-4-3-1、图2-4-3-2所示。

图2-4-3-1　主脱险通道　　　　　图2-4-3-2　副脱险通道

二、脱险通道要求

1. SOLAS公约对脱险通道的规定

(1)船上起居处所及船员经常使用的处所(包括货舱),应布置有梯道和梯子,以提供能到达开敞甲板并继而到达救生艇筏的方便脱险通道。

(2)机舱里应设两条脱险通道。

(3)电梯不应作为脱险通道。

2. 脱险通道还应具备的条件

(1)有应急灯。

(2)有荧光条形显示标志或不发光安全逃生标志,这些标志应设在梯道甲板不超过300 mm的高度,遍布脱险通道各点、拐弯处和岔口。

(3)机舱逃生孔、门上有明显逃生标志,脱险通道的门应向逃生的方向开启,逃生孔的灯保持常亮,并在通道里没有障碍物。

(4)脱险通道内不得堆放有碍物品。

3. 货船脱险通道的要求

(1)最低开敞甲板以下处所的脱险通道应为梯道,次要的脱险通道可为围井或者梯道。

（2）最低开敞甲板以上处所的脱险通道应为梯道或者通往开敞甲板的门,也可为两者的组合。

（3）只有一个脱险通道的走廊或走廊的一部分,一端不通的长度一般不得超过 7 m。这里所谓一端不通的走廊是指从这一端无法通向脱险通道。若在走廊的末端有一扇可随时打开的门,通过该门可以通向该处所(群)的脱险通道,这样的走廊就不应作为一端不通的走廊处理。反之,若通过该门须经过与撤向登乘甲板相反的梯道才能进入脱险通道,则这样的走道就应视作一端不通的走廊。

4. 货船 A 类机器处所脱险通道应符合下述规定之一

（1）两部彼此尽可能远离的钢梯,通往该处所上部同样远离的门,从该门至开敞甲板应设有通道。其中一部钢梯应位于一个受到保护的范围内,从处所的下部到处所以外的安全位置对其所服务的处所进行保护,在范围内应设有具有相同耐火完整性的自闭式防火门,并应设有应急照明。

（2）一部钢梯通往该处所上部的门,从该门至开敞甲板应设有通道,此外,在该处所下部和远离上述钢梯的位置,设有一扇能从两面操纵的钢门,以提供从该处所下部通往开敞甲板的安全脱险通道。

任务 4 熟悉火场逃生要领

船舶发生火灾是非常不幸的事情,人们应该学会火场逃生技巧,最大限度地保住生命。

一、火灾中人员伤亡的主要原因

（1）火势发展蔓延迅速,减少了人员逃生的时间。

（2）逃生通道被大火烧毁或人为原因封堵,使人员难于逃生。

（3）热烟气侵害严重阻碍了被困人员的逃生。烟气对人的眼睛有很大的刺激作用,使眼睛充血流泪,严重的还会造成剧烈疼痛,影响人的视线。另外,烟气积聚使能见度下降,影响人员疏散速度。

（4）有毒热烟气会损伤人的中枢神经,烟雾中的一氧化碳、氰化物及某些酮类物质,经呼吸经过肺进入血液中,会干扰氧的传递,导致体内组织缺氧,引起肺水肿,呼吸困难,全身乏力,思维迟钝,失去自主能力,严重的会丧失行动能力,甚至窒息死亡。

（5）燃烧或爆炸产生的热气流瞬间即能对人体造成严重的灼伤,使人丧失活动能力。

（6）高温、浓烟和刺鼻的气味,使受困人员感到十分紧张、慌乱、惊恐和不安,为躲避烟熏火燎往往退到某个角落内,或在逃生无路时,丧失理智。

（7）恶劣的高温浓烟环境影响被困人员的心理活动,常常表现出向低、奔光、从众、退却等火场心理特点,行为失控,场面混乱,造成人员互相践踏,并增加了营救难度。

二、火场逃生的注意事项

在火灾无法控制的情况下,人员逃生是最重要的任务。火场逃生的注意事项有:

1. 保持冷静,不要惊慌

初期灭火的失败意味着单靠自己的力量无法控制火灾,从而容易让人产生一定的心理压力,这种压力会在一定程度上增加人的心理负担。另外,在浓烟和烈火面前,常常会觉得自己失去了对生命及财产的控制能力。因此,紧张不安是难免的。但是,大家应该明白,要想把生命掌握在自己的手中,就必须临危不惧,保持头脑冷静,不要惊慌。

火灾现场温度高得惊人,大量的烟雾又会挡住人的视线、刺激人的器官(特别是鼻子),这会让人感到死神的临近。此时更需要保持冷静,切勿惊慌。"时间就是生命",人只有沉着冷静,才能思维敏捷,想出好的逃生方法,尽快脱离险境。慌乱只能使事情更糟,因为慌乱不仅会使人失去判断力,盲目地跟从人流、相互拥挤、乱冲乱撞,它还容易让人产生恐惧和绝望心理,不利于成功逃生。所以在浓烟和烈火面前,保持头脑冷静非常关键。

在这种容易导致人们产生紧张情绪的火灾面前如何保持冷静呢? 首先,在火灾面前,应该坚定自己的意志,让自己充满战胜火魔的信心。其次,被困者还可以深呼吸,尽量放松自己。被困人员只要临危不乱,坚信救援人员很快就会到达,就能够充分挖掘自己的聪明才智,化险为夷,脱离险境。

2. 积极寻找逃生出口,切忌乱闯乱撞

火灾发生后,在努力保持头脑冷静的基础上,积极寻找逃生出口,不要盲目跟随他人乱跑。船舶一般都标示有明显的逃生标志,客船上起火,旅客一定要听从救助人员指挥,有秩序地逃生。

3. 舍财保命,迅速撤离

很多火灾案例证明,在火灾事故的遇难者中,有一部分人就是因为顾及自己的钱财、贵重物品而丧失逃生良机,被无情的火魔吞噬。更有一些人,本来已经逃离了火灾险境,为了抢回自己的财物,又冲进去拿东西。殊不知火情瞬息万变,哪怕是一分一秒,有时也能决定生与死。要树立时间就是生命、逃生第一的观念,要抓住有利时机,就近利用一切可利用的工具、物品,想方设法迅速撤离火灾危险区。已经逃离险境的人员,切莫重返险地,自投罗网。

4. 注意防烟,切莫哭叫

烟气是火场上的第一杀手,烟气的蔓延速度远远高于火焰的传播速度。在这种情况下,人们如何做到有效防烟呢?

要判断火情,尽量想办法冲出烟火区。如果根据实际的起火部位、火势和烟气的能见度判断,完全有可能撤离火场时就应该当机立断,争分夺秒地冲出烟火区。逃生过程中有很多有效的防烟措施和方法,现列举如下:

(1)在从烟火区逃生前,应该用手背摸门把手,如果感觉不热,并且门缝里也没有流进来的烟气,那么可打开一条缝,观察后再做出决定是否逃生。如果门把手发热,说明门外的温度已经达到了一定的高度。此时就不要开门,而应待在房间里,寻找其他自救方法。

(2)将湿毛巾或者口罩拧干捂住口鼻。如果没有毛巾,可以用身边的其他东西代替,如手

帕、手套、衣服等。

（3）如果身边没有任何可用的水，紧急情况下，可用尿代替。

（4）如距离较短，则可屏住呼吸，一口气跑出来。

（5）在烟气中穿行时，应尽量降低姿势。如果烟气很浓，则应爬着出去。

（6）不要往起火点上层方向逃生，因为烟气垂直蔓延的速度是人逃生速度的 3~4 倍，这样容易将自己置于后无退路、前无生路的"绝地"。

（7）新鲜空气容易聚集在靠墙的地方，所以在逃生时应降低姿势沿着墙壁爬，这样容易辨清方向，有利于疏散。同时，楼梯台阶之间的拐角处也可能有残留空气，所以疏散时应脚朝下，倒着向下爬，途中可脸贴近台阶拐角处呼吸。

（8）用棉被、较厚的衣物淋湿后披在身上，或者用一个灌满空气的透明塑料袋罩在头上。塑料袋一定要充分张开，可以用两手抓住袋口两边，上下或左右抖动塑料袋，让里面能充满新鲜空气，然后迅速将其罩在头部到颈部的地方。为防止袋内的空气外漏，或者浓烟进入，应将袋口按在颈项部位并抓紧。灌空气时不能用口将气吹进袋内，因为吹进去的气体是 CO_2，效果会适得其反。逃离火场后，还应辨别风向，避开下风风向区域，向火源的上风方向转移。

（9）如果浓烟已经堵住去路，来不及穿过烟区进行逃生，应想方设法把烟气堵在外面。当烟气已经把通往室外的楼梯、走廊等部位封住，无法冲出房间逃生时，应该关闭和堵住所有可能进烟的开口及缝隙，积极与外面取得联系，争取外援。

逃生过程中，切莫哭叫。因为哭叫会增加有毒气体的吸入量，大大提高人们中毒的危险性。

5. 谨慎跳海，减轻伤亡

在船舶发生火灾时，切勿盲目跳海。在万不得已弃船时，首先选择救生艇筏逃生，尤其是在冬季和大风浪季节，乘坐救生艇筏逃生的概率远远高于跳海逃生。

上面介绍的只是火场逃生的一般原则和方法，面对具体的火灾现场，被困人员应根据现场火势、火情等灵活机动地采取有效的办法逃生。

思考题

1. 如何识读船舶应变部署表？
2. 简述船舶消防演习应包括哪些内容。

项目五　船舶灭火与营救

【知识目标】

1. 掌握船舶灭火基本原则及一般灭火程序；

2. 熟悉船舶灭火过程的行动要求；

3. 熟悉佩戴自给式呼吸装置在有烟气的处所中实施救助；

4. 掌握进入高倍泡沫和有烟气舱室的行动；

5. 了解船舶重点区域一般灭火方法。

【能力目标】

1. 能够根据灭火基本原则，在灭火过程中，能够沉着冷静、迅速有效地执行灭火任务；

2. 能够根据船舶不同位置火灾，采取适当的灭火方法进行火灾扑救。

【内容摘要】

为保障船舶安全，每一位船员必须掌握船舶火灾灭火基本原则及一般程序。当发现火灾时，能够采取正确措施报警、控制或扑救。全体船员应明确自己的岗位和职责，做到既有统一指挥，又有分工合作，确保灭火行动有序进行，从而将火灾迅速扑灭。

任务 1　熟悉船舶灭火基本原则和灭火程序

一、灭火的基本原则

（1）先控制，后消灭。灭火时只有控制住火势，不使其扩大蔓延，才能为快速扑灭火灾创造条件。

（2）先探明火情，后采取行动。灭火行动实际上就是一场战斗，只有对"敌人"的情况做到心中有数，才能取得战斗的胜利。不探明火情，就盲目采取灭火行动，是不会取得理想效果的。

（3）彻底扑灭余火。火灾扑灭后，必须仔细检查，消灭余烬，以防死灰复燃，必要时派专人看守火场。

（4）灭火没有希望时，应采取抢滩或弃船的措施。

二、船舶灭火程序

1. 发现者的行动

任何船员在船上发现火灾,要保持镇静并立即大声呼叫报警,迅速按下附近的手动火灾报警按钮发出警报。发现火灾时,不论火势多么小,除确有把握,使用单个灭火器可将火迅速扑灭,否则在发出警报前,发现者不应试图先去灭火。发出警报后,若是着火点范围小,立即取用附近合适的灭火器材,针对火的类别进行施救,力争能控制火灾蔓延;若火势较大,个人没能力将火扑灭时,应尽可能坚守现场,监视火情发展,采取一切必要措施对火势进行有效控制,如关闭门窗及通风系统、切断电源、疏散易燃易爆物品、用水冷却火场周围舱壁和甲板等。如可能,向驾驶台报告起火的地点、火的种类和范围、已采取的措施和效果。

2. 驾驶台的行动

驾驶台在接到报警后,首先应用气笛或警铃向全船发出消防警报,同时可用船令广播播报失火地点,关闭驾驶台所能遥控的通往失火场所的所有通风系统。通知机舱备车,采取转向、减速、停车或倒车等措施操纵船舶使失火地点处于下风,防止火势蔓延。正确显示相应信号。在适当的时候将火灾发生的时间、地点、火的种类、发现者的姓名以及当时的船位等内容详细记入航海日志。

3. 全体船员的行动

(1)听到警报后,船长应立即到驾驶台,指挥全船的灭火行动。所有船员(除航行值班人员之外)要按照消防应变部署表指派的任务,佩戴好个人的防护用品,携带消防器材,在 2 min 内奔赴指定的集合地点,听候船长的统一指挥,在现场指挥(大副或者轮机长)的指挥下展开扑救工作。消防水龙应在警报发出 5 min 内出水。

(2)扑救船舶火灾应按照火灾的发生部位和火灾的性质,根据船舶消防应变部署的要求进行。消防应变中如发现有人员受伤或者被困,应立即向现场指挥报告,现场指挥则立即向总指挥报告,总指挥根据当时的具体情况下令调整原定部署,立即展开救助受困人员的行动,在任何情况下救助人命都是重中之重。

(3)在救火应变的过程中,全体船员必须团结一致,同舟共济,协同作战。要在思想上做好可能弃船的准备。当救火转入弃船时,船员应立即到达弃船应变岗位。

(4)在救火应变过程中,当船舶火灾失控后,殃及机舱,焚毁救火动力、灭火管系,且火势蔓延至整个上层建筑时,船长应下达弃船命令。

(5)弃船命令发出后,部署表内指定的人员应分别携带所分管的如下各项物件,并负责保存:

①船舶航海日志、轮机日志以及车钟记录簿等。

②船具目录。

③各项船舶证书及机密文件。

④现款及账单。

⑤精密仪器等贵重物品。

机舱值班人员应在得到船长两次完车通知后方可离开岗位。如遇车钟损坏,则以口令宣布。船长、政委必须在全体旅客及船员离船后,最后离船。

4. 灭火后的行动

在确认火灾被完全扑灭后,应彻底检查整个火场及周围,不留任何火灾隐患,安排专人留守火场进行防复燃巡视。采取必要的通风换气、排烟、排水和降温等措施。规整消防器材和消防系统。认真总结经验和教训,认清自身的不足,积极整改并予以落实。

任务 2　熟悉船舶灭火的行动要求

船舶自救灭火要统一指挥,协同作战,坚持救人重于救火,侦察先于施救,先控制、后消灭的原则,灵活运用堵截包围、冷却周围、控制通风、搜索救助、重点突破、逐片消灭等手段,充分发挥全体船员的智慧和船舶消防设备的作用,速战速决,尽快扑灭火灾。

一、搞好搜索侦察

火灾能否被迅速有效地扑灭,在很大程度上取决于灭火施救措施是否正确。而施救措施正确与否,又与火灾的搜索侦察有很大的关系。因此,火场搜索侦察的目的就是通过各种侦查手段,查明火场的具体情况,以便采取正确的措施而迅速扑灭火灾。

在实施灭火行动前,火场指挥员要根据实际情况,亲自或组织搜索侦察小组,深入火区进行实地侦察,对搜索侦察人员必须采取可靠的安全措施。搜索侦察的主要任务:

(1)查明是否有人受到火场的威胁。

(2)查明火灾特点、燃烧物的性质、可能蔓延的方向,以及它们的所在地点。燃烧的面积和范围、火源地点、火势大小等。

(3)查明有无危险品处于火灾危险中。

(4)查明火场的气流情况,通向火场的门窗、通风设备等是否都已经关闭。

二、组织灭火力量

(1)将配备必要的消防装备、战斗力强且有一定专业知识和灭火技能的人员组成精干灭火力量部署在灭火的主攻方向上。

(2)组织一定的力量进行外攻,对燃烧舱室的四周及上下用水进行冷却和必要的防护,防止火灾蔓延。

(3)根据火势的大小、火灾性质合理使用各种灭火器材,是否使用高效固定灭火系统(二氧化碳、干粉、泡沫等)由船长决定。

三、选择合理的进攻路线

所选择的船舶灭火的进攻路线,必须是能够尽快到达燃烧的部位,占据有效控制火势蔓延的地点。

四、明确规定任务

扑救船舶火灾的任务艰巨而复杂,火场指挥员要加强统一领导,组织好协同作战。同时,为了加强前沿指挥,可根据抢救人命、疏散物资、控制火势、扑灭火灾的需要和灭火力量的实际情况,用船上的自然条件,划分战斗区域(片),规定各战斗队(组)的具体任务。

火场指挥员给所属人员规定任务时,应明确:

(1)战斗队(组)的任务及其实施手段。

(2)进攻路线。

(3)遇到意外情况的处理方法。

(4)安全注意事项。

五、灭火中的注意事项

(1)用水灭火时,避免盲目射水和过量射水,以防破坏船体强度和影响稳性。

(2)防止和控制失火舱室的热传递对相邻舱室的影响。

(3)对进入失火舱室灭火的人员,要采取有效的防护措施,防止中毒、灼伤、溺水等意外事故的发生。

(4)保持对内、对外的通信联系,并将详细情况记载在航海日志中。

任务3　熟悉佩戴自给式呼吸装置在有烟气的处所中实施救助

一、佩戴呼吸装置在有烟气的处所中实施救助

(1)应尽可能选用熟悉处所的船员。

(2)船员能熟练使用空气呼吸器,穿戴消防员装备,携带和正确使用手持式照明灯、安全绳、消防斧、无线对讲机等设备,不能单独行动,必须两人一组。

(3)进入舱室之前,确定好救助与搜索线路,与舱外人员确立好联络信号,包括使用安全索的联系信号。

(4)进入有烟气的处所,因烟雾大、视线不好,应保持低姿,手背朝前触摸、曳步前行。

(5)寻找被困人员应采取以下方法:

①询问知情人。了解被困人员的基本情况、地点等,确定抢救被困人员的途径和方法。

②主动呼喊。灭火人员可向可能有被困人员的燃烧区喊话,唤起被困人员的反应,以便迅速抢救。

③查看。借助所带照明工具查看被困人员所能藏身的部位。

④细听。注意倾听被困人员的呼救声,以及喘息、呻吟和响动声等,辨别他们所处的位置。

⑤触摸。在喊话、查看、细听的同时,可手持探棒在可能有被困人员的地点、部位触摸、

搜寻。

⑥按下列顺序搜索每个舱室：门后；按顺时针或逆时针搜索舱壁四周（先危险地点，后安全地点）；舱室中央（做数次横越搜索）。

当在火场搜索中发现受伤人员时，可采用适当的搬运方法，将其救离现场。在搬运伤员之前，必须了解伤员的受伤种类和严重程度，选用最佳的转运方法。

二、转运受伤人员的方法

1.使用船用担架

一人负责抬起受困人员身体的上部，另一人负责抬起受困人员的腰部和双腿。搜救人员在受困人员的左侧或右侧将担架展开并摆放平稳，两人同时位于受困人员的另一侧，用手臂分别托起受困人员的肩部、背部、腰部和双腿。两人准备就绪后，同时用力托起受困人员的身体，平移到担架上方，将受困人员平放在担架上并固定。然后搜救人员抬起担架沿着撤离路线撤出，直至受困人员被转移到舱室外部的安全地点。

2.两人抱法

两人分别位于受困人员的左侧和右侧，各拉住受困人员的一只手臂，使其上身慢慢地被拉起并形成坐姿。然后下蹲并单膝跪地，分别用一只手从受困人员的腋下抱住受困人员的上身，并在其胸前扣紧，其手臂应搭在救护人员的肩上，用另一只手抱起受困人员的一条腿。两人准备就绪后，同时合力抱起受困人员沿着撤离路线撤出，直至受困人员被转移到舱室外部的安全地点。

3.两人抬法

一人负责抬起受困人员的双腿，另一人负责抬起受困人员的上身。负责抬双腿的人员先将受困人员两腿分开并站在被救者两腿中间，然后下蹲单膝跪地，双臂由外向内抱住其双腿，负责抬起上身的人员先将受困人员的上身扶起，然后下蹲双手从其腋下通过并在胸前合拢扣紧。两人准备就绪后，同时用力抬起受困人员，抬双腿的人员在前，抬上身的人员在后，沿着撤离路线迅速转移受困人员，直到受困人员被转移到舱室外部的安全地点。

三、从火场中实施救助注意事项

（1）进入火场前，装备好消防员装备及呼吸器，测试正常，两人一组。

（2）携带连接好的消防水带。

（3）接近火场时，注意火灾蔓延的趋势，始终面对着火场，人和门在一个方向。

（4）发现受伤人员，可采用适当的搬运方法，并提供合适的呼吸装置（如 EEBD），将其撤离火场。

（5）保持镇静，切勿急躁，注意救助人和被救助人的安全。

任务4　掌握进入高倍泡沫和有烟气舱室的行动

一、进入高倍泡沫的舱室

1. 高倍泡沫

高倍泡沫是一种机械空气泡沫,它是将水和高倍泡沫灭火剂通过一定的方式按设定的比例均匀混合,然后利用发生器鼓入大量空气发泡而成的。其泡沫的气泡直径一般为 10 mm 以上,发泡倍数一般为 200~1 000 倍。凭借发泡量大这一优势,尽管高倍泡沫的热稳性稍差,泡沫易遭火焰破坏和受室外自然风的影响,但单位时间内泡沫生成量远远大于泡沫粒量,迅速充满燃烧空间,将火焰扑灭。在船舶上,高倍泡沫作为固定泡沫灭火系统主要在货船上用于保护机舱和货油泵间,其特点有:

(1)易于输送。高倍泡沫密度小、流动性好,在泡沫发生器中,利用消防水作为动力,把泡沫输送到有一定深度舱室内的灭火。

(2)易于清除。高倍泡沫灭火后极易清除,人工清除时可用开花水枪等人力直接消泡。当时间允许时,也可采用自然消泡的方式,开启通风,泡沫自行消除的速度约为 0.7 m/h,且消泡后不留痕迹。

2. 进入高倍泡沫舱室的注意事项

(1)覆盖住舱室内的通道,不便于舱内人员行走。高倍泡沫在舱室内使用时,不同于二氧化碳系统释放的要求(先示警,撤出人员,清点人数),泡沫喷注时,可能会有船员在舱内执行应急操作或灭火,而它会以至少 1 m/min 的速度增高,很快能覆盖住舱室内的通道。应急的船员撤出时,可能会进入和通过高倍泡沫区,不便于行走,特别是梯道、地面上障碍物区域等处。

(2)泡沫内可能会存有烟气。按照 IMO MSC.1/127 的规定,船舶使用高倍泡沫系统是利用所保护舱室内气体发泡,如果舱室起火,有浓烟雾时,气泡内会存有烟气,会对进入舱室船员的呼吸有害,甚至造成危险,因此,人员重新进入舱室救助他人时,必须佩戴自给式呼吸器。

(3)高倍泡沫可以控制液化天然气和石油气的流淌火灾,但由于这类火灾存在潜在的爆炸危险,所以不能将其立即扑灭。向封闭空间喷放高倍泡沫时,应尽可能敞开洞孔,让被泡沫置换出的烟气外逸。

(4)有的高倍泡沫液厂家提供化学品安全技术说明书(MSDS)中,高倍泡沫液的潜在危险是可能会造成人的皮肤和眼睛发炎,如果人体被泡沫液浸湿,应及时用淡水冲洗。进入高倍泡沫覆盖区也要佩戴防护口罩,防止小泡沫进入呼吸系统,可能造成伤害。

3. 使用救生索但不佩戴呼吸器进入和通过已喷注了高倍泡沫的舱室

重新进入已喷注了高倍泡沫的舱室内,执行应急操作或救助被困人员时,应佩戴自给式呼吸器,如因设备不足等原因,使用救生索但不佩戴呼吸器进入和通过高倍泡沫覆盖区,人员尽可能不要进入泡沫淹没区(人的头部被覆盖住)。如果进入高倍泡沫覆盖区,可按下列操作:

（1）确认舱室内高倍泡沫气泡中和未被高倍泡沫覆盖的空气质量，能够满足呼吸要求。

（2）人员穿戴个人保护设备（安全帽、手套、工作服、防护口罩等），系救生索于腰间，进入舱室。在舱室门外有一人控制救生索的松放。进入舱室人员，其动作要领如下：

①原有的地面被泡沫覆盖，看不见地面上通道，在其上面行走应该格外小心，注意台阶和障碍物，应试探行走，重心在后脚。

②通过深度到达腰部的泡沫覆盖区域时，还应用手前后拨动泡沫，辅助前进。

③通过深度到达胸部以上的泡沫覆盖区域时，应防止细小泡沫进入呼吸系统，可佩戴口罩或使用毛巾掩住口鼻位置保持顺畅呼吸，也应防止泡沫液进入眼睛。

美国的低、中、高倍泡沫标准中有对人员安全的要求：

①为重返充满泡沫区，应使用水花水枪在泡沫中开辟一条路径，人员不能进入泡沫中；

②在泡沫中不得使用过滤式防毒面具；

③如应急需重新进入泡沫内，应使用救生索和佩戴自给式呼吸器。

如气泡内气体含有烟气成分，不能呼吸泡沫内的气体，应紧急退出舱室，确保人员安全。

二、进入有烟气的舱室

（1）烟气对人有害。烟气中存有有毒气体，会影响人的呼吸，浓烟会造成人的中毒，应使用自给式呼吸器；烟气温度高，会伤及人的皮肤，应穿着防护服。

（2）有轰燃的危险。起初室内局部的燃烧面积很小、强度相对较小的燃烧将扩展至室内整个空间，室内所有的可燃物都开始剧烈燃烧。在很短的时间内，室内燃烧的热释放率剧烈增大，室内烟气的温度也随之升高。

（3）有回燃的危险。回燃是在通风受限的舱室火灾进入缺氧燃烧甚至阴烧后，由于新鲜空气的突然大量补充引起热烟气急剧燃烧的现象。回燃火灾由于突然性及其强大的破坏性，给消防人员的火灾扑救带来了极大的危险，严重威胁着他们的生命安全。

（4）有沸腾液体膨胀蒸汽爆炸（BLEVE）的危险。当容器内所装的液体温度超过其正常沸点并且容器在压力下严重破裂时，沸腾液体扩展为沸腾液体膨胀蒸汽爆炸（简称蒸汽爆炸）就会发生。

（5）舱内有烟雾时，应用低姿接近着火点，向起火点喷射消防水，直流水柱和水雾。交替进行，人员始终应保持出口和燃烧区之间位置，不能让火势蔓延至出口附近，而将出口切断，使消防人员处于危险境地。因火势太大和一些原因限制影响到灭火时，如消防人员的呼吸器故障或气瓶内的气体不足、消防水供应有问题等原因时，消防人员应及时撤出火场。撤出时，消防人员为监视火势及蔓延趋势，应面向着火点后退。

任务5　掌握船舶灭火

船舶发生火灾时，能否及时有效地将其扑灭，主要取决于指挥者的指挥方法和灭火人员的高度责任感及其灭火技能。听到火灾警报信号时，全体船员必须按消防部署表尽快赶赴指定岗位，并听从指挥、相互配合、协同作战。消防指挥者应做好保持船舶安全的工作。

一、机舱灭火

机舱是船舶的"心脏",机舱内有大量的易燃物质,如燃油、滑油和沾油的棉纱头等,而机舱又是船舶动力装置所在地和高温处所,极易发生火灾,所以对机舱灭火必须高度重视。万一机舱失火,应:

(1)首先关闭油料的进出阀门,切断燃料和空气的来源,使可燃物和助燃物来源中断。

(2)利用水枪对可能蔓延的设备、油柜、舱壁等进行冷却,以防灾情扩大。

(3)对受火灾威胁的空气瓶,采取排气降压措施,以防爆炸。

(4)在启动固定灭火系统前,发出警报信号,通知所有人员撤离机舱,然后停止主机、辅机运转,锅炉停止燃烧,关闭通风和开口,封闭机舱。

(5)如船舶采用的是二氧化碳固定灭火系统,施放时,应保证在 2 min 内将机舱灭火所需二氧化碳量的85%一次性全部放入机舱。

二、货舱灭火

(1)航行中发现货舱起火,应立即关闭货舱机械通风及该舱所有开口,然后用固定灭火系统灭火。灭火剂施放后,不可随便开舱,以防复燃。

(2)在港内装卸货期间起火,根据货物性质:

①能用水施救时,则用水进行扑救。救火时应充分考虑到船舶的稳性及浮力。

②不能用水施救时,则应迅速封舱,关闭通道及开口,启动固定灭火系统灭火。

(3)如需派人下舱探火,则探火人员必须戴上呼吸器,穿上防火衣,系好安全带和防火绳,使用防爆照明灯,人员在水枪掩护下以低姿探索前进,舱外应派专人对下舱人员守护。

三、起居室灭火

起居室失火后,火势会迅速顺着上层建筑内的走廊及楼梯、门、窗向周围相邻的起居室蔓延。驾驶台或机舱附近的起居室失火时,大多数都会影响到驾驶台或机舱,最终导致船舶全面失控,无法操纵船舶和控制失火。起居室是船员居住和生活的必要处所,经常有船员在此休息、学习以及进行其他活动,一旦起火,易导致人员受困和伤亡。

(1)迅速关闭门窗,切断通风,以防风助火势向下风蔓延。

(2)冷却周围的舱壁和甲板,将火势控制在一定范围之内,舱室内如有塑料制成的装饰材料,燃烧时易产生有毒气体,救火人员应予以注意。

(3)初起的小火可用灭火器灭火。

(4)较大的火势应采用水灭火系统灭火。

(5)如有人员受困在火场,应先派人进入舱室救人。

四、甲板灭火

甲板上的火灾通常是由油类溢出、油管破裂或者甲板上的危险货物燃烧而形成的。

(1)灭甲板火首先应停止输油,使溢油停止,关断油阀。

(2)采用泡沫将火隔离起来,然后再加以覆盖。

（3）如不能将火与周围隔开,则泡沫应由下风方向向上风方向推移,逐片扑灭,也可使用干粉从上风方向进行喷射,但要注意风力,以防吹失。

（4）对于已经关闭的油舱口,应用泡沫覆盖或者喷雾水冷却,以防油类挥发而使火势扩大。

（5）甲板有危险货物时应将其移开或者隔离。

五、危险货物灭火

由于船载的危险货物种类很多,而且各种危险货物的危险特性又各不相同,所以,采取的灭火方法和措施也各有其特点。

主要危险货物着火后可用的灭火剂如表 2-5-5-1 所示:

表 2-5-5-1　主要危险货物着火后可用的灭火剂

危险货物种类名称		灭火剂				灭火注意事项
		水	砂土	泡沫	二氧化碳	
爆炸品		效果好	不可用	可用	可用	
压缩气体和液化气体	易燃	效果好	可用	可用	效果好	
	其他	效果好	可用	可用	可用	
易燃固体	闪光粉、镁粉、铝粉、银粉、钛粉铝镍合金氘化催化剂、氨基化铂、氨基钙、铝粉等	不可用	效果好	不可用	可用	盖砂土后可用水
	硝化棉、硝化纤维素	效果好	不可用	可用	可用	
	其他自燃固体	效果好	可用	可用	可用	
自燃物品	三乙基铝、铝铁熔剂	不可用	效果好	不可用		
	其他易燃物品	效果好	可用	可用	可用	
遇水燃烧物品	金属钠、钾、镁、锂等轻金属	不可用	效果好	不可用	不可用	
	其他遇水燃烧物质	不可用	效果好	不可用	可用	
氧化剂	过氧化钠、过氧化钾、过氧化钡、过氧化钙、过氧化锶	不可用	效果好	不可用	可用	
	其他无机氧化剂	效果好	效果好	可用	可用	先用砂土后用水
	有机氧化剂	不可用	效果好	可用	可用	盖砂土后可用水
毒害物	锑粉、铍粉、磷化铝等	不可用	效果好	不可用	可用	盖砂土后可用水
	氰化物、砷化物、有机磷农药	效果好	效果好	不可用	可用	先用砂土后用水
	其他危险物品	不可用	效果好	可用	效果好	先用砂土后用水
腐蚀物	酸性物品	不可用	可用	可用	可用	盖砂土后可用水
	碱性及其他腐蚀物品	不可用	效果好	可用	可用	

六、火灾事故报告

火灾事故发生后,船长应按以下要求填写火灾事故报告:

(1)事故日期和地点;

(2)船舶种类;

(3)船舶主要尺度(两柱间长、总吨位及推进机械种类等);

(4)船位(并注明在航、在港装卸货、在港修船、装燃料等);

(5)建造及改建年月;

(6)货物种类;

(7)有否航线限制;

(8)失火时间及海况;

(9)失火部位;

(10)失火的可能原因;

(11)船舶损坏情况;

(12)伤亡情况;

(13)船舶结构防火情况;

(14)探火设备情况;

(15)灭火设备情况;

(16)船上船员、旅客及其他人员数;

(17)在灭火中已使用的消防设备的效能;

(18)船员采取的灭火行动的效果;

(19)控制火灾及扑灭火灾的时间;

(20)灭火中得到的外来救助;

(21)失火及扑救情况说明;

(22)其他情况。

七、安全事故等级标准

根据国务院 2007 年 4 月 9 日颁布的《生产安全事故报告和调查处理条例》(国务院令 493 号),生产安全事故等级标准分特别重大火灾、重大火灾、较大火灾和一般火灾四个等级。

1. 特别重大火灾

特别重大火灾是指造成 30 人以上死亡,或 100 人以上重伤,或 1 亿元以上直接财产损失的火灾。

2. 重大火灾

重大火灾是指造成 10 人以上 30 人以下死亡,或 50 人以上 100 人以下重伤,或 5 000 万元以上 1 亿元以下直接财产损失的火灾。

3. 较大火灾

较大火灾是指造成 3 人以上 10 人以下死亡,或 10 人以上 50 人以下重伤,或 1 000 万元以上 5 000 万元以下直接财产损失的火灾。

4.一般火灾

一般火灾是指造成 3 人以下死亡,或 10 人以下重伤,或 1 000 万元以下直接财产损失的火灾。

(注:上文中的"以上"包括本数,"以下"不包括本数。)

任务 6　了解船舶火灾案例分析

一、"安泰江"轮火灾事故

1.事故简介

2009 年 1 月 9 日 12 时 30 分,我国香港籍"安泰江"油船从韩国蔚山装载沥青 4 080 t 开往宁波镇海途中,在长江口外海(31°25′.7N/124°35′.8E),机舱发生火灾。死亡 2 人、失踪 1 人。事故发生后,交通运输部海事局指定浙江省海事局组成海事、消防、船检等 12 人的事故调查组,对火灾事故进行了调查。

2.船上发生火灾现场情况

中午 12 点 05 分,驾驶台发现机舱冒烟,电话问机舱是否失火,机舱回答"是,排烟管失火",驾驶台发出火灾警报,按照应变部署表在机舱左边门通道集合。打开机舱左边门,火势太大无法进入,同时报告船长。打开机舱右边门,浓烟进不去,此时,机舱里面有 2 位值班船员、现场报告船长两个门都进不去,指挥不连续,处于等待状态,这时 2 位值班人员无人抢救,值班人员也没有人想到可以通过逃生孔进去。火势太大,封好生活区门,退到主甲板,这时应急消防泵出水,在主甲板冷却。这时,有人恐慌,害怕沥青船爆炸,同时有人提出,放艇准备随时弃船。第一次提出船长不同意,并下令释放二氧化碳,三副仅放 4 瓶,因机舱里面有人害怕担责任(应该放 22 瓶)。发现效果不明显,又放 16 瓶。第二次有人继续提出放艇。船长同意备艇。所有船员拥到艇甲板。三副、政委阻止,但是其他船员还是上了救生艇。此时船长命令大副抛锚,大副先从救生艇上爬上来,去船头抛锚。抛锚后,船转动,使得救生艇在船的上风舷。受到风涌影响,救生艇缆绳全部断掉。救生艇上 7 人中,4 个人抓住吊艇钩,3 个人在艇上漂,后救生艇和艇上的 3 名船员被韩国船救起。政委现场指挥营救抓住艇钩的 4 名船员。4 人在海里随着涌浪一上一下,船上人员开动电机想把水中人员绞上去,由于天冷,人的力量不足,3 人掉入水中,其中 1 人把腿跨过滑轮被救。后把缆绳放入海中救起 1 人。放救生筏,救起 1 人,1 人漂走了,1 个月以后在日本海域发现其救生衣。

3.火灾原因调查

由于在扑救火灾时,船上采取了封舱、施放二氧化碳的灭火措施,使火灾调查人员无法进入机舱进行火灾原因的调查。1 月 12 日 17 时 20 分,火灾调查小组部分成员到达舟山港东霍山水域,对受灾船"安泰江"进行外貌观察,查看火场的轮廓。发现主甲板船员生活区烧得比较严重,其次是尾楼甲板、艇甲板生活区。船舶烟囱蓝色油漆脱落。13 日 09 时,火灾调查组安排了宁波港公安局消防大队消防员下机舱探火,确认火已熄灭。16 时 30 分,船靠码头后,火灾调查小组又落实人员对机舱进行了自然、机械通风;14 日上午,宁波市消防支队派员对机舱进行了测氧,确认机舱内的氧含量大于 21% 时,宁波港公安局刑警大队安排法医对 2 名死亡人员进行了尸检。结果为一氧化碳中毒和窒息死亡。

14 日 14 时 45 分,火灾调查组成员立即从主甲板船员生活区走廊进入机舱,发现机舱二甲板通往主甲板船员生活区的防火门没有关闭,火灾调查组成员确认机舱的火势是从这里向主甲板船员生活区、尾楼甲板、艇甲板船员生活区及驾驶台蔓延。当船上采取了封舱、向机舱施放了二氧化碳、扑灭机舱火灾后,主甲板船员生活区、尾楼甲板、艇甲板船员生活区还在燃烧(烟囱效应和热传导)。在火因调查中,该机舱仅有的两位值班人员已经死亡,这给火因调查带来了困难。为了准确地查清火因,火调人员认真查看了现场,并获取了当事船舶船员笔录 22 份,船舶相关书证百余份,船上事发前后 VDR 记录数据 1 份。船员普遍认为:一是发生火灾时,当班驾驶员同当班二管轮通话时,二管轮讲主机排气管着火了;二是日用油柜溢油或漏油;三是高压油管裂缝。火究竟从何而来?火因的认定,直接关系到责任。通过现场勘查,火灾调查组成员发现了三处重要痕迹物证:

(1)主机右侧中部排气管防护罩正下方安装的油雾浓度探测器周围,有高温痕迹,近似"V"字形;

(2)油雾浓度探测器正前方 1.5 m 的机油分离器控制箱面板上的塑料遇高温熔化;

(3)距油雾浓度探测器 0.5 m 处有个通风筒。

根据现场提取的三点依据,火灾调查组成员结合火灾成因的三要素:可燃物、氧化剂、着火源,利用金属变色、最先受热部位和电气线路短路时的温度进行综合分析,确定起火点为主机右侧中部排气管防护罩正下方安装的油雾浓度探测器,火灾原因系主机曲拐箱油雾浓度探测器发生故障,产生高温,引燃主机排气管防护罩上的油垢,蔓延成灾。

4. 应汲取的教训

(1)轮机长第一时间没到现场,而是在收拾个人物品。

(2)船长没有到现场看,只是听现场说。

(3)机舱有人,没有想办法救人。

(4)控制不力,到生活区外面冷却没有效果。

(5)放艇错误、船长只是下令备艇,其实备艇也不必要,这样会给船员造成心理压力。

(6)抛锚时机不对。至少应考虑到救生艇上人员安全。

(7)机舱两位,尸体在右侧,离门不到 1 m,没带 EEBD,EEBD 打开放在机控室操纵台上,不会使用。从机控室到门就 10 m,受到毒气影响没有走出去。

(8)机舱人员逃离时候不该走上面逃,应从应急逃生口走。

加强对船舶应急计划的理解,加强消防训练,提高应急意识,提高指挥能力,进一步加强应急情况下逃生和救人技能,正确使用船舶的各种消防设备,指挥人员能够实施及时、正确、灵活、不间断的指挥,必要时及时求援等。

二、"英华"轮火灾事故

这是一起罕见的因大量危险化学品而引发的客滚船火灾,这是一起在特定环境下面对许多未知充满惊心动魄场景的火灾扑救,这是一起值得认真总结的扑救因危险化学品而引发的船舶火灾典型案例。

1. 事故的经过

2004年5月14日,黄渤海区域气温14~23 ℃,偏南风海面4~5级,流向SW,能见度等级7。山东渤海轮渡有限公司所属"英华"轮于当日下午三点整从大连湾和尚岛码头起航驶往山东蓬莱港。当日,"英华"轮共载旅客143人,船员44人,载车71辆,其中A舱甲板61辆,C舱甲板10辆,事故车辆即在10辆之中。17时20分许,巡舱员发现C舱甲板前部失火,驾驶台烟火报警器报警,值班大副迅即拉响消防警报,船长登上驾驶台进行全船广播,指挥全体船员灭火。

船长命令大副立即赶赴C舱控制通风,现场指挥扑救,同时命令驾助立即向有关部门报告,并调整航向航速。当时,位于C甲板的事故车上只能看到打成捆的废纸箱在燃烧,大副组织船员利用干粉灭火器、舱内消火栓出水扑救。不料火不仅没有被扑灭,反而产生更大的烟雾,且带有强烈的刺激气味,船员被迫撤离。船长果断下达了第二道命令:灭火人员全部撤离,实施封舱,释放CO_2。十几分钟后,探火员报告,A、B甲板温度无明显升高,C甲板无明火,烟雾仍然很大,能见度很低,机舱报告,机舱内一切正常。情况表明,火势已初步得到控制。

据此船长下达了第三道命令:继续严密监视封舱情况及外围温度,机舱在保证安全的前提下,全速前进。此时"英华"轮距蓬莱港尚有40余海里,为安全到达目的港,船长又命令向A、B甲板施放CO_2,以期增大整个舱内CO_2的浓度,降低氧含量,控制住C甲板的险情或将火熄灭。

14日下午,山东渤海轮渡有限公司最先接到"英华"轮发生火灾的报告。烟台海事、消防等有关部门接到报告后迅速做出反应。烟台市委、市政府的领导分别赶往烟台海事局、蓬莱港组织施救。从19时起,烟台市消防支队特勤中队、蓬莱区、龙口市消防中队,相继到达蓬莱港。烟台港消防支队于19时40分接报警,在公安局领导的带队下,出动6辆消防车、40余名干警,于21时赶到蓬莱港。21时50分"英华"轮在救援船的护航下抵达蓬莱港码头。

消防民警率先登船了解起火经过及扑救措施,对船舱火场外围和舱壁温度进行了初步勘查和检测,发现升降平台停在A层甲板,将汽车舱分割成A和B、C两个空间。起火部位是停在C甲板汽车舱升降平台起落位置前的一辆蓝色141型5 t平头解放货车,车牌号为河北籍。经检测舱壁温度无明显升高,遂决定继续封舱并对"英华"轮进行监护。

第二天8时30分,A甲板汽车舱的首、尾舱门均打开,至10时许A甲板的61辆车全部疏散。在疏散中发现一辆山东籍的车辆所载货物与事故车辆所载的货物属同一货主的同样物品,得知事故车的车厢内装有7.5 t甲醇钠,甲醇钠上部加装了17捆计7 t废纸与废纸箱,装运过程中废纸捆曾遭雨淋,而甲醇钠则具有遇水自燃的特性。判明了起火物质,分析了C甲板舱内的状况,决定继续封舱,待16日充分准备后再行处置。然而,由于船公司灭火心切,当晚10点负责监护的船员进入C甲板感觉能见度明显增高,便打开了舱门,开启了排风系统,以图将C甲板的车辆疏散。结果事与愿违,C甲板突然涌出大量烟雾,险情陡然加剧,舱门被迫关闭。

第三天,16日9时许,火场指挥部先后派出三个侦察小组下舱,他们的任务分别是:

(1)侦察C甲板火情。

(2)检查升降系统。

（3）转移事故车周围的车辆。

第一小组报告：A、B、C 三舱均有大量烟雾，能见度 2~3 m，C 舱事故车辆上的废纸箱仍在燃烧，C 舱温度较高，A 舱烟雾较浓。第二小组报告：升降系统出现故障无法启动。第三小组报告：转移车辆启动失败（舱内氧含量过低）。情况恶化，不利因素增多。指挥部迅速做出四项针对性决定：

（1）向舱内注入液态 CO_2，降低氧气浓度和舱内温度。

（2）抢修升降平台，并降至 C 层。

（3）用滑轮、钢丝绳、工程机械等将事故车移至升降平台。

（4）在 A 舱升降平台口设置阵地，以防火情突变。

14 时 30 分起，火场指挥部先后组织了 6 个抢险小组下舱，克服各种困难，完成了修复升降平台、设置固定滑轮与钢丝绳等项任务，各项前期准备基本就绪。

16 时 20 分左右，事故车被缓缓地拉至升降平台，又随升降平台徐徐上升，由 C 舱到了 B 舱，又由 B 舱向 A 舱上升，途中火势增大，当车顶部距 A 甲板约 40 cm 处，瞬间产生了轰燃，升降系统损坏，停于 A、B 甲板之间。

消防队员首先使用大量干粉，但因距离过远未能有效地覆盖车厢表面，随后又采取其他措施也未能控制住火势，燃烧更加猛烈，烟雾也越来越大，指挥部当即命令所有人员撤离，关闭舱门，同时向舱内灌注了 12 t 液态 CO_2。

20 时，指挥部连夜召开会议，总结分析了灭火作战的成效，重点研究了抑制甲醇钠化学反应的措施和方案，广泛听取了专家的意见，确定了下一步的行动方案：

（1）现场指挥由山东省消防总队领导全权负责。

（2）向舱内继续注入液态 CO_2，并封舱 48 h 以上。

（3）对舱内情况定时进行监测。

（4）在确认舱内温度明显变低，甲醇钠内部温度小于 70 ℃ 的前提下，方可展开第二次全面进攻。

（5）召开所有参战单位负责人会议，进行总结部署。

第四天、第五天，派出人员和车辆对"英华"轮进行监护，其他参战人员则利用封舱的间隙进行休整。

第六天，9 时，在封舱 48 h 后，按预定方案由侦察组下舱，然而情况报告却不尽如人意，升降平台由于液压管损坏，已落至 C 甲板，事故车轮胎爆破了三个，由于升降平台下落使 A、B、C 三层甲板连通，尽管释放了大量液态 CO_2，却没有达到预期的效果，底部 C 舱仍有大量有毒烟雾，能见度仅 5~6 m，且舱内温度较高。指挥部随即调整了原作战方案，调集人员用木板、棉被、篷布、钢管等将 A 舱升降平台口封闭，利用预留的直通事故车的钢管，向 C 舱注入了 11 t CO_2 后封舱。作业一直持续到 15 时许。

第七天，指挥部决定在 A 舱甲板架设滑轮提升装置，用铁桶吊装甲醇钠出舱。下舱的侦察组也带来了好消息，C 舱能见度较 19 日明显增加，甲醇钠呈无焰火燃烧，气体浓度已达到初定的设置要求。接着由消防队员和防化部队官兵组成了 7 个作业小组，佩戴空气呼吸器、携锹镐轮流下舱。经三个多小时突击，转移甲醇钠 35 桶，此时舱内氧含量升高，人员体力及装备消耗较大，指挥部决定暂停作业，向舱内注入 CO_2，继续封舱。

第八天，参战部队已经牢牢掌握灭火主动权。指挥部下令：每 5 人一组，快速突击。自 7

时 40 分起至 12 时 10 分，先后组织 55 人次下舱作业，装运甲醇钠 43 桶，终于取得了最后的胜利。

2. 事故的险情

甲醇钠又名甲氧基钠，为白色无定形易流动粉末，无臭，溶于甲醇、乙醇，主要用于医药工业，属强碱性腐蚀品；遇水产生甲醇气体易燃烧，具强腐蚀性，强刺激性，可致人体灼伤；其蒸气、雾或粉尘对呼吸道有强烈刺激和腐蚀，吸入后，可引起昏睡、中枢抑制和麻醉；对眼有强烈刺激和腐蚀性，可致失明；皮肤接触可致灼伤；口服腐蚀消化道，引起腹痛、恶心、呕吐；大量口服可致失明和死亡；遇明火、高热易燃；分解释放出高毒烟雾；对水、酸类、氯化烃有禁忌，其燃烧（分解）产物有 CO、CO_2 等。在 2005 年国家颁布的危险货物品名表中，属第 4-2 项易于自燃的物质。扑救甲醇钠燃烧，在当时的情况下国内无资料可查，互联网上也无先例可借鉴。整个扑救过程是对甲醇钠逐步认知的过程，是一个由被动逐步转变为主动的过程。

险情一：14 日，巡舱员发现火情后，看到的只是事故车上部已打成捆的废纸、废纸箱的燃烧，大副立即组织船员用干粉灭火器，并出舱内水枪施救，结果适得其反，事故车厢内部已经燃烧多时的甲醇钠，遇水加速反应，舱内带毒的浓烟和蒸气迅速膨胀；尽管船员们试图靠勇气压制住增大的火势和浓烟，然而仅仅几十秒钟，施救船员被迫撤离 C 舱。有的已经感觉到刺眼且泪流不止；有的嗓子感到刺痛，说话沙哑；有的开始呕吐；显然部分船员已出现不同程度的中毒症状。

险情二：14 日，"英华"轮航行过程中实施第一次封舱施放 CO_2；为掌握封舱后的情况，确保本轮安全抵达目的港，船长命令探火员下舱探火。平时对本轮的结构、通道了如指掌的探火员，这次却遇到了麻烦。从 B 舱下到 C 舱，加之停放的车辆折点过多，防火绳已不适用，而舱内的照明设施，由于浓烟和蒸气遮掩基本失去作用，能见度不足 3 m，探火员探火返回途中失去方向，在空气呼吸器预警情况下，靠击打舱壁报警才被营救出舱。

险情三：16 日，正式展开施救的第一天，对许多武警消防指战员来说，扑救大型船舶火灾还是第一次。先进的防护、通信设备，来自山东各地较充足的灭火剂，使指战员们充满了必胜的信心。然而险情还是发生了。在分批下舱的侦察员中，其中一人刚一下舱就与火场指挥系统失去联系，反复呼叫没有应答，火场指挥部当即决定派员下舱寻找。经反复挑选，"英华"轮派出对该轮方位、通道最熟悉的一名维修工下舱。时间一分钟一分钟地过去，现场人员的心越来越紧张，大家都明白，空气瓶内的空气是有限的。机智的维修工在几乎盲态下向不同方向转了三圈没有找到，他没有放弃，在强烈的责任心、强烈的爱心的驱使下，凭着记忆，毅然向第四个方向摸去，终于在尾舱门口找到了迷失方向等待救援的战士。

险情四：16 日 16 时 10 分左右，事故车被牵引至升降平台，一直在 C 舱作业的"英华"轮大副、二副，一位身材高大，一位小巧玲珑，站在升降平台上，随事故车一起由 C 甲板向 A 甲板上升。此时事故车上的纸捆已出现火苗，烟雾也在加大，当事故车的纸捆距 A 甲板约 0.4 m 时，形成轰燃，升降平台也被卡住，情况十分危急；大副首先将二副扛上 A 甲板，二副转身又拉住大副，助大副爬上了 A 甲板，在消防队员的奋力掩护下，演出了生死与共的惊险一幕。

险情五：依然是 16 日，施救人员及专家从有限的资料里了解了甲醇钠的特性，但甲醇钠燃烧后会有什么后果，毒性有多强烈，没人说得准。面对危险，消防队员上了，在 A 甲板升降平台口严阵以待；各地涌来的记者也上了，趋众性使一些缺少火场知识的人放松了警惕，升降平台舱口几乎围满了人。随着升降平台的上升，正当人们期待完胜的时候，事故车厢表面的火焰也由小到大,瞬间轰燃,火焰窜出 A 甲板 3 m 多高猛烈燃烧,并伴有爆炸声。危急时刻消防队员与火魔展开了搏斗,其他人则在惊恐中本能地向舱口奔去。

3. 事故的思考

"英华"轮火灾扑救虽然在扑救过程中人员无伤亡,财产损失仅局限于事故车和其燃烧时对船舶局部造成的较轻的损害,但就整个扑救过程却有很多值得思考的经验和教训。

(1)建立规范的火场指挥科学决策机制,是保证高效扑灭火灾的决定因素。发生较大的船舶火灾或险情,参与决策指挥的一般有当地政府的各级领导,海事局、港航局、地方消防部门、受灾单位等领导和各方面专家,而最具船舶灭火实战经验和能力的港航消防,作为"企业专职消防队",话语机会很少或没有话语机会,往往失去提出最佳灭火方案的机会和战机。建议制定行业消防条例,作为港航系统落实《中华人民共和国消防法》的实施细则,确认港航公安消防部门在港航消防中的职能和作用,以最大限度地发挥港航公安消防在船舶灭火中的优势,最大限度地减少因主观因素产生的船舶火灾损失。

(2)火场指挥决策应坚持责任与效果的统一。参与火场指挥各方由于所处的位置和角色不同,决策时往往受到一定影响,尤其是在越来越强调"责任制"和"问责制"的情态下,"科学决策"与"决策科学"更显得重要。一般来说,地方政府领导处于主动的位置,是主要的角色,决策时更多考虑的是政治责任和社会责任,最常使用的指令是"千方百计尽快灭火"或"不惜一切代价,尽快灭火",至于是不是最佳灭火方案、最佳灭火效果则多无考究。联想到 1994 年和 1997 年停靠不同港口码头的两艘客轮火灾扑救均以倾覆告终,损失均在数千万元,更应发人深思。本次灭火中部分领导在第二次封舱时间不足的情况下,一味追求尽快处置,结果造成行动失败,不但没能达到减少影响的目的,反而延长了处置时间,增大了扑救成本和火灾间接损失。

(3)处置船舶危险化学品火灾事故,必须有充足的装备保障。本次事故中,山东消防总队先后从青岛、威海、潍坊等地调集空气呼吸器 220 套,加之烟台当地最多达 340 套,调集新式战斗服 100 套、个人防护装备 100 套、防化服 80 套、防化手套 500 副,调集 CO_2 64 t,液氮灭火剂 20 t,同时运用 MX21 型多种气体检测仪和测温仪,定时检测,为指挥部决策和消防救援人员灭火行动提供了科学依据。

(4)处置船舶火灾及险情,优秀的船员、消防员发挥了不可替代的作用。一是能够抓住战机扑灭或抑制住初起之火;二是对船舶结构、机械、路径能够熟练掌握,在火情侦察、救援遇险人员、排除险情中发挥关键作用。

(5)处置船舶危险化学品火灾事故,应做好盲态下处置能力的准备。本次火灾扑救在相对密闭狭小、结构复杂的空间内,照明设备虽仅局部损坏,但因甲醇钠燃烧产生大量烟雾,在封舱、扑救过程中使用 CO_2 和液氮等,产生大量水蒸气,照明设备几乎失去作用,加之下舱后防护面罩迅速被水蒸气遮掩,能见度极低,侦察或作业人员失去往返参照物,因此连续发生迷失方向现象。对此,建议在底舱和各舱出入口处增设红灯和红色警笛闪光灯。目前,山东渤海轮渡有限公司船员已有针对性地开展了蒙眼逃生、救助训练,当值得借鉴。

思考题

1. 简述船舶消防灭火基本原则。
2. 简述船舶机舱灭火一般程序。

项目六　船舶消防技能训练与评估

【技能目标】

1. 能正确使用各种类型的手提式灭火器；

2. 能正确使用消防员装备；

3. 能扑灭小火,如电气火、油火、丙烷火；

4. 能正确使用喷水枪及散射喷枪扑灭较大火灾；

5. 能正确使用泡沫、干粉或其他合适的化学剂灭火；

6. 能正确使用救生索,但不戴呼吸装置进入或通过已喷注了高膨胀泡沫的舱室；

7. 能正确佩戴自给式呼吸装置在充满烟雾的封闭处所灭火；

8. 能正确使用水雾或其他合适的灭火剂扑灭油火与浓烟的居住舱室或模拟机舱的火灾；

9. 能正确使用水雾喷头和散射喷枪、干粉或泡沫喷头扑救油火；

10. 能正确佩戴呼吸装置在充满烟雾的舱室实施营救。

【内容摘要】

根据中华人民共和国《海船船员培训大纲(2021版)》、中华人民共和国《海船船员考试大纲(2022版)》、《中华人民共和国海船船员培训合格证评估规范》(2012年),实操训练涉及手提式灭火器、移动式灭火器、消防员装备、水灭火系统及高倍泡沫舱室等内容,分别从实训内容和要求、实训场地和器材、实训步骤、评估方式和评估内容等方面做了介绍,每一位船员都应掌握船舶各种消防设备的使用,并通过训练,做到能够使用船舶配备的消防器材和设备进行扑救火灾。

任务1　掌握手提式灭火器的使用

一、实训内容和要求

学员能够分别使用不同种类的手提式灭火器(泡沫、干粉、二氧化碳灭火器)扑灭小火,如电气火、油火、丙烷火,并观察灭火过程及效果。

二、实训场地与器材

多媒体教室、模拟消防舱室、火盆、灭火器。

三、实训步骤

（1）准备：戴好防护手套，检查灭火器外观。

（2）听到指导教师"开始"的指令，提起灭火器从上风方向接近火场，距火场一定距离时停下，拔去保险插销，左手调节喷筒或喷管角度，右手持灭火器，握紧提把与压把，灭火剂就会自动喷出，先将前面的火压住，对准火焰根部左右扫射，由远至近向前推进，直至将火扑灭。如操作的是泡沫灭火器，灭火器喷嘴对准火场中舱壁或其他物体的垂直面进行定点喷射（注意不要晃动喷嘴以免破坏泡沫层），火被扑灭后，为防止复燃，应双眼注视火场，缓步后退返回。

（3）在灭火过程中，如灭火器内灭火剂用完而火仍未扑灭，则灭火人员应快速返回，由下一位灭火人员前往灭火。

（4）全班分组训练，每组四人，每组指定一名组长；先由任课老师讲解实操过程中的安全注意事项，手提灭火器的结构、灭火作用和使用方法，并且演示。然后，分组训练，任课老师随时指导并纠正不安全行为。

四、评估方式

以个人方式进行评估，训练时，还要以提问的方式考查学员对各种灭火剂的灭火性能、灭火特点和注意事项的掌握情况。

五、评估参考标准

（1）手提式灭火器的结构与性能（口述）5分。
（2）根据火灾类型选择合适的灭火器（使用前检查及选用合适）10分。
（3）手提式灭火器的使用（实操）25分。
①低姿接近火源、选择上风向。
②根据所选灭火器、距离适中。
③根据所选灭火器和火灾类型进行灭火。
④撤离火源（面对火源、后退撤离）。

任务2　掌握移动灭火装置的使用

一、实训内容和要求

将标准规范的燃烧容器内的油点燃产生油类火，待燃烧到一定程度的火势时，分别使用不同种类的推车式灭火器(泡沫、干粉、二氧化碳灭火器)及便携式泡沫灭火装置进行灭火,并观察灭火过程及效果。训练时,还要以提问的方式考查学员对各种灭火剂的灭火性能、灭火特点和注意事项的掌握情况。

二、实训场地与器材

模拟消防舱室、火盆、推车式灭火器、便携式泡沫装置、消防水带。

三、实训步骤

1. 推车式灭火器的使用

推车式灭火器一般两人一组进行训练。以推车式干粉灭火器为例进行讲解:

(1)准备。两人均戴好防护手套(也可不戴),检查灭火器压力及外观。

(2)听到指导教师"开始"的指令,1号迅速将灭火器推拉到火场,在距离着火点 10 m 左右处停下,由 2 号迅速施放喷射软管,双手紧握喷枪并对准燃烧处;准备就绪后,1号迅速拔下保险插销,将螺杆拉到最高,灭火剂喷射灭火。

(3)火被扑灭后,为防止复燃,应双眼注视火场,缓步后退返回。

2. 便携式泡沫灭火装置的使用

便携式泡沫灭火装置一般两人一组进行训练。

(1)准备:两人均戴好防护手套(也可不戴),检查所用器材:便携式泡沫灭火装置 1 套、水带 1 根、消火栓 1 个。

(2)听到指导教师"开始"的指令,1号迅速把泡沫桶背到身上,上风向接近火场,在距离着火点 5 m 处停下,到位后迅速把空气泡沫枪和药剂桶进行连接;2号听到开始指令后迅速把水带抛展开,其中一端和消火栓连接,另一端由 1 号和空气泡沫枪连接。两人均准备就绪后,由 2 号打开消火栓,泡沫液从泡沫枪喷出灭火。

(3)火被扑灭后,为防止复燃,应双眼注视火场,缓步后退返回。

四、评估方式

以两人一组的方式进行评估、训练时,还要以提问的方式考查学员对设备操作重点和注意事项的掌握情况。移动式灭火操作如图 2-6-2-1 所示。

五、评估参考标准

(1)移动式灭火装置的结构与性能(口述)5 分。

(2)根据火灾类型选择合适的移动式灭火装置(使用前检查及选用合适)10 分。

(3)移动式灭火装置的使用(实操)25 分。

①低姿推动灭火装置接近火源,灭火装置停放位置合适。

②灭火者选择上风位、离火源距离恰当。

③根据所选移动式灭火装置和火灾类型进行灭火。

④撤离火源(面对火源、后退撤离)。

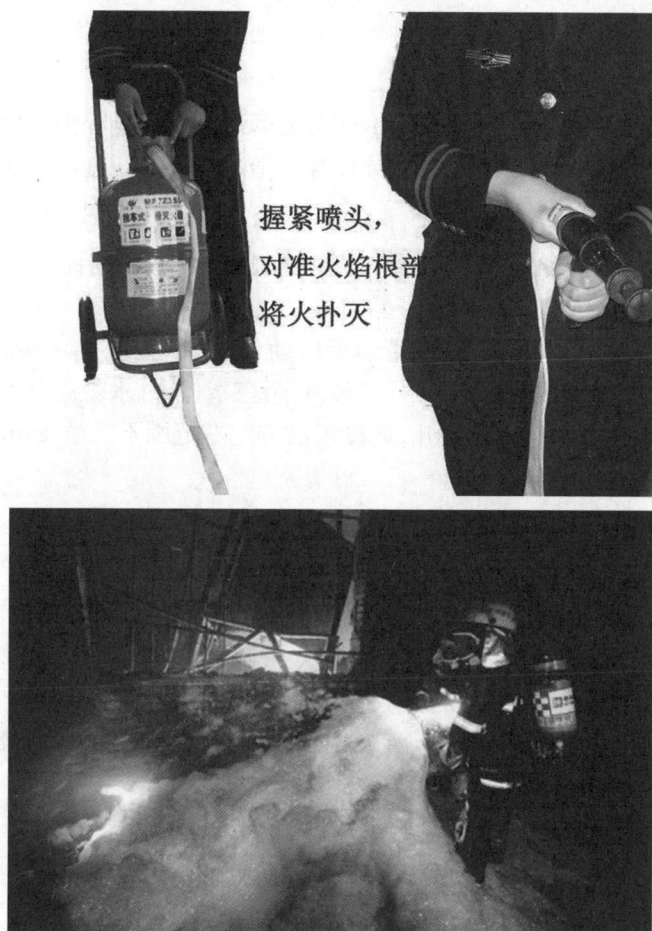

握紧喷头，
对准火焰根部，
将火扑灭

图 2-6-2-1 移动式灭火操作

任务 3 掌握水灭火系统的使用

一、实训内容和要求

要求学员熟练掌握水灭火系统的使用，在 1 min 内完成消防水带的抛收、连接及出水，并观察不同类型喷嘴的灭火效应，能使用喷水枪及散射喷枪扑灭较大火灾。

二、实训场地与器材

消防水带、水枪、火盆、模拟消防舱室。

三、实训步骤

全班分组训练,每组指定一名组长;先由任课老师讲解实操过程中的安全注意事项和水灭火系统使用方法,并且演示,任课老师在学员训练中随时指导并纠正不安全行为。

1. 单手铺设水带的方法和要求

(1)右手捏住卷好的水带,大拇指及食指捏住最外两圈(接头朝前),其余三个手指钩住第三、四圈水带。

(2)左脚在前、右脚在后、弯腰,将水带前后摆动(摆幅不宜过大),接着向前甩出水带,甩出水带时大拇指及食指始终捏住最外两圈皮龙,其余三指伸直,水带就会顺势滚向前方。

(3)水带抛出后应呈直线、完全展开,偏离正前方左右范围不大于 1 m。水带抛出时,金属连接头不得脱手落地。

2. 两人收卷水带的方法和要求

(1)水带使用完毕后,要先倒出水带中的余水。

(2)协助卷带学员将水带对折形成双层,下层水带要比上层水带长出约 30 cm,用脚踩住水带的靠近接头部位,卷带学员在另一端将两层水带抖动拉直、平铺叠好后开始弯腰卷带,协助卷带学员前往卷带学员前约 2 m 处,双脚立于水带左右跨于水带上方,俯身弯腰双手托起上层水带,使两层水带叠放整齐,便于卷带学员卷带。随着卷带学员向前卷带,协助卷带学员慢慢向后退,直至卷带完毕。

(3)盘卷好的水龙带两金属连接头差距小于 10 cm。

3. 水带与水带、水带与水枪、水带与消火栓的连接方法

将水带的一端金属接头的两个锁舌对准另一水带或水枪或消火栓接头的对应的凹槽内并推进后转动锁定即可。

4. 水枪手、辅助枪手规范站姿

(1)水枪手站姿:左脚在前,右脚在后,向左侧身,左手握水枪中部,右手握水枪连接口处并夹紧腋下,站稳。

(2)辅助枪手站姿:右脚在前,左脚在后,向右侧身站在水枪手相对应一侧稍后的位置,双手托住水龙带。

5. 消防水枪射水的基本姿势

消防水枪射水的基本姿势有立射、跪射、卧射和肩射四种。

6. 消防水枪射水的形状

两用水枪射水的形状有直流和雾状两种。应根据火场的实际情况及需要,对两者随时进行相互转换。

7. 组合训练

训练时,可将学员每 2~4 人分为一组,下面以 4 人一组为例介绍训练方法。

训练器材:水龙带 2 根,两用水枪 1 支。

人员分工:队员 4 名,依次为:

1 号——队长、水枪手。拿水枪,负责使用水枪灭火;收队时协助 2 号队员卷带。

2 号——辅助枪手。拿 2 号水带,负责水龙带展开、回收和协助枪手灭火。

3 号——负责 2 根水龙带的连接、移动、传令;收队时协助 4 号队员卷带。

4 号——拿 1 号水龙带,负责水龙带的展开、连接消火栓、开关水,收队时负责卷带。

(1)听到指导教师"开始"命令后,4 号队员向火场方向抛出 1 号水龙带,随即将上层连接头交 3 号队员,下层连接头接消火栓,做好送水准备工作。

(2)3 号队员接到连接头后,与 1 号、2 号队员同时向火场方向跑动,至水龙带接近拉伸时停下。

(3)2 号队员抛出 2 号水龙带,上层连接头交 1 号水枪手(1 号队员左手拿枪,右手拿连接头,边跑边对接),下层连接头交 3 号(3 号队员即将两带连接),然后随 1 号队员继续奔赴火场。

(4)1 号队员在抵达火场前已将水枪与消防水龙带连接好,按规范动作持枪、站稳;2 号队员作为辅助枪手站在其对应稍后一侧,双手托住水龙带。

(5)1 号、2 号队员抵火场就位后,下令"开水",3 号队员传令给 4 号,4 号重复"开水"口令并开启消火栓。

(6)1 号操纵水枪出水向火场喷射,并根据火情移动位置(模拟)。

(7)当火扑灭后,1 号向后发令"收队",3 号重复给 4 号,4 号重复口令,同时关闭消火栓,卸下连接头后向 1 号水带另一端跑去,3 号卸下两根水带连接,并拉直水带使残水放尽,然后和 4 号收卷 1 号水带。

(8)水压停止后,1 号卸掉水枪,右手拿连接头,跑至 2 号水带另一端,将水带叠放于下层水带上,搁下枪,返回协助 2 号队员收卷 2 号水带。

(9)水带卷好后,1 号拿水枪,2 号、4 号各拿水龙带,跑步归队,并向指导教师报告:"演练完毕。"

四、评估方式

以四人一组的方式进行评估。

五、评估参考标准

(1)固定水灭火系统的组成(口述)10 分。

固定水灭火系统的组成:

①消防泵;

②消防总管;

③消火栓;

④消防水带;

⑤消防水枪;

⑥应急消防泵;

⑦国际通岸接头。

(2)正确使用水灭火系统扑灭火灾(实操)30 分:

①灭火小组各成员分工是否明确。

②水带铺(抛)设是否符合要求(水带抛出后接头仍握在手中,水带在正前方完全展开,左右偏离不超过 1 m)。

③水带与消火栓、水带与水带、水带与水枪的连接是否迅速熟练,从发出指令到水枪出水时间在规定时间之内。

④水枪手与辅助手是否以正确的姿势操纵使用水枪灭火,并能根据需要熟练转换水枪喷嘴出水模式。

⑤是否正确收卷水带。

固定式灭火操作如图 2-6-3-1 所示。

图 2-6-3-1　固定式灭火操作

任务 4　掌握消防员装备及其他个人设备的佩戴和使用

一、实训内容和要求

学员能在有限的时间内正确穿戴消防员装备,能正确佩戴自给式呼吸装置并在充满烟雾的封闭处所灭火和营救被困人员。

船舶使用的空气呼吸器大多为自给正压式空气呼吸器,由于生产厂家和型号不同,其佩戴和使用方法也不尽相同,使用时应根据产品说明书的要求正确操作。为了便于佩戴呼吸器的人员进行有效通信,目前消防队配备双向无线电话一般会增加耳机和骨传导麦克。

二、实训场地与器材

消防员装备、模拟消防舱室、火盆、灭火器、急救担架。

三、实训步骤

(一)空气呼吸器

1. 使用前的检查

(1)面罩气密检查:松开全面罩2根颈带,将面罩头网向上翻起,再将面罩贴紧脸部,深吸一口气,供气阀应能自动打开。

(2)空气瓶压力检查:连接快速接头,逆时针方向开启气瓶阀,查看压力表读数,气压表指针在绿色范围内。

(3)系统气密性检查:顺时针方向完全关闭气瓶阀,观察压力表读数在1 min内压力下降不应超过0.5 MPa。

(4)低压报警器检查:在检查系统气密性的基础上,轻微打开泄气阀,观察压力表指针,当压力下降到5±0.5 MPa内时,警报器应发出灯光闪烁和声响警报。

2. 自给正压式空气呼吸器的佩戴和使用方法

(1)背呼吸器:将气瓶阀向下背上气瓶,通过拉肩带上的自由端调节气瓶的上下位置和松紧,直到感觉舒适为止。

(2)扣紧腰带:将腰带插头插入腰带插座内,然后将腰带左右两侧的伸出端同时向后拉紧,收紧腰带。

(3)佩戴面罩:放松面罩下的2根颈带,拉开面罩头网,先将面罩置于使用者脸上,然后将头网从头部的上前方向后下方拉下,由上向下将面罩戴在头上,调整面罩位置,使下巴进入面罩下面的凹形内,先收紧下端的2根颈带,再收紧上端的2根头带,感觉不适可调节头带的松紧。

(4)检查面罩密封:用手掌心捂住面罩接口处,通过呼气检查面罩密封是否良好,否则再收紧头带或重新佩戴面罩。

(5)安装供气阀:将供气阀上的红色旋钮置于12点钟的位置,确认其接口与面罩啮合,然后沿顺时针方向旋转90°,当听到咔嚓声即安装完毕。

(6)检查装备性能:使用装备前必须完全打开气瓶阀,同时观察压力表读数,气瓶压力应不小于28 MPa,通过几次呼吸检查供气阀性能,吸气和呼气都应舒畅,无不适感觉。

(7)使用装备:正确佩戴装备经认真检查后即可投入使用。使用过程中要注意报警器发出的报警信号,听到报警信号应立即撤离现场。

(8)使用结束:使用结束后,先用手捏住下面左右两侧的颈带扣环向前一推,松开颈带,然后再松开头带,将面罩从脸部由下向上脱下;通过按下供气阀上方的橡胶钮开关,关闭供气阀;用左手拇指和食指压住腰带插扣两端的滑块,然后向前拉,松开腰带;用右手拇指和食指压住插扣中间的凹口处,轻轻用力压下将插扣分开;放松肩带,将呼吸器从背上卸下,关闭气瓶阀。

(二)消防员装备的穿戴

根据评估规范要求学员要在3 min内完成整套消防员装备穿戴。穿戴顺序如下:

1. 准备

（1）检查空气呼吸器状况。

（2）把防火服展开放平，其他设备依次摆放整齐。

（3）把防火服裤子裤筒分别套入防火靴，露出靴筒。

2. 穿戴

（1）听到"开始"口令后，迅速脱下鞋子，穿入防火靴，提起裤子，搭上背带，扣好。

（2）扎好安全腰带，注意腰带扣一端在右侧。

（3）背上空气呼吸器钢瓶，整理肩带松紧，扎好腰带。

（4）穿防火服上衣。注意把呼吸器压力表和供给阀从上衣右侧口袋掏出，防火绳从左侧口袋伸入，挂在腰带扣上。

（5）佩戴通信设备和呼吸器面罩，注意面罩松紧、密封。

（6）打开呼吸器气瓶，开2~3圈，压力表显示压力。

（7）连接供给阀和面罩，注意牢固连接。

（8）戴头罩、防火手套。

（9）提起太平斧和照明灯，穿戴完毕。

（三）灭火和营救

学员穿戴消防员装备能够在充满烟雾的封闭处所、舱室进行灭火和营救，掌握其要领与姿势，防火绳的正确使用，操作两人相互配合及协调。

（四）紧急逃生呼吸器（EEBD）

紧急逃生呼吸器用于失火时帮助被困人员逃离有毒气体舱室，可保护船员从火灾发生处的危险环境中逃生。但不能用于灭火、进入缺氧或充满烟雾舱室，或由消防员携带。它由储气瓶、瓶头阀、头罩或全脸面罩和挎袋组成。

使用方法：

（1）从紧急脱险呼吸装置储存箱中取出装置。

（2）将挎带袋挎于人的颈部，打开挎袋取出面罩。

（3）将面罩从上向下戴在人的头部，注意透明窗应向前，披肩覆盖好肩部。

（4）迅速打开瓶头阀开关并迅速逃离事故现场。

全班分组训练，消防员装备以两人一组的方式进行训练和评估，其他个人设备以个人方式进行；先由任课老师讲解消防员装备实操过程中的安全注意事项和使用方法，并且演示，然后分组训练。

四、评估方式

消防员装备以两人一组的方式进行评估，紧急逃生呼吸器（EEBD）以个人方式进行评估。

五、评估参考标准

（1）消防员装备的佩戴和使用（佩戴呼吸装置在充满烟雾的封闭处所、舱室进行灭火与营救),操作正确,2 min 内完成,20 分;操作正确,3 min 内完成,16 分;操作基本正确,时间超过3 min,10 分;操作步骤每错误一项扣 4 分。

(2)紧急逃生呼吸器(EEBD)20 分,包括佩戴前的准备和检查及正确佩戴,如图 2-6-4-1所示。

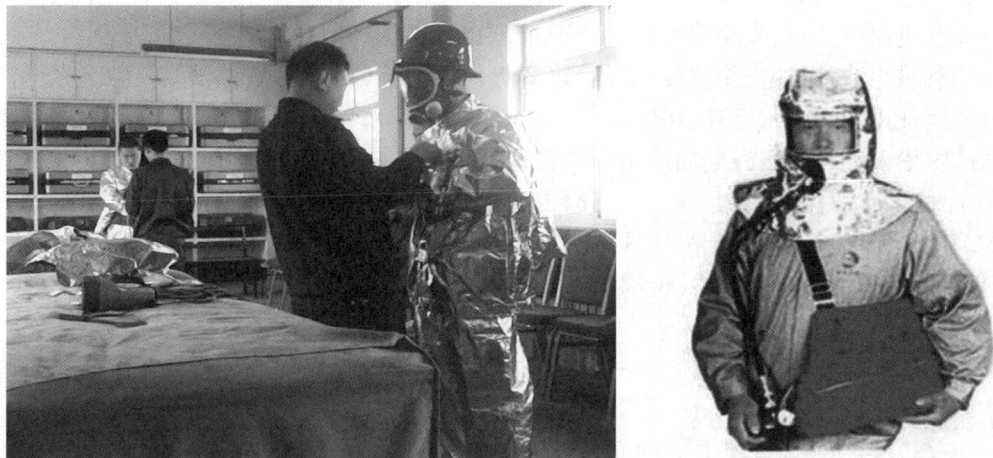

图 2-6-4-1　消防员装备的佩戴和使用

任务 5　能够进入或通过充满高倍泡沫的舱室

一、实训内容和要求

训练学员能够安全进入或通过充满高倍泡沫舱室,包括行走姿势、动作要领以及正确使用防火救生绳与外界进行联系等。

二、实训场地与器材

模拟消防舱室、高倍泡沫、消防员战斗服或防火服、长筒靴、安全头盔。

三、实训步骤

应保持低姿势,摸索前行。注意:由于无法看清脚下情况,不可大步前行。在前行中正确使用防火绳表明自己的意图,如前进用力拉绳 1 次,停止拉绳 2 次,后退拉 3 次,需要救助拉 4次以上。

四、评估方式

以两人一组的方式进行评估。

五、评估参考标准

进入或通过已喷注了高膨胀泡沫的舱室(20分):

(1)顺利进出或通过,操作正确(20分);

(2)顺利进出或通过,安全绳使用不当或行走姿势不正确(15分);

(3)顺利进出或通过,安全绳使用和行走姿势均不正确(1~10分);

(4)未完成进出或通过动作(0分)。

依据《中华人民共和国海船船员培训合格证评估规范》(2012年)考核要求:

五项评估内容中任务一、二、三,是三选一进行评估,任务四和五必评,其中任务三是每四名学员一组进行评估,每名学员按其具体执行的任务进行评估。满分100分,总分60分及以上且必选项目必须及格方为合格,否则为不合格。

船舶防火与灭火模拟题一

一、判断题

1. 船舶在航行中发生火灾,仅能依靠船上现有的人力和设备进行自救。(　　)
　　A. 对　　　　B. 错

2. 消防工作要把灭火工作放在首位。(　　)
　　A. 对　　　　B. 错

3. 每位船员应熟悉消防知识,但对各种消防器材不必都会使用。(　　)
　　A. 对　　　　B. 错

4. 可燃物与氧气发生化学反应都属于燃烧现象。(　　)
　　A. 对　　　　B. 错

5. 一般来讲,可燃气体比可燃液体和固体更易燃烧。(　　)
　　A. 对　　　　B. 错

6. 装载在货舱的粮食自燃起火属于受热自燃。(　　)
　　A. 对　　　　B. 错

7. 液体的爆炸温度下限就是液体的燃点。(　　)
　　A. 对　　　　B. 错

8. 影响热传导的因素有温度差、导热系数、导热物体的厚度(距离)和截面积、时间长短等。
(　　)
　　A. 对　　　　B. 错

9. 冷却灭火原理是将可燃物的温度降到自燃点以下。(　　)
　　A. 对　　　　B. 错

10. 干粉灭火器应避免暴晒和强辐射,以防驱动气体气瓶由于气体受热膨胀,压力升高而发生
漏气。(　　)
　　A. 对　　　　B. 错

二、选择题

11. 船舶是水上运输的重要工具,具有吨位大、载客多、运输_____、续航时间长等优点。
　　A. 成本高　　　　　　　　B. 成本低廉　　　　　　　　C. 成本适中

12. 当空气中的氧含量降到_____时,人就会因缺氧晕倒直至死亡。
　　A. 16%　　　　　　　　B. 10%　　　　　　　　C. 18%

13. 产生不完全燃烧的主要原因是缺乏_____。

　　A. 一氧化碳　　　　　　　B. 氧气　　　　　　　　C. 二氧化碳

14. 在热传播中,传导热的能力最差的是_____。

　　A. 固体　　　　　　　　　B. 液体　　　　　　　　C. 空气

15. 复燃概率较大的是_____。

　　A. 甲类火　　　　　　　　B. 乙类火　　　　　　　C. 丁类火

16. 欧盟的火灾分类法中不包括_____。

　　A. C 类火　　　　　　　　B. 可燃金属火灾　　　　C. 电气火

17. 当机舱形成火灾时,立即关闭油柜阀门属于_____。

　　A. 冷却法　　　　　　　　B. 隔离法　　　　　　　C. 窒息法

18. 当空气中的水蒸气体积含量达到_____时,大多数燃烧都会停止。

　　A. 25%　　　　　　　　　B. 35%　　　　　　　　C. 45%

19. 泡沫灭火剂按生成机理可分为_____。

　　A. 空气泡沫和化学泡沫　　B. 高倍泡沫和低倍泡沫　C. 普通泡沫和抗溶性泡沫

20. ABC 干粉又称_____。

　　A. 金属干粉　　　　　　　B. 通用干粉　　　　　　C. 特殊干粉

21. 火灾发生的初期,面积不大,产生的热量不多,如附近没有其他灭火器,可随手使用_____。

　　A. 杂物　　　　　　　　　B. 木屑　　　　　　　　C. 黄沙

22. 细水雾灭火机理主要是_____,可以用于保护经常有人的场所。

　　A. 冷却　　　　　　　　　B. 窒息　　　　　　　　C. 冷却、窒息

23. 紧急逃生呼吸器的配备数量因船旗国的要求不同而会有所不同,通常远洋货船的起居处所内至少配备_____套。

　　A. 2　　　　　　　　　　 B. 3　　　　　　　　　 C. 4

24. 国际通岸接头平时应_____。

　　A. 接在管子上　　　　　　B. 存放在物料间内　　　C. 存放在指定位置

25. 配有应急发电机的现代化大型船舶的应急消防泵通常采用的驱动方式是_____。

　　A. 柴油机驱动　　　　　　B. 汽油机驱动　　　　　C. 电驱动

26. 失火的警报信号在短声 1 min 后,再鸣两响是表示_____部位失火。

　　A. 船首　　　　　　　　　B. 船中　　　　　　　　C. 船尾

27. 船舶消防演习中,_____施放警报解除信号,宣布演习结束,清理现场,器材归位。

　　A. 船长　　　　　　　　　B. 轮机长　　　　　　　C. 大副

28. 应变任务卡应张贴在_____。

　　A. 驾驶台内　　　　　　　B. 机舱内　　　　　　　C. 船员房间内

29. 存放"防火控制图"的风雨密盒安装在_____。

　　A. 驾驶台两侧　　　　　　B. 尾甲板　　　　　　　C. 舷梯口两侧

30. 在船上,烟头可以_____。

　　A. 丢向舷外　　　　　　　B. 丢进垃圾桶　　　　　C. 放入注水的烟灰缸

31. 修船期间,船方应当严格实行护船值班制度,确保有_____以上的船员留船。

A. 三分之一　　　　　　　　B. 三分之二　　　　　　　　C. 二分之一

32. _____对于船舶的消防设备及器材管理,负责指导并检查。

　　A. 船长、大副　　　　　　B. 船长、轮机长　　　　　　C. 船长、大副和轮机长

33. 船员到达火灾现场后_____。

　　A. 组织大家扑救　　　　　B. 查明火源火情再扑救　　　C. 集中消防器材再扑救

34. 船舶一旦起火此时船员应_____。

　　A. 穿好救生衣准备逃生　　B. 听从指挥奋力扑救　　　　C. 施放救生艇再救火

35. 船舶起居室起火,火势较大时应采用_____灭火。

　　A. 泡沫灭火系统　　　　　B. 水灭火系统　　　　　　　C. 二氧化碳灭火系统

36. 船舶因运载金属钾而引起火灾,应用_____灭火剂灭火效果好。

　　A. 水　　　　　　　　　　B. 砂土　　　　　　　　　　C. 泡沫

37. 单手铺设水带的方法中,水带抛出后应呈直线、完全展开,偏离正前方左右范围不大于_____ m,水带抛出时,金属连接头不得脱手落地。

　　A. 1　　　　　　　　　　　B. 2　　　　　　　　　　　C. 3

38. 两人收卷水带的方法中,协助卷带学员将水带对折形成双层,下层水带要比上层水带长出约_____ cm。

　　A. 10　　　　　　　　　　B. 20　　　　　　　　　　　C. 30

39. 紧急逃生呼吸器的使用方法是将挎带袋挎于人的_____,打开挎袋取出面罩。

　　A. 颈部　　　　　　　　　B. 胳膊　　　　　　　　　　C. 背包

40. 自给正压式空气呼吸器,其供气阀的安装方法为:将供气阀上的红色选旋钮至12点钟的位置,确认其接口与面罩啮合,然后沿顺时针方向旋转_____,听到"咔嚓"声即表示安装完毕。

　　A. 45°　　　　　　　　　　B. 90°　　　　　　　　　　C. 180°

41. 承运危险货物的船舶必须配备最新版的_____,并对其进行修正。

　　A. 危险货物适装证书

　　B.《国际海运危险货物规则》

　　C.《载运危险货物安全监督管理规定》

42. 在船舶上,应_____对通用报警设备进行试验。

　　A. 每天　　　　　　　　　B. 每周　　　　　　　　　　C. 每月

43. 当在巡视中发现火灾部位应立即_____。

　　A. 救火　　　　　　　　　B. 报警　　　　　　　　　　C. 切断通风

44. 对二氧化碳灭火系统的管系要每_____年做畅通测试一次。

　　A. 5　　　　　　　　　　　B. 4　　　　　　　　　　　C. 3

45. 二氧化碳系统适用于灭_____火。

　　A. 货舱、机舱、起居处所

　　B. 货舱、机舱

　　C. 船上凡是有可燃物的处所

46. 容积超过_____ m³ 以上的船舶机舱,应设立自动喷水系统。

　　A. 300　　　　　　　　　　B. 400　　　　　　　　　　C. 500

47. 机器处所要求的固定式高倍泡沫灭火系统应能通过固定喷射口迅速喷出泡沫,其数量足以每分钟向被保护处所中的最大者至少注入_____ m 深的泡沫。

A. 1　　　　　　　　　　B. 2　　　　　　　　　　C. 3

48. 抽烟式探火系统的取样风机及取样管道是以将各种货舱的空气抽送至感烟探测器;取样风机应装有_____套。

A. 2　　　　　　　　　　B. 3　　　　　　　　　　C. 4

49. 手提式干粉灭火器应_____抽查干粉一次,防止干粉受潮结块,并将二氧化碳钢瓶称重一次检查其漏损率。

A. 5 年　　　　　　　　　B. 3 年　　　　　　　　C. 每年

50. 水成膜泡沫灭火器应_____进行检查。

A. 每月　　　　　　　　　B. 每季　　　　　　　　C. 每年

船舶防火与灭火模拟题二

一、判断题

1. 作为腰斧的太平斧,其斧柄上套有绝缘胶套,具有防滑绝缘的作用。(　　)
　　A. 对　　　B. 错

2. 由于船舶安装了自动探火报警系统,船员就可不需巡视了。(　　)
　　A. 对　　　B. 错

3. 二氧化碳灭火系统在凡有可燃物的舱室内都应安装。(　　)
　　A. 对　　　B. 错

4. 船舶消防演习的目的在于验证船舶应变预案和应变部署的可行性以及符合实际情况的程度。(　　)
　　A. 对　　　B. 错

5. 船舶消防控制图集中反映了船舶消防、救生设备的安全技术性,是保障船舶运营安全的重要性图纸。(　　)
　　A. 对　　　B. 错

6. 应急脱险通道上的门一般应向逃生的方向开启。(　　)
　　A. 对　　　B. 错

7. 在装卸钢材、铝锭货物时,可以在舱内吸烟。(　　)
　　A. 对　　　B. 错

8. 航行中,为防止财物被盗,应锁门睡觉。(　　)
　　A. 对　　　B. 错

9. 船舶正在装卸易燃易爆危险货物或产生易燃易爆粉尘的船舶,禁止明火作业。(　　)
　　A. 对　　　B. 错

10. 船员居住舱着火,应立即打开门窗,往内灌水,以防火势蔓延。(　　)
　　A. 对　　　B. 错

二、选择题

11. 燃烧是一种以_____为特征的剧烈氧化反应。
　　A. 发光放热　　　　　　B. 猛烈大火　　　　　　C. 持续高温

12. 可燃物质在与空气中的氧气发生剧烈的化学反应时,所产生的_____称为燃烧产物。
　　A. 气体和蒸气　　　　　B. 气体和固体物质　　　　C. 气体、蒸气和固体物质

13. 由起火房间燃烧至楼梯间、走廊，是_____的作用。

    A. 热传导   B. 热对流   C. 热辐射

14. 机舱底层着火时热气流向高层流动使火灾蔓延属于_____。

    A. 热传导   B. 热辐射   C. 热对流

15. 动植物油脂着火属于_____。

    A. 甲类火   B. 乙类火   C. 丙类火

16. 使用干粉灭火剂扑灭可燃气体火灾属于_____灭火方法。

    A. 冷却法   B. 隔离法   C. 抑制法

17. 空气泡沫又称_____。

    A. 机械泡沫   B. 碱性泡沫   C. 酸性泡沫

18. 化学泡沫在 30 min 内泡沫消失率小于_____。

    A. 25%   B. 35%   C. 45%

19. 当二氧化碳在空气中的浓度达到_____时，绝大多数的燃烧都会熄灭。

    A. 10% ~ 30%   B. 20% ~ 40%   C. 30% ~ 50%

20. 烟烙烬 IG-541 属于_____。

    A. 卤代烃灭火剂   B. 惰性气体灭火剂   C. 气溶胶灭火剂

21. 根据假想的灭火内容进行综合演练，要以实战的要求、临战的态度、统一的指挥、科学的分工和群体的力量来实现_____的整体优势，确保收到良好的消防效果。

    A. 1+1＝2   B. 1+1<2   C. 1+1>2

22. 高倍泡沫应用于_____。

    A. 油船甲板火灾   B. 驾驶台火灾   C. 机舱、油泵间火灾

23. 下列关于热辐射的说法正确的是_____。

    A. 是以电磁波的形式传播热能

    B. 是肉眼可以看见的

    C. 受到传播介质的影响

24. 离火源较近的可燃物因热辐射而起的火属于_____燃烧。

    A. 着火   B. 闪燃   C. 自燃

25. 液化石油气、天然气及各种可燃性气体引起的火灾属于_____类火。

    A. 甲   B. 乙   C. 丙

26. 无法断电的火灾可由_____来扑救。

    A. 泡沫和干粉   B. 水和二氧化碳   C. 二氧化碳和干粉

27. 在灭火的基本方法中，抑制法是_____。

    A. 隔离可燃物   B. 夺取助燃的游离基   C. 隔离空气

28. 喷雾水枪可用于扑灭_____类火灾。

    A. 原油   B. 电气   C. 轻金属

29. 泡沫可以扑救_____引起的火灾。

    ①木材；②纸张；③棉麻；④粮草

    A. ①②   B. ②③④   C. ①②③④

30. 气溶胶的介质是_____。

A. 固体　　　　　　　　　B. 液体　　　　　　　　　C. 气体

31. 推车式干粉灭火器最好_____人配合使用。
    A. 2　　　　　　　　　　B. 3　　　　　　　　　　C. 4

32. 使用便携式泡沫发生器灭火时,应使泡沫向_____方向喷射。
    A. 顺风　　　　　　　　　B. 逆风　　　　　　　　　C. 侧风

33. 铁锨和消防钩也都是_____工具
    A. 断缆　　　　　　　　　B. 支撑　　　　　　　　　C. 破拆

34. 定温式探测器,它的动作温度有三种:_____。
    A. 7 ℃、74 ℃、93 ℃　　B. 57 ℃、65 ℃、90 ℃　　C. 57 ℃、70 ℃、87 ℃

35. 惰性气体系统的功能要求为,降低每一被保护舱柜内空气_____含量,使舱柜内空气达到不能支持燃烧的程度而被惰性化。
    A. 氧　　　　　　　　　　B. 氢　　　　　　　　　　C. 氮

36. 声光信号报警设施安装在客船上的_____,应能显示出火灾区域。
    A. 驾驶台或消防控制站内　B. 驾驶台或机舱　　　　　C. 机舱内或消防控制站内

37. 高倍泡沫系统中的泡沫壁厚_____ mm。
    A. 0.1　　　　　　　　　B. 0.2　　　　　　　　　C. 0.3

38. 根据 SOLAS 公约有关规定,每位船员每月至少参加_____次消防演习。
    A. 1　　　　　　　　　　B. 2　　　　　　　　　　C. 3

39. 船舶上听到报警后,除驾驶台和机舱固定人员外,其他所有船员应根据着火部位的不同按照消防应部署表指派的任务,佩戴好个人防护用品,携带灭火器材在_____ min 内奔赴指定集合地点,同时大声呼喊某部位着火了。
    A. 1　　　　　　　　　　B. 2　　　　　　　　　　C. 3

40. 船舶防火控制图供_____参考。
    A. 一般船员　　　　　　　B. 高级船员　　　　　　　C. 大副

41. 船舶防火控制图是一张_____展示供全船员各种消防设备及设施的总布置图。
    A. 1 年　　　　　　　　　B. 10 年　　　　　　　　　C. 永久

42. 凡船舶不准吸烟的地方,应_____。
    A. 张贴宣传画　　　　　　B. 有专人口头通知　　　　C. 张贴禁止吸烟标记

43. 对机舱的热表面要_____。
    A. 用水冷却　　　　　　　B. 用自然通风冷却　　　　C. 包扎绝热层

44. 在油船上可以在_____吸烟。
    A. 露天甲板　　　　　　　B. 指定的吸烟处所　　　　C. 工作间

45. 结构上设置耐火分隔的目的是_____。
    A. 永远阻隔热量传播　　　B. 阻隔热量传播一段时间　C. 不需派人巡视

46. 在船舶上,_____对灭火器、消防设备进行检查,并做好记录。
    A. 每天　　　　　　　　　B. 每周　　　　　　　　　C. 每月

47. 船舶应按_____及其修正案、船舶所入船级社的规范要求和船旗国的规定配备消防设备和器材。
    A.《1973 年国际海上人命安全公约》

B.《1974 年国际海上人命安全公约》

C.《1975 年国际海上人命安全公约》

48. 正确部署灭火方案,针对火的类别确定实施有效的灭火方法的前提是_____。

    A. 先控制后消灭   B. 查看火情   C. 指挥员的能力

49. 为防止破坏船体强度和影响稳性,救火时应_____。

    A. 使用二氧化碳灭火器   B. 使用干粉灭火器   C. 避免盲目过量射水

50. 扑救乙类火时,提起手提式轻水泡沫灭火器奔向火场,距火场_____ m 时停下,拔去保险插销,一只手托起提把,一只手握紧喷嘴后部使喷嘴朝前。

    A. 2~4   B. 3~5   C. 4~6

第三部分
基本急救

项目一　急救概述

【知识目标】

1. 掌握急救的目的和原则；
2. 熟悉急救前的自身防护措施；
3. 熟悉外来援助的几种方法。

【能力目标】

1. 能够对现场突发事故做出正确的判断，采取有效的急救措施；
2. 应用最新外来援助的方法，处理一般的船舶急症。

【内容摘要】

本项目简要介绍了海上急救的概念和意义，急救的原则和注意事项，以及外来援助的主要方法。

任务1　掌握基本急救的目的和原则

《1978年海员培训、发证和值班标准国际公约马尼拉修正案》（简称"STCW公约马尼拉修正案"）和国际海事组织（IMO）根据海员工作环境的局限性和特殊性，要求每个海员必须掌握一定的急救知识和技能，以保证在紧急情况下随时做出病情判断并及时采取正确有效的措施处置生命危机。

现代救护是指在事发的现场对伤病员实施及时、先进、有效的初步救护。现代救护立足于现场救护，现场抢救是现代急救护理的核心。在某些突发疾病和意外伤害时，如果第一目击者/第一反应者具备一定的急救知识和技能，并迅速实施正确的救护措施，维持患者的基本生命活动，减轻伤残和痛苦。然后在医疗救护下或运用现代救护服务系统，将伤病员迅速转移到就近的医疗机构继续进行救治，这将大大提高救治的成功率。

紧急医疗服务（Emergency Medical Service，EMS）系统是具有受理应答呼救的专业通信指挥，承担院外救护的机构。"生命链"是指从"第一反应者"发现伤病员开始，到专业急救人员达到现场进行抢救的一系列行为构成的"链"，是五个相互联系的环节序列：早期通路、早期徒手心肺复苏、早期心脏除颤、早期高级生命支持、早期心搏骤停后的综合治疗。

现场急救是针对短时间内威胁人体生命安全的急症和意外伤害所采取的一种紧急医疗措施。船上海员之间采取的紧急的、临时的医疗措施称为海上基本急救。现场急救的主要任务是以救命为主，所以必须做到保持呼吸道畅通，保证氧气的供应，保证血液循环，减少并发症，并迅速、安全地转移伤病员。面对群发外伤患者时，救护员在现场急救时还应对伤员的受伤部位、类型及程度迅速做出评估，分出轻重缓急，进行分级处理。现场急救标志如图 3-1-1-1 所示。

图 3-1-1-1　现场急救标志

一、基本急救的目的

(1)挽救生命，减轻伤残。

(2)防止病情恶化，改善病情，减少患者痛苦。

(3)预防并发症和后遗症。

二、基本急救的原则

在船舶发现危重伤员后，第一目击者对伤病员的救护必须遵循以下原则：

(1)首先应保持镇静，沉着大胆，细心负责，科学而理智地判断。

(2)评估现场环境，确保自身和伤病员的安全。

(3)分清轻重缓急，先救命，后治伤，果断实施救护措施。

(4)在可能的情况下，尽量采取有效措施以减轻伤病员的痛苦。

(5)阻止危害因素进一步作用，预防和控制休克。

(6)充分利用可支配的人力、物力协助救护。

任务 2　熟悉急救前应思考的问题

在急救现场，救护人员一定要冷静沉着、认真思考，在保证环境安全的前提下做好必要的准备工作，选择正确的急救方式。急救前应注意：

(1)现场环境是否安全，必须排除危险因素，防止进一步伤害的发生。

(2)迅速判断病情，是否有心跳或呼吸停止，有无外伤、骨折、休克等情况。

(3)迅速呼救，传递信息。

(4)对危险区域的患者，应采取安全措施，迅速转移到安全区域。

(5)对于原因不明的疼痛，特别是急腹症时慎用强力的镇痛剂。

（6）对于意识不清或怀疑有内脏损伤者，应禁饮食。

（7）开放性骨折伤员应先止血、清创，再包扎固定。

（8）怀疑存在脊椎骨折时，应采取正确的搬运方式。

（9）重视精神疗法，给予人文关怀。

（10）严重者边抢救边通过无线电等通信设备，向陆地医疗机构求援。

任务3 熟悉外来援助的途径

在船舶一旦发生严重伤病情况，船长应立即启动紧急医疗服务（EMS）系统。船长通过使用各种通信手段和外界取得联系，以获得外来援助，及时救助伤病员。船舶常用外来援助方法有现代通信技术、近岸水上交通工具、直升机和海上附近的船舶。

一、无线电医嘱

无线电求援是船舶最常用、最快捷的求助方式，现代通信技术对救助船员生命起到了相当重要的作用。现代通信技术主要包括高频电话、电报、卫星通信、传真、电子邮件等。无线电医疗服务由海岸电台与当地医疗机构共同组成，专门为海上提供医疗援助。这项医疗指导业务已经在很多国家建立，并且是24 h免费服务；船舶无法联系海岸电台时可通过卫通电话直接联系当地医院以获取医疗指导和帮助。目前微信、QQ等也逐渐成为船舶与岸基联络的一种即时通信工具。为了迅速准确交换信息，应使用双方都熟悉的语言，国际通用的是英语；船舶急救人员应提供尽量准确的病情资料，及时获取医疗指导；信息交流要注意保留证据，一般用录音记录下所有的信息资料。

另外，在国际信号规则中有 M 字母开头的三字母信号也是提供船舶之间有关业务通信之用的，必要时可以查阅和使用。

二、船舶接送医生和病人

当航行和锚泊于近岸或河流时，在使用通信技术取得联系后，陆地救援组织往往会派出救助艇（图3-1-3-1），或直接派遣医生到船，或接送伤病员到陆地医疗机构救治。为了迅速安全转移伤病员，船舶应采取必要的协助措施。大型船舶应及时调整航向和航速，锚泊船舶应及时备车并起锚，在保证安全的同时往岸边行驶；大船应在船头船尾悬挂求助信号，并提供足够的照明和悬梯、软梯等登船设备；救助过程中大船务必保持螺旋桨低速运转，防止船舶发生偏移；交通艇应处下风舷靠近；也可使用罗伯逊担架配合船吊安全转运伤病员；救助完成后交通艇应迅速开足马力离开。

由病人携带的资料必须清晰易懂，病情介绍中除包括船舶的常规细节如船名、呼号、所属公司、船舶代理，患者的基本情况如姓名、性别、国籍、出生日期、职务外，重点是病史、临床表现、体检结果、初步诊断、已经采取的措施以及当前最需要解决的问题等。

图 3-1-3-1 救助艇

三、直升机救援

在合适的距离内,船舶上的伤病员情况严重时,船长经请示公司后可以申请直升机救援(图 3-1-3-2)。直升机救援在发达国家沿岸已经普遍采用,优点是快捷,缺点是费用贵,飞行距离受限,大风浪中救援存在危险。有些发达国家还有能力提供远程直升机救援服务。

图 3-1-3-2 直升机救援

当决定派遣直升机救援时,船上人员需要做好如下工作:

(1)需提供船舶的位置、型号、颜色等。

(2)提供病人具体情况、活动能力,以确定是否需要担架。

(3)必要时释放信号(如橘红色烟雾、闪光灯、日光信号等)以便飞行员从空中识别船只。

(4)直升机救助过程中应服从直升机救援人员指挥。

(5)许多国家的直升机装备有 VHF 和 UHF 无线电通信,一些大型直升机可以使用 2 182 kHz 频率,如果在 2 182 kHz 频率和 VHF 波段都不能和直升机联系,可以通过海岸电台或海岸警卫队取得联系。

(6)船舶应保证直升机降落区无任何障碍物,降落标志清楚,一般在甲板或舱口盖上用白色油漆标记上"H",夜间要提供足够的照明,强光不要向上照射直升机,确保安全降落。

（7）特殊情况时直升机可以悬停，使用绞车将患者拉上直升机。

（8）患者的病情变化应随时告知，患者的必要证件如海员证、护照等随同病历一起转移，使用过强镇痛药（如吗啡、杜冷丁）的要有明显的标签；有条件应将患者仰卧固定于罗伯逊担架上。

四、求助附近船舶

船舶在大洋航行时远离陆地，遇到伤病员情况严重时，若无法通过交通艇和直升机救助，也可以向邻近航行的船舶或海军后勤保障舰求援，要求提供必要的药品、医疗器械或请求医生支援等。

思考题

1. 海上急救的原则有哪些？
2. 急救前应思考哪些问题？
3. 船舶外来援助的方式主要有哪些？

项目二　人体结构和功能

【知识目标】

1. 掌握运动系统、循环系统、呼吸系统、消化系统和神经系统的主要构成；
2. 掌握运动系统、循环系统、呼吸系统、消化系统和神经系统的基本功能。

【能力目标】

运用所学五大系统的知识，理解常见伤病的发病机制，进而能够实施急救措施。

【内容摘要】

人体由运动系统、循环系统、呼吸系统、消化系统、神经系统、泌尿系统、内分泌系统、生殖系统和感觉器等组成。本项目主要介绍与急救有关的运动系统、循环系统、呼吸系统、消化系统和神经系统的基本结构及基本功能。

任务 1　掌握运动系统的构成和基本功能

运动系统主要由骨、骨连接和骨骼肌三部分组成，是人体的支架，具有运动、支持和保护等功能。在运动中，骨起杠杆作用，关节是运动的枢纽，而骨骼肌是运动的动力。骨和骨连接是运动系统的被动部分，在大脑中枢的支配下，骨骼肌是运动系统的主动部分。

一、骨、骨连接

（一）骨

骨是一种器官，主要由骨组织构成，具有一定的形态和构造，外被骨膜，内容骨髓，坚韧而有弹性，有丰富的血管、淋巴管和神经分布，能不断进行新陈代谢和生长发育，并有修复、再生和改造能力。骨基质中有大量的钙盐和磷酸盐沉积，是人体钙磷的储存库，参与钙磷的代谢。骨髓有造血功能，若骨髓造血功能低下，可能导致再生障碍性贫血。

1. 骨的分类

人体全身骨骼数目众多,全身骨骼如图 3-2-1-1 所示,成人骨骼为 206 块,约占体重的 1/5,按其在体内的位置,可分为颅骨、躯干骨和四肢骨;按其形态可分为长骨、短骨、扁骨和不规则骨 4 类。长骨呈长管状,可分为一体(骨干)、两端(骺);短骨呈立方形,多位于连接牢固并有一定灵活性的部位;扁骨呈板状,主要构成容纳重要器官的腔壁,起保护作用;不规则骨形状不规则,如椎骨和某些颅骨。

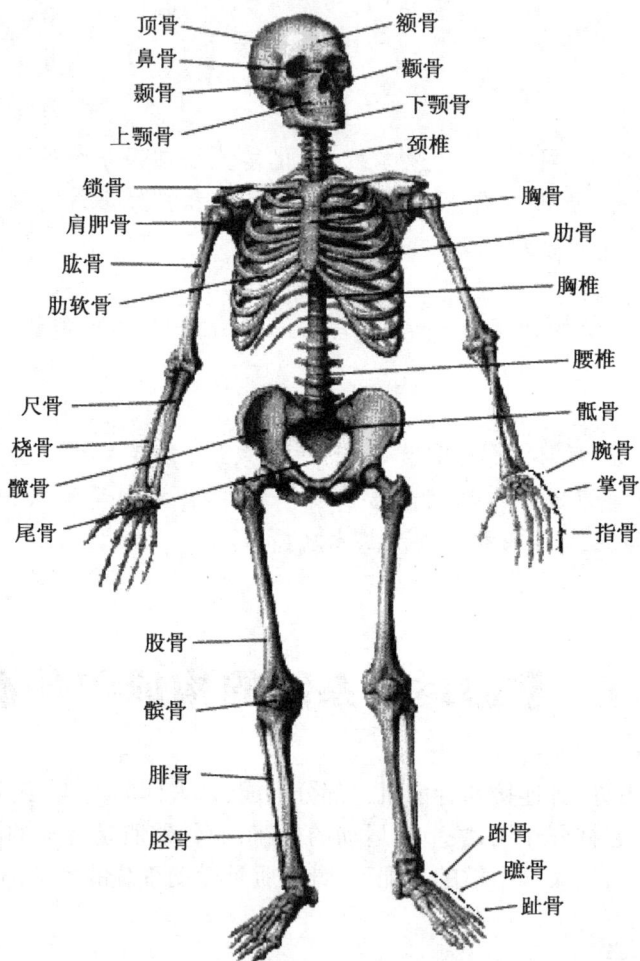

图 3-2-1-1　全身骨骼

2. 骨的构造

骨是由骨质、骨膜和骨髓构成的,并有血管、淋巴管和神经分布,如图 3-2-1-2 所示。

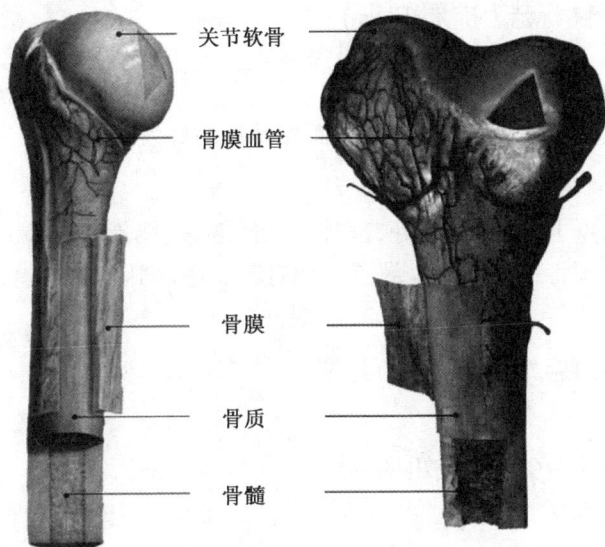

图 3-2-1-2 骨的构造

骨质:是构成骨的主体部分,分为骨密质和骨松质。

骨膜:是一层致密的纤维结缔组织膜,含有血管、神经、成骨细胞和破骨细胞,对骨的生长、发育、修复和改造起重要作用。

骨髓:充满于长骨的髓腔和骨松质的间隙内。骨髓可分为红骨髓和黄骨髓。红骨髓具有造血功能,呈红色。黄骨髓含有大量的脂肪组织,无造血能力。临床上常在髂结节、髂后上棘和胸骨等处穿刺取样检查骨髓象,协助诊断疾病。

(二)骨连接

骨连接有直接连接和间接连接两种。直接连接是相邻两块骨靠结缔组织或软骨直接连接,其间无间隙,不活动或有少许活动。间接连接就是通常所说的关节,由两块或两块以上的骨组成,它是人体骨连接的主要形式。关节一般由关节面、关节囊和关节腔三个部分构成,如图 3-2-1-3 所示。

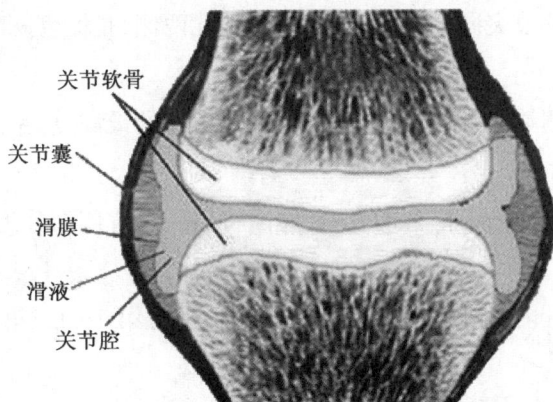

图 3-2-1-3 关节的构成

（三）常用的骨性标志（扩展知识）

1. 颧弓

颧弓位于耳屏至眶下缘间的骨桥，是颌面部骨折的好发部位。

2. 翼点

翼点位于颧弓中点上方约 4 cm 处，额骨、顶骨、颞骨、蝶骨四块骨的会合处，常常构成"H"形的缝，称为翼点，是颅骨最薄弱处。翼点内面有脑膜中动脉前支通过，临床上较为重要。

3. 颞骨乳突

颞骨乳突是外耳门后方颞骨向下的突起。

4. 枕外隆突

枕外隆突位于骨外面中央最突出的部分。

5. 第七颈椎棘突

头前俯时，第七颈椎棘突在颈下部正中最突出处，常作为计数椎骨序数的标志。

6. 胸骨角

胸骨柄与胸骨体连接处，形成微向前突的角，两侧平对第二肋，是肋骨计数的重要标志。

（1）第四椎体下缘主动脉弓的起止端。

（2）气管杈。

（3）食管与左主支气管交叉处。

（4）上下纵隔的分界。

（5）胸导管由脊柱右侧转向左侧上行的部位。

7. 肋弓

肋弓是由第 8~10 肋骨的前端借肋软骨依次与上位肋软骨连接形成的弓状结构，它是腹部触诊时常用的标志；肋弓最低点平对第 2~3 腰椎体之间；左、右肋弓与剑突之间的交角称左剑肋角和右剑肋角，左剑肋角是心包穿刺的常用部位。

8. 骶角

骶角为第 5 骶椎下关节突向下的突起，在骶管裂孔两侧，是骶管麻醉进针的定位的标志。

9. 肩峰

肩峰为肩胛冈的外侧端向外侧伸展扩大部分，是肩部的最高点，是测量上肢长度的顶点。

10. 肩胛冈

肩胛冈为肩胛骨背侧面一条横列的骨嵴，此冈将肩胛骨背侧面分为冈上窝及冈下窝。

11. 肩胛骨下角

肩胛骨下角是肩胛骨内、外侧缘向下汇合成的角，平对第 7 肋或第 7 肋间隙，可作为计数肋骨的标志。

12. 肱骨内、外上髁和鹰嘴

正常人当肘关节处于伸时，此三个隆起位于一条横线上，肘关节屈至 90° 时，此三者的连线构成一个等腰三角形。此三点的位置关系有助于鉴别肘关节脱位和肱骨髁上骨折。

13. 尺、桡骨茎突

尺、桡骨茎突是在腕部内、外侧面的骨性隆起。桡骨茎突比尺骨茎突低 1 cm,这种位置关系可用于鉴别桡骨和尺骨下段是否骨折。

14. 髂嵴

髂嵴是髂骨翼的上缘,其前、后端的突起分别为髂前上棘和髂后上棘,髂前上棘后上方 5~7 cm 处向外的突起,称髂结节。两侧髂嵴最高点的连线,一般平对第 4 腰椎棘突,这是从下部确定椎骨序数的方法。髂前上棘和髂后上棘是骨盆测量的标志。髂结节是临床常用以进行骨髓穿刺的部位。

15. 坐骨结节

坐骨结节是坐骨体下端后部的粗大隆起,是产科测量骨盆径线标志。正常情况下,当人体侧卧、髋关节屈曲 90°~120°时,坐骨结节与髂前上棘的连线恰好通过大转子尖。

16. 大转子

大转子是股骨颈、体交界处上外侧的隆起,坐骨结节与大转子是测量骨盆的重要标志。两者连线中点深处有坐骨神经通过。

17. 胫骨粗隆

胫骨粗隆是位于胫骨前缘上端三角形的粗糙部,为股四头肌腱(髌韧带)的止点。

18. 腓骨头

腓骨头是小腿上端外侧的隆起,稍下方是腓总神经通过之处。

19. 内踝和外踝

内踝和外踝为胫骨体下端内侧向下的突起,位于皮下,其前方 1.0~1.5 cm 处有大隐静脉经过。外踝比内踝略低且偏后。

20. 跟结节

跟结节是足后端的突出部,小腿三头肌的止点。此结节与内踝之间连线的中点,是胫骨后血管通过之处。

二、骨骼肌

根据形态功能和位置不同,可以将肌组织分为骨骼肌、平滑肌和心肌三种。平滑肌主要构成脏器的壁,又名内脏肌,属非随意肌。心肌也是非随意肌,但心肌上有不明显的横纹,又是横纹肌。

骨骼肌属于横纹肌,又称随意肌,由大脑控制,可随人们的意志而活动。当大脑发出冲动,经神经传递到肌肉,使其收缩和舒张,肌肉收缩时,肌肉变短、变厚,使得关节产生屈、伸、旋转等各种动作。骨骼肌多分布在身体的表面,如头部、颈部、胸部、腹壁、后背、四肢。

全身骨骼肌有 600 块左右,约占体重的 40%。每一块肌肉都是由肌腹和肌腱(环形肌除外)构成。肌腹是一块肌肉中间膨大的部分,由许多相互平行的肌纤维和少量的结缔组织构成。肌腱是由肌腹延伸变细的致密结缔组织组成,无收缩性。肌肉借肌腱固定于骨骼、皮肤、筋膜或关节囊上。肌肉收缩时牵动骨骼,可使两骨彼此接近,产生各种动作。扁平的阔肌多见于胸壁和腹壁,对内脏有支持和保护的作用,其肌腱呈扁平状,为腱膜;环形的肌肉位于裂孔的周围,收缩时可以关闭裂孔。

骨骼肌按在人体的位置分为头颈肌、躯干肌和四肢肌,如图 3-2-1-4 所示。

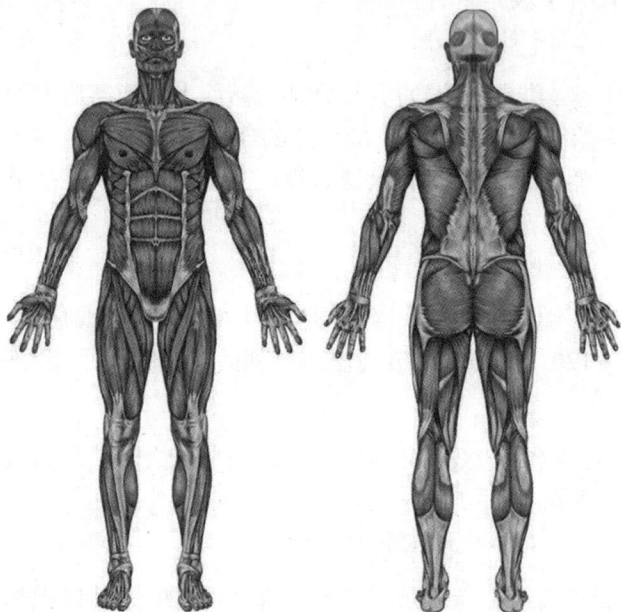

图 3-2-1-4　人体的主要肌肉

(一)头颈肌

头颈肌有表情肌和咀嚼肌,颈肌中主要是胸锁乳突肌,能使头部转动和屈伸。

(二)躯干肌

1. 胸肌

胸肌有胸大肌、胸小肌、肋间肌、锁骨下肌、前锯肌和膈肌等,胸大肌和肋间肌与呼吸有关。膈肌是向上膨隆的扁平薄肌,它封闭胸廓下口,成为胸腔底和腹腔的顶,同时也参与呼吸运动。

2. 腹肌

腹肌有腹直肌、腹横肌、腹内斜肌、腹外斜肌,腹肌收缩可以增加腹内压力,完成咳嗽、呕吐和排便等功能。

3. 背肌

背肌有斜方肌、背阔肌、骶棘肌等。斜方肌收缩可以使肩胛骨向脊柱靠拢,背阔肌收缩可以使肱骨内收、内旋和后伸。

(三)四肢肌

1. 上肢肌

上肢肌包括肩肌、上臂肌、前臂肌和手肌。

（1）肩肌：肩部肌肉包括三角肌、肩胛肌等。

（2）上臂肌：臂部肌肉包括肱二头肌、肱三头肌等。肱二头肌收缩可屈前臂；肱三头肌收缩可伸前臂。

2. 下肢肌

下肢肌包括髋肌、大腿肌、小腿肌和足肌。

（1）髋肌：髋部肌肉包括髂肌、腰大肌、臀大肌、臀中肌等。臀大肌收缩可以伸直大腿。

（2）大腿肌：大腿肌肉包括前面的股四头肌、缝匠肌等，后面的股二头肌、半腱肌、半膜肌等，内侧面的大收肌、长收肌、短收肌等。股四头肌能伸小腿。

（3）小腿肌：小腿肌肉包括前面的胫骨前肌、蹬长伸肌、趾长伸肌，后面的腓肠肌、比目鱼肌等，外侧面的腓骨长肌、腓骨短肌。腓肠肌收缩能使足跟离地。

（4）足肌：足部肌肉包括足背肌如拇短伸肌、趾短伸肌和足底肌等小肌肉，主要运动足部。

（四）常用的肌性标志

1. 胸锁乳突肌

当头转向一侧时，可明显看到从前下方斜向后上方的长条状隆起。颈丛的浅皮支由该肌后缘中点附近浅出，是颈浅部浸润麻醉的阻滞点。胸锁乳突肌后缘与锁骨形成的夹角处向外0.5~1 cm，是锁骨下静脉锁骨上入路穿刺的进针点。

2. 竖脊肌

竖脊肌为脊柱棘突两旁的纵形肌性隆起。竖脊肌外侧缘与第12肋骨形成的夹角称为脊肋夹角（肾区），是肾门的体表投影部位，肾病变时此区常有叩击痛，肾囊封闭常由此进针。

3. 三角肌

在肩部形成圆形隆起的外形，其止点在臂外侧中部呈现一个小凹。肩关节脱位或三角肌瘫痪后，肩部圆隆的外形消失。三角肌中1/3处肌质肥厚，深部无大血管和神经，可行肌肉注射（亦称"肌内注射"）。

4. 肱二头肌

当屈肘握拳旋后时，在臂前面可见到明显的膨隆的肌腹。在肘窝中央可触及此肌的肌腱。测血压时，常将听诊器的听筒置于肱二头肌腱的稍内侧。

5. 臀大肌

在臀部形成圆隆的外形。肌肉注射应选择其外上1/4处。

6. 小腿三头肌（腓肠肌和比目鱼肌）

在小腿后面，可见到该肌肉明显膨隆的肌腱和跟腱。

任务2 掌握循环系统的构成和基本功能

循环系统是由心脏和一些复杂而密闭的管道组成。由于管内流动的液体成分不同，循环系统又分血管系和淋巴系。血管系包括心脏、动脉、静脉及毛细血管。血液在心脏收缩的推动下，经动脉及其分支分布于全身，然后经毛细血管和小、中静脉，最后经大静脉流回心脏，如此周而复始，形成血液循环。

循环系统的机能主要是将消化系统吸收的营养物质和肺吸收的氧气运送到全身各器官、组织和细胞，供其新陈代谢之用，并将它们的代谢产物，如二氧化碳、尿素等运送到肺、肾或皮肤等器官，排出体外，借以保证人体新陈代谢的正常进行。

内分泌器官所产生的激素也借循环系统运送到相应器官，以调节其生理机能。此外，淋巴系统还参与机体的免疫机制。

一、血液循环系统的组成

（一）心脏

心脏是循环系统的中枢，是中空的肌肉器官，也是血液循环的动力器官，它昼夜不停地收缩和舒张，推动血液在血管里循环流动。心脏像自己的拳头一样大小，位于胸腔内、胸骨后及两肺之间，稍偏左一点。心脏被心中隔分为左、右两半，即右心房、右心室和左心房、左心室 4 个腔。心脏的结构如图 3-2-2-1 所示。同侧心房、心室借房室口相通。心房接受静脉，心室发出动脉。在房室口和动脉口处有瓣膜，使血流只朝一个方向流动而不能返流。左侧为二尖瓣。右侧为三尖瓣。心脏终生有节律地收缩与舒张，像泵一样不停地将血液由静脉吸入，由动脉射出，使血液在心血管系统内不停地循环流动。

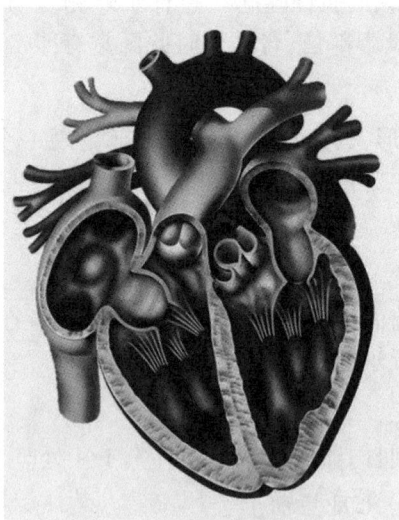

图 3-2-2-1　心脏的结构

心脏每分钟搏动的次数称为心率。在安静状态下，成人心率的正常变动范围为每分钟 60 ~100 次。每分钟低于 60 次的称为心动过缓，每分钟高于 100 次的称为心动过速。心脏每次从左、右心室分别排出的血液量（每搏输出量）为 60~70 mL，每分钟从心室排出的血液量（心排血量）约 5 000 mL，而人体大约有 5 000 mL 血液，因此可以说 1 min 周身血液循环一次。

(二) 血管

血管分为动脉、静脉和毛细血管三种。

1. 动脉

动脉是把血液从心脏输送到身体各部分去的血管,由心室发出后,不断分支,越分越细,小动脉最后移行为毛细血管。动脉管壁厚,具有弹性和舒缩性,随心脏的舒缩而搏动,能维持和调节血压。

2. 静脉

静脉是把血液从身体各部分送回心脏的血管,小静脉起始于毛细血管,在回心过程中逐渐汇合成中静脉、大静脉,最后注入心房。静脉管壁薄,缺乏弹性和舒缩性。

3. 毛细血管

毛细血管是极微细的连通于最小的动脉与静脉之间的血管,互相连接呈网状。毛细血管壁非常薄,主要为一层内皮细胞,有一定的通透性,因而有利于血液与组织和细胞之间的物质交换。

(三) 血液

血液由血浆和血细胞两部分组成。血细胞又分为红细胞、白细胞和血小板三种,如图3-2-2-2所示。人体内血液的总量称为血量。成人血量大约 4 000 ~ 5 000 mL,约为体重的7% ~ 8%。一次失血10%(400~500 mL 以下)对人体没有明显影响;失血20%可能引起人体活动障碍;失血30%,如不及时抢救就可能危及生命。

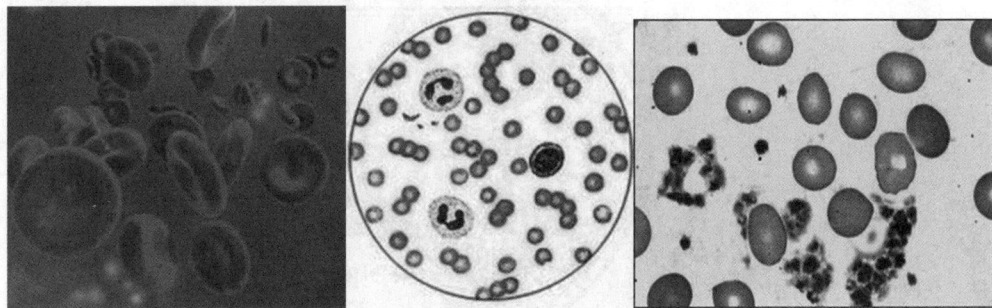

图 3-2-2-2 血细胞(红细胞、白细胞、血小板)

1. 血浆

血浆是血液的重要组成部分,呈淡黄色液体(因含有胆红素)。血浆的化学成分中,水分占91%~92%,其他 10%以溶质血浆蛋白为主,并含有电解质、营养素(Nutrient)、酶类(Enzyme)、激素类(Hormone)、胆固醇(Cholesterol)和其他重要组成部分。血浆蛋白是多种蛋白质的总称,可将其分为白蛋白、纤维蛋白原和球蛋白三类。白蛋白含量最多,主要维持血浆胶体渗透压;纤维蛋白原相对分子质量最大,与血液凝固有关;球蛋白特别是丙种球蛋白含有多种抗体,能与一些致病因素起反应,破坏致病因素,对人体有保护作用。另外,血浆蛋白还与多种物质结合构成复合物,起到运输物质的作用。

2. 红细胞(RBC)

红细胞呈两面中央凹的圆饼状,中央较薄,周缘较厚。正常成年人数量,男性每立方毫米400万~550万个,寿命最短40天,最长200天,平均约120天。红细胞里有种含铁的蛋白质叫血红蛋白,其特性是易于和氧结合、分离,具有运输氧的能力。红细胞数量过少或红细胞中血红蛋白含量过少都叫贫血。

3. 白细胞(WBC)

白细胞有五种,比红细胞大,它的寿命有的不到一天,有的可长达几年。正常成年人数量是每立方毫米4 000~10 000个。当某处受伤病菌入侵时,有些白细胞可以穿过毛细血管壁,聚集到受伤的部位吞噬病菌。可见,有些白细胞对人体起到防御和保护的作用。

4. 血小板(Platelet)

血小板比红细胞和白细胞都小得多,形状不规则。正常数量是每立方毫米10万~30万个。血小板寿命7~13天,平均寿命10天。血小板有止血和加速凝血的作用。

二、血液循环途径

血液循环根据具体途径可分为体循环和肺循环,两种循环同时进行,如图3-2-2-3所示。

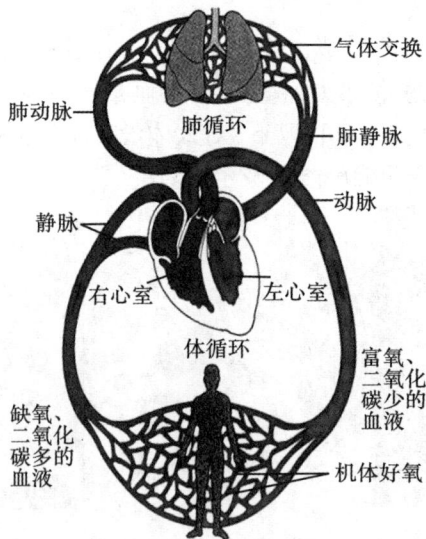

图 3-2-2-3 血液循环模式图

(一)体循环(大循环)

当心室收缩时,含氧和营养物质的新鲜血液(动脉血),自左心室流入主动脉,再由各级动脉分支到达全身各部的毛细血管。血液在此与周围的细胞和组织进行物质交换,血液中营养物质和氧气被细胞和组织吸收,它们的代谢产物和二氧化碳等则进入血液。血液由鲜红色的动脉血变为暗红色的静脉血。再经各级静脉,最后经上、下腔静脉流回右心房。血液沿上述路径的循环称为体循环或大循环。体循环的主要特点是路径长,流经范围广,以动脉血滋养全身各部,而将代谢产物运回心脏。

(二)肺循环(小循环)

从体循环回心的静脉血,从右心房进入右心室。当心室收缩时,血液由右心室射出,经肺动脉入肺,再经肺动脉分支进入肺泡周围的毛细血管网。通过毛细血管壁和极薄的肺泡壁,血液和肺泡内的空气进行气体交换,排出二氧化碳,吸入氧气,使暗红的静脉血变成含氧丰富的鲜红的动脉血,再经肺静脉出肺,注入左心房。血液再从左心房流入左心室。血液沿上述路径的循环称为肺循环或小循环。肺循环的特点是路径短,只通过肺,主要功能是使静脉血变为含氧丰富的动脉血。

两种循环是同时进行并且相通的闭合性循环。在安静状态下,人体内每滴血在血管内完成上述循环约需 20 s。

三、淋巴循环

淋巴循环由淋巴管、淋巴结、脾脏、扁桃体等组成,主要功能是运输全身淋巴液进入静脉,是静脉回流的辅助装置。另外,淋巴结、扁桃体和脾等还有生成淋巴细胞、清除体内微生物等有害物质和生成抗体的作用。淋巴结和脾脏是人体重要的免疫器官。

淋巴管分为深淋巴管和浅淋巴管。浅淋巴管和浅静脉一起走行,主要收集皮肤的淋巴液。深淋巴管和深静脉一起走行,主要收集肌肉和内脏的淋巴液。

淋巴结是在淋巴管行程上的无数个大小不一的小体,在颈部、腋窝、腹股沟等处最多。淋巴结里有吞噬细胞,能吞噬侵入人体的病菌,对人体有保护作用,如图 3-2-2-4 所示。

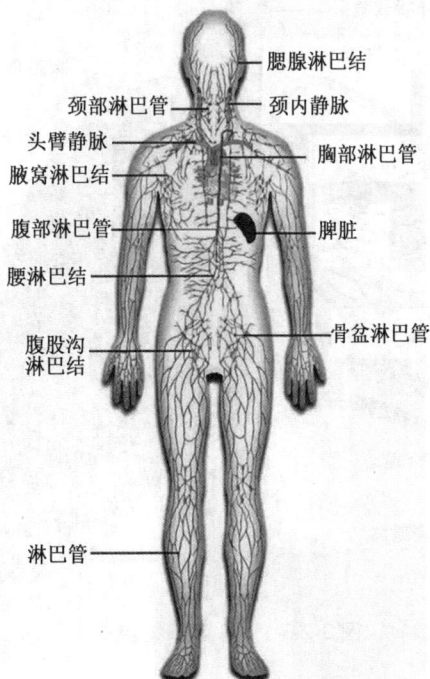

图 3-2-2-4 淋巴循环模式图

脾脏是最大的淋巴器官,能产生白细胞,脾内含有大量的吞噬细胞,能吞噬衰老的红细胞,也能吞食异物。脾对储存血液也有一定的作用。

扁桃体在口腔上壁后部两侧，能产生淋巴细胞，具有防御作用。

任务3 掌握呼吸系统的构成和基本功能

一、呼吸系统的组成

呼吸系统由呼吸道和肺两部分组成，如图3-2-3-1所示。呼吸道是气体的通道，包括鼻、咽、喉、气管、支气管，它们的壁内有骨或软骨支持，以保证气体的畅通，而肺是进行气体交换的器官。通常临床上常把喉部位以上的呼吸道叫上呼吸道，声门以下包括气管、支气管及其在肺内的分支叫下呼吸道。

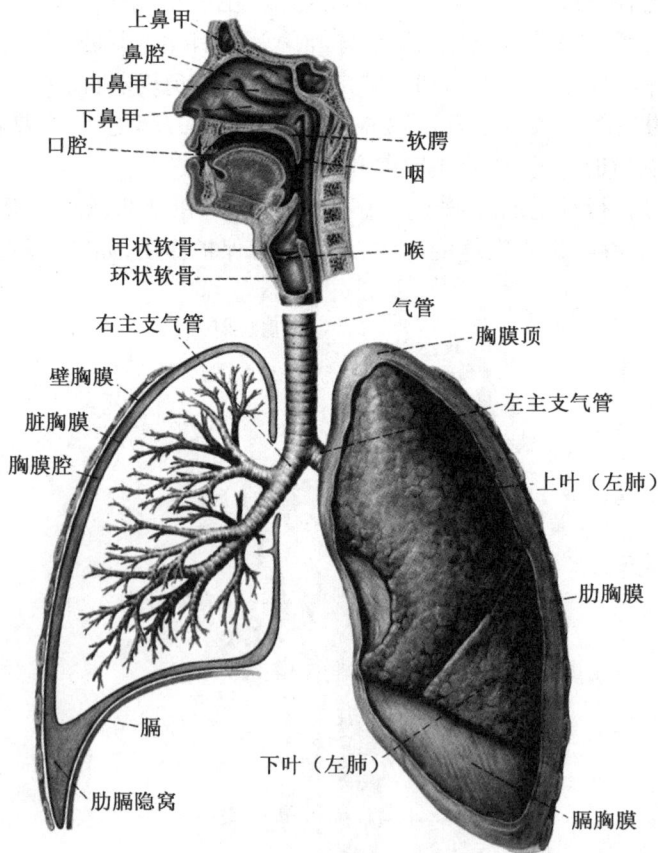

图3-2-3-1 呼吸系统模式图

（一）鼻

鼻是呼吸道的起始部，同时又是嗅觉器官。鼻可以分为外鼻、鼻腔和鼻旁窦三部分。鼻腔里有鼻毛、丰富的血管及纤毛上皮黏膜,它的主要作用为过滤、湿化和加温吸入的空气。此外,鼻分泌物中尚含有溶菌酶,有灭菌作用。

(二)咽、喉

咽是呼吸和消化的共同通道,位于 1~6 颈椎的前方,咽的后壁及侧壁完整,其前壁不完整,分别与鼻腔、口腔和喉腔相通。咽后部有丰富的淋巴组织聚集,称为咽扁桃体,起着保卫作用。喉既是气体的通道,又是发音器官,位置相当于第 4~6 颈椎的高度,如图 3-2-3-2 所示。

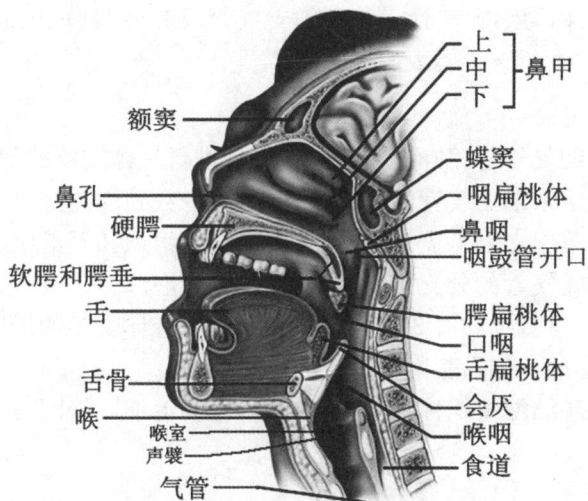

图 3-2-3-2　上呼吸道模式图

(三)气管、支气管

气管位于喉与气管分叉之间,长约 11~13 cm,位于纵隔内。气管分为左、右两支气管,右支气管短而粗,较垂直,左支气管细而长,较倾斜,因而异物容易落入右支气管内。气管、支气管像一棵大树一样分出很多小的"树枝",约 6~25 代后成为终末细支气管。

(四)肺的位置与形状

肺位于胸腔内,左、右两肺分居膈的上方和纵隔两侧。肺的质地柔软,富有弹性。

肺呈半圆锥形,左肺稍狭长,右肺略宽短。肺的上端钝圆,突入颈根部,称肺尖。肺的下面凹陷称肺底,因与膈相贴,故又称膈面。肺的外侧面与肋和肋间肌相邻,故称肋面。肺的内侧面朝向纵隔,其近中央处有一凹陷为肺门。肺门是主支气管、肺动脉、肺静脉、支气管血管、淋巴管和神经等出入肺的部位,出入肺门的结构被结缔组织包绕,构成肺根。肺的前缘和下缘薄而锐利,左肺前缘下部分有一明显的凹陷,称心切迹。

左肺被斜裂分为上、下两叶,右肺被斜裂和水平裂分为上、中、下三叶。

肺是进行气体交换的器官。肺的表面与胸腔内壁都有一层润滑膜覆盖,形成的空隙称为胸膜腔,内有少许浆液,在呼吸时可以减少两层胸膜的摩擦。正常情况下,胸膜腔呈封闭状态,不与外界相通。

（五）肺的微细结构

肺可分肺实质和肺间质两部分,肺实质由支气管树和肺泡构成,肺间质为肺内的结缔组织、血管、淋巴管和神经等。根据功能不同,肺实质又可分为导气部和呼吸部。

1. 导气部

导气部包括肺叶支气管、肺段支气管、小支气管、细支气管以及终末细支气管等,只有传送气体的功能,不能进行气体交换。肺段支气管的反复分支统称为小支气管。当小支气管分支的口径为 1 mm 左右时,称为细支气管。每条细支气管及其各级分支和其所属的肺泡构成一个肺小叶。

2. 呼吸部

呼吸部包括呼吸性细支气管、肺泡管和肺泡等,是进行气体交换的部分。

呼吸性细支气管是终末细支气管的分支,管壁上有少数肺泡的开口,故管壁不完整。上皮由单层柱状上皮移行为单层立方上皮,其外围有少量结缔组织和平滑肌。

肺泡管是呼吸性细支气管的分支,管壁上连有许多肺泡。

肺泡为多面形囊泡,每侧肺约有 3 亿~4 亿个,是进行气体交换的场所。肺泡壁极薄,由肺泡上皮构成,周围有丰富的毛细血管网和少量的结缔组织。

相邻肺泡之间的薄层结缔组织称肺泡隔,内含丰富的毛细血管网、较多的弹性纤维和肺泡巨噬细胞。

二、呼吸系统的作用

人体内营养物质氧化所需的氧分子要从外界获得,氧化后所产生的二氧化碳必须排出体外,这个不停地从外界吸入氧气和排出二氧化碳的过程就叫呼吸。

（一）呼吸过程

吸气时,胸廓肋间肌、膈肌和有关呼吸肌收缩,肺犹如一个弹性的气囊,在吸气时膨胀,外界空气通过鼻或口腔进入咽喉,然后进入气管、支气管、各级支气管,再进入肺泡,每个肺泡被毛细血管包围,肺泡中的氧被摄入血液中,血液中的二氧化碳则释放到肺泡中。呼气时,肋间肌、膈肌等呼吸肌舒张,肺压缩,肺泡中的二氧化碳沿相同的呼吸道,通过鼻或口腔呼出。

（二）呼吸次数

胸廓有节律地扩大和缩小称为呼吸运动。呼吸运动的频率随着年龄和性别而不同,新生儿呼吸每分钟约 44 次,随着年龄的增长而逐渐减慢,成人在平静时的呼吸频率每分钟约为 16~20 次,呼吸与脉搏之比为 1:4。呼吸频率低于每分钟 12 次时称为呼吸过缓,见于呼吸中枢受到抑制;一般体温升高 1 ℃,呼吸每分钟增加大约 4 次。

（三）呼吸深度

成人在安静时的呼气和吸气量平均为 500(300~700)mL,每分钟换气量(呼吸深度与呼吸次数的乘积)为 8~10 L。常见的呼吸异常有呼吸次数的变化、深度的变化、节律的变化及各种形式的呼吸困难。

任务4 掌握消化系统的构成和基本功能

消化系统是内脏的重要组成部分之一,是保证新陈代谢活动正常进行的重要功能系统,其基本功能是摄取食物,进行物理性和化学性消化,吸收其分解后的营养物质和排出消化吸收后剩余的食物残渣。

消化系统由消化管和消化腺两大部分组成,如图3-2-4-1所示。

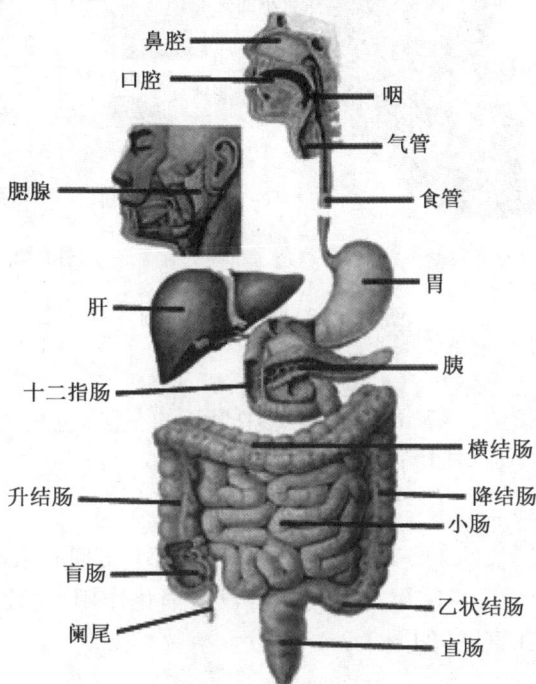

图 3-2-4-1 消化系统

一、消化管

消化管可分为口腔、咽、食管、胃、小肠、大肠等。

1. 口腔

口腔里面有牙齿和舌,还有唾液腺导管的开口,是消化管的起始部分,在软腭的后部分中央有一垂下的乳头状突起叫作悬雍垂,两旁有一凹陷,内有扁桃体。口腔内的牙齿有咀嚼食物的功能。舌头能分辨食物的味道和辅助发音。

2. 咽

咽是一条垂直的肌性管道,呈漏斗形,位于鼻腔、口腔、喉的后方。

3. 食管

食管是一扁狭长管状肌性器官,位于胸骨的后方,在两肺之间、气管的后面,是消化管各段中最狭窄的部分。上端续咽,下端穿过膈肌经贲门与胃连接,全长约 25 cm。

4. 胃

胃位于腹腔的上方,是消化道最膨大的部分,呈囊状,成人胃容积大约 1 L。胃具有储存食物、分泌胃液、调和食糜的作用,此外还有内分泌功能。胃的入口叫贲门,胃下端移行于十二指肠的出口叫幽门,如图 3-2-4-2 所示。

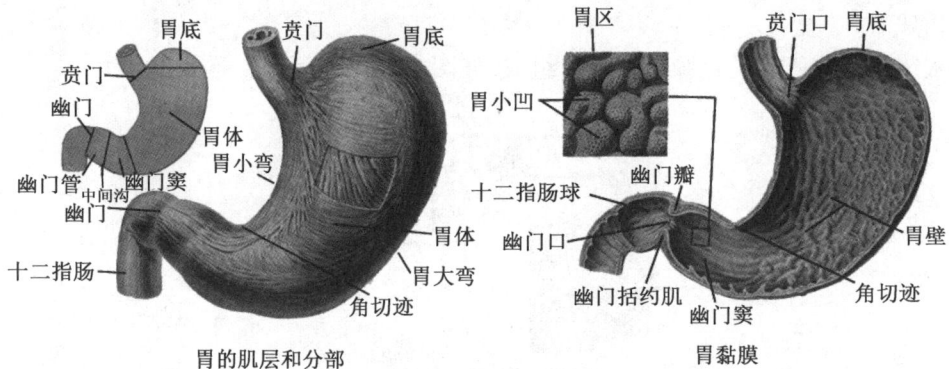

图 3-2-4-2　胃的局部解剖

5. 小肠

小肠盘曲在腹腔里,长约 5~7 m,是消化管中最长的一段,也是进行消化吸收的最主要部位。小肠分为十二指肠、空肠与回肠三部分。

6. 大肠

大肠是消化管的末段,长约 1.5 m,它比小肠短而粗,上接回肠末端,下止于肛门。大肠起始部连着一条蚯蚓似的突起,叫阑尾。大肠本身没有消化作用,主要功能是吸收水分形成粪便。大肠包括盲肠、结肠和直肠,如图 3-2-4-3 所示。

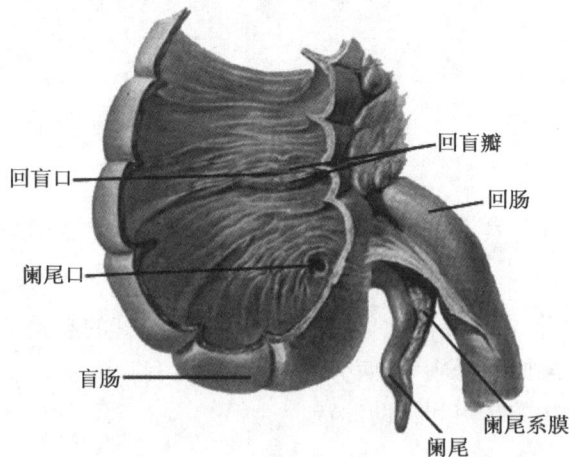

图 3-2-4-3　盲肠和阑尾

二、消化腺

消化腺分为两大类：一类是位于消化道外的大消化腺，如唾液腺、肝脏和胰腺；另一类是在消化道壁内的小腺体，如胃腺、肠腺等。消化腺分泌消化液，对食物进行化学消化。

1. 肝脏

肝脏是人体最大的消化腺，位于腹腔的右上方。肝脏分泌的主要消化液叫胆汁。在肝脏的表面有一个梨形的囊状袋，叫胆囊，能储存和浓缩胆汁。肝脏的主要功能是代谢、储存糖原、解毒、分泌胆汁及吞噬、防御等重要功能，是碳水化合物、蛋白质、脂肪三大代谢的枢纽，为维持生命的重要器官，如图 3-2-4-4 所示。

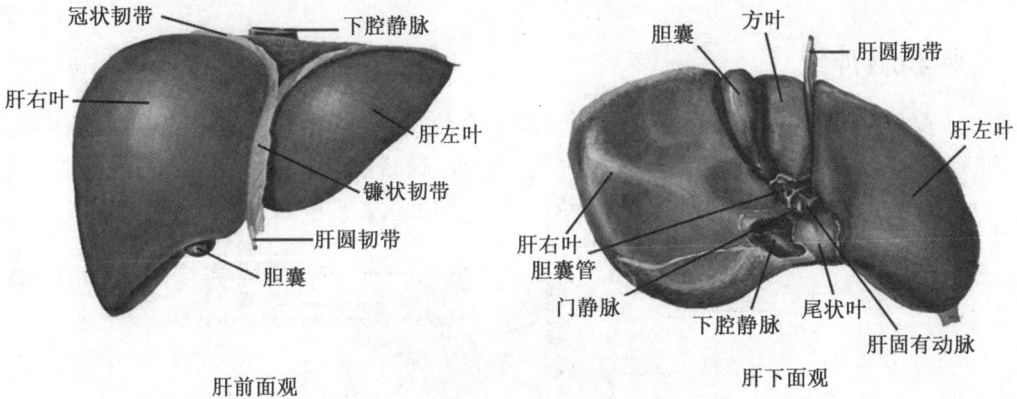

图 3-2-4-4　肝脏

2. 胰腺

胰腺是仅次于肝脏的大腺体，也是在消化过程中起主要作用的消化腺。其位置较深，在第一、二腰椎水平横置于腹腔后上部。它分泌胰液，胰液内含有分解蛋白质的胰蛋白酶和糜蛋白酶、分解淀粉的胰淀粉酶以及分解脂肪的胰脂肪酶，如图 3-2-4-5 所示。

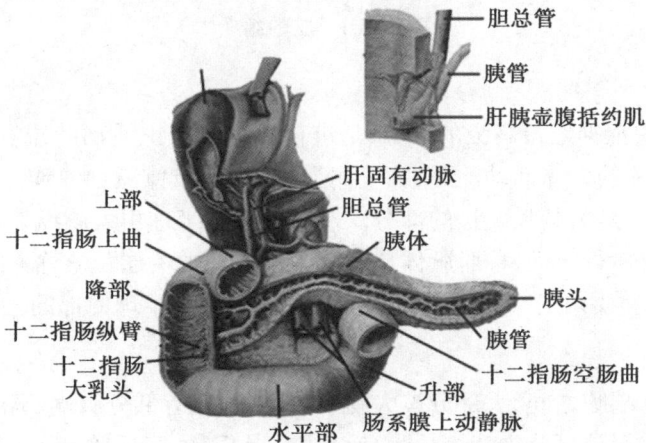

图 3-2-4-5　胆道、十二指肠和胰腺

任务5 掌握神经系统的构成和基本功能

神经系统分为中枢神经系统和周围神经系统两部分。中枢神经系统由脑和脊髓组成,周围神经由脑神经、脊神经及内脏神经组成。神经系统一方面通过直接或间接地调节各器官、组织和细胞的活动,并使之相互联系、相互制约、相互协调而成为统一的整体;另一方面使人体适应内外环境的变化。因此,神经系统是机体内调节的主导系统,能使机体内外环境之间保持相对稳定。

一、脑和脑神经

脑位于颅腔内,是主要的神经组织,是生命中枢的所在地,具有管理和调节所有其他系统生理活动的作用。脑分为大脑(端脑)、间脑、中脑、脑桥、延髓和小脑六部分,如图 3-2-5-1 所示。

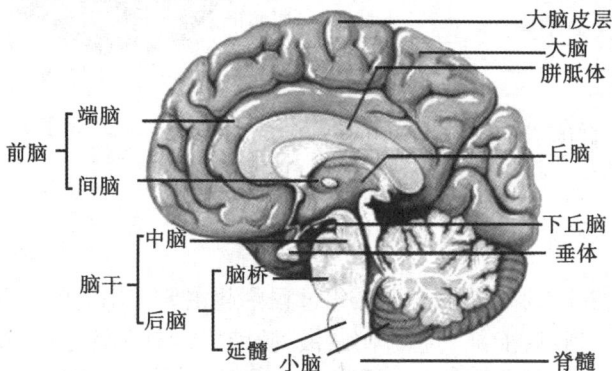

图 3-2-5-1　脑的组成

1. 大脑(端脑)

大脑(端脑)是中枢神经最高级的部分,是进行思维和意识活动的器官。大脑分为左右两个半球,各自管理对侧的人体活动,若大脑一侧受损,对侧肢体就会瘫痪。端脑由两侧大脑半球借胼胝体连接而成,是大脑最发达的部分。左右两大脑半球由大脑纵裂将其分开,大脑纵裂底部有连接两半球的横行纤维,称胼胝体。大脑半球表面的一层灰质称大脑皮质,皮质深面是髓质(白质),深埋在髓质内的一些灰质核团称基底核。大脑半球内部的腔隙称侧脑室。

2. 间脑

间脑位于中脑和端脑之间,大部分被大脑半球遮盖,仅有部分腹侧部露于脑底。间脑中间的窄腔为第三脑室。间脑可分为背侧丘脑、后丘脑、上丘脑、底丘脑和下丘脑五部分。间脑是调节植物性神经活动的高级中枢,也是人体情绪性反应(喜、怒、哀、乐等)的高级调节部位,并对体温及物质代谢起调节作用。

3. 脑干

脑干在脑的中央,自下而上由延髓、脑桥和中脑三部分组成。延髓在枕骨大孔处下接脊髓,中脑上连间脑,延髓和脑桥的背面与小脑相连。延髓为生命中枢,控制心跳、呼吸、血压等。这个部位的严重受损可引起心跳、呼吸停止,血压下降而导致死亡。

4. 小脑

小脑在大脑的后下方,位于脑干背侧,在延髓和脑桥的后方,通过小脑下脚、中脚和上脚与脑干相连。小脑有维持躯体平衡和协调随意运动的功能,如果小脑受损,则闭目难立,走路摇晃不定,不能完成精巧动作。

5. 脑神经

脑神经共 12 对,与脑相连,主要分布于头面部,其中第 10 对迷走神经还分布到胸、腹部脏器。在 12 对脑神经中,第 Ⅰ、Ⅱ、Ⅷ对脑神经是感觉神经;第 Ⅲ、Ⅳ、Ⅵ、Ⅺ、Ⅻ对脑神经是运动神经;第 Ⅴ、Ⅶ、Ⅸ、Ⅹ对脑神经是混合神经。12 对脑神经的名称:(Ⅰ)嗅神经、(Ⅱ)视神经、(Ⅲ)动眼神经、(Ⅳ)滑车神经、(Ⅴ)三叉神经、(Ⅵ)外展神经、(Ⅶ)面神经、(Ⅷ)位听神经、(Ⅳ)舌咽神经、(Ⅴ)迷走神经、(Ⅹ)副神经、(Ⅶ)舌下神经。

二、脊髓和脊神经

1. 脊髓

脊髓位于椎管中,上端穿过枕骨大孔和脑相连,下端止于第 1 腰椎体下缘。脊髓主要包括灰质(神经元胞体)和白质(长的上行感觉纤维束和下行运动纤维束及短的固有束)两部分,灰质在中央,呈"H"形分布,白质在灰质的周围。脊髓是脑与躯体、内脏之间的联系通道。脊髓通过脊神经与人体大部分器官发生联系。脊髓和脊神经如图 3-2-5-2 所示。

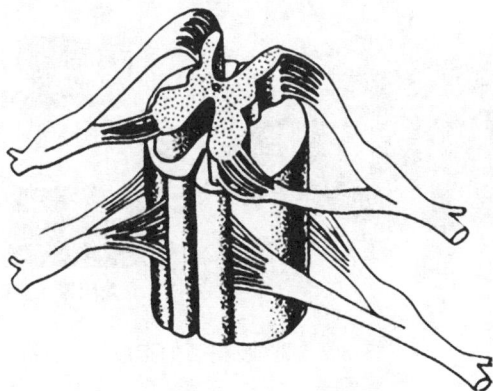

图 3-2-5-2 脊髓和脊神经

脊髓的主要功能:

(1)脊髓具有传导作用。

脊髓白质内的神经纤维在脊髓的各部分之间,以及脊髓和脑之间起着联系作用。躯干、四肢所受到的各种刺激先传入脊髓,而后上达大脑。反之,从大脑下达到躯干、四肢的神经冲动,也都通过脊髓。

（2）脊髓是低级反射的中枢。

一些反射活动通过脊髓的低级中枢来完成，如膝反射，排尿、排便反射的低级中枢也在脊髓。但脊髓里的神经中枢是受大脑控制的，人能有意识地控制排便和排尿就是一个例证。

2. 脊神经

脊神经是由脊髓发出的，共有31对，它们分布在躯干、四肢的皮肤和肌肉里。在脊髓的一侧，脊神经的前根和后根在椎间孔处合成为一条脊神经。前根由运动神经纤维（运动神经元细胞体位于脊髓灰质内）组成，后根由感觉神经纤维（感觉神经元细胞体位于脊髓附近的神经节里）组成，脊神经是混合神经。

三、内脏神经

内脏神经又叫自主神经或植物神经，是神经系统的一部分，主要分布于内脏、心血管和腺体。自主神经包括内脏感觉神经和内脏运动神经，内脏运动神经分交感神经和副交感神经。在脏器或血管周围形成神经丛的形式分布，如腹腔神经丛等。尽管和大脑有联系，但不受其控制，自主神经支配的平滑肌、心肌和腺体，属于非随意运动。自主神经日夜不停地行使自主功能，调节心率、呼吸频率和深度及肠蠕动的次数、腺体的分泌等。

四、神经系统的活动方式

神经系统的活动极为复杂，最基本的活动方式是反射。反射是指神经系统对内、外环境变化做出的反应。反射的活动基础是反射弧，由感受器、传入神经（感觉神经）、中枢、传出神经（运动神经）和效应器（肌肉）五部分组成，如图3-2-5-3所示。

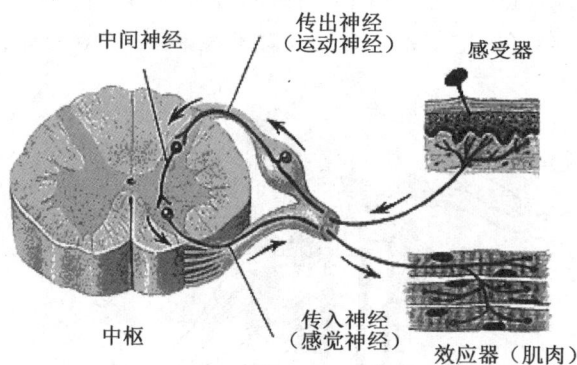

图 3-2-5-3　反射弧的组成

思考题

1. 骨骼系统的作用有哪些？按形态骨是如何分类的？

2. 与急救有关的主要的骨性标志有哪些？

3. 肌肉组织分为哪几种？举例说明。

4. 循环系统的组成有哪些？大循环和小循环的途径是怎么完成的？

5. 呼吸系统如何组成，如何区分上下呼吸道？

6. 消化系统如何组成，主要的消化腺的作用有哪些？

7. 中枢神经是如何构成的？中枢系统和周围神经系统如何联系？

项目三　现场评估、判断病情

【知识目标】

1. 掌握生命体征的判断方法以及各项体征的正常值；
2. 了解死亡的判断标准。

【能力目标】

1. 掌握评估伤员的方法和对自身安全的威胁；
2. 能够对救护现场做出评估并采取相应急救措施。

【内容摘要】

本项目主要介绍了现场评估的基本程序和注意事项，以及病情判定的依据和方法；介绍了海上死亡的判定标准。

任务 1　熟悉现场评估的方法

在紧急情况下，通过眼睛观察、耳朵听声、鼻子闻味等对异常情况做出分析判断，遵循救护原则，利用现场的人力和物力实施救护。

在现场的巡视中首先应观察能对救护员本人、伤病员或者旁观者造成的伤害以及进入现场时的安全情况；其次是对各种疾病和损伤的原因进行判断；最后确定受伤人数。在数秒钟内完成评估，寻求医疗帮助，如图 3-3-1-1 所示。

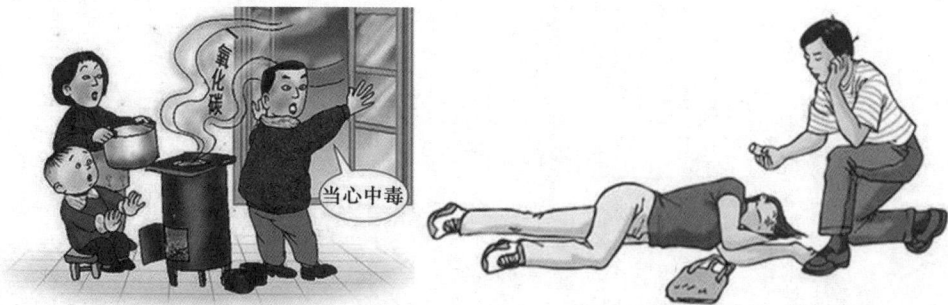

图 3-3-1-1　评估现场

一、评估情况

评估时必须迅速,控制情绪,尽快了解情况。检查现场包括现场的安全、引起疾病和损伤的原因、受伤的人数、伤病员和救护人员是否身处险境,伤病员是否有生命危险等。判断现场可以利用的资源、当前可采取的行动以及需要何种支援等。

二、保障安全

现场救护时,造成意外的原因可能会对参与救护的人员产生危险,故应首先确保自身安全性,如对触电者救护必须切断电源。在救护现场,要评估自己的救护极限,在不能消除存在的危险的情况下,尽量确保伤病员与自身的距离,尽量做到安全救护。

三、个人防护

第一目击者在现场救护中,应使用个人防护用品,阻止病原体进入人体,如呼吸面罩、呼吸膜、手套、眼罩、口罩等。

任务2　掌握判断危重病情的方法

在现场巡视后应对伤病员进行最初的评估。如发现伤病员处在情况复杂的现场,救护员需要首先确认并立即处理威胁生命的情况,检查伤病员的意识、气道、呼吸、循环体征等。

一、意识

意识是肌体对自身及周围环境的感知和理解的能力,是中枢神经系统对内外环境刺激做出有意义的应答反应的能力,往往通过语言、行动、情感和躯体运动等表达。这种感知或应答能力的减退或消失,即为不同程度的意识障碍。

意识障碍包括意识水平(觉醒或清醒)的受损,或意识水平正常而意识内容(认知功能)改变,如嗜睡、昏睡、昏迷以及意识迷糊和谵妄。严重的意识障碍可以导致生命体征发生明显变化。

判断意识的方法一般是轻拍双肩并大声呼唤,观察患者的反应。

二、呼吸

呼吸是人体内外环境之间进行气体交换的必需过程,人体通过吸入氧气和呼出二氧化碳,从而维持人体正常的生理功能。正常人呼吸运动均匀而有节律,频率为每分钟 16~20 次,每分钟大于 24 次为呼吸过频,每分钟小于 12 次为呼吸抑制。

保持呼吸道通畅是呼吸的必要条件。如伤员有反应但不能说话、不能咳嗽,可能存在气道梗阻,必须立即检查和清除。

检查方法通常采用以下三种：

（1）在安静状态下，可以观察患者胸腹部的起伏；

（2）对意识丧失的患者，还可以使其头部后仰，用耳朵和面颊贴近患者口鼻部，听呼吸音和感受气流拂面；

（3）对于危重、呼吸表浅不易观察胸廓起伏者，可以用小棉花置于鼻孔旁，观察棉花被吹动的次数。

三、循环体征

正常情况下，由于心脏的跳动使全身各处动脉产生有节律的搏动，这种搏动称为脉搏。正常人脉搏次数与心跳次数相一致，而且节律均匀、间隔相等，每分钟 60~100 次。发热时脉搏也增快，体温每升高 1 ℃，脉搏每分钟增快 10~20 次。

脉搏测定方法：嘱咐病人安静，检查者将食指、中指和无名指并列平放于病人腕部桡动脉处，稍加用力便可感到动脉搏动。生命垂危时可测颈动脉和股动脉。

心脏急症（如心肌梗死、心律失常）、严重创伤及大出血等危及生命时，心跳或加快，每分钟超过 120 次；或减慢，每分钟 40~50 次；或不规则，忽快忽慢，忽强忽弱，均为心脏呼救的信号，都应引起重视。

现场判断时，应对伤病员皮肤的温度、颜色进行检查，即可知道循环和氧代谢情况，如观察伤病员是否出现面色苍白或青紫，口唇、甲床发绀，皮肤发冷等。

四、血压

血压是血液在动脉血管内流动时对血管壁的侧压力。压力来源于心室收缩时对血液的推动力和血管系统对血流的阻力。心脏收缩时，动脉压达到最高值，称之为收缩压；心脏舒张时，舒张末期血压降到最低，称之为舒张压。正常血压值为 139~90/60~89 mmHg（18.6~12/8~12 kPa），两者之差值称为脉压，正常值为 30~40 mmHg（4~5.3 kPa），测量血压是判断心功能和外周血管阻力的最好方法，如图 3-3-2-2 所示。

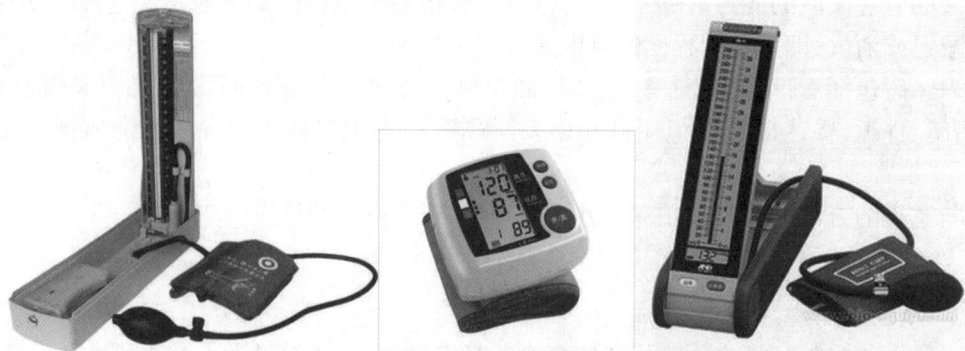

图 3-3-2-2　血压计的种类

血压的测量方法：一般测右上臂，血压计最好与心脏同高，打开血压计将袖带内的气体排出，平整地缠在右上臂的中 1/3 处，下缘距肘窝 2~3 cm，松紧适度，把听诊器放在肘窝动脉波动处，然后向袖带内打气，等动脉波动消失，再将水银柱升高 20~30 mm，缓慢地放出袖带中的气体,当听到第一个动脉搏动声音时,水银柱上所显示的压力即为收缩压,之后水银柱渐渐下降至声音消失,或音调节律突然减弱时,水银柱所显示的压力为舒张压。通常连测 2~3 次,取其最低值。

五、瞳孔

瞳孔又称瞳仁,位于黑眼球中央。在散射的自然阳光下仔细观察瞳孔形状和大小,正常情况下为两侧瞳孔直径 3~4 mm,等大等圆,边缘整齐,对光反射灵敏。

两侧瞳孔一大一小,往往在脑卒中、严重颅脑创伤时出现,提示脑水肿或脑疝,病情危重,需要立即抢救;两侧瞳孔缩小为针尖一样,往往提示有急性中毒(有机磷农药、毒蕈碱、吗啡、海洛因中毒)或脑干出血,病情危重,需要立即抢救。两侧瞳孔显著扩大,直径 4~5 mm,表示病人濒临死亡或已经死亡。

六、体温

人体温度保持恒定是进行新陈代谢和正常生命活动的必要条件。测量体温通常用体温表,其特点是当表内水银柱升高后不会自动下降,使用方便。水银体温计、电子体温计、红外线体温计如图 3-3-2-3 所示。

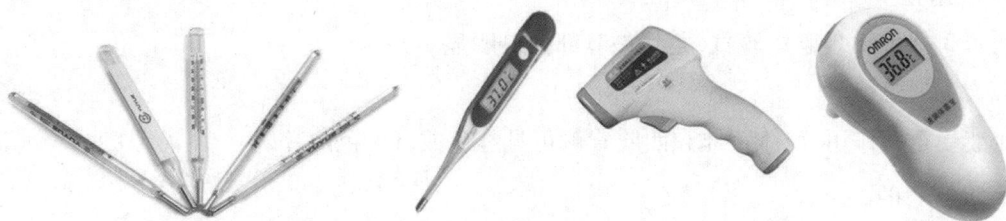

图 3-3-2-3　水银体温计、电子体温计、红外线体温计

体温表测量体温通常有三种方式:

1. 口腔法

将消毒体温表水银端置于舌下,紧闭口唇,测时 5 min,正常值为 36.3~37.2 ℃。

2. 腋下测量法

将腋窝汗液擦干,将体温表水银端放在腋窝深处夹紧,测时 5~10 min,正常值为 36~37 ℃。

3. 肛门测量法

用专用肛温表在水银端涂石蜡油,病人屈膝侧卧,徐徐插入肛门深达肛表的 1/2 为止,测时 5 min,正常值比口腔体温高 0.3~0.5 ℃。

任务3 了解死亡的判定标准

死亡必须由2人以上根据科学的标准做出客观的判定。

一、死亡的判定标准

1. 心跳停止

触摸无脉搏;耳贴左胸壁听不到心跳;心电图呈一条直线或其他表示心脏停搏的图形;甲床苍白无血流现象。

2. 呼吸停止

面颊贴近患者口鼻无气体呼出的感觉;胸腹部无呼吸运动;鼻前放置玻璃片,无雾气可见。

3. 死亡面容

皮肤苍白;双眼呆滞停视,瞳孔散大、固定,对光反射消失。

4. 尸体僵直

死后3~4 h出现躯体僵直,尤其关节部位最明显。

5. 尸斑

血液受重力作用,尸体背部和四肢背侧可见红色或青紫色斑片。

6. 角膜混浊

死亡后15 min,原来透明的角膜出现混浊现象。

7. 腐蚀

死亡2~3天后可出现尸体变质腐烂现象,首先脸部变青绿色。

二、死亡判定的误诊

服用大剂量镇静安眠药或者体温过低,表面看上去似乎死亡,其实未必,因此要对上述两种情况的病人仔细检查浅呼吸、脉搏、心跳等,以减少死亡判定的误诊。

思考题

1. 救护现场评估过程中最应注意什么?
2. 主要的生命体征有哪些,如何判断?
3. 死亡的判定标准有哪些?

项目四　船上常用急救技术

【知识目标】

1. 掌握心肺复苏有效的判断标准；
2. 掌握外伤出血的种类、特点及止血带止血的注意事项；
3. 熟悉三角巾包扎的用途；
4. 熟悉绷带包扎的基本方法；
5. 掌握骨折固定的处理原则。

【能力目标】

1. 能够正确实施心肺复苏术；
2. 能够正确使用止血带止血；
3. 能够使用三角巾进行常见部位的包扎；
4. 能够针对主要骨折部位实施夹板固定术。

【内容摘要】

本项目主要介绍了心肺复苏技术、止血技术、包扎技术、骨折固定技术和伤员的搬运技术的适应证,操作步骤和操作要领。

任务1　掌握心肺复苏术的动作规范和流程

在心跳、呼吸停止时采取的急救措施称为心肺复苏术(Cardiopulmonary Resuscitation, CPR)。心肺复苏既是专业的急救医学,也是现代救护的核心内容,是最重要的急救知识技能。它是生命垂危时采取的行之有效的急救措施。

引起心搏骤停的原因有很多,最为常见的是心脏急症猝死,其他还有触电、溺水、中毒、创伤等意外伤害。对处在濒死阶段或临床死亡阶段的患者,应争分夺秒,抓住时机,尽快实施CPR,挽救生命,既是可能,也是必须。

初级心肺复苏即基础生命活动支持(Basic Life Support, BLS)。一旦确定呼吸、心搏骤停,应立即进行心肺复苏。心肺复苏包括胸外心脏按压、开通气道和人工呼吸,简称为CAB

（Compression、Airway、Breathing）。

一、心肺复苏的步骤

1. 评估现场，准备抢救

当患者发生意识丧失时，第一目击者首先要对现场进行安全评估，做好自我防护，确认对病人和第一目击者安全后方可施救，如图 3-4-1-1 所示。

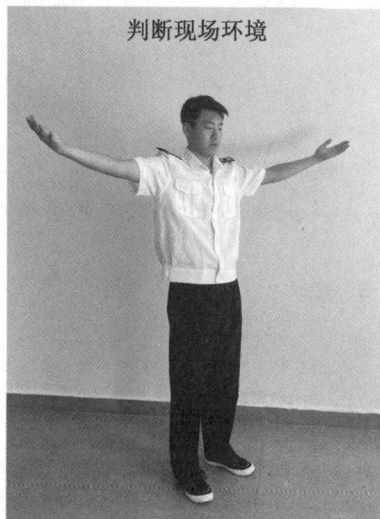

图 3-4-1-1　评估现场，做好自我防护

2. 判断意识，紧急呼救

第一目击者从病人脚的方向靠近，双膝跪在病人躯干右侧，轻拍病人双肩，对准耳朵大声呼喊，观察病人的反应，如无反应，应该迅速呼救，及时把险情通报驾驶台和船长，启动紧急医疗服务（Emergency Medical Service，EMS）系统，如图 3-4-1-2 所示。

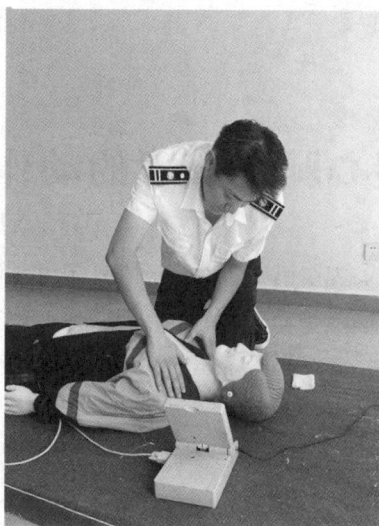

图 3-4-1-2　判断意识紧急呼救

3. 救护体位

如果病人侧卧或俯卧,应迅速采取正确的方法将病人翻转为仰卧位,要求背部下方硬而平整(如果在软床上,可在病人背部下方垫以合适的硬木板),头部不能高于胸部,如图3-4-1-3所示。

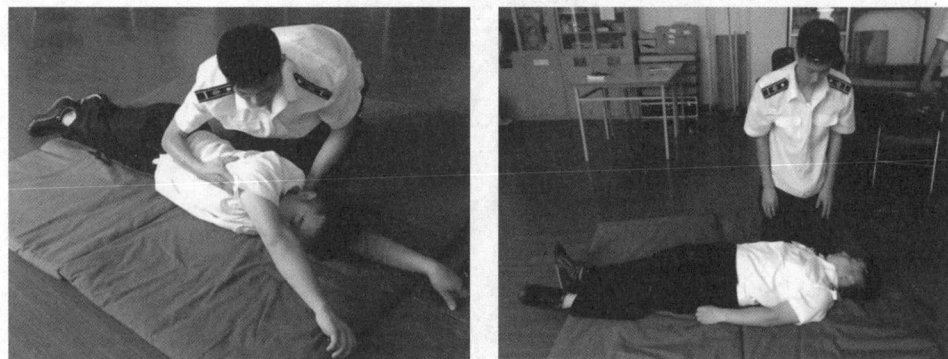

图3-4-1-3　摆正体位

4. 检查循环体征

左手小鱼际压下病人前额,以患者喉结为定点标志,用右手食指和中指沿甲状软骨向侧下方滑动2~3 cm,至胸锁乳突肌凹陷处,检查有无动脉搏动,测定时间5~10 s。也可同时耳朵贴近病人口鼻处感受是否有气流呼出,目视胸廓是否起伏以判断呼吸,如图3-4-1-4所示。

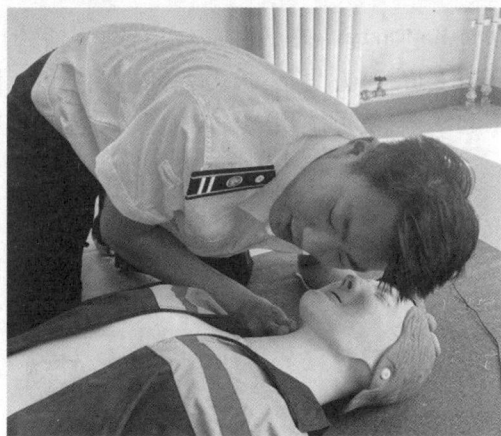

图3-4-1-4　颈动脉搏动的触诊法

5. 胸外心脏按压术

胸外按压是建立人工循环的主要方法。通过胸外按压可维持一定的血液流动,配合人工呼吸可为心脏和脑等重要器官提供一定含氧的血流,为进一步复苏创造条件。

人工胸外按压时,病人应置于水平位。头部不应高于心脏水平,下肢可抬高,以促进静脉血回流。抢救者以病人右肩为中心双膝跪于其右侧,双膝与肩同宽,应先解开病人衣领、腰带,将一只手的掌根部放在胸骨的下1/2段,另一只手掌重叠放在这只手背上,十指相扣,手掌根部横轴与胸骨长轴确保方向一致,手指不要接触胸壁。按压时肘关节伸直,以髋关节为支点,用整个上半身的重量垂直向下按压,使胸骨下陷5~6 cm,随后放松,按压和放松的时间大致相等,放松时双手不要离开胸壁。按压频率为每分钟 100~120 次。抢救者在按压的同时应目视病人面部的变化。

心肺复苏按压通气比均为 30:2,如图 3-4-1-5 所示。

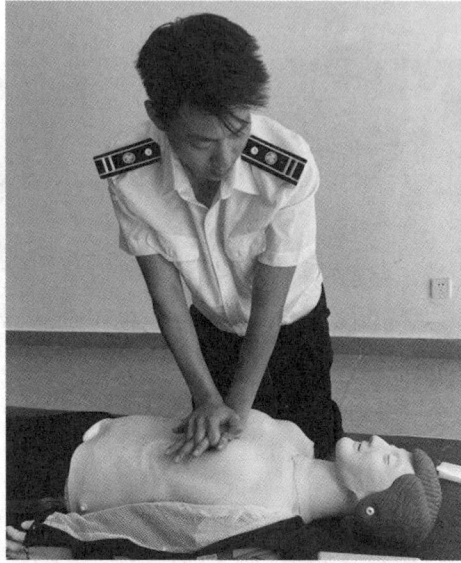

图 3-4-1-5　胸外按压

6. 开放气道,判断呼吸

保持呼吸道通畅是成功复苏的重要一步。开通气道前,先清理口腔异物,如图 3-4-1-6 所示。然后采用压额提颏法开放气道,其方法是:抢救者将左手小鱼际侧缘置于患者前额加压使头后仰,右手的食、中两指抬起下颏,使下颌角-耳垂的连线垂直于地面。

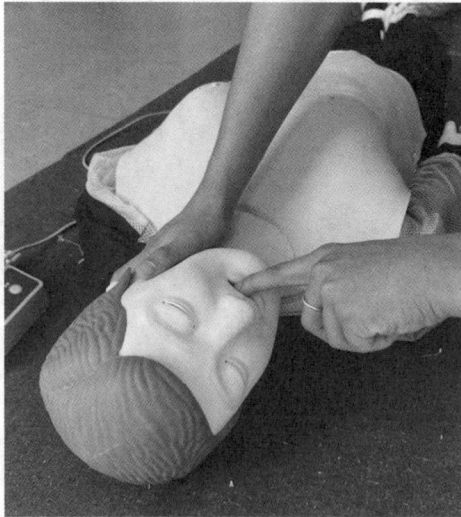

图 3-4-1-6　清理呼吸道异物

开放气道后,将耳朵贴近患者的口鼻,感觉有无气流吹拂感,同时观察胸部、腹部有无起伏动作,并仔细听有无气流呼出的声音,判断及评价时间在 5~10 s 内完成。若无上述体征,可确定无呼吸,应立即实施人工通气。

7. 人工呼吸

压额提颏法口对口人工呼吸是一种快捷有效的通气方法，抢救者左手侧缘压住额头，拇指与食指捏住患者鼻孔，右手食指中指上提下颏，保持呼吸道畅通，然后深吸一口气，张口包紧病人口唇后缓慢吹气，吹气应持续 1 s 以上，吹气量 400～600 mL，确保呼吸时有胸廓起伏，连续吹气 2 口，吹气间歇应松开鼻孔并注视病人胸廓。吹气频率为 10～12 次/min。人工呼吸时通常要求使用呼吸膜以预防疾病的传播；但是由于病情紧急和条件限制，也可使用无菌纱布或手绢作为隔离层，如图 3-4-1-7 所示。

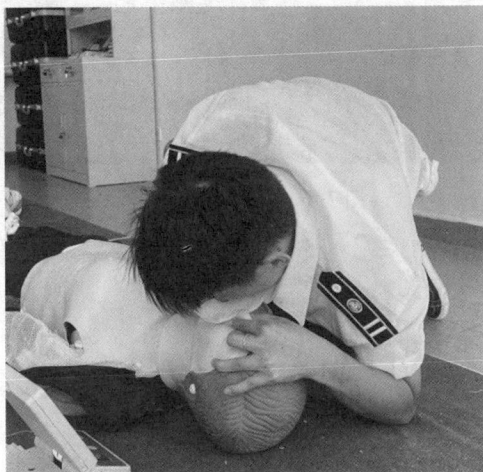

图 3-4-1-7　压额提颏法人工呼吸

注意：颈部有创伤者，为避免进一步加重脊髓损伤，不应采取压额提颏法，而应采取双手抬颌法。抢救者位于患者头侧，双肘支持在患者仰卧平面上，双手用力推双下颌角，下颌上移，拇指牵引下唇，使口微张。因此法易使抢救者操作疲劳，也不易与人工呼吸相配合，故在一般情况下不予应用。双手抬颌法人工呼吸如图 3-4-1-8 所示。

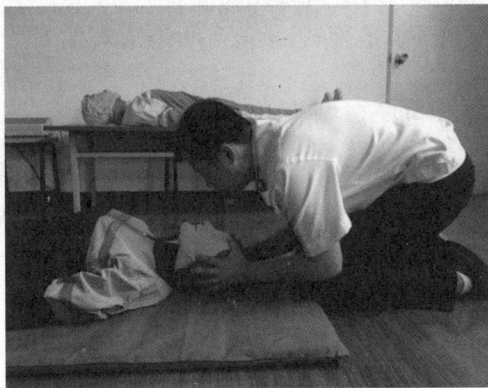

图 3-4-1-8　双手抬颌法人工呼吸

8. 生命体征监测

抢救者连续实施 5 个 30：2 的心肺复苏循环后，应立即进行复苏效果的判定，判断时间 5～10 s。如果呼吸、心跳恢复，则将病人置于复原体位，穿衣保暖，侧卧位等待救援；如仍没有生命体征恢复，则应继续实施心肺复苏术，每 5 个循环间隙监测一次生命体征，直到患者恢复心跳和呼吸。

9.复苏后体位

病人经过抢救后有自主呼吸和心跳但仍处于昏迷状态时,应将病人翻转成复原体位(侧卧位),面部侧枕于患者上举的手上,同时穿上衣服、盖上毛毯注意保暖,如图3-4-1-9所示。

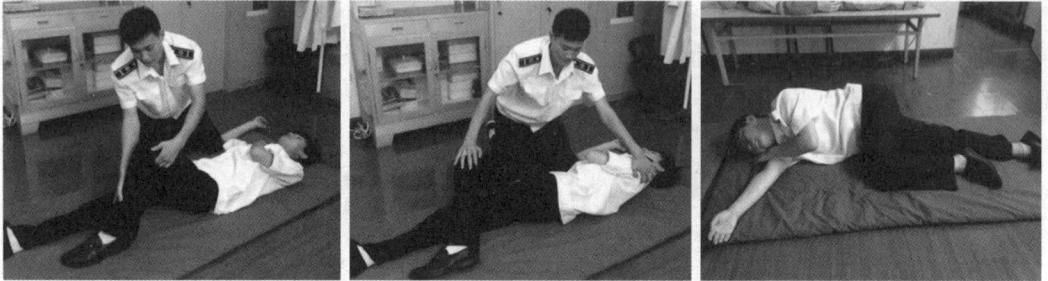

图 3-4-1-9　复苏后体位

二、心肺复苏有效的指征

(1)面色(Complexion)由紫绀转为红润。

(2)颈动脉搏动(Carotid Pulse),出现自主呼吸(Spontaneously Breath)。

(3)瞳孔(Pupil)由大变小,对光反射出现。

(4)意识(Consciousness)眼球活动,手脚抽动,呻吟。

三、终止心肺复苏的条件

(1)病人自主呼吸和心跳已有效恢复,或有其他专业人员接替抢救。

(2)开始行 CPR 前,确定心跳停止达 15 min 以上。

(3)基础生命支持 30 min 以上心脏持续无反应。

(4)救护者疲惫至极,抢救环境危险,持续复苏可造成其他人员危险而不得不终止。

四、心肺复苏的注意事项

(1)胸外按压前,亦可先尝试拳击复律方法:从 20~30 cm 高度向胸骨中下 1/3 交界处拳击 1~2 次,部分患者可瞬即复律。若患者未能立即恢复脉搏与呼吸,不应继续拳击。拳击复律禁用于有脉搏的患者。

(2)按压应平稳,有规律,不间断;不能冲击式按压,下压及向上放松时间相等;垂直用力,不要左右摆动;放松时手部不离开按压点。

(3)心脏按压并发症主要包括:肋骨骨折、心包积血或心脏压塞、气胸、血胸、肺挫伤、肝撕裂伤和脂肪栓塞等。

(4)吹气前一定要畅通呼吸道,吹气量要适中,吹气时间占呼吸周期的 1/3;压额提颏时动作要轻柔。

徒手心肺复苏主要操作步骤如表 3-4-1-1 所示。

表 3-4-1-1　徒手心肺复苏主要操作步骤

步骤		操作要领
抢救前的准备	1. 判断病人有无意识	轻拍病人肩部、高呼其名、压人中
	2. 呼救	呼叫旁人帮忙
	3. 将病人放置适当体位	(1)病人仰卧位。 (2)抢救者站或跪于病人肩颈侧
胸外心脏按压 C（Compression）	4. 判断心跳与呼吸是否停止	摸颈动脉搏动,在喉结滑向气管与胸锁乳突肌间;将耳朵贴近病人口鼻,判断有无气流通过,眼镜观察患者胸部有无起伏,检查时间不超过 10 s,尽量控制在 5 s 内
	5. 胸外心脏按压	(1)患者体位:仰卧于硬板床或地上。 (2)按压部位:胸骨下 1/2 处,手掌根部长轴与胸骨长轴确保一致。 (3)按压方式:抢救者双手掌根重叠,置于按压部位,双臂绷直,双肩在患者胸骨上方正中,通过上半身重力、用力垂直向下按压。 (4)按压深度:使胸骨下陷 5~6 cm。 (5)按压频率:每分钟 100~120 次。 (6)按压/人工通气比:30:2。 (7)按压注意: ①按压应平稳,有规律,不间断; ②不能冲击式按压,下压及向上放松时间相等; ③垂直用力,不要左右摆动; ④放松时手部不离开按压点
打开气道 A（Airway）	6. 畅通呼吸道	压额提颏法或双手抬颌法
人工呼吸 B（Breathing）	7. 人工呼吸 2 次	成人口对口或口对鼻,婴幼儿口对口鼻,吹气应持续 1 s 以上
复苏成功的判断	8. 心肺复苏有效指标	(1)颈动脉搏动(Carotid Pulse)。 (2)面色(Complexion)由紫绀转为红润。 (3)意识(Consciousness)逐渐恢复。 (4)出现自主呼吸(Spontaneously Breath)。 (5)瞳孔(Pupil)由大变小,对光反射出现

高级心肺复苏即高级生命支持(Advanced Life Support,ALS),是基础支持的延伸,主要措施包括气管插管建立通气、除颤转复心律、建立静脉通路并应用必要的药物维持已恢复的循环。

五、常用人工呼吸法

1. 口对口呼吸法

口对口呼吸法是最常用和最有效的方法。详见本节"心肺复苏术"所述。

2. 口对鼻呼吸法

当病人口腔有严重外伤、口服剧毒、怀疑有传染病或牙关紧闭时,则不宜做口对口人工呼吸,可采用口对鼻人工呼吸法。该法的操作与口对口呼吸法相似,只是吹气时应关闭口腔,病人呼气时应开放其口腔。

3. 仰卧压胸法

使病人仰卧,在腰背部垫上软头枕使胸部抬高,把病人头转向一侧,两手平放。救护者跪姿骑跨在患者的大腿根部两侧,伸出双臂,拇指向内,其余四指向外,掌根部置于乳头下方,缓缓向胸部后上方压迫,将空气压出肺部,然后放松,使胸部自行弹回而吸入空气,如此反复按压。按压频率为每分钟 10~12 次,如图 3-4-1-10 所示。

注意:此法不适用于胸背部外伤或同时需要做心脏按压者。

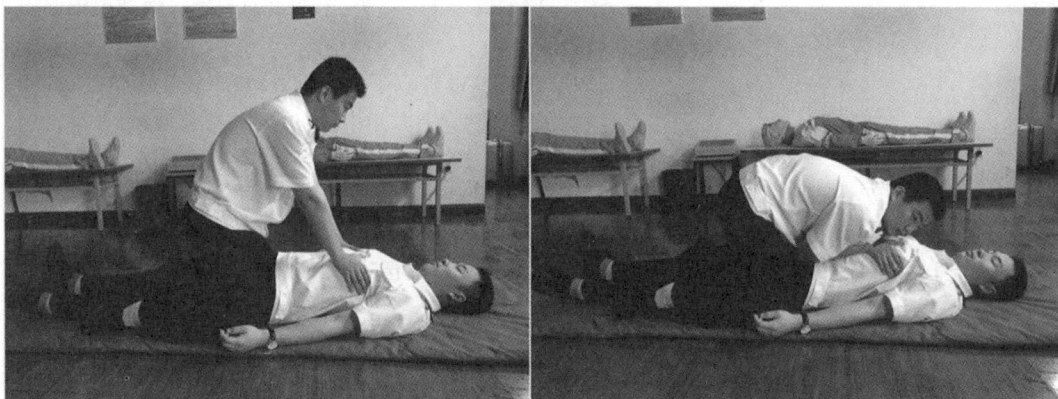

图 3-4-1-10　仰卧压胸法

4. 俯卧压背法

使病人俯卧位,在腹下垫枕,头略向下,面部转向一侧,以防口、鼻触地,一条臂弯曲垫在头下,另一臂伸直,急救者跪姿骑跨,手放在患者背部的两侧下方,相当于肩胛下角下方,靠自身重量向下用力压迫,然后挺身松手,以解除压力,使胸部自行弹回,频率每分钟 10~12 次,如图 3-4-1-11 所示。此法适用于溺水者的急救。

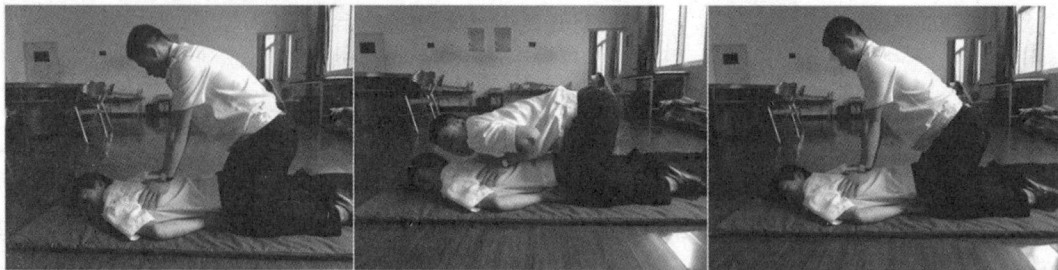

图 3-4-1-11　俯卧压背法

5. 举臂压胸法

使病人仰卧,在肩下垫一个枕头或衣物,头偏向一侧,操作者跪于患者头前,握住患者两前臂近肘部,将上臂拉直过头,此时病人胸部被动扩张使空气吸入,然后再屈曲两臂,将肘部放回下半胸部,并压迫其前侧两肋弓,使胸部缩小,空气呼出,如此反复进行,每分钟 10～12 次,如图 3-4-1-12 所示。此法效果仅次于口对口呼吸法,且简易有效,特别适用于服毒的伤病员。

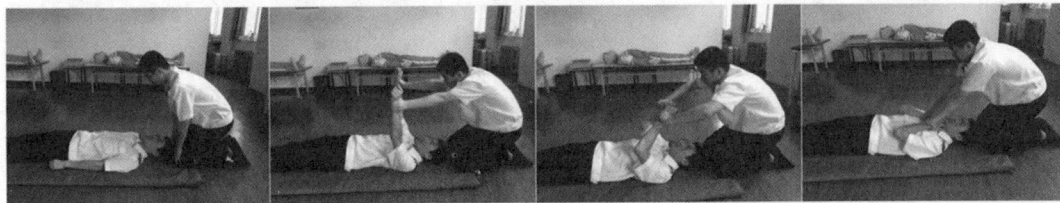

图 3-4-1-12　举臂压胸法

任务 2　掌握出血的判定与常用的止血方法

在各种创伤中,出血是突出的表现,它是指血管破裂或断裂后血液外流的一种现象。伤口大量出血若不及时止血,可危及生命。因此,止血是创伤救护的基本任务。有效地止血能够减少出血,保存有效血容量,防止休克的发生,为进一步治疗赢得时间。在紧急情况下应根据不同的出血性质和部位,采用不同的止血方法进行暂时止血。常用的有指压动脉止血法、加压包扎止血法、止血带止血法及直接止血法。

一、出血的类型

(一) 根据出血的部位分类

1. 皮下出血

皮下出血多因跌、撞、挤、挫伤造成皮下软组织出血,形成血肿、瘀斑,可以短期自愈。

2. 内出血

内出血是指深部组织和内脏损伤,血液流入人体组织或体腔内,形成脏器血肿或积血,从外表看不见,只能通过伤员的局部或全身症状来判断,如面色、呕血、腹部疼痛、便血、脉搏快而弱等来判断胃肠道、肝、脾等重要器官有无出血。

3. 外出血

外出血是指人体受到外伤后血管破裂,血液从伤口流出。外出血分三种:动脉出血、静脉出血和毛细血管出血,如图 3-4-2-1 所示。动脉出血为喷射状,随心脏的搏动而增强,血液颜色呈鲜红,多发生在血管断裂的近心端,且出血量多;静脉出血为缓慢持续性出血,血液颜色呈暗红,多发生在血管断裂的远心端;毛细血管出血为渗出状,血液颜色呈鲜红,且量不多。

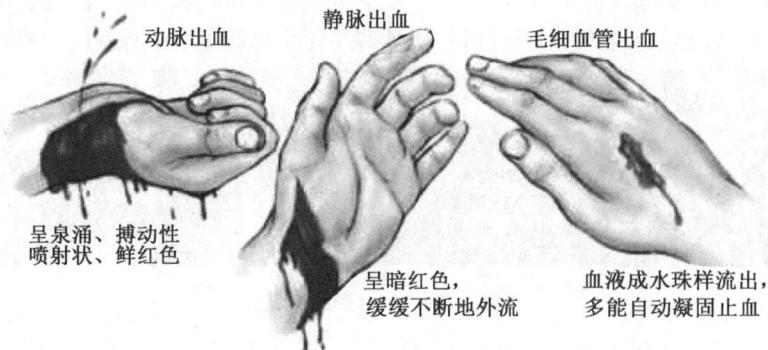

动脉出血　　　静脉出血　　　毛细血管出血

呈泉涌、搏动性
喷射状、鲜红色

呈暗红色，
缓缓不断地外流

血液成水珠样流出，
多能自动凝固止血

图 3-4-2-1　外出血的种类

（二）根据血管损伤的程度分类

1. 小血管损伤出血

小血管损伤出血位于体表或者肢端的伤口仅损伤小的血管和毛细血管，出血速度慢，出血量小。损伤的小血管会很快回缩，并通过自身的凝血机制形成血栓而自行凝血。这类出血只需包扎伤口即可达到止血的目的。

2. 中等血管损伤出血

中等血管损伤出血位于较深、较大的伤口，肌肉断裂、碾锉，长骨干骨折，肢体离断等损伤中等动脉，呈活动性出血，出血较多，可出现休克，如救护及时一般不会危及生命。采用指压、加压包扎止血法可达到止血目的，必要时可上止血带。

3. 大血管损伤出血

大血管损伤出血一般是颈动脉、股动脉、锁骨下动脉、腋动脉断裂出血，呈喷射状，肝脏破裂、骨盆骨折出血量均很大，短时间内出现休克，甚至死亡。大血管损伤时迅速有效地止血是救护伤员生命的关键措施。现场救护的同时要紧急呼叫 EMS 并特别需要说明伤情。

二、失血的症状

失血量较多时，伤病员面色苍白、口渴、冷汗淋漓、手足湿冷、软弱无力、呼吸急促、心慌气短。检查时，脉搏较弱以至摸不到，血压下降，表情淡漠，甚至意识不清。

三、止血材料

常用的止血材料有无菌敷料、粘贴创可贴（无菌敷料和绷带的结合）、气囊止血带、表带式止血带。就地取材可以采用布料为止血带，如三角巾、手绢、领带、衣物等。禁止使用电线、铁丝、绳子等替代止血带。创伤敷料为大而厚的具有吸附能力的无菌敷料，敷料要超过伤口边缘 3 cm，能对伤口产生均匀的压迫。

四、指压动脉止血法

这是最方便和快捷的止血方法,但不能持久,一般用于动脉出血。用手指压迫出血血管的近心端或直接压迫伤口的出血处,并用力压向骨面,把出血来源阻断。

1. 指压颞动脉止血法

如果出血在头顶部,可压迫同侧颞动脉(耳前动脉)止血。具体做法是,在同侧耳前对准耳屏前上方 1.5 cm 处,用拇指压迫,使颞动脉闭合而止血,如图 3-4-2-2 所示。

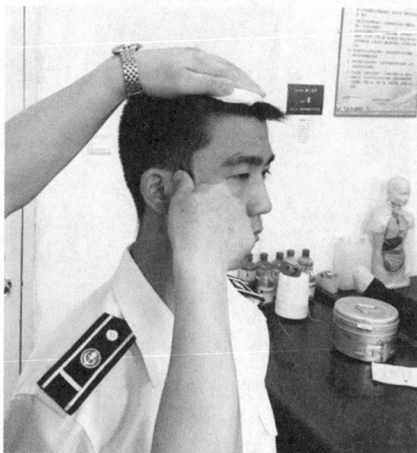

图 3-4-2-2　指压颞动脉止血法

2. 指压面动脉止血法

如果出血在口鼻面颊部,则可压迫下颌动脉(面动脉)止血。急救者一只手固定伤员的头部,另一只手的食指或拇指在伤侧的下颌角前约 1.5~3 cm 的凹陷处可触到动脉搏动点,压迫该点即可止血,如图 3-4-2-3 所示。

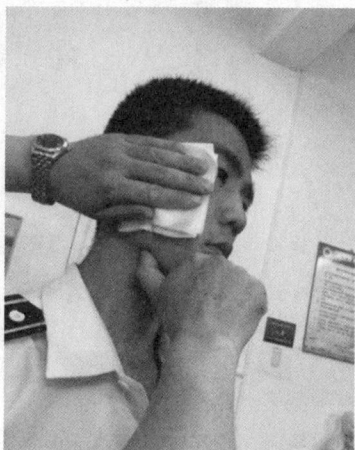

图 3-4-2-3　指压面动脉止血法

3. 指压颈总动脉止血法

该法适用于头颈部创伤的动脉大出血,在紧急情况下,用手指压在气管旁的颈总动脉止血。方法是,在该侧的胸锁乳突肌和气管之间有一较强动脉搏动处,用拇指或其余四个手指,将颈总动脉压在同侧的颈椎横突上即可止血,如图 3-4-2-4 所示。压迫颈总动脉时,容易引起伤员脑缺氧、昏迷、脉搏变慢、血压下降,所以不是特别紧急的情况不宜使用此法,更不能同时按压两侧颈总动脉。

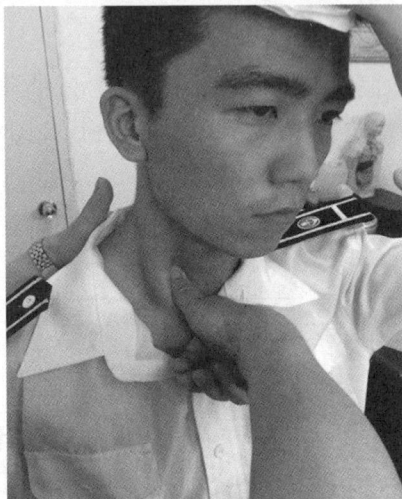

图 3-4-2-4　指压颈总动脉止血法

4. 指压锁骨下动脉止血法

当肩部、腋窝部、上臂上部发生动脉出血时,可压迫锁骨下动脉止血。方法是,用拇指在伤侧的锁骨上窝中部摸到锁骨下动脉搏动点,然后将锁骨下动脉压向内后方的第一肋骨,即可止血,如图 3-4-2-5 所示。

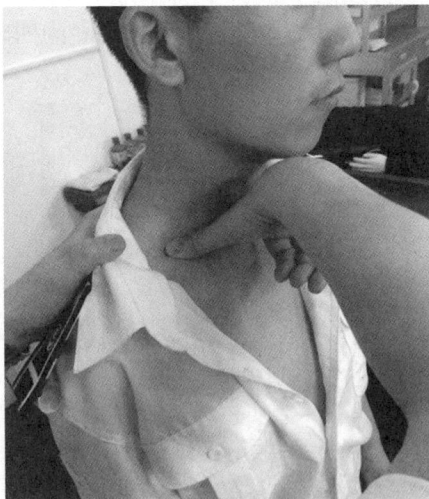

图 3-4-2-5　指压锁骨下动脉止血法

5. 指压肱动脉止血法

如果出血在上臂远端或在前臂及手,则可压迫肱动脉止血。压迫点在伤侧的上臂肱二头肌内侧,将肱动脉压向肱骨干即可止血。方法是,用一只手将伤侧的前臂提起,使伤侧的前臂与肩平行,再用另一只手拇指或其他四指压住肱动脉,即可止血,如图3-4-2-6所示。

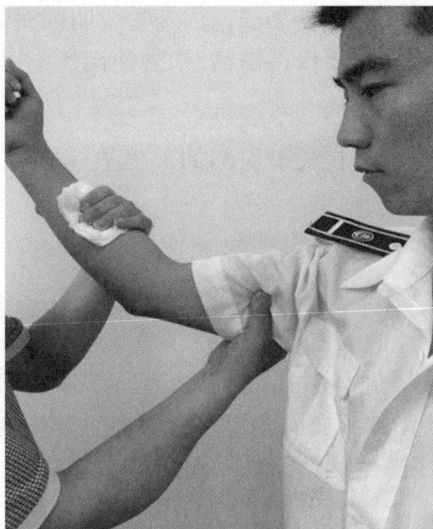

图3-4-2-6　指压肱动脉止血法

6. 指压股动脉止血法

当大腿或小腿受外伤致动脉出血时,可压迫股动脉止血。方法是,在伤侧的大腿上端腹股沟中点稍下方的搏动处,用两手的拇指或双手掌重叠压迫,将股动脉用力压在耻骨上即可止血,如图3-4-2-7所示。

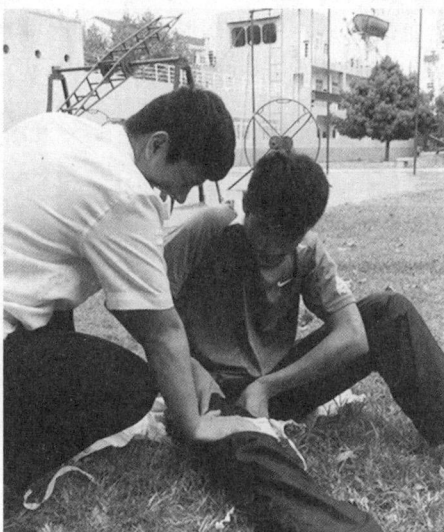

图3-4-2-7　指压股动脉止血法

五、加压包扎止血法

1. 敷料加压包扎止血法

该法即在伤口处填塞以干净的纱布,再用绷带进行加压包扎。该法主要适用于较小的血管引起的出血或渗血,但当有骨折或有异物存在时则不适用。除了在伤口处填塞纱布外,有条件时尚可在创口内撒上止血药物的粉末,如云南白药粉或明胶海绵等,然后再加压包扎以取得更好的止血效果,但要注意创口一定要保持清洁,切勿使用黄土、棉花或香灰等止血。

2. 屈肢加垫止血法

在肢体的关节部位下端出血时,在关节屈侧加上棉垫、毛巾团或叠好的三角巾,将伤肢关节屈曲后,进行固定,以达到止血的目的。

六、止血带止血法

止血带止血法是利用有弹性的胶皮管(弹性胶带)或较软的布料或三角巾折成的布带等,在出血部位的近心端将整个肢体进行绑扎,以阻断通向肢体的动脉血流从而达到止血目的。止血带止血法适用于四肢较大动脉出血的止血。有时在急救现场找不到胶皮类止血带,也可用听诊器胶管或三角巾、绷带、手帕等代用,切不可用绳索、电线或铁丝等物品代替止血带。

止血带止血法虽能有效地制止住四肢的出血,但使用不当常可引起或加重肢体的坏死、急性肾功能不全等并发症,因此只能用于其他方法暂不能控制的出血,不能用于头颈部或躯干部的出血。止血带只能暂时应用,要争取时间转院或采取其他彻底的办法止血。

(一)止血带止血法的种类

1. 橡皮止血带止血法

在绑扎部位先用毛巾或衣服垫好,用左手的拇指、中指、食指持止血带的一端(距上端约8~10 cm),然后用右手拉紧止血带的另一端绕伤肢缠绕两圈,再将止血带的末端塞入止血带下面的食指、中指之间,最后两指捏住止血带拉回固定,如图3-4-2-8所示。

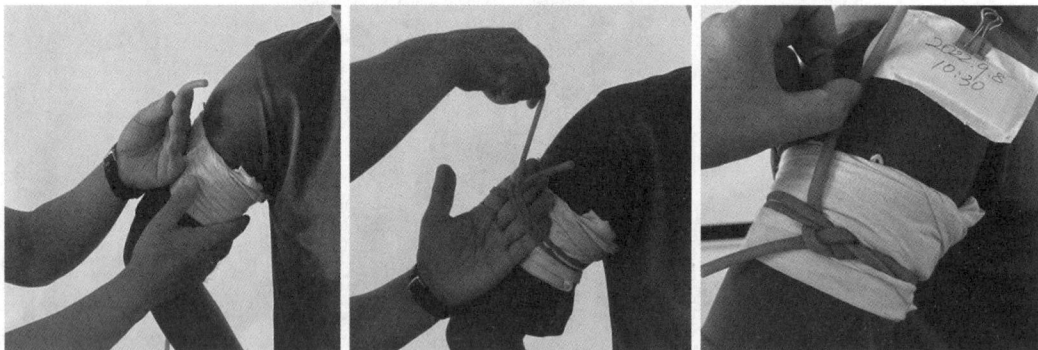

图 3-4-2-8 橡皮止血带止血法

2. 勒紧止血法

将三角巾折叠成带状或用软布带在伤口近心端勒紧止血,第一道绑扎作垫层,第二道压在第一道上面勒紧,如图3-4-2-9所示。

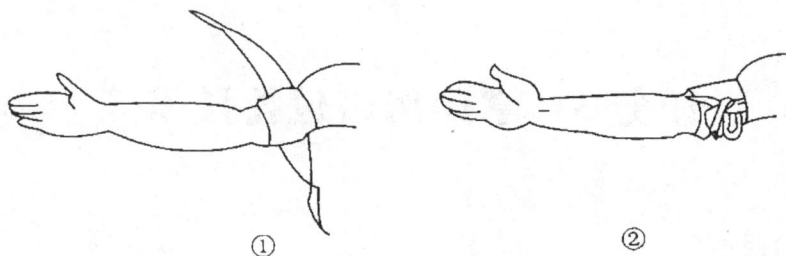

① ②

图 3-4-2-9　勒紧止血法

3.临时绞紧止血法

将绷带卷、毛巾或纱布折成绷带卷大小,放在伤口近心端的动脉干上,用布带放在上面绕肢体两圈后拉紧,待两端合拢后打一个活结,把绞棒插在后一圈的下面,提起绞紧,然后将绞棒的一端插入活结内,再将活结拉紧固定绞棒,如图 3-4-2-10 所示。

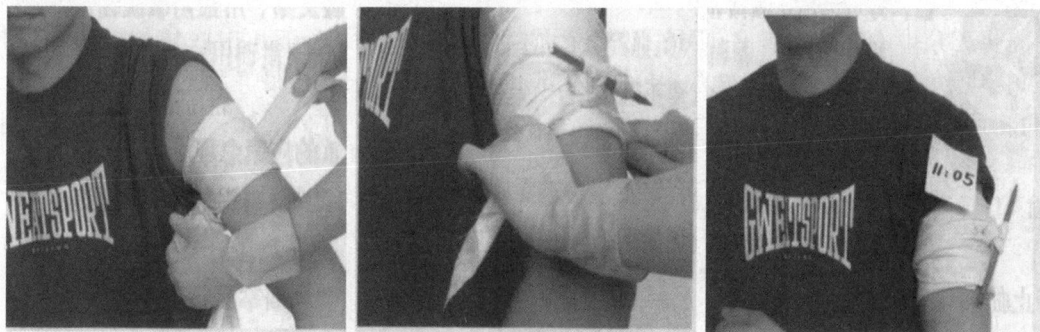

图 3-4-2-10　绞紧止血法

(二)使用止血带时应注意的事项

(1)上止血带前须抬高患肢,使静脉回流,并在止血带下方放置敷料或布垫,以免损伤皮肤、血管和神经;

(2)止血带应扎在出血部位近心端的上臂或大腿,上臂止血带不可扎在中 1/3 处,以免损伤桡神经;

(3)止血带应松紧适宜,过紧会导致肢体远端缺血坏死;

(4)使用止血带后必须有显著的标志(如红色布条),注明止血的时间;

(5)止血后应每隔 30~60 min 放松止血带 1~3 min,看到鲜红色血液流出时为止,放松时应改成指压动脉法止血或加压包扎止血法。

七、直接止血法

直接止血法是指通过清创术对已损伤的血管进行结扎、修复或吻合等,是最彻底、有效的止血方法,但通常在院前急救时难以做到。

任务3　掌握伤口包扎技术

一、包扎的目的

绷带包扎是外伤现场应急处理的重要措施之一。及时正确包扎,可以达到压迫止血、减少感染、保护伤口、减少疼痛等目的。

二、包扎的方式

1. 三角巾头部包扎

先将三角巾的底边折叠 2~4 指宽,折叠面向内,齐眉弓压住,三角巾底角的两头向后拉,将三角巾顶角压住,整理伤口处敷料,在后枕部交叉换位,将三角巾底角绕行至前额打一个平结;再将后枕部的顶角伸展,顶角向上翻,平整地塞进三角巾的交叉处;最后整理整齐,如图 3-4-3-1 所示。

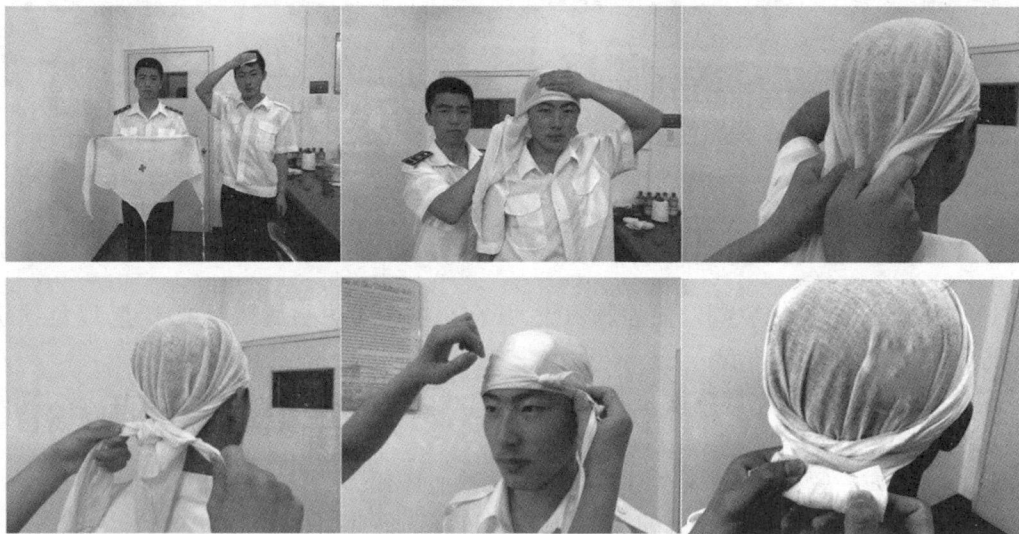

图 3-4-3-1　三角巾头部包扎

2. 三角巾肩部包扎

以左肩为例。急救者左手拿三角巾一个底角置于患者右侧腋前,右手拿三角巾顶角拉紧斜边靠近颈根部,底边水平置于剑突高度,顶角后翻盖住左侧肩部,将三角巾底边向后塞进左侧腋下,再将三角巾另一斜边前拉,利用顶角系带在左侧三角肌下缘缠绕固定,然后将三角巾左侧底角上翻后盖住左肩,用力后拉绕背部至右侧腋前和另一底角打结固定,如图 3-4-3-2 所示。

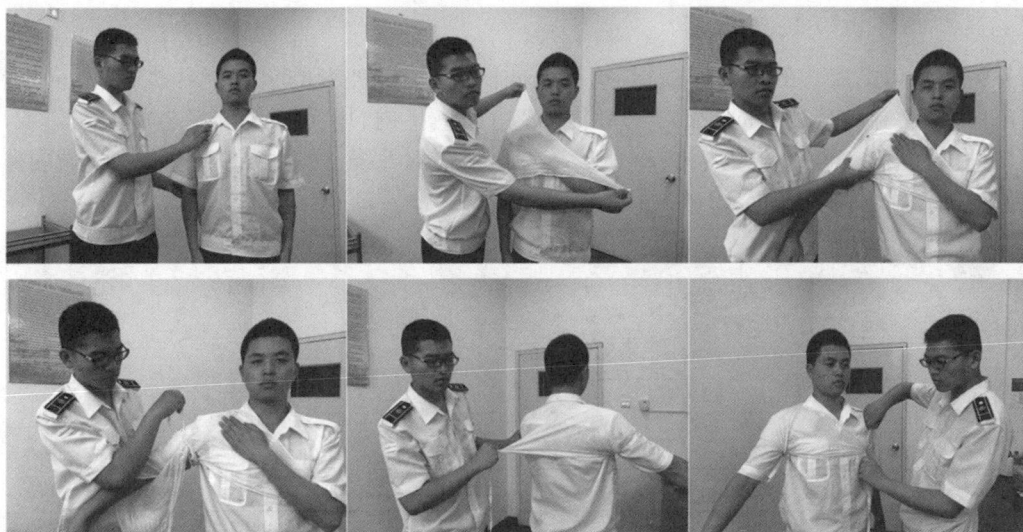

图 3-4-3-2　三角巾肩部包扎

3. 三角巾胸部包扎

急救者位于被包扎者的前方,先将三角巾的底边折叠四横指宽,折叠面向外,在剑突部位将三角巾底角的一头向后拉绕行至对侧腋前线的位置打结,然后将顶角向上拉至一侧肩峰上,将顶角的带子拉紧后,在背部的横带子上打结,如图 3-4-3-3 所示。

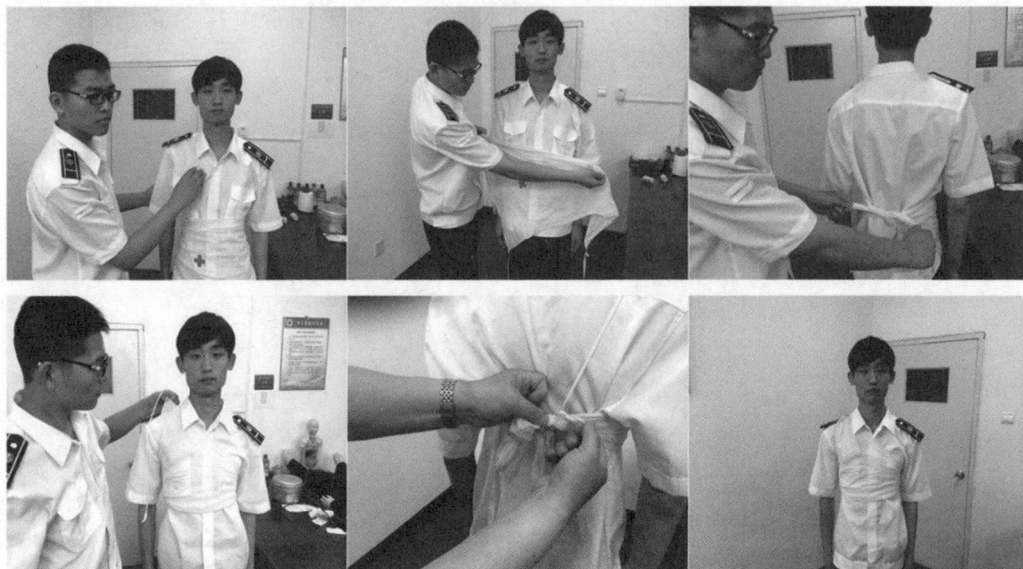

图 3-4-3-3　三角巾胸部包扎

4.三角巾手部包扎

先将三角巾的底边的折叠四横指,折叠面向内,将被包扎者的手五指并拢,掌心向下置于三角巾中央,手指和顶角方向一致,手腕应在底边两横指内,用无菌敷料完全覆盖伤口或用纱布块塞进指间隔离,再将顶角后拉,将顶角系带在手腕部缠绕,最后再将两边向内折叠收紧,在手腕部交叉、缠绕、打结,如图3-4-3-4所示。

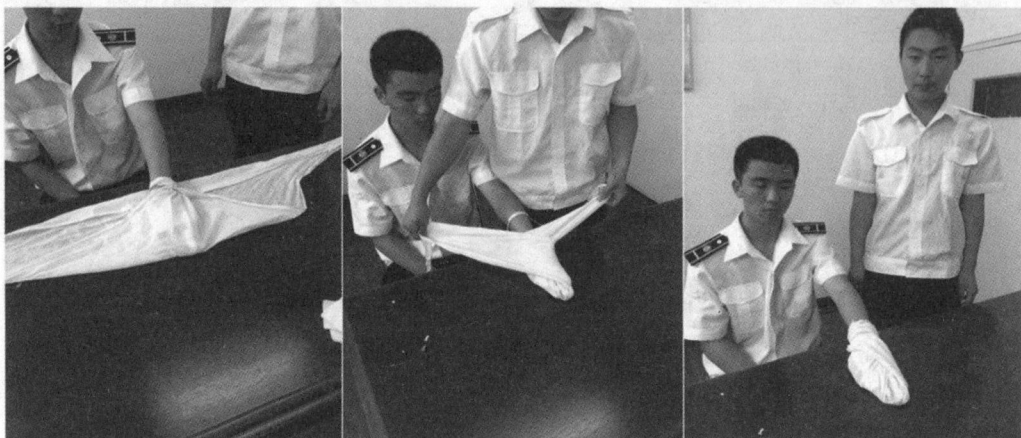

图 3-4-3-4　三角巾手部包扎

5.绷带包扎法

(1)环形包扎:此法是各种绷带包扎中最基本的方法,用于绷带包扎的起始和结束,也用于手腕部、肢体粗细相等的部位,如图3-4-3-5所示。

图 3-4-3-5　环形包扎

操作步骤:

①伤口用无菌或干净的敷料覆盖,固定敷料。

②将绷带打开,第一圈环绕稍作斜状,大致倾斜45°,并将第一圈斜出一角压入环形圈内环绕第二圈。

③加压绕肢体绕4~5圈,每圈盖住前一圈,绷带缠绕范围要超出辅料边缘。

④最后将绷带多余的减掉,用胶布粘贴固定,也可将绷带尾端从中央纵行剪成两个布条,然后打结。

(2)螺旋包扎:用于包扎身体直径基本相同的部位,如上臂、手指、躯干、大腿等,如图3-4-3-6所示。

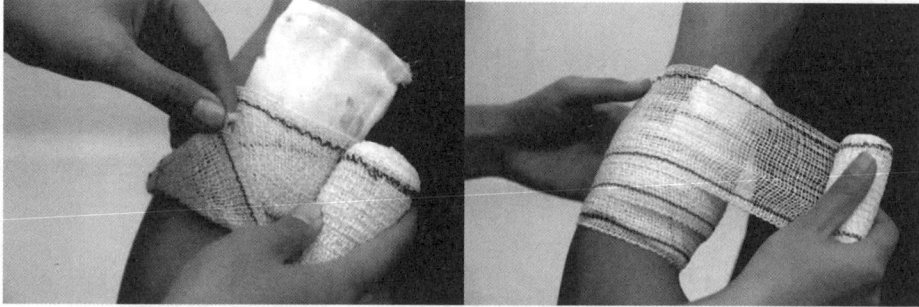

图 3-4-3-6　螺旋包扎

操作步骤:

①伤口用无菌或干净的敷料覆盖,固定敷料。

②先按环形法缠绕两圈。

③从第三圈开始上缠每圈盖住前圈三分之一或二分之一呈螺旋形。

④最后以环形包扎结束。

注意:包扎时应用力均匀,由内而外扎牢。包扎完成时应将盖在伤口上的敷料完全遮盖。

(3)螺旋反折包扎:适用于粗细不等的肢体,如图3-4-3-7所示。

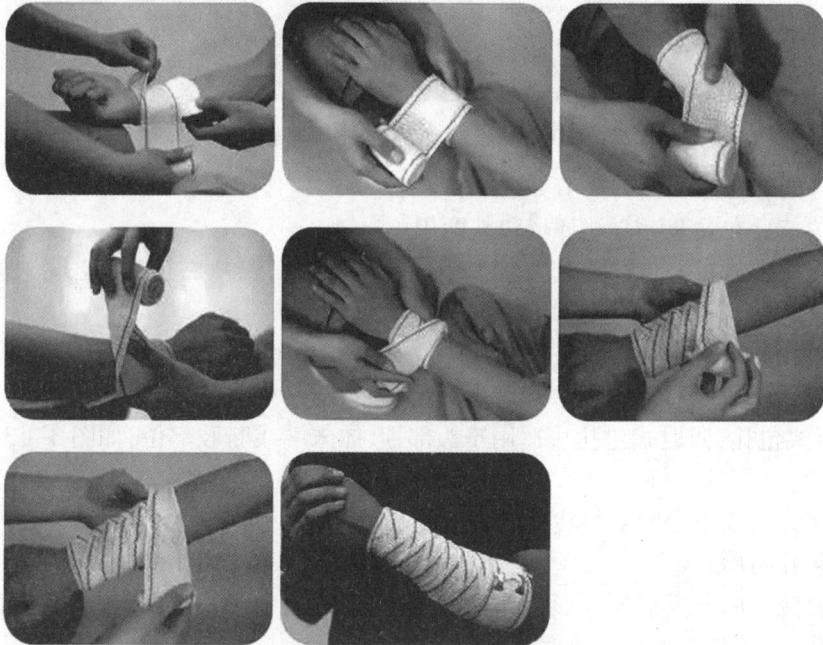

图 3-4-3-7　螺旋反折包扎

操作步骤:

①伤口用无菌或干净的敷料覆盖,固定敷料。

②先按环形法缠绕两圈。

③然后将每圈绷带反折,盖住前圈三分之一或三分之二。依此由下而上地缠绕。

④折返时按住绷带上面正中央,用另一只手将绷带向下折返,再向后绕并拉紧;绷带折返处应避开患者伤口。

⑤最后以环形包扎结束。

(4)"8"字形包扎:用于包扎肩、髋、膝、肘、踝、腕等关节处。

手部"8"字形绷带包扎步骤如图 3-4-3-8 所示:

①伤口用无菌或干净的敷料覆盖,固定敷料。

②包扎时从腕部开始,先环行缠绕两圈。

③经手和腕"8"字形缠绕。

④最后将绷带尾端在腕部固定。

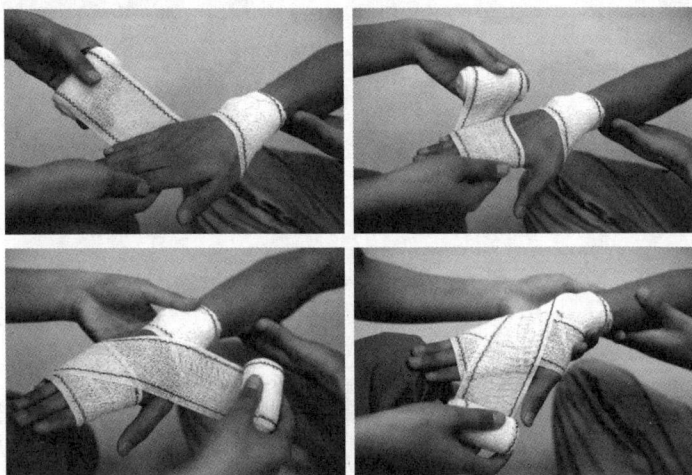

图 3-4-3-8　手部"8"字形绷带包扎

直径不一的部位或屈曲的关节如肘、肩、髋、膝等的操作步骤:

①屈曲关节后在关节远心端环形包扎两周。

②右手将绷带从右下越过关节向左上绷扎,绕过后面,再从右上(近心端)越过关节向左下绷扎,使呈"8"字形,每周覆盖上周 1/3~1/2。

③环形包扎 2 周固定。

注意:包扎关节时绕关节上下"8"字形缠绕。

(5)回返式包扎:回返式包扎法适用于头部、肢体末端或断肢部位,如图 3-4-3-9 所示。

操作步骤:

①伤口用无菌或干净的敷料覆盖,固定敷料。

②环形包扎两周。

③右手将绷带向上反折与环形包扎垂直,先覆盖残端中央,再交替覆盖左右两边,左手固定住反折部分,每周覆盖上周三分之一到二分之一。

④再将绷带反折环形包扎两周固定。

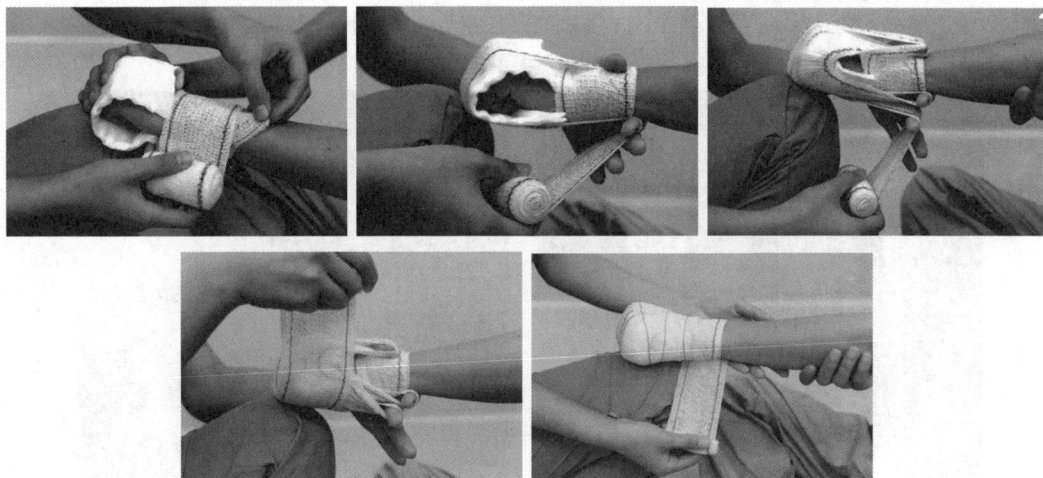

图 3-4-3-9　回返式包扎

三、包扎的注意事项

（1）做每项操作时，都要确认现场环境是否安全，做好个人防护。

（2）包扎前要暴露伤口，判断伤情。

（3）对伤口内的异物不要轻易处理，伤口不必敷药，用消毒敷料或干净的衣物包裹。

（4）对脱出的内脏严禁纳回伤口内，以免引起伤口的扩大和增加深部感染的机会。

（5）包扎伤口动作要"轻、快、准、牢"，先盖后包，不盖不包"。

①"轻"：包扎动作要轻，不要碰撞伤口，以免增加伤病人的疼痛和出血；

②"快"：发现伤口要快，包扎动作要快，以免造成伤口的进一步感染和病人痛苦；

③"准"：包扎部位要准确、严密，对准伤口切不宜漏伤；

④"牢"：包扎要牢固，松紧适宜，以免妨碍血液流通和压迫神经。

（6）打结时，不要在伤口上方，也不要在身体背后。

（7）在没有绷带而必须包扎的情况下，可用毛巾、手帕、床单（撕成窄条）、长筒尼龙袜子等代替绷带包扎。

任务 4　掌握骨折固定技术

骨折（Bone Fracture）是指骨的完整性遭到破坏或骨的连续性发生中断。船员骨折一般是外伤性骨折。

一、骨折的类型

骨折按性质，可分为病理性骨折和外伤性骨折。病理性骨折是指发生病理性改变的骨骼遭受轻微外力而发生的骨折；外伤性骨折是指正常骨骼遭受外力作用而引起的骨折。

骨折按是否与外界相通,又分为闭合性骨折(骨折处与外界不相通)(图 3-4-4-1)和开放性骨折(骨折处与外界或空腔脏器相通)(图 3-4-4-2)。

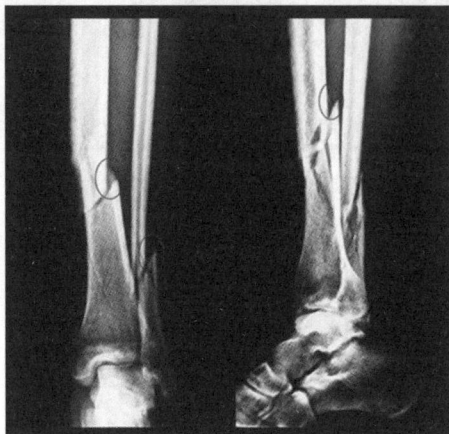

图 3-4-4-1 闭合性骨折

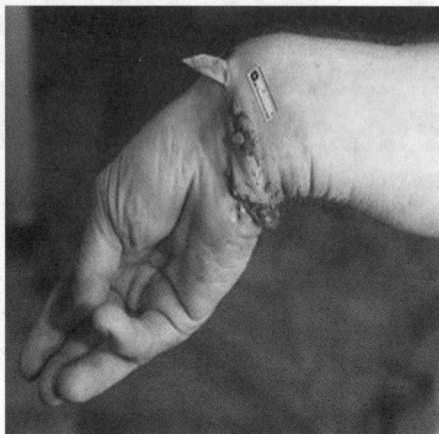

图 3-4-4-2 开放性骨折

骨折按照程度又分为完全性骨折、不完全性骨折和嵌顿性骨折。完全性骨折是指骨组织完全断裂,3 碎块以上称为粉碎性骨折(图 3-4-4-3);不完全性骨折是指骨部分断裂(图 3-4-4-4);嵌顿性骨折又称为嵌插骨折,断骨两端互相嵌在一起。

按照外伤的时间,骨折又分为新鲜骨折(骨折 1~2 周内),可用手法复位;陈旧性骨折(骨折超过 2~3 周),用手法较难复位。

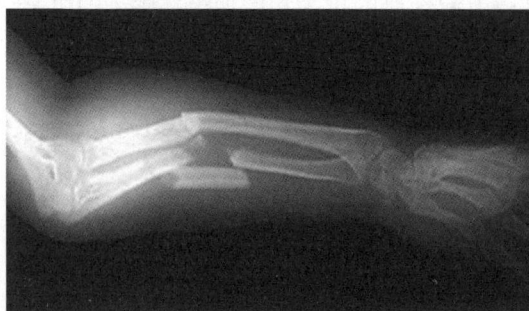

图 3-4-4-3 完全性骨折(粉碎性骨折)

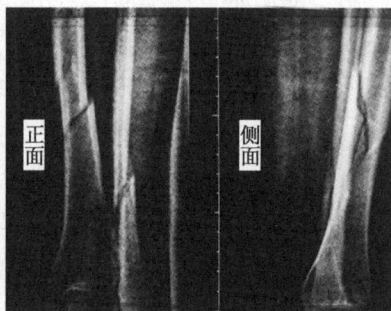

图 3-4-4-4 不完全性骨折

二、骨折的诊断依据

1. 疼痛

突出表现是剧烈疼痛,受伤处有明显的压痛点,移动时有剧痛,安静时疼痛减轻。根据疼痛的轻重和压痛点的位置,可以大体判断骨折的部位。无移位的骨折只有疼痛没有畸形,但局部可有肿胀或血肿。

2. 肿胀

出血和骨折端的错位、重叠,都会使外表呈现肿胀现象。

3. 畸形

骨折时肢体会发生畸形,呈现缩短、成角、旋转等。

4.异常活动

完全性骨折往往有假关节活动,嵌顿性骨折会有骨擦音或骨擦感。

5.功能障碍

原有的运动功能受到影响或完全丧失。

6.血管、神经损伤的检查

上肢损伤检查桡动脉是否有搏动,下肢损伤检查足背动脉是否有搏动。检查手指或足趾的感觉和自主活动。

三、骨折的现场急救

现场急救的目的在于用简单有效的方法,挽救生命,防止休克,保护伤处,减少痛苦,避免再损伤和再污染,为转运创造条件。现场急救的一般程序:开放性骨折先止血,再包扎固定,最后搬运伤员。

1.一般处理

现场不确定是否骨折的伤员,均应按骨折处理。骨折固定时应尽量减少不必要的活动,固定后可以使用镇痛药。

2.创口包扎

绝大多数创口出血,先用无菌敷料覆盖,然后用绷带压迫后即可止血。如骨折断端外露压迫神经及血管时,绝对不可现场复位。

3.妥善固定

骨折固定应注意以下事项:

(1)本着先救命后治伤的原则,呼吸、心跳停止者立即进行心肺复苏。有大出血时,应先止血,再包扎,最后再固定骨折部位。

(2)对于大腿、小腿和脊柱骨折,应就地固定,不要随便移动伤员。

(3)骨折固定的目的,只是限制肢体活动,不要试图整复。如患肢过度畸形不便固定时,可顺伤肢长轴方向稍加牵引和矫正,然后进行固定。

(4)对四肢骨折断端固定时,先固定骨折上端,后固定骨折下端。如固定顺序颠倒,可导致断端再度错位。

(5)固定材料不能与皮肤直接接触,要用棉垫等柔软物品垫好,尤其骨突出部和夹板两头更要垫好。

(6)夹板要托付整个伤肢,将骨干的上、下两个关节固定住。绷带和三角巾不要直接绑在骨折处。

(7)固定四肢时应露出指(趾),随时观察血液循环,如有苍白青紫、发冷、麻木等情况,立即松开重新固定。

(8)肢体固定时,上肢屈肘,下肢伸直。

(9)开放性骨折禁用水冲,不涂药物,保持伤口清洁。外露的断骨严禁纳回伤口内,避免增加污染和刺伤血管、神经。

(10)疼痛严重者,骨折固定结束后可服用止痛剂和镇静剂。固定后迅速送往医院。

四、常用的几种骨折固定法

1. 前臂骨折固定法

如图 3-4-4-5 所示,取两块长短适当的木板(由肘关节至手心),垫以柔软衬物,将两块夹板分别放在前臂掌侧与背侧(只有一块夹板时放在前臂背侧),并在手心放棉花等柔软物,让伤员握住,使腕节稍向背屈,然后,上下两端扎牢固定,再屈肘 90°,用大悬臂带吊起。

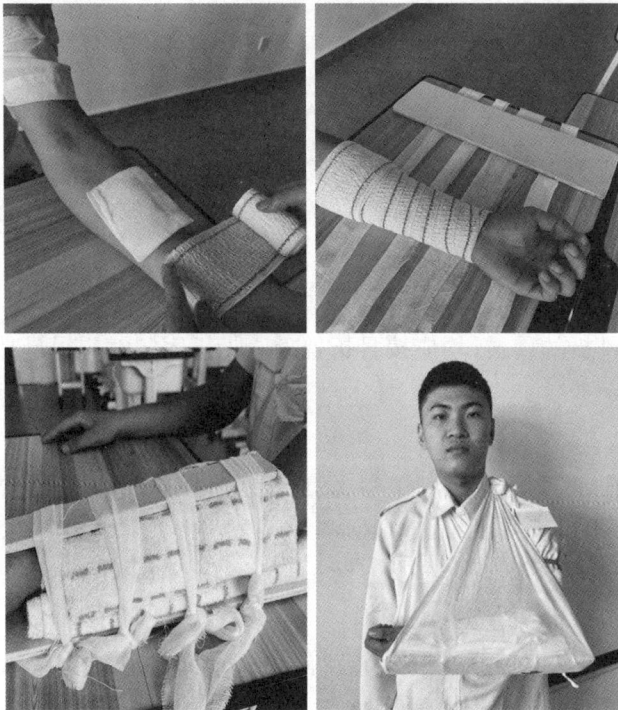

图 3-4-4-5　前臂骨折固定法

2. 肱骨骨折固定法

如图 3-4-4-6 所示,用木夹板两块置于上臂内、外侧(如只有一块夹板时则放在上臂外侧),用绷带或三角巾将上下两端扎牢固定,肘关节屈曲 90°,前臂用小悬臂带吊起。

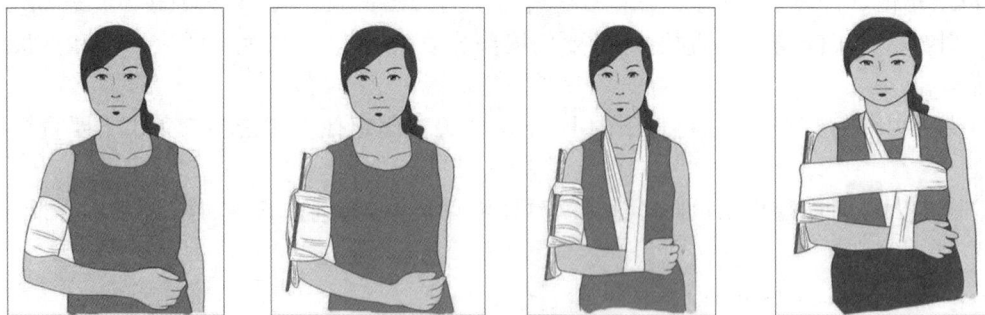

图 3-4-4-6　肱骨骨折固定法

3. 小腿骨折固定法

如图 3-4-4-7 所示,用两块由大腿中段到脚跟长的木板加垫后,放在小腿的内侧和外侧,关节处垫置软物后,用五条三角巾或布带分段扎牢固定。首先,固定小腿骨折的上下两端,然后,依次固定大腿中部、膝关节、踝关节并使小腿与脚掌呈垂直,用"8"字形包扎固定。

无夹板时,可用三角巾、腰带、布带等把两下肢固定在一起,两膝和两踝关节之间要垫上软性物品。

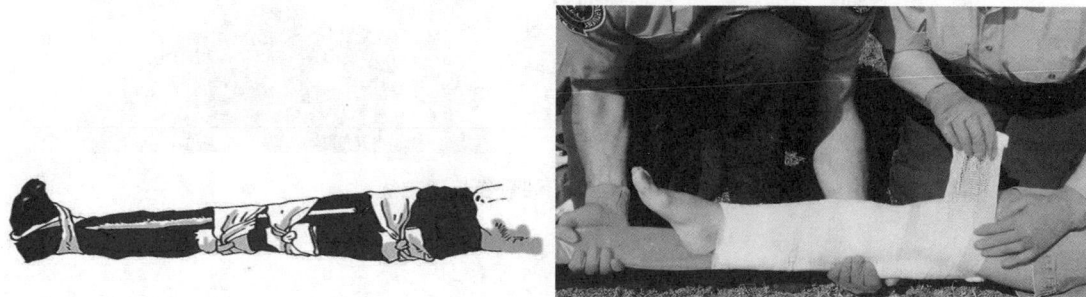

图 3-4-4-7　小腿骨折固定法

4. 大腿骨折固定法

如图 3-4-4-8 所示,伤员仰卧,伤腿伸直。用两块夹板放于大腿内、外侧。外侧由腋窝到足跟,内侧由腹股沟到足跟(只有一块夹板则放到后面),将健侧肢体拉向伤侧肢体,使两下肢并列,两脚对齐。关节及空隙部位加垫,用五至七条三角巾或布带将骨折上下两端先固定,然后分别在腋下,腰部及膝、踝关节等处扎牢固定。此外固定时,必须使脚掌与小腿呈垂直,用"8"字形包扎固定。同时,应脱去伤肢的鞋袜,以便随时观察血液循环。

无夹板时,可用三角巾、腰带、布带等把两下肢固定在一起,两膝和两踝骨之间要垫上软性物品。

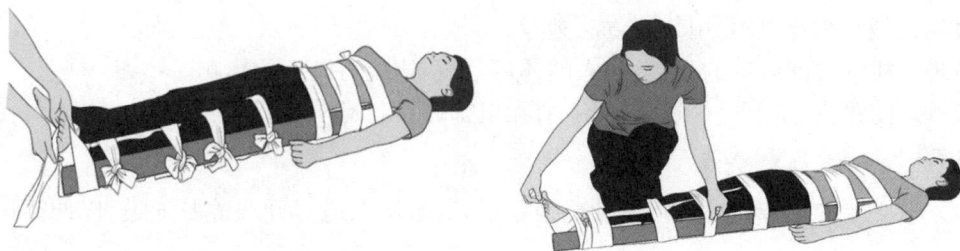

图 3-4-4-8　大腿骨折固定法

5. 锁骨骨折固定法

如图 3-4-4-9 所示,先在两侧腋下各自垫上一块棉垫,将三角巾折叠成 4 横指宽条带,以横"8"字形缠绕两肩,使两肩尽量往后张,胸往前挺,在背部交叉处打结固定。两肘关节屈曲,两手腕在胸前交叉,再用一条三角巾,从上臂肱骨下端处绕过胸廓,两端相遇时打结。

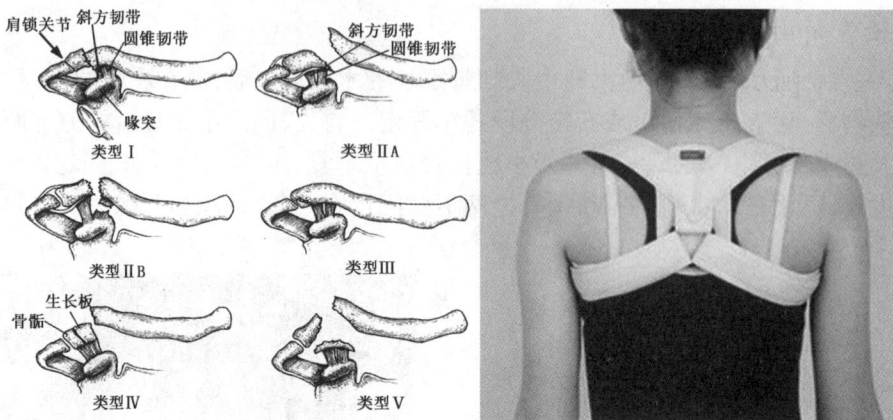

图 3-4-4-9　锁骨骨折固定法

任务 5　熟悉伤病员的搬运方法

一、正确搬运伤员和病人的方法

病人发生急病或受伤,在救护之前尽量在原地少动,除非留在原地会有危险。通常是在现场进行初步的急救之后,将病人送到医院做进一步检查和治疗,这个送往医院的过程,就是搬运病人的过程。

搬运病人是一门很重要的技术,危重病人必须躺在担架上搬运,对预后有利。

1. 搬运病人前需要考虑的问题

(1)病人是否适合搬动,用什么方法搬运。

(2)现场能够协助搬运的人数,病人的体形,急救体位对搬运的影响。

(3)搬运的路线,是下楼梯还是平抬,有无电梯,距离救护车路程的长短。

2. 搬运病人的基本要点

(1)采取必要的初步的急救措施使病情稳定,危重病人最好开通静脉通道,以便搬运中随时用药。

(2)采取最有利病情的搬运方式和工具。

(3)将病人置于最适当的体位,既不影响呼吸,又可随时观察病情的变化。

3. 上下担架的方法

担架是运送病人最常用、最适宜的工具。救护车上装备的轮式担架、可升降担架、铲式担架都是根据病人的生理特点和急救的需要设计的,有保护和固定病人的作用。而远洋船舶通常都配备罗伯逊担架,便于垂直起降快速转运病人。

(1)将病人抬上或抬下担架,至少需要 2~3 人,一人用手托住病人的头部、肩部,1 人或 2 人用手托住腰部、臀部、膝部、腿部,2 人或 3 人同时将病人抬起,轻轻放在担架上或从担架上移到病床上,如图 3-4-5-1 所示。

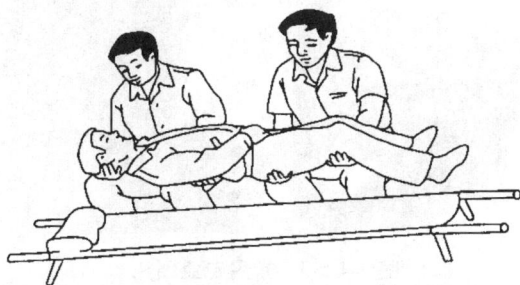

图 3-4-5-1 上下担架的方法

(2)担架员起降时动作要平稳,行动要一致。

(3)上下楼梯或台阶时担架应始终保持平稳,如图 3-4-5-2 所示。

图 3-4-5-2 上下楼梯或台阶时担架应始终保持平稳

4.搬运注意事项

首先必须妥善处理好伤员,先对外伤进行止血、包扎、固定,保持呼吸通畅,才能搬动。若病人随时有生命危险,而救护人员又无法在短时间内赶到,则应该先就地处理,待病情稳定后再转送医院。

在人员、担架等未准备妥当时,切忌搬运,尤其是搬运身体过重和意识不清的病人,以免搬运途中发生滚落、摔伤等意外。

二、特殊伤员的正确搬运方法

1.颈部外伤伤员的正确搬运

颈部外伤极易造成颈椎骨折或脱位,搬运不当还可能造成截瘫或立即死亡。

(1)搬运前,先妥善固定颈部,最好使用可调式颈托,也可用衣物、沙袋、硬纸板等制作临时颈托加用以固定,如图 3-4-5-3、图 3-4-5-4 所示。

(2)固定好颈部后,使头部与身体成直线,并保持颈部不能左右活动。

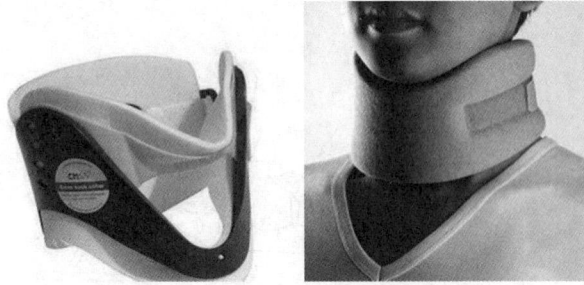

图 3-4-5-3　常用专业颈托

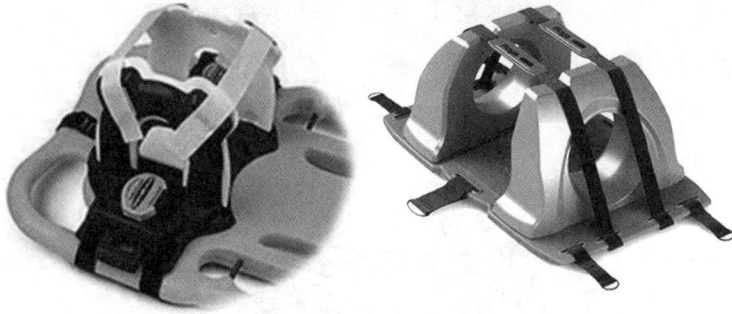

图 3-4-5-4　头部固定器

（3）采取多人搬运法，如图 3-4-5-5 所示。

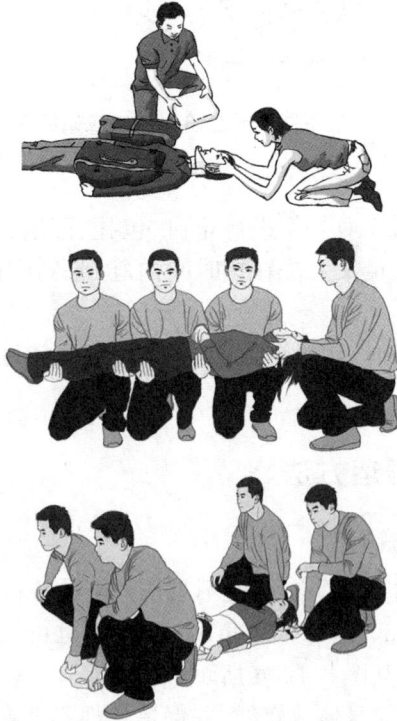

图 3-4-5-5　多人搬运法

2.胸部、腰部外伤伤员的正确搬运

胸部、腰部外伤如果造成胸椎或腰椎的骨折和脱位,可能损伤胸、腰部的脊髓神经,导致下肢瘫痪。

(1)搬运前,先妥善固定胸部或腰部,将衣物、沙袋等物放至胸、腰部两旁,再用绷带一起捆绑,固定在担架上,防止身体移动,如图3-4-5-6所示。

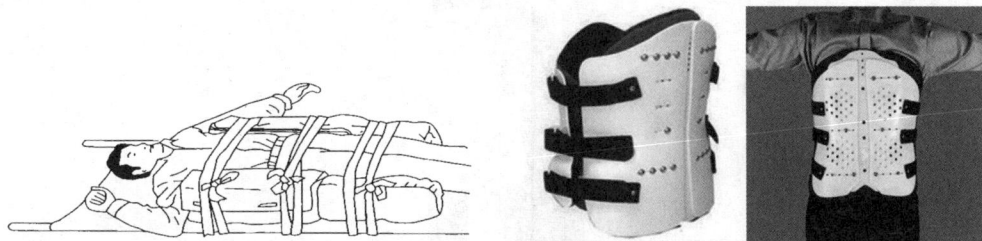

图3-4-5-6　胸部、腰部固定

(2)三人配合搬运病人,一人托住肩胛部,一人托住腰部、臀部,一人托住伸直且并拢的双下肢,三人同时抱住病人,轻抬轻放,如图3-4-5-7所示。

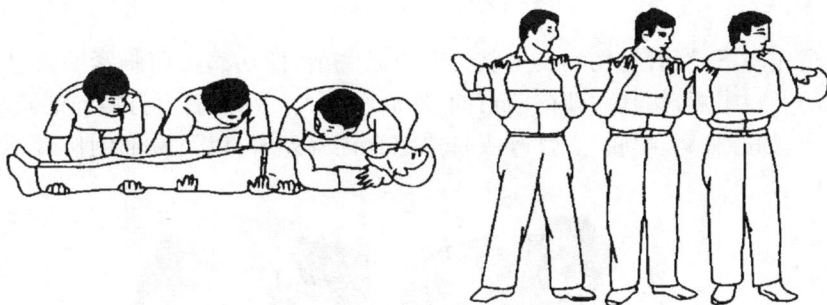

图3-4-5-7　搬运胸部、腰部外伤伤员的正确方法

注意:不能用错误的搬运方法,即一人抱胸,一人抱住病人腋下,如图3-4-5-8所示。

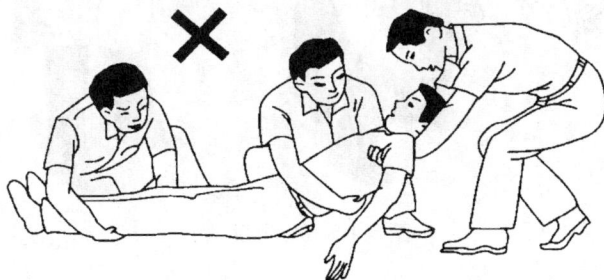

图3-4-5-8　搬运胸部、腰部外伤伤员的错误方法

三、徒手搬运伤员的方法

1.搀扶法

由一位或两位救护人员托住伤病员的腋下,也可由伤员一只手搭在救护人员肩上,救护人

员用一只手拉住,另一只手扶伤病员的腰部,然后与伤病员一起缓慢移步;搀扶法适用于病情较轻、能够站立行走的伤员。其作用是不仅能给伤病员一些支持,能体现对伤病员的关心,如图 3-4-5-9 所示。

图 3-4-5-9　搀扶法

2. 背驮法

救护人员先蹲下,然后将伤病员上肢拉向自己胸前,使伤病员前胸紧贴自己后背,再用双手扶伤病员的大腿中部,使其大腿向前弯曲,然后救护人员站立后上身略向前倾斜行走。呼吸困难的伤病员,如心脏病、哮喘、急性呼吸窘迫综合征等患者,以及胸部创伤者不宜用此法,如图 3-4-5-10 所示。

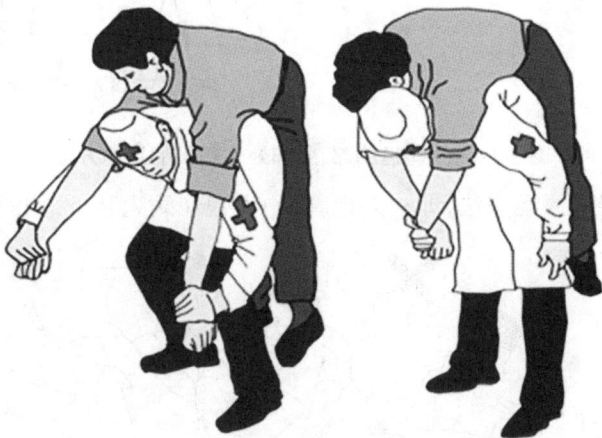

图 3-4-5-10　背驮法

3. 侧身匍匐搬运法

救护者侧身在伤员背侧,将伤员腰部垫在大腿上,伤员两手放于胸前,救护者右手穿过伤员腋下抱肩,使伤员上体脱离地面并贴紧救助者,左前臂撑于地面,两眼目视前方,按照侧身匍匐的方法要领蹬足向前移动。其动作要领概括为"垫腰、抱肩、撑肘、蹬足"。注意伤员受伤部位朝上,伤员头部和上肢不要着地,如图 3-4-5-11 所示。

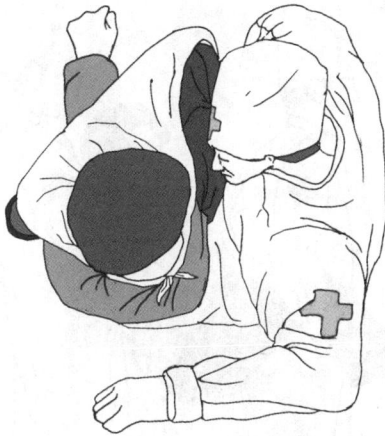

图 3-4-5-11　侧身匍匐搬运法

4. 手托肩捎法（有两种方法）

如图 3-4-5-12 所示：

(1)将伤病员的一侧上肢搭在自己肩上,然后一只手抱住伤病员的腰,另一只手起大腿,手掌托其臀部。

(2)将伤病员捎上,伤病员的躯干绕颈背部,其上肢垂于胸前,搬运者一只手压其上肢,另一只手托其臀部。

图 3-4-5-12　**手托肩捎法**

5. 拉车式

由一个救护人员站在伤病员的头部,两手从伤病员腋下抬起,将其头背抱在自己怀内,另一救护员蹲在伤病员两腿中间,同时夹住伤病员的两腿面向前,然后两人步调一致地慢慢将伤病员抬起向前行进,如图 3-4-5-13 所示。

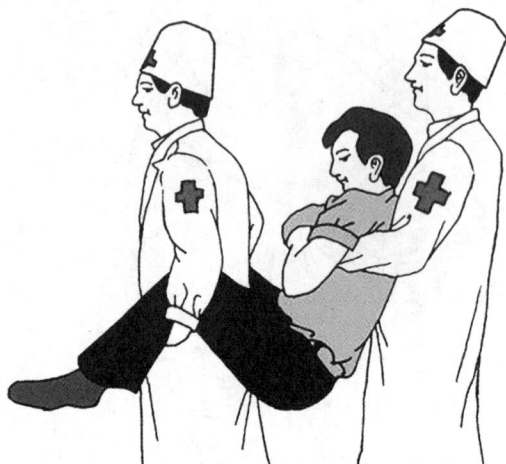

图 3-4-5-13　拉车式

在船上,通道舱口较狭窄,舷梯较陡,一般担架的搬运难以适应。而罗伯逊担架的特点是可将伤病员牢固地包裹起来并安全灵活地进行搬运,甚至直接悬吊升入救护直升机,如图3-4-5-14 所示。

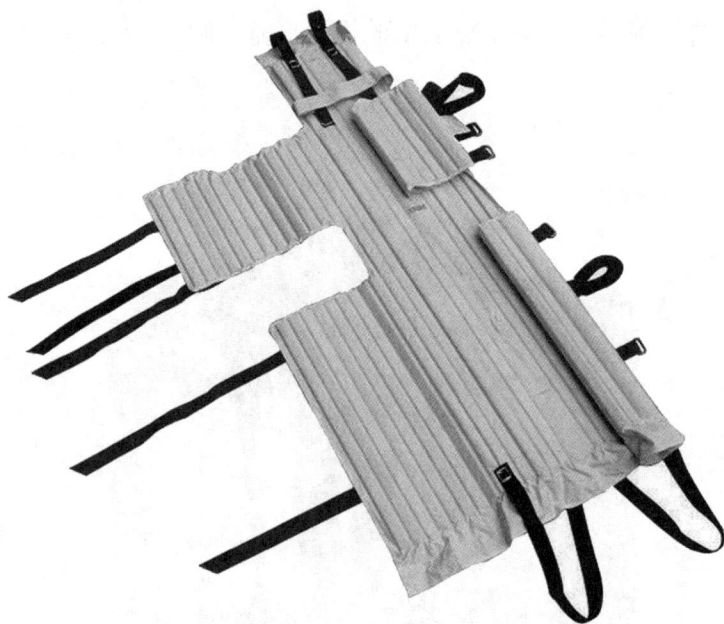

图 3-4-5-14　罗伯逊担架

思考题

1. 简述心肺复苏的流程。按压/通气比是多少?

2. 人工呼吸的方式共有几种？

3. 常用的止血方式有哪些？

4. 止血带止血的注意事项有哪些？

5. 几种常用三角巾包扎的要领是什么？

6. 骨折固定的注意事项有哪些？

项目五　环境及理化因素损伤的急救

【知识目标】

1. 熟悉溺水的判断和急救原则；
2. 掌握中暑的诊断依据；
3. 掌握烧烫伤的临床表现；
4. 熟悉强酸、强碱的处理措施；
5. 熟悉电击伤的现场急救原则。

【能力目标】

1. 掌握溺水的急救措施；
2. 掌握各类中暑的急救方法；
3. 掌握烧烫伤的现场处理措施；
4. 掌握电击伤的现场急救措施。

【内容摘要】

本项目主要介绍了溺水、中暑、烧烫伤、触电等理化因素损伤的发病机理、临床表现、处理措施及注意事项。

任务1　掌握溺水抢救的方法

溺水(Drowning)又称淹溺，是指人浸没于水或其他液体后，液体充塞呼吸道及肺泡或反射性引起喉痉挛发生窒息和缺氧。溺水若不及时救治，4~7 min 即可造成呼吸、心搏骤停而死亡。在我国，溺水是意外伤害死亡原因中排第三的原因。

发生溺水后数秒钟内，人本能地屏气，以避免水进入呼吸道，继而出现高碳酸血症和低氧血症，刺激呼吸中枢，进入非自发性吸气期。

根据浸没的介质不同，分为淡水淹溺和海水淹溺：

淡水淹溺：淡水较血浆或其他体液渗透压低。通过胃肠道或呼吸道进入人体后迅速吸收到血液循环，使血容量增加，造成血液稀释，严重病例可引起溶血，出现高钾血症和血红蛋白尿。淡水淹溺造成肺损伤,肺泡表面活性物质灭活、肺顺应性下降、肺泡塌陷萎缩、发生通气/血流比例失调,出现肺不张。

海水淹溺:海水含钠量是血浆的 3 倍以上。因此,吸入的海水较淡水在肺泡内停留时间长,不能吸收到血液循环,反而能使血液中的水进入肺泡腔,造成血液浓缩和肺水肿,如图 3-5-1-1 所示。

图 3-5-1-1　溺水

一、临床表现

根据落水时间长短,临床表现轻重不等,常表现为:意识不清,呼吸、心跳微弱或停止。一般表现为皮肤黏膜发绀,面部肿胀,双眼结膜充血,口鼻充满泡沫或泥污、杂草,全身冰冷,上腹部因胃积水膨隆。海水溺水者有口渴感,最初数小时可有寒战和发热症状。

二、现场急救

1. 迅速清理呼吸道

缺氧时间和程度是决定淹溺预后最重要的因素。要尽快将溺水者安全地从水中救出,最重要的紧急治疗措施是尽快清除口、鼻腔内异物,畅通呼吸道,进行通气和供给氧气,如图 3-5-1-2 所示。

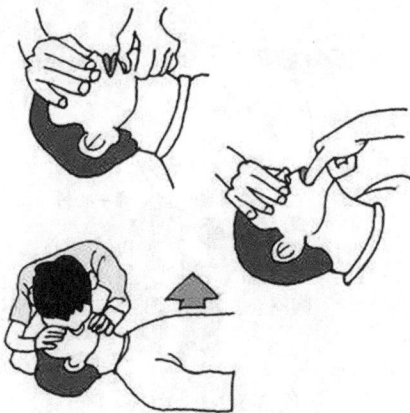

图 3-5-1-2　清除口鼻中的污物

根据中华医学会儿科学分会灾害儿科学学组 2021 年版《儿童溺水的防治方案专家共识》，溺水是因人体淹没/浸入在液体中造成呼吸受阻的过程。溺水对人体脏器的损害主要是由缺氧引起的。由于控水会影响恢复通气的及时性，故已不被推荐。

2. 心肺复苏术

迅速检查意识，对无反应和无呼吸的溺水者应立即进行心肺复苏（CPR）。CPR 要连续进行，不能半途而废。

3. 药物的应用

有条件时应该使用呼吸兴奋剂，如可拉明（尼可刹米）、洛贝林（山梗菜碱）或者回苏灵；必要时还可静脉注射肾上腺素，以促使心脏复跳。使用抗生素以预防吸入性肺炎，如青霉素、头孢菌素、左氧氟沙星等，一般连用 3 天。

4. 其他情况处理

复苏成功后要注意保暖。溺水者多伴有原发性或继发性低体温，在处理溺水同时按低温治疗处理。CPR 过程中会出现呕吐，施救者应将其头部偏向一侧，随后用手指、纱布将呕吐物清去。如溺水者可能存在脊髓损伤，搬动时应将其头、颈和躯干保持在同一轴面上整体转动。

任务 2　掌握中暑的判断方法和急救措施

中暑是人体长时间在高温、湿度大和通风不良的环境中，表现出以体温调节中枢功能障碍、汗腺功能衰竭和水电解质丧失过多为特征的疾病。高温环境作业，或在室温大于 32 ℃、湿度较大（大于 60%）、通风不良的环境中长时间或强体力劳动，又无充分防暑降温措施，是中暑的致病因素。

一、临床表现

根据临床表现的轻重程度，中暑分为三级：先兆中暑、轻度中暑和重度中暑，如图 3-5-2-1 所示。

头昏　全身疲乏四肢无力　口渴　胸闷　大量出汗　耳鸣　心悸　恶心　注意力不集中

图 3-5-2-1　中暑

(一)先兆中暑

患者在高温环境工作或生活一定时间后,出现口渴、乏力、多汗、头晕、眼花、耳鸣、头痛、恶心、胸闷、心悸、注意力不集中等症状,体温正常或略高。

(二)轻度中暑

先兆中暑症状加重,出现早期循环功能紊乱,轻度中暑包括面色潮红或苍白、烦躁不安或表情淡漠、恶心呕吐、大汗淋漓、皮肤湿冷、脉搏细数、血压偏低、心率加快、体温轻度升高。

(三)重度中暑

中暑症状继续加重,出现高热、痉挛、惊厥、休克、昏迷等症状。重度中暑按表现不同可分为三种类型,也可出现混合型。

1. 热痉挛

高温环境下强体力作业或运动致大量出汗,造成低钠血症,导致停止活动后肌肉痉挛,主要累及骨骼肌,尤以腓肠肌痉挛性疼痛为著,持续约 3 min 后缓解,体温一般正常。热痉挛也可为热射病的早期表现。

2. 热衰竭

热衰竭最为常见,多见于老年人、儿童和慢性病患者,由体液和钠丢失过多引起循环容量不足所致。可表现为脸色苍白、皮肤湿冷、血压下降、脉搏细数等脱水症,甚至出现昏迷,体温可轻度升高,但中枢神经系统损害不明显。热衰竭可发展成为热射病。

3. 热射病

热射病(Heat Stroke),又称中暑高热,属于高热综合征,是一种致命性急症,表现为高热($T>40$ ℃)和意识障碍。劳力性热射病多在高温、湿度大或(和)无风天气进行强体力劳动或剧烈运动数小时后起病,过热型患者突出表现为皮肤干燥、灼热潮红、无汗,体温高达 40～42 ℃,甚至更高,伴有意识模糊、抽搐、昏迷。早期瞳孔缩小,对光反射迟钝;晚期瞳孔散大,对光反射消失,心动过速,血压下降,脉搏洪大,呼吸困难甚至死亡。

热射病是因为头部长时间受强烈的太阳光直射,导致脑膜和脑组织充血,表现为剧烈呕吐,皮肤干燥,体温不升或者微升;重者表现为意识不清、抽搐等。

二、急救处理

虽然中暑类型和病因不同,但基本急救措施相同。首先立即将患者转移到阴凉、通风环境,口服淡盐水或含盐清凉饮料,如图 3-5-2-2 所示。

图 3-5-2-2　中暑的现场急救

重症中暑患者根据情况做以下处理：

(一)降温

1. 体外降温(物理降温)

可采用冰帽进行头部降温,或用装满冰块的塑料袋紧贴两侧颈动脉处及双侧腹股沟区。全身降温可使用冰袋、酒精擦浴或用冰水擦拭皮肤,同时应用电风扇、空调。

2. 体内降温

体外降温无效者,可用冰盐水进行胃或直肠灌洗,也可用无菌生理盐水进行腹膜腔灌洗或血液透析。

3. 药物降温

患者出现寒战时可应用氯丙嗪 25~50 mg 加入 500 mL 葡萄糖或者生理盐水中静脉滴注 1~2 h,用药过程中应进行血压监测。病情紧急时,可用氯丙嗪 25 mg 及异丙嗪 25 mg 稀释于 100~200 mL 葡萄糖或生理盐水中,在 10~20 min 内滴注完毕。必要时可重复用药。

(二)治疗并发症

1. 低血压

应静脉输注生理盐水或乳酸林格液补充血容量,升高血压。血管收缩药物影响皮肤散热,应避免使用。

2. 昏迷

保持呼吸道通畅,防止呕吐窒息。

3. 脑水肿和抽搐

应静脉输注甘露醇、地塞米松、地西泮等。

(三)综合与对症治疗

可给予吸氧,维持水、电解质平衡,纠正酸中毒。肺水肿时可给予呋塞米、糖皮质激素和镇静剂,适当使用抗生素预防感染。

中暑病人转送就医的注意事项:

先兆中暑和轻症中暑,予以脱离高温现场后对症处理,不必转送就医;热痉挛和热衰竭在现场急救后,观察病情变化并予以对症处理,一般不必转送就医。热射病患者,现场急救后应立即转送上一级医院继续治疗。转送过程中,应保持呼吸道通畅、吸氧。继续物理降温和静脉输液,密切观察生命体征,如图 3-5-2-3 所示。

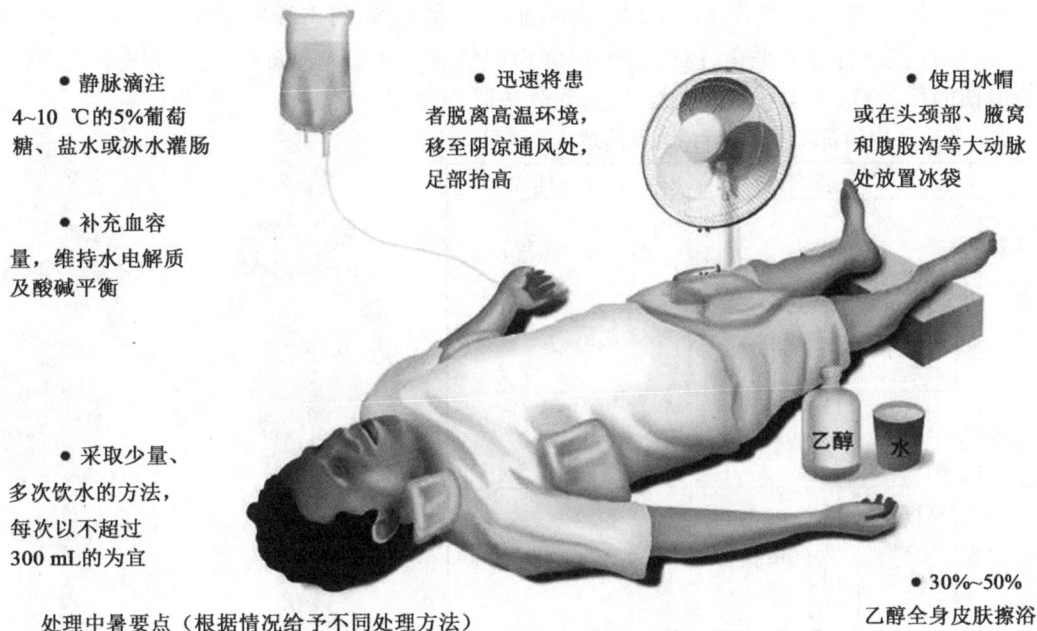

- 静脉滴注 4~10 ℃的5%葡萄糖、盐水或冰水灌肠

- 补充血容量,维持水电解质及酸碱平衡

- 采取少量、多次饮水的方法,每次以不超过 300 mL的为宜

- 迅速将患者脱离高温环境,移至阴凉通风处,足部抬高

- 使用冰帽或在头颈部、腋窝和腹股沟等大动脉处放置冰袋

- 30%~50% 乙醇全身皮肤擦浴

乙醇　水

处理中暑要点(根据情况给予不同处理方法)

图 3-5-2-3　中暑的处理措施

任务 3　掌握烧烫伤的临床特点与急救措施

烧烫伤(Burn and Scald)是生活、工作中常见的意外伤害事故,泛指各种热源、光电、化学腐蚀剂(酸、碱)、放射线等因素所致的人体组织损伤。烧伤不仅伤及皮肤,还可深达肌肉、骨骼,严重者还可引起休克、感染等全身症状,需紧急救治。本节所述烧烫伤主要指高温所致的热烧伤。

一、临床表现

烧伤造成局部病变:局部组织细胞变性坏死、烧伤区及邻近组织的毛细血管发生充血和渗出及血栓形成,甚至深部组织遭到破坏。面积较大、较深的烧伤往往导致全身反应,如血容量减少、低蛋白血症、红细胞丢失及免疫系统功能障碍等。严重的全身反应可造成许多并发症,如休克、脓毒血症、应激性溃疡、急性肾功能衰竭、呼吸功能衰竭,甚至可出现多器官衰竭。

二、烧伤面积估算

烧伤的严重程度与烧伤面积有密切的关系。烧伤面积指皮肤烧伤区域占人体表面积的百分数。常用中国新九分法和手掌法估算。

中国新九分法:根据中国人实际体表测定所得,如表3-5-3-1所示。成年人估算方法:头颈部9%(1×9%),上肢18%(2×9%),躯干(包括会阴)27%(3×9%),双下肢(包括臀部)46%(5×9%+1%)。其口诀是:一九二九三乘九,会阴加一五乘九,如图3-5-3-1所示。

手掌法:将患者五个手指并拢,其手掌面积即估算为1%体表面积。一般用于小面积或散在的烧伤面积计算,大面积烧伤时常与新九分法联合使用。

表 3-5-3-1　中国新九分法估计成人及儿童体表面积

部位		占成人体表		占儿童体表
头颈	发部	3	9	9+(12−年龄)
	面部	3		
	颈部	3		
双上肢	双上臂	7	9×2	9×2
	双前臂	6		
	双手	5		
躯干	躯干前	13	9×3	9×3
	躯干后	13		
	会阴	1		
双下肢	双臀	5*	9×5+1	9×5+1−(12−年龄)
	双大腿	21		
	双小腿	13		
	双足	7*		

＊成人女性的臀部和双足各占6%。

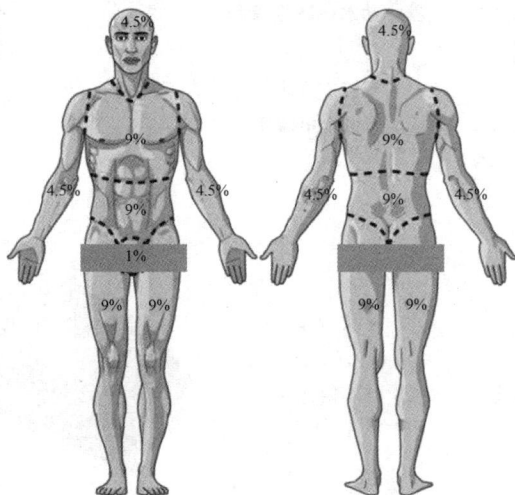

图 3-5-3-1　烧伤面积的估算

三、烧伤深度判断

烧伤的严重程度还与烧伤的深度有密切的关系。临床普遍采用的判断烧伤深度方法是三度四分法。其口诀是:Ⅰ度红斑,Ⅱ度水疱,Ⅲ度焦痂。深Ⅱ度或Ⅲ度烧伤愈合较慢并留下瘢痕,烧伤区的皮肤皱缩、变形,影响功能。烧伤后常常要在治疗过程中,才能区分深Ⅱ度与Ⅲ度烧伤,如图3-5-3-2所示。

(一)Ⅰ度烧伤

Ⅰ度烧伤又称红斑性烧伤,仅伤及表皮浅层,局部发红,微肿、灼痛、无水疱,1~3天后脱屑痊愈、无瘢痕。

(二)Ⅱ度烧伤

Ⅱ度烧伤又称水疱性烧伤。

1. 浅Ⅱ度烧伤

伤及表皮的生发层或真皮乳头层(真皮浅层)。局部红、肿、剧痛,出现水疱或表皮与真皮分离,内含血浆样黄色液体,水疱去除后创面鲜红、湿润、疼痛更剧烈、渗出多。如无感染,1~2周即可愈合。愈合后短期内可见痕迹或色素沉着,但不留瘢痕。

图 3-5-3-2　烧伤深度

2. 深Ⅱ度烧伤

除表皮、全部真皮乳头层烧毁外,真皮网状层部分受累,位于真皮深层的毛囊及汗腺尚有活力。水疱皮破裂或去除腐皮后,创面呈白中透红、红白相间或可见细小栓塞的血管网、创面渗出多、水肿明显,痛觉迟钝。创面一般需要3~4周愈合,可遗留瘢痕增生及挛缩畸形。

(三)Ⅲ度烧伤

Ⅲ度烧伤又称焦痂性烧伤。皮肤表皮及真皮全层被毁,深达皮下组织,甚至肌肉、骨骼亦损伤。创面呈苍白色、黄白色、焦黄或焦黑色(烫伤的Ⅲ度创面可呈苍白而潮湿),干燥坚硬的焦痂可呈皮革样,焦痂上可见到已栓塞的皮下静脉网呈树枝状,创面痛觉消失。在伤后2~4周焦痂溶解脱落、形成肉芽创面,面积较大的多需植皮方可愈合,且常遗留瘢痕挛缩畸形。

四、现场急救与创面处理

(一)现场急救

(1)迅速脱离热源(现场),尽快灭火并脱去烧烫过的衣物。制止伤员奔跑、呼叫及用手扑打火焰,以免风助火势伤及呼吸道和双手。脱去烧烫过的或热液浸渍的衣物时,可以冷水冲淋后剪开取下,切忌粗暴剥脱,以免造成水疱脱皮。

(2)用"创面冷却疗法"进行降温。应尽可能立即用大量冷水连续冲洗或浸泡创面15~30 min,或至感觉无痛时停止,以减轻组织水肿,减少烧伤的深度与范围。

(3)初步估计伤情,若有呼吸道烧伤,应注意保持呼吸道通畅,给予吸氧。必要时就近转院进行气管插管。如出现窒息,发生呼吸心搏骤停,立即进行心肺复苏。如有大出血、开放性气胸、严重中毒等,应迅速组织抢救。

(4)保护创面,避免再污染或损伤。现场可用干净敷料或布类覆盖创面,或进行简单包扎后送医院处理。避免用有色药物涂抹,否则不利于烧伤深度的判定。烧烫伤急救五步骤如图3-5-3-3所示。

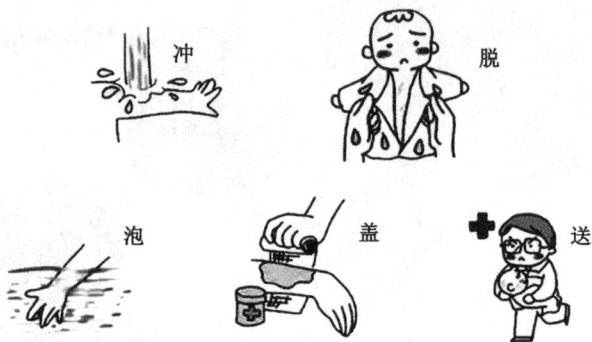

图 3-5-3-3　烧烫伤急救五步骤

(5)镇静、止痛。安慰伤者,使其情绪稳定,酌情口服或肌肉注射安定、哌替啶(杜冷丁)等。合并呼吸道烧伤或颅脑损伤者忌用吗啡,以免抑制呼吸。

(6)补充液体:口服淡盐水、淡盐茶或烧伤饮料。如病情严重,有条件时应及早静脉输液(如生理盐水、右旋糖酐、血浆等)。切忌口服大量无盐茶水或单纯输入大量浓度为5%的葡萄糖溶液,以免加重组织水肿。

(7)其他措施:抗休克治疗、口服或注射抗生素,眼烧伤时应冲洗眼睛至少 20 min 并涂抗生素眼膏,注射破伤风抗毒素 1 500 单位,天冷时注意保暖等。

(二)创面的处理

1. 小面积Ⅰ度、浅Ⅱ度烧伤创面的处理

小面积Ⅰ度、浅Ⅱ度烧伤创面的处理包括剃净创面周围毛发,清洁健康皮肤,去除异物;一般无须包扎,可涂各种烫伤膏,如京万红、万花油等。Ⅱ度烧烫伤注意不要刺破水疱,当水疱过大时,用注射器抽去水疱液,但切忌剪除水疱皮。

2. 严重烧伤创面的处理

对严重烧烫伤,应脱去创面衣服。如已与创面粘连时,不应强行撕拉,应将未粘连部分剪去,对创面严格消毒清创,创面应使用生理盐水或冷开水洗(不可以用未经消毒的水洗)。清创后可采用包扎法,使创面得到充分引流,隔绝外来病原菌。头面部、会阴部和大面积烧伤,可采用暴露法,使创面迅速干燥,减少感染。严重烧伤应尽快运送到有烧伤专科的医院治疗。现场可以用消毒敷料或干净的床单等加以简单包扎保护。

任务4　掌握强酸、强碱烧伤的处理措施

强酸、强碱(Strong Acid,Strong Alkali)对人体有很强的腐蚀性,可造成局部不同程度的烧伤及全身中毒,需要紧急救治。

导致中毒损伤的途径有:接触性损伤、吸入性损伤以及食入性损伤。

常见的强酸:硫酸、盐酸、硝酸、高氯酸。

常见的强碱:氢氧化钠、氢氧化钾等。

一、临床表现

1.强酸烧伤临床表现

(1)急性吸入性中毒可出现呛咳、胸闷、流泪、呼吸困难、发绀、咯血性泡沫痰、肺水肿、喉头痉挛或水肿、休克、昏迷等。

(2)皮肤及眼烧伤部位呈灰白色、黄褐色或棕黑色,四周皮肤发红,界限分明,局部剧痛,面积大者可发生休克;眼烧伤可见角膜混浊,甚至穿孔,以至完全失明。

(3)由消化道进入可见口唇、口腔、咽部、舌烧伤、口腔、咽部、胸骨后及腹上区剧烈灼痛,并有恶心、呕吐,还可出现胃穿孔、腹膜炎、喉头痉挛或水肿等症状。

强酸类中毒还可出现头痛、头晕、恶心、乏力等症状,重者烦躁不安、惊厥、昏迷,以及肺水肿、肝肾损害等。

2.强碱烧伤临床表现

强碱对人体的皮肤组织的损害比强酸更重,因为强碱可渗透深入组织,使组织蛋白发生溶解。

(1)皮肤烧伤可见皮肤充血、水肿、糜烂。开始为白色,后变为红或棕色,并形成溃疡,局部伴有剧痛。眼烧伤可引起严重的角膜损伤,以致失明。

(2)消化道烧伤可出现口唇、口腔、咽部、舌、食管、胃肠烧伤。烧伤部位剧痛,伴有恶心、呕吐,呕吐物为褐红色黏液状物,并有腹痛、腹泻、血样便、口渴、脱水等症状。重者可发生消化道穿孔,出现休克,还可发生急性肾功能衰竭及碱中毒等。

二、现场急救

1.强酸烧伤现场急救

(1)立即脱去被浸湿的衣物,用大量温水或清水反复冲洗皮肤的强酸(但是有一些油状的酸,如浓硫酸要先用布擦干后再冲洗,直接冲洗会增大受伤面积)。冲洗得越早、越干净、越彻底越好,哪怕残留一点也会使烧伤越来越重。要鼓励病人忍痛冲洗,直到冲洗干净为止。再涂上弱碱溶液,比如3%~5%浓度的碳酸氢钠、稀氨水等。眼内彻底冲洗后,可应用氢化可的松、氯霉素眼药膏或眼药水点眼,并包扎双眼。切忌不经冲洗,就将病人送往医院。

（2）用水冲洗干净后，用清洁纱布轻轻覆盖创面，或用无菌或洁净的三角巾、床单、衣服等包扎创面，送往医院处理。

（3）若为吸入性中毒，立即将中毒者转移至空气新鲜流通处，并注重抢救者的自我保护，如戴口罩、戴手套、穿靴子或戴脚套等。

（4）消化道烧伤应立即口服牛奶、蛋清、豆浆、食用植物油等，每次 200 mL；亦可口服 2.5% 浓度的氧化镁溶液或氢氧化铝凝胶 100 mL，以保护胃黏膜。严禁催吐或洗胃、严禁口服碳酸氢钠，以免因产生二氧化碳而导致消化道穿孔。

2. 强碱烧伤现场急救

（1）立即脱去被浸湿的衣物，用大量清水反复冲洗皮肤至少 20 min。也可用食醋来清洗，以中和皮肤的碱液。眼内彻底冲洗后（禁用酸性液体冲洗），可应用氯霉素等抗生素眼药膏或眼药水，然后包扎双眼。

（2）用水冲洗干净后，用清洁纱布轻轻覆盖创面，或用无菌或洁净的三角巾等包扎创面，送往医院处理。

（3）生石灰烧伤，应先用手绢、毛巾揩净皮肤上的生石灰颗粒，再用大量清水冲洗。切忌先用水洗，因为生石灰遇水会产生大量热量，加重伤情。

（4）消化道烧伤应速给弱酸剂中和，如食醋、3%～5% 醋酸等口服，注意碳酸盐中毒时忌用，以免因产气过多而促发消化道穿孔，继之服用蛋清、牛奶、植物油等，保护胃黏膜。严禁催吐或洗胃。

任务 5　掌握电击伤的判断和处理措施

电击伤（Electric Injury）是指一定量的电流通过人体引起的损伤，俗称"触电"。电流在体内一般沿电阻小的组织前行，引起损伤。电流通过心脏易导致心搏骤停，通过脑干使中枢神经麻痹，导致呼吸及心搏停止。

电击伤包括日常用电击伤和雷电击伤，意外电击伤多发生于安全用电知识不足或违反操作规程者，雷击多发生于农村旷野。电压 40 V 即有电损伤的危险，电压超过 1 000 V 称高电压，其危险性更大。雷击即闪电，是一瞬间的超高压直流电，使组织迅速"炭化"。

一、临床表现

1. 全身表现

（1）轻度电击者：惊恐、脸色苍白、头昏、晕厥、痛性肌肉收缩等。

（2）重度电击者：抽搐、休克、心律失常、意识障碍、急性肾功能不全，可有内脏损伤，甚至出现呼吸、心搏骤停。

2. 局部表现

电击创面有局部烧伤的表现，其最突出特点为皮肤的创面很小，而皮下的深度组织损伤却很广泛。胸壁的电击伤可深达肋骨及肋间肌并致气胸；腹壁损伤可致内脏坏死或中空脏器穿孔、坏死；触电时肌群强直性收缩可导致骨折或关节脱位。常因肌肉组织损伤、水肿和坏死，出现神经、血管受压体征，脉搏减弱，触觉及痛觉消失，发生前臂腔隙综合征。

3. 并发症和后遗症

电击后24~48 h常出现并发症和后遗症，如严重心律失常、肺水肿、消化道出血或穿孔、DIC或溶血、鼓膜破裂、瘫痪等。

二、现场急救

1. 切断电源

立即脱离电源，防止进一步损伤。迅速拔除电源插头和拉开闸刀，或用绝缘物如干燥的木棍、竹竿等挑开带电导线。也可用绝缘体如木柄斧将电线斩断。若需拉开触电者，急救者戴橡皮手套、穿胶底皮鞋、垫木板以防止触电，用干燥木质、竹质、布类、皮带、塑料、橡胶制品等拧成带状，套住伤者，迅速将伤员与电线或电器分离。未做好防护时，救助者不要试图推开触电者，以免自己触电，如图3-5-5-1所示。

图 3-5-5-1 触电时脱离电源

2. 当触电者脱离电源后，应根据不同生理反应进行现场处置

（1）触电者意识清醒，但感到心慌、呼吸急迫，面色苍白。此时应使触电者躺平就地安静休息，不要让触电者走动，以减轻心脏负担，并严密观察呼吸和脉搏的变化。

（2）触电者意识不清，有心跳但呼吸停止或呼吸极其微弱，应及时开放气道，进行口对口人工呼吸。否则由于缺氧过久就可导致心跳停止。

（3）触电者呼吸、心跳均停止，并伴有其他伤害时，应迅速进行心肺复苏术，然后再处理外伤。对伴有颈椎骨折的触电者，在开放气道时，不应使头部后仰，以免引起高位截瘫。应特别注意的是，触电者可能出现"假死"现象，心肺复苏的成功率较高，所以要长时间进行抢救，而不要轻易放弃。

（4）当人遭受雷击，心跳、呼吸没有停止时，应立即进行心肺复苏术，否则将发生缺氧性心跳停止从而致人死亡。

3.检查其他伤情并进一步处理

应检查是否存在复合性外伤,如头颈部、脊髓损伤、骨折和内脏损伤等,并做相应的处理。病员燃烧的衣服、鞋、皮带应去除,以避免进一步的烧伤。坏死组织应进行清创术,应用抗生素防止继发感染。

尽快送医院治疗,包括心电监护、液体复苏、急性肾衰竭的防治、筋膜切开减压、预防注射破伤风抗毒素等。

三、个人防护

加强安全用电知识教育,遵守用电规定,定期检查、维修电气设备、线路。不能在通电的电线上晒衣物,不能接触断落的电线,远离高压线(10 m 以外),如图3-5-5-2所示。

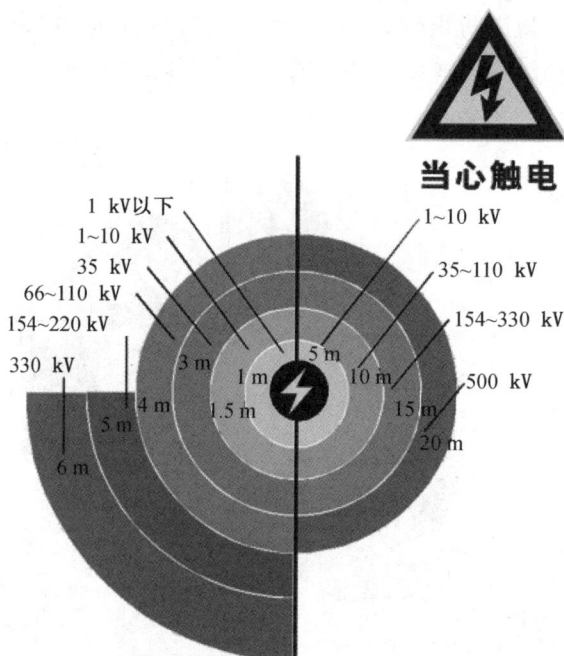

当心触电

1 kV以下
1~10 kV
35 kV
66~110 kV
154~220 kV
330 kV

1~10 kV
35~110 kV
154~330 kV
500 kV

3 m 5 m
1 m
1.5 m 10 m
4 m
5 m 15 m
6 m 20 m

图 3-5-5-2　高压线的安全距离

思考题

1. 溺水者控水的方法有哪些?
2. 重症中暑分为哪几种类型?各类型主要临床特点是什么?
3. 烧伤面积如何计算?按烧伤深度如何分类?
4. 强酸烧伤时处理应注意哪些事项?
5. 触电患者急救的前提是什么?主要措施是什么?

项目六　常见急症的现场急救

【知识目标】

1. 熟悉高热的分类以及高热的基本处理办法；
2. 掌握晕厥的临床表现及处理措施；
3. 熟悉休克的原因及临床表现，掌握休克的一般处理原则；
4. 掌握心绞痛的临床表现及急救措施；
5. 熟悉高血压的诊断标准和一般治疗措施，掌握高血压急症的治疗措施。

【能力目标】

通过常见急症知识的学习，能够正确识别各种常见急症，并对高热、晕厥、休克、心绞痛和高血压急症采取正确的处理措施。

【内容摘要】

本项目主要介绍了高热、昏厥、休克、心绞痛和高血压急症的发病机理、临床表现、现场处理措施及注意事项。

任务1　熟悉高热处置方法

人体体温调节中枢位于下丘脑。其前部为散热中枢，后部为产热中枢，这两种调节中枢机能彼此相互制约，保持动态平衡，维持体温相对稳定。发热是指致热原直接作用于体温调节中枢、体温中枢功能紊乱或各种原因引起的产热过多、散热减少，导致体温升高超过正常范围的情形。发热通常不是独立的疾病。

一、发热病因

引起发热的原因很多，绝大多数是由致病微生物在人体抵抗力降低时侵犯人体引起的。一定限度内的发热是机体的一种防御反应，但是过高的体温可引起惊厥、抽风、意识不清、休克等症状。

生理性发热：精神紧张以及剧烈运动、妇女月经前期、妊娠期等，都会发热。

病理性发热:感染性发热最为多见,如流感、肺炎、伤寒、疟疾等引起的发热;非感染性发热是指血液系统疾病、风湿性疾病、恶性肿瘤、中暑、过敏等引起的发热。

二、发热分度

清晨安静状态下,正常人成年人体温一般为:

(1)口腔体温 36.3~37.2 ℃。

(2)肛门内体温 36.5~37.7 ℃。

(3)腋窝体温 36~37 ℃。

以腋下体温为基准:

(1)低热:37.3~38 ℃。

(2)中等度热:38.1~39 ℃。

(3)高热:39.1~41 ℃。

(4)超高热:41 ℃以上。

三、临床特点

高热(Hyperpyrexia)是一些疾病的前驱症状,患者会出现寒战、抽搐、头痛、呕吐、食欲减退、呼吸及心跳加快、尿量减少等症状。高热时皮肤干燥,眼结膜充血潮红,呼吸心跳加快加强,胃肠蠕动下降,粪干尿少。

四、急救与处理

对高热患者应及时适当降温,以防惊厥及其他不良后果。对既往有高热惊厥史或烦躁不安者,在降温同时给予镇静药。

(一)降温

1. 物理降温

(1)擦浴降温法是常用的物理降温方法之一。传统的方法有 27~37 ℃温水擦浴法和常温25%~35%乙醇擦浴法。擦浴顺序为颈部、胸腹部、足心、手心,避开胸前区。腋窝、腹股沟(这里有大动脉,散热效果更好)擦浴时间适当延长,以利散热。擦浴时间约 15 min,以离心方向擦浴,操作应轻柔而稍用力。在擦浴过程中要注意观察患者的一般情况,如面色、呼吸、表情,发现异常及时停止擦浴。

(2)冰袋法:用 10%的盐水冰袋降温持续时间长,冰袋内为霜水状,与体表面积接触大,易于固定,用于高热患者降温效果优于清水冰块降温。冰袋内加入 40%乙醇降温时间长,效果明显,且其冰点低呈霜水状也大大增加了舒适度。可冷敷额头、颈部、双侧腋下及腹股沟等部位。如体温降至 38.5 ℃,应取下头部冰袋,如图 3-6-1-1 所示。

(3)也可用冷生理盐水(30~32 ℃)灌肠,对疑为中毒型菌痢者更为适宜。

图 3-6-1-1　物理降温法

2.药物降温

可服用适量的阿司匹林、扑热息痛等解热镇痛药降温,烦躁不安的患者可应用镇静剂地西泮等。

(二)病因治疗

对于感染性高热,应根据病原体选用有效抗生素治疗,并及时清除局部感染病灶。对于非感染性高热,也需采取相应的治疗措施。

(三)对症治疗

如患者卧床休息、进食易消化的食物、及时补充水分和电解质,注意热量的供给。适当补充维生素 B 和维生素 C,口服困难者可给予静脉输液。对伴有烦躁不安、反复惊厥或一般降温措施效果不显著者,可酌情选用氯丙嗪与异丙嗪。

任务 2　掌握晕厥急救措施

晕厥(Syncope)又称昏厥、虚脱、昏倒,是一过性大脑缺血、缺氧引起的短暂的意识丧失,伴肌张力消失而倒地的现象。在脑供血恢复后,立刻就会苏醒。

一、晕厥分类

根据病因和发病机制的不同可分为四类:

1.反射性晕厥

反射性晕厥包括血管迷走性晕厥(单纯性晕厥)、直立低血压性晕厥、排尿性晕厥、吞咽性晕厥、咳嗽性晕厥等。血管迷走性晕厥最常见,可发于所有年龄,年轻体弱的女性多见,情感刺激、疼痛、恐惧、见血、疲劳、失血等均可为诱因,通常发生于长时间站立时。

2. 心源性晕厥

心源性晕厥发生迅速,无任何预感,与直立体位无关,运动诱发晕厥提示心脏性原因,患各种心脏病是独有的特点。

3. 脑源性晕厥

脑源性晕厥由严重的脑部疾病所引起。

4. 其他晕厥

其他晕厥包括如哭泣性晕厥(情感反应)、过度换气综合征、低血糖性晕厥和严重贫血性晕厥等。

二、临床特点

晕厥发作突然,持续时间短。典型可分为三期:

1. 发作前期

前驱症状通常持续 10 s～1 min,表现为头晕、眼花、恶心、面色苍白、出冷汗和心动过速等。

2. 发作期

患者感觉眼前发黑、意识丧失而跌倒,伴面色苍白、大汗、血压下降、脉缓细弱和瞳孔散大、心动过缓,可发生尿失禁。

3. 恢复期

患者平卧后意识迅速(数秒至数分钟)恢复,可遗留紧张、头晕、头痛、恶心、面色苍白、出汗、无力等症状。休息数分钟或数十分钟后完全缓解,不留任何后遗症。

三、急救与处理

1. 体位

一般采取平卧、头低脚高位,若发现病人面色苍白并开始摇晃,应立即让其坐下,两腿分开并将头低于两膝之间,以防昏倒。或让其平卧,垫高下肢。已昏倒在地者,让其平卧,头部略低,抬高下肢,如图 3-6-2-1 所示。

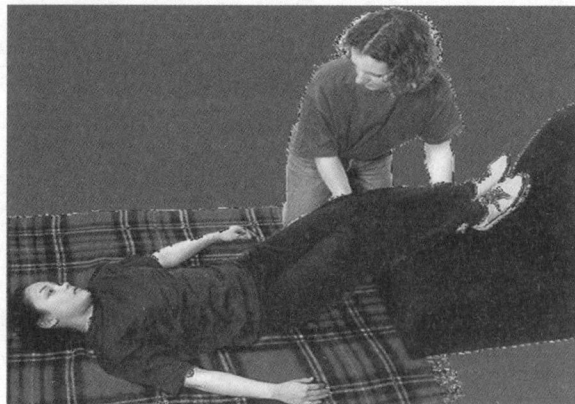

图 3-6-2-1　晕厥时平卧、头低脚高位

2. 转移

应将患者置于空气流通处,解开衣领、腰带等,若呼吸困难,可给予吸氧;如呼吸停止,可进行人工呼吸。

3. 针刺或用手掐穴位

针刺或用手掐如人中、内关、合谷等穴位,以促其苏醒。

4. 饮料

知觉恢复后可给以热茶、热咖啡,擦涂清凉油、风油精等也有一定疗效。

5. 进一步检查

原因不明的晕厥,应送医院做进一步检查,明确病因并进行相应治疗。

任务3　掌握休克的诊断标准与急救措施

休克(Shock)是指机体受到各种致病因素的强烈侵袭,导致有效循环血量急剧减少,机体失去代偿,全身组织、器官微循环灌注不足、缺血缺氧,引起以组织代谢紊乱和细胞受损为特征的急性循环功能不全综合征,如图3-6-3-1所示。休克是临床各科常见的危重症,严重者可引起死亡。

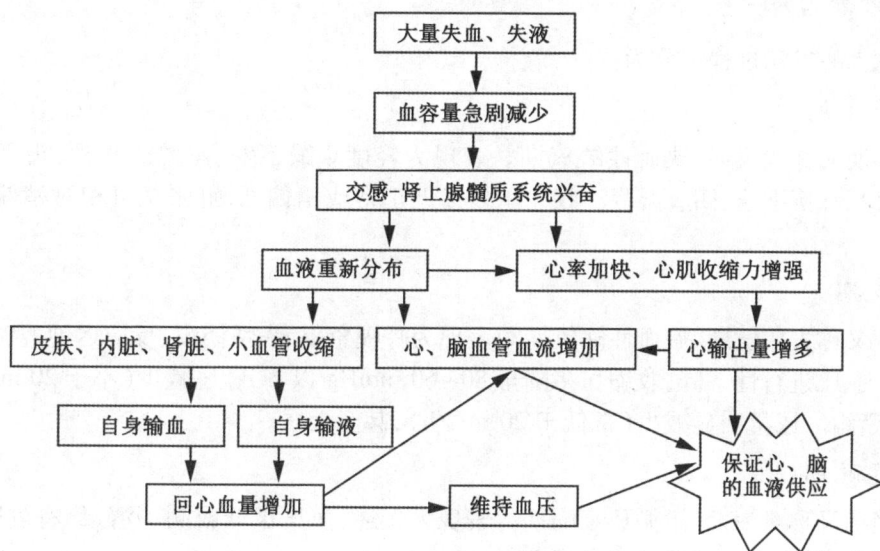

图3-6-3-1　休克发病机制

一、休克的病因与分类

引起休克的原因很多,按病因可将休克分为五类:

1. 低血容量性休克

低血容量性休克是临床上最常见的类型,大多由于大量失血(大出血等)、失水(剧烈呕吐等)、失血浆(严重烧伤)引起。常见于大血管破裂、消化道大出血或内脏破裂等,也可见于肠梗阻、腹泻及大面积烧伤等。

2. 心源性休克

心源性休克是由于急性心肌梗死、各种心肌炎、心律失常、心脏压塞等心脏病导致心脏排血功能低下所致。

3. 感染性休克

感染性休克又称脓毒症休克、中毒性休克,多由严重感染引起,由病原体、毒素及抗体复合物等所致,如败血症、胆道感染、中毒性痢疾等。

4. 过敏性休克

过敏性休克是由于机体对某些药物或生物制品发生的过敏反应,致使全身血管骤然扩张引起,如青霉素、破伤风、白喉抗毒素及血清过敏等。

5. 神经性休克

神经性休克是常由外伤、剧痛、脑脊髓损伤及麻醉意外等剧烈的刺激,引起强烈的神经反射性血管扩张所致。

二、临床特点

(一)休克分期

根据休克的发病过程可分为:

1. 休克早期

休克早期又称代偿期、缺血性缺氧期。表现为轻度烦躁不安、焦虑或激动、头晕、面色苍白、尿量减少,脉搏细速、四肢湿冷。收缩压多接近正常或稍偏低,舒张压可相对稍偏高,脉压减少。

2. 休克期

休克期又称失代偿期、瘀血性缺氧期。表现为呼吸急促、表情淡漠、反应迟钝,甚至意识模糊或昏迷。血压进行性下降,收缩压多降至 80~60 mmHg 以下,脉压减少(小于 20 mm),脉搏细速,皮肤紫绀。尿量明显减少(常低于 20 mL/h),甚至无尿。

3. 休克晚期

休克晚期又称难治期、微循环衰竭期。表现为昏迷,血压极低或测不清,伴有皮肤黏膜及内脏出血现象,并常有多脏器功能衰竭存在。

(二)诊断标准

1. 早期症状诊断

当有以下症状时,即应考虑休克的可能:

(1)舒张压升高而脉压减小;

(2)心率增快;

（3）口渴；

（4）皮肤潮湿、黏膜发白、肢端发凉；

（5）皮肤静脉萎缩凹陷；

（6）尿量减少（25～30 mL/h）。

2. 确定诊断

存在下列征象时，则可肯定休克诊断：

（1）收缩压小于 80 mmHg，脉压小于 20 mmHg，或原高血压者收缩压较基础血压水平下降>30%；

（2）有组织血灌流不良的临床表现，如表情淡漠、烦躁不安、肢体湿冷、皮肤苍白或发绀、毛细血管再充盈时间大于 2 s 等；

（3）尿量明显减少（小于 25 mL/h）；

（4）出现代谢性酸中毒。

三、治疗

休克的治疗原则是尽早去除病因，尽快恢复有效循环量，纠正微循环障碍，增进心脏功能和恢复人体正常代谢。

1. 一般治疗

（1）休克患者必须迅速就地抢救，并及时呼救。切忌过多地搬动患者。让患者去枕平卧（对伴有心衰不能平卧者可取半卧位），下肢抬高 20°～30°，保持安静，并注意保暖，如图 3-6-3-2 所示。有呕吐者头转向一侧，及时清除呼吸道分泌物，保持呼吸道通畅。必要时可做气管插管或气管切开。可给予间断吸氧。

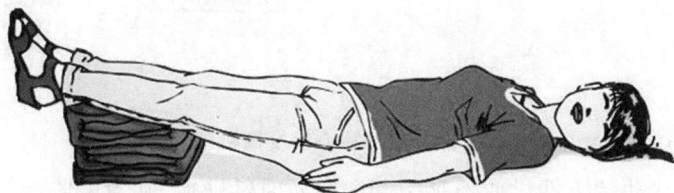

图 3-6-3-2　休克体位

（2）如果患者意识清醒，可喝少量糖盐水或淡盐水。昏迷者禁止饮食。

2. 补充血容量

补充血容量，及时恢复血流灌注，是抗休克的基本措施，包括输血或输液。输血越早，效果越好，休克期后的并发症越少。创伤休克补液治疗成功的关键在于及时、快速、足量地恢复有效循环血量。但心源性休克患者，补液要慎重。

3. 病因治疗

找出休克原因，尽快针对病因进行治疗。船上一般以心源性和失血性休克较为多见，应尽快治疗心脏病或止血，如伤口包扎，口服云南白药、安络血，肌注止血敏等。

4. 心血管药物的应用

药物目的在于纠正血流分布异常。肾上腺素是抢救过敏性休克最有效的药物，应用时一般在肌内或皮下注射给药。严重者可用生理盐水稀释 10 倍后进行缓慢静脉注射,同时监测血压和心律;也可进行静脉滴注间羟胺(阿拉明)或多巴胺。

任务 4　掌握心绞痛的诊断与处理措施

冠状动脉粥样硬化性心脏病(冠心病,亦称缺血性心脏病),指冠状动脉粥样硬化,使血管管腔狭窄或阻塞,或(和)因冠状动脉功能性改变(痉挛)导致心肌缺血缺氧或坏死而引起的心脏病,如图 3-6-4-1 所示。心绞痛属冠心病的常见类型。

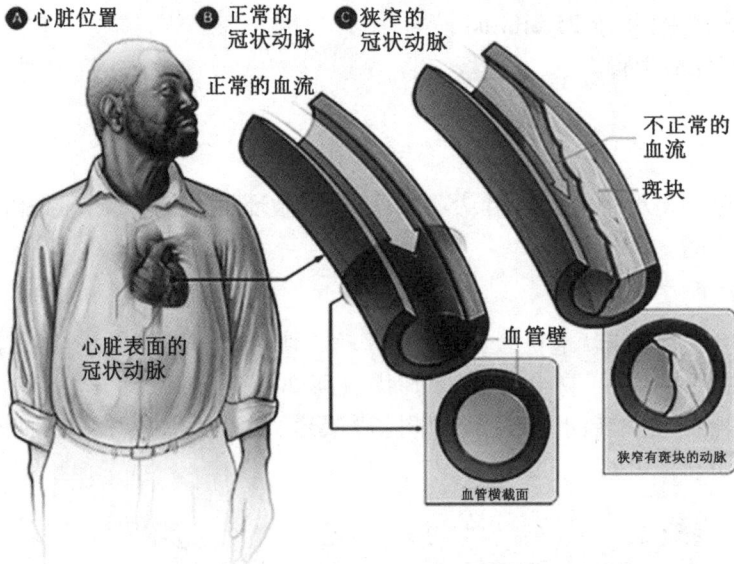

图 3-6-4-1　冠心病发病机理

心绞痛是指冠状动脉急性供血不足引起心肌暂时性缺血、缺氧的临床综合征,其特点为发作性的胸痛。

一、临床特点

心绞痛大多发生于 40 岁以上的中老年人,男性发病率明显高于女性。其临床主要表现为具有鲜明特征的发作性胸痛。

1.疼痛部位

疼痛部位主要位于胸骨体的上段或中段之后,可波及心前区,范围约手掌大小,可放射至左肩、左上肢、颈、咽、下颌或上腹处,亦可沿左上肢内侧达小指与无名指,如图 3-6-4-2 所示。

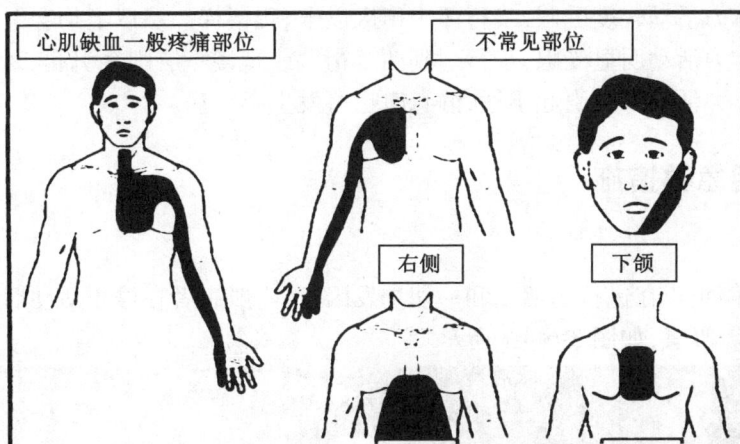

图 3-6-4-2　心绞痛疼痛放射部位

2. 疼痛性质

胸骨后发闷,出现压迫性、窒息性、紧缩性疼痛,但不像针刺或刀扎样。发作时常常迫使病人不自觉地停止原来正在进行的活动,直至症状缓解。

3. 疼痛持续时间

疼痛常常逐步加重,大多数患者发作时间短暂,3~5 min 内逐渐消失,除自发性心绞痛外,一般很少有疼痛超过 30 min 的。

4. 诱因

劳累性心绞痛的疼痛常由体力劳动或运动、情绪激动、紧张、寒冷、饱餐后或饮酒、过度吸烟等诱发,多发生于劳累或激动的当时。典型的心绞痛常在相似的条件下重复发生:卧位性心绞痛常发生在平卧后 1~3 h 内,严重者平卧数十分钟即可发生;自发性心绞痛发作常无诱因;变异性心绞痛常在午间或凌晨睡眠中定时发作。

5. 发作频率

轻者可几天或几周发作一次,甚至几个月内不发病,重者可一天发作几次或十几次。

6. 缓解方式

患者大多在休息后或舌下含服硝酸甘油后 1~3 min 内可缓解。

7. 体征

心绞痛一般无异常体征。心绞痛发作时常见心率增快、血压升高,心尖部可闻及收缩期杂音。

本病须与心血管神经症鉴别。心血管神经症的疼痛多为瞬间的刺痛或持续长时间(数小时)的隐痛,有时出现气闷、呼吸不畅,常吸长气,做叹息样呼吸,疼痛部位多在左前胸,症状在劳累、激动后或安静时出现,舌下含硝酸甘油无效,常伴有心悸、呼吸困难和植物神经功能(也即自主神经功能)紊乱症状,如多汗、手足发冷、双手震颤等。

8. 心绞痛临床分为四级

一级:一般体力活动不受限,仅在强、快或长时间劳力时发生心绞痛。

二级：一般体力活动轻度受限，步行两个街区以上、爬楼梯一层以上均会引起心绞痛。

三级：一般体力活动明显受限，步行一到两个街区或爬楼一层则会引起心绞痛。

四级：一切体力活动都会引起不适，静息时也可发生心绞痛。

二、发作期急救措施

1. 休息

发作时立即停止正在进行的活动和一切诱发因素，一般患者在停止活动后症状便可消除。有条件时应给患者吸氧，如图3-6-4-3所示。

图3-6-4-3　休息和吸氧

2. 药物治疗

（1）硝酸甘油为最常用的有效药物，成人一次用0.25~0.5 mg（1片）舌下含服，1~2 min即开始起作用，约30 min后作用消失。每5 min可重复使用1片，直至疼痛缓解。如果15 min内总量达3片后疼痛持续存在，应立即就医。在活动或大便之前5~10 min预防性使用可避免诱发心绞痛。患者可能有头晕、头胀痛、面红等副作用。

（2）硝酸异山梨酯（消心痛）5~10 mg，含服。2~5 min见效，作用可维持2~3 h。

（3）中成药，如速效救心丸、麝香保心丸、益安宁丸也可酌情使用。

3. 缓解后的护理

尽量避免各种诱发因素，调节饮食，戒烟酒，减轻精神负担，调节工作量，保持适当体力活动等，以促进侧支循环的建立，提高体力活动的耐受量从而改善症状。

对经处理效果不佳者，应注意急性心肌梗死的可能，及时转诊。

任务5　掌握高血压及高血压急症判断与急救措施

血压(Blood Pressure,BP)指血管内的血液对于单位面积血管壁的侧压力。通常所说的血压是指体循环动脉血压,是人体重要的生命体征之一。正常的血压是血液循环流动的前提,血压的变化往往反映出病情的程度。收缩压俗称高压,是心脏收缩时血管内的最高压力值。舒张压俗称低压,是心脏舒张时血管内的最低压力值。高血压(Hypertension)是以体循环动脉压升高、周围小动脉阻力增高,同时伴有不同程度的心排血量和血容量增加。高血压往往受多种因素的影响,如图3-6-5-1所示。目前,我国采用国际上统一的血压分类和标准,高血压定义为收缩压不小于140 mmHg和(或)舒张压不小于90 mmHg。

图3-6-5-1　高血压的危险因素

(1)高血压分级:根据血压增高的水平,可将高血压分为3级:

1级高血压(轻度)收缩压140~159 mmHg;舒张压90~99 mmHg。

2级高血压(中度)收缩压160~179 mmHg;舒张压100~109 mmHg。

3级高血压(重度)收缩压≥180 mmHg;舒张压≥110 mmHg。

(2)高血压分类:分为原发性高血压和继发性高血压两类:原因不明的高血压称为原发性高血压,占总高血压患者的95%;由某些确定的疾病或病因(急、慢性肾炎,嗜铬细胞瘤等)引起的血压升高,称为继发性高血压,约占总高血压患者的5%。

高血压的危险性在于突然血压升高导致高血压急症,以及长期高血压得不到控制,直接造成严重并发症,如心力衰竭、冠心病、中风、肾衰竭等。未经诊治的高血压是无声的杀手,如图3-6-5-2所示。

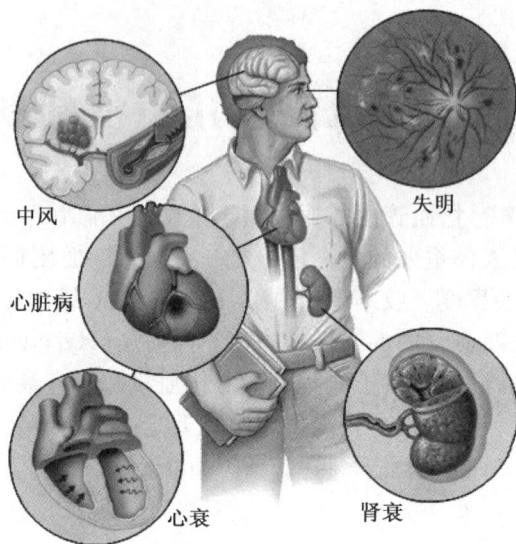

图 3-6-5-2　高血压的危害

一、临床特点

1. 一般症状

高血压大多起病缓慢、渐进,缺乏特殊的临床表现;早期常无症状,多在体检时发现;一般常见症状有头痛、头晕、疲劳、心悸、肢体麻木等,呈轻度持续性,多可自行缓解,在紧张或劳累后加重;也可出现视力模糊、鼻出血等较重症状。

2. 特殊症状——高血压急症

高血压急症(Acute Hypertension)是指少数患者病情急骤发展,短时期内(数小时或数天)血压急剧升高,舒张压大于 130 mmHg 和(或)收缩压大于 200 mmHg,伴有重要器官组织如心脏、脑、肾脏、眼底、大动脉的严重功能障碍或不可逆性损伤;可出现剧烈头痛、头昏、呕吐、鼻出血、视力模糊,甚至会出现中风、心力衰竭及肾脏病变等,如抽搐、昏迷、心绞痛频繁发作、出汗、尿少等;病情发展迅速,如不及时有效降压,预后很差。

二、急救与处理

1. 一般高血压的治疗

(1)注意休息,低盐饮食,补充钙和钾盐,减少脂肪摄入,避免劳累、情绪紧张、激动,肥胖者减轻体重,戒烟酒,进行运动训练。

(2)降压药物治疗:

在医生指导下按时服用降压药物,不要突然停药。在患者可耐受情况下,逐步降压达到控制目标:一般高血压患者为<140/90 mmHg;65 岁以上老年人为<150/90 mmHg;年轻人、糖尿病、冠心病或慢性肾脏病患者为<130/80 mmHg。

目前临床上应用的降压药物主要有五类:

①利尿降压剂:氢氯噻嗪、速尿等。

②β 受体阻滞剂:倍他乐克、阿替洛尔(氨酰心安)等。

③钙离子拮抗剂:硝苯地平、氨氯地平等。

④血管紧张素转换酶抑制剂:卡托普利、依那普利等。

⑤血管紧张素 II 受体阻滞剂:氯沙坦、缬沙坦等。

2.高血压急症的急救

(1)绝对卧床休息,尽量少搬动病人,保持呼吸道通畅,观察生命体征。

(2)病人如烦躁不安,可服用镇静药(如安定),有条件可吸氧。

(3)迅速控制性降压。若短时间内血压急剧下降,有可能使重要器官的血流灌注明显减少,应采取逐步控制性降压:开始的 24 h 内将血压降低 20%~25%,但 48 h 内血压不低于 160/100 mmHg。

①舌下含服硝苯地平片 10 mg 或卡托普利 12.5~25 mg;

②肌肉注射速尿 20 mg;

③静脉滴注硝酸甘油,10~25 μg/min。密切观察血压。

(4)高血压同时伴有昏迷,应考虑脑出血。在快速降血压的同时,采取降低颅内压、减轻脑水肿、吸氧、冷敷、禁饮食等措施,并尽快送医院救治。送医院途中保持呼吸道通畅,密切观察生命体征。

高血压病应及早诊治,坚持长期服药,监测血压,防止高血压急症和延缓并发症,以避免不必要的死亡。

💡 思考题

1.高热患者如何降温?

2.晕厥的患者如何急救?

3.怎么判断是否发生了休克?

4.休克患者急救原则有哪些?

5.心绞痛的特点有哪些?

6.现场急救措施有哪些?

7.心肌梗死的临床特点有哪些?

8.高血压如何分级?

9.主要降压药物有哪些?

项目七 救生艇筏上常见疾病

【知识目标】

1. 掌握晕船的临床表现以及处理措施；
2. 掌握冻伤的急救方法；
3. 熟悉日晒的预防措施；
4. 熟悉脱水的处理措施；
5. 熟悉饥饿的进食程序。

【能力目标】

通过学习，能够对救生艇筏上常见疾病做出正确的诊断和处理。

【内容摘要】

本项目主要介绍了救生艇筏上常见损伤，如晕船、冻伤、日晒、脱水和饥饿时的临床特点、现场处理措施及注意事项。

任务 1 掌握晕船的处理措施

晕船（Seasickness）是指乘船时，因船体产生的颠簸、摇摆、旋转等任何形式的加速运动，使人体内耳前庭（图 3-7-1-1）平衡感受器受到过度运动刺激，而出现的出冷汗、恶心、呕吐、头晕等症状群，又称晕动病（晕船、晕车、晕机）。晕动病不是真正的疾病，它仅仅是敏感机体对超限刺激的应激反应。但对长期在海上航行的船员来说，晕船影响正常进食和精神状态，损害船员的身心健康，不利于工作。

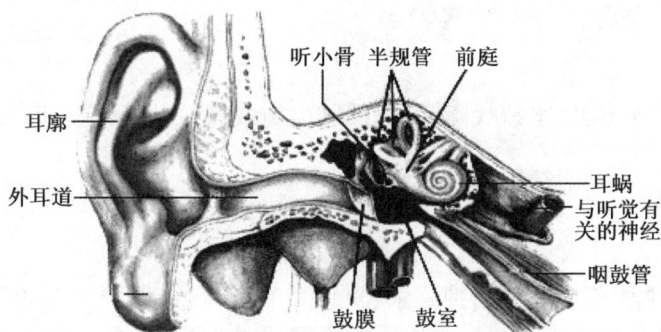

图 3-7-1-1　前庭器官

一、临床表现

常在乘船数分钟至数小时后发生，一般无生命危险。经多次发病后，症状可减轻，甚至不发生。

根据晕船的轻重，分为三种类型：

1. 轻型

轻型晕船最初症状为疲乏、眩晕、嗜睡；随后出现咽部及胃部不适，唾液分泌增多，吞咽动作频繁，上腹部有饥饿样空虚感，不愿活动；面色苍白，出冷汗。

2. 中型

中型晕船可出现周身热感，倦怠，表情淡漠，厌食，手指颤动及恶心、呕吐。呕吐前常有血压降低、脉搏减缓等症状；呕吐常呈喷射状，反复呕吐，吐后有短时间的轻松感。部分患者会视觉模糊，前额剧痛。

3. 重型

重型晕船可出现恶心、呕吐加剧，腹肌极度收缩，胃内容物虽已呕吐干净仍继续作呕，甚至可吐出胆汁和呕血等症状，可导致失水和电解质紊乱，会出现少尿，甚至器官衰竭。呕吐常可作为判断严重程度的指标。患者疲乏无力，体温可会低于正常体温；呼吸多变慢，通气增加。

二、现场急救

1. 一般处理

发病时患者宜闭目仰卧于安静、通风良好的环境中，保持充足的睡眠，避免闻到油烟等异味。坐位时头部紧靠在固定椅背或物体上，避免较大幅度的摇摆。

2. 药物治疗

（1）抗组胺药：茶苯海明（晕海宁），每次口服 25～50 mg，每日 3 次。副作用有嗜睡。

（2）抗胆碱药：氢溴酸东莨菪碱，每次口服 0.3～0.6 mg，每日 3 次。有口干、嗜睡、注意力不易集中等副作用。

（3）止吐药物：甲氧氯普胺（胃复安），每次口服 10 mg，每日 2～3 次。

（4）镇静剂如安定等亦可酌情使用。

（5）中医疗法：针刺合谷、大椎穴等。

3. 对症治疗

如因剧烈呕吐出现虚脱、水盐代谢紊乱、酸碱失衡或低血糖者，应及时妥善处理，以免继发其他后果。

三、预防

易患本病的人，乘船前应避免精神紧张、闻到燃油气味、身体虚弱等诱发因素。睡眠要充足，饮食清淡，避免过量饮酒等。平时可进行前庭锻炼，如乘坐转椅、荡秋千、荡船等，可以减轻晕船症状。

任务2　掌握冻伤的判断与现场处理方法

冻伤（Frostbite）即冷损伤，是低温作用于机体的局部或全身引起的损伤，低温强度和作用时间、空气温度和风速与冻伤的轻重程度密切相关。船员冻伤常因长时间在严寒环境下从事室外活动而御寒措施不力引起。当皮肤温度降到 $-2\ ℃$ 时就可能发生冻伤；当海水温度低于 $15\ ℃$ 时，若落水人员得不到及时救援，将在 $1\sim 6\ h$ 内死亡，如图 3-7-2-1 所示。

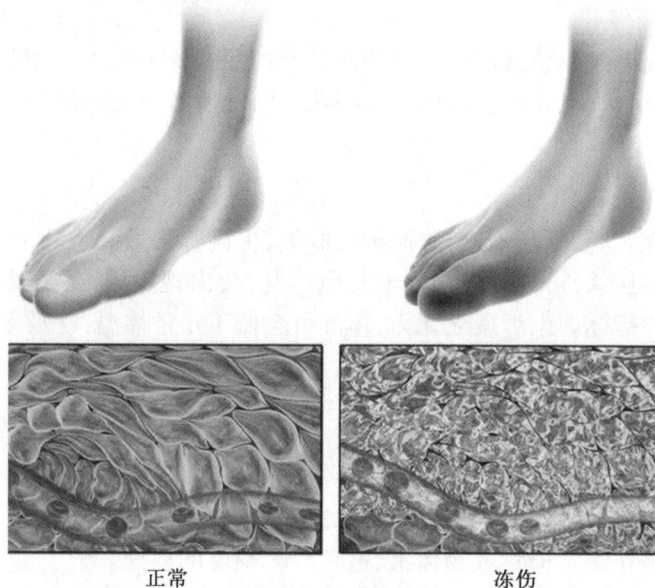

正常　　　　　　　冻伤

图 3-7-2-1　冻伤

一、临床表现

冻伤按损伤性质分为冻结性冻伤和非冻结性冻伤。

（一）冻结性冻伤

冻结性冻伤因人体局部或全身短时间暴露于极低气温，或者长时间暴露于 0 ℃ 以下低温造成的损伤，组织发生的冻结性病理改变。

1. 局部冻伤

如图 3-7-2-2 所示，局部冻伤常发生于鼻、耳、颜面、手和足等暴露部位。患处温度低、皮肤苍白、麻木、刺痛，复温后的局部表现与烧伤相似。

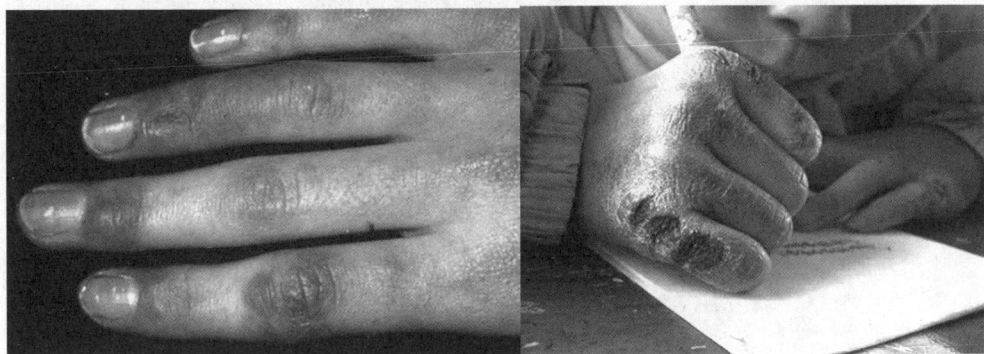

图 3-7-2-2　局部冻伤

根据创面损伤的深度不同可分为以下四度：

（1）Ⅰ度冻伤：损伤表皮层，局部红肿、发热感、疼痛，愈合后不留瘢痕。

（2）Ⅱ度冻伤：损伤达真皮层，局部红肿，有水疱，水疱内为血清状液或稍带血性，疼痛但麻木，感觉迟钝，局部可成黑痂。若无感染，约 2~3 周后脱痂愈合，少有瘢痕。

（3）Ⅲ度冻伤：损伤达到皮肤全层和皮下组织，局部皮肤紫红或紫黑色，感觉障碍或消失，皮温降低，创面周围红肿、疼痛，可出现血性水疱。皮肤坏死，愈合后留有瘢痕。

（4）Ⅳ度冻伤：损伤达肌肉、骨骼等组织，局部皮肤深紫黑色，皮温降低，剧痛，2~3 周内干性坏死，但易并发感染呈湿性坏疽，导致肢端残缺。

2. 冻僵（Frozen Stiff）

冻僵又称体温过低，是寒冷环境（-5 ℃ 以下）引起的以神经系统和心血管损害为主要表现的全身性疾病。通常在暴露寒冷环境后 6 h 内发病。船员在冷水或冰水中淹溺，长时间暴露于寒冷环境又无充分保暖措施，衣物潮湿，热能不足，易发生冻僵。人的生存时间与水温有关系，水温越低，体温下降（冻僵）就越快。

按病员中心体温（直肠温度）可将体温下降程度分为轻度冻僵（大于 34 ℃）、中度冻僵（30~34 ℃）、重度冻僵（小于 30 ℃）。

（1）轻度冻僵

患者疲乏、健忘、多尿、肌肉震颤、血压升高、呼吸和心率加快，逐渐出现不完全性肠梗阻。

（2）中度冻僵

患者表情淡漠、精神错乱、语言障碍、行为异常、运动失调或昏睡。体温在 30 ℃ 时，寒战停止、意识丧失、瞳孔散大和心动过缓。

（3）重度冻僵

患者出现少尿、瞳孔对光反射消失、呼吸减慢和心室颤动;体温降至 24 ℃时,出现僵死样面容;体温≤20 ℃时,皮肤苍白或青紫,心搏和呼吸停止,瞳孔固定并散大,四肢肌肉和关节僵硬,如图 3-7-2-3 所示。

图 3-7-2-3　重度冻僵

（二）非冻结性冻伤

非冻结性冻伤是人体长时间处于 0~10 ℃左右的低温潮湿环境下造成的冻伤,有战壕足、浸足和冻疮。其一般表现为局部红肿,可出现水疱,去除水疱上的表皮可见创面发红,有渗液。并发感染时可形成糜烂或溃疡,受冻局部可渐次出现皮肤发红、苍白、发凉,皮肤或者肢端刺痛,皮肤僵硬、麻木、感觉丧失。冻疮常发生于手足或耳廓,易复发。

二、急救与处理

基本治疗目标是迅速复温,防止进一步的冷暴露以及恢复血液循环。

1. 迅速脱离寒冷环境

搬运过程中应注意保暖,可用毛毯或厚棉被包裹患者身体,以防进一步散失热量。

2. 复温

温水快速复温法是目前救治仍然处于冻结状态局部冻伤的最好方法。方法是把受损处浸入 38~42 ℃的大量温水中,保持水温至受损处皮肤变红润为止。冻结的衣服鞋袜不易脱掉时,可连同肢体一并浸入温水中,待融化后解脱或剪开。禁拍打、雪搓、火烤等方法复温,以免引起坏死,如图 3-7-2-4 所示。

图 3-7-2-4 冻伤的复温

3. 局部处理

（1）Ⅰ度、Ⅱ度冻伤：局部用2%新霉素霜剂或5%磺胺嘧啶锌软膏涂抹，每日1~2次，用干而软的吸水性敷料进行保暖性包扎。

（2）Ⅲ度、Ⅳ度冻伤：先进行创面保护，再做清创处理，而后用无菌纱布和棉垫保暖包扎。将患肢略抬高，以利于静脉血液回流。

4. 心肺复苏

冻僵患者一旦出现心跳、呼吸骤停，CPR 和复温同等重要。人工通气时尽可能给予患者加温加湿氧气面罩通气。在现场急救时，许多复温措施可能无法进行，应积极进行 CPR，同时将患者转运至具有复温设备和条件的医院救治。

5. 冻疮膏

非冻结性冻伤可以局部涂冻疮膏，局部用药应厚涂，每日数次温敷创面，并及时换药，用无菌纱布包扎。

任务3 熟悉日晒的防治方法

日晒伤（Sunburn）又称晒斑或日光性皮炎，是强烈日光（主要是中波紫外线290~320 nm）照射引起皮肤的急性光毒性反应。其反应的强度与光线强度、照射时间和范围、肤色深浅等因素有关，海上作业者发病较多。

一、临床表现

晒伤多见于春夏季节，尤其浸水以后的皮肤更容易晒伤。一般在日晒后4~6 h 开始出现反应，12~24 h 后达到高峰。晒伤主要表现为日晒部位的皮肤出现境界鲜明的红斑、水肿，重者发生水疱、大疱，水疱内为淡黄色的浆液，如图 3-7-3-1 所示，同时伴有瘙痒、灼痛或刺痛感。如果晒伤面积太大，晒得太厉害，可形成水疱，并出现全身症状，如发热、心慌、头痛、恶心、呕吐等。

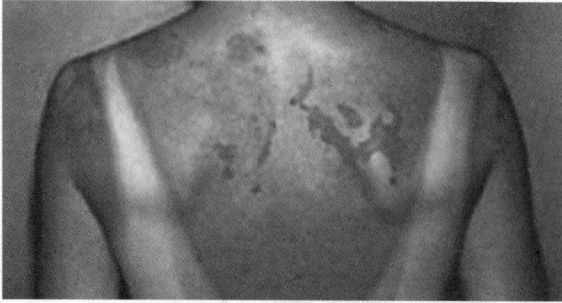

图 3-7-3-1　日晒伤

轻度的晒伤一般于 1~2 日内逐渐消退,并出现脱皮、色素沉着。有水疱、糜烂的严重患者,需要一周左右恢复。

二、急救处理

1. 局部治疗

(1)2.5% 消炎痛溶液(纯乙烯醇、丙二醇、二甲基乙酰胺,比例为 19∶19∶12)外搽。

(2)大疱、渗出液多时,可用 2%~4% 硼酸溶液、牛奶液(牛奶和水比例为 50∶5)或生理盐水(一茶匙盐溶于 500~600 mL 水中)等溶液进行湿敷,每次 15~20 min,一日 2~3 次。大部分水疱可不必处理。

2. 全身治疗

(1)抗组织胺药:用于刺痒性日晒伤。赛庚啶每次 2 mg,每日 3 次口服;扑尔敏每次 4~8 mg,每日 3 次口服;息斯敏每次 10 mg,每日一次口服。

(2)止痛药:阿司匹林每次 1 g,每日 3 次口服;扑热息痛每次 0.25~0.5 g,每日 3~4 次口服。

(3)类固醇皮质激素:严重的晒伤可用强的松每次 10 mg,每日 3 次口服,用 2~3 天,但要在晒伤后 36 h 或更短时间内应用,有减轻红肿热痛的作用。

三、预防

平时注意保养皮肤,经常食用绿色蔬菜和水果;春季多晒太阳,增强皮肤对季节的适应能力;夏季尽量不要裸露皮肤,必须裸露时应避免裸露部位被日光直接照射,可以穿浅色衣服、打伞或戴宽边草帽防晒;在肌体的外露部位涂抹石蜡油或单宁酸油膏等。

任务 4　熟悉脱水的处理措施

脱水(Dewatering)是指船员在救生艇筏上长时间漂浮时,人体由于缺乏淡水、呕吐和暴晒造成的大量出汗,导致水和钠同时丧失,但缺水多于缺钠,细胞外液呈高渗状态,称为高渗性脱水,又称原发性缺水。最终可引起脑细胞缺水导致脑功能障碍。

一、临床表现

缺水程度不同,症状也不同。一般按体液丢失量将脱水程度分为三度:

(1)轻度缺水:除有口渴外,多无其他症状。缺水量为体重的2%～4%。

(2)中度缺水:有极度口渴,伴乏力、尿少、尿比重高。唇干舌燥、皮肤弹性差、眼窝凹陷,常有烦躁。缺水量为体重的4%～6%。

(3)重度缺水:除上述症状外,出现躁狂、幻觉、谵语,甚至昏迷等脑功能障碍的症状。缺水量为体重的6%以上。

二、急救处理

应保持充足的休息,尽早去除病因,使病人不再失液,以利机体发挥自身调节功能。

可足量饮用含盐饮料或水,注意少量多次饮用,以免引起呕吐。

意识不清者或不能口服的病人,应静脉滴注5%葡萄糖溶液或0.45%氯化钠溶液,以补充已丧失的体液。补液的原则为先快后慢,补液的同时需密切观察周围循环状况,如血压、脉搏、尿量等。

任务5 熟悉饥饿的识别与进食流程

饥饿(Starvation)是指因能量和必需营养素全面摄入不足而引起的结构和功能改变。饥饿是营养不良的最严重形式。海难时救生艇筏上的船员会因为没有足够的食物导致饥饿。

一、临床特点

饥饿主要表现为疲乏无力、头昏眼花、表情淡漠、反应迟钝、脉搏减缓、血压下降、腹泻等症状;严重者会出现明显消瘦、水肿、消化功能减退、抵抗力减弱等症状。

二、处理措施

1.意识清楚者

饥饿者获救后,应休息、保暖;补充维生素;适当饮食以补充能量和营养素。进食程序如下:

(1)开始进食时,食用易消化的流质饮食,如牛奶、甜饮料等,宜少量多次,以免引起腹胀、腹泻、呕吐等;

(2)随着患者体力的恢复和胃肠道的逐步适应,可食用半流质饮食,如粥、汤面等,最后逐渐过渡到普通饮食。

2.意识不清或饥饿严重者

应静脉输入营养液(以葡萄糖为主)。

思考题

1. 晕船时应采取哪些措施?
2. 根据创面损伤的深度不同,局部冻伤如何分度?
3. 冻伤患者如何快速复温?
4. 日晒时如何处理患处?
5. 脱水患者如何补充水和电解质?
6. 饥饿患者进食程序是什么?

项目八　急救箱和常用急救药品

【知识目标】

1. 熟悉急救箱的配置及使用注意事项；
2. 掌握常用急救药品的作用及适应证；
3. 了解嗜酒及滥用药物的危害。

【能力目标】

能够正确配备急救箱内所需药品、器械和耗材；能根据病情正确选择主要的急救药品。

【内容摘要】

本项目主要介绍了船舶急救箱的配备及使用注意事项；常用急救药品的适应证和注意事项；简单介绍了嗜酒和药物滥用的危害。

任务1　熟悉急救箱的配备及掌握其使用注意事项

急救箱一般分为内科急救箱、外科急救箱及保健箱等，所配备医疗用品和药品也各有侧重。船舶急救箱配备虽无统一要求，但应以内外科急症为主，兼顾外伤的现场处置，与急救无关的药品和器械不主张配备。急救箱所配备的药品、器械应根据船舶吨位、人员的数量及航线做适当的调整。

一、急救箱的配备

1. 器械类

器械类包括氧气瓶、听诊器、血压计、体温计、压舌板、开口器、止血钳、剪刀、镊子、手术刀柄和刀片、弯盘、持针器、缝合针与缝合线、胶管止血带、手电筒、小夹板、针灸针、砂轮、开瓶器等。有条件的船舶还应配备 CPR 呼吸面罩（图 3-8-1-1）、多功能颈托（图 3-8-1-2）等器材。

图 3-8-1-1　CPR 呼吸面罩　　　　　　　　图 3-8-1-2　多功能颈托

2. 耗材

耗材主要包括三角巾、绷带、吸氧管、一次性手套、一次性注射器(2 mL、5 mL、20 mL)、一次性输液器、棉花、无菌棉球(棉签)、无菌纱布、胶布、创可贴等。

3. 药品

药品主要包括注射剂、口服剂和外用药三大类,以镇痛药、镇静和抗惊厥药、中枢兴奋剂、升压及抗休克药、降压药、强心药、抗过敏药、抗心绞痛药、止血药、解痉药为主,兼顾外伤用药。

二、急救箱的使用注意事项

(1)急救箱应放在固定的位置,一般放置于病房由专人负责管理。

(2)急救箱内物品排列整齐,标志清楚,取用方便。

(3)定期检查箱内物品,保证药品和敷料的种类、数量及有效期,箱内物品处于随时可用状态。

(4)药品和器材使用前应仔细检查,如有变质、过期等则不可使用。

(5)注意药品的适应证、剂量、用法和副作用。

(6)处置伤病员时要严格按无菌规则进行。

任务 2　熟悉主要常用急救药品的作用

一、解热镇痛药

1. 阿司匹林

阿司匹林主要治疗感冒、发热、头痛、关节痛。口服每次 0.3~0.6 g,每日 3 次。

2. 复方阿司匹林(解热止痛片,APC)

复方阿司匹林主要成分是阿司匹林、非那西丁和咖啡因,主要治疗感冒、发热、头痛等。口服每次 1~2 片,每日 3 次。

3. 去痛片

去痛片主要成分有氨基比林、非那西丁、咖啡因和苯巴比妥,有解热、镇痛、抗风湿的作用,常用于牙痛、头痛、关节痛、神经痛、肌肉痛等。口服每次 1 片,必要时加服 1 片。

4. 扑热息痛

扑热息痛商品名称有百服宁、必理通、泰诺、醋氨酚等。它是最常用的非抗炎解热镇痛药,解热作用与阿司匹林相似,镇痛作用较弱,无抗炎抗风湿作用,是乙酰苯胺类药物中最好的品种。其用于感冒、牙痛等症。

5. 双氯芬酸钠缓释片

双氯芬酸钠缓释片主治急慢性风湿性关节炎、关节炎、强直性脊椎炎、骨关节炎、肩周炎、滑囊炎、肌腱炎及腱鞘炎;腰背痛、扭伤、劳损及其他软组织损伤;痛经或附件炎、牙痛和术后疼痛;创伤后的疼痛与炎症,如扭伤、肌肉拉伤等。

二、镇痛药

1. 盐酸吗啡

盐酸吗啡主要用于缓解剧痛、心脏性哮喘、脑水肿等。常用量每次 5~15 mg,皮下注射。对疼痛原因未查明者,不可随便使用。本药应由船长或兼职医生保管,抵港报关。

2. 杜冷丁(哌替啶)

杜冷丁缓解剧痛的效果次于吗啡,常用量每次 50~100 mg,肌注或皮下注射。本药应由船长或兼职医生保管,抵港报关。

三、镇静和抗惊厥药

1. 苯巴比妥(鲁米那)

小剂量苯巴比妥起镇静作用,口服每次 15~30 mg,每日 3 次;中剂量苯巴比妥起催眠作用,睡前口服每次 30~100 mg;大剂量苯巴比妥具有抗惊厥作用,肌肉注射每次 0.1~0.2 g,必要时 4~6 h 后可重复使用。

2. 安定(地西泮)

安定用于精神紧张、焦虑不安、失眠或躁动,也可用于癫痫大发作或持续状态。口服每次 2.5~5 mg,每日 3 次;肌肉注射或静脉注射每次 5~10 mg。

四、中枢兴奋剂

1. 尼可刹米(可拉明)

尼可刹米用于各种原因引起的急、慢性呼吸衰竭。每次 0.25~0.5 g,皮下、肌肉或静脉注射均可,极量 1.25g/次。

2. 山梗菜碱(洛贝林)

山梗菜碱主要用于呼吸衰竭。每次 3~6 mg,皮下、肌肉或静脉注射均可。

3. 回苏灵

回苏灵主要用于呼吸衰竭,也可用于安眠药中毒。每次 8～24 mg,加入 5% 葡萄糖 500 mL,静脉滴注。也可 8 mg,肌肉注射或静脉注射。

五、升压及抗休克药

1. 肾上腺素

肾上腺素用于心搏骤停的急救、过敏性休克、胰岛素过量所致的低血糖性昏迷及支气管哮喘等。局部用于鼻黏膜充血及齿龈出血等。皮下或肌注:成人每次 0.25～0.5 mg,极量 1 mg;静注或心腔内注射:成人每次 0.25～0.5 mg(用生理盐水稀释 10 倍后注入);心腔内注入,用于心搏骤停。

2. 异丙肾上腺素

异丙肾上腺素主要用于心搏骤停、心源性休克、阿托品治疗无效的缓慢型心律失常、阿-斯综合征、哮喘等。用法:1～2 mg 用 5% 浓度的葡萄糖 250～500 mL 稀释,静脉滴注,每分钟 15～30 滴,参考心率、血压、尿量等调整滴速。0.5% 浓度的溶液气雾吸入可治疗哮喘。

3. 多巴胺

多巴胺用于治疗各种低血压和休克。对伴有肾功能不全、心排血量减少,周围血管阻力增高而血容量已补足的病人尤为适用。用法:20～100 mg 用 5% 葡萄糖 250～500 mL 稀释,静脉滴注,根据病情和血压调整滴速。

4. 阿拉明(间羟胺)

阿拉明适用于过敏性、心源性、感染性休克及脑损伤性休克。肌注:成人每次 2～10 mg;静注:成人每次 5 mg;静滴:成人 50～100 mg 加入 5% 浓度的葡萄糖液 500 mL 稀释,根据血压调整滴速。

六、降血压药

1. 利血平

利血平治疗轻度和中度高血压,口服每次 0.125～0.25 mg,每日 3 次;肌肉注射每次 1 mg,胃溃疡者慎用。

2. 氢氯噻嗪(双氢克尿噻)

氢氯噻嗪为利尿药、抗高血压药,主要适用于心源性水肿、肝原性水肿和肾性水肿,如肾病综合征、急性肾小球肾炎、慢性肾功能衰竭以及肾上腺皮质激素与雌激素过多引起的水肿;高血压;尿崩症。长期应用时宜适当补充钾盐。每日 25～100 mg,分 1～2 次服用,并按降压效果调整剂量。

3. 硝苯吡啶(心痛定、硝苯地平)

硝苯吡啶治疗心绞痛、高血压。口服:成人每次 5～10 mg,一日 3 次。急症应用可舌下含服。缓释片剂每次 20 mg,一日 1～2 次。

4. 卡托普利(开博通)

卡托普利为血管紧张素转换酶抑制剂,对各种类型的高血压均有明显的降压作用。口服每次 12.5~25 mg,每日 2~3 次;高血压危象时,可在密切观察下口含 12.5~25 mg。

5. 缬沙坦(Valsartan 代文)

缬沙坦是一种口服有效的特异性的血管紧张素 Ⅱ(AT1)受体提起拮抗剂,可用于各种类型高血压,并对心脑肾有较好的保护作用。心肌梗死、心力衰竭、蛋白尿、糖尿病等高血压病人可常规使用,可与利尿剂(如氢氯噻嗪)联合使用。

七、强心药

1. 地高辛

本品为毛花洋地黄叶中提取的一种次苷,为中速类强心苷,由于排泄较快,蓄积作用较小,故较洋地黄和洋地黄毒苷安全,是临床上应用最为广泛的强心苷,适用于急慢性心功能不全。口服每次 0.125~0.25 mg,一日 2 次,5~6 日后改为每日 1 次。强心药的安全范围小,一般治疗量约为中毒量的1/2。

2. 西地兰

西地兰为快速类强心苷,适用于急性心功能不全伴肺水肿者,对慢性心功能不全、室上性心动过速及快速型心房颤动者亦适用。静脉注射首剂 0.4~0.8 mg,加入 50%葡萄糖注射液 20 mL 稀释后缓慢静注,必要时 2~4 h 后再注射 0.2~0.4 mg,24 h 内不超过 1.6 mg。

八、抗生素

1. 阿莫西林(羟氨苄青霉素)

阿莫西林主要用于治疗敏感菌所致的呼吸道感染、尿道感染和胆道感染。口服每次 0.5~1.0 g,每日 3~4 次。

2. 头孢氨苄(先锋霉素Ⅳ)

头孢氨苄主要用于治疗敏感菌所致的呼吸道、尿道、皮肤和软组织感染,中耳炎、外生殖器和前列腺感染。口服每次 0.25~0.5 g,每日 3~4 次。

3. 庆大霉素

庆大霉素主要用于治疗细菌感染,尤其是革兰氏阴性菌引起的感染,对绿脓杆菌有较好的抗菌活性。肌肉注射每次 8 万 U,每日 2 次;或 16~24 万 U 稀释后静脉滴注。最常见的不良反应有听力减退、耳鸣或耳部饱满感(耳毒性)。

4. 红霉素肠溶片

红霉素肠溶片为广谱抗生素,主要用于上感、鼻窦炎、蜂窝组织炎、破伤风、梅毒及淋病。口服每次 0.5 g,每日 4 次。

5. 氟哌酸(诺氟沙星)

氟哌酸主要治疗敏感菌所致的泌尿道感染、呼吸道感染、肠道感染、前列腺炎、胆道感染及皮肤感染等。口服每次 0.1~0.2 g,每日 3~4 次,宜空腹服用。

6. 痢特灵

痢特灵主要治疗细菌性痢疾和肠炎。口服每次 0.1 g,每日 3~4 次。

7. 盐酸小檗碱(黄连素)

盐酸小檗碱用于治疗胃肠炎、细菌性痢疾等。口服每次 0.1~0.3 g,每日 3~4 次。

九、抗过敏药

1. 扑尔敏

扑尔敏主要治疗各种过敏、药物过敏性疾病、虫咬、药物过敏等。口服每次 4 mg,每日 3 次。

2. 赛庚啶

赛庚啶主要治疗荨麻疹、皮肤瘙痒、过敏性鼻炎等。口服每次 2 mg,一日 3 次。

3. 苯海拉明

苯海拉明主要治疗过敏性疾病,也可治疗晕车或晕船引起的恶心、呕吐。肌肉注射每次 20 mg,一日 1~2 次。口服每次 25~50 mg,一日 1~2 次,饭后服。

4. 异丙嗪

异丙嗪主要用于抗变态反应、抗晕动病、镇静及诱导睡眠,也可治疗哮喘等。抗变态反应,每次口服 12.5~25 mg,餐前或睡前顿服;抗晕动病,成人每次 25 mg,乘车前 0.5~1 h 口服;肌肉注射每次 12.5~25 mg。

十、抗心绞痛药

1. 硝酸甘油片

硝酸甘油片主要用于心绞痛,也可用于胆绞痛和肾绞痛。舌下含服 0.5~1.0 mg,2 min 见效,30 min 左右可缓解心绞痛。

2. 消心痛(硝酸异山梨酯)

消心痛用于缓解急性心绞痛发作。口服后 30 min 见效,含服 2~3 min 见效。

3. 速效救心丸

速效救心丸用于心绞痛和胸闷。急性发作时,每次 10~15 粒含服,或口服 4~6 粒,一日 3 次。

十一、止血药

1. 安络血(安特诺新)

安络血主要用于一般外伤造成的毛细血管破裂引起的各种出血和其他出血。口服每次 5 mg,一日 3 次;肌肉注射:5~10 mg,每日 2 次。

2. 止血敏（酚磺乙胺）

止血敏用于预防和治疗外科手术出血过多,血小板减少性紫癜或过敏性紫癜以及其他原因引起的出血。肌肉注射或静脉注射每次 0.5~1 g;严重者可用 4 g 加入 5%葡萄糖注射液或生理盐水静脉点滴。

3. 云南白药

云南白药主要用于各种跌打损伤的出血。出血者用开水调服,肿胀瘀血者用白酒调服。口服每次 0.2~0.3 mg,每 4 h 一次。云南白药也可同时外敷。

十二、止喘药

1. 氨茶碱

氨茶碱主要用于支气管哮喘,也可用于治疗心绞痛、心源性肺水肿。口服每次 0.1 g,每日 3 次;静脉注射每次 0.25 g 加入 50%葡萄糖溶液;静脉滴注每次 0.1 g 加入 5%葡萄糖溶液 250 mL。

2. 喘定

喘定的用途与氨茶碱相似,口服每次 0.1~0.2 g,每日 3 次;肌注每次 0.5 g,每日 1 次。

3. 沙丁胺醇（羟甲叔丁肾上腺素,舒喘宁）

沙丁胺醇能平喘,适用于防治支气管哮喘,喘息性支气管炎及肺气肿。成人口服每次 2~4 mg,每日 3~4 次;雾化吸入,每次 0.1~0.2 mg,每日 3~4 次。

十三、平滑肌解痉药

1. 硫酸阿托品

硫酸阿托品主要作用是解除平滑肌痉挛,抑制腺体分泌,用于治疗胃、肠、胆、肾等内脏绞痛,有机磷中毒,心动过缓及早期感染性休克。口服每次 0.3~0.6 mg,每日 3 次;皮下、肌肉或静脉注射每次 0.5~1.0 mg;有机磷中毒者,每次 5~10 mg 静脉注射,每 5~20 min 一次。

2. 山莨菪碱（654-2）

山莨菪碱的作用与阿托品相似,治疗胃、肠、胆绞痛,中毒性休克,眩晕等。口服每次 5~10 mg,每日 1~3 次;肌肉或静脉注射每次 5~10 mg,每日 1~2 次。

十四、防暑降温药

1. 十滴水

十滴水治疗中暑引起的头晕、恶心、胸闷、腹痛、胃肠不适等。每瓶 5 mL,成人每次服用半瓶至一瓶。

2. 人丹

人丹主要治疗中暑、晕车、晕船等。每次服用 5~10 粒。

3. 风油精

风油精在夏季常用作防暑药,可缓解头痛和蚊虫叮咬,适量外涂。

4. 清凉油

清凉油在夏季常用作防暑药,可缓解头痛、防治蚊虫叮咬和提神,适量外涂。

十五、外用药

1. 碘酊

碘酊也叫碘酒,是碘和碘化钾的酒精溶液。能渗入皮肤杀死细菌(2%~3%碘酊用作皮肤消毒;1%碘酊用作口腔黏膜消毒)。但不能与红药水同用,同用会产生有毒的碘化汞;新生儿慎用。

2. 酒精

70%~75%的酒精用于消毒和浸泡医疗器械,多用于碘酊脱碘,也可单用;40%~50%的酒精可预防褥疮(又称压力性溃疡、压疮);25%~50%的酒精可用于物理退热。

3. 碘伏

本品为碘与聚醇醚复合而成的广谱消毒剂,能杀死病毒、细菌、芽孢、真菌、原虫;用于皮肤消毒、黏膜冲洗或创面消毒;避光、密闭、阴凉处保存。

4. 双氧水

双氧水常用于冲洗创面,防治褥疮,并有杀菌、防腐、除臭及收敛作用。

5. 鱼石脂

鱼石脂为消毒防腐药,具有温和刺激性和消炎、防腐及消肿作用。各种皮肤炎症及疖肿:以鱼石脂软膏外涂,每日 2 次。外耳道炎:用鱼石脂甘油滴耳液滴耳,每次 2 滴,每日 3 次。

6. 生理盐水

生理盐水为外用,主要用于冲洗伤口。

7. 冻疮膏

冻疮膏成分:樟脑、硼酸、甘油、凡士林。皮肤刺激药,主治冻伤。

8. 无极膏

无极膏具有消炎、镇痛、止痒、抗菌、局部麻醉等作用;用于虫咬皮炎、丘疹性荨麻疹、湿疹、接触性皮炎、神经性皮炎、皮肤瘙痒等。

9. 999 皮炎平(复方醋酸地塞米松乳膏)

999 皮炎平用于局限性瘙痒症、神经性皮炎、接触性皮炎、脂溢性皮炎以及慢性湿疹。

10. 达克宁(硝酸咪康唑软膏)

达克宁用于真菌、酵母菌及其他真菌引起的皮肤、指(趾)甲感染;皮肤、指(趾)甲念珠菌病。

11. 扶他林(双氯芬酸二乙胺乳胶剂)

扶他林的适应证为用于缓解肌肉、软组织和关节的轻至中度疼痛,如缓解肌肉、软组织的扭伤、拉伤、挫伤、劳损、腰背部损伤引起的疼痛以及关节疼痛等,也可用于骨关节炎的对症治疗。

十六、常用输液剂

1. 葡萄糖注射液

葡萄糖注射液为补充体液和能量,用于失水、休克和酸碱中毒等。常用5%、10%浓度的葡萄糖注射液静脉滴注,5%葡萄糖注射液是等渗溶液。

2. 生理盐水

生理盐水用于补充体液和电解质,浓度0.9%,补水量参考病人脱水情况而定。

3. 葡萄糖氯化钠注射液

葡萄糖氯化钠注射液由5%的葡萄糖注射液和0.9%浓度的氯化钠组成。主要补充人体所需的水、葡萄糖、钠和氯等。

4. 右旋糖酐-40氯化钠注射液

右旋糖酐-40氯化钠注射液为血容量扩充剂,是替代血浆的一种较理想的液体。用于各种失血、脱水、创伤和烧伤、感染等引起的休克,也可用于血管栓塞性疾病,如心绞痛和脑血栓形成。静脉滴注,用量视病情而定,成人一般250~500 mL/次。

5. 甘露醇

甘露醇用来治疗颅脑外伤、脑水肿或者急性肾功能衰竭,用20%浓度的甘露醇250 mL静脉注射或静脉滴注。

6. 5%浓度的碳酸氢钠溶液、11.2%浓度的乳酸钠

5%浓度的碳酸氢钠溶液、11.2%浓度的乳酸钠都用于治疗代谢性酸中毒及高钾血症。静脉滴注,用量视病情而定。

7. 口服补液盐Ⅱ

口服补液盐Ⅱ为调节水盐、电解质和酸碱平衡药,轻中度脱水或严重腹泻时应用。用温开水溶解后口服,2 500~3 000 mL/日,分多次饮用。

任务3 了解酗酒和药物滥用的危害

一、酗酒

酗酒(Alcohol Abuse)或酒精滥用是指过度饮酒造成的躯体或精神损害,以及带来的不良社会后果,或称为问题饮酒。酗酒涵盖了"酒精滥用"及"酒精依赖"。一般而言,如果一个人过度使用酒精而无法自我节制,造成认知上、行为上、身体上、社会功能或人际关系上的障碍或影响,且明知故犯,无法克制,就达到"酒精滥用"的程度。若进一步恶化,把饮酒看成比任何其他事都重要,必须花许多时间或精力去喝酒或戒酒,或必须喝酒才感到舒服(心理依赖),或必须增加酒精摄取才能达到预期效果(耐受性),或产生酒精戒断综合征,就达到"酒精依赖"的程度。

1. 酗酒的危害

长期酗酒引发营养问题,造成各种消化系统和代谢系统疾病,导致酒精性肝硬化和癌症,影响脂肪代谢,出现"啤酒肚"状态。酗酒会损害大脑神经组织,慢性酗酒者的高级认知功能呈渐进性衰退,学习和利用新知识及解决问题的能力下降。女性更容易受到酒精的损害,孕妇会导致胎儿流产。小剂量饮酒患者出现兴奋作用,随着乙醇浓度的增高,可作用于小脑,引起共济失调,极高浓度乙醇将抑制延髓中枢,引起呼吸、循环功能衰竭,严重者可导致死亡。

2. 酗酒的预防和治疗

早期干预是针对潜在的酗酒易感人群进行有关饮酒方面的健康教育,包括适量饮酒的概念和安全饮酒量。要彻底戒除酒瘾,关键是当事人必须真正认识到过量饮酒的危害性,决心戒酒。

心理治疗(Talking Cure)和预防是治疗酗酒的有效方法。这些方法主要有:

(1)认识疗法结合厌恶疗法:先在思想深处认识到过量饮酒的危害,可通过大量的因为饮酒导致的损害健康以及导致家庭破裂的案例,逐渐建立起对酒的厌恶情绪。

(2)系统脱敏法结合奖励强化法:可采取每天逐渐地减少饮酒量,因为痛苦性低、成功率往往较高。戒酒者在这一过程中,若完成了当天应减少的"指标",自己或亲人应给予一些小奖励,以巩固和强化其所取得的成果。为避免心理上若有所失的难熬感觉,戒酒者应积极从事其他一些有兴趣的事情,用新的满足感的获得来抵消旧的满足感的失去。

(3)群体心理疗法:是指充分发挥群体对个人的心理功能来治疗心理疾病的技术和措施。

二、药物滥用

药物(Drug)是指能够影响人类心境、情绪、行为、改善意识状态,并有致依赖作用的一类化学物质。药物滥用(Drug Abuse)或依赖是指"由于反复使用某种药物所引起的一种周期性或慢性中毒状态"。成瘾药物的特点是具有不可抗拒的力量驱使个体使用;个体为获取而不择手段;使用剂量逐渐加大;易产生心理和身体依赖;危害个人和社会。

著名的成瘾药物有吗啡、海洛因("白粉")、美沙酮、危害最大的可卡因、称为冰毒的甲基苯丙胺、大麻制剂、催眠镇静剂、致幻剂等。

1. 滥用药物的危害

滥用药物最常见并且危害最大的是急性中毒乃至死亡。

(1)生理依赖表现为耐受性增加和停药或减药后出现戒断症状。戒断综合征是由于长期用药后突然停药引起的适应性的反跳性反应。一般戒断症状的表现与药物的激动作用相反,使药物滥用者身体和心理遭受极大的折磨。如阿片类戒断时会出现类流感综合征,出现周身疼痛、焦虑与惊恐发作等症状。

(2)心理依赖是吸食者服用药物后产生的一种愉快、满足的或欣快的感觉。成瘾者会形成难以矫正的成瘾行为,人格也逐渐随之改变。

(3)滥用药品可导致局部与全身感染。药物滥用者免疫功能会降低,抵抗力也会下降,极易并发各种病毒或细菌感染性疾病,如急性或慢性传染性肝炎,局部脓肿、败血症及心内膜炎等,尤其容易并发结核病和艾滋病。

(4)滥用药物可导致社会功能丧失。会产生家庭解体和随之出现的子女受虐待或失学等情况;为获取成瘾药物,会令成瘾人群走向社会犯罪的道路,破坏社会稳定,阻碍经济发展。

2.成瘾治疗和预防

成瘾治疗属于系统工程,需要采取医学、心理与社会学多学科方法的综合治疗。治疗原则是:在脱毒阶段,重点是中止滥用毒品,治疗戒断症状,初步摆脱对毒品的依赖;在康复阶段,纠正个体对药物的依赖,防止复吸,训练或扶持成瘾者参加劳动,助其重新回归社会。

思考题

1.急救箱的使用注意事项有哪些?
2.强镇痛药主要有哪几种? 船舶如何管理和使用?
3.抗休克药有哪些?
4.常用的呼吸兴奋剂有哪几种?
5.滥用药物的主要危害有哪些?

项目九　实操训练与评估

【技能目标】

1. 能够快速准确判断心肺复苏的适应证并实施心肺复苏术。

2. 能用止血带对四肢出血实施快速止血;熟悉加压包扎止血法和指压动脉止血法动作要领。

3. 能使用三角巾实施常见部位的快速包扎;熟悉绷带包扎法。

4. 能利用夹板对骨折的四肢实施快速固定;熟悉骨折无夹板固定法。

【内容摘要】

根据中华人民共和国《海船船员培训大纲(2021版)》、中华人民共和国《海船船员考试大纲(2022版)》、《中华人民共和国海船船员培训合格证评估规范》(2012年),实操训练涉及心肺复苏术、止血技术、包扎技术和骨折固定技术等,分别从实训内容和要求、实训场地和器材、实训步骤、评估方式和评估参考标准等方面做了介绍,方便实操训练和评估的组织开展。

任务 1　掌握心肺复苏术

一、训练内容与要求

(1)围绕实施心肺复苏,进行复苏前准备,复苏中判断及复苏后整理训练。

(2)训练过程中要求学生严谨、认真、有序,严格遵守实训室规则。

(3)要爱护训练器材,胸外心脏按压、仰头提颏和吹气动作不能粗暴,动作要准确到位。

(4)定时对模拟人接触部位消毒,吹气时要使用呼吸膜或干净的纱布防止传染病的传播;严禁患有流感、疑似结核、肝炎等传染病的学生进行人工呼吸。

二、实训场地与器材

室内场地必须可容纳20人以上,心肺复苏模拟人3~4个、海绵床垫3~4个、呼吸膜或无菌纱布块若干。

三、训练步骤

(1)实训教师先集中讲解动作要领和示范,再分组训练,原则上每组不超过4人,每组一个模拟人。

(2)评估现场,准备抢救。

(3)判断意识,紧急呼救。

(4)检查颈动脉搏动,判断有无心跳。

(5)胸外心脏按压术:

①跪姿正确。

②迅速确定按压位置,十指相扣,掌心和手指上翘,掌根不可漂移。

③按压用力均匀,频率控制在每分钟100~120次;按压力度:胸骨下陷5~6 cm,因人而异。

④连续按压30次,最好出声数数。

⑤肘关节不能弯曲,垂直按压。

⑥边按压边观察患者面部变化。

(6)开放气道,判断呼吸:

①打开气道,应立即采取仰头提颏法,使下颌角与耳垂的连线垂直于地面,检查口腔是否堵塞,如有堵塞,用勾指法取出异物。

②判断呼吸要求在5~10 s内完成。判断呼吸的方法主要有看(胸廓)、听(呼吸音)和感觉(气流)。

(7)人工呼吸:

①仰头提颏法。

②连续吹气两口,中间松开鼻翼。

③吹气时间1 s以上。

④吹气量以看到患者胸廓明显隆起为宜。

⑤人工呼吸时通常要求使用呼吸膜以预防疾病的传播,也可使用无菌纱布或手绢替代。

⑥颈部有外伤者,应采取双手抬颏法。

(8)生命体征监测:

抢救者连续实施5个30∶2的心肺复苏循环后,应立即进行复苏效果的判定,判断时间5~10 s。如果呼吸、心跳恢复,则将病人置于复原体位,穿衣保暖,侧卧位等待救援;如仍没有生命体征恢复迹象,则应继续实施心肺复苏术,每5个循环间隙监测一次生命体征,直到患者恢复心跳和呼吸。

(9)复苏后体位:

病人经过抢救后有自主呼吸和心跳但仍处于昏迷状态时,应将病人翻转成复原体位(侧卧位),面部侧枕于患者上举的手上,同时穿上衣服、盖上毛毯注意保暖。

四、评估方式

评估员组织,随机两个同学组合,一人实施CPR,一人摄像或计时,根据操作步骤和熟练程度严格按评估标准计分。

五、评估参考标准

(1)判断环境,确保环境安全,做好自我防护(5分)。

(2)判断意识与呼救(5分)。

(3)摆正体位,跪姿正确(5分)。

(4)判断心跳和呼吸:触摸颈总动脉和判断呼吸5~10 s(5分)。

(5)按压位置和姿势:掌根置于胸骨中下1/3交界处;双手掌根叠加,十指相扣,手心和手指翘起,手臂伸直,垂直下压(20分)。

(6)按压力度和速度:胸骨下陷5~6 cm,每分钟100~120次(20分)。

(7)打开气道:检查并清除口腔异物;压额提颏法,下颌角与耳垂连线垂直于地面(10分)。

(8)吹气:姿势、吹气量、吹气时长(20分)。

(9)5个循环总时长120 s(10分)。

(10)回答CPR有效的指征:意识、呼吸、心跳、面色、瞳孔(10分)。

任务2 掌握止血带止血法

一、训练内容与要求

(1)熟悉加压包扎止血法和指压动脉止血法;熟练掌握止血带止血法的动作要领和注意事项。

(2)训练过程中要求学生严谨、认真、有序,严格遵守实训室规则。

(3)要爱护训练器材,节约耗材。

(4)止血时要有受伤意识,动作轻柔,准确迅速,严格掌握止血带适应证。

二、实训场地与器材

室内场地必须可容纳20人以上,止血带、三角巾、垫布、绷带卷、竹筷、挂牌若干。

三、训练步骤

1. 止血带止血法

(1)实训教师集中讲解动作要领和示范,分组训练,每2个同学为一个训练单位。

(2)设定前臂出血,模拟伤员露出胳膊,略微抬高片刻。

(3)取上臂下1/3段垫上衬垫。

(4)捆扎手法:胶管止血带采用执笔式、二压一、两端向上,松紧适宜,止血部位应加缓冲软垫。

（5）检查脉搏：达到止血目的的同时，脉搏几乎触摸不到。

（6）标志清楚：填写标志牌，置于明显位置。

2. 熟悉临时绞紧止血法

（1）实训教师集中讲解动作要领和示范，分组训练，每2个同学为一个训练单位。

（2）设定前臂出血，模拟伤员露出胳膊，略微抬高片刻。

（3）取上臂下1/3段垫上衬垫。

（4）捆扎手法：将绷带卷、毛巾或纱布折成绷带卷大小，放在伤口近心端的动脉干上，用布带放在上面绕肢体两圈后拉紧，待两端合拢后打一活结，绞棒插在后一圈的下面，提起绞紧，然后将绞棒的一端插入活结内，再将活结拉紧固定绞棒。

（5）检查脉搏：达到止血目的的同时，脉搏几乎触摸不到。

（6）标志清楚：填写标志牌，置于明显位置。

3. 指压动脉法止血

实训教师集中讲解动作要领和示范，分组训练，每2个同学为一个训练单位，熟悉以下体表动脉的位置、按压手法和止血范围：

（1）颞动脉：在同侧耳前对准耳屏前上方 1.5 cm 处，用拇指压迫，使颞浅动脉闭合而止血。

（2）面动脉：急救者一只手固定伤员的头部，另一只手的食指或拇指在伤侧的下颌角前约 1.5~3 cm 的凹陷处可触到动脉搏动点，压迫该点即可止血。

（3）颈总动脉：在出血侧的胸锁乳突肌和气管之间有一较强动脉搏动处，用拇指或其余四个手指，将颈总动脉压在同侧的颈椎横突上即可止血。

（4）锁骨下动脉：用拇指在伤侧的锁骨上窝中部摸到锁骨下动脉搏动点，然后将锁骨下动脉压向内后方的第一肋骨即可止血。

（5）肱动脉：用一只手将伤侧的前臂提起，使伤侧的前臂与肩平行，再用另一只手拇指或其他四指压住肱动脉即可止血。

（6）股动脉：在伤侧的大腿上端腹股沟中点稍下方的搏动处，用两手的拇指或双手掌重叠压迫，将股动脉用力压在耻骨上即可止血。

四、评估方式

评估员组织，随机抽5名同学做模特，随机再抽另5人实施止血带止血，根据操作步骤和熟练程度严格按评估标准计分。

五、评估参考标准

（1）准备动作：抬高伤肢；扎在伤口近心端，上臂应避开中1/3段；止血部位应加缓冲软垫（30分）。

（2）捆扎手法：执笔式、二压一、两端向上，松紧适宜（20分）。

（3）检查脉搏：达到止血目的的同时，脉搏几乎触摸不到（10分）。

（4）标志清楚：填写标志牌，置于明显位置（10分）。

(5)动作时间:扎止血带动作 1 min 完成满分,超过 2 min 不得分(10 分)。

(6)回答问题:定时放松的最长间隔时间,放松持续时间(20 分)。

任务3　熟悉伤口的简易包扎法

一、训练内容与要求

(1)熟练掌握常用三角巾包扎法的动作要领和注意事项;熟悉绷带包扎法。

(2)训练过程中要求学生严谨、认真、有序,严格遵守实训室规则。

(3)要爱护训练器材,节约耗材。

(4)包扎动作要有受伤意识,动作轻柔,准确迅速,包扎前要先处理伤口。

二、实训场地与器材

室内场地必须可容纳 20 人以上,无菌纱布块、三角巾、弹力教学绷带卷若干。

三、训练步骤

实训教师集中讲解动作要领和示范,分组训练,每 2 个同学为一个训练单位。

1. 三角巾头部包扎

先将三角巾的底边折叠 2~4 指宽,折叠面向内,齐眉弓压住,三角巾底角的两头向后拉,将三角巾顶角压住,整理伤口处敷料,再在后枕部交叉换位,将三角巾底角绕行至前额打一个平结。将后枕部的顶角伸展,顶角向上翻,平整地塞进三角巾的交叉处,最后整理整齐。

2. 三角巾肩部包扎

以左肩为例。急救者左手拿三角巾一底角置于患者右侧腋前,右手拿三角巾顶角拉紧斜边靠近颈根部,底边水平置于剑突高度,顶角后翻盖住左侧肩部,将三角巾底边向后塞进左侧腋下,再将三角巾另一斜边前拉,利用顶角系带在左侧三角肌下缘缠绕固定,然后将三角巾左侧底角上翻后盖住左肩,用力后拉绕背部至右侧腋前和另一底角打结固定。

3. 三角巾胸部包扎

急救者位于被包扎者的前方,先将三角巾的底边折叠四指宽,折叠面向外,在剑突部位将三角巾底角的一头向后拉绕行至对侧腋前线的位置打结,然后将顶角向上拉至一侧肩峰上,将顶角的带子拉紧后,在背部的横带子上打结。

4. 三角巾手部包扎

先将三角巾的底边折叠四横指,折叠面向内,将被包扎者的手五指并拢,掌心向下置于三角巾中央,手指和顶角方向一致,手腕应在底边两横指内,用无菌敷料完全覆盖伤口或用纱布块塞进指间隔离,再将顶角后拉,将顶角系带在手腕部缠绕,最后再将两边向内折叠收紧,在手腕部交叉、缠绕、打结。

四、评估方式

评估员组织,随机抽 5 名同学做模特,随机再抽另 5 人实施指定任意 2 个部位包扎,任选下列项目之二,根据操作步骤和熟练程度严格按评估标准计分。

五、评估参考标准

1　头部包扎(50 分)。

1.1　先用无菌纱布块覆盖伤口(10 分)。

1.2　底边折叠 2 横指,置于前额眉弓处(5 分)。

1.3　两底角在枕骨粗隆下方交叉,在前额部位打结(10 分)。

1.4　顶角平整地塞入枕部交叉处(5 分)。

1.5　松紧适宜,前平后整(10 分)。

1.6　速度:2 min 内完成,超过 3 min 不得分(10 分)。

2　肩部包扎(50 分)。

2.1　先用无菌纱布块覆盖伤口(10 分)。

2.2　顶角系带放置于伤肢三角肌下缘并缠绕 2 周(10 分)。

2.3　两底角交叉点位于颈根部(5 分)。

2.4　打结在对侧腋前(5 分)。

2.5　松紧适宜(10 分)。

2.6　速度:2 min 内完成,超过 3 min 不得分(10 分)。

3　胸部包扎(50 分)。

3.1　先用无菌纱布块覆盖伤口(10 分)。

3.2　将三角巾对折成燕尾状,夹角 100°(10 分)。

3.3　对折边水平置于剑突处,系带绕过后背打结(5 分)。

3.4　两个底角对称过肩,在后背绕过横带打结(5 分)。

3.5　松紧适宜(10 分)。

3.6　速度:2 min 内完成,超过 3 min 不得分(10 分)。

4　手部包扎(50 分)。

4.1　先用无菌纱布块覆盖伤口(10 分)。

4.2　将三角巾沿中垂线对折,中指对准顶角(5 分)。

4.3　手指间加无菌纱布块(5 分)。

4.4　两底角折叠后在手背交叉,绕腕关节打结,不露掌根(10 分)。

4.5　松紧适宜(10 分)。

4.6　速度:2 min 内完成,超过 3 min 不得分(10 分)。

任务4 掌握骨折固定术

一、训练内容与要求

(1)熟练掌握四肢骨折的夹板-三角巾固定法;熟悉骨折无夹板固定法。

(2)训练过程中要求学生严谨、认真、有序,严格遵守实训室规则。

(3)要爱护训练器材,节约耗材。

(4)骨折固定时要有受伤意识,动作轻柔,快速准确。

二、实训场地与器材

室内场地必须可容纳20人以上,制式夹板、无菌纱布块、10 cm绷带、三角巾、胶管止血带若干。

三、训练步骤

实训教师集中讲解动作要领和示范,分组训练,每2个同学为一个训练单位。使用前臂骨折夹板-三角巾固定法。

(1)先在上臂结扎止血带,再用无菌敷料覆盖伤口,绷带加压包扎。

(2)在伤肢外侧摆放系带和夹板,铺衬垫。

(3)轻轻抬起伤肢塞入夹板,手心向上。再在前臂屈侧加上衬垫盖上小夹板,小夹板要离开肘窝2横指距离。

(4)固定夹板,先系上伤口上方的绑扎带,再系上伤口下方的绑扎带;至少需要4根绑扎带固定,松紧要适宜。

(5)用展开的三角巾塞入夹板下方,顶角置于肘关节处,屈肘90°,以"O"形用大悬臂带吊于颈部,再用叠好的宽三角巾横向固定上臂。

(6)检查手指末端的血液循环情况,挂标志牌记录时间。

四、评估方式

评估员组织,随机抽5名同学做模特,随机再抽另5人实施前臂骨折固定操作,根据操作步骤和熟练程度严格按评估标准计分。

五、评估参考标准

(1)伤口处理:用无菌纱布块覆盖开放性骨折伤口,并用绷带包扎(10分)。

(2)夹板选择:选择合适的夹板,即长度超过肘、腕关节,宽度与患肢相仿(10分)。

(3)加衬垫:夹板和皮肤之间加软垫(10分)。

（4）固定顺序：先固定伤口上下端，再固定肘、腕两关节（10分）。

（5）捆绑正确：避开伤口捆扎，打结在肢体外侧，松紧适宜（20分）。

（6）悬吊正确："O"形悬吊，肘关节屈曲角度略小于90°（20分）。

（7）横向固定：三角巾横向固定伤肢于胸壁（10分）。

（8）暴露指端：暴露肢体末端，以便检查末梢血液循环（10分）。

基本急救模拟题一

一、判断题

1. 救护时机的掌握和知识运用的正确与否会直接影响后续的治疗效果。（　）
   A. 对　　B. 错

2. 基本急救仅仅是要求高级船员掌握的一门知识。（　）
   A. 对　　B. 错

3. 改善病情,减少患者的痛苦是急救的目的之一。（　）
   A. 对　　B. 错

4. 骨骼是人体体形的支架,由 206 块形状不同的骨组成,并具有造血和代谢功能。（　）
   A. 对　　B. 错

5. 骨骼的硬度是由骨中的钙盐决定的。（　）
   A. 对　　B. 错

6. 椎骨从上到下分别由颈椎、胸椎、腰椎等共 31 对椎骨构成。（　）
   A. 对　　B. 错

7. 人体的总血容量一般是 4 000~5 000 mL。（　）
   A. 对　　B. 错

8. 空肠以下的消化道称为上消化道。（　）
   A. 对　　B. 错

9. 胰腺也是在消化过程中起主要作用的消化腺,仅次于肝。（　）
   A. 对　　B. 错

10. 大肠的主要功能是吸收水分,故食物残渣在大肠中停留的时间越长就越容易形成便秘。（　）
    A. 对　　B. 错

11. 病人于席梦思床上停止了呼吸和心跳,这时应立即找块木板垫放于病人背后身下,并进行心肺复苏。（　）
    A. 对　　B. 错

12. 做人工呼吸前应清理呼吸道内的异物包括泥沙、水草和活动性假牙等。（　）
    A. 对　　B. 错

13. 一次失血 30% 就能引起人体功能活动障碍。（　）
    A. 对　　B. 错

14. 脊椎骨折病员在搬运时要一人抬头、一人抬腿。（　）

A. 对　　　B. 错

15. 骨折患者断骨穿出伤口外者,应小心将其纳回伤口内然后包扎,以免引起感染。(　　)

A. 对　　　B. 错

16. 开放性骨折患者应先果断采取止血措施,再注射杜冷丁止疼,最后进行骨折处夹板固定。(　　)

A. 对　　　B. 错

17. 不论何种伤病员,均不可用帆布担架搬动,以免加重病情。(　　)

A. 对　　　B. 错

18. 心肌梗死导致的休克属于低血容量性休克。(　　)

A. 对　　　B. 错

19. 休克患者在抢救时应取头低脚高位,下肢抬高 20~30 cm(°)。(　　)

A. 对　　　B. 错

20. 晕船剧烈呕吐的患者可以肌注山莨菪碱(654-2)止吐。(　　)

A. 对　　　B. 错

21. 对中暑的病员一般采用 38~42 ℃的温水浸泡解暑。(　　)

A. 对　　　B. 错

22. 晕船时最好是多运动,多喝水。(　　)

A. 对　　　B. 错

23. 冻伤是寒冷环境引起体温过低发生的以神经系统和心血管损害为主的严重的全身性疾病。(　　)

A. 对　　　B. 错

24. 中暑高热主要采用的降温药物是扑热息痛。(　　)

A. 对　　　B. 错

25. 心搏骤停时心内注射的首选注射药物是地高辛。(　　)

A. 对　　　B. 错

二、选择题

26. 成人胃的容积大约为_____。

A. 5 L　　　　　　　　　B. 1 L　　　　　　　　　C. 3 L

27. 下列说法中,正确的是_____。

A. 运动系统主要由骨、骨连接两部分组成

B. 运动系统主要由骨、骨连接和骨骼肌组成

C. 运动系统主要由骨和骨骼肌组成

28. 中枢神经系统与周围神经系统的关系是_____。

A. 中枢神经系统与周围神经系统之间没有关系

B. 中枢神经系统通过周围神经系统起作用

C. 周围神经系统调节中枢神经系统

29. _____收缩可以伸直大腿。

A. 臀大肌　　　　　　　B. 腰大肌　　　　　　　C. 股四头肌

30. 日常指的血压是体循环的_____。

    A. 静脉血压   B. 收缩压   C. 动脉血压

31. 人体血液的体循环路径是_____。

    A. 左心室—动脉—毛细血管—静脉—右心房

    B. 左心室—静脉—毛细血管—动脉—右心房

    C. 右心房—动脉—毛细血管—静脉—左心室

32. 胸、背部有严重外伤的患者,在抢救时不能采取_____人工呼吸法。

    A. 口对口法   B. 仰卧压胸法   C. 口对鼻法

33. 下列各项中,_____不是胸外心脏按压的有效标志。

    A. 瞳孔放大   B. 动脉搏动   C. 肤色转红

34. 胸外心脏按压最易引起_____。

    A. 脊椎骨折   B. 肋骨骨折   C. 骨盆骨折

35. 下肢出血时,如扎止血带,应扎在肢体出血部位的_____。

    A. 上部   B. 中部   C. 下部

36. 上肢三角巾包扎时,最后应将伤肢固定在_____。

    A. 胸壁上   B. 体侧   C. 腹部

37. 上肢前臂大面积外伤可采用_____。

    A. 环形包扎法   B. 螺旋反折包扎法   C. 蛇形包扎法

38. 用一块夹板固定上臂骨折,夹板应该放在上臂的_____。

    A. 外侧   B. 内侧   C. 前侧

39. Ⅱ度烧伤表现为_____。

    A. 疼痛、红斑   B. 焦痂形成   C. 疼痛、水疱

40. 自身着火不能_____。

    A. 用手拍打火焰   B. 采用合适的木板   C. 就地打滚

41. 眼球充血、怕光、流泪、皮肤红肿、烧灼等损害是_____。

    A. 食物中毒   B. 接触性强酸强碱中毒   C. 吸入性 CO 中毒

42. 对电灼伤创面,应_____。

    ①特别重视消毒包扎,减少污染;②对创面周围皮肤进行消毒处理后包扎

    A. ①   B. ②   C. ①②

43. 中暑患者体温不升高是_____。

    A. 轻度中暑   B. 热射病   C. 日射病

44. 在高热环境中工作,人体大量出汗而又不补充盐分,以致体内盐分过少易引起_____。

    A. 热射病   B. 日射病   C. 热痉挛

45. 昏厥的症状一般为_____。

    A. 眼前发黑并出现短暂的意识丧失

    B. 心慌出汗、失语

    C. 失去知觉,并且呼吸心跳停止

46. 休克的主要表现有_____。

    A. 血压下降   B. 尿量增加   C. 脉搏慢而有力

47. 脑溢血病人的瞳孔为_____。

    A. 不发生明显变化

    B. 双侧瞳孔放大

    C. 不对称,病灶侧较大

48. 对昏迷的病人,危险的并发症是_____。

    A. 呼吸道梗阻   B. 发热   C. 褥疮

49. 治疗冻伤的方法为_____。

    A. 炉火烘烤   B. 按摩器按摩   C. 体温加热

50. 晕船时,下列处理措施中错误的是_____。

    A. 闭目仰卧或半卧,头部抬高固定

    B. 口服茶苯海明,每次 25~50 mg,每日 2~3 次

    C. 呕吐时可以口服甲氧氯普胺 10 mg

基本急救模拟题二

一、判断题

1. 恢复心跳、呼吸、止血和防休克是进行急救的原则。（　）
   A. 对　　B. 错

2. 食管是消化道各段中最狭窄的部分,长约 25 cm。（　）
   A. 对　　B. 错

3. 胃是消化道最膨大的部分,其容量约为 1 L,上端入口处叫贲门,下端与十二指肠相连部分叫幽门。（　）
   A. 对　　B. 错

4. 人体内的总血量大约占体重的 8%。（　）
   A. 对　　B. 错

5. 肝是人体最大的消化腺,分泌主要的消化液叫胆汁。（　）
   A. 对　　B. 错

6. 大量出血后,本已失去造血功能的黄骨髓可暂时恢复造血功能。（　）
   A. 对　　B. 错

7. 心肺复苏有效指征:自主呼吸及心跳恢复,病人面色转红,瞳孔缩小等。（　）
   A. 对　　B. 错

8. 进行俯卧压背人工呼吸时,操作者的手应放在患者肩胛骨的下方。（　）
   A. 对　　B. 错

9. 急性出血超过人体总血量的 30% 时,即可引起休克,如不及时抢救就会死亡。（　）
   A. 对　　B. 错

10. 止血带严禁扎在上臂中 1/3 处,以免损伤肱动脉。（　）
    A. 对　　B. 错

11. 大腿骨折时,夹板的长度应超过骨折处上下相邻的关节即从腰部至小腿的中段。（　）
    A. 对　　B. 错

12. 骨折严重时,可能出现休克或发烧。（　）
    A. 对　　B. 错

13. 骨折的固定原则是:先固定夹板的两端,再固定骨折处,以免造成因夹板的移动而增加患者的痛苦。（　）
    A. 对　　B. 错

14. 徒手搬运颈椎损伤的伤员时,要有专人托扶头部。( )

　　A. 对　　　B. 错

15. 先兆中暑者,可以服用清凉饮料。( )

　　A. 对　　　B. 错

16. 休克患者在抢救时应取头低脚高位,下肢抬高 20~30 cm(°)。( )

　　A. 对　　　B. 错

17. 乘船时的体位、过饱饮食也与晕船有关。( )

　　A. 对　　　B. 错

18. 当海水温度低于 15 ℃时,如落水人员得不到救援,将在 1~6 h 内死亡。( )

　　A. 对　　　B. 错

19. 收缩压和舒张压必须同时高于标准才能确诊是高血压。( )

　　A. 对　　　B. 错

20. 休克发病的基本原因是组织的缺血缺氧。( )

　　A. 对　　　B. 错

21. 高热多喝开水的目的是加快蒸发,尽快降温。( )

　　A. 对　　　B. 错

22. 中暑的类型按其病因分类可分为先兆中暑、轻度中暑和重度中暑三种。( )

　　A. 对　　　B. 错

23. 对中暑的病员常用 38~42 ℃的温水浸泡解暑。( )

　　A. 对　　　B. 错

24. 冻伤是寒冷环境引起体温过低发生的以神经系统和心血管损害为主的严重的全身性疾病。( )

　　A. 对　　　B. 错

25. 对神志不清的脱水患者,要让其足量饮水,以利恢复。( )

　　A. 对　　　B. 错

二、选择题

26. 无线电医疗服务是由_____。

　　A. 海岸电台独立主办

　　B. 当地医疗机构独立主办

　　C. 海岸电台和当地医疗机构联合组成

27. 人的喜、怒、哀、乐等情绪是由_____控制的。

　　A. 间脑　　　　　　　　B. 小脑　　　　　　　　C. 脑干

28. 桡神经易受到损害的部位是_____。

　　A. 肱骨内侧　　　　　　B. 桡骨内侧　　　　　　C. 股骨内侧

29. 脑干在脑的中央部位,由间脑、中脑、脑桥和延髓组成,其中_____。

　　A. 间脑是生命中枢,控制心跳、呼吸、血压等

　　B. 中脑是生命中枢,控制心跳、呼吸、血压等

　　C. 延髓为生命中枢,控制心跳、呼吸、血压等

30. 静脉出血时呈_____。

    A. 渗出状   B. 喷射状   C. 流出状

31. 指压止血法是一种_____。

    A. 较长时间的止血法

    B. 永久的止血法

    C. 暂时有效的止血法

32. 颞动脉止血法可止住同侧_____出血。

    A. 头顶   B. 面部   C. 颈部

33. 胸背部出现较大外伤者采用_____包扎法。

    A. "8" 字形   B. 螺旋形   C. 三角巾

34. 骨折患者伴有伤口出血,应_____。

    A. 先局部加压包扎止血,再固定骨折

    B. 先固定骨折再止血

    C. 止血包扎

35. 骨折固定后发现远端肢体苍白、青紫、疼痛,此时应_____。

    A. 注射止痛剂   B. 服用药物   C. 松解固定物重新固定

36. 单人徒手搬运伤员时,_____。

    A. 衣服(毛毯)拖行、腋下拖行

    B. 爬行搬运,肩负法等

    C. 以上均可

37. 轻度中暑的患者应采取的正确措施是_____。

    A. 物理降温   B. 药物降温   C. 自行降温

38. 烧伤后局部红、肿、痛、无水疱是_____。

    A. Ⅰ度烧伤   B. Ⅱ度烧伤   C. Ⅲ度烧伤

39. 病人高烧时,需用冷水袋外敷的方法降温,冷水袋放在病人的_____最好。

    A. 颈部   B. 腹部   C. 肘部

40. 强碱灼伤皮肤后,须_____。

    A. 立即用高浓度酸中和 B. 立即用低浓度酸中和   C. 立即用大量清水反复冲洗

41. 热射病患者经现场急救后,应_____。

    A. 给予饮水和休息

    B. 继续观察病情变化对症处理

    C. 立即转送上一级医院继续治疗

42. 航行时在甲板发现一船员使用电动工具时因天气炎热而突然倒地意识丧失,下列做法中正确的是_____。

    A. 迅速移开电动工具避免伤人

    B. 立即切断电源判断病情

    C. 立即让患者含服硝酸甘油片

43. 溺水的整个过程进展很快,患者一般在_____内可被溺毙。

    A. 4 min   B. 4~7 min   C. 8~10 min

44. 溺水患者苏醒后首先应预防_____。

    A. 吸入性肺炎　　　　　B. 感冒　　　　　　　C. 气管炎

45. 昏厥的症状一般为_____。

    A. 眼前发黑并出现短暂的意识丧失

    B. 心慌出汗、失语

    C. 失去知觉,并且呼吸心跳停止

46. 对人体脱水的最好的处理方法是让患者_____。

    A. 足量地饮水

    B. 大量地饮水,并加以大量的食盐

    C. 足量地饮水,并加以适量的食盐,且应该少量多次饮用

47. 下列消毒液中,可以用作器械消毒的是_____。

    A. 双氧水　　　　　　B. 75%浓度的酒精　　C. 生理盐水

48. 皮肤消毒用碘酒的浓度为_____。

    A. 0.4%　　　　　　B. 2%　　　　　　　C. 6%

49. 下列急救药品中属于呼吸兴奋剂的是_____。

    A. 西地兰　　　　　　B. 利血平　　　　　　C. 洛贝林

50. 十滴水主要适用于_____造成的头昏、恶心、呕吐及胃部不适。

    A. 中暑　　　　　　　B. 胃溃疡　　　　　　C. 晕车、晕船

第四部分
个人安全与社会责任

项目一　船员的综合素质和职业素养

【知识目标】

1. 熟悉船员的职业道德、敬业精神和职业忠诚；

2. 熟悉船员纪律和相关法律制度，包括组织纪律、劳动纪律和涉外纪律等；

3. 了解交通战备的含义及海员在我国交通战备中的作用，增强船员职业责任意识；

4. 了解船员职业生涯规划；

5. 了解《2006 年海事劳工公约》和《中华人民共和国船员条例》对船员权益的风险规避及维护；

6. 掌握船员的社会责任、任职资格及雇用条件；

7. 熟悉船员的基本权利和义务；

8. 掌握滥用药物和酗酒的危害及控制。

【能力目标】

1. 具备自觉履行船员职责并承担社会责任的能力；

2. 自觉遵守职业道德、船员纪律和船员相关法律制度，具备良好职业素质。

【内容摘要】

船员是一种特殊职业，要求船员不仅应该掌握过硬的专业知识和业务技能，而且应该是具有较高道德品质、思想政治素质可靠、符合时代发展和国家对专业技术人才规格要求的现代人。船员良好的职业道德、强烈的社会责任感和高水准的个人安全意识、知识及技能，不仅是船员作为个体在社会中生存和发展的基本需要和保证，而且在海上运输业高成本经营活动中也是人命和财产安全的重要保证。

任务 1　了解 STCW 公约和国内法规
对船员培训和任职要求

随着世界航运业的高速发展，船舶种类日趋繁多，船舶数量和吨位大幅度增加，船速也不断提高，致使通航密度不断增大，航行环境不断恶化，船舶操纵难度增加，从而大大增加了船舶发生事故的风险。船舶安全和污染事故,不仅危及船员的人身安全、影响船公司的经济效益,而且还会影响世界经济的发展。大量的人员伤亡、财产灭失和对海洋环境的污染,已引起国际社会的高度关注。而80%以上的船舶安全和污染事故直接或间接都与人为因素有关。这就要求加强船员的安全技能培训。

一、培训的依据和目的

1. STCW 公约的要求

《1978年海员培训、发证和值班标准国际公约》(STCW公约),用于控制船员职业技术素质和值班行为,对促进各缔约国海员素质的提高,控制人为因素对海难事故的影响贡献巨大。STCW公约的1995年修正案把"个人安全和社会责任"纳入船员基本安全强制培训的内容,并规定了"个人安全与社会责任"的最低适任标准。

2010年6月,国际海事组织STCW公约缔约国外交大会通过了STCW公约马尼拉修正案。该修正案体现了当今航海技术与航运业的最新发展,突出了海员综合素质的培养,有利于促进海上安全、保安和海洋环境保护,对船员职业的基本安全知识和技能提出了新的更高的要求,并做出了更为具体的规范,这充分体现了海上安全管理和环境保护与人为因素的紧密联系。

2. 国内相关法规的要求

为了全面履行STCW公约马尼拉修正案,适应航运业发展需求,中华人民共和国海事局相继修订施行了《中华人民共和国海船船员培训合格证书签发管理办法》(2019年)、《中华人民共和国海船船员适任考试和发证规则》(2020年)、中华人民共和国《海船船员培训大纲(2021版)》、中华人民共和国《海船船员考试大纲(2022版)》等法规性文件。明确规定在海船上任职的所有船员均应持有基本安全等培训合格证,并确定了培训内容、考试范围、评估项目和标准;也明确规定培训合格证有关项目的培训证明有效期为5年,以及证书再有效更新培训和证书过期后重新培训等。

综上所述,为了提高船员的基本素质和专业技能,增强船员的社会责任感和使命感,保障水上人命和财产的安全,保护海洋环境,所有受雇或从事海船工作的人员,以及作为船舶在编人员并且被指派在船舶操作中负有安全或防止污染职责或受雇从事船上工作的任何职务的海员均必须参加强制培训,参训人员必须达到STCW公约中第Ⅵ章规定的最低适任标准。

二、培训内容

根据STCW公约第Ⅵ章规定的"个人安全与社会责任"培训的最低适任标准、中华人民共和国《海船船员考试大纲(2022版)》和中华人民共和国《海船船员培训大纲(2021版)》中关于基本安全培训的相关要求,个人安全与社会责任培训的主要内容包括:船员的综合素质和职业素养、船舶紧急情况的预防控制、船舶应急应变知识和程序、船上安全作业方法、防止船舶污染海洋环境的措施、船员社会心理与人际关系、船上信息交流和语言技能、船员疲劳的预防控制等。

三、船员的任职条件

2010 年 STCW 公约马尼拉修正案生效以来,随着全球经济一体化的进程,船舶也朝着大型化、快速化、专业化、现代化的方向发展,全球对海员的培训与值班标准以及对海洋环境保护的要求更加严格,对船员的任职条件的要求也越来越高。

(1)应坚持"德才兼备"的原则,以确保船员,尤其是高级船员具有良好的思想品德和合格的技术业务素质。

(2)根据 STCW 公约 2010 年马尼拉修正案、《中华人民共和国海船船员培训合格证书签发管理办法》(2019 年)、《中华人民共和国海船船员适任考试和发证规则》(2020 年)等的基本要求,船员必须经过认可的岗位适任培训或航海技术教育。

(3)满足最低年龄要求;身体符合健康标准,尤其是视力、听力等要求。海船船员健康证书如图 4-1-1-1 所示。

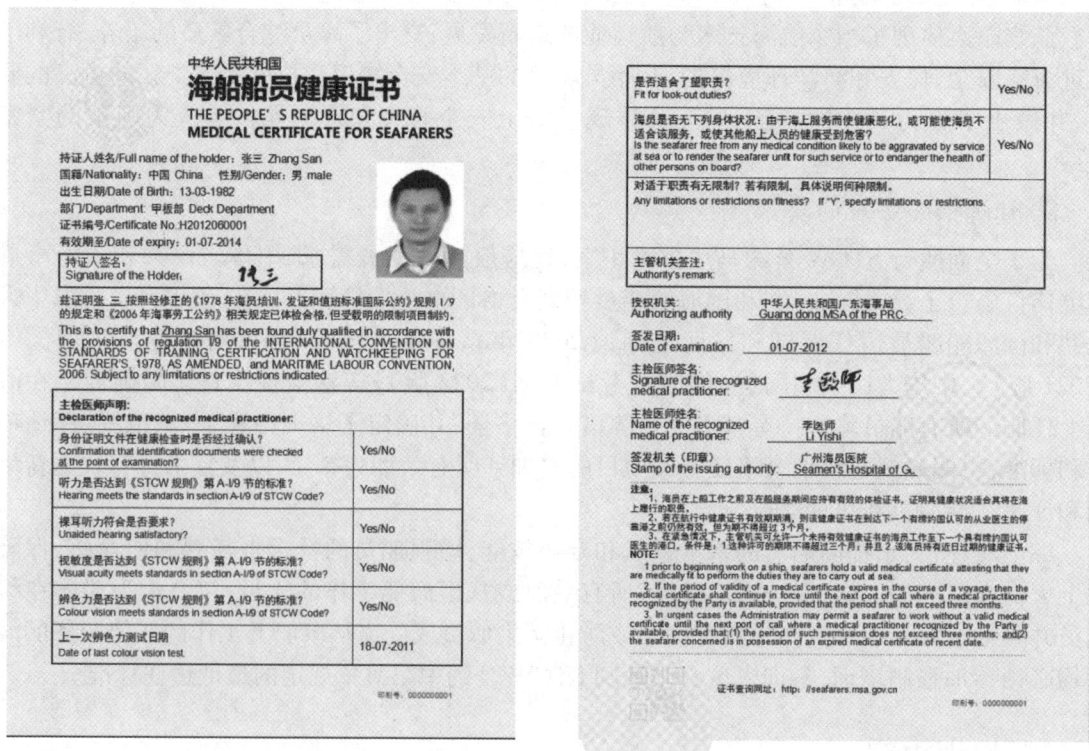

图 4-1-1-1　海船船员健康证书

(4)船员上船任职除了满足海上资历的要求外,必须持有相应的资格证书和其他有关证书(如海员证、服务簿等),以表明其在技术业务、船舶基本知识和专项知识技能及身体等方面具备了所任职务的基本条件。

《中华人民共和国海商法》《中华人民共和国海船船员考试和发证规则》《中华人民共和国船员条例》以及国家颁布的一系列相关规定要求:所有船员均必须持有海船船员基本安全培训合格证书(图 4-1-1-2);船长、驾驶员(大副、二副、三副)、高级值班水手、值班水手、轮机长、轮机员(大管轮、二管轮、三管轮)、电子电气员、高级值班机工、值班机工、电子技工,无线电操作人员均应持有相应的海船船员适任证书(图 4-1-1-3)。从事国际航行的船舶的中国籍船员必须持有中华人民共和国海事管理机构颁发的海员证和有关证书;对于从事客船、油船、危险品船、高速船和超大型船舶的船员必须持有专业或特殊培训合格证书。

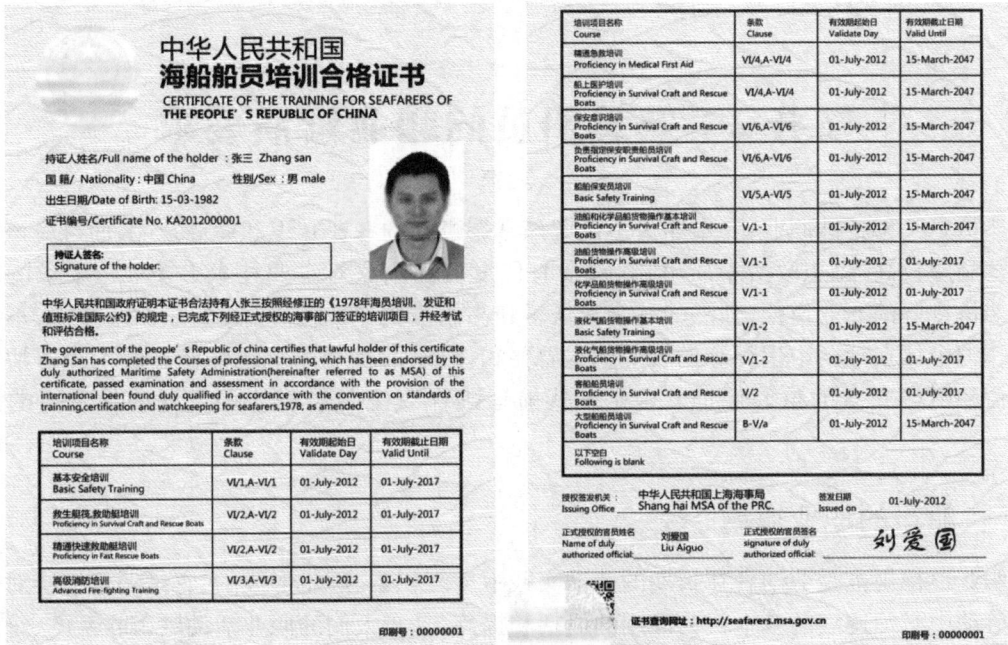

图 4-1-1-2　海船船员培训合格证书

图 4-1-1-3　海船船员适任证书

（5）还应具备熟悉所上船舶和岗位的具体情况和实际操作要求的条件。对于新上某类船舶或新上岗的船员，必须经过熟悉培训或在船舶指定专人帮助其熟悉情况和掌握实际操作，当确认其已完全熟悉情况和掌握实际操作后方可认定其具备了正式任职的条件。

任务 2　熟悉船员的职业素质要求

船员是一种特殊职业，要求船员不仅应该掌握过硬的专业知识和业务技能，而且应该是具有道德品质较高、思想政治素质可靠、符合时代发展和国家对专业技术人才规格要求的现代人。船员良好的职业道德、强烈的社会责任感和高水准的个人安全意识、知识及技能，不仅是船员作为个体在社会中生存和发展的基本需要和保证，而且在海上运输业高成本经营活动中是人命和财产安全的重要保证。这是现代航运确保安全与经济协调发展的最主要的条件之一。

一、船员的职业道德

职业道德规范是劳动者在长期的劳动实践中反复积累、逐步形成的，它是一定社会对劳动者在劳动中必须遵守的基本行为准则的概括和提炼，是与人们的职业活动紧密联系的、符合职业特点所要求的道德准则、道德情操和道德品质的总和。

它既是对劳动者在职业活动中行为的要求，又是职业对社会所应承担的道德责任与义务。它源自劳动者的道德生活实践，却高于道德生活实践，对劳动者在劳动中的道德行为有着巨大的调控和导向作用。

（一）职业道德的基本要求

船员的基本的职业道德应该至少包括以下要求：

1. 诚实劳动，忠于职守

劳动者要忠于自己所从事的职业劳动，以自己的良心和职业责任感来对待劳动，忠实履行职业劳动的义务和责任。

2. 和睦相处，互相协作

在劳动过程中，劳动者应当互相尊重、平等待人、乐于助人、恪守信用、互相支持。坚决反对相互歧视、以强欺弱、互相拆台、尔虞我诈、损人利己的行为。

3. 虚心学习，精益求精

劳动技能是有效地从事劳动、创造劳动价值和造福人类的基本能力，具有重要的道德意义。劳动者应本着虚心学习、学无止境的精神坚持学习和训练，精益求精，不断增长自己的专业知识和提高业务技能。

4. 我为人人，弘扬奉献

树立高尚的为社会公众服务的精神是社会主义重要的道德准则，也是人类社会进步的价值取向。群体内的成员应满腔热情地为大家提供力所能及的服务,为他人排忧解难,应摈弃那些唯利是图、只为金钱的私欲主义行为。

5. 勤俭节约,艰苦创业

中国人的传统美德是勤俭持家、勤俭治国。中国还处于发展中阶段,生产力还没有得到高度发展,综合国力更是尚待提高,因而,以艰苦创业发展国家,以勤俭节约办一切事业,不仅是一个国家的政策体现,也是劳动者的道德规范。

(二)船员职业道德的特别要求

船员的职业特点不同于一般职业,即一个为数不多的群体控制着一艘价值上亿元甚至更高的船舶以及各种类型的货物航行在茫茫大海,远离家庭,远离祖国,停靠在世界各地的港口。对于船员,除了一般的职业道德规范以外,还有其特殊的职业道德要求。

要通过培养职业感情、强化职业责任、规范职业行为等结合航海职业特点的教育,使船员自觉热爱本职,忠于职守,掌握航海技术,精通航运业务,奉献在平凡的航运工作岗位上,献身于祖国的航运事业。具体要求是:

1. 爱国敬业,为国争光

最重要的船员职业道德是坚信中国共产党的领导,热爱祖国,忠于祖国,自觉维护祖国的声誉;热爱航海事业,脚踏实地地做好本职工作。

我国是一个航运大国,我国的商船总吨位排名世界第八位,商船集装箱总箱位排名全球第四位。我国年进出口贸易货物总量的93%是通过海运实现的,国内货物的46%是通过水路运输实现的。水上交通业为我国经济持续快速发展提供了强有力的保障,并为世界贸易的顺利开展做出了重大贡献。我国国民经济目前呈持续、快速、健康发展的态势,运输需求旺盛。因此,美好的事业前景,更需要船员有一份强烈的事业心,为中国的水运事业做出自己应有的贡献。

2. 遵章守法,纪律严明

船员是国际化最明显的职业之一,职业的流动性、分散性和国际性使得遵纪守法的职业道德显得十分重要。首先,守法的要求不仅体现在遵守国内法,而且体现在国际法和船舶所到国家和地区的法规和特别要求。其次,严格的纪律是船员的最基本要求。遵纪守法贵在养成习惯,这种习惯的养成不是一朝一夕之功效,必须是从我做起,从小事做起,持之以恒,坚持不懈。

3. 优质服务,安全运输

优质与安全是相辅相成的统一体,没有安全的运输,谈不上优质的服务。只有切实树立起优质和安全思想,才能保证船舶高效航行和运输。

其一,树立一切为货主旅客服务和提供方便的思想。

其二,确保质量。一方面,确保安全航行的质量,消灭各种事故的隐患和苗子,严格执行各项规章制度,保证良好的工作程序。例如,不擅自离岗,谨慎操作,安全礼让,做到万无一失。另一方面,确保货物运输的质量。严格遵守货物装卸和运输操作规程,例如,合理积载,正确通风,良好隔舱,安全系固等。

其三,在优质服务上下功夫。运输服务不仅要求热情、周到,而且要求方便、高效。

4. 团结互助，同舟共济

团结是力量，共济是必然。现代化的高技术船舶，自动化程度很高，因而船员人数大为减少，但分工明确，配合操作更为重要。船员应树立团结合作的精神，做到互相理解、互相尊重、互相关心和互相支持；尊重他人的生命就像尊重自己的生命一样。当船舶发生应急事件或有危难时，船员应顾全大局，只有把自己同全体船员的命运联系在一起，坚守岗位，严守职责，依靠全部船员的力量和智慧，才有可能战胜危难。

二、敬业精神和职业忠诚

敬业，就是要"专心致志以事其业"；忠诚，是敬业精神的凝练和升华。良好的敬业精神和职业忠诚，就是要以高度负责、严肃认真、一丝不苟和任劳任怨的态度对待自己从事的工作，这是做好本职工作的基本前提，也是职业发展的重要保障。

俗话说，干一行，爱一行，爱一行，钻一行。工作没有高低贵贱之分，只是社会分工造成了职业的不同。一个敬业的工作人员，一个敬业的工作团队，才值得别人的信任和重托。当有人问爱迪生："你成功的秘诀是什么？"爱迪生回答："我为了解决一个问题，会持续不断地努力，投入全部的精力和体力而不感觉疲倦，这就是我成功的秘诀。"当前，无论国有企业、民营企业还是外资企业在招聘时，都倾向于招聘忠于职守、踏实肯干的员工。现实社会中，有许许多多自认为才华横溢的失业者，殊不知，正是因为他们对工作怨声载道、牢骚不断，缺乏敬业精神和职业忠诚这种高贵的品质，才使自己与同事和公司格格不入，最后造成了自己的尴尬境地。

培养敬业精神和职业忠诚必须树立正确的职业观，就是要树立为人民服务的社会主义职业观。具有正确的职业观，才能明确人生的职业定位和职业选择，才能树立正确的职业理想，理解职业的价值、责任和荣誉。耶鲁大学法学院院长哈罗德曾经对学生说："别让你的技巧胜过品德。耶鲁法学院倡导的是：只会读书而缺乏人性是无益的；成功而没有人性是可悲的。当你们离开耶鲁，我希望你们回想起耶鲁时不仅视其为一个接受法学教育的地方，而且是一个你从中找到了道德指南的所在。"一个品德高尚的人，会赢得更多的信任和尊重，获得更多的发展机会。

任务3 熟悉船员的法制要求

一、船员纪律

纪律是组织活动成功的关键。一艘船舶航行于世界各地，安全和高效地完成各项货物运输任务的基本保证是船员具有严明的纪律。对于船员来说，纪律就犹如生命，不讲纪律，受其祸害的往往是自己。对于每一个船员来说，有三方面的纪律要求：

（一）组织纪律

（1）严格遵守国家的法律、法规。

（2）严格执行船舶的作息制度、请销假制度、交接班制度和其他有关各项规章制度。

（3）服从调动，按要求及时上船工作、严禁延误船期或漏船。

（4）积极参加船舶组织的政治、业务学习和各种会议，不得无故缺席、迟到和早退。

（5）做到团结友爱，互相协作；不得拉帮结派，挑拨是非，寻衅闹事，打架斗殴。

（6）爱护公共财物，不得随便拆动生活区和房间内的固定设施。

（7）自觉维护船舶工作、生产和生活秩序，不准酗酒和在航行中饮用烈性酒，航行值班人员在当值前4 h不准饮用带酒精的饮料。严禁打麻将和进行任何形式的赌博活动。

（8）家属和亲友不得登油船和装运危险品的船舶，并不得在锚泊时登船和随船航行；家属和亲友探望船员，一般应在岸上住宿。

（9）严禁吸食、注射、携带及贩运毒品。

（二）劳动纪律

（1）认真履行职责，服从工作分配，保质保量地完成所承担的任务，对分配的工作或工作中的问题可提出不同意见或改进建议，但不得消极怠工和顶撞、谩骂、威胁船舶领导或部门负责人。

（2）坚持8 h工作制，做到不迟到、不早退、不旷工。

（3）严格执行各项操作规程、安全注意事项、防火防爆守则和防污染规则，不得违章作业。

（4）严格遵守船舶航行、停泊值班制度和其他有关规定，确保船舶安全。

（5）值班时应尽职尽责，坚守岗位，并按规定着装，佩戴标志；不得做与值班无关的事情，当班人员向接班人员交代工作应清楚、明了；未经船舶或部门负责人同意不得调换值班时间。

（三）涉外纪律

（1）严格遵守所到国家和地区的法律、法规以及当地和港口的有关规定，尊重当地的风俗习惯。

（2）在涉外活动中，应严守党和国家及船公司秘密。

（3）不得私自与任何境外外国机构、组织、人员联系，船员如需在国外探望亲友，应经船公司批准，由船舶领导酌情安排。

（4）境外人员登船参观访问，应由船舶领导组织人员接待。未经船舶领导允许，不得私自接待。

（5）境外商船邀请船员上船参观，看电影、电视、录像等，船舶领导应根据情况决定是否应邀，如果应邀，应有组织、有准备地前往。如发现有反动、淫秽等内容，应拒绝参观和观看并表明态度。

（6）不得向境外机构及人员索要、借用电影片和录像来船放映；不得在任何港口（航区）收看反动、淫秽电视。

（7）不得进入妓院、夜总会、酒吧间、按摩院、舞厅、太阳浴场、影院、弹子房以及淫秽书店等场所；不得嫖妓和让妓女登船。

（8）不得购买、拣拾、索要、接收、藏匿和传看淫秽、反动的书刊、画报、照片和录像带，不得收听反动、淫秽的广播。

（9）登岸购物应到正当的贸易场所，不得走家串户；不得拣拾、偷拿任何物品和以物易物；

不得在国外出售、倒卖烟酒及其他物品。

（10）不得接受贿赂和变相收贿；不得向境外人员索要或暗示馈赠礼品；正常业务往来所得的礼品、钱物，应由船舶领导按有关规定处理。

（11）不得进行偷带国家禁止进出口或限制进出口或依法应缴纳关税的物品出入境的走私行为和申报不实、逃避监管、倒卖个人进出口物品出入境的违反海关监管规定的行为；携带和在国外使用人民币及外币应严格遵守我国海关有关规定和所到国家或地区有关规定，不得进行非法货币兑换。

二、滥用药物和酗酒的危害与控制

（一）滥用药物的危害与控制

药物滥用一般是指违背了公认的医疗用途和社会规范而自行过度使用或滥用药物，往往对用药者的健康和社会都会造成一定损害。联合国毒品与犯罪问题办公室 2009 年度报告指出，全球滥用国际管制物质的医药制剂日益严重，给人类社会带来巨大危害，摧残生命，毁坏家庭，扰乱社会秩序，破坏安定和谐。

目前，我国规定的滥用药物涉及国家管制的麻醉药品（传统毒品和医用麻醉药品）、精神药品（新类型毒品与医用精神药品）、非列管药品（处方药与非处方药）等。传统毒品如海洛因、鸦片、大麻、可卡因等；新类型毒品如冰毒、摇头丸、K 粉等；医用麻醉药品如美沙酮口服液、吗啡、杜冷丁（哌替啶）等；医用精神药品如安定、舒乐安定、三唑仑等。

对服用后会产生快感的药物要特别警惕，咖啡因、阿司匹林、大麻、酒及香烟中的尼古丁容易使人上瘾；而服用鸦片、海洛因、安非他明、可卡因等不仅使人会上瘾，而且极大损害身心健康，并可能引发社会犯罪行为。

1. 吸毒对身心的危害

（1）对身体的毒性作用：毒性作用是指用药剂量过大或用药时间过长引起的对身体的一种有害作用，通常伴有机体的功能失调和组织病理变化。无论用什么方式吸毒，对人体的肌体都会造成极大的损害。中毒的主要特征有：嗜睡、感觉迟钝、运动失调、出现幻觉、产生妄想、出现定向障碍等。

（2）戒断反应：是长期吸毒造成的一种严重的，并具有潜在致命危险的身心损害，通常在突然终止用药或减少用药剂量后发生。许多吸毒者在没有经济来源购毒、吸毒的情况下，或死于严重的身体戒断反应引起的各种并发症，或由于痛苦难忍而自杀身亡。戒断反应也是吸毒者戒断难的重要原因。

（3）精神障碍与变态：吸毒所致最突出的精神障碍是幻觉和思维障碍。他们的行为特点是围绕毒品转，甚至为吸毒而丧失人性。

（4）感染性疾病：静脉注射毒品给滥用者带来感染性并发症，最常见的有化脓性感染和乙型肝炎，及令人担忧的艾滋病；此外还损害神经系统、免疫系统，易感染各种疾病。

2. 吸毒对社会的危害

（1）对家庭的危害：家庭中一旦出现了吸毒者，家便不成其为家了。吸毒者在自我毁灭的同时，也危害自己的家庭，使家庭陷入经济破产、亲属离散，甚至家破人亡的困难境地。

(2)对社会生产力的巨大破坏:吸毒首先导致身体疾病,影响生产,其次是造成社会财富的巨大损失和浪费,同时毒品活动还造成环境恶化,缩小了人类的生存空间。

(3)毒品活动扰乱社会治安:毒品活动加剧诱发了各种违法犯罪活动,扰乱了社会治安,给社会安定带来了巨大威胁。

近年来,毒品犯罪日趋严重,不仅案件上升幅度大,而且毒品数量越来越广,涉及地域越来越多,严重影响社会稳定和经济现代化建设事业的发展。因此,打击毒品犯罪,开展禁毒斗争,关系到国家的强盛、民族的兴旺和后代的健康幸福。

根据《全国人民代表大会常务委员会关于禁毒的决定》的要求,对于走私、贩卖、运输和制造毒品的犯罪分子,必须坚决依法从严惩处。

(二)酗酒的危害及控制

根据医学界的定义,酗酒是指血液中的酒精含量达到或高于0.08%。早在1856年,法国航海医学家就提出了"酒精中毒是海员的麻风病"之说。酗酒有诸多危害,应加以预防控制。

1.对身体造成严重损害

酗酒会抑制大脑和神经,易导致精神恍惚、倦怠无力、幻听、幻视、记忆减退、智力下降,严重者甚至会损害各组织细胞,降低机体免疫力,易患多种疾病。

(1)肝脏损伤:临床证实,酒精对肝脏的损伤是最直接的,也是最大的,它能使肝细胞发生变性和坏死。一次性大量饮酒,会杀伤大量肝细胞,引起转氨酶急剧升高;如果长期饮酒,容易导致酒精性脂肪肝、肝炎、肝硬化,甚至肝癌。

(2)食管炎、胃炎、溃疡病:酒精对食管和胃黏膜损害大,会引起充血、肿胀、糜烂,导致食管炎、胃炎、溃疡,还会诱发急性胆囊炎、胰腺炎等。

(3)营养失调:酗酒会造成身体营养失调和引发多种维生素缺乏症。

(4)酒精性心律失常:酒精可导致心律失常,年龄越大,饮酒量越多,心律失常越严重,恢复越慢。酗酒还会使心脏发生脂肪变性,影响心脏收缩功能,引起继发性心肌病,甚至造成猝死。

(5)酒精中毒:短时间大量饮酒,可导致酒精中毒。首先影响大脑皮质,使神经有一个短暂兴奋期,胡言乱语;继而大脑皮质处于麻醉状态,言行失常,昏昏沉沉不省人事,甚至生命中枢麻痹,心跳呼吸停止以致死亡。

(6)酒精中毒性精神障碍:当血液中的酒精浓度达到0.1%时,会使人感情冲动;达到0.2%~0.3%时,会使人行为失常。长期酗酒,会导致酒精中毒性精神病。有资料分析,酒精中毒性的精神障碍可通过药物治疗,一般能获得满意的效果,能在短时间内控制症状,但更重要的是强化其戒酒意念和进行心理治疗,使病人认识到酗酒的害处,做到永远戒酒。

(7)酗酒还可导致骨质疏松症、降低肾功能,甚至造成下一代发育畸形、智力低下等。

2.酗酒妨碍公共安全,严重者酿成犯罪

饮酒过量会醉酒,醉酒后由于中枢神经失去控制,饮酒者会出现为所欲为,胡言乱语,殃及四周等言行,既扰乱公共秩序,又妨碍公共安全,严重者还会产生犯罪行为。船员酗酒可能会严重影响工作,甚至危及船舶、船员安全。

3. 酗酒的控制

一般,饮酒的人在船员中较陆地人多,船员自身一定要清楚认识到大量饮酒对身体有严重危害。如饮酒,一定要适度。对酗酒患者,家人、同事、朋友等亲情的关心和照顾是戒酒成功的重要保证;饮食应以清淡为主,多吃含维生素和蛋白质的食物,多食新鲜的水果、蔬菜;并应在专业医生的指导下接受治疗,避免自己强制戒酒而发生危险。

现在大多数航海国家意识到,在他们的船上,潜伏着因毒品和酗酒带来的危险。特别是在现代化的船上,机械化程度越高,船员的人数越来越少,船员在海上吸毒和酗酒的可能性远比过去大,常因意识恍惚、丧失警觉、失去机械操作敏捷性,导致航海事故的发生,造成过失性犯罪。因此,航海业中应对滥用毒品和酗酒的危害做大力的宣传和不懈的斗争。

三、中华人民共和国船员违法记分办法

为增强船员遵守法律意识,减少人为因素对水上交通安全的影响,防治船舶污染水域,根据《中华人民共和国船员条例》等有关法律和法规,制定本办法。本办法自 2016 年 1 月 1 日起施行。

(一)总则

(1)本办法适用于对船员违反水上交通安全和防治船舶污染水域法律、行政法规行为实施累计记分(以下简称"船员违法记分")。

(2)中华人民共和国海事局负责统一实施全国船员违法记分管理工作。各级海事管理机构依照各自职责负责具体实施船员违法记分工作。

(二)周期和分值

(1)船员累计记分周期(即记分周期)为 1 个公历年,满分 15 分,自每年 1 月 1 日始至 12 月 31 日止。

(2)根据船员违法行为的严重程度,一次船员违法记分的分值为:15 分、8 分、4 分、2 分、1 分。船员违法记分分值标准节选见表 4-1-3-1。

表 4-1-3-1　船员违法记分分值标准节选

代码	行为名称	对象	分值	法律依据
11001	船舶、设施上的人员在船上值班期间,体内酒精含量超过规定标准的;在船上履行船员职务,服食影响安全值班的违禁药物的	当事船员	15	《海上交通安全法》第九条
11018	伪造船舶服务资历,或者提供虚假材料申请船员证书的	责任船员	8	《船员条例》第五十三条
11021	船舶、设施上的人员在船上履行船员职务,未按照船员值班规则实施值班的	当事船员	8	《海上交通安全法》第九条
11037	船员未如实填写或者记载有关船舶法定文书的	当事船员	4	《船员条例》第二十条

续表

代码	行为名称	对象	分值	法律依据
12009	船舶未按照规定在船舶上留存船舶污染物处置记录的;船舶污染物处置记录与船舶运行过程中产生的污染物数量不符合的	船长、大副或轮机长,及责任船员	4	《防治船舶污染海洋环境管理条例》第十六条第一款
11039	船员在船工作期间未携带规定的有效证件的	未带证船员	2	《船员条例》第二十条第(一)项
11041	船舶、设施上的人员不按规定显示信号的	值班驾驶员	2	《海上交通安全法》第九条
21047	游艇未在海事管理机构公布的专用停泊水域或者停泊点停泊	操艇员	1	《游艇安全管理规定》第二十条

(三)实施

(1)船员违法记分由船员违法行为发生地的海事管理机构管辖。船员违法行为发生地,包括船员违法行为的结果发现地、初始发生地和过程经过地。

(2)海事管理机构发现船员存在依法应当实施船员违法记分行为的,应进行调查,并听取当事人的陈述申辩。船员违法行为事实清楚、证据确凿的,具有管辖权的海事管理机构应按照本办法对其实施船员违法记分,并予以相应记载。

(3)船员一次存在两种以上违法行为的,应当分别计算,累计记分分值。对存在共同违法行为的船员,应当分别实施船员违法记分。对船员的同一违法行为,不得给予两次及以上船员违法记分。

(4)船员在一个记分周期内累计记分达到15分的,最后实施船员违法记分的海事管理机构应当扣留其船员适任证书,责令其参加为期5日的水上交通安全、防治船舶污染等有关法律、行政法规的培训(以下简称"法规培训")并进行相应的考试;培训及考试不收取费用。船员在一个记分周期内累计记分未达到15分的,记分分值重新起算。

(5)船员在一个记分周期内两次及以上达到15分,或在连续2个记分周期内分别达到15分,或连续2个记分周期内累计记分达到40分的,最后实施船员违法记分的海事管理机构应当扣留其船员适任证书,责令其参加法规培训和考试,考试内容除理论部分外,还包括船员适任能力考核。

(四)培训和考试

(1)船员需参加法规培训的,可向最后被实施船员违法记分地、船员注册地或船员适任证书签发地的海事管理机构报名。海事管理机构收到船员的报名后,对符合上款规定的应在15个工作日内组织培训。

(2)法规培训应包括水上交通安全和防治船舶污染等管理法规、安全知识的教育和海事案例等内容。

（3）被扣留船员适任证书的船员未经考试合格的，不得在船舶上继续服务。经相应考试合格后，海事管理机构应发还其船员适任证书，记分分值重新起算。

任务4 了解航海职业特点和船员劳务输出

一、航海职业特点

航运业是关系一国经济发展的重要行业，是国际货物贸易的主要载体。目前，海运承担着全球 90% 以上的货运量，随着贸易量的增长，航运与世界经济的关系将更加紧密。航海，作为一种特殊的职业，主要有以下特点：

1. 专业技术性

航海职业的专业性强，技术要求高。要保证船舶在大海中安全行驶，远洋船员需要具备较高的专业技术水平和处置突发事件的应变能力。一般来说，船舶驾驶专业船员需要熟练掌握航海学、航海仪器、船舶货运、船舶通信、远洋运输业务、航海气象与海洋学等专业知识。轮机工程专业船员需要熟练掌握船舶主推进动力装置、船舶辅机、轮机维护与修理、轮机自动化、船舶电气设备及系统控制等专业知识。随着航海技术的发展，船舶自动化水平越来越高，船员需要掌握的新知识和新技术也越来越多。另外，新航线的开辟、码头设备与管理的不断升级、货物种类日趋多样、世界性航运规则与公约的不断修正等对现代船员的业务能力提出了更高要求，航海职业的专业技术性特征将越来越突出。

2. 涉外性

船舶是流动的国土，我国远洋船舶航行于世界 160 多个国家和地区的 1 500 多个港口，无论船停在什么港口，都是中华人民共和国不可分割的组成部分。船员直接参与国际贸易往来，能够传递大量信息，促进国家间的经济发展和文化交流。远洋船员有着维护祖国尊严和主权的神圣职责，其工作内容涉及经济、政治、军事、文化等方方面面。船员的精神面貌、言谈举止和职业素养，关乎国家形象，关乎民族尊严。让世界了解中国，让中国走向世界，是远洋船员的神圣使命之一。

3. 风险性与艰苦性

航海工作环境的特殊性，决定了船员要经受许多与常人不同的复杂因素的影响，具有相当的风险性和艰苦性。

海上自然水文和气象条件变化多端，经常遭遇浓雾、狂风、巨浪、暗流等，风险性较高。船上工作条件相对艰苦，主要表现在环境、饮食、睡眠、工作强度、精神压力等方面。船上活动空间狭小且固定，一年有 80% 以上的时间在狭小天地里度过，噪声、震动、颠簸、高温、空气污染、湿度大等，生活和工作环境极其恶劣；缺少新鲜蔬菜和水果等食品会导致船员食欲缺乏，膳食营养不均衡；噪声和晃动也极大影响睡眠质量；工作时间呆板，机械紧张度高，劳动强度和体能消耗较大；虽然值班制度规定轮流休息，但不可能有大的环境变化，长年累月，感到生活单调寂寞，莫名的乏味和厌烦感由此而生；信息贫乏迟缓，生活单调封闭，远离家庭和社会，无法与家人经常通信联络,使船员烦躁不安,孤独感增加,常会导致失眠、易怒、情绪不稳。这些工作环境的特殊性培养和锻炼了船员的坚毅顽强精神,但也给船员心理健康带来诸多不良影响。

4. 流动性

船员职业具有流动性特点。一方面,船舶航行在世界不同的海域,停靠不同的港口码头,具有极大的流动性;另一方面,船员来自五湖四海,复杂多样,流动性较大,彼此性格迥异,存在风俗、习惯、信仰等诸多差异,人际关系复杂等。

5. 丰富性

船员职业虽然艰苦,但船员们可以在不同的航线上充分领略异国风光和世界各地的风土人情,极大地开阔了视野,丰富了人生阅历,在一定程度上能给他们带来成就感、自豪感,船员工作经历成为众多船员人生中难得的宝贵财富。

现代远洋海运业不断发展,各大船公司在积极强化安全管理教育的同时,也在不断改善船上的工作条件,丰富船员的业余生活。

如今,船员的工作、学习和生活环境已经今非昔比,船员在船上也拥有了宽敞的工作室、舒适的休息室、藏书丰富的阅览室等。现代微电子技术和计算机技术在船舶上的广泛应用,使船舶实现了智能化、信息化和数字化,使得船员能够及时迅速地了解到最新的世界信息,并能与亲人和朋友时刻保持紧密的联系。

二、船员劳务输出

船员劳务外派是对外劳务合作的重要形式之一,即指享有对外劳务经营权的企业与境外雇主签订合同,派出专业技术人员到雇主方的船舶上从事海上运输工作,派出单位和派出人员以合同规定取得经济报酬。

当前,从船员构成来看,发达国家从事船员职业的人数呈下降趋势,取而代之的是发展中国家的船员越来越多。当前,世界上船员的主要输出地集中在菲律宾、印度、印尼和中国等国家,这些地区向世界商船队提供了大约31%的高级船员和54%的普通船员。

而且,随着航运业的发展,STCW 公约对船员培训要求不断提高,部分国家航海教育相对滞后、航运人才短缺等问题越来越突出。中国有较高质量的航海教育体系,国际船东们对中国的航海教育予以高度评价和积极关注,事实上,中国有较大的潜力扩大船员培训的能力和容量。因此,对扩展船员劳务的国际份额将是一个极好的机遇。

1. 外派船员的职业特点

外派船员一般都是分散在境外的私人船公司的船舶上工作,职业特点与国轮上的船员有所不同。

(1)劳资雇佣关系明确:船员受雇于雇主,必须严格服从于雇主。船员虽然受到国家法律的保护,但是,同时也受到雇用合同的约束。

(2)具有更高的英语交流能力要求:船员的多国化使英语成为必要工具,不仅工作需用英语,而且生活上的交往也必须用英语。

(3)船员文化背景的多样化:船员组成的多国化不仅使各种文化在一艘船上出现交融和冲突,而且使人际关系变得更为复杂。因此,如何面对特殊的船上环境,做好本职工作,是外派船员的特殊要求。

2.外派船员的特殊要求

(1)严守劳务合同的规定,增强服从意识。每位船员必须明确劳务合同的责任和义务,严格服从雇主的指挥;一旦出现劳资纠纷,应在法律允许的范围内,积极维护国家和个人的利益。

(2)自尊自律,爱国敬业。自觉维护人格和国格,自觉抵制各种腐朽思想的侵蚀,尤其是要自觉抵制吸毒、运毒、嫖娼、赌博等违法行为。

(3)尊重同船他国船员的文化和生活习惯,谦虚谨慎,团结互助,确保各项任务的完成。

(4)严守涉外纪律,内外有别,严守国家机密。

任务5 熟悉船员的职业责任意识和社会责任要求

船员是国家社会群体中的一部分,同样具有我国公民应享有的权利和义务。船员是一种特殊的职业。他们不仅是独立的个体,而且是所服务的特定船舶全体成员中的一员,其行为不但关乎自身的安全与健康,也与船舶群体中其他人员的安全和健康密切相关。为了保障船舶上的人命和财产的安全,船员应当明确职业责任意识和社会责任要求。

一、公民的基本权利和义务

船员是国家社会群体中的一部分,同样也有明确的社会责任。《中华人民共和国宪法》规定,凡是具有中华人民共和国国籍的人,都是中华人民共和国公民。

1.公民具有下列权利

(1)具有选举权、被选举权等政治权利;

(2)具有言论、出版、集会、结社、游行、示威、宗教信仰和人身等自由;

(3)具有对国家工作人员的批评、建议、申诉、控告和检举权以及得到国家赔偿权;

(4)具有劳动、休息、生活保障等社会经济权;

(5)具有文化教育权利与自由,以及妇女的合法权益受到保护的权利。

2.公民基本的社会义务

(1)维护国家的统一和全国各民族的团结;

(2)遵守国家宪法和法律,保守国家秘密,爱护公共财产,遵守劳动纪律和公共秩序,尊重社会公德;

(3)维护祖国的安全、荣誉和利益,不得有危害祖国的安全、荣誉和利益的行为;

(4)保卫祖国,抵抗侵略,依法服兵役和参加民兵组织;

(5)依法纳税;

(6)参加劳动和接受教育;

(7)公民不履行义务要承担一定的法律后果。

二、有关劳动者权利和义务的规定

船员作为社会劳动者群体中的一部分,受《中华人民共和国劳动法》的保护。《中华人民共和国劳动法》规定劳动者享有平等就业和选择职业的权利、取得劳动报酬的权利、休息休假的权利、获得劳动安全和卫生保护的权利、接受职业技能培训的权利、享受社会保险和福利的权利、提请劳动争议处理的权利,以及法律规定的其他劳动权利。

《中华人民共和国劳动法》规定劳动者应当完成劳动任务,提高职业技能,执行劳动安全卫生规程,并遵守劳动纪律和职业道德。用人单位应当依法建立和完善规章制度,要保障劳动者享有的劳动权利和履行劳动义务。

《劳动合同法》规定,用人单位自用工之日起即与劳动者建立劳动关系。建立劳动关系,应当订立书面劳动合同。订立劳动合同,应当遵循合法、公平、平等自愿、协商一致、诚实信用的原则。依法订立的劳动合同具有约束力,用人单位与劳动者应当履行劳动合同约定的义务。

《劳动合同法》对合同的类型和期限、试用期、工作内容和地点、工作时间和休息时间、劳动报酬、社会保险、劳动保护、劳动条件和职业危害保护、劳动合同的履行和变更、劳动合同的解除、劳动合同的终止、经济补偿、补充条款和特别约定、违反合同的责任等都有明确的规定。

依据《劳动争议调解仲裁法》,解决劳动争议,应当根据事实,遵循合法、公正、及时、着重调解的原则,依法保护当事人的合法权益。发生劳动争议,劳动者(船员)可以与用人单位协商,也可以请工会或者第三方共同与用人单位协商,达成和解协议。发生劳动争议,当事人不愿协商、协商不成或者达成和解协议后不履行的,可以向调解组织申请调解;不愿调解、调解不成或者达成调解协议后不履行的,可以向劳动争议仲裁委员会申请仲裁;劳动者对仲裁裁决不服的,可以自收到仲裁裁决书之日起15日内向人民法院提起诉讼。期满不起诉的,裁决书发生法律效力。

劳动争议申请仲裁的时效期间为1年。仲裁时效期间从当事人知道或者应当知道其权利被侵害之日起计算。发生劳动争议,当事人对自己提出的主张,有责任提供证据。与争议事项有关的证据属于用人单位掌握管理的,用人单位应当提供;用人单位不提供的,应当承担不利后果。

三、船员的个人责任要求

船员特别是海员,肩负着发展国家水上运输事业、促进我国与世界各国和地区的经济贸易关系及文化交流的重要使命。由于船员的工作面对艰险、涉外、分散和流动的职业环境和面对国际航运竞争日趋激烈的局面,因而,对船员的个人责任应有特别的要求:

(1)忠于祖国,热爱人民,立场坚定,爱憎分明。不做有损国格、人格和违背祖国及人民利益的事。

(2)热爱船舶和本职工作,发扬团结紧张、务实有效的工作作风。

(3)刻苦钻研专业技术业务,解放思想,勇于开拓,不断提高思想政治觉悟和专业技术业务水平。

(4)遵守国际公约、国内法规和船公司的各项规章制度;严守船舶所到国家和地区的有关法律法规;严守党和国家的秘密和所在企业的商业秘密。

(5)树立"安全第一"的思想,增强自我保护意识。严守各项航行安全法规制度和船舶安全技术操作规程,积极参加船舶组织的各项安全活动和救生、消防等演习;在船舶遇险和发生事故时,应临危不惧,积极抢险,排除故障,控制事故的扩大,以最大限度地确保船舶和人员的安全。

(6)树立"货主至上,旅客为先"思想。严格遵守货物和旅客管理的有关规定,安全优质地完成运输任务。

(7)增强敬业精神,树立正确的服从意识和良好的职业道德。同心同德,团结协作;弘扬正气,敢于同违法犯罪现象作斗争。

(8)发扬艰苦朴素的优良传统,厉行节约,杜绝浪费;降低船舶营运成本,提高经济效益。

(9)注重文明礼貌和仪表仪容,严格遵守外事交往的各项规定;尊重船舶所到国家和地区人民的风俗习惯。

(10)履行国际义务,发扬人道主义精神。

四、交通战备工作的基本内容

船员的职业特点使其具备了充当海军后备役的天然优势。战争时期,在绝大多数国家,船员需要具备保卫祖国的责任意识,积极维护国家主权和领土完整,作为"第二海军",船员在一定程度上具有国防性。

(一)交通战备的概念与特点

交通战备简单来说就是国家交通为战争进行准备,是指为保障战时和特殊情况下交通通信畅通,在思想、组织、物资和技术等方面所进行的各种动员准备和动员实施工作。

交通战备具有平战结合、军民兼容、长期建设、综合规划等特点。

(二)交通战备工作的作用

交通战备是战争准备的重要内容;交通动员是现代战争军队大规模机动和作战的根本保证;交通线竞争空前激烈,要求船员提高交通线的防护和再生产能力。

(三)交通战备工作的主要任务

1. 平时准备阶段

(1)加强国防交通网络建设;

(2)拟制国防交通保障计划;

(3)提高国防交通工程设施防护能力;

(4)搞好国防交通保障队伍建设;

(5)搞好国防交通物资储备;

(6)做好应急运输保障和战时运输准备工作;

(7)研究战时交通管理体制;

(8)加强国防交通法规建设;

(9)开展国防交通科学技术研究。

2. 战时实施阶段

(1)建立各级交通运输指挥机构;

(2)采取各种抢运措施,完成各项紧急运输任务;

(3)搞好防卫,提高交通设施运输潜力;

（4）组织快速抢修,确保交通畅通;

（5）加强交通管制,建立良好交通秩序。

（四）海员在我国交通战备中的作用

作为国防交通专业保障队伍的组成部分,海员应加强组织训练,做好下列工作:

（1）执行本单位国防交通保障计划,完成国防交通保障任务;

（2）按照国家有关规定,管理和使用本单位的国防交通资产;

（3）提高国防交通工程设施防护能力;

（4）做好应急运输保障和战时运输准备工作;

（5）采取各种抢运措施,完成各项紧急运输任务;

（6）搞好防卫,提高交通设施运输潜力。

任务6　了解船员的职业生涯规划

职业生涯规划对人的发展、成长至关重要。一个合理、有效的职业生涯规划能让人在职业道路上认准方向、奔向成功,而一个错误的规划则会使人误入歧途。

一、职业生涯规划的含义

职业生涯规划又叫职业生涯设计,是指在个人发展与组织发展相结合的基础上,个人通过对职业生涯的主客观因素分析、总结和测定,确定奋斗目标,并为实现这一职业目标而预先进行生涯发展系统安排的活动或过程。按照规划的时间跨度不同,职业生涯规划一般可以分为短期规划、中期规划、长期规划、人生规划四种类型。

船员职业生涯规划,就是在自我认知的基础上,根据自身情况,结合海运领域发展的实际现状和对人才素质的要求,对如何提高自己、完善自己和将来要从事的职业以及要达到的职业目标所做的方向性方案。

二、职业生涯规划的步骤

职业生涯规划是一个长期的连续过程,需要设计一整套程序来保证它的顺利实施。这个过程主要包括自我评估、环境评估、树立职业理想与目标、职业生涯规划路线选择、制定实施方案、实施、评估与反馈七个步骤。

（一）自我评估

在进行职业生涯设计时,首先就是要进行自我评估,即了解自我,看清自己的现状和志向之间的差距,端正态度、脚踏实地、逐步前进。

自我评估是个人职业生涯规划的基础,也是能否获得可行规划方案的前提。主要包括兴趣、性格、能力、特长、学识水平、思维方式、价值观、情商以及潜能等,并且要更注重挖掘自己的潜能。

(二)环境评估

环境因素对个人职业生涯发展的影响是巨大的。海运业作为一个国际化程度很高的行业,受国际经济形势、海运政策、运费调控等方面的影响非常大。只有顺应外部环境的需要,趋利避害,最大可能地发挥个人优势,才能实现个人目标。

外部环境分析包括通过查阅、参观、访谈、实习等方法对社会政治环境、经济环境和组织(企业)环境等做出分析,即评估和分析环境条件的特点、发展与需求变化趋势,自己与环境的关系以及环境对自己的影响等。

(三)树立职业理想与目标

职业理想首先源于个人的志向。所谓志向,就是我们对未来的憧憬中那些感觉最强烈的,随着自身成长不但不衰减,反而越发渴望实现的东西。当个体明确了志向,也就有了人生的理想,个体的人生观、兴趣、知识结构等就会逐渐向着这个志向靠拢。国运兴衰,系于海运。船员理应树立热爱海洋的高尚情操和献身海运的远大理想。

(四)职业生涯规划路线选择

所谓职业生涯规划路线,是指选择了职业之后,通过什么样的方式来实现自己的职业规划目标。要做好职业生涯路线选择,应包含两个方面:目标分解与目标组合。

1.目标分解

职业目标分解是根据观念、知识、能力差距,将职业生涯长期的远大目标分解为有时间规定的长、中、短期分期目标,直至将目标分解为某确定日期内可以采取的具体步骤。船员个人职业目标按时间关系可分解为短期目标、中期目标、长期目标和人生目标。

(1)短期目标

短期目标一般是指时间范围在 1~5 年内的目标,是职业目标的最小单位。其主要特征有:目标具备可操作性;明确具体的完成时间;对目标的实现有充足的把握;与中期目标具有因果关系。

(2)中期目标

中期目标一般是指时间范围在 5~10 年内的目标,比如航运部门经理、中高层管理人员。其主要特征有:与长期目标保持一致;定量说明与定性分析相结合;对目标实现的可能性有事前评估。

(3)长期目标

长期目标指 10 年以上的职业目标。其特征有:比较粗略、不具体;在设计时,以勾画轮廓为主;具有一定的挑战性;符合自己的职业价值观;没有明确的时间进度;随着外部环境变化和自我内心变化,可以适当调整。

(4)人生目标

人生目标是指整个人生的发展目标,时间长度在 40 年左右。

2.目标组合

目标组合是处理不同目标相互关系的有效方法。如果只看到目标之间的排斥性,就只能在不同目标之间做出排他性选择;如果能看到目标之间的因果关系与互补性,就会积极进行不同目标的组合。

(五)制定实施方案

一般分三步完成:对准差距,找对方法,确定实施步骤与完成时间。

1.对准差距

对准差距,要从思想观念、知识储备、心理素质、业务能力等方面进行比对。

(1)思想观念的差距

比如面对竞争,一种观念是希望竞争对手失败,另一种观念是设法比竞争对手做得更好更强。观念不一样,导致的做事方法不一样,做事的结果也会不一样。

(2)知识储备的差距

进入信息化时代以后,海运知识日新月异,新技术、新观念、新方法不断在海运各个领域得到应用。要不断增强学习能力,提高自己吸收新知识、运用新方法的能力。

(3)心理素质的差距

心理素质的差距主要表现在面对困难时毅力的大小,面对变故和挫折时心理承受能力的强弱。

(4)业务能力的差距

除情绪和智力之外,可能还会有一些业务能力的差距。比如具体操作能力的差距、讲演能力的差距、身体适应能力方面的差距等。

2.找对方法

在了解自身条件、分析差距的前提下,找到适合自己的缩小差距的方法并制定实施方案。其方法有:教育培训的方法;讨论交流的方法;实践锻炼的方法,这是缩小差距的根本方法。

3.确定实施步骤与完成时间

按照短期目标、中期目标和长期目标来确定实施步骤与完成时间。

(六)实施

所有的规划、设计都要依靠设计者具体的实践来完成。具体内容包括实际工作、职能培训、学习深造等。

(七)评估与反馈

职业生涯规划是一个人未来的生活轨迹和职业航线,受环境的变化、个人成长、心态意识等因素影响,随着时间的推移,很多情况都会发生改变。因此,为了确保规划的合理有效,必须定期结合自身实际情况和所处环境,对规划的进展情况进行审视,并通过评估对有些内容进行修正。

在职业生涯规划修正过程中,要检测预定目标的完成情况;在阶段目标达成时,要根据目标达成效果修订下一个阶段的目标及策略;当客观条件改变,影响职业生涯规划的进展时,应及时修正。

三、职业生涯规划书的制定

制定适合自己的职业生涯规划的方法是设计自己的职业生涯规划书。通过设计职业生涯规划书，有助于人们理清思路、发现问题、找准目标，并根据自己的行动计划将职业目标进行分解，明确不同时期、不同阶段的努力方向。这样既有利于跟踪检查，同时也可以根据环境变化调整短期行动计划，不断进行总结。对未完成的目标，找出原因，找准对策，开展评估，适当调整。

设计职业生涯规划书，一般从以下几个方面着手：

(一)自我认知

根据之前的论述，自我认知应从以下几个方面展开：

1. 主观分析

主观分析主要包括个人的兴趣、性格、能力、技能、价值观等因素。

2. 客观分析

客观分析是运用目前职业生涯规划中常用的测评工具和软件(如朗途职业测评系统)对个人进行的客观评价，主要包括职业兴趣、职业性格、职业价值观，职业技能等方面。另外，还可以通过"角色建议"的方式，通过自己身边的亲人、老师、同学、朋友，对自身的情况进行客观评价。

(二)外部环境认知

在客观、真实、准确地自我认知的基础上，还要对外部的就业环境、职业发展前景做一个全面的认知和评价。外部环境认知主要包括家庭环境分析、学校环境分析、社会环境分析、职业环境分析以及职业前景及趋势等。

(三)职业路线决策

职业路线决策，就是根据自身情况、外部环境，确定职业目标，设计职业路线，并通过各种积极的具体措施与行动去争取职业生涯目标的实现。在职业生涯规划书中，要从自身实际和外部环境出发，对如何实现自己的职业生涯目标制定一个比较详细又切实可行的目标，以及可行的职业路线及策略方案。

(四)实施方案

在制定好职业生涯路线后，围绕阶段目标和生涯目标，制定可行的实施方案。实施方案应尽可能精确。同时通过实施方案的制定，有助于重新审视自己确定的职业目标。在制定实施方案时，对每一个行动计划，要写清预期及考核标准，方便日后的评估。

(五)评估调整

职业生涯规划的期限较长，在实施过程中，很有可能因为自身的变化、环境的变化或不期而遇的机会，干扰已经形成的规划。因此，就要适时对规划进行评估和调整。在职业生涯规划书中,要尽可能确定评估的标准和调整的条件,只有通过评估,满足调整条件时,才对规划进行调整,避免出现信心的摇摆和行动的动摇。

四、船员职业发展路径

选择从事船员工作,是否一辈子都要做船员,是否还有别的发展机会? 这是许多航海类专业学生就业时共同面对的疑问,根据目前的许多船员职业的发展路径来看,船员职业发展呈现多元化,主要有从"就业岗位"到"发展岗位"再到"迁移岗位"的特点。

航海技术专业学生的职业发展路径如图 4-1-6-1 所示。从图中可以看出,航海技术专业学生的职业发展主干线为在船舶上做到船长后再转到陆地发展,这在发展空间和薪资待遇方面要比仅仅做到二副甚至三副就下船工作要好很多。

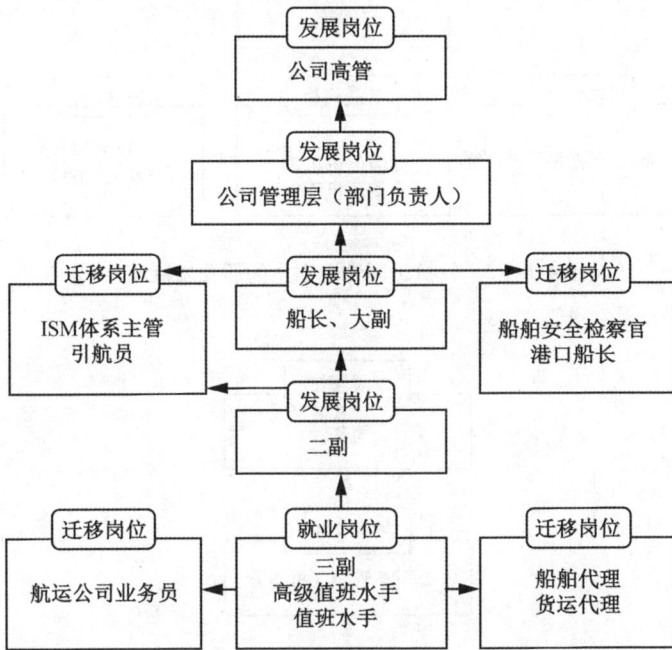

图 4-1-6-1　航海技术专业学生的职业发展路径

轮机工程专业学生的职业发展路径如图 4-1-6-2 所示。从图中可以看出,轮机管理专业学生的职业发展主干线为在船舶上做到轮机长后再转到陆地发展,尤其是船级社验船师和航运公司机务等高级职位,更是明确要求具备轮机长资历。

船舶电子电气工程专业的学生的职业发展路径如图 4-1-6-3 所示。从图中可以看出,船舶电子电气工程专业学生的职业发展主干线为在船舶上做到电子电气员后再转到陆地发展,其中大部分电子电气员在陆地就业的主要从业方向是强电方面的企业、船公司的冷箱技术部门、大型制冷设备公司等。

发展岗位

公司高管

发展岗位

公司高管层（机务）

迁移岗位	发展岗位	迁移岗位
船舶电气监造师 航运学校教师	轮机长、大管轮	船舶安全检查官 船级社验船师

发展岗位

二管轮

迁移岗位	就业岗位	迁移岗位
航运公司业务员	三管轮 高级值班机工 值班机工	船舶设备服务商 船厂技术员

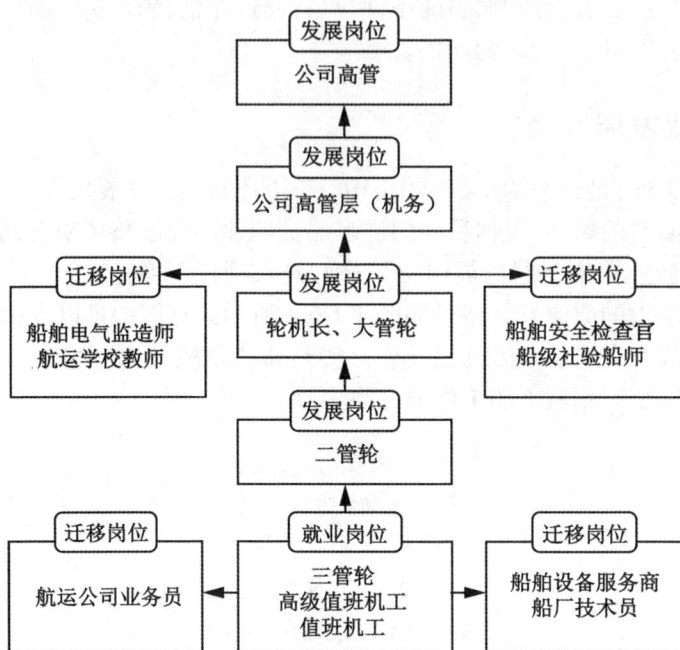

图 4-1-6-2　轮机工程专业学生的职业发展路径

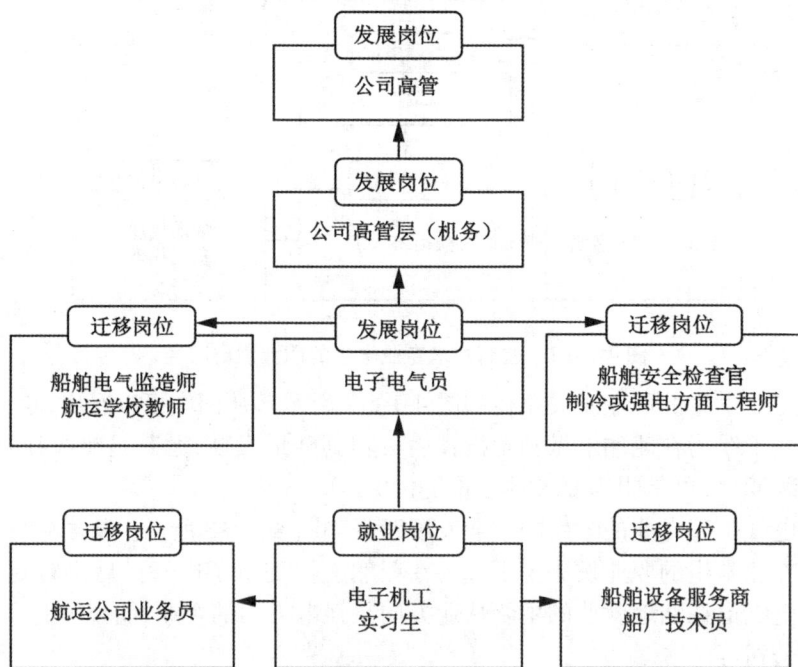

发展岗位

公司高管

发展岗位

公司高管层（机务）

迁移岗位	发展岗位	迁移岗位
船舶电气监造师 航运学校教师	电子电气员	船舶安全检查官 制冷或强电方面工程师

迁移岗位	就业岗位	迁移岗位
航运公司业务员	电子机工 实习生	船舶设备服务商 船厂技术员

图 4-1-6-3　船舶电子电气工程专业学生的职业发展路径

从以上各图例中我们不难发现，船员就业的路径在整个海运环境下还是有着很大发展空间的。因为船员尤其是高级船员，在陆地上从事与海运相关的工作比未上过船的人更具优势，因其更加了解船舶,也更加了解航海。他们曾经在船上工作过,有较好的业内人际关系。这是一个巨大的人脉市场,工作起来会更加方便。

任务7　了解船员权益维护及风险规避

一、中华人民共和国船员条例

为了加强船员管理,提高船员素质,维护船员的合法权益,保障水上交通安全,保护水域环境,我国制定了《中华人民共和国船员条例》(简称《船员条例》),被业内人士称作船员管理的"宪法"。

《船员条例》经 2007 年 4 月 14 日国务院第 494 号令发布,2020 年 3 月完成第六次修订;共 67 条,分为 8 章:总则、船员注册和任职资格、船员职责、船员职业保障、船员培训和船员服务、监督检查、法律责任和附则。

(一)总则

(1)中华人民共和国境内的船员注册、任职、培训、职业保障以及提供船员服务等活动,适用本条例。

(2)国务院交通主管部门主管全国船员管理工作。国家海事管理机构依照本条例负责统一实施船员管理工作。

(二)船员注册和任职资格

(1)本条例所称船员,是指依照本条例的规定取得船员适任证书的人员,包括船长、高级船员、普通船员。

本条例所称船长,是指依照本条例的规定取得船长任职资格,负责管理和指挥船舶的人员。本条例所称高级船员,是指依照本条例的规定取得相应任职资格的大副、二副、三副、轮机长、大管轮、二管轮、三管轮、通信人员以及其他在船舶上任职的高级技术或者管理人员。本条例所称普通船员,是指除船长、高级船员之外的其他船员。

(2)船员应当依照本条例的规定取得相应的船员适任证书。申请船员适任证书,应当具备下列条件:

①年满 18 周岁(在船实习、见习人员年满 16 周岁)且初次申请不超过 60 周岁;

②符合船员任职岗位健康要求;

③经过船员基本安全培训。

参加航行和轮机值班的船员还应当经过相应的船员适任培训、特殊培训,具备相应的船员任职资历,并且任职表现和安全记录良好。

国际航行船舶的船员申请适任证书的,还应当通过船员专业外语考试。

(3)申请船员适任证书,可以向任何有相应船员适任证书签发权限的海事管理机构提出书面申请,并附送申请人符合本条例上述规定条件的证明材料。

(4)船员适任证书应当注明船员适任的航区(线)、船舶类别和等级、职务以及有效期限等事项。参加航行和轮机值班的船员适任证书的有效期不超过5年。中国籍船舶的船长应当由中国籍船员担任。

(5)船员服务簿应当载明船员的姓名、住所、联系人、联系方式、履职情况以及其他有关事项。船员服务簿记载的事项发生变更的,船员应当向海事管理机构办理变更手续。

(6)以海员身份出入国境和在国外船舶上从事工作的中国籍船员,应当向国家海事管理机构指定的海事管理机构申请中华人民共和国海员证。

(7)中华人民共和国海员证是中国籍船员在境外执行任务时表明其中华人民共和国公民身份的证件。中华人民共和国海员证遗失、被盗或者损毁的,应当向海事管理机构申请补发。船员在境外的,应当向中华人民共和国驻外使馆、领馆申请补发。中华人民共和国海员证的有效期不超过5年。

(三)船员职责

船员在船工作期间,应当符合下列要求:

(1)携带本条例规定的有效证件;

(2)掌握船舶的适航状况和航线的通航保障情况,以及有关航区气象、海况等必要的信息;

(3)遵守船舶的管理制度和值班规定,按照水上交通安全和防治船舶污染的操作规则操纵、控制和管理船舶,如实填写有关船舶法定文书,不得隐匿、篡改或者销毁有关船舶法定证书、文书;

(4)参加船舶应急训练、演习,按照船舶应急部署的要求,落实各项应急预防措施;

(5)遵守船舶报告制度,发现或者发生险情、事故、保安事件或者影响航行安全的情况,应当及时报告;

(6)在不严重危及自身安全的情况下,尽力救助遇险人员;

(7)不得利用船舶私自载运旅客、货物,不得携带违禁物品。

(四)船员职业保障

(1)船员用人单位和船员应当按照国家有关规定参加工伤保险、医疗保险、养老保险、失业保险以及其他社会保险,并依法按时足额缴纳各项保险费用。

(2)船员用人单位应当为在驶往或者驶经战区、疫区或者运输有毒、有害物质的船舶上工作的船员,办理专门的人身、健康保险,并提供相应的防护措施。

(3)船舶上船员生活和工作的场所,应当符合国家船舶检验规范中有关船员生活环境、作业安全和防护的要求。

(4)船员用人单位应当为船员提供必要的生活用品、防护用品、医疗用品,建立船员健康档案,并为船员定期进行健康检查,防治职业疾病。

(5)船员在船工作期间患病或者受伤的,船员用人单位应当及时给予救治;船员失踪或者死亡的,船员用人单位应当及时做好相应的善后工作。

(6)船员用人单位应当依照有关劳动合同的法律、法规和中华人民共和国缔结或者加入的有关船员劳动与社会保障国际条约的规定,与船员订立劳动合同。不得招用未取得本条例规定证件的人员上船工作。

船员工会组织应当加强对船员合法权益的保护,指导、帮助船员与船员用人单位订立劳动合同。

(7)船员用人单位应当根据船员职业的风险性、艰苦性、流动性等因素,向船员支付合理的工资,并按时足额发放给船员。船员用人单位应当向在劳动合同有效期内的特派船员,支付不低于船员用人单位所在地人民政府公布的最低工资。任何单位和个人不得克扣船员的工资。

(8)船员在船工作时间应当符合国务院交通主管部门规定的标准,不得疲劳值班。船员除享有国家法定节假日的假期外,还享有在船舶上每工作2个月不少于5日的年休假。船员用人单位应当在船员年休假期间,向其支付不低于该船员在船工作期间平均工资的报酬。

(9)船员在船工作期间,有下列情形之一的,可以要求遣返:

①船员的劳动合同终止或者依法解除的;

②船员不具备履行船上岗位职责能力的;

③船舶灭失的;

④未经船员同意,船舶驶往战区、疫区的;

⑤由于破产、变卖船舶、改变船舶登记或者其他原因,船员用人单位、船舶所有人不能继续履行对船员的法定或者约定义务的。

(10)船员可以从下列地点中选择遣返地点:

①船员接受招用的地点或者上船任职的地点;

②船员的居住地、户籍所在地或者船籍登记国;

③船员与船员用人单位或者船舶所有人约定的地点。

(11)船员的遣返费用由船员用人单位支付。遣返费用包括船员乘坐交通工具的费用、旅途中合理的食宿及医疗费用和30 kg行李的运输费用。

(12)船员的遣返权利受到侵害的,船员当时所在地民政部门或者中华人民共和国驻境外领事机构,应当向船员提供援助;必要时,可以直接安排船员遣返。民政部门或者中华人民共和国驻境外领事机构为船员遣返所垫付的费用,船员用人单位应当及时返还。

(五)船员培训和船员服务

(1)申请在船舶上工作的船员,应当按照国务院交通主管部门的规定,完成相应的船员基本安全培训、船员适任培训。在危险品船、客船等特殊船舶上工作的船员,还应当完成相应的特殊培训。

(2)从事代理船员办理申请培训、考试、申领证书(包括外国海洋船舶船员证书)等有关手续,代理船员用人单位管理船员事务,提供船舶配员等船员服务业务的机构(以下简称"船员服务机构")为船员提供服务,应当诚实守信,不得提供虚假信息,不得损害船员的合法权益。应当向社会公布服务项目和收费标准。

(3)船员服务机构为船员用人单位提供船舶配员服务,应当按照相关法律、行政法规的规定订立合同。

(4)船员服务机构为船员用人单位提供的船员受伤、失踪或者死亡的,船员服务机构应当配合船员用人单位做好善后工作。

二、2006 年海事劳工公约

国际劳工组织(ILO)自 2001 年以来,经过近 5 年的努力,整合并修订了自 20 世纪 20 年代以来的现有 ILO 的 68 个公约及建议书,形成了一部综合性海事劳工公约,并于 2006 年 2 月 23 日在日内瓦举行的第 94 届大会暨第十届海事大会上以绝对多数票通过了《2006 年海事劳工公约》(Maritime Labour Convention 2006,MLC 2006)。该公约于 2013 年 8 月 20 日正式生效,2016 年 11 月 12 日在我国正式生效。

(一)主要构架

MLC 2006 在构架上共分三个层次,即正文条款、规则和技术守则,其中守则分为 A 部分的强制性标准和 B 部分的建议性导则。规则和守则在内容上分为五个标题:标题一"海员上船工作的最低要求";标题二"就业条件";标题三"起居舱室娱乐设施、食品和膳食服务";标题四"健康保护、医疗、福利及社会保障";标题五"遵守与执行"。

(二)适用范围

MLC 2006 适用于任何吨位的通常从事商业活动的所有海船。200 总吨以下国内航行船舶可免除守则中的有关要求。该公约规定,公约生效后,舱室标准对现有船舶将不进行追溯。

(三)海员的就业和社会权利

(1)每一海员均有权获得符合安全标准的安全且受保护的工作场所。
(2)每一海员均有权获得公平的就业条件。
(3)每一海员均有权获得体面的船上工作和生活条件。
(4)每一海员均有权享受健康保护、医疗、福利措施及其他形式的社会保障。

(四)就业条件

1. 海员就业协议
(1)各成员方应通过法律或条例要求悬挂其旗帜的船舶符合下述要求:
①在悬挂其旗帜的船舶上工作的海员应持有一份由海员和船东或船东的代表双方签署的海员就业协议。
②签署海员就业协议的海员在签字前应有机会对协议进行审查和征询意见,还要为海员提供其他必要的便利,确保其在充分理解了其权利和义务后自由达成协议。
③有关船东和海员应各持有一份经签字的海员就业协议原件。
④应采取措施确保包括船长在内的海员在船上可以容易地获得关于其就业条件的明确信息,并且这些信息,包括一份海员就业协议的副本,还应能够供主管当局的官员(包括船舶所挂靠港口的官员)查验。
⑤应发给海员一份载有其船上就业记录的文件。
(2)海员就业协议均应包括以下细节:
①海员的全名、出生日期或年龄及出生地;

②船东的名称和地址；

③订立海员就业协议的地点及日期；

④海员将担任的职务；

⑤海员的工资数额；

⑥带薪年假的天数；

⑦协议的终止及其终止条件；

⑧将由船东提供给海员的健康津贴和社会保障保护津贴；

⑨海员获得遣返的权利；

⑩提及集体谈判协议,如适用;国家法律所要求的其他细节。

(3)海员和船东提前终止海员就业协议需提前7天发出通知。

2. 工资

(1)应给海员一个应得报酬和实付数额的月薪账目,包括工资、额外报酬、货币兑换率。

(2)船东应采取措施,为海员提供一种将其收入的全部或部分转给其家人或受赡养人或法定受益人的方式。

3. 休假的权利

(1)带薪年休假的权利应以每服务一个月最低2.5天为基础加以计算。合理的缺勤不应被视作年假。

(2)在年休假期间的报酬水平应为国家法律或条例或适用的海员就业协议中规定的海员正常报酬水平。对于受雇期短于1年的海员,或在雇佣关系终止的情况下,休假的权利应按比例计算。

(3)下述情况不应算作带薪年休假的一部分:

①船旗国认可的公共和传统假日,不论其是否发生在带薪年休假假期内;

②因患病或受伤或因生育而不能工作的期间;

③在履行就业协议期间准许海员的短期上岸休息;

④任何类型的补休。

4. 遣返

(1)在规定的情形和条件下,海员有权得到遣返而不向他们收取费用。

(2)海员在以下情形有权得到遣返:

①就业协议到期;

②就业协议被船东终止,或被海员出于合理的理由终止;

③如果海员不再具备履行其就业协议中职责的能力或在具体情形下不能指望其履行这些职责;

④海员在船上已服务最长期间(这段时间应少于12个月)。

(3)禁止船东要求海员在开始受雇时预付遣返费用,禁止船东从海员的工资或其他收益中扣回遣返费用,除非根据国家法律或条例或其他措施或适用的集体谈判协议,海员出现严重失职而被遣返。

(4)属于就业协议终止和海员不能履行职责的情况为:

①因患病或受伤或其他健康问题需要其遣返且身体状况适于旅行时;

②在船舶失事时;

③在由于破产、变卖船舶、改变船舶登记或任何其他类似原因船东不能继续履行其作为海员雇佣者的法律或契约义务时;

④在船舶驶往国家法律或条例或海员就业协议所界定的战乱区域而海员不同意前往的情况下;

⑤根据仲裁裁定或集体协议而终止或中断雇佣,或出于其他类似原因终止雇佣。

(5)船东应承担以下遣返费用:

①到达选定的遣返目的地的旅费;

②从海员离船时起至抵达遣返目的地时止的食宿费;

③如果本国法律、条例或集体协议有规定,从海员离船时起至抵达遣返目的地时止的工资和津贴;

④将海员个人行李 30 kg 至遣返目的地的运输费;

⑤必要时,提供医疗使海员身体状况适合前往遣返目的地的旅行。

(6)船东应负责通过适当和迅速的方式对遣返做出安排。通常的旅行方式应为乘坐飞机。成员方应规定海员可被遣返的目的地。目的地应包括可视为海员与之存在着实质性联系的国家,包括:

①海员同意接受雇佣的地点;

②集体协议约定的地点;

③海员的居住国;

④可能在聘用时双方同意的其他地点。

(7)海员应有权从规定的目的地中选择其将被遣返的地点。

(五)健康保护、医疗、福利和社会保障

1. 船东的责任

(1)船东应根据以下最低标准,对船上工作的所有海员的健康保护和医疗负责:

①对于在其船上工作的海员,船东应有责任对海员从开始履行职责之日起到其被视为妥善遣返之日期间所发生的或源自这些日期间的就业的疾病和受伤承担费用;

②船东应提供财务担保,保证对海员因工伤、疾病或危害而死亡或长期残疾的情况提供国家法律或海员就业协议或集体协议所确定的赔偿;

③船东应有责任支付医疗费用,包括治疗及提供必要的药品和治疗设备,以及在外的膳宿,直到该患病或受伤海员康复,或直到该疾病或机能丧失被宣布为永久性的;

④如果发生海员受雇期间在船上或岸上死亡的情况,船东应有责任支付丧葬费用。

(2)国家法律或条例可以把船东支付医疗和膳宿费用的责任限制在从受伤或患病之日起不少于 16 周的期限内。

(3)如果疾病或受伤造成工作能力丧失,船东应有责任:

①只要患病或受伤海员还留在船上或者在海员根据本公约得到遣返以前,向其支付全额工资;

②从海员被遣返或到达上岸之时起直到身体康复,或直到有权根据有关成员方的法律获得保险金(如果早于康复的话),按照国内法律或条例或集体协议的规定向其支付全额或部分

工资。

（4）国家法律或条例可将船东向一名离船海员支付全部或部分工资的责任限制在从患病或受伤之日起不少于 16 周的期限内。

（5）国家法律或条例可在以下情况下排除船东的责任：

①在船舶服务之外发生的其他受伤；

②受伤或患病是因患病、受伤或死亡海员的故意不当行为所致；

③在接受雇佣时故意隐瞒的疾病或病症。

2. 获得使用岸上福利设施

（1）各成员方应确保如果存在岸上福利设施，应易于供海员使用。

（2）成员方还应为挂靠其港口的船舶上的海员提供充分的福利设施与服务。

3. 社会保障

（1）各成员方应确保所有海员，以及按其国家法律的规定，其受赡养人能够获得符合守则的社会保障的保护。

（2）各成员方承诺根据其本国情况采取措施，独自或通过国际合作，逐步为海员提供全面的社会保障的保护。

（3）成员方应确保受到其社会保障法律管辖的海员，以及在其国家法律规定的范围内，其受赡养人有权享受不低于岸上工人所享受的社会保障的保护。

思考题

1. 试简述个人安全与社会责任培训的目的。

2. 试简述船员职业对船员的素质要求。

3. 我国船员具备哪些劳动和社会保障的权利？

4. 作为一名合格的船员，应履行哪些社会责任？

5. 船员应符合哪些特殊的职业道德要求？

6. 外派船员的特点和特殊要求是什么？

7. 滥用毒品和酗酒的危害有哪些？

8. 如何制定自己的职业生涯规划书？

9. 船员权益维护和风险规避的主要依据是什么？

项目二　船舶紧急情况的预防控制

【知识目标】

1. 掌握船舶紧急情况的分类；
2. 掌握船员职务分工和岗位职责；
3. 掌握船员日常安全教育、船上培训及演习；
4. 了解船舶的安全评估方法；
5. 了解国际和国内安全管理规则；
6. 了解船旗国与港口国监督检查。

【能力目标】

1. 具备自觉履行岗位职责的能力；
2. 运用安全性评估方法的能力；
3. 运用系统要素分析法分析事故案例的能力。

【内容摘要】

随着世界经济和科学的高速发展,航运事业也得到了快速的发展。不但船舶的数量及吨位大幅度增加,而且船舶的种类也日趋多样化;并且由于船舶数量增多,使船舶在世界有限水域内,通航密度不断增大,航行环境也随之恶化;船舶日益向大型化、专业化发展,船速的不断提高,操纵困难的增加,都增大了船舶发生事故的风险。

船舶营运安全直接关系到船公司的经济利益,更关系到船员、船舶、货物、港口的安全和人类赖以生存和发展的海洋环境的保护。因此,充分认识船舶可能发生的紧急情况,了解船舶安全营运系统,熟悉船舶安全管理的途径和方法,是保证船舶营运安全的基础。

任务1　了解船舶紧急情况分类及船舶营运安全系统

一、船舶紧急情况的分类

船舶紧急情况大致可以分为 4 类 23 种。

1. 火灾和海损类

火灾和海损类主要包括:碰撞;搁浅/触礁;火灾/爆炸;船体破损/进水;严重横倾;恶劣天气损害;弃船救生。

2. 机损和污染类

机损和污染类主要包括:主机失灵;舵机失灵;供电故障;机舱事故;船舶溢油;造成污染的意外排放。

3. 货物损害类

货物损害类主要包括:货物移位;海难自救抛货;危险货物事故。

4. 人身安全类

人身安全类主要包括:严重伤病;人员落水;海盗或暴力行动;搜救/救助;进入封闭场所;战区遇险;直升机操作。

二、船舶安全营运系统

安全即远离危险,没有伤害、损失、威胁、事故的发生,是人类生存和发展的首要条件。研究安全就是研究如何预知和分析危险,如何控制和消除危险。危险会在人为因素、自然因素的激发下演化成事故和灾难。而任何恶性事故都会造成巨大的人命财产损失和难以估量的环境损害,因此不允许也不可能通过大量事故来获得安全经验,而需要有完整的安全理论、方法和程序来严格预防事故的发生。据此,安全控制必须上升到科学阶段,将安全工作分为预测、预防、监测、应急四个阶段,每个阶段都要进行系统化的安全控制。

科学的安全控制系统是由人、机、环境和管理四大基本要素构成,而一切事故都是四大基本要素相互作用下发生的出乎人们意料的和不希望发生的破坏性事件。要避免和减少事故的发生,人们就必须控制"人—机—环境—管理"系统,能预知和限制事故的发生。船员属于"人"要素,船舶、货物属于"机(物)"要素,航道、港口、水文、气象属于"环境"要素,船公司、船旗国、港口国等属于"管理"要素,由此构成船舶营运系统的安全四面体结构,如图 4-2-1-1 所示。其平面映射即是船舶营运系统安全要素关系图,每一要素都与其他要素有着广泛的密切联系。

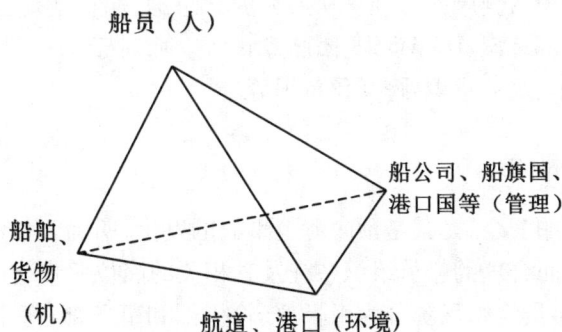

图 4-2-1-1　船舶营运系统安全要素关系图

任务 2 熟悉船舶安全营运系统中人为因素的控制

一、海上事故中的人为因素

长期以来,船舶安全和污染事故频繁发生,不仅危及了船员、船公司的经济效益,而且危及了世界经济发展。尤其是大量人员、财产的灭失和对海洋环境的污染,引起了国际社会的高度重视。为此,国际海事组织制定了一系列的公约以促进船舶运输的安全性,如 SOLAS 公约、MARPOL 公约等。而公约大都是从船舶设备和技术方面加以规范以提高船舶的安全性,例如,对船舶的消防和救生设备、防污染措施等规定了更多更严格的要求。而且随着现代化科学技术的发展,尤其是优质材料、计算机和通信技术的运用,使船舶构造以及导航、货运装载所用设备质量的可靠性得到了较大幅度的提高,可是,海上事故仍然不断发生。1991 年劳氏船级社统计,世界因事故而损失的船舶达 182 艘,究其原因,因技术和设备等"硬件原因"造成的事故比例已从总事故中大幅下降,而人为因素造成直接或间接的船舶安全和污染事故占事故总量的 80%以上。由此证明,单靠制定和执行针对船舶技术状况和船员技能的公约、规则,还不能有效遏制事故的发生,需要加强对公司的管理,特别要防止公司管理人为因素中的不利影响。

所谓人为因素,是指人的行为对一特定系统的正确功能或成功性能的不良影响。又可理解为人为失误、人为过失,是指人未能发挥自身应有的功能,违背设计、操作和管理规程,人为地使系统出现故障或发生机构不良事件的一种错误行为。人为因素涉及人的知识水平、操作技能、心理因素、技术管理、生理状况、安全意识和特定环境等广泛的领域。

沉痛的海难事故的教训,使国际社会形成了"以人为本"的共识,即全面地重视人的基本素质提高和安全管理。通过对人的有效控制,规范船舶、船员的技术状况和行为,从而最大限度地降低海上事故的发生,保障船舶安全和保护海洋环境。而根据航海工作的要求而言,船员的素质主要是指船员良好的敬业精神,扎实的专业基础,熟练的操作技能,丰富的航海经验,较高的安全、环保、保安意识及健康的心理。从人文因素考虑,船员还应当具备良好的组织管理能力、语言沟通能力、经济意识、法律意识、团队意识等。而对于参加劳务输出的船员,还必须增加雇用意识、合同意识、服从意识、跨文化意识等。

二、船员职务和职责

为了有效地保证船舶安全,尤其是预防海上事故的发生,明确并强化船员个体和群体的责任是十分重要的。科学而合理的船员组织系统及其相关的岗位职责是确保船舶安全营运和经济效益的基础。通常,船员组织系统分为甲板部、轮机部和事务部,每个部门内部有明显的岗位分工以避免交叉和无序的工作状况,并能够充分地发挥操作者在安全高效的营运和保护环境等方面的作用。

就群体职责而言,甲板部主要负责船舶航海、船体保养以及船舶营运中的货物积载、装卸设备、航行中的货物照管;主管驾驶设备包括导航仪器、信号设备、航海图书资料和通信设备;负责救生、消防、堵漏器材的管理;负责货舱系统和舱外淡水、压载水和污水系统的使用和保养;主管舱、锚、系缆和装卸设备的一般保养。轮机部主要负责主副机、锅炉、辅机及各类机电设备的管理、使用和维护保养;负责全船电力系统的管理和维护工作。事务部主要负责全船人员的伙食、生活服务和财务工作。

根据 2010 年 STCW 公约马尼拉修正案和 2020 年施行的《中华人民共和国海船船员适任考试和发证规则》,船员职务根据服务部门分为:船长、甲板部船员(包括大副、二副、三副、高级值班水手、值班水手,其中大副、二副、三副统称为驾驶员)、轮机部船员(包括轮机长、大管轮、二管轮、三管轮、电子电气员、高级值班机工、值班机工、电子技工,其中大管轮、二管轮、三管轮统称为轮机员)、无线电操作人员(分为一级无线电电子员、二级无线电电子员、通用操作员、限用操作员);船员职能根据技术要求分为:管理级、操作级、支持级。

船上每个人员都有明确的岗位职责和任务分工,在公司管理、船况、船员配备状况一定的条件下,船上的安全管理就取决于全体船员,尤其是船长和高级船员对国际、国内和公司有关规定的切实执行,以及对下级船员执行的指导和监督。船上安全管理能否成功取决于能否有效地组织和激励船员,酌情处理有关事务。以中国远洋海运集团有限公司为例,在其所属的大部分船舶上,其船员职责的具体分工如下:

(一) 管理级

1. 船长

船长是船舶领导人,负责船舶安全运输生产和行政管理工作,对公司经理负责。主要工作包括:领导全体船员贯彻国家的方针政策、法令法规和公司下达的各项指示和规定;优质全面地完成运输生产和其他任务,最大限度地保障船舶和人命财产的安全以及发挥船舶的营运效率;检查各项规章制度的执行情况以保持船舶正常航运;严守国际公约和地区性规定,承担应尽的国际义务;遇有应急情况时,果断而稳妥地处理好各项事务。

2. 政委

政委是船舶领导之一,受上级党委和行政双重领导,负责船舶党务工作、思想政治工作、精神文明工作和保卫工作;协助船长做好行政管理工作、安全生产工作和其他相关工作(该职位在国际公约中是没有要求的)。

3. 大副

大副主持甲板部日常工作,并协助船长做好安全生产和船舶航行工作,担任航行值班。值班时间一天 2 次,每次 4 h,分别为 0400—0800 和 1600—2000。主管货物装卸、运输和甲板部的养护工作;负责制订并组织实施甲板部各项工作计划;负责编制货物积载计划、维修保养计划;主持安全月活动和相关安全工作。

4. 轮机长

轮机长是全船机械、电力和电气设备的技术总负责人。全面负责轮机部的生产和行政管理工作;检查轮机部各项规章制度的执行,以使各种设备时刻保持着良好的技术状态。

5. 大管轮

大管轮是轮机长的主要助手。大管轮参加机舱值班,值班时间与大副相同。负责维持机舱正常的工作秩序;主管推进装置及附属系统和为主机直接服务的机电设备,并负责管理舵机、冷藏机,贯彻执行操作规程;领导轮机部人员进行机电设备管理、操作、保养和检修工作,保证轮机部各项规章制度的正确执行;保证按时完成部门的月度和航次作业计划。

(二) 操作级

1. 二副

二副履行航行和停泊所规定的值班职责,航行值班时间为每天0000—0400和1200—1600两次;主管驾驶设备包括航海仪器和操舵仪等的正确使用和日常维护;负责航海图书资料、通告的日常管理和更正工作,以及各种记录的登录。

2. 三副

三副履行航海和停泊所规定的值班职责,航行值班时间为每天0800—1200和2000—2400两次。主管救生、消防设备的日常管理和维护工作。

3. 二管轮

二管轮履行值班职责,值班时间与二副相同。主管辅机及其附属系统、应急发电系统、燃油柜、驳运泵、分油机、空压机、油水分离设备和污油柜等设备的使用和维护工作。

4. 三管轮

三管轮履行值班职责,值班时间与三副相同。主管副锅炉及其附属系统、各种水泵、甲板机械、应急设备和各种管系的使用及维护工作。

5. 无线电人员(报务员)

无线电人员(报务员)负责船舶无线电通信和无线电导航仪器、设备的技术管理工作,目前一般由驾驶员或船长兼职。

6. 电子电气员

电子电气员主要负责保证船舶电子电气设备以及自动控制系统的正常运转。其职能包括对船舶电子、电气设备以及自动控制系统的监控;维护和维修驾驶台航行与通信设备、机舱主辅机等自动控制系统、发电机和供电系统、船上计算机及其网络系统以及甲板机械设备的电气设备等。

(三) 支持级

1. 水手长

水手长在大副的领导下,具体负责木匠和水手工作;做好锚、缆、装卸设备的养护维修工作;带领水手做好油漆、高空、舷外、帆缆、起重和操舵及其他船艺工作。

2. 木匠

木匠执行木工及有关航次维修和保养工作;负责抛、起锚机的操作和保养工作;负责淡水舱、压载水舱及植物油舱的测量及维护工作。

3. 值班水手

值班水手执行操舵、航行值班职责和甲板部日常维护保养工作。

4. 高级值班水手

高级值班水手要求比值班水手具有更多的知识和技能。

5. 值班机工

值班机工在轮机员的领导下,执行机炉舱和机械设备的检修、保养工作。

6. 高级值班机工

高级值班机工要求比值班机工具有更多的知识和技能。

7. 电子技工

电子技工协助电子电气员做好船舶有关的电子、电气设备以及自动控制系统的检查、维护和维修工作。

8. 服务员

服务员负责生活场所卫生、生活用品保养以及接待工作。

9. 厨工

厨工执行船员伙食工作(船上根据自身需要设置多名厨师,分别为大厨、二厨等职位)。

三、船员日常安全教育和培训

根据《国际船舶安全营运和防止污染管理规则》(ISM 规则)的要求,船舶应建立一套完整的安全教育和培训制度,并作为安全管理新机制的重要组成部分。船舶领导将根据本船人员结构、设备状况、航次任务、季节特点及安全工作中存在的问题,定期进行安全教育,开展安全训练活动,不断增强船员的安全意识和自我保护意识以及遵守规章制度的自觉性,提高安全操作技能,形成"人人关心安全,时时注意安全"的良好局面,使"安全在我心中,安全在我手上"成为每位船员的实际行动。

(一)船员安全教育的功能和目的

所谓安全教育,是指用教育手段认识安全的本质含义、重要性,获得必要的安全知识和技能,以提高安全意识、安全技术水平和安全管理水平的过程。

安全教育是提高人员安全素质和控制人为因素的有效途径之一。通过安全教育可以提高公司管理者和船员搞好安全生产的责任感和自觉性;提高安全意识、知识和技能水平,掌握安全生产的客观规律,学会预测、预防和消除事故;为保护船员人身安全,保证船舶安全,提高劳动生产率,创造良好的条件。

安全教育的目的是提高船员和岸上人员的安全素质,使之积极响应公司的安全管理,最大限度地防止和减少人身伤亡、财产损失和污染水域环境。

安全教育要求每个员工具有高度的责任感和事业心、良好的安全素质和严谨的工作作风,始终奉行安全方针,遵守安全规章,在工作中有时刻保证安全的警觉,有足够的知识和技能,及时准确地判断和处理不符合项、险情和事故。

(二)加强船员日常安全教育和培训的意义

根据水上交通事故原因分析和统计得知,人的不安全行为是事故发生的主要原因。教育和培训是防止船员不安全行为的必要措施。通过强制性的培训、评估和考试,对通过者签发适任证书和专业技能培训合格证,是船员教育培训的强制形式。但是船员日常教育和培训,对保证船舶安全生产也具有非常重要的意义。

首先,有利于巩固、提高和不断更新船员的安全意识、知识和技能,使船员对安全始终保持较高的灵敏度;其次,有利于培养船员良好的安全习惯和全船的安全人文环境,以便适应频繁的船员调动,适应科技的高速发展,满足复杂多变的高风险职业需要,满足当局日趋严格的安全和防污染管理要求,从而实现保持身体健康和保护人身安全,保持船舶和货物安全,避免海洋环境污染损害的目标。

全体人员必须全部接受安全教育,受教育者应当全部合格,任何遗漏者和不合格者都是安全的隐患,应予有效监控,迅速补课并坚决撤换不合格者。安全教育效果不可能一蹴而就和一劳永逸,应有计划地持之以恒。

(三)船员日常安全教育的组织实施

1.日常安全教育的计划和师资

日常安全教育要行之有效,应有领导的重视、科学合理的计划、良好的师资,并激发起受教育者的兴趣和热情。领导的重视能保证有效地组织人员和必要的资源。计划关系到安全教育的成效,应当结合实际情况确定适当的目标。

日常安全教育计划应具有如下内容:安全教育目标;因人制宜的教育内容和方法;安全教育的适当时机和时间;适当的师资和教材;安全教育的准备;安全教育的实施,以及安全教育效果评估。对执行ISM规则的公司,一般将计划列入安全管理体系(SMS)的安全教育程序。

对于船员,理想的师资主要是在船员中寻找,各种职务船员都是候选人,只要其具备足够的相应的知识、较好的表达能力、较强的责任心和安全意识、丰富的经验和诲人不倦的热情即可。

2.安全教育和培训的内容

安全教育和培训是从人的需要出发,将尊重人的生命、提高人的能力和素质放在首位。其主要内容涉及法制教育、思想政治教育、劳动纪律教育、安全方针和规章教育、安全知识教育、安全技能训练、安全正反典型教育等方面。安全教育内容因人而异,要有实用价值。一般具体体现如下:

(1)熟悉安全教育和培训

凡是新船,或者新岗位的继任者都应接受基本的岗前安全教育和操作培训,尤其是涉及海上安全的关键性操作项目,包括救生、消防、应急处理等工作内容。岗位工作人员不仅要获得有关方面的专业知识,且应熟练掌握专业技能,例如,特定船舶的应变部署、油船安全工作规范和危险品装卸等。

(2)公司和船舶安全管理体系的学习

《国际船舶安全营运和防止污染管理规则》的核心是要求船舶及营运公司建立、实施和保持安全管理体系(内容详见本项目任务4)。因此,每位船员必须认真学习本公司的安全管理体系和船上安全管理手册。由于不同类型的船舶,其操作要求和规范不一样,船上安全管理手册的具体内容有所不同。初次上船者应当仔细阅读船上安全管理手册,并着重掌握不同的设备操作要求和管理规范。

（3）船舶安全规章制度与操作规程的学习

船舶各项规章制度是船员在船上进行各种操作的准绳，每个船员都必须熟悉和掌握。各岗位的船员必须熟知与本人职责相关的安全规章制度和安全操作规程，并做到严格遵守、按章操作。船舶的规章制度可以分为国际公约和规则、国内法规和规定、船舶的规章和业务指导书等。

（4）遵章守规教育

每位船员应自觉接受遵章守规教育，认真贯彻"安全第一"的方针，真正明白安全与完成任务、维护国家利益和声誉、提高企业与个人经济效益以及与个人家庭幸福的关系，牢固地树立安全是生命安全意识，做到警钟长鸣。同时，每位船员应认识到规章制度是长期实践经验的总结，是科学性、实践性和针对性的有机结合。因而，严格执行规章制度可以最大限度地消除隐患，减少事故发生率。规章制度还具有强制性和严肃性，并且有一定的法律效力，违反了就要受到行政和法律的惩罚。总之，船员应自觉与违反规章制度的现象作斗争，形成人人自觉维护和遵守规章制度的良好风气。

（5）日常防火防爆及人身安全教育

突出对船员的日常行为进行规范和制约，从而达到防火及保护人身安全的要求。

（6）事故案例学习

事故案例多种多样，通过事故案例学习，有助于从事故的实例中吸取教训，尤其是经过分析事故原因和后果，联系本船的实际操作，总结经验，举一反三，可消除各种不安全的隐患。

（7）紧急情况下的应急应变知识教育、训练与演习

应急应变知识教育、训练与演习是船舶安全制度不可缺少的内容。船舶安全活动日每月至少举行一次。其主要内容是训练活动、查找问题、总结讲评和落实措施。

（有关日常防火防爆、火灾预防和训练、消防演习及救生培训和演习等内容参见"船舶防火和灭火部分"和"海上个人求生部分"。）

3.船员安全教育须因材施教

对船员，应突出人身安全和健康教育。对高级船员、水手长等的安全教育内容应包括：安全的意义和重要性；心理学、群众路线、行为科学等基础知识；现场监督者的作用与责任；操作方法的改善及工艺流程；操作人员的合理配置；操作指导及教育方法；操作中的监督与纠正，包括了解操作情况和不安全行为的纠正；操作设备及场所的保养和管理；出现异常和海事时的处理办法；作为监督人员应进行的安全工作和应组织的活动，随时保持对防止海事的警觉并研究防止海事的措施等。

对新人，应突出安全意识的树立，并要熟悉有关的安全规章。鉴于一次安全教育内容多难消化，常在现场工作时辅以四阶段安全教育法（表 4-2-2-1）和四阶段安全作业法（表 4-2-2-2）。如果条件允许，还应考虑下列教育内容：安全的意义与重要性；岗位安全规则、安全须知和相关安全法规；机械、原材料的危险性和有害性以及处理方法；各安全装置的性能及使用方法；护具性能及用法；作业顺序及步骤；作业开始时的清点与检查要求；整理工具与物品，整顿并保持现场清洁；发生海事时的应急措施与如何避免发生伤害；应知的其他安全内容。

表 4-2-2-1　四阶段安全教育法

阶段		要领和注意事项
第一阶段	进行学习准备	①放松紧张情绪； ②讲清做何作业； ③明确应掌握的程度和要求； ④保持其掌握作业的自信心； ⑤使之正确就位
第二阶段	作业说明	①讲解、示范和写出主要步骤； ②强调需掌握的关键； ③清晰、准确、耐心地示范； ④不超过实际理解能力
第三阶段	令其实际操作	①试操作之后纠正错误； ②令其边作业边加以说明； ③直到全搞懂为止
第四阶段	教学后的查验	①令其承担工作； ②不明白时即确定其为提问对象； ③再三抽查； ④让他们认真提出问题； ⑤逐渐减少指导
教练员的总结		教育对象未掌握的内容是否由于未教过？为何会出现这种情况？

表 4-2-2-2　四阶段安全作业法

阶段		查核要点
第一阶段	作业之前	①身体情况是否良好； ②着装是否符合要求； ③准备活动是否充分
第二阶段	作业准备	①工作内容是否充分领会和理解； ②工作步骤及准备是否已就绪； ③作业现场是否很好地清理和整顿过； ④机械、器具及工具、材料是否清点检查； ⑤有关规则及注意事项是否充分了解； ⑥安全装置是否安全正常
第三阶段	作业之中	①作业方法是否符合规定要求； ②是否充分掌握周围的情况； ③已有护具是否正确使用； ④工具的使用方法是否正确； ⑤作业位置和知识是否正确； ⑥共同作业中联系如何，步调是否一致

续表

阶段		查核要点
第四阶段	作业之后	①用完的工具、器具检查保养后是否存放于规定位置； ②现场是否良好地进行清理和整顿过； ③有无麻痹大意、疏忽松懈现象； ④机械器具出现异常、工具不良或损坏是否已立即向上级报告； ⑤逐渐减少指导
教练员的总结		教育对象未掌握的内容是否由于未教过？为何会出现这种情况？

4. 日常安全教育的手段

日常安全教育的手段灵活多样，按活动形式有安全活动日、班前班后会、安全会议、广播、电视、录像、事故现场会、展览会等；按组织形式有集体教育、个人教育等；按对象划分有新人上岗教育，在职船员教育，新技术教育(采用新技术、新型船舶、新型设备操作)，工作变动教育(换岗、调岗)，航前、航中、航后的现场教育等。

安全教育的方法主要有授课、集体讨论、会议、事例研究、角色演练法、实战操作训练、个别谈话或帮带等。

对于船员，除了课堂讲课外，现场安全教育是一种有效的安全技能训练方法。表4-2-2-1所示的四阶段安全教育法，则特别适合于新船员安全和职业技能教育。表4-2-2-2所示的四阶段安全作业法，既是通用性的安全作业程序，又是一种将安全教育和安全作业紧密结合于一体的安全教育和作业方式。该方法适用于参加作业的全体新老船员。认真遵循该方法，能有效地养成和巩固船员的安全操作意识、知识和技能，有效地减少人为因素造成的操作事故。

任务3 熟悉船舶的安全性评估方法

"安全第一，预防为主"是安全管理的最基本的方针。就船舶营运而言，安全始终是一项十分重要的工作。安全工作必须定期进行研究，经常督促检查，反复抓好落实。船舶领导在布置运输生产任务的同时应布置安全工作，当安全与船期或其他操作事项发生矛盾时，应将安全摆在首位，并结合运输生产的实际，重点做好各类事故的预防工作。在不断总结经验的基础上，吸取以往事故的教训，针对船舶可能发生的安全问题，通过对船舶内在的诸因素和外部环境变化的深入分析评估，从而采取及时的、积极的、有效的预防措施。

船舶安全性评估的通常方法：

(1)事故苗子和潜在危害的识别；

(2)危害性判断和评价；

(3)检测危害的方法和途径的选择；

(4)及时采取有效的控制措施。

事故苗子和潜在危害的识别是正确评估和采取有效措施的基础。识别的灵敏性直接与船员个体的安全意识、知识水准和责任心有关。事实上，任何一项事故的发生都会有一定的前兆,尤其是人为因素造成的海上事故,其前兆是十分明显的。例如,1994年客滚海船"爱沙尼亚号"进水沉没,造成900多人死亡的重大海难事故。事故的直接原因是船首门掉入海中,海水长驱直入,造成该船快速沉没。究其更深的原因是忽视正规的检查和维护,船首门已明显存在隐患却没有进行及时的修复,再加之对海上风暴环境估计不足。这是一个十分惨痛的教训。

总之,对事故苗子和潜在危害的正确判断和评价是有效控制事故的重要途径。首先,从船舶自身诸因素进行评价,通过全面分析隐患及其各因素的相互关系,抓住隐患的根本原因。

同时不可忽略环境因素和船舶操作的特殊性,不充分考虑环境因素的变化往往是事故的直接原因。因此,必须对环境因素有一个充分的认识和估计,例如,较高的通航密度、恶劣天气和海况、自然水文条件的非常规变化以及区域政治变化等。

只有对事故苗子和潜在隐患做出正确而及时的判断和评价,才能采取积极有效的控制措施。长期以来,航海人员已总结出许多十分有效的控制事故的办法和应急措施,这将有助于当事的船员选择必要而合理的措施。对新船员来说,首先是认真学习各项安全管理的规章制度与安全操作规程,熟练地掌握各项操作的要领,并且虚心向同行学习,使自己掌握良好的安全操作技能。

任务4　熟悉船舶安全营运系统中的管理控制

一、船旗国监督

船旗国政府是公约所定义的主管机关(Administration),是IMO实现海上安全目标的关键环节。我国法律授权中华人民共和国海事局为我国沿海水域交通安全和防止船舶污染损害的主管机关。我国船舶检验局主管中国籍海船的法定检验,具体的检验事务则授权中国船级社(China Classification Society,CCS)进行。

船级社从事民间商业性质的船级检验和公证检验,对通过船级检验,确认船体和机械的技术状况符合该社的入级与建造规范的船舶签发相应的船舶入级证书。中国船级社是国际船级社协会(International Association of Classification Society,IACS)的会员。

船公司是指船舶所有人、经营人和管理人。船公司是"人—机—环境—管理(控制)"系统中"管理"要素的重要组成部分。"海上事故的80%与人为因素有关",这是国际海事界公认的统计分析结论。人为因素责任主要在于船公司的岸上管理和船上管理。船公司在其范围内,直接把握人、机、环境三大要素的宏观控制。人员如何选择、培训和调配,船舶如何使用、维护和修理,航线怎么设定,对于恶劣环境鼓励规避还是冒险等,都取决于船公司,因而船公司是船舶安全管理的重要环节。重视船公司的安全管理已成为国际海事界控制海上事故的重要途径。船公司组织类型较多,图4-2-4-1是船公司的基本组织框架,其组织服从能级原则,即高层决策部门经理组织本部门工作,操作人员执行。船公司应有整套的管理规章,使各项事务构成"布置—指导—执行—反馈—监控—改进"的闭环。船公司安全管理的风险,在于船公司直接关系着人、机、环境、船公司的安全管理机制和岸船人员素质。不完善的管理体系难以产生完善的管理,而最好的制度也必须依靠人的执行才能见效。因此,岸上人员的安全素质、业务水平、激励意识和管理水平直接关系着船舶的安全。

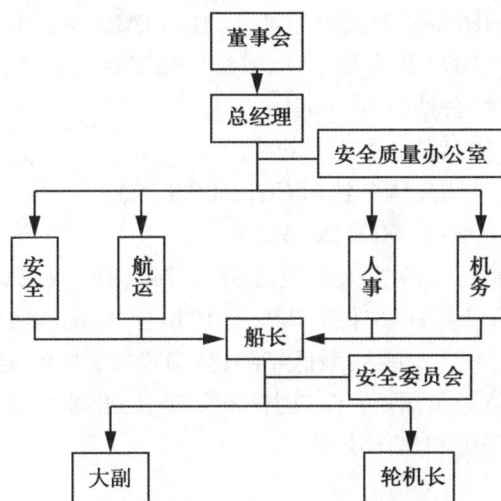

图 4-2-4-1　船公司的基本组织框架

　　船舶是船舶安全管理的终端,处在安全和防污染的第一线,任何的管理和操作失误都可能产生严重的后果。

二、港口国监督

(一)产生背景

　　国际海事组织在过去几十年中制订了一系列的国际公约以规范船舶的建造和营运,尤其是在海上安全和海洋环境保护方面做出了十分严格的强制性规定。各船旗国作为 IMO 公约的缔约国,对悬挂其旗帜的船舶执行监督管理,即船旗国监督(FSI),又称船旗国管理。

　　然而,由于国情、现实条件和主观努力上的差异,使得国际公约的履约很不一致,而且,海上事故仍然不断出现。因此,有必要建立船旗国之间的国际监督与控制的机制。许多 IMO 公约赋予缔约国政府以一定的权利,让它们可以检查停靠其港口的外国船舶,以确认这些船舶的技术状况及管理水平是否完全符合和达到公约的要求,即港口国监督(PSC),亦称港口国监控、港口国管理或港口国检查。

　　就 IMO 和船旗国对海上安全和海洋环境保护方面发挥的作用而言,港口国监督是实施国际海事标准的重要外部力量,它是通过检查到港的船舶来促进国际海事标准的执行。所以港口国监督是继船旗国监督之后形成的保障海上安全和防止海洋污染的第二道防线。

(二)港口国监督程序及内容

　　港口国监督具有详尽而严格的法律依据、实施的工作程序、工作的基本原则。

1.港口国监督的依据

　　开展港口国监督的依据主要是 IMO 和 ILO 制定并经修正的有关国际公约、规则,主要包括:

（1）《1974 年国际海上人命安全公约及其修正案》（SOLAS 74）；

（2）《1973/1978 年国际防止船舶造成污染公约》（MARPOL 73/78）；

（3）《经 2010 年修订的 1978 年海员培训、发证和值班标准国际公约》（STCW 78/10）；

（4）《1966 年国际载重线公约》（LL 66）；

（5）《1969 年国际吨位丈量公约》（ITC 69）；

（6）《1972 年国际海上避碰规则公约》（COLREGS 72）；

（7）《2006 年海事劳工公约》（MLC 2006）。

1995 年 11 月 23 日 IMO 第 19 次大会通过的 A.787（19）决议，即《港口国监督程序》，已成为各港口国进行 PSC 检查的基准文件。ILO 于 1990 年出版的"船舶劳动条件检查：程序导则"，列出了 12 个 PSC 检查项目，包括：最低年龄；体格检查；协议（合同）条款；职业培训；高级船员适任证书；食品和给养；船员居所；工作时间和配员；防止职业事故；患病和受伤福利；船员遣返；结社自由，组织权利保护和集体谈判等。

2. 港口国监督项目

根据上述公约要求，PSC 检查项目通常包括：船舶证书、文件和手册；船体、机器和设备状态；有关机器、设备和仪器使用及操作要求；船员配备、劳动及生活条件。而港口国监督特别关注的检验项目主要集中在下述几个方面：

（1）客船、滚装船和散货船；

（2）首次到达，或经 12 个月之后再次抵达本备忘录的成员方港口；

（3）滞留率高于 3 年平均值的船旗国的船舶（该类国家在本备忘录的年报中公布）；

（4）未按期消除 PSC 发现的缺陷的船舶；

（5）引航员或港口当局报告存在危及航行安全的缺陷的船舶；

（6）载运危险货物或污染货物而未向有关港口和沿岸国家当局报告有关船舶资料、船舶动态及所装危险/污染货物资料的船舶；

（7）前 3 个月内因安全原因已被中止船级的船舶。

3. 港口国监督程序

一般地说，检查官在船长或其指定的负责人陪同下，对船舶进行初步检查或更详细的检查。

初步检查是涉及船舶有关证书和其他文件的有效性以及船舶及其设备或船员的总体状况的检查。如果船舶未携带有效证书；或者检查官对船舶的总体印象或观察，有明显理由认为船舶或设备的状况与证书的细节有重大不符；或者船长、船员不熟悉船上主要操作程序，应进行更详细的检查。

更详细的检查可以覆盖船舶全部构件、设备和操作的极为详细的检查。在进行详细检查时，港口当局要通知船长或代表、船旗国领事、代表船旗国签发有关证书的船级社和船舶代理。除传统的常规检查外，现在还引入了集中大检查的方式，即在一段时间内，对某一设备或某项操作进行专门的详细检查。

检查官检查的重点在于确保船舶实际符合国际海上安全和防止污染的要求，并保持了与船员的福利、健康和安全有关的可行标准。不少船舶因被发现存在重大缺陷而被警告、限期解决或被滞留。被滞留的船舶不仅要承担船期损失和高昂的修船费，还会使船舶、船公司、船旗国、船级社因被列入"黑名单"而导致名誉损失。

1997年4月1日实施的新的巴黎备忘录规定,对到港船舶执行ILO《2006年海事劳工公约》的情况实施检查,而不考虑船旗国是不是该公约的缔约国。并明确可以滞留下述船舶:没有充足的食品和饮用水航行到下一港口;船上太脏;船舶在气温过低的海域营运时居住处所无供暖;在通道/居住处所存在过量的垃圾、设备或货物的阻碍或其他不安全的状况。其他PSC组织也已将船舶执行ILO《2006年海事劳工公约》的情况列为PSC的相关文件,以保护船员的职业健康和防止事故的发生。

(三)港口国监督组织

港口国监督组织是由1978年挂巴拿马旗的油船"阿莫科·卡迪兹号"的触礁事故而产生的。当时,该事故引起了欧洲公众与政界的极大震动,1982年1月通过了有14个欧洲国家签署的巴黎谅解备忘录(Paris MOU)。该备忘录于1982年7月1日开始生效。该备忘录现有18个成员方。

由于"巴黎备忘录"组织在防止和减少低标准船继续航行方面成效显著,IMO在1991年召开的第17次大会上通过了关于"在船舶排放和控制方面加强地区合作"的决议。该决议要求全球各地区建立与"巴黎备忘录"相类似的PSC备忘录组织,并且要求各备忘录组织成员方及实施PSC的其他国家应做出安排,相互合作,从而建立全球性的PSC网络。

目前,地区性PSC组织包括:巴黎备忘录(1982年7月1日)、拉美PSC协定(1992年11月5日)、亚太地区PSC谅解备忘录(东京备忘录)(1993年12月2日)、加勒比地区PSC谅解备忘录(1996年2月9日)、地中海地区PSC谅解备忘录(1997年7月11日)、印度洋地区PSC谅解备忘录(1998年6月5日)、中西非地区PSC谅解备忘录(1997年10月22日)、黑海地区PSC谅解备忘录(2000年4月7日)和利雅得备忘录(2005年签署)。我国是亚太地区PSC谅解备忘录的成员方之一。美国则由其海岸警卫队独立实施检查。

三、《国际安全管理规则》概要

在借鉴国际标准组织的ISO 9000标准(国际通行的质量保证的过程控制原理)的基础上,1993年国际海事组织第十八届大会通过了《国际船舶安全营运和防止污染管理规则》(International Management Code for the Safe Operations of Ships and for Pollution Prevention, ISM Code,简称《国际安全管理规则》)的第A.741(18)号决议。1994年5月,国际海事组织《国际海上人命安全公约》(SOLAS公约)缔约国大会通过了SOLAS第IX章"船舶安全营运管理",使该规则成为强制性规则,即SOLAS公约缔约国负有履行该规则的义务。SOLAS公约由侧重技术的公约变成"技术加安全管理"的公约。

按照《国际海上人命安全公约》第IX章规定,包括载客高速艇在内的客船、500总吨及以上的油船、化学品船、气体运输船和散货船,以及载货高速艇,应不迟于1998年7月1日满足《国际安全管理规则》的要求,500总吨及以上的其他货船和移动式近海钻井装置,应不迟于2002年7月1日满足该规则的要求;上述船舶及管理公司应分别在上述日期前取得"安全管理证书"和"符合证明",否则,这些船舶将不可从事国际海上货物运输。SOLAS公约的缔约国,负有履行该公约的义务。

我国交通运输部授权中国船级社为实施《国际安全管理规则》的船舶发证机构。交通运输部海事局负责对发证工作实施监督。交通运输部发放船公司符合证明。

ISM 规则与 IMO 以往的强制性文件有明显的不同。IMO 以前的强制性文件都是针对船舶构造、船舶设备和船员的技术性的要求或标准做出的,而 ISM 规则却是要求负责船舶营运的公司和其所营运的船舶建立起一套科学、系统和程序化的安全管理体系,并要求船旗国主管机关对公司和船舶的安全管理体系进行审核和发证。从性质上区分,以前的强制性文件偏重"硬件"管理;而 ISM 规则偏重"软件"管理,主要对公司涉及船舶安全和防止污染管理的船岸人员的责任、权力和各种工作程序提出要求。

(一)安全管理的目标和内容

安全管理的根本目标是保证海上安全,防止人员伤亡,避免对环境,尤其是海洋环境造成危害以及对财产造成损失。《国际安全管理规则》对这一目标的实现,提出了更为明确的要求:第一,提供船舶营运的安全做法和工作环境;第二,针对已认定的所有风险,制定防范措施;第三,不断提高岸上及船上人员的安全管理技能,包括安全及环境保护方面的应急准备。

为了有效地实现上述三项具体的安全管理目标,必须确定相应的安全管理内容。

1. 预防——营造安全营运的环境

(1)提供船舶安全操作和营运的内外部环境;

(2)合格的资源配备,包括健康、适任和安全意识强的船员、岸上管理人员;

(3)高效、合理的管理机构和安全管理体系。

2. 预控——有效的防范措施

(1)日常安全管理和操作的规范程序;

(2)安全管理体系正常运作的保证,包括日常监控手段、管理体制的更新和规章制度的修订。

3. 预案——完善的应急措施

(1)定期的隐患和不符合规定情况的检查和评估;

(2)详细而有效的应急方案。

综上所述,安全管理内容的涉及面广泛,它不仅与航务管理、设备管理、调度指挥和人事管理等有直接关系,而且涉及业务支撑系统。但是,最关键的是人为因素。因此,企业安全管理的核心是人的思想教育和行为管理。

(二)实施《国际安全管理规则》的关键是建立安全管理机制

实施《国际安全管理规则》的实质是建立船公司的安全管理体系(SMS),而这个体系的建立是形成安全管理新机制的基本保证,如图 4-2-4-2 所示。安全营运机制、激励机制、自我调整机制和监督反馈机制的有机组合形成一个安全管理的闭合系统,这个安全管理的闭合系统是由三个子系统作为基本的支撑:组织机构体系、规章制度体系和监督保障体系。

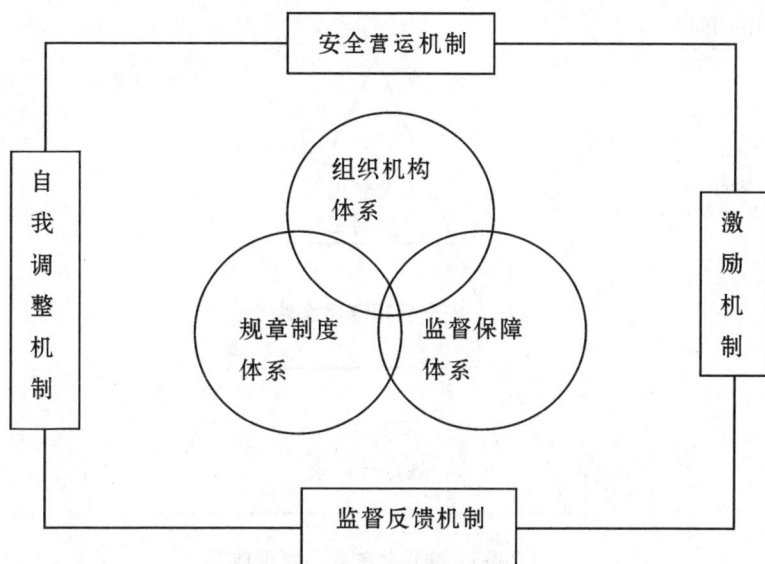

图 4-2-4-2 船公司的安全管理体系

《国际安全管理规则》对 SMS 规定了六个方面的功能：

（1）安全和环境保护方针；

（2）确保船舶的安全营运和环境保护符合国际和船旗国有关立法的须知和程序；

（3）船、岸人员的权限和相互间的联系渠道；

（4）事故和不符合规定情况的报告程序；

（5）对紧急情况的准备和响应程序；以及

（6）内部评审和管理复查程序。

事实上，如果一个船公司建立起来的安全管理体系不仅具备上述六项基本功能，而且能够正常运行，安全管理的新机制也就形成了。归纳而言，安全管理新机制是由三个体系为基础的四个运作机制所组成的。

（三）文件化的安全管理体系

ISM 规则吸收了许多领域先进的管理经验，特别是吸收了 ISO 9000 族标准质量管理和质量保证的思想，提供了一个世界通用的、科学的管理标准。它的核心是要求船公司和船舶建立起文件化的安全管理体系，并按这个体系的要求有效地营运。

一般地说，安全管理体系文件分为三个层次：安全管理手册、安全管理程序文件和安全工作规范与记录，如图 4-2-4-3 所示。

（1）安全管理手册是公司建立和实施安全管理体系的内部法规性文件，是公司整个安全管理体系的纲要。它通过正式公布公司的安全和环境保护方针、目标、职责、措施等一系列规定，明确了各项安全管理活动。

（2）安全管理程序文件是在安全管理手册的基础上，把公司的各项安全管理活动进行分解，通过工作流程及其具体操作要求的规定落实到各部门各工作岗位，以使安全工作职责分明，任务落实，工作有效。

（3）安全工作规范与记录是安全管理体系的最基本的支持文件，它是各项规章制度、操作手册和安全记录的汇集。

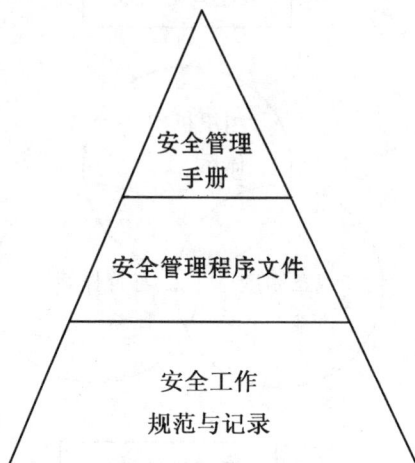

图 4-2-4-3　文件化的安全管理体系

　　总而言之,执行安全管理体系的各项规定不仅是每个船员的基本职责,也是船舶营运中安全文化的主要体现。即不仅是保证船舶运输生产安全的基本保障,也是船员能够安全、舒适、高效地从事一切活动的基本保障。

任务5　掌握事故案例的系统要素分析法

一、事故分析的简易方法

　　分析事故或考察事物的安全性,最简易的方法是分析和考察其静态状态和动态表现。对机器和物器应考察其质量是否合格,是否具备工作条件,运转状况是否符合设计技术指标。对船员应考察其是否具备适任资格,工作条件和环境是否适当,操作是否符合安全作业规程和方法;在人、机(物)、环境共处的情况下,相互间是否和谐相处等。

　　对于人身伤亡事故,船员应牢记1∶29∶300违章作业事故统计比例。对于保养不善的老龄船舶,机(物)的安全条件已大量丧失,即使有良好的船员条件,也难以使船员的健康和生命摆脱过高的风险。

　　为了全面和直观地查找事故原因,可使用系统要素分析方法,如图 4-2-5-1 所示。该图由代表人、机、环境、管理的四个要素的区域组成。查找原因的步骤如下:

　　(1)将同时涉及人、机、环境要素的原因填入 d 区;

　　(2)将同时涉及人、机要素的原因填入 a 区;

　　(3)将同时涉及人、环境要素的原因填入 b 区;

　　(4)将同时涉及机、环境要素的原因填入 c 区;

　　(5)将仅涉及人要素的原因填入"人"区域;

　　(6)将仅涉及机要素的原因填入"机"区域;

（7）将仅涉及环境要素的原因填入"环境"区；

（8）复核各区域有无遗漏的原因；

（9）针对每一原因，查找船上管理原因和公司管理原因，分别填入"管理"区域；

（10）根据事故原因，分析纠正措施和管理预防措施。

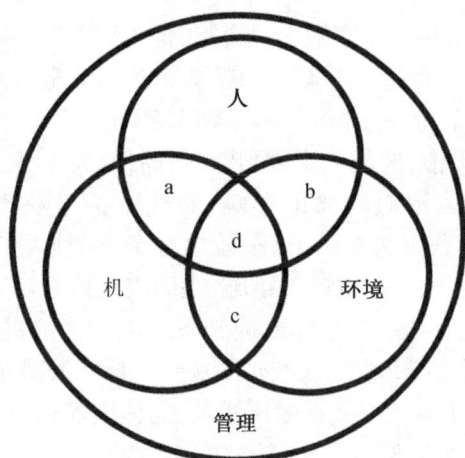

图 4-2-5-1　系统要素分析方法

系统要素分析方法的优点在于能有效地避免事故原因的遗漏，避免片面强调船员责任，有利于从管理角度采取预防措施，预防同类事故的再次发生。

二、案例分析举例——"大舜"轮火灾沉没事故分析

（一）事故概要

1999 年 11 月 24 日，山东航运集团有限公司控股企业——烟大汽车轮渡股份有限公司（以下简称"烟大公司"）所属客滚船"大舜"轮，从烟台驶往大连途中在烟台附近海域倾覆。船上 304 人（40 名船员、264 旅客）中 22 人（5 名船员、17 名旅客）获救，包括船长、大副和轮机长等船上主要船员在内共 282 人遇难，直接经济损失约 6 000 万元。

（二）事故经过

烟大公司为一股份制企业，成立于 1998 年 1 月 11 日。经营烟台至大连航线的客滚运输，由山东航运集团有限公司控股。集团公司直属山东省交通厅，对烟大公司按直属企业实施管理。烟大公司设总经理、副总经理、海监室等岗位和职能机构。领导班子无一人懂船舶驾驶，主管安全和海务监督业务的海监室编制 3 人，该室主任长期空缺，副主任和监督员无客滚船舶的驾驶资历。

"大舜"轮是烟大汽车轮渡股份有限公司 9 条客滚船中的一艘。"大舜"轮总吨 9 843，净吨 5 118，载重吨 2 888 t；总长 126.23 m，设计航速 18.5 kn，乘客定额 520 人。1983 年 4 月 20日，"大舜"轮在日本内海由株式会社建造。

"大舜"轮船员证书和船员适任证书齐全有效。

1999 年 11 月 24 日 1320 时,"大舜"轮船员到山东省烟台海监局签证,监督科对"大舜"轮出港签证进行现场检查后予以放行。该轮载旅客 264 人(检票数 262 人,另有 2 名未购船票的儿童),船员 40 人,各种车辆 61 台,载重 1 722.12 t(未超载),自烟台开往大连。

当天 1100 时烟台气象台寒潮警报:"受西伯利亚一股较强冷空气影响,北到东北风,烟台沿海海面、渤海海峡逐渐增强到 7~8 级,阵风 9 级。冷空气前峰过后,气温将明显下降 10 ℃。"11 月 24 日上午,公司收到了寒潮大风警报,但未调整"大舜"轮当天的航次任务。

1341 时,"大舜"轮驶过烟台港 6 号灯浮,船长令主机定速后离开驾驶台,由二副指挥出港。1345 时,左舷正横小山子岛,定向 018°,航速 15.5 kn。

1500 时,风力 7~8 级,大浪,船舶发生剧烈颤抖,船长、大副、轮机长等先后上驾驶台。

1503 时,为缓解和减轻风浪对船体的影响,船长令备车减速,将定速改为港内前进三(12 kn 左右)。几分钟后,值班乘警报告:汽车舱内有车辆碰撞,车辆可能移动。船长没有派人下去查看车辆的移位情况,也未采取其他措施,当即决定掉头返航,回烟台港避风。

1520 时,风向西北,风力 8 级,浪高 5 m,船长下令减速为前进二(10 kn 左右),并向右转向掉头。因船位已偏原计划航线东侧,加之向右掉头后船位更明显偏东,为驶回烟台港,船长又逐步调整航向至 220°,致使船舶更接近横风横浪,船体横摇达 30°,水手操舵十分困难,舱内车辆移位、碰撞加剧,船体出现左倾,船长令施放防摇装置。

1621 时,船位在小山子岛东北约 10 n mile,驾驶台烟雾报警系统报警:D 甲板(从上数第四层)汽车舱 6 区、7 区起火。船长令大副、二副组织人员灭火。二副打开汽车舱侧门,发现舱内浓烟滚滚,在没有探明火情的情况下,就立即关闭舱门,并通知驾驶台开启水雾系统灭火。同时,轮机长、大副带人去关闭汽车舱通风筒,但尾部一通风筒没能关闭。

1630 时,船长通过单边带电话向烟大公司调度室报告险情并请求救助;二副与水手使用 4 支消防水枪冲水冷却 C 甲板(从上数第三层);服务员组织旅客穿救生衣并在救生艇甲板集合。后来,D 甲板火势蔓延至上一层的 C 甲板,C 甲板压力水雾灭火系统亦被开启。烟大公司将"大舜"轮险情通报山东省烟台港航监督和山东省海上搜救中心烟台分部。之后,烟大公司派本公司的"齐鲁"轮、"兴鲁"轮(均为空载客滚船)前往救助,但由于风浪太大,两船均未能抵达现场。

1635 时,左舵机失灵,20 min 后右舵机失灵。通往舵机间的通道被大火封堵,无法启用应急舵,船舶处于失控状态。

1645 时,交通部烟台海监局(现中华人民共和国烟台海事局)总值班室(本次搜救的临时指挥部)接烟大公司险情报告并立即报告中国海上搜救中心和山东省、烟台市有关领导;通知和组织协调烟台救捞局、烟台港务局和当地驻军等方面的船舶前往施救。出动参与施救的船舶有"烟救 13"(2 600 hp 拖船)等共 17 艘,除"烟救 13"和"岱江"两轮外,其他船舶均未能出港或未能抵达"大舜"轮遇险海域。

1725 时,根据烟大公司抛"活锚"的建议,船长为了减轻船舶横摇,令抛左锚 1 节(长度 27.5 m)入水。至船舶倾覆时止,平均以约 2.2 kn 的速度随风浪拖锚向岸边漂移。

1730 时,途经的空载杂货船"岱江"轮,受命抵达现场施救。因风浪太大,操纵困难,救助失败。此后该轮按照指挥部的命令,在"大舜"轮东侧 1 000 m 左右的海面上抛锚待命。1921 时,"烟救 13"轮抵达遇险现场并试图拖带,先后 5 次在下风舷接近"大舜"轮,4 次向"大舜"轮发射撇缆枪,"大舜"轮也 2 次向"烟救 13"轮发射撇缆枪,但都因风浪太大,带缆失败。此过程持续约 2 h。此后,根据指挥部的命令,"烟救 13"轮一直守候在"大舜"轮附近,伺机救援。

1930 时后,由于风大、浪高、天寒等原因,甲板上的旅客陆续回舱。此后,船上没有再组织人员到甲板集中。2045 时,在同一海域遇险的"银河公主"轮观测:风向偏北,风力 9～10 级,阵风 11 级,狂浪。2130 时,"大舜"轮火势加大而无法控制,并引燃 B 甲板(载客甲板,从上数第二层)的被服仓库。2300 时,"大舜"轮消防水枪因停泵打不出水。同时船体左倾加剧。

2338 时,船体左倾加剧到 90°,并突然倾覆,倒扣在离烟台市牟平姜格庄云溪村海岸 1.5 n mile 处,船底露出水面,首向 320°,船位 37°28.5′N,121°47.6′E,当时水深约 21 m(含潮高 4 m)。

(三)事故原因

1. 气象、海况恶劣是这起事故的客观原因和重要原因

受西伯利亚强冷空气影响,烟台市从 24 日中午开始,偏北风逐渐增大到 7～8 级,约 1700 时后风速急剧增大,阵风 10 级;气温从 24 日 1400 时 8.2 ℃降至 25 日 0800 时零下 1.3 ℃,下降约 10 ℃。当日正值阴历十七,2300 时为天文大潮高潮潮时,实际潮高 4.09 m,比预报的 2.48 m 高 1.61 m。受风浪和大潮影响,沿岸雕塑倒塌,路边石条等严重移位。事故附近海域不受遮蔽,实际风力和浪高更大,异常超出预报,实测为偏北风 9～10 级,阵风 11 级,浪高 5.5～7.5 m。在寒潮降温、大风和大潮的共同作用下,24 日午后烟台沿海出现了 1991 年以来第二个最恶劣的天气、海况,致使"大舜"轮遇险,并给施救带来极大困难,直至船上大部分人员遇难。同时也使当日在渤海湾航行的客滚船"银河公主"和货船"漩达"等船舶遇险,"中鲁""工友""生生"等客滚船被迫返航或使航行时间大幅延长。

2. 船长决策失误,操纵不当是这起事故的主要原因

(1)"大舜"轮在开航前收到当天烟台气象台发布的寒潮警报,但是船长对这一季节性恶劣气候的形成和影响缺乏足够的认识和准备,盲目指挥船舶开航出港。离港后不到 2 h 遇大风大浪,认为难以抵御,又匆忙指挥船舶返航避风,导致掉头返航过程中,船舶大角度横摇,舱内车辆及其货物倾斜、翻倒、移位、碰撞,使汽车油箱内燃油外泄,汽车相互撞击摩擦产生的火花或汽车电源线短路打火引起火灾,进而导致舵机因通往舵机间的通道被大火封堵而无法启用,船舶失控。

(2)船长采取向右掉头措施,并企图返回烟台港,船舶掉头后因风压造成船位进一步大幅度向下风漂移;使该船处于只有采取接近横风横浪航行才能返回烟台港的困难和危险境地。

(3)船舶失火后,在没有探明火情的情况下,盲目打开 D 甲板压力水雾灭火系统,且未能关闭尾部的一个通风筒,影响了灭火效果。

(4)在灭火过程中,除打开所有高压水雾灭火系统外,还长时间使用 4 支消防水枪往船舱灌水,又因排水不畅,造成舱内大量积水,形成自由液面,船舶稳性被破坏。

(5)船长对船舶倾覆可能性及其严重后果估计不足,没有及时宣布弃船,也没有组织旅客重新回到甲板,致使船舶倾覆时多数旅客被扣在舱内。

3. 车辆超载、系固不良是这起事故的重要原因

(1)"大舜"轮所载车辆中,经核实的 34 辆货车的总额定载重为 225.5 t,实载 487.6 t,为额定载重量的 2.16 倍,其中 33 辆载货车超载。

（2）经对打捞起的"大舜"轮沉船进行验证:C甲板汽车舱内甲板地铃350个,其中327个完好无损,14个受外力切割,9个变形,舱内所载14辆汽车无系固痕迹,前舱右侧舱壁两旁系固索具排列整齐;D甲板汽车舱内甲板地铃357个,其中325个完好无损,30个地铃无铃无环,2个变形,舱内47辆汽车无系固痕迹。由于C、D甲板汽车舱所载车辆没有有效系固,造成车辆及货物因船舶大角度操纵和大风浪航行颠簸、摇摆而发生倾斜、移位、碰撞,进而引发火灾,导致舵机失灵、船舶失控。

思考题

1. 试简述船上组织系统和人员职责。
2. 船员日常安全教育和培训包括哪些主要内容?
3. 通常采取哪些形式对船员进行安全教育?
4. 公司安全管理的目标是什么?
5. 安全管理的内容包括哪些?
6. 根据ISM规则建立的安全管理体系的基本功能是什么?
7. 港口国监督检查的依据、程序及内容是什么?

讨论题

运用"系统要素分析法"对"大舜"轮失事案例进行分析,分别指出"人、机、环境、管理"四要素中的原因并总结经验教训。

项目三　船舶应急应变知识和程序

【知识目标】

1. 了解常见的应急种类、程序和行动,包括碰撞应急、火灾应急、进水应急等;

2. 掌握船舶应变部署和应急计划的知识;

3. 掌握个人安全设备的正确使用;

4. 掌握听到警报信号后的行动;

5. 掌握逃生路线、船上内部应急通信与报警系统。

【能力目标】

1. 能够准确查阅应变部署表和应变任务卡,从而确定应急岗位和职责;

2. 能够准确运用警报系统迅速、完整、清晰地发送警报;

3. 发觉紧急情况后,能够按照应急反应程序及时采取适当最初应急行动;

4. 能开展火灾应急、碰撞应急、进水与沉没应急的演示。

【内容摘要】

　　船舶一旦临近事故状态或进入事故状态,就必须紧急抢救——应急反应。应急是使海上人命财产和海洋环境摆脱或远离事故危险,恢复安全状态的活动过程。应急的成败直接关系着人命财产损失和环境损害的程度,所以应急必须是迅速的和有效的。

　　成功的应急依赖于训练有素的人员,完备的应急设施和器材,高效率的应急预案(船舶应变部署表/船舶各类应急计划),正确的指挥和良好的群体协同。

　　在海上,船舶是船员和旅客最好的生存基地,用救生艇筏和水中漂浮求生是在万不得已时的选择,因此船舶发生危险和紧急情况时,船上人员应竭尽全力应急,使船舶脱离危险,以保全自身的生存空间,直至船舶恢复安全状态或船长宣布弃船。

任务 1　掌握船舶应变部署的基本知识

　　ISM 规则要求航运公司针对已认定的所有风险制定防范措施,不断提高船上人员的安全管理技能,包括安全及环境保护方面的应急准备。各航运公司依据 ISM 规则建立的安全管理体系,要求建立、实施并保持对紧急情况的准备和反应程序。

由于船舶所处的环境复杂多变,随时都有可能发生各种危及船舶和人命安全的紧急情况。为了避免造成严重后果,把损失减少到最低程度,每艘船舶都应该根据人员状况、本船设备和情况,编制应急预案(Emergency Plan)。其主要作用是明确了每个船员在紧急情况下应到达的岗位及执行的任务,并通过定期进行训练及应变演习,使实施预定方案变成船员的本能,从而在发生紧急情况时船员能够迅速协同抢救,正确熟练地使用各种应急设备,有效地控制局面。

一、应变部署表/应急计划的基本内容

船舶应变部署一般包含救生(包括弃船求生和人落水救助)、消防、堵漏、综合应变及防污染等紧急情况。SOLAS 公约将同时包含弃船救生和消防的应急行动预案称作应变部署表(Muster List)(见附录);应变部署表中应写明分派给每一名船员的任务(参见海上个人求生部分项目三任务 2),写明通用紧急报警信号的细则,并应规定发出警报时船员和旅客必须采取的行动。

二、应变部署表/应急计划的编制与公布要求

(一)编制

应变部署表由大副具体负责,船长总负责。三副根据大副的部署意图,于船舶开航前编排应变部署表,经大副审核,船长批准签署后公布实施。

我国规定,中国籍 200 总吨及以上的运输船舶,都必须配备我国海事主管机关认可的统一印制的货船或客船应变部署表。SOLAS 公约规定,客船用的船舶应变部署表的格式应该经主管机关认可。属于国际安全管理(ISM)规则要求的安全管理体系(SMS)中的应急计划,如"船上油污应急计划"等需经主管机关的审核。其他的船舶应急计划均由公司根据各自情况安排编制。

(二)船员应急职责分配

编制应变部署表/应急计划时,船员具体职责的分配应遵循下述原则:
(1)关键部位、关键动作派得力人员;
(2)根据本船情况,可以一人多职或一职多人;
(3)人员编制应最有利于应变任务的完成。

(三)公布

应变部署表应张贴或用镜框配挂在驾驶台、机舱、餐厅和生活区内走廊的主要部位;在其附近,还应有本船消防器材布置示意图。为了使应变中各级负责人熟悉所领导的人员及其分工,应将部署表中各编队(组)分别抄录发给各艇(队、组)长。

在客船上,还应当绘制出本船各层安全通道的路线图,图上应标明各梯口、出入口和各登艇点的位置及走向,张贴在旅客生活区各部位(包括休息室、餐厅、主要走廊、重点舱室和其他

旅客活动场所)。在此附近和每个客房内均应挂有有救生衣穿法的示意图,同时在备用救生衣站(柜或箱)处应标有醒目标志。走廊内每隔适当距离,应标有指明通道走向的箭头标志并注明去向。在旅客舱室内,应张贴用适当文字书写的图解和应变须知、发生紧急情况时旅客的集合地点、应变时必须采取的行动以及救生衣的穿着方法等。

应急计划在船上的公布和存放,应遵照公约、船旗国规定及公司要求中的最高标准执行。

(四)个人应变任务卡

每个船员应有一份应变时的须知。在床位附近都应有一张应变任务卡(俗称床头卡,详见海上个人求生部分表 1-3-2-1)。

三、警报和船内应急通信

作为一名船员,应了解船上应急警报系统以及熟悉各种形式的警报信号,并且在听到紧急警报后,能迅速而有效地做出应急反应。

(一)船舶警报信号识别

船舶通常使用的警报信号有以下 6 种,当船舶遇到紧急情况时,值班人员或现场发现人员可用报警器或气笛发出各类警报信号,必要时还可辅以有线广播。

消防:警铃和气笛短声,连放 1 min;为了指明火警部位,在消防警报信号之后,鸣一长声表示前部,二长声表示中部,三长声表示后部,四长声表示机舱,五长声表示上层建筑甲板,即"一前、二中、三后、四机舱、五上甲板"。

救生(弃船及召集旅客):警铃和气笛七短一长声,连放 1 min;

堵漏:警铃和气笛二长一短声,连放 1 min;

落水:警铃和气笛三长声,连放 1 min;

溢油:警铃和气笛一短二长一短声,连放 1 min;

解除警报:警铃和气笛一长声,持续 6 s 或口头宣布。

对于其他紧急情况的警报信号,船公司可根据情况具体规定。船员应通过培训和演习,熟悉这些警报信号及本人的相应职责。

(二)警报系统

船上应急警报系统按照作用区域有全船性警报系统和局部性报警系统;按照发送方式分为手动警报系统和自动警报系统。

1. 全船性警报系统

全船性警报系统通常挂接火灾自动警报系统、烟火探测自动警报系统、手动火警按钮和驾驶台警报器等。

感温式或感烟式火灾自动警报系统的探头遍布全船各处,通常装在舱室天花板上。切勿故意损坏或悬挂衣物,以免造成本室失火时不能自动报警而危及人命,妨碍全船的及时施救。

手动火警按钮用途十分广泛,除主要用作火灾报警外,当人员在遇到任何需要向全船报警的紧急情况时,能够方便地就地使用就近的火警按钮及时发出警报。手动火警按钮应遍布于起居处所、工作场所和控制站,并且每一通道出口都应装设。每层甲板的走廊内的手动火警按钮的间隔距离最多为 20 m。手动火警按钮均应封闭在墙壁上的玻璃盒罩内,旁边存放小型手锤等敲击器具。需要时,可不拘方式果断地击碎玻璃面罩,启动火警按钮。

驾驶台警报器,用于按约定的警报信号召集船员。

2. 局部性报警系统

机舱施放 CO_2 前的自动警报系统,用于通知机舱人员立即撤离;保安警报系统,该系统启动后,能激发并向主管机关指定的主管当局发送船对岸保安警报,而不向任何其他船舶发送船舶保安警报,也不在船上发出任何警报;主机、舵机、供电、锅炉等的故障自动报警系统,用于通知机舱值班人员修理和照料。

除上述的声光警报系统外,船上还使用气笛和有线广播报警。必要时,船钟、雾锣和口哨等均可用于报警。

(三)船内应急通信

用于船内应急通信的设备包括电话、有线对讲机、无线对讲机、话管,有线广播、报警系统用于单向传递应急信息。驾驶台还可以用车钟摇两次完车信号的方式通知机舱人员撤离。其中船内有线电话和有线对讲机是最有效的船内应急通信系统。

在主电源停止供电的情况下,只要船舶纵倾不超过 10° 和横倾不超过 22.5°,船上的应急电源便会向所有船内通信设备持续供电 18 h(客船 36 h)。无线对讲机便于在船内任何地点通信,但电池供电时间相对较短。

在全船失电或有线通信损坏的情况下,可用话管保持驾驶台与机舱和舵机间的通信。驾驶人员和轮机人员应清楚本船话管系统和使用方法。

所有的船内通信语言,必须使用工作语言。如果全体船员均为中国国籍但存在多种方言,则应使用普通话。如果船员来自不同的国家,则应使用船上工作语言,通常是使用英语。进行船内应急通信时,通话应简明扼要,关键语言应当重复;受话人员如有不清楚之处,应立即询问清楚,以免延误应急时机或错误操作。

船长和高级船员应通过应急演习,来考察船员的船内应急通信能力,并进行必要的应急用语培训和考核。

四、逃生路线和集合地点

(一)逃生路线

每艘船舶均应事先确定逃生路线,并在每一段路程的拐角处标有明显的引导标记符号。在重要场所,应多处公布该场所的逃生路线示意图,使所有人员都能了解在各种紧急情况下的逃生路径。

逃生路线的确定,应当根据本船特点,考虑火灾、船体破损/进水、严重横倾等可能的紧急情况。为了确保人员安全和便于抢救船舶,应确定多条逃生路线。每位船员应熟悉船上的逃生路线,并保持逃生路线在任何情况下的畅通和无障碍。居住或工作在某场所的人员,应对逃生路线是否畅通多加注意,一旦发现有妨碍撤离的故障或障碍物,应立即清除。

船方应通过培训和考核的形式使船员熟悉重要场所乃至全船的逃生路线。每位船员为了自身安全,应当主动掌握本人住舱及工作场所的逃生路线。

(二)集合地点

1. SOLAS 公约对集合地点的选择要求

SOLAS 公约对集合地点(Muster or Assembly Station)的规定,主要是供弃船使用。集合地点的选择应:

(1)设在容易从起居和工作场所到达的地方;

(2)靠近救生艇筏登乘地点;

(3)能容纳指定在该地点集合的所有人员,并且人均至少占地 0.35 m^2;

(4)通往集合与登乘地点的通道、梯道和出口应有至少 3 h 的应急照明;

(5)从脱险通道到集合地点,应用集合地点的符号引导和指明;

(6)应能将担架病人抬进救生艇筏。

2. 其他紧急情况下集合地点的选择

(1)设在容易从起居和工作场所到达的地方;

(2)便于采取应急行动处理紧急情况;

(3)有较宽敞的场地;

(4)有足够的照明;

(5)有利于人员安全。

该集合地点,可在应急计划中明确规定,或授权应急指挥临时确定并通知到全体船员。

3. 集合地点的引导和指示符号

图 4-3-1-1 为集合地点标识符号,其右边的英文字母表示集合地点的编号;图 4-3-1-2 为登乘站标识符号,右边数字表示登乘站编号;图 4-3-1-3 为方向指示符号,其左边应加上适当的标志符号;图 4-3-1-4 为紧急出口方向指示符号;图 4-3-1-5 为出口标识符号;图 4-3-1-6 为紧急出口标识符号。

图 4-3-1-1　集合地点　　　图 4-3-1-2　登乘站　　　图 4-3-1-3　方向指示

五、个人安全设备

应急用的个人安全设备,包括个人救生设备、消防员装备、紧急逃生呼吸装置(Emergency Escape Breathing Device,EEBD)以及可用于其他紧急情况的船员劳动防护用品。

图 4-3-1-4　紧急出口方向指示　　图 4-3-1-5　出口　　图 4-3-1-6　紧急出口

1. 个人救生设备

个人救生设备是指供个人使用的救生设备。货船和客船的个人救生设备包括救生衣、救生圈、救生服和抗暴露服,并在主管机关监督下按 SOLAS 公约规定配备。救生衣应存放在容易到达和取用之处,并有明显的标志显示存放位置。

个人救生设备的配备与基本要求参见"海上个人求生部分"。

2. 消防员装备

消防员装备包括防护服、消防靴和手套、防撞消防头盔、防爆手提电安全灯(至少照明3 h)、太平斧、防火安全绳、呼吸器、通信装备(详见第二部分"船舶防火与灭火"项目二任务 3)。

所有船舶至少应有 2 套消防员装备。此外,在客船每层旅客处所和服务处所甲板,每80 m 或其零数,应有 2 套消防员装备和 2 套个人配备(防护服、消防靴和手套、消防头盔、太平斧、安全灯)。

消防员装备或个人配备,应储存在易于到达之处并随时可用。如消防员装备和个人配备多于 1 套时,储存位置应尽量远离。客船上应在任一储存地点可获得 2 套消防员装备和 1 套个人配备。

3. 紧急逃生呼吸装置

所有船舶在居住处所内部至少要有 2 套紧急逃生呼吸装置(参见第二部分"船舶防火与灭火部分"图 2-2-4-1),客船上每一主竖区内至少要有 2 套紧急逃生呼吸装置。36 人以上的客船,还要求每一主竖区再配 2 套紧急逃生呼吸装置。所有船舶机舱处所内的紧急逃生呼吸装置应放在容易看见的地方,并且在发生火灾时能快速到达存放位置取用。消防控制图上要标出装置的数目和位置。

4. 可用于其他紧急情况的船员劳动防护用品

在其他应急情况下,如果没有法定的个人安全设备,可使用船员平时工作用的一些劳动防护用品作为个人安全设备。其通常包括安全帽、防护手套、防撞防滑工作鞋、防护眼镜、工作服、安全带等(详见本部分项目四任务 2)。

六、应变演习的相关规定

(1)货船每位船员每月应至少参加一次弃船演习和一次消防演习;若有 25% 以上的船员未参加本船上月的弃船演习和消防演习,则应在该船离港后 24 h 内举行该两项演习。

(2)客船每周应举行一次弃船演习和消防演习。

(3)堵漏(抗沉)演习每 3 个月举行一次。

（4）油污应急反应应定期进行演练，可以同船上其他演习合并进行。

（5）船舶保安培训操练和演习应至少每 3 个月进行一次。此外，如一次有 25% 的船员发生变更而这些人员在最近的 3 个月内没有参加过该船的演习则必须在发生变更的一个星期内进行这些演习。

任务 2　掌握听到紧急警报信号后的行动

船员在听到紧急警报信号后能否有效行动，取决于平时的应急培训和演习效果。因此，把应急计划的要求和目标变成船员的熟练行动，能够有效地保障应急的成功，从而保障船舶的完整和船上人命的安全。

一、确认警报

当船员一听到警报时，首先应立即弄清属于何种紧急情况。船员应当立刻打开房门，一边迅速穿着衣物、一边冷静地听完两组警报，若不是熟悉的消防、弃船、人落水、堵漏信号，则应当核查布置于床头墙壁上的应变任务卡。同时切忌以下三个问题：

（1）切忌没有弄清情况而盲目行动，导致延误宝贵时间和造成不必要的人身伤害；

（2）切忌不穿着衣物就行动，这在任何应急行动中都会造成人身伤害；

（3）切忌携带应急不需要的物品而妨碍行动，一些船员在弃船时因不舍钱财而延误撤离时机，来不及撤离而随船沉没。

二、迅速行动

当确认警报性质后，应立即确认自己的任务。若有任何疑问，应当核实自身在应变任务卡或应变部署表中的任务，避免失误，并在确认应急任务后，应立即携带规定器物加入应急行列。

听到警报信号后，船员必须在 2 min 内到达指定的集合地点。所有的警报确认、任务确认、着装、拿取规定器材和到达集合地点，都必须在 2 min 内快速优质完成。任何的拖延都会丧失最初的抢救时机，导致事态扩大而无法控制，甚至丧失撤离时机。

三、保障旅客和下属船员的安全

海上对象的应急优先权依次为：人命（旅客—船员）—船舶—海洋环境。一切抢救财产的行动，应在不严重危及人身安全的情况下进行。但抢救船舶，往往是保护人身安全的最好选择，不到万不得已时，不应放弃船舶这一最好的海上人员生存场所。无论何种应急情况，船员应优先确保旅客和下属船员的安全。

发生火灾时，船员应引导旅客撤离现场，并予以迅速灭火。弃船时，应按照先旅客、后船员、最后船长的顺序快速撤离。在海盗活动频繁区域，应防止海盗登船，但遇到武装海盗攻击时，国际社会建议船员和旅客放弃对抗，以避免伤亡。

客船弃船时，由指定船员负责保护和照顾旅客，主要工作包括：向旅客告警；查看旅客是否适当地穿好衣服,以及是否正确地穿好救生衣;在各个集合地点集合旅客;维持通道及梯道上的秩序,并控制旅客的动向;保证把毛毯送到救生艇上;应向旅客说明情况并安抚他们的情绪;指导旅客有秩序地登乘救生艇筏;清点旅客人数并确保所有旅客住舱无人。每位船员都应保持镇定,切忌向旅客流露出恐慌情绪;对发生暴力行为和失去自控能力的旅客应采取果断措施。

四、服从指挥,保持镇静

由于应急情况复杂多变,因此,需要船长、现场指挥和各队负责人在应急计划的基础上,根据事态发展灵活指挥。服从指挥能使全船的应急行动有条不紊地进行。服从指挥意味着全船人员形成一个坚强的整体,无论在何种情况下都能够给人以信念、力量和成效。若不服从指挥,就意味着有组织的团体瞬间土崩瓦解,致使恐慌情绪迅速蔓延,船员放弃救船努力,以至过早弃船,从而失去良好的海上生存和待救基地,使人员在救生艇筏和水中面临明显增大的死亡威胁。因此,在应变过程中,全体船员必须无条件服从并自觉维护统一指挥,只有这样才能有效地挽救船舶,继而保证人员的安全。对于不服从指挥的人和事,必须予以及时且有效地制止。

在任何应急情况下,保持沉着冷静是取得成功的必要条件,而恐慌只会让事态变得更加严重。恐慌是人对事物极度害怕和自认为无能为力时的心理和行为表现,它将瓦解人们的士气,使大脑过度紧张而严重妨碍正常的思维和行为能力,甚至会导致丧失理智,放弃争取客观存在的成功。如果人员具备把握应急情况的能力,就能避免对紧急情况的恐慌。所以,只要船员坚持不懈地积极接受应急培训和参加应急演习,对应急心中有数,就能够沉着冷静地判断和处理应急事宜。即使是面临生命绝境,也应牢记,生命会在恐慌和绝望的心理暗示下过早终结,只有冷静、安详和幸存的信念才能够延长生存和待救时间。

五、按应变部署表/应变计划步骤要求,采取正确的应急行动

应急部署表和应急计划是应急的行动规范,是对可能发生的紧急情况,根据以往的经验教训,结合本船的实际情况,在反复考虑的基础上确定的应急预案。在应急时,应始终以该预案为基础。在应急的初始阶段,应严格遵循应急预案,而后由指挥人员根据事态发展做适当的调整。

应变部署表和应急计划,通常作用是明确应急职能分工和应急程序框架,无法做到详细地描述所有的应急行动和应急操作。这时应在指挥人员的指挥下,灵活运用在应急培训和演习中获得的知识和技能,实施正确的应急行动。对于特定船舶的关键性操作(如施放 CO_2 操作),应严格按本船专用的施放须知进行检查和施放。对于应急中出现的异常情况,应及时向指挥人员报告,以便及时进行评估和调整部署。指挥人员在下达具体任务时,应从人力、技术、设备、环境和人身安全等方面考虑可操作性,操作人员应迅速设法完成任务,若明显无法胜任,应立即报告指挥人员。

任务 3　熟悉部分事故的应急反应程序

一、碰撞的应急反应

船舶碰撞事故是发生率较高的海事,95%以上由人为因素造成。船舶在航行中发生碰撞,其后果非常严重,可能造成人员伤亡、船舶进水甚至沉没等后果,如图 4-3-3-1 所示。因此在发生碰撞后,应迅速、果断地采取应急行动。

图 4-3-3-1　2005 年福州闽江水域碰撞沉船事故

船舶碰撞的应急程序通常包括:

1. 驾驶台

(1)船舶临近碰撞或发生碰撞,应立即停车,发出警报,并向船长和机舱报告,召集船员采取应急行动。

(2)船长应督促大副和轮机长查明情况,综合分析各种信息后及时做出部署。

(3)船舶碰撞双方,应互换船名、呼号、船籍港、船舶登记编号和出发港、目的港等相关情况。船长应向对方船长送交一份"碰撞责任通知书",要求对方船长签字并盖章;对方要求本船船长签署同类文件时,仅应明确批注"仅限收讫"类文字。

(4)值班驾驶员应做好详细记录,保存相关海图;船员应向船长如实汇报有关情况;船长负责指导驾驶员谨慎如实地填写航海日志。

2. 应急现场

(1)大副和轮机长查明破损部位的损坏情况,有无进水、人员伤亡、油污染情况及程度。由木匠测量各污水沟、压载舱、淡水舱液位;二管轮测量油舱液位;大副应派专人监督破损部位,及时向船长报告监测结果,以便船长确定自救方案和判断是否需要求助外援。

(2)若船体破损进水,应组织排水和堵漏,进水严重应设法抢滩;若碰撞引发火灾或油污染,应按火灾应变部署、船上油污应急计划行动;如发生人员受伤,应立即组织抢救。

3. 机舱

若船体碰撞位置在机舱,轮机长应当负责机舱的损害控制,即对主机、辅机和舵机等机电设备的损害应立即做出评估和抢修,并向船长报告;还应按指示在舱柜之间转移燃油和压载水等工作,提供电力和辅助机械等方面的工作。

4. 注意事项

(1)当一船撞入对方船体时,船长应视情况采取慢车顶推等措施减少破洞进水,尽力操纵船舶使破洞位置处于下风侧,便于对方争取时间采取有效的应急措施。

(2)若被撞船处于危险状态时,在不严重危及本船安全的情况下,应尽力提供援助。包括援助对方船员或协助被撞船舶抢滩等。

(3)若情况紧急时,船长有权请求第三方援助。当碰撞损害严重,确实无力抢救时,船长应宣布弃船求生。

二、搁浅/触礁的应急反应

船舶搁浅/触礁事故,与碰撞事故同为发生率最高的海事,通常是船舶操纵不当、定位失误、走锚、不可抗力等原因导致,但这些事故的90%以上由人为因素造成。

船舶一旦发生搁浅、触礁事故,即应:

1. 驾驶台

(1)船舶航行中,值班驾驶员若发现船舶即将搁浅、触礁,应立即停车并尽可能抛下双锚,并立即发出紧急警报召集船员,报告船长,通知机舱。

(2)船长应督促大副和轮机长查明情况,综合分析各种信息后及时做出部署。

(3)二副或值班驾驶员应详细记录船舶搁浅、触礁情况。

(4)应安排水手及时按国际海上避碰规则显示相应号灯、号型(夜间:锚灯以及垂直两盏红灯;白天:垂直三个黑球)。

(5)船长应根据各方反馈信息,结合外界的风、流和潮汐情况进行综合分析,估算自力脱浅所需拉力,对船舶能否起浮、脱浅做出判断并制订实施方案,采取适当行动,使船舶重新起浮或保持安全状况。

(6)必要时申请外部援助。

2. 应急现场

(1)大副作为现场指挥,根据船长的综合部署,率领水手长等人员了解搁浅/触礁部位及船舶的损害程度;木匠测量淡水舱、压载舱、污水沟等部位的液位;二管轮测量油舱(柜)液位;三副率领水手测量和记录船舶四周(尤其是船尾)水深,所有探测结果必须及时向船长报告,供船长判断和决策。

(2)发现船舶进水,应立即按堵漏应变部署表/进水应急计划组织排水、水密隔离和堵漏,同时判断是否可以立即动车脱浅;若发生油污事件,应按船上油污计划进行应急处置。

(3)若船舶在低潮时搁浅、触礁且情况不严重时,可采取调整前后吃水、减少压载水或淡水、转移燃料油和压载水、转移部分货物或物料等起浮措施,在下一个高潮来临前做好一切起浮准备。

当人员和船舶的安全受到严重威胁时,可以采取抛货控制局面的措施,但尽可能请示公司和报告当局,并及时宣布共同海损。

3. 机舱

(1)轮机长指挥机舱人员检查主机、舵机和辅机有无损害并报告船长。

(2)根据需要换用高位海水吸入阀,并根据船长的指示备妥主辅机。

4. 注意

大型船舶在非低潮时搁浅、触礁,一般难以自行脱浅,此时船长应申请外部援助。在待援期间,船方应尽力固定船体,包括调整载荷和使用锚具等。同时应警惕潮水和风流对船舶强度和稳性的不良影响,防止船体破损和断裂、打横、严重横倾或倾覆、被风浪推上高滩。必要时,应请示船长放下高舷救生艇,防止过度横倾而无法放艇。

三、火灾的应急反应

火灾事故是指船舶因自然或人为因素致使船舶失火或爆炸造成损害的事故。船舶一旦发生火灾事故,应立即采取应急行动。船舶火灾事故发生数量虽然位居碰撞、搁浅/触礁之后,但全损率却高于这些事故,如图 4-3-3-2 所示。

图 4-3-3-2　海上船舶火灾事故

船舶一旦发生火灾事故,即应:

(1)船员发现火灾应立即发出消防警报,就近使用灭火器材进行灭火,并报告值班驾驶员。总指挥船长闻警后应立即上驾驶台指挥。

(2)全体船员听到警报信号后(除固定值班人员外),应按应变部署表的分工和职责,携带规定的消防器材和相关物品迅速赶到现场集合,分编为四队(探火队、消防队、隔离队、救护队),服从现场指挥的统一调度和做好灭火的一切准备工作。

(3)现场指挥大副应率领消防、隔离队,迅速弄清火警部位、火灾性质、火情火势、周围的危险品、爆炸品或易燃物质等,并立即报告船长以确定施救方案。

（4）船长和大副指挥各队人员按施救方案投入扑救，还应根据火情发展，及时组织力量和调整部署。

（5）各队职责：

①消防队在队长、三副或水手长领导下，直接担负现场灭火任务。根据不同性质的消防器材划分为若干小组，如负责手提灭火器小组、负责水灭火系统小组、负责 CO_2 站和蒸汽灭火系统小组等。在灭火中若某类器材不适用，可将该组人员充实到其他各组执行任务。

②隔离队在队长、木匠或三管轮领导下，根据火情关闭门窗、舱口、风斗、孔道等；在机舱人员配合下截断局部电路和油路；隔离燃烧物质；冷却火区边界和检查毗连的舱室有否危险货物或易燃易爆品等物质，从速隔离，阻止火势蔓延。

③救护队由政委或厨师任队长，任务是维持现场秩序，传令通信和救护伤员。

④机舱值班人员在轮机长领导下，尽快启动消防水泵以及供水，并提供其他应急服务，确保主机、副机等机电设备正常运行。

（6）针对不同部位的灭火措施（详见本书第三部分相关内容）

①甲板以上部位发生火灾时：应立即隔离易燃物品，封闭货舱各开口；若在航行中，船长应立即调整航向，使火区处于下风方向，必要时应停止前进，以延缓火势蔓延和方便灭火。

②货舱失火时：如果难以进入失火点，使用固定灭火系统是首选手段；立即停止通风，撤离舱内人员，尽量隔绝空气流通；按现场指挥的命令，正确启闭各路阀门，启动 CO_2 灭火系统或蒸汽灭火系统，扑灭火灾。

③居住舱室失火时：可通过探火装置确定失火舱室，关闭防火门，使用适当的灭火剂或消防水扑灭火灾。

④机舱失火时：轮机长为现场指挥，应率领机舱船员确定施救方案，在大副和消防队的积极配合下，首先使用有效灭火剂或消防水灭火；若火情难以控制，应迅速撤离人员并封闭机舱，使用 CO_2 灭火系统或蒸汽灭火系统灭火（使用固定灭火系统会导致船舶暂时失去操纵能力）。

⑤船舶在港内失火时：应立即通知当地消防部门，向灭火外援提供防火控制图，详细介绍火场情况，共同扑灭火灾；还应立即停止装卸作业，视具体情况做好拖带出港的准备，机舱应备妥主机待命。

（7）灭火中应始终限制并及时排除积水，不使其随意流淌和积存，以防止水湿货损，避免船舶因积水减损稳性而翻沉。

（8）灭火工作完成，应核查余烬区，只有当确认无"死灰复燃"的可能后，施救人员方可撤离现场。

（9）大副应将起火时间、部位、原因、灭火经过、采取措施、火势受控情况、扑灭时间、货物受损程度、船体及机器设备损伤情况，认真记入航海日志。

四、进水的应急反应

船舶进水主要是由于搁浅、触礁、碰撞、爆炸、船舶老旧、水密失效、大风浪袭击、造船缺陷、严重横倾、武器攻击等原因引起的。如果进水速度大于排水速度就会危及船舶安全，应采用必要的程序和方法应急。

（一）应急程序

对进水的堵漏应急通常分成排水、隔离、堵漏、救护四队，分别由轮机长、三副、水手长（三管轮）、政委（大厨）担任队长，大副为现场指挥。

（1）发现船舶漏损进水，应立即发出堵漏警报（警铃和气笛二长声一短声，连放 1 min），召集船员，报告船长和通知机舱。

全体船员听到警报信号后（除固定值班人员外），应根据应变部署表/船舶进水应急计划的分工，携带规定的堵漏器材迅速赶到现场，做好堵漏准备。

（2）大副应率领隔离队和堵漏队的队长，迅速查明漏损部位、损害情况和进水量等，立即报告船长确定施救方案，指挥各队人员开始抢救。

木匠负责测量压载舱、淡水舱和污水沟等舱柜水位，二管轮测量油舱的液位。大副率人测定破洞的位置、大小及进水情况。查找漏损部位的方法：测量舱柜液位；倾听各空气管内有无水声；观察船旁水面有无气泡和漩涡；在舱内听声和目测漏损部位等。

（3）船舶发生漏损后，船长应通知机舱备车，立即采取减速或停车等措施，以减少水流和波浪对船体冲击；若已知漏损部位，保持漏损位置位于下风（流）处，以减小进水量。

（4）一旦发现船舶进水部位，应立即通知机舱组织排水，同时由三副率领隔离队关闭进水舱室四周的水密门和隔舱阀等，使进水舱室与其他舱室隔离，必要时应加固邻近舱壁。

（5）堵漏队在水手长和三管轮的领导下，直接负责堵漏和抢修工作，实施行之有效的堵漏措施。船长和大副应根据漏情发展，及时调整部署。

（6）轮机长率领排水队使用所有水泵（包括便携式水泵）全力排水，并根据情况注入、排出和调驳压载水，保持船体平衡。

（7）木匠定时测量水位，并派专人不断观察并记录前后吃水和干舷高度的变化，估算进水量和排水量之差，判断险情的发展和大量进水对船舶稳性及浮力的影响，以便决定下一步的应急行动。

（8）若进水严重且情况紧急，船长应当请求第三方的支援，并尽可能选择适宜地点抢滩。若船长确认堵漏无效，船舶面临沉没危险时，应宣布弃船。

（9）船长应指示值班驾驶员做好详细记录，并及时向船公司和有关当局报告。

（二）常用堵漏方法

船舶进水后应迅速予以控制，因为不论是否能够完全堵住，都能不同程度地减缓进水速度，减轻船舶危险程度并争取抢救时间。

堵漏时，应在能控制船位的前提下考虑减速或停车，尽可能将破洞置于下风，以方便应急操作；堵漏后，应采用适当航速，经常检查封堵部位，以防堵塞物脱落。船舶进水部位主要包括船体破口、水密门或舱口损坏、机舱管系损坏、尾轴套损坏、海底门损坏等。

1. 船体裂缝

船体裂缝处不可直接打入木楔，以防扩大裂缝，应先在裂缝两端各钻一小孔，再将橡皮等软物覆于裂缝上，用木板压实，再用木柱等支撑和固定。

2. 船体小破洞

把与船体破洞相当大小的木塞用布料包裹，直接塞进破洞。如果一个堵漏塞不够用，可用多个堵漏塞。

3. 船体大破洞

（1）如果船内可以操作，可用床垫等卧具填塞，覆以木板，再用木柱支撑固定。

（2）如果船内没有操作空间，则在船外使用堵漏毯能有效地减慢船舶进水和下沉速度，以便为机舱排水、加固相邻舱壁、抢滩及等待救援争取时间。舱壁加固示意图如图4-3-3-3所示。

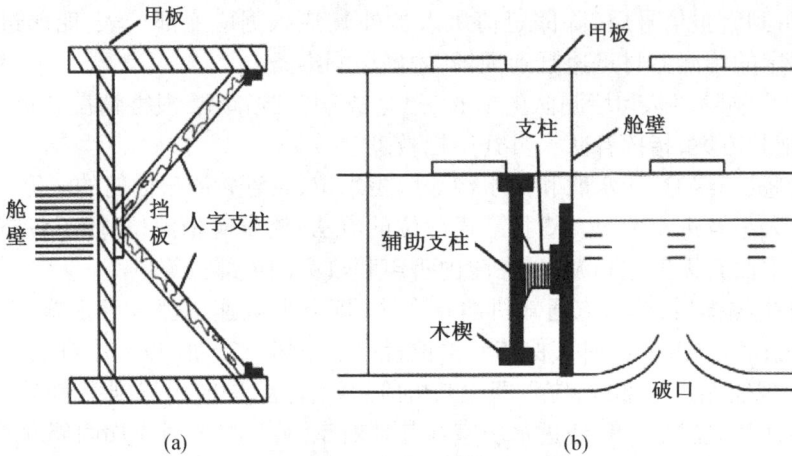

图 4-3-3-3　舱壁加固示意图

（3）如果破洞水压太大，应在船体外破洞处敷设堵漏毯减少进水量，再在船内用木板、支柱等堵漏，如图4-3-3-4所示。

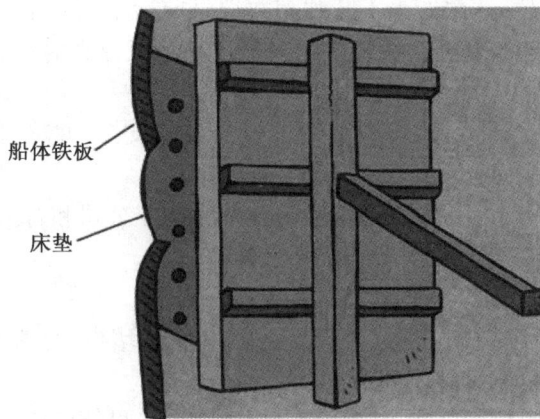

图 4-3-3-4　木板、支柱堵漏示意图

（4）大船使用的堵漏毯四周采用铁链或钢丝绳加强，中部辅以小号钢丝绳作经纬，用至少两层帆布缝制而成，四角应设强力耳环供张索受力，四个角的张索均为钢丝绳。使用堵漏毯时，下端应坠以重物，使其能垂到船底。过底索应有足够长度绕过船底，与前张索、后张索、控制索配合，使堵漏毯覆盖于破洞，然后用绞车等收紧并固定各张索。在堵漏毯被破口钢板或船体突出物挂住时，应妥善处理，避免硬拉造成堵漏毯损坏，如图4-3-3-5所示。

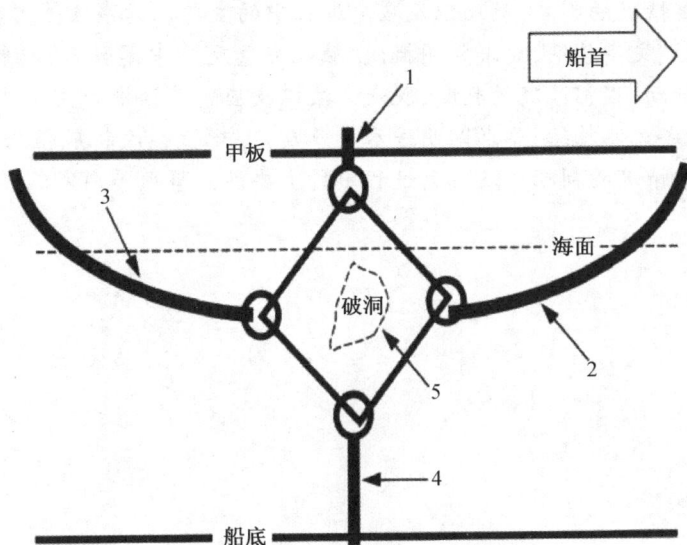

图 4-3-3-5 堵漏毯的使用方法

1—控制索;2—前张索;3—后张索;4—过底索;5—帆布

思考题

1. 船舶应变部署表中有哪些基本内容?

2. 船员个人应变任务卡上包括哪些信息?

3. 船舶应变部署表或应急计划的编制与公布要求是什么?

4. 船员听到警报信号后,应怎样迅速采取行动?

5. 如何确保逃生路线的有效性?

6. 船舶发生碰撞事故,应如何应急?

7. 船舶发生搁浅/触礁事故后应如何应急?

8. 船舶发生火灾事故,应如何应急?

9. 船舶发生进水,应如何应急?

讨论题

1. 假定船舶甲板、货舱、居住舱室、机舱等某一部位出现火情,由小组讨论形成文字总结,要求阐明火灾应急反应中驾驶台、机舱值班的主要应急职责,现场人员的职责分工,应急反应程序(包括人员集合、火场防护、探火、小型器材扑救、封舱、大型灭火系统使用、灭火效果检查、灭火后的通风以及损害评估、火场清理等步骤),灭火措施,以及应急过程中的主要注意事项。

2. 小组讨论形成文字总结,要求阐明碰撞应急反应中驾驶台、机舱值班的主要应急职责,现场应变行动、损害情况的判断,救助以及应急过程中的主要注意事项等内容。

3. 小组讨论形成文字总结,要求阐明搁浅/触礁应急反应中驾驶台、机舱值班的主要应急职责,现场的应变行动、损害情况的判断,脱浅方法以及应急过程中的主要注意事项等内容。

4. 小组讨论形成文字总结,要求阐明进水应急反应中驾驶台、机舱值班的主要应急职责,现场应变行动、损害情况的判断以及应急过程中的主要注意事项等内容。

项目四　船上安全作业方法

【知识目标】

1. 了解遵守安全作业方法的重要性；

2. 了解适用于船舶上防止潜在危害的安全和保护装置及安全注意事项，包括个人劳动安全保护、高空作业、舷外作业、系离泊作业、热工作业、开关舱作业、扫舱作业、金工作业、进入封闭处所作业等；

3. 了解《中华人民共和国海船船员值班规则》中有关适用标准；

4. 熟悉职业健康及防止工伤事故的国际措施；

5. 船上常见工伤事故案例分析。

【能力目标】

1. 能开展使用各种安全和防护设备的演示；

2. 能开展进入封闭舱室的安全训练的演示。

【内容摘要】

安全作业方法，是在系统考虑作业的各种因素的基础上，能使"人、机（物）、环境、管理"四大安全要素和谐相处的安全做法的总称，通常称之为安全操作程序、须知、规程、注意事项、规章、制度、办法、要求、规定、操作指南、经验方法、习惯做法等。

安全作业方法中，主要有人员分工职责，对操作对象的认识和安全器材要求，操作的先后顺序，关键动作的要求和所要达到的目的等。遵守安全作业方法，目的是顺应事物的客观规律，安全地完成作业任务。作为一名合格的船员，应严格遵守船上安全操作规章，消除疲劳等不良因素的影响，有效预防工伤事故的发生，保障作业安全。

任务 1　掌握遵守安全作业方法的必要性

船上的安全作业方法有成文和不成文之分。船上的安全规章制度是成文的安全作业方法，系统的安全规章体系是船舶安全营运的重要保证，使得船员在作业时有章可循。而不成文的安全作业方法，是指船员在长期的海上实践中总结出的行之有效的通常做法，也是安全作方法的组成部分。对于关键性操作,应当制定成文的安全作业方法。

一、遵守安全作业方法的意义

遵守安全作业方法,船员始终是得益者。其获益优先权排序为:作业(操作)者因避免可能发生的事故,确保了自身免遭人身伤害;避免了船舶事故,从而保护了船上其他人员的安全;避免了可能引发的污染海洋事故,从而保护了自身和公司其他职员的就业和工资奖金收入。

从宏观角度看,船员遵守安全作业方法,保护了作业船员的自身安全,保护了全船人员的安全,保护了公司利益,保护了人类赖以生存和发展的海洋环境。此可谓一荣俱荣,反则是一损俱损。可见,遵守安全作业方法,责任和意义都非常重大。

而对于船员,做到遵守安全作业方法并不难,只要具备社会责任感,一定的安全作业知识和技能,严格遵守操作规程,就能安全优质地圆满完成作业。

二、违章作业(操作)行为的后果

大多数人员伤亡、船货损失、海洋环境污染事故,是缺乏或不遵守安全管理和操作规章,违背船员通常做法所致,即不遵守安全作业方法所致。

例一,1987 年 3 月 6 日,英国籍滚装渡轮"自由企业先驱号"在离开比利时泽布吕赫港时,没有按规定及时关闭车辆舱水密钢门,在离开码头 1 000 m 处右转时,海水大量涌入舱内而迅速翻沉,188 人死亡。

例二,某船主机遥控系统故障,却不安排轮机员值班;二副不会使用 ARPA 雷达,却在雾航中以 17 kn 的全速航行;从雷达上发现来船后,连续多次小角度向右转向,以全速将已经停船的对方万吨轮撞沉。该事故纯系严重违背国际海上避碰规则、公司雾航规则和值班制度所致。

例三,我国多艘油船,因在机舱违章烧焊管系引燃管道内油气,上溯至空油舱发生爆炸,致使船舶沉没。

不遵守安全作业方法的恶果不胜枚举,诸如:不戴安全帽而被高空坠落物砸伤砸死;舷梯和跳板不按规定敷设安全网,导致人员坠落水中伤亡;不按章经常检查和调整系泊缆绳,导致船舶窜动撞坏码头、船岸设施和他船;装卸油时不按规章操作和值班,导致溢油和污染水域;机舱人员擅自注入、排出或移驳压载水,致使船舶横倾、吃水差异常、超载或稳性不良,危及船舶航行安全等。

三、违章作业行为与事故损害程度的比例关系

在对上述事故的调查中,许多事故责任人对违章行为的辩解是惊人地相似,"以前我(们)一直这样做,从没出过事故"。事实是,他们把有惊无险和小事故不看成事故。他们不了解不同程度事故的发生概率。

美国著名的安全工程师海因里希通过分析工伤事故的发生概率,提出 1∶29∶300 法则(通常称为"海因里希法则",如图 4-4-1-1 所示),意为:在机械生产过程中,每发生 330 起意外事件,有 300 件未产生人员伤害,29 件造成人员轻伤,1 件导致重伤或死亡。这一法则完全可以用在企业的安全管理上,即在一件重大的事故背后必有 29 件轻度的事故,还有 300 件潜在

的隐患。该法则是对人为不安全行为和不安全状态无害的经验者的有力警告。该法则还说明事故与损害之间存在着偶然性,同类事故并非产生相同的损失,为防止重大损害,唯一的途径是防止事故的再次发生。为了实现该目标,首先必须消除孕育事故的温床——人的不安全行为,这是防止事故和人员伤亡的最直接和最高效的手段。

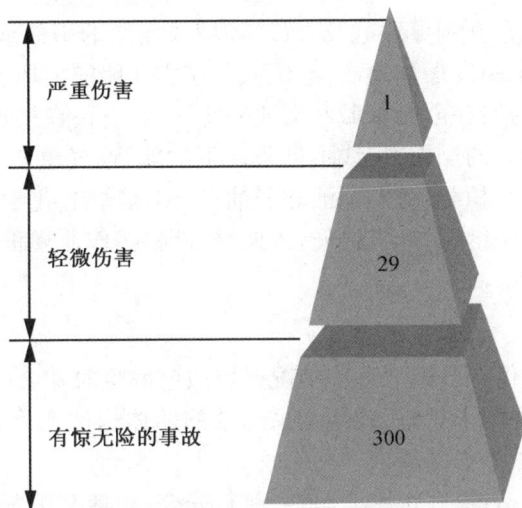

图 4-4-1-1 海因里希法则

国际损失控制研究所(International Loss Control Institute)给出了 1:10:30:600 的事故损害统计结论,如图 4-4-1-2 所示。该统计综合考虑了违章行为造成的人身伤害和财产损失因素。该统计同样表明,每起事故会造成何种程度的人身伤害和财产损坏是较难预料的,它服从于统计概率。例如在系离泊时,缆绳受力破断抽打到人员时,重则当场死亡,轻则虚惊一场,事前难以预料后果。要避免严重损害,必须消除任何形式的事故苗子。

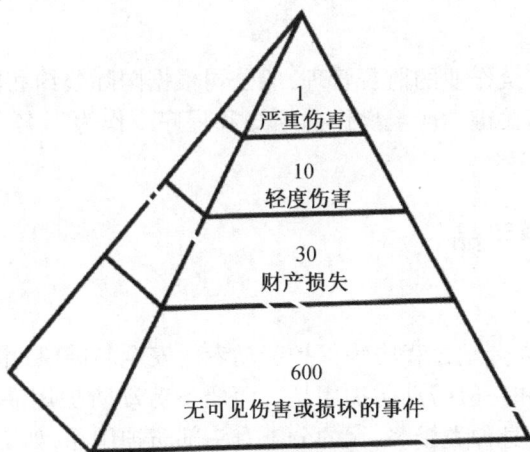

图 4-4-1-2 事故损害统计结论

四、ISM 规则对关键性操作的要求

遵守安全作业方法,主要是遵守安全作业(操作)规章。《国际安全管理规则》(ISM 规

则)规定:"对涉及船舶安全和防止污染的关键性的船上操作,公司应当建立制定有关方案和须知的程序。与之有关的各项工作,应当明确规定并分配给适任人员。"关键性操作分为关键操作和特殊操作。

1. 关键操作

关键操作是指其错误会立刻导致危及人员、环境或船舶的事故或情况的操作。例如在充满油气的场所明火作业,会引发爆炸事故,导致人员伤亡和船舶损坏。

船舶关键操作通常包括:在限制水域和交通密集区域航行;在接近陆地水域或交通密集水域会造成突然失去操纵能力的操作;视线不良条件下的航行;气象恶劣条件下的航行;危险货物和有毒有害物质的装卸和积载;海上加油和驳油;气体运输船、化学品船和油船的货物操作;关键性机器操作等。进行关键操作应现场有人监督,严格按作业规程操作,保存经双方签署的记录或检查表。

2. 特殊操作

特殊操作是指其错误仅在已造成危险情况或事故已发生时才会明显看出的操作。例如架设引航员软梯时,甲板端绳结未打好,或用来系绳结的船体构件严重锈蚀,直至有引航员登离船时发生危险,才发现是该操作的错误。

船舶特殊操作通常包括:保证水密完整性;航行安全,包括改正海图和有关出版物;影响设备(如舵机)及其有关的备用机器可靠性的操作;维护操作;加油操作及港内驳油操作;保持稳性和防止超载和应力集中;集装箱、货物及其他物品的系固;船舶保安、暴力和海盗行为等。特殊操作的须知和程序应包括防患于未然的预防措施和检查。

任务2 遵守船上安全操作规章

为进一步加强船舶安全作业的监督管理,船公司根据国际公约和国内法规规章,制定了有关船舶安全和防止污染的关键性船上操作的须知和程序。作为一名合格的船员,应严格遵守船上安全操作规章。

一、船员劳动防护用品

1. 种类

劳动防护用品,是指在劳动过程中为保护劳动者的安全与健康,由用人单位提供的必需物品,分特种劳动防护用品和一般劳动防护用品。而船员劳动防护用品多属于特种劳动防护用品。特种劳动防护用品本身种类繁多,大的分类有头部防护用品,如工作帽、安全帽等;呼吸器官防护用品,如防护口罩、呼吸器等;眼、面部防护用品,如护目镜、护目面具等;听觉器官防护用品,如耳塞、耳罩等;手部防护用品,如防护手套、防切割手套等;足部防护用品,如劳动防护鞋、防水鞋、防寒鞋等;躯干防护用品,如防护服、防水服、防寒服等;防坠落用品,如安全带和安全网等;其他防护用品,如救生衣等。

船员经常使用到的劳动防护用品(也称劳动保护用品或劳保用品)有:安全帽、防护手套、防护眼镜、防护面罩、防护口罩、呼吸器、防护服、防护鞋、护耳器、安全带、救生衣等。

2.使用原则

(1)船员应了解自己的工作需要哪些劳动防护用品,根据不同的劳动环境及作业特点,正确选择性能符合防护要求的劳动防护用品,绝不能选错或将就使用。

(2)使用劳动防护用品的船员必须了解所使用的防护用品的性能及正确使用方法。对结构和使用方法较为复杂的防护用品,如呼吸器等要进行反复训练,以达到能安全、迅速、正确使用的目的。

(3)使用劳动防护用品前,必须严格检查,损坏或磨损严重的必须及时更换。

(4)平时应注意妥善维护保养劳动防护用品,这样不但可延长防护用品使用期限,更重要的是能保证劳动防护用品的防护效果。

(5)劳动防护用品都有其使用期限,如果劳动防护用品超出其使用期限,应停止使用。

(6)船上有些劳动防护用品需要在船员公休时列入移交物品清单,例如船员房间里的防寒服、雨衣、雨靴、安全帽、救生衣等,船员在公休时不得将这些劳动防护用品带下船,并有责任告知接班船员这些劳动防护用品的使用情况以及是否可以继续安全使用。

二、明火作业规程

明火作业是指电焊、气焊作业,喷灯或其他有明火的作业。明火作业是引发船舶火灾的首要因素,船上进行明火作业,须由部门长事先填写书面申请,经轮机长同意后报告船长审批;船舶在我国港口应事先报经主管部门批准,在国外港口应事先报经港口当局批准。部门长负责明火作业实施过程中的检查、监督和指导,保证明火作业安全进行。

1.作业准备

(1)明火作业人员必须经过培训,持有合格操作证书。作业人员身体状态良好,并且熟悉作业步骤和作业注意事项。

(2)作业前应清理作业场地,移去易燃易爆物品,除去油类、油漆、棉纱,保证通风良好,确认作业区下方无电缆通过,附近无忌热仪器设备。油舱附近作业必须清除油脚和清洗油舱,彻底通风,经测爆,油气浓度必须在爆炸下限的1%以下时才允许作业。

(3)备妥消防器材。检查焊接设备是否安全,包括:检查确认电焊机完好,接地良好,调节正常;电缆线、焊具绝缘良好;电焊防护用品齐全并保持干燥绝缘,包括面罩、护目镜、防护服、隔热手套、绝缘鞋及脚盖、敲铲锤等。

检查确认气焊设备完好,包括:氧气瓶、乙炔瓶贮气压力检查;安全截止阀、减压阀有无漏泄检查;胶管无漏泄和老化;压力表指示正常;焊具开关良好,喷嘴符合要求;气焊防护用品齐全(如护目镜、防护服、隔热手套、防护皮鞋、敲铲锤、焊药等)。

(4)至少指定一名作业监督员负责监督与防护。作业前监督员必须认真进行安全检查。

2.安全操作

明火作业的全过程,必须有一名作业监督员进行监督和防护,根据安全管理体系(SMS)的要求,还应填写检查表等记录。监督员有权随时制止明火作业并向上级报告。

(1)电焊作业

①操作人员按规定使用劳防用品,使用规定合格工具;注意作业区下方有无过热现象。

②电焊时应确保接地良好,禁止利用船体、管道或机械设备作地线。

③电焊时必须有足够的固定照明,不得使用手提灯。

④不应在高峰负荷时开电焊机,开机时应逐步启动,不可过快,施焊中应经常注意电焊机温度是否过高。

⑤禁止电焊线跨越运转中的机电设备、起重钢缆、乙炔瓶、氧气瓶上方,在电焊线通电情况下禁止在油舱附近拖拉。

⑥敲打焊渣应戴防护镜,注意方向,防止发生工伤事故。

⑦停焊时焊夹不应触地,长时间停焊应切断电源。

⑧船厂施焊修理应派专人监护,备妥消防器材,监督施焊,有不安全情况时,应立即制止施焊。

(2)气焊作业

①氧气瓶与乙炔瓶必须垂直放置并固定。

②两瓶间距应大于 3 m,瓶与烧焊处距离应大于 5 m。

③胶管连接各部分焊具前,应先吹净阀口。连接胶管时(尤其应注意焊枪一端)要注意颜色标志,接氧气的应是蓝色或黑色,接乙炔的应是黄色或红色,不能接反;胶管接口要紧密,不可用铁丝捆扎胶管口,以免使胶管穿孔或断裂。

④打开氧气瓶总阀,开度不超过 1/2 以便应急关闭。

⑤调节减压阀使氧气压力为 0.3~0.5 MPa,乙炔压力为 0.01~0.05 MPa,点火后调节控制阀观察焊具喷嘴以及火焰状况,直到满足施焊要求。

⑥熄火时应先关小氧气阀,再关闭乙炔阀,火即熄灭,然后关闭氧气阀。

⑦发生回火应迅速将胶管曲折握紧,先关焊具上的氧气阀,再关闭乙炔阀。

⑧钢瓶内气体不能用空,剩余气压应保持大于 100 kPa。

⑨施焊时若发生火险,在无法扑灭时应先撤离钢瓶。

3. 作业结束

(1)电焊完毕应立即切断电源,收回电缆,清理现场,确认无火种隐患,将消防器材放回原处。

(2)气焊结束应立即关闭钢瓶上的总气阀,收集胶管焊具,放回气瓶,清洁场地,确认冷却、无隐患后才可离开现场。

(3)焊件未冷透不得离开现场。

(4)监督员必须认真检查,确认无火灾隐患后向部门长汇报;部门长应到现场检查操作质量和有无安全隐患。

三、上高、舷外作业安全须知

上高作业,又称高空作业,系指在坠落高度基准面 2 m 以上(含 2 m)有可能坠落的地方进行的作业,主要包括桅杆、吊柱、吊货设备、上层建筑和烟囱外部、空货舱或机舱的顶部,或高处舷墙的作业。舷外作业,系指在空载水线以上的船体外部作业。

甲板和机舱操作人员必须遵守本须知及有关操作规程。作业部门的值班高级船员对人员作业安全负责,应加强巡查、监督、指导,必要时命令暂停作业并报告船长或部门长。

航行中禁止舷外作业;船身晃动明显时,如无特殊需要,禁止上高作业。

甲板船员的上高、舷外作业需遵守下述规定。机舱上高作业可参照规定,机舱人员的舷外作业必须在甲板船员配合下进行。

(1)从事上高、舷外作业应选派身体和技术条件适宜的水手,并由水手长在现场指挥;作业人员应正确使用防护用品,戴好安全帽、穿着软底鞋、扎紧袖口和裤脚。作业前,应向全体作业人员布置工作内容和安全注意事项,必要时应进行操作示范;作业中要胆大心细,谨慎操作,相互照顾,确保安全。

(2)作业前必须对作业用具如绳索、滑车、单人座板、架板、保险带、绳梯等进行严格检查,确保其无损伤或内蚀,绝对禁止凑合将就使用;系索必须专用。

(3)上高和舷外作业时必须做到:系好保险带;工具放在工具袋(桶)内或用细绳系住;拆装的零件放在专用的布袋或桶内;上下运送物件时禁止抛掷;禁止一只手携物,另一只手扶直梯上下;应派专人在现场附近照顾配合。

(4)上高作业时还应注意:壁梯无损伤;高空作业下方一定范围内禁止人员通过或作业;现场配合人员应戴安全帽;座板升降绳下端绑固于甲板固定物;保险绳与座板升降绳分开系固;保险绳暂时不需松放时尾端应生根;在舱口上高作业应先将舱盖板全部盖妥。

(5)舷外作业时应注意:作业前检查保险带和架板系绳是否系牢,保险带和架板绳分别系固于甲板不同固定物,每块架板作业人数以两人为限。如在浮具(工作筏)上作业,船上应挂慢车信号,浮具两端系缆有专人照料,并通知作业人员防范过往船只的波浪;浮具上应备有救生圈,作业人员应穿好救生衣;作业人员应从绳梯上下,禁止随浮具升降。舷外除锈、油漆前,应先了解港方有关防污染规定。

(6)若要在气笛附近、烟囱上、无线电天线和雷达天线附近进行高空作业,应通知驾驶台、值班轮机员以及负责无线电设备的人员,确保气笛关闭,确保将蒸汽、有害气体及烟雾的排放量尽可能减至最少,确保不发射任何电讯、雷达暂停使用,必要时张贴告示,直到作业完成。

四、系离泊作业安全须知

(1)系泊操作时,大副在船首指挥,木匠协助;二副在船尾指挥,水手长协助。每次系离泊前,船长向驾驶员做操作部署;三副会同大副、二副试验对讲机以保证联系畅通。

(2)作业人员应戴安全帽、手套(如使用钢丝缆则必须戴皮手套)、穿工作服、防滑工作鞋等劳动防护用品。作业人员要做到严肃认真、精神集中,严格执行操作命令;非系解缆作业人员不得进入作业现场。

(3)作业前应提前到达现场落实分工做好准备,对船上的系解缆设备进行认真的检查,导缆桩、导向(缆)滑轮等要活络;缆绳、撇缆、制动索(制缆绳)等应认真检查;缆绳应整齐有序地呈"S"形平放在甲板上,绳端眼环置于随时可带之处;缆绳的扭结必须打开理顺,超过磨损规定的缆绳不能使用;制动索要结实、长度适中;木匠、水手长应分别对绞缆机试转;大副、二副应将出缆顺序和挽桩部署向全体操作人员布置清楚。系离泊作业现场应保持整洁、无杂物。如果作业现场湿滑,应采取必要的防滑措施,如在甲板和滚筒上洒砂土或其他防滑物,以利安全操作。夜间作业,应保持整个作业现场有足够的照明。

(4)撇缆操作人员在撇缆前应先细心观察、谨慎操作,并及时提醒现场其他作业人员,以防止在撇缆的过程中撇缆头伤人。

（5）在系解缆作业时，作业人员要合理站位，严禁跨于缆绳的正上方或站在缆绳的拉伸方向或弯曲的内侧；严禁身体紧贴在绷紧吃力的缆绳上；绞缆滚筒后的持缆者严禁站在缆绳的绳圈中，身体应避免贴近绞缆滚筒；系泊装置受力时，所有站在附近的船员应留在安全地方，避开所有"反弹"区。系缆太受力时不可跨越。使用拖船协助靠离时，操作人员应远离拖缆以防破断或滑出时伤人。

（6）木匠、水手长要正确执行现场指挥的命令，平稳操车，同时注意缆绳的松紧程度和机械运转情况，随时调整车速。如有意外和听到现场有任何人发出停车的信号都应立即停车。

（7）缆绳收绞时，缆绳在滚筒上至少应缠绕4圈，操作者应双手托握缆绳自由端，站立在距离绞缆滚筒1 m以外。如打滑可适当增加圈数或稍候片刻再绞，切勿硬绞。缆绳上桩前须用制动索将缆绳临时定位，然后才能挽桩。缆绳挽桩前应先慢车松缆，松至制动索吃力后再从绞缆滚筒上拿下迅速挽桩，切不可快车松缆或将缆绳直接从绞缆滚筒上取下，以防缆绳突然受力而崩断伤人。挽桩时缆绳不得叠压，在任何情况下都不允许以绞缆机、锚机的滚筒当作缆桩使用，也不允许以双缆桩的单桩进行挽缆。离泊收回缆绳时，注意当缆绳尾端将要通过导缆孔、导缆钳、导向滑轮时，应放慢绞缆速度，防止缆绳受阻而甩动伤人。

（8）靠离时，大副应随时向驾驶台报告首前物距及动态和缆绳的收放情况；二副也应及时向驾驶台报告船尾物距及动态和缆绳收放情况，未经驾驶台同意禁止带缆或解缆，以免动车时缆绳绞缠桨叶。系缆带上缆桩或浮筒后，驾驶台动车应先通知大副、二副注意。

（9）带缆操作，首尾必须与驾驶台密切配合，及时调整系缆受力，使船舶均匀贴紧泊位；船体靠拢困难应暂停绞缆，弄清原因再处理，以防损伤绞缆机或发生断缆、搁浅的危险。系缆根数根据船舶吨位、装载和风流等因素决定。

（10）靠妥泊位后，应使每根系缆均匀受力，在缆绳和导缆孔接触处垫衬帆布或麻袋以防磨损缆绳，靠泊后应在每根系缆上装妥防鼠挡；绳缆在靠、离泊妥当后应放置和绑罩妥善，现场工具收回。离泊后，应系固缆绳。靠离完毕，经船长同意方可离开现场。

五、进入封闭舱室作业安全须知

人员贸然进入封闭舱室，常会发生人员窒息或中毒死亡事故，因此受到国际、国内的重视，我国交通部于1986年发布文件，对此做了初步规定。对于实施ISM规则的船舶，应将人员进入封闭舱室的安全防范作为特殊操作对待。所有船舶的船员都应掌握下述的注意事项和安全措施。

1. 确定是否为封闭舱室

凡是缺氧或可能存在有毒气体的舱室均应看作封闭舱室。通常包括空舱、水舱、锚链舱、边舱、双层底、油舱、干隔舱、二氧化碳间、长航程结束后装满货物的货舱、泵房、污水柜、电缆通道、惰性气体储存间等，以及下列舱室：被关闭一段时间后，未经充分通风的舱室；载运蔬菜和耗氧制品的舱室；最近失过火的舱室；用惰性气体喷射灭火后的舱室；空气中含有蒸气的舱室等。

2. 拟订封闭舱室行动计划

在进入封闭舱室前，由一名高级船员负责并拟订行动计划，报船长批准。行动计划应包括：

（1）拟进入舱室的名称；

（2）所有拟进入人员的名单；

（3）通信系统详情（安排和技术状况）；

（4）预计完成操作的时间；

（5）安置在入口处的守护人员名单和隔绝式呼吸器、绳索等安全设备清单；

（6）运行中的通风系统详情；

（7）备用的进口和出口；

（8）备用的应急救人计划。

3. 进入舱室条件的确认

在允许进入舱室前，必须进行充分的自然或人工通风；通过仪器测试，确认不存在有害气体或缺氧气团。进入封闭舱室采样监测的人员必须佩戴隔绝式呼吸器。不戴呼吸器进入封闭舱室的必须满足下列条件：

（1）有害气体成分等于 0%，二氧化碳成分小于 2%，氧气成分大于 19.5%（依据国家标准）。

（2）把救援设备放置在封闭场所的入口处。这些救援设备应包括一套隔绝式呼吸器连同备用气瓶、救生索及救援带，以及可以在易燃、易爆空气中使用的电筒或灯。如有必要，需要准备好将体力不支人员吊离场地的器材和设备。

（3）所有能提供紧急撤离的通道出入口处均已开启。

（4）只要切实可行，打开一切孔口，以提供通风和光线。

（5）进入者备有便携式对讲机，并约定特殊联系信号（如敲击船体钢板等），紧靠作业舱室处有专人守候联系（若联系中断，应立即发出全面警报）。

（6）只要切实可行，所有进入封闭舱室的人员应系上安全带。

（7）只有在该舱室被证实为可以"安全进入"时才允许进入。

4. 安全注意事项

（1）未经船长按规定确认批准，任何人不得进入封闭场所。未经轮机长许可，任何人不得进入封闭的机械舱室。特别禁止在无人照料或无人知道的情况下，单独进入封闭货舱或其他封闭舱室。

（2）当有人员在封闭场所内作业时，应至少有一名船员在入口处守护；并通知有关部门封妥有关设备和控制阀，并贴上告示，防止因误操作而危及舱室内作业人员的人身安全。

（3）当有人员在封闭场所内作业时，场所内必须保持不间断通风，同时必须定时测试场所内的空气情况。当空气中的氧气含量低于标准，或有毒、有害气体的含量高于标准，或空气情况正在变差，或通风系统发生故障而不能正常进行通风时，必须通知场地内的所有船员全部撤离。

（4）若封闭场所内的空气可疑，则只有为测试其成分，或为了救助人命，或为了保证船舶的安全，在经过船长或负责的高级船员批准后方可进入。且进入封闭场所内的船员必须佩戴隔绝式呼吸器，禁止使用过滤式防毒面具。

（5）若有事前未能预见到的危险或险情发生，在封闭场所内的作业必须立即停止，作业船员应立即离开封闭场所，直至重新对作业场所的环境做出评估后，再决定是否继续作业。

(6)人员进入封闭舱室后,守护人员应坚守岗位,按约定保持经常联系。任何船员在封闭场所内感到不适或认为有危险时,应向封闭场所外的值守人员发出预定的信号并立即撤离。

(7)如在封闭场所内发生紧急事故,值守人员应按事先拟定的行动计划,迅速通知船长和负责的高级船员,或立即向全船报警,以便救援队伍可以及时赶到救援。封闭场所外的值守人员无论如何都不得盲目进入封闭场所内,直至场内的状况经过评估,确定进入是安全的。

5. 封闭舱室应急救人

当进入封闭舱室的人员发生危险无法自救时,守护人员应立即报警,并实施应急计划,包括:加强通风;派人佩戴隔绝式呼吸器后进入封闭舱室救人,其他救护人员在室外协助拖曳;电机员负责提供应急照明;负责医护的人员做好医疗急救准备;必要时应立即拆除门孔和连接管,甚至切割船体开孔救人等。

若需要,进入封闭场所内救援的人员应佩戴救生索及救援带。救援带上的救生索,长度应足以配合用途,而且牢固地绑在救援带上。救生索应由封闭场所外的值守人员负责照看,该值守人员应受过专门的训练,懂得如何将不省人事的人员从危险的封闭场所内拉出来。

如救援人员需要佩戴呼吸器方能进入封闭场所内救人,但由于封闭场所内的特殊情况,使用呼吸器、救生索、救援带等会妨碍救援行动,或令救出体力不支的遇险人员的行动出现困难,则在进入封闭场所前应详加考虑,并采取适当的措施,以将风险降至最低,绝不能贸然采取行动。

救援人员一旦走到在封闭场所内的遇险人员身边,首先应检查遇险人员的呼吸装置,确认其是否正在正常工作。除非遇险人员已严重受伤,例如脊椎折断等,否则应尽快将其移离现场。

六、开关舱作业安全须知

对于杂货船、散货船、集装箱船等类型的货船,如需将货物装入舱内或将舱内的货物卸载,应进行货舱的开舱作业;在完成装货或卸货任务后,以及在装卸货过程中遇到雨雪天气,应进行货舱的关舱作业。开关舱作业时应严格遵守安全注意事项,特别要防止作业人员不慎被移(滑、滚)动中的舱盖挤压以及从舱口(围)处坠落造成伤害等。

1. 准备工作

(1)参加开关舱的船员必须做好防护用品的装备,如戴好安全帽和皮手套,穿着连体工作服和工作鞋等。

(2)作业前应对开关舱设备等进行认真检查,消除隐患。

(3)所有参加开关舱的船员,应掌握本船舱盖的正确开启和关闭操作方法。

(4)检查确认作业现场无容易导致滑跌、磕碰、坠落的危险。

(5)夜间进行开关舱作业,应保证作业现场有足够的照明。

2. 安全注意事项

(1)必须由值班驾驶员或水手长在现场监督和(或)指挥。

(2)作业过程中,操作人员应合理站位并注意自我保护,不得站在舱盖上,也不得站在舱口围上,更不得将身体任何部位置于舱盖导轨上。

(3)除非舱盖已关严并能够安全承重,否则不应在舱盖上从事其他作业。

（4）非装卸货期间,舱盖应关上。

（5）在恶劣天气条件下,除非采取特别保护措施,否则应暂停开关舱作业。

七、扫舱作业安全须知

在杂货船、散装船和混装船上,卸完货后应对装货的舱室进行清扫(包括必要时的冲洗),以便把舱内货物的地脚、垫舱物料、垃圾等清出货舱,并对污水井进行清理,以保持其通畅,从而为下个航次所装的货物提供一个干净的、适货的舱室。我们把这项作业称之为扫舱作业。扫舱作业应严格遵守安全注意事项,防止作业者在作业过程中不慎意外坠落,以及被坠落物击打造成伤害等。

1. 准备工作

（1）参加扫舱作业的船员必须戴安全帽、手套,穿工作服、工作鞋。在灰尘较大的环境中扫舱,应戴防护眼镜和口罩等劳动防护用品。

（2）在进入待扫舱室前,应检查确认舱内壁梯安全可靠,舱内通风情况良好。必要时,应进行舱内或作业部位的空气质量检测,确认达到安全作业标准。

（3）扫舱前还应检查确认:扫舱现场没有物体坠落伤人的危险;作业现场无易导致滑跌、磕碰的危险等。

（4）装过放射性、强腐蚀、粉尘等特殊性质货物的货舱,必须采取特殊的防护措施,只有在确认安全的情况下,方可下舱扫舱。

（5）夜间进行扫舱作业,应保持整个作业现场有足够的照明。在舱盖关闭的情况下进入货舱扫舱应加挂舱灯,同时作业船员必须携带手电筒。

2. 安全注意事项

（1）在进行扫舱作业前,应对作业进行适当的组织,强调安全注意事项。若有刚上船不久的实习生参加扫舱作业,应向其做劳动安全方面的特别交代。

（2）若船上非甲板部船员参加扫舱作业,应对这些船员进行专门安全方面的教育,并加强劳动安全监督。

（3）进出货舱必须由舱内专用的梯子通行,不得借助吊货设备进出货舱。在对舱口围进行清扫时,禁止在舱口围上站立、行走。

（4）应尽量避免在装卸过程中跟踪扫舱,在船舶摇晃较大时应暂停扫舱。如不得已而为之,应采取特别的保护措施。

（5）扫舱工具必须使用吊车或绳索捆绑牢固运送、传递,严禁抛掷。起吊舱底垃圾时,盛装的容器要系牢,任何垃圾不允许超出容器上缘。在起吊垃圾容器或网兜时,应避免在起吊物下方停留。

八、金工作业安全须知

在进行船舶机械检修保养作业时,需要对设备的某些零部件使用车床、钻床、砂轮机等进行切削、研磨、加工等金工作业。为防止作业者在作业中可能遇到的机械伤害,应严格遵守安全注意事项。

1. 准备工作

(1)从事车、钻、磨等金工作业的船员应正确穿着劳动防护用品,不准戴围巾、手套,不准穿宽松式外衣,衣服紧身,袖口扣好,长头发要挽进帽子里,要戴防护眼镜,穿安全鞋。

(2)作业场所已张挂操作规程及安全注意标志和警告标牌,作业现场照明良好。

(3)作业人员身体状况良好。在酒后、过度疲劳或服用麻醉药品的情况下不得从事作业。

(4)作业前应检查:车床、台钻各部分机构是否完好;机床的各种轮、带转动部分的防护罩是否完好;各传动手柄、变速手柄所处的位置是否正确;砂轮机砂轮有无裂纹、缺损和松动,防护罩、托刀架、吸尘器是否完好;砂轮机水槽内是否有水,砂轮机周围有无易燃物。

2. 车工作业安全注意事项

(1)必须严格遵守操作规程和机床上所有警告标牌的提示。

(2)工件应夹持牢固,夹头扳手用完应立即从夹头上取下。

(3)不准在卡盘、床身以及导轨上猛力敲击或校正工件,床面上不得放置工量具、工件或其他物品。

(4)工作中如需要变速,必须要先停车,方可变换变速箱齿轮。严禁用正、反车紧急刹车或用手刹车,来加速主轴停车。

(5)车内孔时,不准用锉刀倒角;用砂布抛光内孔时,禁止将手指或手臂伸进去打磨。

(6)用锉刀磨光工件时,应右手在前,左手在后,身体离开卡盘。禁止用砂布裹在工件上抛光,应比照用锉刀的方法成直线压在工件上。

(7)攻丝或套丝时,必须用专用工具,不准一只手扶攻丝架(板牙架)一只手开车。

(8)切断材料时,应留有足够余量,卸下砸断,小料切断不准用手去接,以免切断的材料掉下伤人。

(9)加工过程中,更换刀具、装卸工件及测量工件时,必须停车。

(10)不准坐在凳子上操作机床,不准手缠抹布拭擦机床上处于动态的部位。

(11)不得随意离开开动的机床或委托他人操作。

(12)工作完毕或因故离开岗位,必须将设备、工量具停下,按规定摆放好工量具和工件,清扫机床、地面,将各手柄放回空挡位置,将溜板箱和尾座移到床尾,并切断电、气、水、油源。

3. 钻床作业安全注意事项

(1)开动钻床时严禁戴手套。

(2)工作前要对钻床和工、夹具进行全面检查,确认无误方可操作。

(3)工件装夹必须牢固可靠。夹头扳手用完应立即从夹头上取下。钻削小工件时,应用工具夹持,不准用手拿着钻。

(4)使用自动走刀时,要选好进给速度,调整好行程限位块。手动进刀时,逐渐增加压力或逐渐减小压力,以免用力过猛造成事故。

(5)钻头上缠有长铁屑时,要停车清理,用刷子或铁钩清除,严禁用手拉。

(6)精铰深孔、拔锥棒时,不可用力过猛,以免手撞在刀具上。

(7)在刀具旋转时,不准翻转、夹压或测量工件。手不准触摸旋转的刀具。

(8)使用摇臂钻时,横臂回转范围内不准站人,不准有障碍物。工作时横臂必须夹紧。

(9)横臂及工作台上不准堆放物件。

（10）工作结束时，将横臂降到最低位置，主轴箱靠近主轴，并且要夹紧。

4.砂轮机作业安全注意事项

（1）在磨制工具和砂轮机作业时（包括除锈、除炭时），作业者应戴防护眼镜和口罩，且不准站在砂轮正面，以防砂轮破碎伤人。

（2）使用前应认真检查各部螺丝有无松动，砂轮片有无裂纹，金属壳和电源线有无漏电之处，绝缘不良，应修好后方可使用。

（3）使用前，首先要进行空运转试验，无问题方可进行操作。

（4）一片砂轮，不准两人同时使用。不准磨削木料以及铜、铝、锡等软质物件。

任务3　了解《中华人民共和国海船船员值班规则》中有关适用标准

为了规范海船船员值班，保障海上人命与财产安全，保护海洋环境，加强船舶保安管理，根据《中华人民共和国海上交通安全法》《中华人民共和国海洋环境保护法》《中华人民共和国船员条例》，以及我国缔结或加入的有关国际公约要求，制定本规则。本规则于2012年12月17日经交通运输部部务会议通过，根据2020年7月6日交通运输部《关于修改〈中华人民共和国海船船员值班规则〉的决定》予以修正。现将有关适用标准摘录如下：

一、总则

（1）总吨100及以上中国籍海船的船员值班适用本规则，下列船舶除外：军用船舶；渔业船舶；游艇；构造简单的木质船。

（2）交通运输部海事局是实施本规则的主管机关；各级海事管理机构按照职责具体负责海船船员值班的监督管理工作。

（3）航运公司应当根据本规则以及有关国际公约的要求编制《驾驶台规则》《机舱值班规则》等船舶值班规则，张贴在船舶各部门的易见之处，要求全体船员遵守执行，以保证船舶航行安全。

（4）航运公司应当确保指派到船上任职的值班船员熟悉船上相关设备、船舶特性、本人职责和值班要求，能有效履行安全、防污染和保安等职责。

（5）船长及全体船员在值班时，应当遵守法律、行政法规、相关国际公约以及当地有关防治船舶造成海洋污染的要求，采取一切可能采取的预防措施，防止因操作不当或者发生事故等原因造成船舶对海洋环境的污染。

二、值班一般要求

（1）航运公司和船长应当为船舶配备足够的适任船员，以保持安全值班。

（2）船长应当安排合格的船员值班，明确值班船员职责。值班的安排应当符合保证船舶、货物安全及保护海洋环境的要求，并保证值班船员得到充分休息，防止疲劳值班。在船长统一指挥下,值班的驾驶员对船舶安全负责。轮机长应当经船长同意,合理安排轮机值班,保证机舱运行安全。船长应当根据保安等级的要求,安排并保持适当和有效的保安值班。

(3)值班应当遵守下列驾驶台和机舱资源管理要求:

①值班船员应当熟悉其岗位职责和部门职责;

②值班船员对值班时所接收到的与航行有关的信息应当能够正确领会、正确处置,并与其他部门适当共享;

③值班船员应当保持各部门之间的适当沟通;

④对为保证安全所采取的行动,值班船员如果产生任何怀疑,应当立即告知船长、轮机长、负责值班的高级船员。

(4)值班的高级船员认为接班的高级船员明显不能有效履行值班职责时,不得交班,并立即向船长或者轮机长报告。

(5)值班的高级船员在交班前正在进行重要操作的,应当在确认操作完成后再交班,船长或者轮机长另有指令的除外。

(6)接班的高级船员应当在确认本班人员完全能有效地履行各自职责后,方可接班。

(7)不得安排船员在值班期间承担影响值班的工作。

(8)值班船员应当将值班期间发生的重要事件按照要求做好记录。

三、驾驶值班

1. 值班安排

确定驾驶台值班人员组成时,应当考虑下列因素,保证安全航行需要:

(1)保证驾驶台 24 h 值守;

(2)天气及能见度情况、白天及夜间的驾驶要求差异;

(3)临近航行危险时需要值班驾驶员额外执行的航行职责;

(4)电子海图显示与信息系统(ECDIS)、雷达或者电子定位仪等助航仪器及任何其他影响船舶安全航行的设备的使用和工作状态;

(5)船上是否装有自动操舵装置;

(6)是否需要履行无线电职责;

(7)驾驶台上的无人机舱控制装置、警报和指示器及其使用程序和局限性;

(8)特殊的操作环境对航行值班的特别要求。

2. 瞭望

船长应当合理安排航行值班船员,以保持连续正规的瞭望。值班驾驶员应当始终保持正规瞭望,并应当符合下列要求:

(1)利用视觉、听觉等一切可用的方法和手段对当时环境和情况保持连续观察、观测。

(2)在驾驶台和海图室分设的船上,值班驾驶员为了履行其必要的职责,在确信航行安全的情况下,可以短时间进入海图室。

(3)瞭望人员和舵工的职责应当分开,舵工在操舵时不应当同时担当瞭望人员职责。在操舵位置四周的视野未被遮挡且没有夜视障碍,不妨碍保持正规瞭望的情况下,舵工可同时担当瞭望人员职责。夜间航行时应当至少有一名值班水手协助驾驶员瞭望。

3. 值班职责

（1）负责航行的值班驾驶员负责船舶的安全航行，并按照经过修正的《1972 年国际海上避碰规则》和其他安全航行规定进行操纵和避让。

（2）值班驾驶员在驾驶台保持值班，不得离开驾驶台；船长在驾驶台时，值班驾驶员仍然应当对船舶安全航行负责，除非被明确告知船长已承担责任。

（3）值班驾驶员应当使用安全航速。需要时，应当立即采取转舵、主机变速和使用声响信号等措施。

（4）值班驾驶员在值班期间，应当有效使用船上的助航仪器，以恰当的时间间隔对所驶的航向、船位和航速进行核对，确保本船沿着计划航线行驶，并注意在适当的时候使用测深仪。

（5）值班驾驶员应当经常和精确地测定驶近船舶的罗经方位和距离，及早判断有无碰撞危险。必要时使用甚高频无线电话，与他船协调避让措施。

（6）值班驾驶员应当定期检查下列内容：

①确保手动操舵或者自动舵使船舶保持在正确的航向上。

②每班应当至少测定一次标准罗经的误差，如可能，在大幅度改变航向后也应当测定；应当经常进行标准罗经和陀螺罗经核对；复示仪与主罗经应当同步；如发现误差变化较大，应当及时报告船长。

③每班至少测试一次自动舵的手动操作。

④确保航行灯和信号灯及其他航行设备正常工作。

⑤确保无线电设备正常工作并且按照要求值守。

⑥确保在驾驶台的无人机舱控制装置、警报和指示器工作正常。

（7）发生下列情况时，值班驾驶员应当立即报告船长，船长接到报告后应当尽快上驾驶台，必要时由船长直接指挥：

①遇到或者预料到能见度不良；

②对通航条件或者他船的动态产生疑虑；

③对保持航向感到困难；

④在预计的时间未能看到陆地、航行标志或测量不到水深；

⑤意外地看到陆地、航行标志或者水深突然发生变化；

⑥主机、推进装置遥控系统、舵机等主要的航行设备、警报或者指示仪发生故障；

⑦无线电设备发生故障；

⑧恶劣天气怀疑可能有气象危害；

⑨发现遇险人员或船舶以及他船求救；

⑩遇到其他紧急情况或者感到疑虑的情况。

当情况紧急时，为了船舶的安全，值班驾驶员除立即报告船长外，还应当果断采取行动。

4. 特殊环境下的驾驶值班

（1）遇到或者预料能见度不良时，值班驾驶员应当做到：鸣放雾号；以安全航速行驶；使主机处于立即可操纵的准备状态；通知船长；安排正规的瞭望；显示航行灯；操作和使用雷达。

（2）船长应当将航行指示和注意事项或者其他重要安排明确记入船长夜航命令簿，值班驾驶员应当遵照执行。

（3）船舶由引航员引航时并不解除船长管理和驾驶船舶的责任。船长对引航员的错误操作应当及时指出，必要时即行纠正。

5. 锚泊值班

船舶在锚泊时，值班驾驶员应当：

（1）锚抛下时应当立即测定船位，并在海图上标出锚位和回旋范围，对锚地的潮汐、流向、水深、底质、周围情况及当地气象记入航海日志。

（2）情况许可时，应当经常利用固定航标或者岸上容易辨认的物标，校核船舶是否保持在锚位上。

（3）保持正规的瞭望，并注意以下情形，并做到：周围锚泊船的情况，以防他船走锚危及本船安全；来泊船的锚位是否与本船有足够的安全距离，如过近，则应当设法通知对方，并报告船长；过往船舶或者邻近锚泊船起锚离泊时距本船过近，应当密切关注其动态，若判断对本船有威胁时，应当以各种信号警告对方。

（4）以适当的时间间隔巡视全船，注意吃水、龙骨下富余水深以及船舶的状态；注意观测气象、潮汐和海况变化，注意锚位、锚链受力和船首偏荡。

（5）督促值班水手按时升降旗及锚球，开关锚灯、甲板照明，按照规定显示或者悬挂相应的号灯号型，鸣放相应的声号。

（6）能见度不良时，应当认真执行经过修正的《1972 年国际海上避碰规则》的有关规定，加强瞭望，鸣放雾号，打开锚灯和各层甲板的照明灯，并通知船长。

（7）根据锚地情况及相关规定，用甚高频无线电话在规定的频道上保持守听。

（8）严格遵守防污染规定，采取有效措施，防止船舶对水域环境造成污染。

船长认为必要时，船舶在锚泊情况下可保持连续的航行值班。

四、轮机部航行值班

1. 值班安排

（1）轮机值班的组成应当适合当时的环境和条件，以确保影响船舶安全操作的所有机械设备在自动操作方式、手动操作方式模式下均能安全运行。

（2）确定轮机值班组成时，应当考虑下列因素：

①保持船舶的正常运行；

②船舶类型、机械设备类型和状况；

③对船舶安全运行关系重大的机械设备进行重点监控的值班需求；

④由于天气、冰区、污染水域、浅水水域、各种紧急情况、船损控制或者污染处置等情况的变化而采用的特殊操作方式；

⑤值班人员的资格和经验；

⑥人命、船舶、货物和港口的安全及环境保护的要求；

⑦有关国际公约、国家法规和当地规定。

2. 值班职责

（1）值班轮机员是轮机长的代表，主要负责对与船舶安全有关的机械设备进行安全有效的操作和保养，并根据要求，负责轮机值班责任范围内的一切机械设备的检查、操作和测试，保证安全值班。

（2）值班轮机员应当维持既定的正常值班安排。机舱值班的普通船员应当协助值班轮机员使主机、辅机系统安全和有效运行。

（3）轮机长在机舱时，值班轮机员仍应当继续对机舱工作全权负责，除非被明确告知轮机长已承担责任。

（4）轮机值班的所有成员都应当熟悉被指派的值班职责，并掌握本船下列情况：

①内部通信系统的适当使用；

②机舱逃生途径；

③机舱报警系统和辨别各种警报的能力；

④机舱的消防设备和破损控制装置的数量、位置和种类，以及它们的使用方法和应当遵守的各种安全预防措施。

（5）轮机值班开始时，应当对所有机械设备的工作情况、工况参数加以验证、分析，以保持在正常范围值。

（6）在值班期间值班轮机员应当定期巡回检查机舱和舵机房，及时发现机械设备的故障和损坏情况，并采取相应措施。

（7）值班轮机员应当对运转失常、可能发生故障或者需要特殊处理的机械设备，以及已经采取的措施做详细记录。需要时，应当对拟采取的措施做出安排。

（8）在机舱值守的值班轮机员应当能够随时操纵推进装置，以应对换向和变速的需要。机舱无人值守的，值班轮机员在获知报警、呼叫时，应当立即到达机舱。

（9）值班轮机员应当执行驾驶台的命令。

对主推进动力装置进行换向和变速操作的，应当做好记录。当人工操作时，值班轮机员应当确保主推进动力装置的操纵装置有人不间断地值守，并随时处于准备和操作状态。

（10）值班轮机员应当掌握正在维护保养的机械设备（包括机械、电气、电子、液压和空气系统）及其控制装置和与此相关的安全设备、所有舱室服务系统设备的维护保养情况，并注意其物料和备品的使用记录。

（11）值班轮机员应当负责值班责任内的拟处理的所有机械设备的隔离、旁通和调整，并将已进行的全部工作做好记录。

（12）机舱处于备车状态时，值班轮机员应当保证一切在操纵时可能用到的机械设备处于随时可用状态，并使电力有充足的储备，以满足舵机和其他设备的需要。

（13）值班轮机员应当指导本班值班人员，告知其可能对机械设备造成不利影响或者危及人命、船舶安全的潜在危险情况。

（14）值班轮机员应当对机舱保持不间断监控。在值班人员丧失值班能力时，应当安排替代人员。

（15）进行预防性保养、破损控制或者维修工作时，值班轮机员应当与负责维修工作的轮机员配合，做好下列工作：

①对要进行处理的机械设备加以隔离，并保留值班所需的通道；

②在维修期间，将其他的设备调节至充分和安全地发挥功能的状态；

③在轮机日志或者其他适当的文件上详细记录维修保养过的设备、参加人员以及采取的安全措施；

④必要时将已修理过的机器和设备进行测试、调整，投入使用。

（16）值班轮机员应当确保，在自动设备失灵时履行维修职责的轮机部普通船员能够立即协助其对机器进行手动操作。

（17）值班轮机员应当了解失去舵效或者因机械故障导致失速会危及船舶和海上人命的安全，当发生机舱失火或者机舱中即将采取的行动会导致船速下降、瞬间失去舵效、船舶推进系统停止运转或者电站发生故障或者类似威胁安全的情况，应当立即通知驾驶台。如可能，应当在采取行动之前通知，以便驾驶台有最充分的时间采取一切可能的措施来避免发生海上事故。

（18）出现下列情况，值班轮机员应当立即通知轮机长，并根据情况采取措施：机器发生故障或者损坏，可能危及船舶的安全运行；发生可能引起推进机械、辅机、监视系统、调节系统的损坏失常的现象；遇到其他紧急情况或感到疑虑时。

（19）常规的机械设备保养应当纳入值班工作。全船的机械、电子与电气、液压、气动等设备的维修工作，应当在轮机长和值班轮机员知情下进行，并做好记录。

3. 特殊环境下的轮机值班

（1）值班轮机员应当保证提供鸣放声号用的空气或蒸汽压力，并随时执行驾驶台变速、换向的命令，还应当备妥用于操纵的一切辅助机械。

（2）值班轮机员接到船舶进入通航密集水域航行的通知时，应当确保涉及船舶操纵的机械设备能够随时置于手动操作模式、舵和其他设备的操作有足够备用动力、应急舵和其他辅助设备处于随时可用状态。

4. 锚泊值班

船舶在开敞的港外锚地或者开敞的海域锚泊时，值班轮机员应当做到下列内容：

（1）保持有效的轮机值班；

（2）定时检查所有正在运行和处于准备状态的机械设备是否正常；

（3）执行驾驶台发布的使主机和辅机保持准备状态的命令；

（4）遵守适用的防治污染规则，防治船舶污染海洋环境；

（5）保持破损控制和消防系统处于准备状态。

在开敞锚地，轮机长应当与船长商定是否仍保持与在航时同样的轮机值班。

五、港内值班

1. 一般要求

（1）船舶在港内停泊时，船长应当安排适当而有效的值班。对于具有特种形式的推进系统或者辅助设备，以及装载有危害、危险、有毒、易燃物品或者其他特殊货物的船舶，还应当按照有关规定的特殊要求值班。

（2）船长应当根据停泊情况、船舶类型和值班特点，配备足够具有熟练操作能力的值班船员，并安排好必要的设备。

（3）船舶在港内停泊期间的值班安排应当满足下列要求：确保人命、船舶、货物、港口和环境的安全；确保与货物作业相关机械的安全操作；遵守有关国际公约、国家法规和当地规定；保持船舶工作正常。

（4）停泊时，甲板值班人员应当至少包括一名值班驾驶员和一名值班水手。

（5）轮机长应当与船长协商确定轮机值班安排。

决定轮机值班人员组成时，应当考虑至少有一名值班轮机员；推进功率750 kW及以上的船舶，至少安排一名值班机工协助值班轮机员。

轮机员在值班期间，不应当承担妨碍其监控船上机械系统的其他任务。

2. 驾驶值班

在港内值班时，值班驾驶员应当做到下列内容：

（1）掌握全船人员动态，经常巡查船的四周、装卸现场及工作场所，关注从事高空、舷外及封闭舱室内工作的人员安全，督促值班人员坚守岗位，保持部门间联系畅通。

（2）督促值班水手按时升降国旗、开关灯，显示或者悬挂有关号灯号型。

（3）经常检查舷梯、锚链、跳板及安全网，及时调整系泊缆绳，在有较大潮差的泊位上，应当加强巡查，必要时应当采取措施以确保系泊设备处于安全工作状态。

（4）注意吃水、龙骨下的富余水深和船舶的总体状态。

（5）根据船舶种类特点，按照积载计划的要求，负责船港联系和协作，监督装卸操作安全和质量，掌握装卸进度，解决装卸中发生的问题，制止违章作业，注意天气变化及海况，及时开关舱；装卸一级危险品、重大件、贵重货时到现场监督指导。

（6）注意及时收听天气预报，当收到恶劣气象警报时，采取必要的措施以保护人员、船舶和货物的安全。

（7）按照船长、大副的指示或者根据情况需要，通知机舱注入、排出或者调整压舱水，并注意船体平衡；注意检查污水井、压载舱及淡水舱的测量记录；监收加装淡水和物料，加油船来时通知机舱并且注意防火安全。

（8）发生危及船舶安全的紧急情况时，鸣放警报，通知船长，采取措施以防止对船上人员、船舶和货物造成损害；必要时，请求附近船舶或者岸上给予援助。

（9）注意过往船舶，有他船系靠本船或者前后泊位时应当在现场守望，并采取相应安全措施；发生事故时，应当立即记下该船船名、国籍、船籍港及事故经过，并向船长报告。

（10）主机试车应当在确认推进器附近无障碍物，不致碍及他船，不损坏舷梯、跳板、缆绳、装卸属具及港口设施等情况后方可进行，并采取必要的预防措施。

3. 轮机值班

在港内值班时，值班轮机员应当做到下列内容：

（1）遵守有关防范危险情况的特殊操作命令、程序和规定。

（2）监测运行中的所有机械设备及系统的仪表和控制系统。

（3）遵守当地有关防污染规定，按照规定采用必要的技术、方法和程序，防止船舶对周围环境造成污染。

（4）查看污水井中污水的变化情况。

（5）出现紧急情况并且需要时，发出警报并且采取一切可能的措施避免船上人员、船舶及其货物遭受损害。

（6）了解驾驶员对装卸货物时所需设备的要求，以及对压载和船舶稳性控制系统的附加要求。

（7）经常巡查以判断可能发生的设备故障或者损坏情况，发现设备故障或者损坏情况的，应当采取补救措施以确保船舶、货物作业、港口及其周围环境的安全。

（8）在职责范围内采取必要措施，避免船上电气、电子、液压、气动以及机械系统发生事故或者损坏。

（9）对影响船上机械运转、调节或修理的重要事项做好记录。

六、驾驶、轮机联系制度

1. 开航前

（1）船长应当提前24 h将预计开航时间通知轮机长，如停港不足24 h，应当在抵港后立即将预计离港时间通知轮机长；轮机长应当向船长报告主要机电设备情况、燃油、润滑油和炉水存量；如开航时间变更，应当及时更正。

（2）开航前1 h，值班驾驶员应当会同值班轮机员核对船钟、车钟、试舵等，并分别将情况记入航海日志、轮机日志及车钟记录簿内。

（3）主机试车前，值班轮机员应当征得值班驾驶员同意。待主机备妥后，机舱应当通知驾驶台。

2. 航行中

（1）每班交班前，值班轮机员应当将主机平均转数和海水温度等参数告知值班驾驶员，值班驾驶员应当回告本班平均航速和风向风力，双方分别记入航海日志和轮机日志；每天中午，驾驶台和机舱校对时钟并互换正午报告。

（2）船舶进出港口，在通过狭水道、浅滩、危险水域或抛锚等情况下需备车航行时，驾驶台应当提前通知机舱准备。如遇雾或暴雨等突发情况，值班轮机员接到通知后应当尽快备妥主机。

判断将有恶劣天气来临时，船长应当及时通知轮机长做好各种准备。

（3）因等引航员、候潮、等泊等原因须短时间抛锚时，值班驾驶员应当将情况及时通知值班轮机员。

（4）因机械故障不能执行航行命令时，轮机长应当组织抢修，通知驾驶台报告船长，并将故障发生和排除时间及情况记入航海日志和轮机日志。

停车应当先征得船长同意。但情况危急，不立即停车会威胁人身安全或者主机安全时，轮机长可以立即停车并及时通知驾驶台。

（5）因调换发电机、并车等需要暂时停电时，值班轮机员应当事先通知驾驶台。

（6）在应变情况下，值班轮机员应当立即执行驾驶台发出的信号，及时提供所要求的水、气、汽、电等。

（7）值班驾驶员和值班轮机员应当执行船长和轮机长共同商定的主机各种车速，另有指示的除外。

（8）船舶在到港前，应当对主机进行停、倒车试验，当无人值守的机舱因情况需要改为有人值守时，驾驶台应当及时通知轮机员。

（9）抵港前，轮机长应当将本船存油情况告知船长。

3.停泊中

(1)抵港后,船长应当告知轮机长本船的预计动态,以便安排工作,动态如有变化应当及时更正;机舱若需检修影响动车的设备,轮机长应当事先将工作内容和所需时间报告船长,取得同意后方可进行。

(2)值班驾驶员应当将装卸货情况随时通知值班轮机员,以保证安全供电。在装卸重大件、特种危险品或者使用重吊之前,大副应当通知轮机长派人检查起货机,必要时应当派人值守。

(3)因装卸作业造成船舶过度倾斜,影响机舱正常工作的,轮机长应当通知大副或者值班驾驶员采取有效措施予以纠正。

(4)驾驶和轮机部门应当对船舶压载的调整,以及可能涉及海洋污染的各种操作,建立起有效的联系制度,包括书面通知和相应的记录。

(5)添装燃油前,轮机长应当将本船的存油情况和计划添装的油舱以及各舱添装数量告知大副,以便计算稳性、水尺和调整吃水差。

七、值班保障

(1)航运公司及船长应当采取有效措施防止船员疲劳操作。除紧急或者超常工作情况外,负责值班的船员以及被指定承担安全、防污染和保安职责的船员休息时间应当满足以下要求:

①任何 24 h 内不少于 10 h;

②任何 7 天内不少于 77 h;

③任何 24 h 内的休息时间可以分为不超过 2 个时间段,其中一个时间段至少要有 6 h,连续休息时间段之间的间隔不应当超过 14 h。

船长按照第②、③项中规定安排休息时间时可以有例外,但是任何 7 天内的休息时间不得少于 70 h。

对第②项规定的每周休息时间的例外,不应当超过连续两周。在船上连续两次例外时间的间隔不应当少于该例外持续时间的两倍。

对第③项规定的例外,可以分成为不超过 3 个时间段,其中一个时间段至少要有 6 h,另外两个时间段不应当少于 1 h。连续休息时间间隔不得超过 14 h。例外在任何 7 天时间内不得超过两个 24 h 时间段。

(2)紧急集合演习、消防和救生演习,以及国内法律、法规、国际公约规定的其他演习,应当以对休息时间的干扰最小且不导致船员疲劳的形式进行。船员处于待命情况下,因被派去工作而中断了正常休息时间的,应当给予补休。

(3)因船舶、船上人员或者货物出现紧急安全需要,或者为了帮助海上遇险的其他船舶或者人员,船长可以暂停执行休息时间制度,直至情况恢复正常。情况恢复正常后,船长应当根据实际情况尽快安排船员获得充足的补休时间。

(4)船舶应当将船上工作安排表张贴在易见之处。船舶应当对船员每天休息时间进行记录,并制作由船长或者船长授权的人员和船员本人签注的休息时间记录表发放给船员本人。船上工作安排表和休息时间记录表应当参照《国际劳工组织(ILO)和国际海事组织(IMO)编制船员船上工作安排表和船员工作时间或休息时间记录格式指南》,并使用船上工作语言和英语制定。

(5)船员不得酗酒。值班人员在值班前 4 h 内禁止饮酒,且值班期间血液酒精浓度(BAC)不得高于 0.05％或呼吸中酒精浓度不得高于 0.25 mg/L。船员不得服用可能导致不能安全值班的药物。

任务 4　熟悉职业健康及防止工伤事故的国际措施

《2006 年海事劳工公约》(MLC 2006)与 SOLAS 公约、MARPOL 公约、STCW 公约一起,构成世界海事法规体系的四大支柱,被称为全球 120 万海员的"权力法案",对海员的体面工作、生活和工作条件的改善、健康与安全保护、医疗福利等权益的保护提供了法律保障。《2006 年海事劳工公约》中关于船员职业健康及防止工伤事故的部分规定摘录如下:

一、海员上船工作的最低要求

1. 最低年龄

(1)应禁止 16 岁以下的人员受雇、受聘或到船上工作。

(2)应禁止 18 岁以下的海员在夜间工作。

(3)应禁止雇佣或聘用 18 岁以下的海员从事可能损害其健康或安全的工作。

2. 体检证书

(1)海员在上船工作之前持有有效的体检证书,证明其健康状况适合其将在海上履行的职责。

(2)体检证书应由有正规资格的医师签发。对视力证书可由经主管当局认可的具备签发证书资格的人员签发。

(3)每份体检证书应特别载明:有关海员的听力和视力以及从事那些对色觉有要求的人员的色觉视力全部符合要求;该海员未患有任何由于在海上工作而可能会加重,或使其变得不适合从事此种工作或威胁船上其他人员健康的疾患。

(4)体检证书的最长有效期为 2 年,除非海员低于 18 岁,在这种情况下体检证书的最长有效期应为 1 年。

(5)色觉视力证书的最长有效期应为 6 年。

(6)在紧急情况下,主管当局可以允许没有有效体检证书的海员工作直至该海员可以从合格的医师那里取得一份体检证书的下一停靠港,条件是所允许的期间不超过 3 个月,并且海员持有最近过期的体检证书。

(7)如果在某航行途中证书到期,该证书应继续有效至该海员能够从合格医师那里取得体检证书的下一停靠港,条件是这段时间不超过 3 个月。

3. 培训和资格

(1)除非海员经过培训或经证明适任或者具备履行其职责的资格,否则不得在船上工作。

（2）除非海员成功地完成了船上个人安全培训，否则不得允许其在船上工作。

二、就业条件

1. 工作或休息时间

（1）海员的正常工时标准应以每天 8 h、每周休息 1 天和公共节假日休息为依据。

（2）工作或休息时间应做如下限制：

①最长工作时间：在任何 24 h 时段内不得超过 14 h；在任何 7 天时间内不得超过 72 h。

②最短休息时间：在任何 24 h 时段内不得少于 10 h；在任何 7 天时间内不得少于 77 h。

（3）休息时间最多可分为两段，其中一段至少要有 6 h，且相连的两段休息时间的间隔不得超过 14 h。

（4）集合、消防和救生艇训练以及国家法律、条例和国际文件规定的训练应以对休息时间的影响最小和不会造成疲劳的方式进行。

（5）在某一海员处于随时待命的情况下，例如机舱处于无人看管时，如果海员因被调去工作打扰了正常的休息时间，则应给予充分的补休。

（6）本标准的任何规定不得妨碍船长出于船舶、船上人员或货物的紧急安全需要，或出于帮助海上遇险的其他船舶或人员的目的而要求一名海员从事任何时间工作的权利。为此，船长可中止工作时间或休息时间安排，要求一名海员从事任何时间的必要工作，直至情况恢复正常。一旦情况恢复正常，船长应尽快地确保所有在计划安排的休息时间内从事工作的海员获得充足的休息时间。

2. 配员水平

各成员方应要求悬挂其旗帜的所有船舶考虑到海员的疲劳以及航行的性质和条件，在船上配有充足数目的海员以确保船舶的安全、高效操作，并充分注意到在各种条件下的保安。

三、起居舱室、娱乐设施、食品和膳食服务

1. 起居舱室和娱乐设施

各成员方应确保悬挂其旗帜的船舶向工作和生活在船上的海员提供并保持与促进海员的健康和福利一致的体面起居舱室和娱乐设施。

（1）海员所有起居舱室具有充足的净高；所有需要海员充分和自由移动的起居舱室的最低允许净高不得低于 203 cm。

（2）在除客船以外的船舶上，应为每位海员提供单独的卧室。卧室应有足够的尺寸并配备适当的陈设，以保证合理的舒适度及便于保持整洁；在所有情况下都应为海员提供单独的床位，床位最小内部面积至少为 198 cm×80 cm。

（3）卧室和餐厅应通风良好。除常年在温带地区航行不需要空调的船舶以外，应为船舶的船员起居舱室配备空调设备。卧室和餐厅应有合适的自然采光，并应配备足够的人工灯光。

（4）起居舱室和娱乐设施及膳食服务设施应充分考虑到防止海员被暴露于达到有害水平的噪声、振动和其他环境因素以及船上化学品中的风险，并为海员提供一个可接受的职业和船上生活环境。

（5）航程超过3天、船上海员15人以上的船舶应设有独立的医务室,专供医疗使用。

（6）船上的所有海员均应能够使用满足最低健康和卫生标准以及合理的舒适标准的卫生设施。所有盥洗场所均应有流动的冷热淡水。应提供位置合适并有适当家具的洗衣设施。

（7）主管当局应要求船长或在船长授权下,在船上开展经常性的检查,以确保海员起居室干净、体面地适宜居住,并且被维护到良好状态。每次检查结果均应记录并在审核时可用。

2. 食品和膳食服务

应有效地维护关于食品和给养的法律和条例,以确保船员的健康和福利。要求:

（1）根据船员数量和航次的期限及性质,提供在数量、营养价值、质量和种类等方面合适的食品和淡水;同时考虑到不同的文化和宗教背景。

（2）以合适的方式布置和配备每一艘船上的膳食部,以便向船员提供合适的膳食服务。

（3）不得雇用或聘用18岁以下的海员担任船上厨师工作。

四、健康保护、医疗、福利和社会保障

1. 船上医疗

（1）主管当局应通过一个标准的海员医疗报告表格,供船长和相关的岸上和船上医疗人员使用。填好后的该表格其内容应予保密,只应用于方便海员的治疗。

（2）各成员方应通过法律和条例对悬挂其旗帜的船舶规定船上医务室及医疗设施和设备以及培训的要求。国家法律或条例最低限度应规定以下要求:

①所有船舶均应携带医药箱、医疗设备和医疗指南,具体内容由主管当局规定并受到主管当局的定期检查;国家要求应考虑到船舶类型、船上人员的数量及航次性质、目的地和航程以及相关的国家和国际的建议医疗标准。

②载员100人或以上,通常从事3天以上国际航行的船舶应配备一名医生负责提供医疗急救。

③应要求不配备医生的船舶,要么在船上至少有1名海员,其一部分正式职责是负责医疗和管理药品,要么船上至少有1名海员胜任提供医疗急救。

④不是专职医生但负责船上医疗的人员应该满意地完成了符合经修正的STCW公约要求的培训;被指定提供医疗急救的海员应满意地完成了符合STCW公约要求的医疗急救培训。

（3）主管当局应通过一个预先安排的机制,保证船舶在海上能够每天24 h均可得到通过无线电或卫星通信提供的医疗指导,包括专家指导。医疗指导,包括船舶与岸上提供医疗咨询的机构通过无线电台或卫星通信进行的医疗信息沟通,均应由所有船舶免费使用,无论其悬挂哪一国旗帜。

2. 保护健康和安全及防止事故

（1）各成员方应确保悬挂其旗帜的船舶上的海员能够得到职业健康保护,并且在一个安全和卫生的环境下在船上生活、工作和培训。

（2）各成员方应为悬挂其旗帜的船舶制定和颁布关于职业安全和健康管理的国家导则。

（3）各成员方应为悬挂其旗帜的船舶规定职业安全和健康保护及防止事故的标准。

任务 5　熟悉工伤事故的种类及预防措施

海上事故可大致分为船舶海事和工伤事故。常见的船舶海事有碰撞、搁浅/触礁、火灾/爆炸、船壳破损、进水、严重横倾、倾覆、污染损害等。常见的工伤事故有击伤、坠落、人落水、轧伤/压伤、触电、窒息/中毒、烧伤/炸伤等。

一、船员常见的工伤事故

1. 击伤

击伤事故主要是人与物之间的接触能量超过了人体承受能力所致。例如,不戴安全帽被上方的坠落物击伤;站位不当被受力或破断的缆绳击伤;抛锚时紧靠锚链而被高速飞出的锚链击伤;敲铲或敲除焊渣时不戴防护镜而被溅出的碎屑击伤眼睛;大风浪中横摇剧烈时被工作场所或居所未固定的物体飞出击伤;用抛掷方法传递物具时被击伤等。

2. 坠落

常见的坠落事故:人员在高处作业时嫌麻烦不用安全带或使用不当而坠落摔伤;工作时不慎摔落货舱;在舱口上空作业前,未按规定关闭舱盖;未采取安全措施就冒险攀高而摔伤;因使用严重锈蚀或损伤的直梯或扶梯导致踏步断裂而摔伤;作业人员在高空的支撑物的栏杆和构件,因严重锈蚀而发生断裂、脱落,导致人员坠落等。

3. 人落水

常见的人落水事故:船员舷外作业不用安全带或使用不当而掉落水中;舷梯或桥板未使用安全网或使用不当导致人员落水;未及时架设舷梯或桥板,或无人照看和调整而导致人员落水;使用的绳梯严重损坏或不会使用而使人掉落水中;大风浪中船员到舱面甲板工作未使用安全系绳而被甲板上浪卷入海中;倚靠严重锈蚀的栏杆或防浪墙而掉入水中等。

4. 轧伤/压伤

常见的轧伤/压伤事故:在检修转动的机械时,衣服、手指等被卷入而伤害人员;收绞缆绳时,操作者距卷筒过近,被受力回抽的缆绳拉入卷筒而轧伤;疏忽作业现场环境,被高垒或直立的货物或物具倒塌压伤;修理机械或开关舱时,因操作者配合不当而被压伤等。

5. 触电

触电事故常见有:船员乱拉电线和私接电器而触电;违章带电操作而触电;损伤电线电器而触电;在健康不良、过度疲劳、严重晕船的情况下进行带电操作而触电等。

6. 窒息/中毒

该类事故常见于:人员擅自进入长久封闭的场所,因缺氧或吸入积聚的有害气体而窒息;在未充分通风和无人接应的情况下,进入大量存放农产品的封闭舱室而窒息;违反熏舱操作和管理规定,导致中毒伤亡等。

二、船员工伤事故的一般预防方法

项目二任务5中介绍的事故案例系统分析法,同样适用于工伤事故案例分析。同理,预防船员工伤事故,也可从"人—机—环境—管理"系统中的各要素着手。

"人"要素,重在通过教育和培训,提高船员的职业安全素质;

"机"要素,重在防止和消除机(物)的不安全状况;

"环境"要素,重在创造安全的工作环境、必要的生活环境,营造良好的船风;

"管理"要素,重在健全安全管理规章体系并保证切实执行。

在全船安全管理和具体作业中,始终将人、机、环境诸要素置于有效控制下,防止和及时消除物的不安全状态,防止和及时制止人的不安全行为,特别是保证不使物的不安全状态和人的不安全行为同时出现。

在目前的船舶配员情况下,除了关键性作业和较大规模作业外,常常需要船员单人作业。在没有他人监督的情况下,严格遵守安全操作规程,使用四阶段安全作业法,是防止工伤事故的有效方法。船员应牢记"300∶29∶1"这一海因里希法则给我们的启示:为了避免重大伤亡,就必须高度自觉地杜绝一切违章作业行为。

三、船员工伤事故的紧急处置

船员工伤事故紧急处置,是指在船上劳动生产过程中因各种意外事故导致船员受伤,为了防止伤情恶化,减少受伤船员的痛苦,所采取的一些初步的紧急处置措施。通过简易的、必要的和适当的处理,使伤员能及早恢复正常的体征,以便采取进一步的治疗和恢复措施。

1. 工伤事故紧急处置基本原则

(1)工伤事故现场处理应坚持"先救人,后救物"的原则。

(2)工伤事故如造成船员伤亡,应先处置伤员,后处理亡者。

(3)工伤事故现场如同时有轻、重伤员,应先处置重伤船员,后处置轻伤船员。

(4)工伤事故现场应优先考虑抢救受伤船员的生命,然后考虑减轻受伤船员所受到的伤害。

(5)对于受伤船员的现场急救,应由持有精通急救证书的船员完成。对伤员的进一步救治和处置应由持有船上医护证书的船员完成,或根据来自岸基的意见由大副完成。

2. 工伤事故现场紧急处置程序

(1)发生工伤事故,事故现场人员应立即设法切断电源,关停造成事故的机器设备,并及时通知部门长和船长。如可能,记录并拍摄工伤事故的现场情况,以便为将来工伤事故处理提供依据。

(2)船长和部门长接到通知后应立即赶到事故现场,应设法尽快地了解事故发生的原因、经过以及造成船员的伤害情况,在没有弄清楚事故发生的原因前不要盲目采取行动。

(3)指定专人保护事故现场,根据需要划定危险区域,禁止其他人员盲目再次进入危险现场。

(4)根据不同的工伤事故以及造成的不同的伤害,对受伤的船员采取相应的应急处置措施。如有必要并可能,应考虑联系直升机,将伤员送到附近港口进行救治。

（5）船长应按照职业健康安全管理体系文件的规定，将工伤事故发生的时间、地点、场所、事故类型、造成的伤亡情况、已采取和拟采取的措施等报告公司相关部门，听取公司的指示。

（6）如发生重大工伤事故或有船员死亡，在船舶到达国内第一个港口时，应向当地的海事管理机构递交海事报告。

四、工伤事故举例——某二副高空坠落事故及原因分析

（一）事故简况

2020 年 12 月 31 日 1248 时许，锚泊在大连锚地的某散货船上的中国籍二副侯某某在罗经甲板登桅检查雷达天线后，爬下大桅时，坠落于罗经甲板，意外身亡。事故现场如图 4-4-5-1 所示。本起事故造成一人死亡，无其他财产损失，为一般事故。

图 4-4-5-1　事故现场

本起事故由大连海事局调查。大连海事局依据《海上交通安全法》《海上交通事故调查处理条例》等相关法律法规，成立了事故调查组，对事故展开了全面调查，查明了事故原因，判明了事故责任。

（二）事故经过

2020 年 12 月 23 日 0836 时，散货船满载 18 万吨铁矿石，抵达大连锚地抛锚，船舶吃水：首吃水 6.37 m，尾吃水 8.43 m。

12 月 31 日 1230 时，二副交代三副禁止开启雷达，然后二副和值班水手携带安全带和安全帽到达罗经甲板，二副吩咐值班水手在罗经甲板帮忙观察协助，之后自己一个人系上安全带

爬上了大桅。

1245 时,二副检查完雷达天线之后,将安全带扔到罗经甲板,然后左手持工具箱沿梯子向下爬,当时是头上脚下状态。

1248 时,二副持工具箱的左手没能有效抓牢梯子,导致身体后仰,跌落至罗经甲板,跌落位置距地面大约 3.5 m,协助水手随即大声呼救。

1250 时,船长及甲板部船员一起来到罗经甲板查看情况。发现其呼吸急促,口中吐血,已经失去意识,随后用担架将其抬到驾驶台,并准备毛毯和棉衣为其保暖,一边清除其口腔内积血,保持呼吸畅通,大副现场进行心脏按压及人工呼吸。

1254 起,船长先后通报大连海事局船舶交通管理中心、公司指定人员、当地代理公司等各方面,报告了船上人员受伤情况,并寻求利用直升机紧急救援。

大连海事局船舶交通管理中心接到船长报告后,先后协调大连海关、大连边防、大连市外办、大连市交通局、北海救助局第一飞行队、大连港轮驳公司等,按照直升机优先、救助船舶次之的方案,沟通进行救助事项。

1402 时,大连交管中心得到通知,由于疫情影响,直升机无法前往救助,大连交管中心立即安排拖船协助,但需要等待检疫人员一起登船检测核酸。船上人员按照岸上指导,保持持续的救助。

1440 时,散货船接到交管指令,令其开往引航员登离轮点与拖船汇合。

1524 时,发现二副已没有心跳、血压及脉搏。

1700 时,散货船抵达引航员登离轮点附近并抛锚。

1720 时,交通船右舷靠泊散货船,检疫人员登船进行核酸检测。

1740 时,医护人员上驾驶台检查二副伤情,发现二副已经没有生命体征,确认死亡。

2021 年 1 月 7 日,大连市公安局法医检验鉴定中心出具了居民死亡医学证明(推断)书,死亡结论为死者侯某某系内脏破裂出血死亡。二副的遗体于当日在大连市殡仪馆火化。

(三)事故责任认定及原因分析

1. 责任认定

大连市公安局法医检验鉴定中心对死者侯某某尸体进行了法医学检验,出具了居民死亡医学证明(推断)书,死亡结论为死者系内脏破裂出血死亡。

根据大连市公安局法医检验鉴定中心对死者死因的认定,二副确系由于本次事故死亡。

大连海事局海事调查官根据现场勘验、查阅询问船员等方式,结合多方材料,认定事故结论如下:

2020 年 12 月 31 日,二副于中午 1230 时,独自一人爬到罗经甲板的大桅上去检修雷达天线,1248 时,完成检修工作后,将安全带扔下罗经甲板,然后左手持检修工具箱,在从大桅梯子向下爬的过程中,倒手失误,从高度大约 3.5 m 处的梯子上跌落至罗经甲板,造成内脏破裂出血死亡。

2. 原因分析

(1)二副在爬下大桅的过程中,未采用安全带保护,是导致其死亡的直接原因;

(2)二副在爬下大桅的过程中,一只手持工具箱,一只手扶梯子爬下,导致其在爬下梯子

倒手时未能抓稳,是其跌落死亡的重要原因;

(3)二副在进行本次高空作业工作中,未履行申请手续,未指定高空作业监护人,三副和水手在本次作业过程中,没有对二副进行充分的提醒,也是发生本次事故的原因之一。

3.安全管理建议

(1)建议公司加强安全生产教育,加强对安全管理体系文件学习;对安全管理须知文件中《高处、舷外、水面作业须知》等文件严格执行;加强每一次教育培训的效果评估,以切实保证船员生命和财产安全。并将此次事故情况通报所有相关人员及公司所管船舶,以杜绝类似事故的再次发生。

(2)建议公司采取必要措施,加强对船长和部门长的培训,要求船员在进行高空作业前,必须按照体系文件规定进行逐级报告,按照规定填写高空作业检查表。对于涉及船员人身安全的工作,如从事高空作业等,在操作须知中增加相应的监控手段,对作业人员不按照相关规定进行操作的行为进行约束,加强针对性检查,以确保体系的有效运行,避免类似事故的发生。

(3)根据公司管理体系文件,"高处、舷外、水面作业应指定专人监护。监护人员负责作业中的有关服务和照顾工作并督促检查安全操作情况,发现危险情况有权指令停止作业,并及时向有关领导报告"。建议公司对高空作业监护人员进行有效的培训,对可能发生的危险有更全面的预判,赋予其充分的权力,发现危险情况能够及时制止,以避免类似事故的发生。

思考题

1.什么是安全作业方法?表现形式有几种?

2.遵守安全作业方法对船员个人和社会有何意义?

3.船舶明火作业的条件是什么?应符合哪些基本作业要求?

4.高空或舷外作业应注意哪些安全事项?

5.系离泊作业时应遵守哪些安全作业要求?

6.船上封闭舱室存在哪些安全隐患?进入封闭舱室前,应遵循哪些安全规定?

7.在进行开关舱作业时应遵守哪些安全作业要求?

8.在进行扫舱作业时应遵守哪些安全作业要求?

9.工伤事故的种类有哪些?

讨论题

1.试说明船上作业中需佩戴的个人劳动安全保护用品,诸如上高作业、舷外作业、系解缆作业、锚作业、明火作业等。

2.说明进入封闭舱室作业时应进行的安全防范措施。

项目五　防止船舶污染海洋环境的措施

【知识目标】

1. 了解海洋环境的复杂性和多样性,自觉承担防污染责任;
2. 了解航运对海洋环境的影响;
3. 掌握防止船舶造成污染的基本要求;
4. 熟悉防污染器材的使用;
5. 了解防污染应急基本程序。

【能力目标】

1. 具备将船舶垃圾正确分类并处理的能力;
2. 具备正确使用围油栏、木屑、吸油毡等防止油污染器材的能力。

【内容摘要】

　　对于营运船舶,污染途径可以概括为操作性排放污染和海难事故所致污染。国际公约中指定的对海洋直接造成污染的物质可达近千种,因此,彻底消除船舶污染源是不现实的,排放的控制便显得尤为重要。就个案而言,海难事故所致污染所造成的损害是巨大的,往往会导致局部生态环境的毁灭性打击。海难事故的发生有其必然性,但从发生的总量上看,却远远低于操作性排放污染。操作性排放污染几乎是每天都存在的。

　　因此,我们应当重视对操作性排放污染的控制。限制和控制污染物的产生和排放,将船舶对海洋环境的污染损害降低到最低限度。国际社会非常重视对船舶污染源的控制,包括通过国际立法和多国条约控制船舶排放,通过国际公约控制向海洋倾倒废弃物,通过一系列公约、法规控制船舶的防污染构造和操作性排放,协同控制溢油事故,加强船舶的安全管理等。

任务1 了解海洋环境的复杂多样性和 船员的防污染责任

一、海洋环境的复杂多样性

在海洋中蕴藏着包括矿产、油气、水和生物等多种形式的资源,并且资源储量极其庞大,已成为人类未来生存和发展的资源库。

浩瀚的海洋哺育着种类繁多、形态各异、大小不同的海洋生物。根据它们的生态习性或生物学特性,可以将它们分为浮游生物、底栖生物、游泳生物、海洋鱼类、甲壳生物、软体动物、哺乳动物、深海动物等。它们分布在海洋中的不同地理区域或不同水层,组成了海洋生物的大千世界。整个海洋生物资源蕴藏量很大,海洋每年约可生产1 350亿吨有机碳。在不破坏海洋生态系统平衡的情况下,每年可为人类提供30亿吨水产品,足以养活300亿人口。但是,目前的海洋生物开发利用的范围只占整个海洋面积的10%,绝大多数海域尚未开发,即使在已经开发的海域里,也还有很多种类由于科学技术水平的因素,至今还无法利用。

国际海底区域占到世界海洋总面积的65%,广泛分布着各种资源。就海洋矿产资源方面来讲,最有可能进行商业开采的是大洋多金属结核。这种资源分布于世界各大洋的洋底,以太平洋分布最广,估计储量为1.7万亿吨。从20世纪50年代开始,一些发达国家及财团就率先"下海",对大洋多金属结核资源展开勘察活动。20世纪60年代到70年代,这一活动达到了高潮,而且,采矿、冶炼技术的研究和试验工作已经取得了很大的进展。到了20世纪80年代,一些国家已经完成勘探目标区的圈定,并大规模地开展试采和选矿试验研究。

海洋石油主要分布在大陆架、深海和超深海,2006年9月在墨西哥湾海底8 000多米处发现了一个储量约150亿桶的深海大油田,再一次引发了世界上的海洋石油探宝热潮。在全世界海域内,海洋石油主要分布在波斯湾及中东地区、墨西哥湾地区、西非的几内亚湾、巴西海岸、南北极大陆架等,在其他海区,比如地中海、孟加拉湾等也有分布。而在我国海域,主要是在南海。而水深300 m以上、井深2 000 m以上的中国海域深水区,是世界上最有前途又未大规模开采的油气资源区。

二、海洋对人类的影响

海洋占地球表面积的71%,孕育了地球上的原始生命,为人们提供了丰富的生产、生活资源和空间资源,是全球生命支持系统的重要组成部分。在全球经济迅速发展和人口激增的情况下,海洋对人类实现可持续发展起到了重要的作用。

不论是内陆还是沿海,人类的生存和发展都离不开海洋:海洋向大气中提供着四分之三的氧气;海洋调节着全球气候,充裕的水汽和适当成分比例的空气通过大气经向环流向两极输送,通过季风带遍布全球;随着世界人均耕地的减少,海洋中丰富的鱼类、贝类和藻类能向人类提供充足的食物;海洋有着巨大的环境净化能力;海洋为人类提供了优良的休息和旅游场所;

海洋是重要的水上通道;海底矿藏是工业发展的后盾;海洋是化工原料和医药资源的重要供应地;海洋是人类用水的最大源泉;海洋还是良好的科学试验场所。

21世纪是人类全面开发海洋的世纪。保护海洋环境就是保护人类的现代和未来。

三、海洋环境污染的危害和历史教训

海洋表层若被油膜或垃圾覆盖,会妨碍海水与阳光、温度、风等的相互作用,从而影响氧气的产生、大气的成分和温度,阻碍水汽的蒸发,并通过大气环流影响人体健康,降雨量减少而使土地沙漠化,温度失常而妨碍农作物生长;海面污染物所产生的有害气体也会随大气环流播撒全球,危害人体健康;海面污染物会妨碍海面养殖和其他作业;海面漂浮物会妨碍船舶的安全航行;海面垃圾及其腐臭味,使海上休息和旅游胜地失去价值。

海洋环境严重污染区域多出现在船舶密集区域和沿海工业发达的海区。由于人们对海洋自净力的估计过高,致使海洋一度被视作天然的垃圾处理场,工业污水和陆地废弃物全都向海洋排放,船舶则毫无节制地排放着含有各类有害物质的洗舱水和船舶垃圾,致使沿海海域和封闭海域被严重污染。波罗的海、地中海、日本的濑户内海和东京湾、墨西哥湾等一度成为污染最严重的海域。这些海域污染的共同症候是海水变色发臭,鱼类和鸟类大量死亡和灭绝,浮油和垃圾致使海滨浴场及旅游胜地废弃,沿海树林和植物病枯,海生物畸形和变味,海洋底土腐臭使贝壳类全部死亡,以及出现了"公害病"人群等。

日本在20世纪70年代前后,大量工业污水排入海域,使东京湾、濑户内海和伊势湾等受到严重污染。沿岸海水透明度下降,呈褐色或黑色。一些水产资源濒于灭绝,而具有油臭的鱼、带有烂斑的海带大量出现,食用被污染海产品而得病的人越来越多。濑户内海海底全是发臭的污泥,成了海生物的坟墓。全日本一度成了"公害列岛"。一些地区的居民由于长期食用受污染的海产品,大量的有毒物质和重金属积累于人体,使大批居民患上了痛苦难忍的"骨痛病",一些居民因不堪痛苦而自尽。严酷的事实引起了政府的重视,从调查到赔偿花费了10多年时间,最终促使日本政府下定决心从严治理海洋环境污染。

波罗的海是封闭型海域,周边国家众多,工业发达,海上交通繁忙,但大量的污染物排放和倾废,一度使该海域几乎成为死亡之海。海生物体内的汞、DDT、多氯联苯含量严重超标。过量的营养盐使藻类疯狂繁殖,导致海水水体出现无氧区,大部分海底被含有硫化氢的海水覆盖,一部分海域已无海生物存在。残酷的事实终于使环波罗的海的周边国家达成了联合治理污染的共识。

四、战争对海洋环境的影响

据了解,自20世纪60年代以来,世界海洋开发规模不断扩大,开发范围从浅海向深海延伸,开发项目从单项向多项开发、立体开发发展。人类在海底油气开采、深海矿产资源勘探和评估、海水增养殖、海底隧道及海上人工岛等一类的海洋空间利用方面取得举世瞩目的成就。由此,人们当时预言,21世纪将是海洋世纪。

可是,当我们站在"海洋世纪"的开端,却发现,人类的过度开发和利用行为,对海洋环境造成了沉重的压力。除了严重破坏海洋生态环境的船舶事故,对海洋环境破坏最严重的是突发事件的军事行动。比如,1990—1991年发生的海湾战争,致使科威特25%的沙漠被油污和

烟灰所覆盖;科威特境内 40%的地下水资源受到严重污染,海湾上的厚重油污导致 52 种水鸟灭绝;石油燃烧释放的烟雾影响了亚洲季风,导致印度和东南亚干旱;数年之后,珠穆朗玛峰的雪样发现了海湾石油大火所飘逸上去的灰烬,南极的雪水中化验出了海湾战争的污染物。此外,当年美军投掷贫铀弹地区,白血病等恶性癌症以及其他疑难病症的发病率增加了 6 倍,孕妇流产率是过去的 10 倍以上。军事行动也同样给海洋环境造成了巨大压力,导致空气、水、土壤、海洋污染,生物体健康受损,物种灭绝,生态系统受到破坏,土地沙化,气候异常,以及污染的全球化等问题。工业化 200 年所造成的环境问题,一场海湾战争全部将其显现了出来! 污染是长期灾害,灾害是短期污染。战争、日常的军事活动及其他灾害导致海洋环境日益恶化,"海洋荒漠化"现象日益严重,作为国家安全第一道防线、人类生存新的空间的海洋,面临着日益严峻的压力。

五、航运对海洋环境的影响

船舶的不当排放会污染水质。有害化学物质分散于水中而影响海水的工业利用价值。有害物质被鱼贝类、食用藻类吸收,轻则影响其食用价值,重则导致人的慢性中毒而危害健康和生命,例如 1988 年上海市民食用污染海域的毛蚶而导致"甲肝"大流行。严重污染则使海生物大量死亡,海洋食物链中断,使人类丧失至关重要的海洋食物源。营养盐的大量排放,会使藻类过量繁殖,超量消耗水中氧分,最后导致大量海生物的缺氧死亡而产生"赤潮"。这些死亡生物在腐烂时进一步消耗氧分,使该水团成为缺氧空洞,"赤潮"流动到哪里,哪里的海生物就大批死亡。我国曾有过多处发生"赤潮"。

船舶污染物的沉淀,会使海底生物污染和死亡,使滩涂荒废,使海岸污染,从而使人的食物源和健康、生活和旅游环境、滩涂利用和海岸工程都受到不良影响。

六、保护海洋环境是每个船员的社会责任

保护海洋环境,既是国际公约、港口国立法和港口规定赋予船员的法律义务,违法者将被追究行政责任、民事责任乃至刑事责任,更是船员作为一个社会人应有的职业道德和应承担的社会责任。保护海洋环境,不仅有利于社会,有利于船员自身和家人,更关系到子孙后代的生存和健康,因此是每个船员应尽的家庭责任。那些为了贪图方便,或为公司省钱着想而故意违章排放船舶污染物的行为,显然不符合社会利益和家庭利益,为社会公德和个人良知所谴责,为法律所不容。

不论是从法律的或道德的角度,每个船员都应自觉地保护海洋环境,具备保护海洋环境的意识、知识和技能。在日常工作和生活中应自觉做到:

(1)遵守规定:自觉遵守国际、国家、地方、公司的有关防污染法律和规定,严格遵循禁止排放的规定和有限制排放的条件,确保船上的防污染设备和设施随时处于良好技术状态,严格遵守对船舶污染物的操作规程,接受港口当局的作业指挥和指导。

(2)加强防范:鉴于除不可抗力外,船舶发生污染事故不论有无过失都要承担法律责任这一事实,船员应时刻保持防污染的警惕性,严格防范可能发生的污染事故。

(3)有效控制:本船一旦发生或可能发生污染情事,全体船员应按应变部署(应变计划/程序)全力应急,及时控制和消除污染(应急指挥有责任随时判断有无危及人身安全的情况,必

要时组织人员撤离)。

(4)及时报告:船员发现他船违章排污,或本船发生污染情事,或发现海面严重污染,应立即报告船长、值班负责人并通知机舱,船上负责人应立即向当局报告。

(5)配合调查:对于船旗国或港口国当局的安全检查或污染事故调查,每位船员应予积极配合,如实陈述污染经过和排放数量等事实,提供有关资料和证明。

(6)群体协同:在多船协同对抗污染事故时,不论是援助他船,还是接受他船援助,本船船员都应该严格服从船长的指挥,认真履行所分配的职责,积极配合群体行动。

任务 2　了解船舶对海洋环境的污染损害

随着工业技术的发展以及人口的增长,海上运输量逐年大幅度增长,世界船舶总吨位和尺度也不断增加。因而,从船舶上排入海洋及大气中的各种有害物质的数量与日俱增,致使海洋环境日趋恶化,海洋的生态环境被破坏,尤其是一些沿岸及河口海域正遭受着严重的污染损害,危害人类健康。为了当代人类健康,也为了给子孙后代创造一个良好的生存环境,使人类社会可持续发展,必须严格控制对海洋的污染。

一、广义的海洋环境污染

海洋环境是指人类赖以生存和发展的,包括海洋水体、海底和海水表层上方的大气空间,以及同海洋密切相关,并受到海洋影响的沿岸和河口区域在内的自然环境。

(一)海洋环境污染损害

海洋环境污染损害是指直接或间接地把物质或能量引入海洋环境,产生损害海洋生物资源、危害人体健康、妨碍渔业和海上其他合法活动、损坏海水使用质量和环境质量等有害影响。尽管这些物质和能量是人类需要的和可以回收利用的,但如果排入海洋会产生上述后果,就属于广义的海洋污染物(狭义的海洋污染物由《国际海运危险货物规则》规定)。

(二)广义的海洋污染物

广义的海洋污染物包括:石油和石油制品;无毒有机物(含脂肪、糖类和蛋白质的物质);营养盐(含氮、磷的物质);有毒有机物(有机农药和工业原料等);有毒无机物(汞、镉和铅等重金属,氰化物,氟化物等);放射性物质(核尘埃、核废料、含放射性物质的废水);热污染(工业冷却水等);固体污染物(生活垃圾、工业废渣、海岸工程、海上施工和船舶营运排放的废弃物)等。

(三)污染海洋的途径

污染海洋的途径主要有陆源和船舶的故意和意外的排放,船舶和飞机的倾废,海岸工程建设和海底矿物开采的泄漏、遗漏,大气沉降等。

二、船舶对海洋环境的污染

(一)船舶污染源

船舶污染源有石油及其制品、生活污水、有毒化学品、船上垃圾、有害排气、带有有害生物和病原体的压载水等。国际公约中指定的对海洋直接造成污染的物质可达近千种,因此,彻底消除船舶污染源是不现实的,排放的控制便显得尤为重要。

(二)船舶对海洋环境污染的特点

污染物种类繁多且成分复杂,污染持续时间长且危害大,污染范围广。

(三)船舶的污染途径

船舶可能的污染途径包括:船舶营运中产生的废弃物的污染;船舶海损事故引发的污染;利用船舶向海上倾倒废弃物所致污染;船舶修造、打捞、拆解造成的污染等。

对于营运船舶,污染途径可以概括为操作性排放污染和海损事故所致污染。其污染程度以石油类污染为例,工业排放和城市排泄占37%,船舶操作性排放占33%,油船事故排放占12%。

1. 船舶操作性污染途径

(1)船舶运输石油(原油、成品油)和船舶使用燃油可能造成的油污染;

(2)船舶运输散装液体化学品可能造成的散装有毒液体物质污染;

(3)船舶运输包装有害物质可能造成的包装有害物质污染;

(4)船舶生活污水造成的污染;

(5)船舶垃圾造成的污染;

(6)船舶废气造成的污染;

(7)船舶压载水和洗舱水造成的污染等。

为此,IMO制订了针对性的国际公约——《73/78国际防止船舶造成污染公约》(即MARPOL 73/78公约)和《压载水管理公约》予以控制。依法排放船舶废弃物,为海洋的自净能力所允许。否则,就会造成船舶对海洋环境的操作性污染损害。

2. 船舶海损事故所致污染

海损事故意味着人命伤亡、船舶和货物等财产的损失,而海事引起的海洋环境污染损害则危及人类的现在和将来,是难以用金钱估量的。处理污染损害使船东承受巨大的经济压力,直接影响着船员的就业和经济收入,例如,"埃克森·瓦尔迪兹"轮因海损事故引发油污事故,迄今费用已达几十亿美元就是证明。

引起污染的海损事故主要有:火灾或爆炸;搁浅;碰撞;船壳破损;严重横倾等。其中,严重横倾通常是由进水或货物移动引起。而诸如推进器、操舵设备、供电系统、重要的船载导航设备等影响船舶适航性的机械和设备的使用,甚至造成损坏或故障,通常是引发海损事故进而引发污染事故的原因。

海损事故所致的污染损害常常是举世震惊的,严重危害人类赖以生存和发展的海洋环境。

因此,一旦发生上述损害和故障,应立即考虑修复的可能性,以及发展成海损事故和污染事故的可能性,及时向当局报告和采取应急措施。

著名的海损所致污染事故摘要如下:

(1)"托利·坎荣号"触礁溢油10万余吨

1967年3月18日,载重量118 285 t的利比里亚籍油船"托利·坎荣号",载运117 000 t波斯湾原油驶往美国米尔福港,途经英吉利海峡的锡利群岛。因大副值班严重偏航,船长顺势选择狭窄的锡利群岛东航道。由于瞭望、定位和操舵等的综合失误,导致船舶在七岩礁触礁,船身折成两截,10万多吨原油流出,当时出动42艘船只,使用了1万吨清洁剂,后英国派军舰播撒13 500 t毒性很高的化学剂处理海面原油。因除油和围控失效,3月26日英国派飞机轰炸烧掉舱内原油。浮油造成了法国北部海岸严重污染,大量海生物死亡,腥臭味弥漫数月,使英、法两国蒙受了巨大损失,举世震惊。

(2)"阿莫柯·卡迪兹号"舵机损坏导致触礁溢油22万吨

1978年3月6日,利比里亚籍油船"阿莫柯·卡迪兹号"在法国布里塔尼海域舵机损坏,延误10 h才接受施救,导致船舶漂上礁石触礁断裂,溢出原油22万吨。尽管法国动用万人到海岸设置栏木浮栅,派出32艘船舶围捞浮油4万吨,依然污染法国沿岸250 km,海鸟和鱼虾大量死亡,海滨浴场和旅游胜地因此萧条。直接经济损失3亿美元,估计经济损失高达12~15亿美元。

(3)"埃克森·瓦尔迪兹号"避让冰山不当触礁溢油1 100万加仑

1989年3月24日,利比里亚籍油船"埃克森·瓦尔迪兹号"在美国阿拉斯加威廉王子港避让冰山不当而触礁,溢油1 100万加仑,污染海岸1 609 km,海域7 770 km^2。造成直接、间接生态破坏,10万~30万只海鸟死亡,约4 000头海獭死亡,恢复生态系统需要5~25年。该事故导致《1990年美国油污法》(OPA90)的问世,促使IMO修正了MARPOL 73/78公约。迄今为止,该事故有关费用已达80亿美元。

(4)"威望号"油船溢油7.7万吨

2002年11月13日,载有7.7万吨燃料油的"威望号"油船在西班牙西北部加利西亚省海域搁浅,船体破裂,当月19日油船断裂成两半,随后逐渐下沉,油料泄漏,形成一条巨大的污染带。这次事故共泄漏1.1万~2万吨油。当月25日,西班牙西北部500 km长的海岸遭到污染,135个海滩上布满油污。在距菲尼斯特雷角约135 n mile处有一个长36 n mile、宽14 n mile的巨大油污带,在北部距阿斯图里亚斯省33 n mile处另有2个长10 n mile、宽5 n mile的油污带。这些油污带随着风向的变化以每天20 km的速度向法国海岸或葡萄牙海域移动。在污染最严重的海域,泄漏的原油有38.1 cm深,一眼望去海面上乌黑一片,原油的泄漏对当地的生态环境造成毁灭性打击,一些珍贵物种可能会从此灭绝。

任务3　了解国际防止船舶造成污染的基本要求

一、MARPOL 73/78 公约的基本要求

20 世纪 60 年代前,人们一直认为海洋能净化所有人为的任何污染,但 1967 年超级油船"托利·坎荣号"的触礁油污事故,触动了整个国际航运界,IMO 制定了 MARPOL 73 公约(未生效),1978 年 2 月又制定了 MARPOL 78 议定书。1978 年 3 月,超级油船"阿莫柯·卡迪兹号"的触礁,导致法国海域和海岸的严重污染,使国际社会清醒地意识到了船舶污染对海洋环境损害的严重后果,促成了 MARPOL 73/78 公约的迅速生效。该公约由公约正文、2 个议定书、6 个附则及其修正案组成。这 6 个附则是:

附则 I:防止油污规则,1983 年 10 月 2 日生效。

附则 II:控制散装有毒液体物质污染规则,1987 年 4 月 6 日生效。

附则 III:防止海运包装有害物质污染规则,1992 年 7 月 1 日生效。

附则 IV:防止船舶生活污水污染规则,2003 年 9 月 27 日生效。

附则 V:防止船舶垃圾污染规则,1988 年 12 月 31 日生效。

附则 VI:防止船舶造成大气污染规则,2005 年 5 月 19 日生效。

自 MARPOL 73/78 生效以来,对保护海洋环境取得了积极成效。随着经济水平的提高以及人类对生活质量、可持续发展认识的提高,对人类赖以生存和发展的海洋环境提出更为严格的保护要求。

MARPOL 73/78 防止船舶污染海洋环境的策略,是控制船舶的设备状态和人员操作,即由船旗国负责(委托船级社)对有关技术设备根据公约进行检验,对符合要求的发给证书;明确船舶污染物的排放标准;对特殊操作制定操作程序或手册;要求船舶对这些操作进行记录。港口国则主要通过检查船舶证书、操作程序和操作记录,判断该船舶是否符合本公约的要求。

目前,MARPOL 73/78 的要求已成为几乎遍布全球的港口国监督(PSC)组织的必查项目。若出现防污染证书和设备不符合要求,违章操作和违反排放标准,记录不符合要求等情况,很可能导致船舶被港口国滞留。在此概要介绍 MARPOL 73/78 各规则的内容。

(一)附则 I:防止油污规则

1.适用范围

除另有规定外,本附则适用于所有船舶。

2.定义

(1)油类系指包括原油、燃油、油泥、油渣和炼制品在内的任何形式的石油(本公约附则 II 所规定的石油化学品除外)。

(2)油性混合物系指含有任何油分的混合物。

(3)燃油系指船舶所载有并用作其推进和辅助机器的燃料的任何油类。

（4）油船系指建造为或改造为在其装货处所主要装运散装油类的船舶,并包括全部或部分装运散装货油的兼装船、用于全部或部分装运散装货油的化学品液货船和经修订的 SOLAS 74 公约第Ⅱ-1/3.20 条中所定义的任何气体运输船。

（5）最近陆地系指距按照国际法划定领土所属领海的基线。

（6）特殊区域系指这样的一个海域,在该海域中,由于其海洋学的和生态学的情况以及其运输的特殊性质等方面公认的技术原因,需要采取特殊的强制办法以防止油类物质污染海洋。本附则的特殊区域有:地中海区域、波罗的海区域、黑海区域、红海区域、"海湾"区域、亚丁湾区域、南极区域、西北欧水域、南非南部和阿拉伯海的阿曼区域。

（7）油量瞬间排放率系指任一瞬间每小时排油量（L/h）除以同一瞬间船速,其单位为"L/n mile"。

（8）清洁压载水系指装入已清洗过的货油舱内的压载水,在船舶静止状态下排入清洁而平静的水中,不会在水面或邻近的岸线上产生明显的痕迹,或形成油泥或乳化物沉积于水面以下或邻近的岸线上。

（9）专用压载水系指装入这样一个舱内的压载水,该舱与货油及燃油系统完全隔绝并固定用于装载压载水。

（10）百万分比（ppm）系指按体积的百万分比计算的水的含油率。

3. 检验与证书

150 总吨及以上的油船和 400 总吨及以上的非油船,应进行初次检验、换证检验、中间检验、年度检验和附加检验,以保证船舶的结构、设备、系统、附件、布置和材料完全符合本规则的要求。对通过初次检验、换证检验的船舶,发给或签署国际防止油污证书（IOPP 证书）。该证书由主管机关或其正式授权的任何个人或组织签发或签署,还可委托另一缔约国政府签发,不论属于哪种签发情况,主管机关对证书负有全部责任。IOPP 证书的有效期最长为 5 年。

4. 对所有船舶机器处所的要求

（1）残油（油泥）舱

所有 400 总吨及以上的船舶应设有残油舱,并应设置足够的容量。除标准排放接头以外,不应设有其他直接舷外排放的管路布置。油舱的设计和建造应便于舱的清洗及将残余物排至接收设施。

（2）标准排放接头

为了使接收设备的管路能与船上机舱舱底和残油（油泥）舱残余物的排放管路相连接,在两条管路上均应装有标准排放接头。

（3）滤油设备

任何 400 总吨及以上但小于 10 000 总吨的船舶,应装有确保通过该系统排放入海的含油混合物的含油量不超过 15ppm 的滤油设备;任何 10 000 总吨及以上的船舶,应装有确保通过该系统排放入海的含油混合物含油量不超过 15ppm,且系统应装有报警装置,在不能保持这标准时发出报警。该系统还应装有在排出物的含油量超过 15ppm 时能确保自动停止油性混合物排放的装置。

5. 操作性排油的控制

1)除另有规定外,应禁止将任何油类或油性混合物排放入海;另有规定情况下的排放包括"例外"情况下的排放和满足相关规定条件下的"达标排放"。例外排放包括以下情况：为保障船舶安全或救护海上人命所必需；由于船舶或其设备损坏而导致，但须在已采取了一切合理的预防措施的情况下；经主管机关批准，用以对抗特定污染事故，以使污染损害减至最低限度。

2）对所有船舶机器处所的排油控制

（1）特殊区域以外的排放

应禁止 400 总吨及以上的船舶将油类或油性混合物排放入海，但全部满足下列条件者除外：

①船舶在航行途中；

②油性混合物经滤油设备予以处理；

③未经稀释的排出物含油量不超过 15ppm；

④油性混合物不是来自油船的货泵舱的舱底；

⑤如是油船，油性混合物未混有货油残余物。

（2）特殊区域以内的排放

应禁止 400 总吨及以上的船舶将油类或油性混合物排放入海，但全部满足下列条件者除外：

①船舶在航行途中；

②油性混合物经装有报警装置并能在排出物的含油量超过 15ppm 时自动停止的滤油设备予以处理；

③未经稀释的排出物含油量不超过 15ppm；

④油性混合物不是来自油船的货泵舱的舱底；

⑤如是油船，油性混合物未混有货油残余物。

（3）在南极区域，禁止任何船舶将任何油类或油性混合物排放入海。

3）对油船货物区域的排油控制

（1）特殊区域外的排放

除另有规定外，应禁止将油船货物区域的油类或油性混合物排放入海，但全部满足下列条件者除外：

①油船不在特殊区域之内；

②油船距最近陆地 50 n mile 以上；

③油船在航行途中；

④油量瞬间排放率不超过 30 L/n mile；

⑤排放入海的总油量，不得超过这项残油所属的该种货油总量的 1/30 000；

⑥油船所设的污油水舱和排油监控系统正在运转。

清洁或专用压载的排放不适用于此条规定。

（2）特殊区域内的排放

另有规定外，油船在特殊区域内时，应禁止将其货物区域的油类或油性混合物排放入海，但此规定不适用于清洁或专用压载的排放。

6. 油类记录簿

1）油类记录簿的配备

每艘 150 总吨及以上的油船以及 400 总吨及以上的非油船，均应备有油类记录簿第 Ⅰ 部分(机器处所的作业)。每艘 150 总吨及以上的油船,应备有油类记录簿第 Ⅱ 部分(货油/压载的作业)。

2)油类记录簿的记载

该油类记录簿不论是作为船上的正式航海日志的一部分还是作为其他文件,均应按本附则附录所规定的格式。每当船舶进行下列任何一项作业时,均应逐舱填写油类记录簿。

(1)油类记录簿第 Ⅰ 部分,即机器处所的作业

①燃油舱的压载或清洗;

②燃油舱污压载水或洗舱水的排放;

③残油(油泥)的收集和处理;

④机器处所所积存的舱底水向舷外排放或处理;

⑤添加燃油或散装润滑油。

如发生本附则所述的"例外"情况,或者发生意外排放或其他异常排油情况时,应在油类记录簿第 Ⅰ 部分中说明这种排放的情况和理由。滤油设备的任何故障均应记入油类记录簿第 Ⅰ 部分。

(2)油类记录簿第 Ⅱ 部分,即货油和压载的作业

①货油的装载;

②航行中货油的过驳;

③货油的卸载;

④货油舱和清洁压载舱的压载;

⑤货油舱的清洗(包括原油洗舱);

⑥压载的排放,但从专用压载舱排放者除外;

⑦排放污油水舱的水;

⑧污油水舱排放作业后,所使用的阀门或类似装置的关闭;

⑨污油水舱排放作业后,为清洁压载舱与货油和扫舱管路隔离所需阀门的关闭;

⑩残油的处理。

如发生本附则所述的"例外"情况,或者发生意外排放或其他异常排油情况时,应在油类记录簿第 Ⅱ 部分中说明这种排放的情况和理由。排油监控系统的任何故障均应记入油类记录簿第 Ⅱ 部分。

3)油类记录簿的管理与检查

(1)应及时将每项作业详细地记入油类记录簿,以使与该项作业相应的所有项目均得到记录,每项完成的作业,应由高级船员或有关作业的负责人签字,且每填完一页应由船长签字。对持有国际防止油污证书的船舶,油类记录簿的记录应至少使用英文、法文或西班牙文的其中一种语言。如同时使用船旗国的官方语言,则在有争议或分歧时,应以该国官方语言为准。

(2)油类记录簿的存放位置应易于在任何合理时间随时可供检查,并且除未配备船员的被拖船舶外,均应存放于船上。油类记录簿应在进行最后一项记录后保存 3 年。

(3)公约缔约国政府的主管当局,可对停靠本国港口或近海装卸站的适用本附则的任何船舶检查油类记录簿。

(二)附则Ⅱ:防止散装有毒液体物质污染规则

1.适用范围

除另有明文规定者外,本附则适用于所有准予运输散装有毒液体物质的船舶。

2.定义

(1)化学品液货船系指建造为或改造为用于散装装运《国际散装化学品规则》第17章所列液体货品的船舶。

(2)有毒液体物质货船系指建造为或改造为用于装运散装有毒液体物质货物的船舶,包括用于装运全部或部分散装有毒液体物质货物的油船。

(3)有毒液体物质系指《国际散装化学品规则》第17或18条污染类一栏中所指明的或根据第6.3条规定经临时评定列为X、Y或Z类的任何物质。

(4)特殊区域系指由于其海洋学的和生态学的情况以及其运输的特殊性质等方面公认的技术原因,需要采取特殊的强制办法以防止有毒液体物质污染海洋的海域。本附则的特殊区域有:波罗的海区域、黑海区域和南极区域。

(5)残余物系指任何需要处理的有毒液体物质。

3.检验与证书

散装运输有毒液体物质的船舶,应进行初次检验、换证检验、中间检验、年度检验和附加检验,以保证船舶的结构、设备、系统、附件、布置和材料完全符合本规则的要求。

对通过初次检验、换证检验的船舶,发给或签署国际防止散装运输有毒液体物质污染证书(NLS证书)。该证书由主管机关或其正式授权的任何个人或组织签发,不论属于哪种签发情况,主管机关对证书负有全部责任。NLS证书的有效期最长为5年。

4.有毒液体物质的分类

就本附则规定而言,有毒液体物质应分为以下4类:

(1)X类:这类有毒液体物质,如从洗舱或排压载的作业中排放入海,将被认为会对海洋资源或人类健康产生重大危害,因而应严禁向海洋环境排放该类物质。

(2)Y类:这类有毒液体物质,如从洗舱或排压载的作业中排放入海,将被认为会对海洋资源或人类健康产生危害,或对海上的休憩环境或其他合法利用造成损害,因而对排放入海的该类物质的质和量应采取限制措施。

(3)Z类:这类有毒液体物质,如从洗舱或排压载的作业中排放入海,将被认为会对海洋资源或人类健康产生较小的危害,因而对排放入海的该列物质应采取较为宽松的限制措施。

(4)其他物质:以"其他物质"形式被列入《国际散装化学品规则》第18章污染类别栏目中的物质,并经评定认为不被列入本附则所规定的X、Y或Z类物质之内,且目前认为当这些物质从洗舱或排压载的作业中排放入海时,对海洋资源、人类健康、海上休憩环境或其他合法的利用并无危害。排放仅含有被列为"其他物质"的物质的舱底水或压载水或其他残余物或混合物,不应受本附则任何要求的约束。

5.一般要求

对有毒液体物质或压载水、洗舱水或其他含有该类物质的混合物的残余物排放控制应符合下列要求：

（1）排放规定

①定义或暂定为 X、Y、Z 类的物质，或含有此类物质的压载水、洗舱水或其他含有此类物质的混合物应禁止排放入海，除非此类排放完全符合本附则中适用的操作要求。

②在根据本条进行的任何预清洗或排放程序前，相关货舱应根据《程序和布置手册》中所规定的程序最大限度地被排空。

③禁止装载未经分类或未经临时分类或评估的物质，或含有此类物质的压载水、洗舱水或含有此类残余物的其他混合物，同时禁止将此类物质排放入海。

（2）排放标准

如果允许把定义或暂定为 X、Y、Z 类的物质，或含有此类物质的压载水、洗舱水或其他含有此类物质的混合物排放入海，则应符合：

①船舶在海上航行，如果是自航船，其速度至少 7 kn；如果是非自航船，其速度至少 4 kn。

②在水线以下通过水下排放口进行排放时不应超过水下排放口的最高设计速率。

③排放时距离最近陆地不少于 12 n mile，水深不少于 25 m。

④X 类物质残余物的排放，除上述规定外，下列规定应适用：已被卸完 X 类物质货物的货舱，在船舶离开卸货港口之前，应予以预洗。清洗的残余物其浓度重量处于或低于 0.1% 之前应被排入接收设备。预洗后灌入舱内的任何水均可被排放入海。

⑤Y 或 Z 类物质残余物排放，除上述规定外，下列规定应适用：Y 或 Z 类物质进行卸载，在船舶离开卸货港口之前，应予以预洗，预洗后的洗舱水应被排放至卸货港口的接收设备，或排放至有合适接收设备的另一港口。随后灌入舱内的任何水可按排放标准排放入海。

⑥南极区域排放：南极区域，系指南纬 60° 以南海域。禁止任何有毒液体物质或含有此类物质的混合物排放入南极海域。

6. 货物记录簿

适用附则Ⅱ的船舶，应备有一本规定格式的货物记录簿。在完成了本附则规定的任何操作后，应立即将该操作记载入货物记录簿。任何有毒液体物质或含有这种物质的混合物的意外排放，均应记入货物记录簿，并说明这种排放的情况和理由。每项记录应由负责该项作业的高级船员签字，每页还应由船长签字。货物记录簿在记完最后一页应留船保存 3 年。缔约国政府的主管当局，可检查在港船舶的货物记录簿。

（三）附则Ⅲ：防止海运包装有害物质污染规则

1. 适用范围

除另有明文规定外，本附则适用于所有装运包装形式有害物质的船舶。

2. 定义

就本附则而言：

（1）有害物质系指那些在《国际海运危险货物规则》（IMDG 规则）中确定为海洋污染物的物质。

（2）包装形式是指 IMDG 规则所规定的有害物质的盛装形式。

3. 一般要求

(1)包装应根据有害物质的性质,以便使其对海洋环境的危害减至最低限度。

(2)盛装有害物质的包装件应耐久地标以正确的学名(不应仅用商业名称),并应加上耐久的标志或标签,以指明该物质为海洋污染物。在可能的情况下,此种识别还应用其他方法予以补充,例如采用相应的联合国编号。

(3)在所有有关海运有害物质的单证上涉及这些物质时,应该使用该物质的正确学名,并对该物质进一步注明"海洋污染物"字样。

(4)每艘装运有害物质的船舶,应具有一份特别清单或舱单,列明船上所装的有害物质及其位置。

(5)有害物质应正确地积载和加固,以便最大限度减少对海洋环境的危害,且不损害船舶和船上人员的安全。

(6)某些有害物质,由于正当的科学和技术原因,可能被禁止运输或对其在任一船舶中的装载量加以限制。

(7)禁止将以包装形式装运的有害物质抛弃入海,除非为确保船舶安全或救护海上人命所必要。

(四)附则Ⅳ:防止船舶生活污水污染规则

1. 适用范围

本附则适用于以下从事国际航行的船舶:

(1)400总吨及以上的新船和小于400总吨但经核定许可载运15人以上的新船;

(2)本附则生效之日5年后,即2008年9月27日之前,400总吨及以上的现有船舶和400总吨以下但经核定许可载运15人以上的现有船舶。

2. 定义

(1)生活污水系指任何型式的厕所和小便池的排出物和其他废弃物;医务室(药房、病房等)的洗手池、洗澡盆和这些处所排水孔的排出物;装有活动物的处所的排出物;混有上述定义的排出物的其他废水。

(2)新船是指本附则生效之日或以后订立建造合同的船舶,或无建造合同但在本附则生效之日或以后安放龙骨或处于类似建造阶段的船舶;或在本附则生效之日后经过3年或3年以上交船的船舶。

(3)现有船舶是指非新船的船舶。

3. 检验与证书

要求需符合本附则规定的所有船舶应进行初次检验、换证检验和附加检验,以保证船舶的结构、设备、系统、附件、布置和材料完全符合本规则的要求。对通过该检验的船舶,发给或签署国际防止生活污水污染证书(ISPP证书)。该证书由主管机关或其正式授权的任何个人或组织签发,不论属于哪种签发情况,主管机关对证书负有全部责任。ISPP证书的有效期最长为5年。

4. 一般要求

(1)每艘根据要求符合本附则规定的船舶应配备生活污水处理装置,或经主管机关认可的污水粉碎和消毒系统或者生活污水的储存舱。

（2）船舶在距最近陆地 3 n mile 以外,使用主管机关认可的设备,排放业经粉碎和消毒的生活污水,或在距最近陆地 12 n mile 以外排放未经粉碎或消毒的生活污水。

（3）但不论上述哪种情况,不得将集污舱中储存的生活污水即刻排光,而应在船舶以不低于 4 kn 的航速航行时,以适当的(中等)速率排放;排放速率应经主管机关按 IMO 制订的标准予以认可;或

（4）生活污水处理装置正在运转,该装置已由主管机关验证符合 IMO 制定的各项操作及性能要求,并且排出物在其周围的水中不应产生可见的漂浮固体,也不应使周围的水变色。

（5）如果生活污水与具有不同排放要求的废弃物或废水混在一起时,应适用其中较为严格的要求。

(五) 附则 V:防止船舶垃圾污染规则

1. 适用范围

除另有明文规定外,本附则适用于所有船舶。

2. 定义

（1）垃圾系指产生于船舶正常营运期间并需要连续或定期处理的各种食品废弃物、生活废弃物、操作废弃物、所有的塑料、货物残留物、焚烧炉灰、食用油、渔具和动物尸体,但本公约其他附则中所界定的或列出的物质除外。垃圾不包括因航行过程中的捕鱼活动和为把包括贝类在内的渔产品安置在水产品养殖设施内,以及把捕获的包括贝类在内的渔产品从此类设施转到岸上加工的运输过程中产生的鲜鱼及其各部分。

（2）特殊区域系指某一海域,在该海域中,由于其海洋地理和生态条件以及运输的特殊性等公认的技术原因,需要采取特殊的强制办法以防止垃圾污染海洋。本附则的特殊区域指地中海区域、波罗的海区域、黑海区域、红海区域、海湾区域、北海区域、南极区域(南纬 60° 以南的海域)和大加勒比海区域(墨西哥湾和加勒比海本身)。

（3）最近陆地"距最近陆地"一词系指距该领土按国际法划定的其领海的基线,只是对于本附则而言,在澳大利亚东北海岸的"距最近陆地"有特殊规定。

（4）在航系指船舶正在海上进行一段或多段航行,包括偏离最短的直线航程,这种偏航将尽实际可能出于航行目的,以使排放尽量合理有效地扩散至大片海域。

（5）所有塑料系指所有含有或包括任何形式塑料的垃圾,其中包括合成缆绳、合成纤维渔网、塑料垃圾袋和塑料制品的焚烧炉灰。

（6）食品废弃物系指船上产生的任何变质或未变质的食料,包括水果、蔬菜、奶制品、家禽、肉类产品和食物残渣。

（7）生活废弃物系指其他附则未规定的、在船上起居处所产生的所有类型的废弃物。生活废弃物不包括灰水。

（8）食用油系指任何用于或准备用于食物烹制或烹调的可食用油品或动物油脂,但不包括使用这些油进行烹制的食物本身。

（9）焚烧炉灰渣系指用于垃圾焚烧的船用焚烧炉所产生的灰和渣。

（10）作业废弃物系指其他附则未规定的、船舶正常保养或操作期间在船上收集的或是用

以储存和装卸货物的所有固体废弃物(包括泥浆)。操作废弃物也包括货舱洗舱水和外部清洗水中所含的清洗剂和添加剂。考虑到 IMO 制定的导则,作业废弃物不包括灰水、舱底水或船舶操作所必需的其他类似排放物。

(11)货物残留物系指本公约其他附则未规定的、货物装卸后在甲板上或舱内留下的任何货物残余,包括装卸过量或溢出物,不管其是在潮湿还是干燥的状态下,或是夹杂在洗涤水中,但不包括清洗后甲板上残留的货物粉尘或船舶外表面的灰尘。

(12)动物尸体系指任何作为货物被船舶载运并在航行中死亡或被实施安乐死的动物尸体。

(13)渔具系指任何以捕捉、控制以便随后捕捉或收获海洋或淡水生物为目的而布设于水面、水中或海底的实物设备或其任何部分或部件组合。

(14)电子垃圾系指船舶正常操作和生活区域的电气和电子设备,包括所有零配件、半成品和耗材,丢弃时属于设备的一部分,存在可能对人体健康和/或环境造成危害的物质。

3.垃圾处理规定

1)禁止排放垃圾入海的一般规定

(1)除本附则另有规定外,禁止排放任何垃圾入海。

(2)除本附则"例外"条款另有规定外,禁止排放任何塑料入海,包括但不限于合成绳、合成纤维渔网、塑料垃圾袋和塑料制品的焚烧炉灰;禁止排放食用油入海。船上垃圾的收集、存放如图 4-5-3-1 所示。

图 4-5-3-1　船上垃圾的收集、存放

2)在特殊区域之外排放垃圾

(1)仅当船舶处于在航状态且尽可能远离最近陆地时,方允许在特殊区域之外向海洋排放以下垃圾,但无论如何须:

①在距最近陆地不少于 3 n mile 处排放业经粉碎机或研磨机处理后的食品废弃物。这种经粉碎或研磨后的食品废弃物须能通过筛眼不大于 25 mm 的粗筛。

②未经上述①项处理过的食品废弃物,在距最近陆地不少于 12 n mile 处排放。

③对于无法以常用卸载方法回收的货物残留物,在距最近陆地不少于 12 n mile 的地方排放。这些货物残留物不得含有任何被列为有害海洋环境的物质。

④对于动物尸体,其排放须尽可能远离最近陆地。

(2)货舱、甲板和外表面清洗水中含有的清洁剂或添加剂可以排放入海,但是,这些物质不得危害海洋环境。

（3）当垃圾中掺入其他禁止排放或有不同排放要求的物质，或是被此种物质污染时，须适用更为严格的要求。

3）特殊区域内的垃圾排放

（1）仅当船舶处于在航状态并遵守以下规定时，方允许在特殊区域内向海洋排放以下垃圾：

①排放食品废弃物入海须尽可能远离最近陆地，但距最近陆地或最近冰架须不少于 12 n mile。该食品废弃物须业经粉碎或研磨处理且须能通过筛眼不大于 25 mm 的粗筛。食品废弃物须未受任何其他类型的垃圾污染。除非已经过无菌处理，否则禁止在南极区域排放包括禽类和禽类部位在内的外来鸟类产品。

②对于无法以常用卸载方法回收的货物残留物，须在满足下列所有条件后方可排放：

a. 货舱洗舱水中包含的货物残留物、清洗剂或添加剂不包含任何被列为对海洋环境有害的物质；

b. 出发港和下一目的港都在特殊区域内，且船舶在这些港口间航行时不会驶出特殊区域；

c. 这些港口没有足够的接收设施；和

d. 当满足本款上述三项的条件时，排放包含残留物的货舱洗舱水须尽可能远离最近陆地或最近冰架，且距最近陆地或最近冰架不少于 12 n mile。

（2）只有在对海洋环境无害的情况下，甲板和船舶外部表面清洗水中含有的清洁剂或添加剂才可以排放入海。

（3）各缔约国须确保悬挂其船旗的船舶在进入南极区域前，船上有足够容积储存船舶在该区域营运期间产生的所有垃圾，且已完成离开该区域后把这些垃圾排至某一接收设施的安排。

（4）当垃圾中掺入其他禁止排放或有不同排放要求的物质，或是被此种物质污染时，须适用更为严格的要求。

4）例外

上述垃圾处理规定不适用于：保障船舶和船上财产安全或挽救海上人命所必需的船舶垃圾排放；或由于船舶或其设备损坏而导致的垃圾意外灭失，且在损坏发生前后已采取了一切合理的预防措施来防止意外灭失或使其降至最低限度；或渔具意外灭失，且已采取了一切合理的预防措施来防止这种灭失；或为保护海洋环境或保护船舶或其船员安全而从船上抛弃渔具。

在航的例外：如果船上留存的食品废弃物明显会立刻危害船上人员的健康，则前述关于在航的规定须不适用于这些食品废弃物的排放。

5）本附则规定禁止处理入海的船舶垃圾必须移入港口或装卸站的垃圾接收设施。缔约国的港口和装卸站应当设有足够数量的垃圾接收设施。

4. 公告牌、垃圾管理计划和垃圾记录

1）总长在 12 m 及以上的船舶，以及固定或浮动平台，均须张贴公告牌，根据具体情况告知船员和乘客垃圾的排放要求。公告牌须使用船员的工作语言，对于航行于本公约其他缔约国管辖权限范围内的港口或离岸式码头的船舶，还须使用英语、法语或西班牙语。

2）100 总吨及以上的船舶，经核准载运 15 人或以上的船舶，以及固定或浮动平台，须配备垃圾管理计划，且船员均须执行。该管理计划须提供书面的有关垃圾减少、收集、存储、加工和处理,包括船上设施使用的程序。该计划还须指定一名或多名人员负责执行垃圾管理计划。该计划须使用船员的工作语言。

3)400 总吨及以上的船舶和经核准载运 15 人或以上的船舶,以及固定或浮动平台,均须配备垃圾记录簿。垃圾记录簿无论是否为官方日志的一部分或其他形式,均须使用本附则附录中规定的格式。

(1)垃圾的种类

就本记录簿第Ⅰ和Ⅱ部分(或船舶的正式航海日志)记录而言,垃圾分类如表 4-5-3-1 所示。

表 4-5-3-1 垃圾分类

第Ⅰ部分	第Ⅱ部分
①塑料; ②食品废弃物; ③生活废弃物; ④食用油; ⑤焚烧炉灰渣; ⑥作业废弃物; ⑦动物尸体; ⑧渔具; ⑨电子垃圾	①货物残余(非 HME); ②货物残余(HME)

备注:HME(Harmful to the Marine Environment)对海洋环境有害。船上的垃圾量应以立方米估算,如可能,按照种类分别估算。

(2)每次排放入海或排至某一接收设施,或者完成的焚烧作业,须及时记录在垃圾记录簿中并且由主管高级船员在排放或焚烧作业的当日签署。垃圾记录簿每页记录完成时须由船长签字。垃圾记录簿须至少使用英语、法语或西班牙语填写。如垃圾记录簿同时还以船舶的船旗国官方语言填写的,在出现争执或不一致情况时,须以船旗国官方语言填写的为准。

(3)每次排放或焚烧作业须记录日期和时间、船位、垃圾的种类以及排放或焚烧垃圾的估计量。

(4)垃圾记录簿须留存在船舶、固定或浮动平台上的适当处所,以备在所有合理时间内随时可查。该记录簿在完成最后一次记录后须至少保留 2 年。

(六)附则Ⅳ:防止船舶造成大气污染规则

本附则以控制船上的消耗臭氧物质、氮氧化物(NO_x)、硫氧化物(SO_x)、挥发性有机化合物($VOCs$)等的释放,控制船上焚烧,控制燃油质量。

1.适用范围

除附则Ⅵ另有规定者外,本附则的规定应适用所有船舶。

2.定义

(1)排放系指从船舶上向大气或海洋释放受本附则控制的任何物质。

(2)消耗臭氧物质系指在应用或解释本附则时有效的《1987 年消耗臭氧层物质蒙特利尔

议定书》中定义的并在该议定书附件中所列的受控制物质。

（3）船上焚烧系指把船舶正常作业时产生的废物或其他物质在船上进行焚烧。

（4）船上焚烧炉系指以焚烧为主要目的而设计的船上设备。

（5）SO_x 排放控制区系指要求对船舶 SO_x 排放采取特殊强制措施以防止、减少和控制 SO_x 造成大气污染以及随之对陆地和海洋区域造成不利影响的区域。硫氧化物排放控制区域有：波罗的海区域、北海海域（包括英吉利海峡）、北美海域（美国和加拿大沿海水域）及美国加勒比海区域。

3. 检验与证书

所有 400 总吨或以上的船舶和所有固定式和浮动式钻井平台及其他平台应进行初次检验、换证检验、中间检验、年度检验和附加检验，以保证船舶的结构、设备、系统、附件、布置和材料的完全符合本规则的要求。进行初次检验或换证检验后，应签发国际防止空气污染证书（IAPP 证书）。该证书由主管机关或其正式授权的任何个人或组织签发，不论属于哪种签发情况，主管机关对证书负有全部责任。IAPP 证书有效期最长为 5 年。

4. 船舶排放控制要求

1）消耗臭氧物质

（1）应禁止消耗臭氧物质的任何故意排放。故意排放包括在系统或设备的维护、检修、修理或处置过程中发生的排放，但故意排放不包括与消耗臭氧物质的回收或再循环相关的微量释放。

（2）从事国际航行的 400 总吨及以上的船舶应保存一份含消耗臭氧物质的设备清单。

（3）如上述船舶拥有含消耗臭氧物质的可重新充注系统的船舶应保存一份消耗臭氧物质记录簿。经主管机关批准，该记录簿可以是现有航海日志或电子记录系统的一部分。

（4）消耗臭氧物质记录簿中的物质应按其质量单位（kg）记录，且在任何情况下都应及时记入下列内容：

①含消耗臭氧物质设备的全部或部分重新充注；

②含消耗臭氧物质的设备的修理或维护；

③消耗臭氧物质向大气的排放，包括故意排放和非故意排放；

④消耗臭氧物质向陆基接收设备的排放；

⑤向船舶供应消耗臭氧物质。

2）氮氧化物（NO_x）

（1）适用范围

每一台安装在 2000 年 1 月 1 日或以后建造的船舶上，输出功率超过 130 kW 的柴油机；以及每一台在 2000 年 1 月 1 日或以后经过重大改装的、输出功率超过 130 kW 的柴油机。但不适用于应急柴油机、安装在救生艇上或只在应急情况下使用的任何设备或装置上的发动机；以及安装在只航行于其船旗国主权或管辖范围的水域内的船上的发动机，但这种发动机应受到由该主管机关制定的 NO_x 控制替代方法的控制。

（2）排放量的规定

应禁止每台适用范围的柴油机的使用，除非该柴油机 NO_x 排放量在本附则规定的极限值内。但允许在下列情况下使用柴油机：

在发动机上使用由主管机关根据 NO_x 的技术规则规定认可的废气滤清系统,将船上的氮氧化物(NO_x)排放量至少降低至所规定的极限值;或采用由主管机关考虑到本组织制定的有关指南而认可的任何其他等效方法,将船上的 NO_x 排放量至少降低至所规定的极限值。

3)硫氧化物(SO_x)

(1)新的全球范围内燃油硫含量限值

船上使用的任何燃油的硫含量不应超过 $0.5\%(m/m)$。

(2)排放控制区内(ECA)的硫含量限值

控制区内的船用燃油硫含量不超过 $0.1\%(m/m)$。采用了经主管机关认可的废气滤清系统产生的废液不应排入封闭码头、港口和河口。

(3)使用不同燃油以满足排放控制区 SO_x 排放限制要求的船舶,应持有书面的燃油转换程序,并将转换作业及低硫燃油使用记录在航海日志。

4)挥发性有机化合物(VOCs)

受到蒸气排放控制的所有液货船都应配备由主管机关根据 IMO 制定的安全标准而认可的蒸气收集系统,并应在这些货物装载过程中使用该系统。

5.船上焚烧

应禁止下列物质在船上焚烧:

(1)本公约附则 I、II 和 III 中的货物残余物以及相关的被沾染的包装材料;

(2)多氯联苯(PCBs);

(3)本公约附则 V 定义的含有超微量重金属的垃圾;

(4)含有卤素化合物的精炼石油产品;

(5)废气滤清系统的残余物;

(6)焚烧聚氯乙烯(PVCs)必须使用获得认可型式的焚烧炉。

在船舶正常操作过程中产生的污泥和油渣可以在船上焚烧,也可以在主、副发电机或锅炉内进行,但在这种情况下,不能在码头、港口和河口内进行。

6.燃油质量

船舶应以加油记录单的方式对供应并作为船上燃烧用的燃油的细节加以记录,该记录单应至少包含本附则附录 V 中规定的资料。加油记录单应保存在船上容易取到的地方以供随时检查。它应在燃油供应上船之后保存 3 年。

加油记录单应按规定附有 1 份所供燃油的代表样品。该样品应由供应商代表和船长或负责加油操作的官员在完成加油操作后密封并签署,并应有船方控制直到燃油被基本消耗掉,但无论如何其保存期自加油日期算起应不少于 12 个月。

二、国际船舶压载水和沉积物控制与管理公约

随着人们对海洋环境保护意识的提高,船舶压载水的加装和排放所引发的相关环境问题,特别是有害水生物和病原体转移造成的危害,引起了社会各层面的广泛关注。研究表明,许多种细菌、植物和动物会以不同的形式存活于压载水中,在一个海域加装的压载水中所含有的物种会在船舶到达另一海域港口装货时被排入当地的水体中,一些物种会对当地的经济和环境造成灾难性的后果。

在 2004 年 2 月 9 日至 13 日召开的 IMO 外交大会上通过了《国际船舶压载水和沉积物控制与管理公约》（BWM Convention 2004 或《压载水管理公约》）。公约由正文、1 个附则（《船舶压载水和沉积物控制与管理规则》）和 2 个附录组成。正文共 22 条。

其中《船舶压载水和沉积物控制与管理规则》由 A 部分（总则）、B 部分（船舶压载水的管理和控制要求）、C 部分（某些区域的特殊要求）、D 部分（压载水管理标准）、E 部分（压载水管理的检验和发证要求）等五部分内容构成。附录 I——国际压载水管理证书格式，附录 II——压载水记录簿格式。

2016 年 9 月 8 日，IMO 宣布，缔约国船舶吨位总数占比已经达到 35.14%，缔约国（地区）总数达到 52 个，已经完全满足了触发公约生效的条件，公约于 2017 年 9 月 8 日正式生效。截止到 2018 年 2 月 8 日，共有 68 个国家加入本公约，合计商船总吨位占世界商船总吨位的 96.18%。

（一）船舶压载水和沉积物控制与管理公约

1. 定义

（1）压载水系指为控制船舶纵倾、横倾、吃水、稳性或应力而在船上摄入的水及其悬浮物。

（2）压载水管理系指旨在消除、无害处置、防止摄入或排放压载水和沉积物中的有害水生物和病原体的机械、物理、化学和生物的单一或综合方法。

（3）有害水生物和病原体系指如被引入海洋，包括河口，或引入淡水水道，则可能危害环境、人体健康、财产或资源、损害生物多样性或妨碍此类区域的其他合法利用的水生物或病原体。

（4）沉积物系指船内压载水的沉淀物质。

2. 适用范围

本公约应适用于有权悬挂某一当事国国旗的船舶和无权悬挂某一当事国国旗但在一当事国管辖下营运的船舶。对于非本公约当事国的船舶，当事国应用本公约的必要要求，以确保不给予此类船舶更为优惠的待遇。

3. 船舶检查

（1）本公约适用的船舶，当在另一当事国的任何港口或离岸码头中时，可能要接受该当事国经正式授权的官员的检查，以确定该船是否符合本公约。除船舶未持有有效证书或有明确根据外，任何此种检查均应限于：

①核实船上持有有效证书，如其有效，则应被接受。

②检查压载水记录簿。

③进行船舶压载水取样。但是，分析样品所需的时间不得被用作不适当地迟延船舶的操作、运动或离开的根据。

（2）如果船舶未持有有效证书或有明确根据认为船舶或其设备的状况与证书细节有重大不符；或者船长或船员不熟悉压载水管理的重要船上程序或未执行此类程序，则可进行详细检查。在此情况下，进行检查的当事国应采取步骤确保该船在未能做到排放压载水而不会对环境、人体健康、财产或资源形成损害威胁前不得进行此种排放。

(二)船舶压载水和沉积物控制与管理规则

1.定义

(1)压载水容量系指船上用于承载、装填或排放压载水的任何液舱、处所或舱室,包括被设计成允许承载压载水的任何多用途液舱、处所或舱室的总体积容量。

(2)距最近陆地系指距按国际法确定所述领土之领海的基线,在澳大利亚东北海岸外的另有规定的除外。

(3)活性物质系指对"有害水生物和病原体"有一般或特定作用或有一般或特定抵抗作用的物质或生物,包括病毒或真菌。

2.压载水管理计划

每一船舶均应在船上携带并实施压载水管理计划。此种计划应由主管机关核准并计及 IMO 制定的指南。压载水管理计划是各船特定的并应至少:

(1)详述该船和涉及本公约要求的压载水管理的船员的安全程序;

(2)详述实施本公约中所载的压载水管理要求和补充性的压载水管理做法所应采取的行动;

(3)详述沉积物的海上处置程序和岸上处置程序;

(4)包括与将在其水域中进行海上排放的国家的当局协调涉及海上排放的船上压载水管理的程序;

(5)指定在船上负责确保计划得到正确实施的高级船员;

(6)载有本公约规定的船舶报告要求;

(7)以船舶的工作语言写成。如果使用的语言不是英文、法文或西班牙文,则应包括其中一者的译文。

3.压载水记录簿

(1)每一船舶均应在船上备有至少载有规定信息的压载水记录簿。该记录簿可以是一种电子记录系统,或可以被列入其他记录簿或系统中。

(2)压载水记录簿的记录事项应在完成最后一项记录后在船至少保留 2 年;此后至少 3 年的期限内由公司控制。

(3)在排放压载水时或在发生压载水的其他意外或异常排放时,应在压载水记录簿中做出记录,说明排放的情况和理由。

(4)压载水记录簿应在所有合理时间随时可供检查;对于被拖带的无人船舶,可放在拖船上保存。

(5)每一压载水作业均应及时在压载水记录簿中做出充分记录。每一记录均应由负责有关作业的高级船员签字,每一被填写页均应由船长签字。压载水记录簿中的记录事项以该船的工作语言填写。如果该语言不是英文、法文或西班牙文,则该记录事项应载有其中一种语言的译文。

4.船舶压载水管理

船上压载水可以通过三种方式进行管理,分别是:将压载水排放至岸上接收设施;对压载水进行置换;经压载水管理系统处理。

压载水岸上接收设施的要求不是强制性的。而压载水进行置换受气象、海况、地理条件等限制。因此,船上压载水管理的最终方法是安装压载水管理系统。

5. 压载水交换

(1)为符合压载水交换标准而进行压载水更换的船舶:

①凡可能时,均应在距最近陆地至少 200 n mile、水深至少为 200 m 的地方进行此种压载水交换并考虑到 IMO 制定的指南;

②当船舶不能按上述规定进行压载水交换时,在尽可能远离最近陆地并在所有情况下距最近陆地至少 50 n mile、水深至少为 200 m 的地方进行此种压载水交换。

(2)在距最近陆地的距离或水深不符合上述规定的海区中,应视情与邻近或其他国家协商并考虑到 IMO 制定的指南,港口国可指定船舶进行压载水交换的地区。

(3)不应为符合更换压载水的任何特定要求而要求船舶偏离其预定航线或推迟航行。

(4)如船长合理地确定由于恶劣天气、船舶设计或应力、设备失灵或任何异常状况压载水交换会威胁船舶的安全或稳性、其船员或旅客,则应视情可不进行压载水交换。

(5)当船舶被要求进行压载水交换但却未更换时,其理由应在压载水记录簿中做出记录。

6. 船舶沉积物管理

(1)所有船舶均应按本船的压载水管理计划的规定清除和处置被指定承载压载水的处所中的沉积物。

(2)2009 年及以后建造的船舶的设计和建造应考虑 IMO 制定的指南,在不降低安全或营运效率的情况下做到:将沉积物的摄入和有害夹带减至最低限度、便于沉积物的清除和提供用于沉积物清除和取样的安全通道。

7. 高级和普通船员的职责

高级和普通船员应熟知其在供职船舶实施其特定压载水管理方面的职责并应在与其职责相应的程度上熟知船舶的压载水管理计划。

8. 压载水管理标准

(1)压载水交换标准

①进行压载水交换的船舶的压载水体积更换率应至少为 95%。

②对于使用泵入-排出法更换压载水的船舶,3 倍于每一压载水舱体积的泵透,应视为达到压载水更换标准。少于该体积 3 倍的泵透,如船舶能证明达到了至少 95%的体积交换,则也可被接受。

(2)压载水性能标准

进行压载水管理的船舶的排放应达到每立方米中最小尺寸大于或等于 50 μm 的可生存生物少于 10 个,每毫升中最小尺寸小于 50 μm 但大于或等于 10 μm 的可生存生物少于 10 个;并且,指示微生物的排放不应超过规定浓度。

作为一种人体健康标准,指示微生物应包括:有毒霍乱弧菌(01 和 0139),少于每 100 mL 1 个菌落形成单位(cfu)或小于每克(湿重)浮游生物样品 1 个 cfu;大肠杆菌,少于每 100 mL 250 个 cfu;肠道杆菌,少于每 100 mL 100 个 cfu。

9. 压载水管理的检验和发证

(1)适用本公约总吨 400 及以上的船舶,应接受初次检验、换证检验、中期检验、年度检验、附加检验,以确保压载水管理计划及任何相关结构、设备、系统、配件、装置和材料或工艺完全符合本公约的要求。

(2)通过上述检验后,向其颁发国际压载水管理证书。证书应由主管机关或由其正式授权的任何人员或组织颁发或签注。无论如何,主管机关均对证书承担完全责任。主管机关也可委托另一当事国进行检验,并颁发和签注证书。

(3)证书的有效期由主管机关规定,但不超过 5 年。

任务 4　了解国内防止船舶造成污染的基本要求

一、中华人民共和国海洋环境保护法

《中华人民共和国海洋环境保护法》是我国为保护和改善海洋环境,保护海洋资源,防治污染损害,维护生态平衡,保障人体健康,促进经济和社会的可持续发展而制定的法律。1983年 3 月 1 日生效,并分别于 1999 年、2014 年、2017 年进行了修正。最新修正后的《中华人民共和国海洋环境保护法》自 2017 年 11 月 5 日起施行。本法共 10 章 97 条,以下主要介绍与防治船舶污染有关的内容。

(一)适用范围和义务

1.适用范围

适用于中华人民共和国内水、领海、毗连区、专属经济区、大陆架以及中华人民共和国管辖的其他海域。在中华人民共和国管辖海域内从事航行、勘探、开发、生产、旅游、科学研究及其他活动,或者在沿海陆域内从事影响海洋环境活动的任何单位和个人,都必须遵守本法。在中华人民共和国管辖海域以外,造成中华人民共和国管辖海域污染的,也适用本法。

2.义务

一切单位和个人都有保护海洋环境的义务,并有权对污染损害海洋环境的单位和个人,以及海洋环境监督管理人员的违法失职行为进行监督和检举。

(二)管理体制

(1)国务院环境保护行政主管部门作为对全国环境保护工作统一监督管理的部门,对全国海洋环境保护工作实施指导、协调和监督,并负责全国防治陆源污染物和海岸工程建设项目对海洋污染损害的环境保护工作。

(2)国家海洋行政主管部门负责海洋环境的监督管理,组织海洋环境的调查、监测、监视、评价和科学研究,负责全国防治海洋工程建设项目和海洋倾倒废弃物对海洋污染损害的环境保护工作。

(3)国家海事行政主管部门负责所辖港区水域内非军事船舶和港区水域外非渔业、非军事船舶污染海洋环境的监督管理,并负责污染事故的调查处理;对在中华人民共和国管辖海域航行、停泊和作业的外国籍船舶造成的污染事故登船检查处理。船舶污染事故给渔业造成损害的,应当吸收渔业行政主管部门参与调查处理。

(4)国家渔业行政主管部门负责渔港水域内非军事船舶和渔港水域外渔业船舶污染海洋环境的监督管理,负责保护渔业水域生态环境工作,并调查处理前款规定的污染事故以外的渔业污染事故。

(5)军队环境保护部门负责军事船舶污染海洋环境的监督管理及污染事故的调查处理。

(三)防止船舶及有关作业活动对海洋环境的污染损害

(1)在中华人民共和国管辖海域,任何船舶及相关作业不得违反本法规定向海洋排放污染物、废弃物和压载水、船舶垃圾及其他有害物质。从事船舶污染物、废弃物、船舶垃圾接收、船舶清舱、洗舱作业活动的,必须具备相应的接收处理能力。

(2)船舶必须按照有关规定持有防止海洋环境污染的证书与文书,在进行涉及污染物排放及操作时,应当如实记录。

(3)船舶必须配置相应的防污设备和器材。载运具有污染危害性货物的船舶,其结构与设备应当能够防止或者减轻所载货物对海洋环境的污染。

(4)船舶应当遵守海上交通安全法律、法规的规定,防止因碰撞、触礁、搁浅、火灾或者爆炸等引起的海难事故,造成海洋环境的污染。

(5)载运具有污染危害性货物进出港口的船舶,其承运人、货物所有人或者代理人,必须事先向海事行政主管部门申报。经批准后,方可进出港口、过境停留或者装卸作业。

(6)交付船舶装运污染危害性货物的单证、包装、标志、数量限制等,必须符合对所装货物的有关规定。需要船舶装运污染危害性不明的货物,应当按照有关规定事先进行评估。装卸油类及有毒有害货物的作业,船岸双方必须遵守安全防污操作规程。

(7)装卸油类的港口,码头、装卸站、船舶必须编制溢油污染应急计划,并配备相应的溢油污染应急设备和器材。

(8)船舶及有关作业活动应当遵守有关法律法规和标准,采取有效措施,防止造成海洋环境污染。船舶进行散装液体污染危害性货物的过驳作业,应当事先按照有关规定报经海事行政主管部门批准。

进行下列活动,应当事先按照有关规定报经有关部门批准或者核准:

①船舶在港区水域内使用焚烧炉;

②船舶在港区水域内进行洗舱、清舱、驱气、排放压载水、残油、含油污水接收、舷外敲铲及油漆等作业;

③船舶、码头、设施使用化学消油剂;

④船舶冲洗沾有污染物、有毒有害物质的甲板;

⑤船舶进行散装液体污染危害性货物的过驳作业;

⑥从事船舶水上拆解、打捞、修造和其他水上、水下船舶施工作业。

(9)船舶发生海难事故,造成或者可能造成海洋环境重大污染损害的,国家海事行政主管部门有权强制采取避免或者减少污染损害的措施。对在公海上因发生海难事故,造成中华人民共和国管辖海域重大污染损害后果或者具有污染威胁的船舶、海上设施,国家海事行政主管部门有权采取与实际的或者可能发生的损害相称的必要措施。

(10)所有船舶均有监视海上污染的义务,在发现海上污染事故或者违反本法规定的行为时,必须立即向就近的依照本法规定行使海洋环境监督管理权的部门报告。

二、防治船舶污染海洋环境管理条例

为了进一步做好防治船舶及其有关作业活动污染海洋环境工作,加强生态环境保护,建设环境友好型社会,根据《中华人民共和国海洋环境保护法》以及我国目前加入的国际公约的要求,对1983年发布的《中华人民共和国防止船舶污染海域管理条例》进行了全面修改,制定了《防治船舶污染海洋环境管理条例》,于2009年9月2日国务院第79次常务会议通过,自2010年3月1日起施行。本条例共9章76条。有关内容摘录如下:

(一)总则

(1)防治船舶及其有关作业活动污染中华人民共和国管辖海域适用本条例。

(2)防治船舶及其有关作业活动污染海洋环境,实行预防为主、防治结合的原则。

(3)任何单位和个人发现船舶及其有关作业活动造成或者可能造成海洋环境污染的,应当立即就近向海事管理机构报告。

(二)防治船舶及其有关作业活动污染海洋环境的一般规定

(1)船舶的结构、设备、器材应当符合国家有关防治船舶污染海洋环境的技术规范以及中华人民共和国缔结或者参加的国际条约的要求。

(2)船舶应当依照法律、行政法规、国务院交通运输主管部门的规定以及中华人民共和国缔结或者参加的国际条约的要求,取得并随船携带相应的防治船舶污染海洋环境的证书、文书。

(3)中国籍船舶的所有人、经营人或者管理人应当按照国务院交通运输主管部门的规定,建立健全安全营运和防治船舶污染管理体系。海事管理机构应当对安全营运和防治船舶污染管理体系进行审核,审核合格的,发给符合证明和相应的船舶安全管理证书。

(4)船舶所有人、经营人或者管理人应当制定防治船舶及其有关作业活动污染海洋环境的应急预案,并报海事管理机构备案。

(5)船舶、港口、码头、装卸站以及其他有关作业单位应当按照应急预案,定期组织演练,并做好相应记录。

(三)船舶污染物的接收

(1)船舶处置污染物,应当在相应的记录簿内如实记录。船舶应当将使用完毕的船舶垃圾记录簿在船舶上保留2年;将使用完毕的含油污水、含有毒有害物质污水记录簿在船舶上保留3年。

(2)船舶污染物接收单位接收船舶污染物,应当向船舶出具污染物接收单证,经双方签字确认并留存至少2年。污染物接收单证应当注明作业双方名称,作业开始和结束的时间、地点,以及污染物种类、数量等内容。船舶应当将污染物接收单证保存在相应的记录簿中。

（四）船舶污染事故应急处置与报告

1. 应急处置与报告

（1）本条例所称船舶污染事故，是指船舶及其有关作业活动发生油类、油性混合物和其他有毒有害物质泄漏造成的海洋环境污染事故。

（2）船舶在中华人民共和国管辖海域发生污染事故，或者在中华人民共和国管辖海域外发生污染事故，造成或者可能造成中华人民共和国管辖海域污染的，应当立即启动应急预案，采取措施控制和消除污染，并就近向有关海事管理机构报告。

（3）发现船舶及其有关作业活动可能对海洋环境造成污染的，船舶、码头、装卸站应当立即采取相应的应急处置措施，并就近向有关海事管理机构报告。

2. 弃船时的处置与报告

（1）船舶发生事故有沉没危险，船员离船前，应当尽可能关闭所有货舱（柜）、油舱（柜）管系的阀门，堵塞货舱（柜）、油舱（柜）通气孔。

（2）船舶沉没的，船舶所有人、经营人或者管理人应当及时向海事管理机构报告船舶燃油、污染危害性货物以及其他污染物的性质、数量、种类、装载位置等情况，并及时采取措施予以清除。

3. 消油剂的使用

处置船舶污染事故使用的消油剂，应当符合国家有关标准。未按照国家规定的标准使用消油剂的，由海事管理机构对船舶或者使用单位处以罚款。

三、中华人民共和国船舶及其有关作业活动污染海洋环境防治管理规定

《中华人民共和国船舶及其有关作业活动污染海洋环境防治管理规定》由交通运输部发布，自 2011 年 2 月 1 日起施行，至 2017 年 10 月 11 日已历经五次修正。本规定共有 7 章 62 条。

（一）总则

1. 目的和依据

为了防治船舶及其有关作业活动污染海洋环境，根据《中华人民共和国海洋环境保护法》《中华人民共和国大气污染防治法》《防治船舶污染海洋环境管理条例》和中华人民共和国缔结或者加入的国际条约，制定本规定。

2. 适用范围

防治船舶及其有关作业活动污染中华人民共和国管辖海域适用本规定。

本规定所称有关作业活动，是指船舶装卸、过驳、清舱、洗舱、油料供受、修造打捞、拆解、污染危害性货物装箱、充罐、污染清除以及其他水上水下船舶施工作业等活动。

3. 主管机关

国务院交通运输主管部门主管全国船舶及其有关作业活动污染海洋环境的防治工作。国家海事管理机构负责监督管理全国船舶及其有关作业活动污染海洋环境的防治工作。

各级海事管理机构根据职责权限,具体负责监督管理本辖区船舶及其有关作业活动污染海洋环境的防治工作。

(二) 一般规定

(1)船舶的结构、设备、器材应当符合国家有关防治船舶污染海洋环境的船舶检验规范以及中华人民共和国缔结或者加入的国际条约的要求,并按照国家规定取得相应的合格证书。

(2)船舶应当依照法律、行政法规、国务院交通运输主管部门的规定以及中华人民共和国缔结或者加入的国际条约的要求,取得并随船携带相应的防治船舶污染海洋环境的证书、文书。

(3)中国籍船舶持有的防治船舶污染海洋环境的证书、文书由国家海事管理机构或者其认可的机构签发;外国籍船舶持有的防治船舶污染海洋环境的证书、文书应当符合中华人民共和国缔结或者加入的国际条约的要求。

(4)船员应当具有相应的防治船舶污染海洋环境的专业知识和技能,并按照有关法律、行政法规、规章的规定参加相应的培训、考试,持有有效的适任证书或者相应的培训合格证明。

(5)船舶从事下列作业活动,应当遵守有关法律法规、标准和相关操作规程,落实安全和防治污染措施,并在作业前将作业种类、作业时间、作业地点、作业单位和船舶名称等信息向海事管理机构报告;作业信息变更的,应当及时补报:

①在沿海港口进行舷外敲铲、油漆作业或者使用焚烧炉的;

②在港区水域内洗舱、清舱、驱气以及排放垃圾、生活污水、残油、含油污水、含有毒有害物质污水等污染物和压载水的;

③冲洗沾有污染物、有毒有害物质的甲板的;

④进行船舶水上拆解、打捞、修造和其他水上、水下船舶施工作业的;

⑤进行船舶油料供受作业的。

(6)任何单位和个人发现船舶及其有关作业活动造成或者可能造成海洋环境污染的,应当立即就近向海事管理机构报告。

(三) 船舶污染物的排放与接收

(1)在中华人民共和国管辖海域航行、停泊、作业的船舶排放船舶垃圾、生活污水、含油污水、含有毒有害物质污水、废气等污染物以及压载水,应当符合法律、行政法规有关标准以及中华人民共和国缔结或者加入的国际条约的规定。

(2)船舶在船舶排放控制区内航行、停泊、作业还应当遵守船舶排放控制区大气污染防治控制要求。船舶应当使用低硫燃油或者采取使用岸电、清洁能源、尾气后处理装置等替代措施满足船舶大气排放控制要求。

(3)船舶不得向依法划定的海洋自然保护区、海洋特别保护区、海滨风景名胜区、重要渔业水域以及其他需要特别保护的海域排放污染物。

(4)船舶应当将不符合规定排放要求以及依法禁止向海域排放的污染物,排入具备相应接收能力的港口接收设施或者委托具备相应接收能力的船舶污染物接收单位接收。

(5)船舶污染物接收单位应当在污染物接收作业完毕后,向船舶出具污染物接收单证,经双方签字确认并留存至少2年。污染物接收单证上应当注明作业单位名称,作业双方船名,作业开始和结束的时间、地点,以及污染物种类、数量等内容。船舶应当将污染物接收单证保存在相应的记录簿中。

(6)船舶进行涉及污染物处置的作业,应当在相应的记录簿内规范填写、如实记录,真实反映船舶运行过程中产生的污染物数量、处置过程和去向。按照法律、行政法规、国务院交通运输主管部门的规定以及中华人民共和国缔结或者加入的国际条约的要求,不需要配备记录簿的,应当将有关情况在作业当日的航海日志或者轮机日志中如实记载。

(7)船舶应当将使用完毕的船舶垃圾记录簿在船舶上保留 2 年;将使用完毕的含油污水、含有毒有害物质污水记录簿在船舶上保留 3 年。

(8)接收处理含有有毒有害物质或者其他危险成分的船舶污染物的,应当符合国家有关危险废物的管理规定。来自疫区船舶产生的污染物,应当经有关检疫部门检疫处理后方可进行接收和处理。

(9)船舶应当配备有盖、不渗漏、不外溢的垃圾储存容器,或者对垃圾实行袋装。

(10)船舶应当对垃圾进行分类收集和存放,对含有有毒有害物质或者其他危险成分的垃圾应当单独存放。

(11)船舶将含有有毒有害物质或者其他危险成分的垃圾排入港口接收设施或者委托船舶污染物接收单位接收的,应当向对方说明此类垃圾所含物质的名称、性质和数量等情况。

(12)船舶应当按照国家有关规定以及中华人民共和国缔结或者加入的国际条约的要求,设置与生活污水产生量相适应的处理装置或者储存容器。

(四)船舶载运污染危害性货物及其有关作业

(1)污染危害性货物是指直接或者间接进入水体,会损害水体质量和环境质量,从而产生损害生物资源、危害人体健康等有害影响的货物。

(2)船舶载运污染危害性货物进出港口,承运人或者代理人应当在进出港24 h 前(航程不足 24 h 的,在驶离上一港口时)向海事管理机构办理船舶适载申报手续;货物所有人或者代理人应当在船舶适载申报之前向海事管理机构办理货物适运申报手续。货物适运申报和船舶适载申报经海事管理机构审核同意后,船舶方可进出港口或者过境停留。

(3)船舶不符合污染危害性货物适载要求的,不得载运污染危害性货物;码头、装卸站不得为其进行装卸作业。

(4)载运污染危害性货物的船舶应当在海事管理机构公布的具有相应安全装卸和污染物处理能力的码头、装卸站进行装卸作业。

(5)船舶进行散装液体污染危害性货物过驳作业的,应当符合国家海上交通安全和防治船舶污染海洋环境的管理规定和技术规范,选择缓流、避风、水深、底质等条件较好的水域,远离人口密集区、船舶通航密集区、航道、重要的民用目标或者设施、军用水域,制订安全和防治污染的措施和应急计划并保证有效实施。

(6)进行散装液体污染危害性货物过驳作业的船舶,其承运人、货物所有人或者代理人应当向海事管理机构提交申请材料。

(7)进行船舶油料供受作业的,作业双方应当采取满足安全和防治污染要求的供受油料作业管理措施,同时应当遵守下列规定:

①作业前,应当做到:检查管路、阀门,做好准备工作,堵好甲板排水孔,关好有关通海阀。

检查油类作业的有关设备,使其处于良好状态;对可能发生溢漏的地方,设置集油容器;供受油双方以受方为主商定联系信号,双方均应切实执行。

②作业中,要有足够的人员值班,当班人员要坚守岗位,严格执行操作规程,掌握作业进度,防止跑油、漏油。

③停止作业时,必须有效关闭有关阀门。

④收解输油软管时,必须事先用盲板将软管有效封闭,或者采取其他有效措施,防止软管存油倒流入海。

海事管理机构应当对船舶油料供受作业进行监督检查,发现不符合安全和防治污染要求的,应当予以制止。

(8)船舶燃油供给单位应当如实填写燃油供受单证,并向船舶提供燃油供受单证和燃油样品。燃油供受单证应当包括受油船船名,船舶识别号或 IMO 编号,作业时间、地点,燃油供应商的名称、地址和联系方式,以及燃油种类、数量、密度和含硫量等内容。船舶和燃油供给单位应当将燃油供受单证保存 3 年,将燃油样品妥善保存 1 年。

(9)船舶应当在出港前将上一航次消耗的燃料种类和数量,主机、辅机和锅炉功率以及运行工况时间等信息按照规定报告海事管理机构。

船舶按照船舶排放控制区要求转换低硫燃油或者采取使用岸电、清洁能源、尾气后处理装置等替代措施满足船舶大气排放控制要求的,应当按照规定如实记录。

(10)船舶进行下列作业,且作业量超过 300 t 时,应当采取包括布设围油栏在内的防污染措施,其中过驳作业由过驳作业经营人负责:

①散装持久性油类的装卸和过驳作业,但船舶燃油供应作业除外;

②比重小于 1(相对于水)、溶解度小于 0.1%的散装有毒液体物质的装卸和过驳作业;

③其他可能造成水域严重污染的作业。

因自然条件等原因,不适合布设围油栏的,应当采取有效替代措施。

(11)载运污染危害性货物的船舶进出港口和通过桥区、交通管制区、通航密集区以及航行条件受限制的区域,或者载运剧毒、爆炸、放射性货物的船舶进出港口,应当遵守海事管理机构的特别规定,并采取必要的安全和防治污染保障措施。

(12)船舶载运散发有毒有害气体或者粉尘物质等货物的,应当采取密闭或者其他防护措施。对有封闭作业要求的污染危害性货物,在运输和作业过程中应当采取措施回收有毒有害气体。

四、中华人民共和国大气污染防治法

《中华人民共和国大气污染防治法》经 1987 年 9 月 5 日第六届全国人民代表大会常务委员会第二十二次会议通过生效,此后在 1995 年、2000 年和 2015 年历经三次修改。本法最新修改自 2016 年 1 月 1 日起施行。本法共 8 章 129 条。

五、中华人民共和国水污染防治法

《中华人民共和国水污染防治法》于 2008 年 2 月 28 日在中华人民共和国第十届全国人民代表大会常务委员会第三十二次会议上修订通过,自 2008 年 6 月 1 日起施行。本法最新修改自 2018 年 1 月 1 日起施行。本法全文共 8 章 103 条。

六、中华人民共和国防治船舶污染内河水域环境管理规定

《中华人民共和国防治船舶污染内河水域环境管理规定》于 2015 年 12 月 15 日经交通运输部部务会议通过,共 8 章 55 条,自 2016 年 5 月 1 日起施行。

任务 5　熟悉防污染器材的使用

船舶发生污染海域事故,应当立即向当局(我国海事局)报告,并应当尽可能地实施围控,合理利用吸油和除油材料进行及时有效的控制。但船舶使用消油剂,必须事先向当局申请,经批准后方可使用。

一、使用围油栏

1. 围油栏基本结构和种类

围油栏是一种用于水域防止溢油扩散、缩小溢油面积、转移溢油和保护水域环境的防污染器材。围油栏的结构种类很多,但基本上由浮体、裙体和配重链组成。船用围油栏大多为固体浮体式围油栏(图 4-5-5-1)、气体浮体式围油栏、充气式围油栏(图 4-5-5-2)。轻型围油栏高 500~700 mm,中型围油栏高 700~800 mm,重型围油栏高 900~1 000 mm。

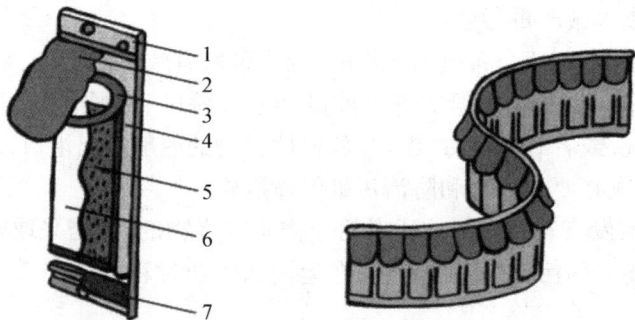

图 4-5-5-1　固体浮体式围油栏

1—覆盖;2—稳定盖;3—塑料杯;4—塑料管;5—固体浮体;6—包布;7—配重体

2. 围油栏使用方法

固体浮体式围油栏大多为 20 m 一节,充气式围油栏大多为 30 m 一节,使用时需把多节围油栏连接起来。连接方法有卸扣连接、螺钉连接等。

围油栏在甲板上连接好后,尽量用船舶装卸设备吊放入海,或用其他能避免围油栏与船体摩擦的方式投放。围油栏投入水中前必须整理裙体和绳索,避免扭曲和缠结,以保证围油栏下水流畅和水中姿势正确。投放时,应有小艇配合,避免堆积。

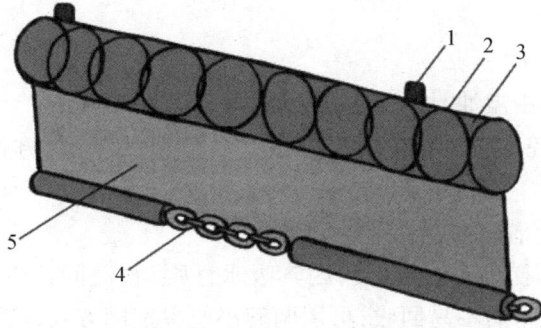

图 4-5-5-2　充气式围油栏

1—单向筏；2—弹簧支撑环；3—气室；4—配重链；5—裙体

如果有足够数量的围油栏，溢油尚未大面积扩散，通常采取围控措施，即把溢油包围在船旁；如果围油栏数量不足以围控，可用两艘小艇拖带围油栏进行扫油，包围较多溢油后，分出一艘小艇清除围住的油污。若有三艘小艇，则可采取两艘小艇扫油，另一艘小艇在围油栏内除油的方案。若未备有围油栏的船舶可用漂浮的化纤缆绳代替。

除油结束后，应谨慎地回收、拆解和清洗围油栏，晾干后按厂家要求存放。

二、木屑、草袋的使用

木屑、草袋属于天然有机吸油材料，具有吸油的表面，能够成功吸着自重 5~10 倍的溢油，最适用于吸着风化原油和重油。木屑和草袋吸水性强，应存放于干燥通风处，注意防潮，严禁雨淋。草袋如图 4-5-5-3 所示。

图 4-5-5-3　草袋

1. 船上溢油使用方法

木屑、草袋用于吸着船上溢油时，可一边派人采取关阀、移驳等阻止继续溢油的措施，一边在溢油下游处铺设木屑、草袋围堵和吸油。油流大时应构筑围堰并在其上加压重物，防止冲决；向上游的溢油抛掷足量的木屑、草袋，用扫帚等反复搅拌木屑使之充分吸油；清除上游已吸油的木屑、草袋，再次播撒木屑并反复搅拌，直至甲板溢油全部吸收干净。以同样的方法处理下游的围油处所（该方法同样适用于有毒液体物质的处理，但处理人员应采取防毒措施）。已吸着溢油的木屑、草袋应集中堆放和迅速处理，防止二次污染和积热自燃。通常是在船上焚烧处理或卸岸处理。

2.水中溢油使用方法

用木屑、草袋吸附水中溢油时,应注意做到:

(1)先用围油栏围控溢油,以控制溢油和吸油材料的漂散,方便吸油作业和回收吸油材料。

(2)用小艇向溢油面播撒木屑或抛投草袋。

(3)在吸油后应立即捞出木屑、草袋,因其吸水性强,长时间留在水中会因吸水后重量变大而沉入水下;已吸油的木屑不易回收,可用两艘小艇以拖网方式慢速拖曳,边拖边捞,也可自制回收装置或请专业船回收。

(4)最后一边收缩围控设施,一边用小艇捞起积聚在围控设施处的木屑。

(5)从水中捞起的吸油材料应尽快焚烧处理。

三、吸油毡的使用

吸油毡通常用聚丙烯等人造聚合物材料制作,也有用棉花纤维制成的,主要用于船舶、水面溢油应急处理,尤其适用于处理大面积原油的溢漏事故。吸油毡一般都具有易吸油、吸水性低、密度小、吸油前后浮于水面不变形的独特优点,且具有吸油倍数高、吸油速度快、无污染、焚烧不产生毒废气,易于储存、耐高温、可重复使用等优点。吸油毡吸油量通常为自重的 10~20倍;吸水量应小于自重的 1.5 倍;在通常保管情况下性能变化很小;使用后容易回收;可以燃烧处理。

海上使用吸油毡,如图 4-5-5-4 所示,通常在围控状态下,用小艇向溢油多处呈水平投放,在一面吸油后翻面充分吸油。最好使用足够数量的吸油毡,使其处于吸油未饱和状态而不断吸油。当余油稀薄时,应逐步缩小围控范围。使用吸油材料时,禁止使用消油剂,以免降低吸油能力。对吸足油的吸油毡应及时回收并应及时焚烧处理,并防止滴出的含油污水第二次污染水域。

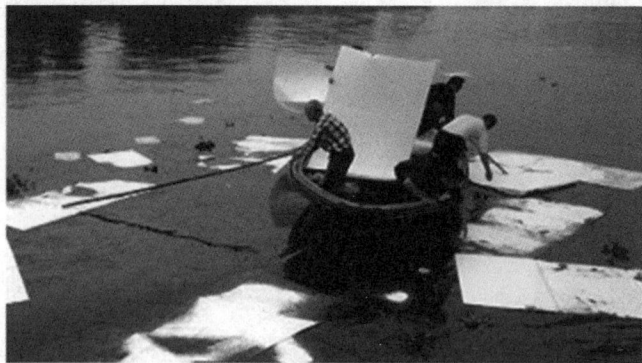

图 4-5-5-4 海上使用吸油毡

四、消油剂的使用

消油剂是溢油分散剂的俗名,是目前使用最多的溢油处理剂,一般由主剂和溶剂组成,是应用表面活性剂的乳化能力,以及溶剂能降低溢油黏度和表面张力的特性,从而使溢油乳化分散,形成小颗粒,最终被水分解和微生物降解,加快了水体的自净速度。

船舶使用消油剂通常是在回收大部分溢油后处理表面残油,或是因风浪大无法回收溢油时使用。

现有消油剂多为毒性较低的酯型,分为普通型和浓缩型。消油剂的使用多采用直接喷洒的方式,浓缩型按说明书稀释后喷洒。但无论如何,在沿海国管辖区域内使用消油剂前,必须事先向当局申请,说明其牌号、用量和使用地点,经批准后方可使用。

五、海上溢油的一般处理过程

(1)使用围油栏等围油材料将溢油围挡防止其扩散,如图4-5-5-5所示。

(2)油回收船或吸油装置将大部分溢油回收。

(3)使用吸油材料回收残留的少量溢油。

(4)喷洒油处理剂将无法回收的油乳化分散在海水中或用生物处理方法等处理。

图4-5-5-5 火灾溢油后海面铺设围油栏围控

任务6 了解防污染应急基本程序

船舶一旦发生污染情事,均应迅速反应,竭尽全力控制和消除污染;同时应迅速报告有关当局并听从指挥,接受当局的调查和处理,赔偿污染损害。各国对船舶污染的排放控制和处罚日益严厉。

污染损害的法律责任属于结果责任制。即船舶一旦发生污染,除不可抗力原因外,不论船方有无过失,一概按污染损害后果承担法律责任。因此,船舶发生或可能发生污染时,每位船员都应全力以赴应急,防止和减轻污染损害。

一、油污染应急

根据《73/78国际防止船舶造成污染公约》(MARPOL 73/78)附则Ⅰ第26条规定:150总

吨及以上的油船和 400 总吨及以上的非油船,均应备有经主管机关批准的《船上油污应急计划》。

该计划主要用于帮助船员处理意外的排油。当船舶发生或可能发生油污事故时,指导船长、驾驶员采取必要措施,以控制或减少排放或减轻其危害。

《船上油污应急计划》主要由强制性规定、非强制性规定和附录三个部分组成,必须用船员的工作语言写成,对于报告、控制和协作等强制性内容的修改,必须经主管机关核准。

(一)强制性规定

强制性规定主要有四个部分,即油污事故报告程序;需要联系当局或人员名单;船上人员采取减少或控制油类排放的详细描述;为使船上与国家及地方当局协同行动需取得联系的程序。

1. 油污事故报告程序

当船舶发生下列实际排放情况时,船长需立即报告最近沿海国海上安全主管部门:由于船舶或设备受损,或为保障船舶安全和海上救助人命所进行的排放;或船舶运行时油类的排放超出公约所允许的数量或瞬时排放率;或由于加装燃油等操作事故造成溢油。

尽管尚未发生排放,但可能发生的排放,涉及下列情况时船长应向沿海国海上安全主管部门报告:影响船舶安全的故障、失灵或损坏,例如碰撞、搁浅、火灾、爆炸、结构受损、进水、货物移动等;造成航行安全性下降的机器或设备故障和受损,例如舵机、推进器、发电系统、关键的船载导航设备故障或失灵事故。

每位船员发现上述需要报告的情况,应立即报告船长和值班负责人。

2. 需要联系当局或人员名单

船舶发生污染事故,需要进行通信联系的应包括:沿海国联系人;港口联系人;与船舶有关的重要联系人。联系人名单应保持昼夜 24 h 的联系畅通。这些人的单位、姓名、地址、电话、电传、传真号码等列入附录的表中,而且随着人员更换和电话号码等的变动随时更新这些信息。

3. 船上人员采取减少或控制油类排放的详细描述

溢油控制的应急措施包括:操作性溢油(管系泄漏、舱柜溢油、船体泄漏);海损事故溢油(搁浅、火灾/爆炸、碰撞、船壳破损、严重横倾等)。

对事故的反应,最优先考虑的应是保证船舶和人员安全,并采取措施防止事故升级。

在海损事故应急反应中,采取措施减缓溢油或使船舶脱浅时,应特别谨慎地考虑船体稳性和应力,只有在充分考虑可能影响船舶整体稳性和应力之后才能进行船内转驳。计划应明确指明,为评估破舱稳性和受损的纵向强度,应与谁联系,以便获得所需资料。

船舶结构受损严重时,可能有必要将全部或部分货物驳到另一艘船上,因此计划应制定船与船过驳的安全措施和操作程序。

4. 为使船上与国家及地方当局协同行动需取得联系的程序

在抗油污染行动中,船舶与国家及地方当局协同行动需取得联系的程序和要点。

发生溢油事故,船舶与沿岸国或其他有关部门快速、有效地协作,对减少污染事故的危害至关重要,因此实施控制措施之前,有必要与沿岸国取得联系,以得到核准。应急计划应提供与沿岸国或地方当局联系请求协作的方式、注意事项和有关应急反应队伍资料。

(二)非强制性规定

除 MARPOL 73/78 公约附则 I 第 26 条规定的上述强制部分外,应急计划应有地方或船公司要求提供的指导,如图表和图纸、应急反应设备、公关事务、记录保存、计划检查及演练等。

为保证船员熟悉计划、在应急时能做出正确的反应,应定期进行演练,这种演习可以同船上其他演习合并进行,演习和训练都应做好记录。演习能使应急状态中的安全性和有效性得到增强。

按油污应急计划规定,每艘船应有本船的溢油应变部署表。在表中应明确注明:溢油报警信号、集合地点、每个船员的职责和岗位。

(三)附录

(1)《船上油污应急计划》规定应备有下列附件:沿海国联系人一览表;港口相关联系人一览表;船舶重要联系人一览表;船舶资料及图纸。

(2)《船上油污应急计划》规定应备有下列资料:适用于张贴在船舱壁上的简明流程图;有关国家和地方主管当局的资料;其他参考资料。

二、其他物质造成污染的应急

除油类和油性混合物外,其他物质诸如有毒有害物质(系指除油类以外的、如果进入海洋环境便可能对人类健康造成危害、对生物资源和海洋生物造成损害、对宜人环境造成破坏或对海洋的其他合法使用造成干扰的任何物质)、压舱水、洗舱水、船舶垃圾和生活污水等,违反港口国和港口当局的规定排放,均属污染事件,船方都必须采取防污染应急措施。

防污染应急措施包括:及时发出警报,召集船员准备应急;查明污染源,评价污染规模,拟定应急方案;实施控制污染源,消除海面污染的应急措施,包括对液体类污染物关闭阀门、船内移驳、堵漏,对散落入海的漂浮物进行打捞等;按当地法律的污染报告规定向当局报告,并听从其指挥(包括接受强制清除污染措施);向公司报告污染情况。污染应急结束后,船方应接受当局的污染事故调查和处理。船长应做好记录和向公司做详细汇报。

💡 思考题

1.什么是海洋环境污染损害?广义的污染物有哪些?广义的污染途径是什么?

2.船舶污染源有哪些?船舶污染海洋环境的途径是什么?

3.MARPOL 73/78 公约各附则的适用范围、证书、记录、排放控制分别做何规定?

4.简述船舶压载水管理公约中的压载水管理标准。

5.《船上油污应急计划》主要由哪几部分组成?其中强制性规定的主要内容是什么?

6.试述船舶营运过程中发生溢油事故时的应急反应程序。

7.简述船员对防止海洋环境污染应承担的社会责任。

8.常用的油污应急器材包括哪些?如何进行使用?

讨论题

1. 对于给出的船舶垃圾进行分类并说明处理方法。
2. 防止油污染器材的种类、作用、性能或特点、使用方法和使用中的注意事项。

项目六　船员的社会心理与人际关系

【知识目标】

1. 了解船员社会心理与心理特点；
2. 了解航海环境和航海事故对船员心理的影响；
3. 熟悉船员的心理健康与心理训练；
4. 熟悉船员人际关系特点；
5. 熟悉保持船上良好的人际关系和工作关系的重要性；
6. 掌握船员群体及其心理特征；
7. 掌握危害安全的不良心理素质；
8. 熟悉团队工作的原则和方法、冲突的解决。

【能力目标】

1. 基本具备运用人际交往技能防止船上冲突的能力；
2. 能够开展解决船上冲突的办法训练。

【内容摘要】

人生活在社会环境之中，每个人的思想观念和行为方式都受其周围社会环境的影响，受他所置身的社会人群的影响，同时也受社会的文化和习俗的影响。船员的人际关系和社会互动过程密切地与船员的生活和工作相联系。

从事国际运输船舶上的船员在一个有限的浮动空间里，人员数量虽然不多，但人员结构却多样化。由于海上生活和工作环境的特殊性，船员的人际关系有着显著的职业特征和特殊的交往原则。正确处理好船员的人际关系，有利于船舶操作安全和提高船舶营运效率，也有利于提高船员的工作积极性，极大程度地发挥其潜能和创造性。

任务 1　了解船员的社会心理及心理特点

人生活在社会环境之中，每个人的思想观念和行为方式都受其周围社会环境的影响，受他所置身的社会人群的影响，同时也受社会的文化和习俗的影响。船员工作在船舶之上，经常远离喧嚣的城市,由十几个或几十个人形成一个小的社会群体。在这一"小社会"环境中,船员的人际关系和社会互动过程密切地与船员的生活和工作相联系,所以,了解有关社会心理学知识对船员生活和工作的调整大有裨益。

一、人的社会化

1. 社会化过程是人与社会的"互动"过程

由生物的人变成社会的人的过程,称为"社会化"。在社会化过程中,一方面社会对人产生影响,另一方面人对社会所产生的影响又反过来作用于人自身。所以说,人的社会化过程,是人与社会的"互动"过程,也是人的多方面观念行为与社会相"接轨"的过程,也是个人与社会两者之间的适应过程,有政治、道德、民族、法律、职业及性别角色等诸方面。

2. 教育是社会化的首要途径

社会化的途径首先是社会的教育,从父母到教师,甚至包括整个社会对人的引导都可以称之为广义的教育。各种伦理观、道德观包括其他方面的社会观念,绝大多数是通过这些有形的甚至可以通过无形的手段去实现对人教化的目的的。

3. 社会化过程是复杂的

社会、家庭、学校、朋友团体、工作单位及大众传媒都是人的社会化的外在影响因素,这些因素本身是千差万别的,所以人的社会化过程也会有不尽相同的结果。而且,人格与自我等内在因素本身也是千差万别的,决定了在社会化过程中人们接受外在因素的影响过程也是不尽相同的。所以,社会化过程是极复杂的、高度个体化的建构过程。

在现实生活中,人们所从事的劳动和工作越来越复杂,社会化的程度也越来越高。一个劳动群体是由各类人员排列组合起来的人际关系构成的,当群体人数按算术级数增加时,群体内构成人员之间的相互关系则近似按几何级数增加。各行各业的生产和劳动既有严密的科学分工,又有严格的整体配合。这些都大大突破了人们原有的交往范围,人际交往更加成为劳动和工作的必要条件,人际关系也随之变得复杂多样。人际关系的复杂性不仅表现在各种关系的数量上,而且表现在人际关系的不同类型和结构上。

在人际交往中,我们每个人的社会化水平不同,社会化的内容结构也不相同,甚至人保持社会化的开放性接受能力也不相同。因此,就只能够"求同存异"。显而易见,实际生活中既会有积极、友好的交往和人际关系,也会有消极、被动的人际关系;既有无私的援助,也有公开的抢劫;既有亲密的合作,又有冷酷的斗争等。正是这些性质相互对立又相互联系的人际关系,才构成复杂的社会生活。

4. 社会化过程是长期的

社会化是终其一生进行的发展过程,当个人仍保持开放心理去接受新的文化传统和生活经验、接受新的价值观念和社会行为模式的时候,人的社会化的过程就继续发展,因此,一个人就能更好地顺应社会生活。古人讲:"行年五十而知四十九年非。"就是说人的发展要不断"自以为非",以便认识自我、超越自我,进行不断的社会化过程。

二、社会认知与社会态度

社会化作为一种结果,铸造了个体的独特人格,每一种具有独特人格的个体便会产生其独特地看待事物的视角,在这样有倾向性的感知基础之上形成了具有倾向性的情绪和行为的趋向,这便是态度。态度虽然不是外显行为,但是一旦具有某种态度,就容易产生某种与其态度相一致的外显行为。人际交往或人际关系就是要通过这些行为因素产生相互作用的。

按照心理学的逻辑分析,当行为产生之前必然先有认知的过程,经由认知而最终达到形成具有主观信念基础上的情绪倾向,这便产生了态度。然而在实际上,这一过程可能在一瞬间完成,也可能在认知发生之前就已有某种态度作为认知的驱动性因素,甚至认知与态度两者交汇到一起无法分割,只是为了分析,我们才把它们分别加以表达。当然从整体进程上,我们又可以看到一个大致认知在前,而态度产生在后的相继性过程。

人的社会认知的全面性、准确性、深刻性要有透过现象把握本质的思维能力才能脱离表面印象的局限。在实际社会认知活动中,我们不仅能做到"耳听其辞,目察其色"的多渠道信息输入,甚至能在此基础上凭直觉去超现实地把握事物(或人物)。我们可以从一个人的表情、姿态、服饰、行为、语言中去把握他的心理活动,更可以从某一行为与整体背景的不协调之处去把握"弦外之音"。用哲学的语言来表达,即本质总是要通过现象反映出来,而现象也总是直接或间接地反映着本质。

但人的认知又易因为产生主观性而失去客观性,因而造成错误认知。在社会认知转化成社会印象之后,这种主观性便产生了,所以,根据印象形成判断就难免失之偏颇了。比如对电视广告,人们逐渐形成了一种"虚假和夸大"的印象,因此,对那些即便毫不虚假和夸大的广告,人们在接受之时也要大打折扣,这就使判断失误。"巧言令色"是一种印象,"鲜矣仁"是一种判断,这种判断有可能把那些善于言辞,但无恶意者判断为"坏人"。

社会态度具有对象性、内在性、持久性的特点。一种态度的形成会长久地成为行为的内在驱动力,态度的固化和升华可以形成更加抽象和更加隐晦的价值观。得到价值观在背后支撑的态度就具有更大的稳定性,使这种态度长期不易改变。

三、海员的心理特点

1. 性格特征呈极端性变化

海员的生活与工作环境均呈极端性变化,所以海员的心理易于在两个极端间变动,久之,产生双向性格特征与矛盾意向。

海上风平浪静时,船舶工作环境比较安闲,船员日常值班事务处理已经驾轻就熟,加之船上环境单调,这就使船员紧张应激水平处于较低的状态。但是,一旦风浪骤起,甚至遇到险恶情况,即便有惊无险,也使平时的安闲一扫而光,紧张应激水平由极低冲向极高,受制于责任和自身的安危意识,船员此时必须全力以赴,同舟共济,团结奋斗,排解风险。这就好像一根琴弦,经常在松紧两极间变化。这种特点使船员的心理逐渐带有极端性特征。

另外,船上生活的两极化特征也很明显,也势必影响船上工作人员的心理状态的改变。比如,饮食方面,在漫长的航海途中,蔬菜短缺,甚至连淡水都限量供应。一盘普通的白菜丝,成了船上的珍馐美味,喝一碗小白菜汤,成了船员梦寐以求的愿望。等到船一靠港,给养充足,则生活水平大为改善,生活变得近乎奢侈。

比如人际关系改善方面,平日相处很好,甚至无话不谈,一旦冲突,互相拳脚相向,大骂出口,事后又和好如初。这样两极变化的人际关系在海员间总体上看比陆地上为多。

海员对于工作环境和生活环境的两极化顺应,必然产生一种相对固定的心理模式化的沉积。这种沉积,为以后顺应类似的情况铺平了道路,但却为今后顺应新异的情况埋下了隐患。比如,船员回到陆地上生活,他们会感觉到种种不适,虽然他们没下船时渴盼着下船回到陆地,但是一旦回到陆地,他们又觉得有诸多说不清的不适感,于是又不愿在陆地上久留。在这种矛盾意向的背后,纵然有许多原因,比如热爱船上的工作,眷恋船上的闲逸和紧张交替的生活等,但是不能排除,他们在船上形成的主基调的模式化沉积使他们对陆上生活产生了不能立即顺应的、模糊的不适感。

2. 不同年龄的船员心理特点

当然,海员的个性千差万别,有1 000个海员就有1 000种海员生活顺应状态。也就是说,个性的差异性使他们面对共同情境时会产生各不相同的反应。研究指出,不同的年龄表现出不同的特征和不同的职业适应性;同航次,航行中的不同阶段,船员的心理反应也是不同的。由此看来,船员的心理特点有相对固定的普遍性的一面,也有灵活多变的特殊性的一面。

(1)青年船员

不同年龄的船员具有不同的心理特点,根据孙哲等国内专业人士的调查研究,按青年、中年、老年把船员分为三种类型。

青年船员占船员总数的2/3,这一时期,身体各种器官发育成熟,思维最活跃,兴趣广泛,进取心强。但刚刚踏入社会,性格尚在形成阶段,生活经验不足,过高地期望未来,动机斗争剧烈,情绪波动较大,矛盾心理突出,因此青年期是心理和生理发生重大变化的时期。

青年期的船员,好胜心强,不甘落后,力求给人一个良好印象,希望受到领导的表扬和奖励及同行的称赞,希望他人尊重自己的人格,希望领导关心自己,重用自己,进取心较强。

青年期情感丰富,但两极性明显,当自己的需要得到满足时,他们情绪高涨。遇到特殊任务,往往不顾个人安危,奋力排除危情,或奋不顾身抢救他人生命和国家财产。如果个人需要与整体利益发生矛盾或者遇到困难和挫折时,消极情绪反应明显,精神不振,兴趣减少,产生自卑感。由此可见,青年人具有情绪来得快、平息快的特点。

青年船员兴趣广泛,需要多,但受环境的制约,他们不仅有生理要求,而且还有安全、自尊和他人尊重自己的需要,对自我实现也有所追求。由于水上运输的特点,他们的兴趣受到限制,船上的条件对青年船员的文化生活需求很难满足,形成了单调的环境与精力充沛的青年船员不相适应的状态。青年船员的另一个特点是冒险性格。青年处于性格初步形成的阶段,自控力较弱,常富于激情,胆大无比,别人不敢说的他敢说,别人不敢干的他硬要试一试;同时爱吹牛,故作神气,自认为走南闯北见识广,侥幸心理强,爱打赌,易于干出冒险之事。针对青年船员的心理特点,对他们应逐步培养,待其日趋稳定,适应性会明显增加。

(2)中年船员

中年船员精力旺盛,社会经历和人生经验都很丰富,但中年人的负担较重。家庭负担沉重,工作担子也沉重,尤其是观念较为固守,自恃有经验,往往听不进别人的劝告。他们因为多年的航行操作,对规章往往自觉遵守,并表现出对别人违章行为的反感。中年船员由于长年生活在航行的环境中,因此容易罹患心理障碍和身心疾病。

（3）老年船员

老年船员曾有过青年期和中年期,往往积累了更多的经验,因此沉稳有余、灵活不足,对船上生活基本上顺应。由于有"老资格",所以老年船员自尊心更强,希望得到别人的承认和照顾。

任务2　了解航海环境对海员的影响

海员生活在大海这个特殊的自然环境和船舶这个特殊的人造环境之中,要维护航海的安全和海员身心健康,就离不开认识船员的工作生活环境。

一、航海环境对海员的影响

（1）温度和湿度变化难以适应。在热带航行,环境温度升高,使人消耗增加;而在寒带航行,则要耐受严寒。由于船舶航行穿越于寒热两带之间,故船员受这种骤然温度的变化,身体往往难以适应。

（2）船舶晃动不可避免的。船舶在海上航行,由于航速变化,以及海上的风、流、波浪等等的影响,使船身摇晃不止。加上机器运转引起的震颤和振动,使海员经常处于颠簸和振荡之中,对海员的身心都产生了直接的影响。晕浪、振动和摇晃,使人劳累、不适、疲乏、眩晕,恶心、呕吐、注意力不集中,使各种器官敏感性下降,动作协调性和准确性变差。

（3）噪声是船上难以避开的干扰。船舱内的噪声频率在 400 Hz 左右,强度在 90~100 dB,甚至达到 120~130 dB。机舱内人员长期处于噪声环境之中,使他们听力受损甚至影响到血压及破坏身心协调。

（4）气味是环境中的不可忽视的方面。船舶上的气味由于机舱、驾驶室的密闭,很难散发。油漆味,尤其是清洗油舱,装卸原油,不仅气味难闻,而且混杂有毒气体,更易使船员受到影响。

（5）船上饮食单调,蔬菜缺少,加上晕船,使海员食欲下降,甚至由于海上风浪影响,船上不能正常开餐,个别海员以空腹喝酒补充能量,久之也会导致船员饮食不足,身体受损。

（6）船舶海上航行,淡水供应受到限制。正常情况下淡水限量供应,特殊情况下甚至要收集雨水。工作负担重,淡水供应不足,饮用尚且不足,更不能满足洗澡之需,这样的环境使船员的生活困难陡然增加。

（7）船员休息时也难以摆脱环境的影响。由于航行时船舶的上下颠簸和左右摇晃,为了维护身体的姿势,必须消耗大量的体能。轮值夜班、睡眠不稳,加上再受时差、季节差的影响,干扰海员的生活节律,使生理和心理疲劳难以恢复。在险恶情况下,船员连续工作,睡眠更不能满足,使他们记忆力、注意力均减退,情绪低沉,易被激怒,产生各种心理障碍,反应变慢,影响工作效率。

（8）海上生活消息闭塞,长期的孤独寂寞使船员烦躁不安、易怒。这也是航海环境中的一个难以克服的困难。

（9）导致不少船员因不善于调节精神生活而养成不良嗜好。船上的业余生活较为枯燥,许多船员又没有业余爱好，只好吸烟、饮酒排遣寂寞，所以船员吸烟率极高。由于船员接触毒品机会多，少数船员变成吸毒者。饮酒的现象更为普遍，少量饮酒确有助于排解寂寞、放松紧张，但是，很多船员以能饮酒为荣，自夸"海量"。

（10）轮换值班制度对海员的影响也不可忽视。因为人体在长期的进化中保持了自然的生物钟节律，当经常人为地破坏这种节律时，海员的身心两方面都会受到影响，甚至酿成身心疾病。还有等级严格的角色分工，使他们不得不时刻想到自己的身份和职责，容易变得刻板、固执、冷漠。

（11）船上人际关系调节难度大。由于探亲、休假和人员调动等原因，致使船员之间彼此生疏，加之值班频繁，心理沟通往往机会较少，长期孤独导致心理退缩。有时，同一船上的船员来自不同的国家和地区，没有共同的母语，他们之间协议使用某种语言，这使他们之间的交往发生障碍，加之风俗习惯的不同，就使船员间的交往更加困难。这种情况在外派船员身上表现得更加明显。

（12）船员的环境问题中还有一个十分突出的问题即两性交往问题，因为我国海船上基本是单一性别的情况，所以，船员往往自己戏称"海和尚"。这一问题确实影响到船员的情绪稳定和身心健康。

随着科技进步和管理制度的改变，以上问题在不断地得到解决，相信不久的将来，船员的工作环境和生活环境均会有较大的改善。

二、远航的适应

远洋航行要求船员有相当长一段适应期。其适应期的长短与每一个人的性格、能力、气质、社交技能等心理特征有关，也与海员的体能状况、职业兴趣、工作动机、道德修养有密切关系。甚至一个船员对航海适应的过程与船舶上的人际关系、与船员的社会地位和福利待遇、与船员的家庭因素等都有着千丝万缕的关系。

远洋船员的适应大体上分为最初航行适应、最适宜航行、疲劳全面补偿、疲劳、过度疲劳、最后的热情等阶段。

1. 第一阶段

该阶段适应期4～15个昼夜。在这一时期中，机体器官开始活动增加，船员的心率略加快，动脉压、体温、静态耐力、感觉运动反应时间、17-酮固醇、尿总氮和尿肌酐等项指标都有较强的变化。

2. 第二阶段

该阶段是航行的第16～60个昼夜。这一时期的各器官系统的功能水平达到在新水平上的适应平衡。此时测定各项功能变化均未超过重量波动范围，此期船员的所有心理和生理现象都处于最佳状态，他们情绪稳定，精神饱满，即便出现工作中的差错，也是属于偶然因素引起，不是来自机体的恒定性因素。

3. 第三阶段

该阶段为疲劳全面补偿阶段。在此阶段中，船员因疲劳开始出现行为反应的变化，比如反应开始迟缓，视觉稳定性下降，神经系统的平衡失调，船员全身功能性稳定性开始下降，船员的行为已有变化，尤其表现在闲暇时，他们可能抱怨疲劳，渴望多躺一会儿，不想看书，不愿参加娱乐活动,对集体的关心程度下降。由于存在个体差异,每个人的表现各自不同。上述现象需要靠船员不断增强的意志力来补偿,这一阶段大致出现在航行的第 60~90 昼夜。

4. 第四阶段

该阶段为疲劳阶段,通常在航行 3 个月以上出现。船员首先出现情绪不稳定,生理活动指标趋于下降,具体表现为易急躁,易兴奋,头痛,睡眠障碍,神经肌肉兴奋性增高,以及体力及脑力劳动能力下降,有时亦可出现心跳、血压、血糖方面的调节障碍。船员自诉持续疲乏感,船员履行职责的质量开始下降,活动与操作出现不精确和失误,工作态度不认真,精神不振,违反船舶管理规章制度,人际关系紧张,思念家人情绪加重。

5. 第五阶段

该阶段为过度疲劳阶段,此阶段可发生在更长期的远航途中,也可因持续的高强度体力和脑力劳动或因遭受突然的应激事件而使船员心力交瘁出现过度疲劳情况,表现为睡眠不好,惊悸不安,消极心理越来越明显,悲观情绪突出,严重时可出现精神疲劳综合征。

6. 第六阶段

在返航途中,船员情绪高涨,感到一身轻松。此期船员最容易因疏忽导致差错或失误。根据船员的疲劳规律,有人认为,船员最适宜的航行时间为 2 个月,允许航行时间为 3 个月,之后应安排船员上岸休息。除定期给予船员休假外,在航行期间船舶停靠各国码头时,应让船员有短暂休息的机会。

三、航海事故对海员的心理影响

海员在与其密切相关的来自生理、心理和社会文化等方面的刺激因素作用下会产生相应的心理应激反应。航海中船员所要面对的突发事件和应激情境是一些能够影响人的心理和行为的特殊情境,海难或海损事故是对海员造成影响最强烈的心理应激源。

如在海上遇险,由于不利因素和现场气氛表现出的紧张、激烈、残酷和危险特征,可使海员(尤其是新手)感到心情紧张。当然,适度的紧张刺激会使人的心理活动处于激奋状态并向最佳心理反应状态过渡,从而消除了心理活动的情绪性,心理活动更富有动力特征。而且由于压力和危机的激发,海员的心理卷入程度很高,外来的威胁增强了群体的凝聚力和群体的战斗行为,奋斗目标趋向高度一致,从而形成了全船高度整合的心理相容度。此时此刻,抱怨、嫉妒、隔阂的情绪都会被神情激昂的士气所荡涤。但高度持续的紧张状态会导致海员的心理疲劳,伴随出现许多消极的情绪,诸如恐惧、愤怒、憎恨、忧愁、悲伤和痛苦等,都将会对海员的身心健康产生十分不利的影响。

其中,恐惧是海员遇到危急情景时出现的主要消极情绪,通常伴有呕吐、担心、沮丧、吃惊,甚至大小便失禁等表现形式。当恐惧心理占主导地位时,海员的整个心理过程会发生混乱,引起心理活动的部分或完全失调,甚至有可能使原本心理脆弱的海员引发突发性精神障碍。

当两船突然相撞或触礁,船毁人亡,即便有弃船的可能性,漂在冰冷刺骨的海水中,也较少有生还希望,此情此景带给船员的心理压力可想而知。少数幸免于难者,经历了殊死的抗争,灾难过后久久难以心情平静,精神崩溃,如傻似呆,不思饮食,寝卧不安。经对海难、海损事故的幸存者长期追踪观察,发现患身心疾病者超过 70%,至于其中是否有伴有躯体化的神经症患者,未做排除。与陆地汽车肇事后司机的身心疾病发生率相比,海上事故引起的海员身心损害,明显高于陆上事故对陆上肇事汽车司机引起的身心损害。

任务3 熟悉船员的心理健康与心理训练

航海职业的风险性和艰苦性对船员的心理素质提出了很高的要求。各类海上事故的人为因素从总体上分析约占80%,其中绝大多数人为因素都与船员的心理因素有关。

一、船员的心理健康

健康是人的成就之本,幸福之源。了解健康尤其是心理健康的知识,提高对海员健康的维护水平,是现代社会中海员的急切需求。

联合国世界卫生组织(WHO)1948年把"健康"定义为不但没有身体缺陷和疾病,还要有完满的生理、心理状态和社会适应能力。也就是说人体是生理与心理的统一体,人体健康应包括生理(躯体)健康与心理(精神)健康两个方面。一个人生理、心理和社会适应能力都处于完满状态,才算是真正的健康。1989年,WHO又把健康的定义扩展为:躯体健康、心理健康、社会适应良好和道德健康。

我国著名的医学心理学与心理卫生学专家王效道教授提出了判断心理健康与否的三项原则和心理健康水平的七个评估标准。他认为,怎样衡量心理健康及其水平是健康心理学的一项重要的,也是复杂的课题。企求绝对客观的划分标准是困难的,健康正常与否的界限是相对的,并没有截然绝对的分界线。

(一)判断心理健康与否的三项原则

1.心理与环境的同一性

心理是客观现实的反映,任何正常的心理活动和行为,无论其形式和内容都应与客观环境(自然环境与社会环境,特别是社会环境)保持一致性,即同一性。人的心理或行为只要与外界失去同一性,就难以为人所理解。比如,有些人由于自我催眠或过度想象而出现似乎与神对话的幻觉;有些人在寂静山林面壁修行,由于感知剥夺(持续一定的时间并达到一定程度)而产生似乎进入仙境的幻觉。这种出现幻觉的状态,就要格外注意了。

2.心理与行为的统一性

一个人的认知、体验、情感、意志行为在自身是一个完整的、一致的统一体。这种统一性是确保个体具有良好社会功能和有效地进行活动的心理学基础。例如,遇到一件令人庆幸的事,在感知它的同时,应有愉快的情绪体验及相应的表情,并用欢快的语调和行为来表达。如果一个人用低沉不快的语气讲述一件愉快的事件,或者对痛苦的事件做出欢快的反应,那就属于不健康的异常状态了。

3.人格的稳定性

人格(个性)是一个人在长期的生活经历过程中形成的、独特的个性心理特征。个性心理特征形成之后就具有相对的稳定性,并在一切活动中显示其区别于他人的独特性,在没有重大的变故情况下,一般是不易改变的。如果一个爽朗、乐观、外向的人,突然变得沉闷、悲观、内向,那就要考虑他是否出现异常,说明他的心理(或行为)已经偏离了正常轨道。

上述三条原则是从外显行为是否表现异常来评估个体心理健康与否,但仅此三条还是不够的,因为虽属行为正常,但其健康水平尚有高低差别,因此研究区分心理健康及其水平的标准,对于人们的心理保健和行为指导有十分重要的意义。

(二)心理健康水平的七条评估标准

1. 适应能力

能否对变动着的环境(含生活环境、工作性质、工作环境、人际关系以及个体的内环境等)保持良好的适应,是判断心理健康水平的重要标志。如在环境发生重大改变时,人人都会有些紧张。有人能随遇而安很快适应,有人则拖延很久,甚至焦虑不安、血压上升、心悸、睡眠障碍,出现各类精神症状和躯体症状。再如怕见生人、不能出门等都是适应能力较差的表现。适应能力除与神经系统活动的强弱与灵活性有关外,还受生活经历和学习锻炼的影响。

2. 耐受力

对精神刺激或压力的承受力或抵抗力统称为耐受力。不同个体的耐受力各不相同,对精神刺激的反应也各不相同。如亲人不幸死亡,有人悲痛欲绝,号哭不止;有人则虽受强烈的情感打击但仍可理智处之;有人则可能导致反应性精神病或癔症。除从精神刺激、社会变故的强度来区分耐受力外,耐受力的不同还表现在对刺激的时间持续性方面。生活中有一类精神刺激虽然不是十分强烈,但是频繁出现或持续存在,有人可以耐受短暂的强烈刺激,但在慢性精神折磨持续存在的情境下会出现心理异常,至于人格改变、精神萎靡,甚至发生身心疾病。有人虽然终生伴随有种种精神刺激,却并未导致心理上的严重问题;还有的人能把克服这种精神刺激带来的种种不快变为生活奋斗的动力;也有在几乎无法忍受的逆境中奋发图强做出好成绩者。对于种种强的或慢性的精神刺激,有人会因之留下终生影响,一有反复就会出现心理的或躯体的不良症状反应;有人则无论怎样,都能坦然处之,工作、生活正常。人的先天素质、神经系统强弱类型及活动特点对个体耐受力的影响是不容忽视的,但更重要的是后天环境的作用,社会化过程中形成的人格特征、认知和评价水平。耐受力水平的提高更依赖于自觉确立的进步人生观和生活信念及在生活中锻炼出来的坚强意志。没有崇高的人生目标,没有科学的信仰,没有为真、善、美奋斗的理想和决心,对生活中出现的变故和精神打击就会难以应对。特别是频繁的、持久的精神压力和刺激更是对世界观、价值观和人生观的检验。

3. 控 制 力

控制力指自我控制和调节的能力。人对自己的情绪、情感思维等心理活动是可以自觉地、能动地加以控制和调节的。人的情感表达、情绪反应的强度、动机的趋向与取舍、思维的方向和过程等都可以受人的意识的控制和调节,也就是说,都是在大脑皮层的控制和调节下实现的。人的一切活动,包括心理活动都是受大脑皮层制约。意识是最高层次的心理活动,人的意识制约着整个心理活动过程。如果大脑皮层功能下降(如脑动脉硬化等疾病),对情绪的控制能力就会下降,表现为容易激动。当一个人身心十分健康时,其便会心理活动十分自如、思维敏捷、逻辑严谨、情感表达恰如其分、仪态雍容大方、举止得体、辞令流畅、应对如流、随遇而安、不卑不亢、动机适宜、容易获得满足等。这些都说明其自我控制和调节能力水平处于较高状态。

4. 意识水平

意识水平的高低可以从许多方面来度量。一般以注意力水平为客观指标，临床上则多以清晰度为指标。注意力不易集中往往是某种严重精神疾病的先兆。如果一个人不专注于某项工作，不能专心地思考问题，思想经常开小差就要引起重视。注意力不能集中的表现越明显，心理健康的水平就越低。由于注意力不能集中，其对观察力和记忆力的影响是明显的。观察水平、记忆水平与注意力水平成正比关系。但要指出，注意力的稳定性过分增强，如强迫观念的注意固定，则属心理障碍。通过注意分配和注意转换等方面也可分析意识水平状况。在临床上意识水平降低程度可分为朦胧、梦幻、嗜睡、昏睡、昏迷等层次。

5. 社会交往能力

社会交往是人类社会的基础，人类心理活动得以产生和维持，有赖于社会交往的发展。个体若与世隔绝，社会交往被剥夺，就会出现心理障碍，甚至精神崩溃。社会交往能力，也标志着一个人的心理健康水平。当一个人毫无理由与亲友断绝往来，把自己孤立起来并变得冷漠无情时，就要考虑他是否出现心理障碍；相反，过分交往，如无选择地广泛交往，并十分热情和兴奋，也要考虑他是否属躁狂状态。一般说来，人们在交往中应当适度，有交往但不泛泛，择友而交，不仅有选择性，而且着眼于品德、才学、政治、思想等方面。如果一个人总是对周围事物漠不关心，与人交往总是很冷漠或以自我为中心，这就要考虑这个人的人格特征是否偏离正常，或心境欠佳。一个人如果没有知心朋友，或很少和朋友交流思想情感，尽管他可能工作上是好的，行为是正常的，但不能说他的心理没有缺陷。

6. 康复力

康复力指在蒙受精神打击和刺激后心理创伤复原能力。人生在世，任何人难免遭受打击、冤屈，但心理创伤却有轻有重。在遭创伤后，情绪会十分波动，心情变化多端，行为会暂时偏离常规，甚至出现躯体症状和精神症状，严重的也可能轻生自杀。由于认识与评价能力的水平不同、人生阅历不同、个体气质和性格不同，人们遭打击之后需要复原的时间不同，复原的程度也不同。有的人能很快康复，并且不留什么痕迹，每当再谈起这次创伤时，一笑了之。创伤的情绪色彩淡化了，对他以后的生活及行为不产生明显的影响。有的人虽然也能康复，但需要较长时间，而且一旦忆及往事，仍会耿耿于怀，情绪起伏不已；也有的人，不能完全康复，无论在心理上、行为上和躯体上都留下严重的痕迹。如一个活泼的人，性格变成呆滞状态；一个不拘小节的人，变得谨小慎微；一个有独立性的人，变得唯唯诺诺。这就犹如躯体疾病，有人患疾病能很快治好，并不留后遗症；有人虽能治好，但总有反复；有人则可滞留终身。康复力，是心理健康水平的另一项重要标准。

7. 愉快胜于痛苦的道德感

黑格尔认为，道德是精神世界的最高形式和最后形式，道德是人类社会化的产物，道德感是人类情感需要超越生物本能需要的最高层次的情感，道德愉快是一个人在利他活动中自我体验到的愉快。也许利他活动会造成行为者的肉体痛苦或其他心理痛苦，但行为者本人却有自我肯定的评价，从而体验到满足的愉快。道德愉快是个人与社会矛盾的统一的实现，是生物属性与社会属性统一的实现；道德愉快有减轻和消除任何心理痛苦的作用，它是信心、勇敢、乐观进取、坚忍不拔等许多优良心理品质的坚实基础。道德痛苦反映了个人与社会矛盾的对抗性;道德痛苦比任何其他心理痛苦都深刻而剧烈。当一个人陷于自责、自罪的痛苦之中时,他就体验不到任何真正的快乐,它可以破坏一个人的价值观和人格,可以陷于不能自拔的困境,直至轻生自杀。一个道德愉快的人可以拯救道德痛苦的心灵,一个人的道德愉快超过了他的道德痛苦,他就是心灵健康的人,超过得越多就越健康。

与健康相联系的另一极端是心理障碍与心理疾病,研究心理障碍与心理疾病的类型、表现、原因、病程、治疗以及预后等,是精神病学、变态心理学的重要任务。运用这些研究成果为海员心理卫生服务,一方面,在航海工作中,能及时地发现心理异常患者,并可相应采取积极有效的措施;另一方面,追寻心理障碍、心理疾病发生、发展的过程,把握其影响因素,有助于减少乃至消除航海环境中的不良因素,更好地维护和增进海员的心理健康水平。

二、危害安全的不良心理素质

日本在 1985 年对地方海事审判厅的 770 例海事案件进行分析后得出结论,除了设备和机械故障导致事故以外,大多数海事的原因都与船员的心理素质有一定的关系,尤其是与人的紧张、自我控制能力、应变能力、自觉抵御外界干扰能力和情绪波动等有紧密的联系。

长期海上工作和生活的经验表明,一个身体健康、责任心强、技术高明、心理素质良好的船员,在他们航海生涯中,很少甚至不发生海事。不良的心理素质会严重危害船舶航行安全,其主要表现为:

(1)意志品质上的差异表现在船员心理上的自觉性、果断性、自制性和坚持性不强。意志坚强是这四性的集中体现。一个意志薄弱的人面对各种压力则不能正视面临的困难和矛盾,代之会出现紧张、无措、惊恐、逃避,甚至精神崩溃。

(2)自我适应和调节能力弱,常会使人产生恐惧心理。这类船员不愿在一个多变和复杂的环境中工作;胆子小,平时心理紧张,面临危急情况时优柔寡断,手足无措。

(3)自我控制能力不强。在困难、挫折和危急情况中会表现出失去冷静、缺乏理智、迁怒于他人、急躁不安、盲目冲动和惊慌失措,甚至表现出恐惧、绝望和逃避等心理特征。

(4)悲观心理。有的驾驶员因受到挫折而感到自卑,思维判断能力不能正常发挥,对紧急局面消极等待,贻误时机。

(5)骄傲自满和麻痹大意的心理共存。自以为自己技术好,目空一切,总是认为太平无事,无应急准备,出了意外,惊慌失措。

(6)虚荣心强,爱面子。对知识一知半解,技能缺乏熟练,但又不虚心向别人学习,经常是在糊里糊涂中发生海事。

(7)侥幸心理。这种心理往往会违章航行。

三、心理训练的目的

(1)通过心理训练的各种方法和手段,海员能熟悉航海条件(包括海战等)中的不良因素和困难,具备克服心理负担的经验,尽可能地缩小平时活动与应激活动时的心理状态的差别。

(2)培养海员对船舶的设备、同事间的情谊、高级船员(或指挥员)的能力和最终的胜利等充满信心。

(3)协调和发展海员的意志品质及情感意志的稳定性,使他们善于控制情绪和自我管理。

海员在海上随时会遇到海上遇难人员的生存问题,海上遇险者在大海和荒岛上赖以生存的一个重要条件是要有抵御大自然的侵袭能力,低温、暴雨、风浪、海上生物的袭击及其他自然因素的影响,时刻威胁着海上遇险人员的生命安全,因此平时就要训练海员无论碰到什么艰难困苦,都要充满生存的愿望与不屈不挠的意志。只要定下生存的决心,不放弃获救的希望,顽强地同自然现象作斗争,就会有生存下来的可能。

(4)培养海员积累从平时或待命状态中,可靠、准确、迅速地转入高度紧张活动状态的经验,以及通过设置具有意外、新奇和变幻不定的情景,有效地锻炼全船整体的战斗稳定性和各部门的密切协同性。

(5)发展远洋航海职业思维,培养、巩固和发展航海人员特殊心理品质。例如在面临危险、高度紧张、遭遇意外情况下,海员须承担责任和做出稳定决策时,处事不惊,不轻易做出悲观、急促的结论。

四、心理训练的内容与形式

(一)心理训练的内容

根据航海工作的要求而言,海员的素质主要是指海员良好的敬业精神,扎实的专业基础,熟练的操作技能,丰富的航海经验,较高的安全、环保、保安意识及健康的心理;从人文因素考虑,海员还应当具备良好的组织管理能力、语言沟通能力、经济意识、法律意识、团队意识等;而对于参加劳务输出的海员,还必须增加雇用意识、合同意识、服从意识、跨文化意识等;所有这些构成了高素质海员的基本要求。而优秀的航海人员应具备的心理特征就是心理训练的主要内容。

海员间的技能可以增强相互协作的精神,在困难时期可提高士气,增添凝聚力。海员所具备的良好职业素养和自信心是勇敢、积极、果断行动的基础;相反,学识浅薄、技能素养不良的人却会焦躁不安,手忙脚乱,有时不可避免地会产生慌乱感和失败情绪,因而承受不了较大的心理应激冲击。航海人员平时技能与心理训练的质量越高,集体的心理稳定性就越高。

(二)心理训练的形式

(1)应根据船员的职务、职责、专业和条件,使心理训练的内容和安排具体化,心理训练的形式也应该区分对待。

高级船员与普通船员专业的技能水平都会影响全船集体的心理状态,前者的技能是使全体海员沉着、镇静、坚定的最强有力的因素,而部属的技能也是高级船员沉着、冷静、充满信心的条件之一,是促使他大胆下定决心的前提。

但高级船员担负着特殊的职能,他们在各种场合下遇到的困难要比一般船员多。专家认为,高级船员的心理稳定性应比一般船员高1~3倍。他们的每一项决定都可能引起一般海员反应各异的态度,而这些态度将会产生不同的心理后果。从这一点上讲,船上的高级船员在建立航海的正常生活秩序和工作条件方面起着主导作用,他们对部属的精神状态和心理影响力的大小,很大程度上取决于他们的个性特点、工作作风、经验、业务水平和主要由这些因素组合而成的权威性。

(2)为了获得并形成稳定的、最佳的心理状态,心理训练的内容与条件设置应最大限度地接近航海实际和突发情景,创造一种能够足以引起海员内心紧张、恐慌、激动、动摇,甚至恐惧或近似于绝望的状态,再设法诱导海员有效地对抗各种不良因素,采取一切可行措施,使海员尽快适应特定环境。

相对说来,外部模拟情景较易设置,可通过电脑场景模拟,造成船体剧烈振动,并发生横倾、纵倾,各种噪声震耳欲聋,船舶通过狭水道或危险水域,炸弹与炮弹在身边爆炸,海水从船体弹孔或破损口大量涌入舱室,严重火灾,有毒有害气体大量泄漏,舢板在洋面上长时漂泊、粮水中断,严重疾病,机械突击抢修等;而内部心理状态模拟比较困难,因为每个海员由不同情景产生的心理活动、心理困难和克服困难的心理过程是不同的。

海员对于未曾看到、听到和经历过的危险情景,情感肯定会产生强烈的影响,心理负荷必定加重,通过经常性逼真的模拟训练,海员投身于紧张的工作气氛,体验近似"实战"的困难,并设法克服及取得经验,以达到心理锻炼的目的。

(3)海上模拟训练还要注意提高海员处置不明情况、新情况和意外情况的能力。要有意识地制造一些错综复杂的局面,使海员面临危险且必须从事冒险性较大的活动,加重海员的责任感和独立性,将他们的心理负担保持在适当的强度和维持适当的时间。

(4)远航船上有三类人心理与技能训练应有所区别:

①以逻辑活动为主的人员,主要指高级船员(如船长、政委、大副、二副、轮机长等)。要求训练他们在短时间内处理大量信息,同时接受视觉与语言信号,通过逻辑推理做出决定,并下达要求部属执行的命令。这类人员的职业活动属于紧张性、高度综合分析性和创造性的劳动,他们应该具备很高的心理、生理功能。

②以感官活动为主的人员,主要指各种装置和系统的观察人员,即驾驶员、水手等。要求训练他们能排除各种干扰,将注意力持续地集中在各种仪器仪表上,并要不断判读各种读数,或者持续地接收单一的声或光信号,并对其进行鉴别、提取和传递。显然航海期间他们的视、听觉器官长期处于紧张状态中。

③以感官、运动活动为主的人员,主要指轮机员和水手等。要求能够随时不断地接收和处理大量的传入信息,并进行准确迅速的判断,然后在动作上做出相应的反应,以确保船舶的安全航行和部门工作的正常运转。他们的视、听觉器官和运动分析器的负荷较大。

(5)心理训练还应该包括"远洋型思维"的训练,海员不仅要从近海活动中获得经验与认识,还应该根据远洋船队的任务和世界各大洋域的特点获得解决各种问题的能力与办法。远洋船的人员组成是一个有机的整体,等级森严、层层管辖但又各司其职,缺一不可。平时正常航行时,海员长时间处于这个惯性运动的、固定的、严肃的集体之中,每天接触的都是紧张、机械、要求高的工作和单调、乏味、寂寞的生活。然而当船舶的安全受到严重威胁时,则要求整体海员的心理活动和心理协调模型与应激环境完全适应,这是平时训练工作的重点。这些训练主要包括应激心理的充分动员、个性素质培养、加快克服心理适应不良的速度、海员在集体动作中角色的转变与协同、适应应激条件(如对不良因素导致的消极影响具有充分的稳定性)、习惯性应激动作的心理定势等。只要经过反复多次的严格模拟训练与实际锻炼,海员充分适应各种恶劣环境是完全有可能的。

五、心理训练的组织

远航生活和日常值班对发展全体海员必要的信念、兴趣、需求、观点、习惯、品质和心理特征起着重要的作用,它们的力量在于直接地、有感染力地、具体地、持续不断地对海员施加心理影响,使他们能较顺利地养成和完善航海应具备的心理品质。因此,组织海员进行远航,是最实际的提高海员心理素养的过程,然而要有计划地达到训练目的,仅靠海上学习仍是不够的。科学地组织心理训练一般还应包括以下几个方面:

(1)广泛调查研究,确定海员应该具备的心理品质,结合业务技能培训和日常工作,针对性制定心理学训练大纲;

(2)编写一套航海心理训练指南和教学法参考资料,供组织训练的各级人员参阅;

(3)计划好心理训练的时间;

(4)选择和经常利用能影响海员心理的条件、形式和方法;

(5)建设并完善模拟训练器材、训练场地和其他模拟条件;

(6)采用相对定型的方法与手段评定心理训练的结果等。

模拟训练存在着广阔发展前景,对海员既可以在求学期内进行训练,又可以在工作后不断地进行轮流培训。通过心理训练,培养海员对海洋的习惯,但并不意味着可以完全忽视训练中的困难与危险,否则是很危险的。只有清醒地估计各种情况的危险程度,冷静而又认真地加以处置,严格遵守船舶航行规则、条例和各类规定,这才是确保海上安全的准则。

任务4 了解船员人际关系的内涵和特点

一、人际关系的内涵

人际关系是人们在物质交换和精神交往过程中发生、发展和建立起来的人与人之间的相互交往与相互联系的直接的心理关系。人际关系既可以表现为个体与个体之间的相互关系,也可以表现为个体与群体之间的关系。人际关系是社会关系的一个侧面,其外延很广,既包括两性关系、政治关系、经济关系、亲缘关系、血缘关系、夫妻关系、地缘关系、职业关系、私人关系、公众关系,也包括朋友关系、亲子关系、同学关系、师生关系、同志关系等。它受生产关系的决定和政治关系的制约,是社会关系中的基本关系;同时,它又渗透到社会关系的各个方面之中,是社会关系的"横断面",因而又反过来影响社会关系。

随着经济全球化发展步伐不断加快,船员人数的需求量也不断提升。而海上运输又是一个漫长、枯燥、艰苦的过程,多则八九个月,少则几个星期,船员在一个有限的浮动空间中,人员数量虽然不多,但人员结构却多样化。不仅存在一般意义上的决策者、执行者和操作者之间的人际关系,而且因国际船员供应的世界性东移,多国籍船员在一条船舶共事已很普遍。这种多国籍船员的合作,会因文化交往的冲突、语言的差异、知识和技术业务水平的参差悬殊,饮食习惯的不一、宗教信仰及民族利益的冲突和政治观点的不同等因素使得人际关系变得更为复杂。在船员当中有不少人本身并不喜欢海上工作,而仅是为了养家糊口才上船工作,随着工作时间的推移,船员的心理压力不断增加,而不能得到发泄,时间长了,误会、恶感和矛盾难免会产生,处理不当常常会引发冲突恶斗,因此,增进船员间的交流和处理好人际关系就显得很有必要。

二、船员人际关系特点

船员人际关系既有社会人际关系的一般特点和规律，同时，由于船员职业的特殊性，船员的人际关系又有其自己的特点和规律。

1. 相对封闭性

船员工作和生活在船舶上，二十左右个人朝夕相处在十分有限的空间内。尤其是远洋船员，常年漂泊在茫茫大海之上，远离大陆、远离祖国和亲人。特别是航行在北美、南美和东西非的船舶，船期少则两个月，多则四五个月。在船上，船员的相互交往主要限于同船的二十左右个同事之间，与社会交往形成相对隔离，这种封闭性是海员经常能体验到的。

小群体交往的封闭性，对船员的心理会产生极大的影响。如果航次时间短、航行条件尚好，对船员的心理影响还小些；如果航次时间长、航行条件艰苦，海况恶劣，船员的心理就会失去平衡。同时船上的群体心理气氛也会因客观条件的差异、人员素质和身体状况的不同而发生很大的变化。在海上工作过的人都会有这种体会：一个长航线的航行，几十天单调的生活，对船员来说，即使是蔚蓝的大海、壮观的日出，也不会为之陶醉。相反，人会变得沉默寡言、烦躁不安。一旦船舶靠岸，会兴高采烈地在码头边散步，并十分盼望与人交往。这种兴奋情绪会持续一段时间，才慢慢安静下来。这种心理上的变化，对于船员人际关系的建立，会产生很大的影响。它将影响船员平时的谈吐、表情和交往个性。

2. 开放性

船员人际关系具有船舶内部小群体交往的封闭性，同时又具有面向世界时空的开放性。人们常把远洋船舶形容为"浮动的国土"。船舶是一个运动载体，它航行于国内外各个港口，到达不同民族、不同社会制度的国家，经历不同的风土人情。船员会通过海上运输这一工作媒介与各种各样的人发生交往。所以船员人际关系小群体的封闭性特征是相对于船舶内部而言的，在更广泛的意义上说，船员人际关系还具有显著的开放性。

船员在国内航行所表现的开放性是接触自己的同胞。中国幅员辽阔，民族众多，有超过18 000 km的海岸线，分布着众多的港口。对各个港口城市的风土人情的了解，并将这些长期积累的经验运用到工作和生活中去，对提高工作效率会有很大的帮助。而对于航行于世界各国的船员，与人交往的开放性就显得更为突出。不同的社会制度和民族特点，不同的道德观念和不同的风土人情，都会使船员的人际交往变得更为复杂。例如，船员在对外交往中，不能简单地用自己的习惯来对待他国的人员，应该在充分尊重他国习惯的基础上，进行经济贸易和友好往来，否则将不利于正常的对外贸易和建立良好的对外交往关系。

3. 频繁流动性

由于海上运输的特殊性，船员不可能像陆地上的工厂、机关那样长期固定在一个工作单位和空间。一般来说，远洋航线船舶上的船员可能只有一年左右的同船时间，而近海或沿海船舶上的船员，航行几次后由于公休、探亲或人员调动等原因，也会更换一定数量的船员。这一工作性质决定了船员人际关系具有频繁的流动性，使得船员之间比较生疏；加之船上实行轮流值班作业，彼此之间接触交往不多，除了工作时间外，心灵沟通与情感交流机会较少。无论是志同道合的交往对象，还是存在冲突摩擦的对象，都可能成为人生中的过客。因此，船员的人际关系可能会出现下列情况：一是调动频繁，大家十分珍惜友谊，团结一致，同舟共济，努力工作，产生"相见时难别亦难"的诚挚相处的心理凝聚磁场。二是由于大家相处的时间短,彼此之间不了解,思想、性格、兴趣又不熟悉,所以一下子不能适应,人际交往往往会产生相互戒备的心理距离。这种交往对船舶的安全航行、优质生产会产生很大的影响。这就要求船员有较强的能力,善于与各种个性的人交往,而不至于由于环境变化,因人际交往不适应而影响工作。

4. 角色的单一性

在日常生活中,陆地上工作的人往往要扮演多个角色,上班时在单位里扮演的是同事和上、下级角色,回到家中则成为儿子、丈夫和爸爸的角色,因此也充实和丰富了生活内容。但在船上,每个船员始终是一个固定的角色,各成员之间职责明确、等级分明,有严格的纪律和制度,船员要根据自己的职务履行职责。

角色的固定化和工作的专业化,无形中形成了一种心理上的压力,使船员不得不时刻想着自己的身份和职责,同样不利于人际关系的发展和改善。由于船舶定员越来越少,人际交往随之减少,工作生活愈加单调,总是面对几张同样的面孔,生活在一个有限的空间里,甚至连休息也是一样的。今天的情况和昨天的一样,明天又与今天一样,缺少丰富多彩的业余生活,令人感到莫名的乏味、烦躁,容易引起船员的心理不适和烦躁不安。在船上,对工作和生活的同事无法选择,不管是否合得来,总得在一起相处。在这种无奈的人际关系中,缺乏自制力的人,易激动,会因不能容忍他人的过失而使得彼此间关系紧张。即使是同学好友,在长时间的海上生活中,日久天长地坐在一起,该说的话也不知说了多少遍,最后连自己都懒得开口,这是何等的无聊与寂寞。

任务 5 掌握船员良好人际关系的重要性

良好人际关系对船员的重要意义主要表现为:

一、良好的人际关系有利于船员形成群体感知

良好的人际关系有利于船员形成群体感知,即形成团结互助、同舟共济、共同克服困难的共识,以确保水上运输工作安全高效地完成。现代的船舶,自动化程度较高,船上人员也较少,人员分工明确,这就使船员之间的配合操作显得极为重要。船员应树立团结合作的精神,做到互相理解,互相关心,互相支持,尊重他人的生命就像尊重自己的生命一样。在每一个群体中,人们也许只是自觉或不自觉地意识到他们所遵循的共同规范,但是,这种潜意识的群体力将会促进人们自觉的意识,使人们产生对群体的向心力。人们相处的关系如果是积极而友好的,每个船员的潜力所赋予的合力会得到充分的发挥。常言道:"人心齐,泰山移。"尤其是当船舶发生应急事件或危险时,这种合力是船员团结协作、克服困难、夺取胜利的重要条件之一。使船员能够自觉顾全大局,把自己和全体船员的命运联系在一起,坚守岗位,严守职责,确保船舶安全航行。

二、良好的人际关系有利于减少船员工作上的内耗

船员之间沟通信息、调节情绪、互相弥补、互相激励,从而提高工作效率。船员在工作上,不仅需要严格的制度,明确的分工,还需要有和谐的人际关系。人与人之间的猜忌、冷漠、排斥、冲突不仅使人分散精力,浪费时间,而且还会造成毫无价值的心理消耗。有子曰:"礼之用,和为贵。"如果船上人际关系比较协调,那么,有了意见就能及时沟通,出现了矛盾就能及时解决。

三、良好的人际关系有利于船员完成复杂的工作任务和形成一个完美的人格

良好的人际关系有利于船员之间相互配合,取长补短,形成优势互补。比如,一个性格内向的人结交一个性格外向的朋友,以便在日常工作中遇到困难时得到帮助,而性格内向的人又可以对性格外向的人产生某种抑制作用。因此,人际交往中的相异未必不相交。在日常生活中,每个人的生活经历、知识、能力、性格各自有别,各有长短。要完成一项复杂的工作,必须团结协作。海上航行的船舶犹如一个小社会,船员群体是由有着不同的年龄、不同的性格、不同的经历、不同的文化水平、不同的兴趣爱好的人组成。良好的互相配合,互为补充,构成一个对立统一、多彩而又和谐的整体。面对高度发展的航海技术和变化万千的海上环境,没有互补的群体是脆弱的,很难确保船员能够完成技术复杂的海上运输工作。

美国心理学家罗伯特·温奇经过长期的研究后发现:人在某种条件下存在着互补吸引,即人们往往选择具有某些需要和特征的人以补充自己的不足。人际交往的互补组合性可分为知识互补和性格互补。知识的互补主要指不同学科、不同知识的互相补充,这是当前科学技术飞速发展、高度分化的必然要求。一艘现代化的船,犹如一座大型现代化工厂,要管理好它,需要多种学科、多种知识的人才相互配合、密切协作。如一艘远洋货轮的甲板部和轮机部,就需要由航海、轮机、船电、国际航运等多学科的专业人才组成。至于性格上的互补更是人们心理成熟所不可缺少的。因此,调节船员的人际关系,依靠群众的力量,使各种专业人员之间产生知识互补,有利于船舶安全航行,提高海上运输的经济效益。

四、良好的人际关系有利于船舶内部形成一个和睦友好的工作气氛和环境

船员长时间在海上航行,容易产生烦恼、孤独、焦虑的情绪,特别需要关心、理解和感情交流,也特别需要有一个融洽和谐的工作环境,具备了这些条件才能确保船舶的安全航行。

船舶操作绝对不是单一个体行为所能承担,而是一个完整的合作活动的组织系统。西方管理学家有一种观点认为,"个人"观念为西方人带来了很多困惑,因为,西方人总是推崇个人的绝对作用和特殊地位。现代西方企业家更注重团队精神和群体环境的建立。在美国、挪威和德国等西方发达国家,所有高级船员在担任船上实职之前,都必须在综合功能的船舶操纵模拟器上进行团队工作的培训。培训的主要内容是让受训人员在变化和冲突的过程中,尤其是人际冲突的环境中安全有效地完成预定任务。因此,船员应时时注意处理好船上的人际关系,加强同事与同事、上级与下级的沟通,要重视感情投资。一个人在苦恼的时候,一句暖人心的话语,一个亲切的动作,都能激起对方感情上的满足,产生强烈的信任感。事实已经证明,人际关系越是和睦,人们之间的感情差距就越小,相互之间的信任度就越高,群体内的凝聚力就

越大。

五、良好的人际关系有利于海员的身心健康,促进个性的健康发展

人不能离群索居,离开交往,就会导致身心发展得残缺不全。人的交往需要经常充实新的内容,使心理需要不断向更高层次发展。工作节奏的简单乏味、海况恶劣、晕船难受等客观条件的影响,会使海员闷闷不乐、烦躁不安,有的甚至遇事发火,以酗酒的方式解闷。这种心境的恶性循环,不仅影响生产和安全航行,而且个体的身心健康也会受到损害。

因此,海员应当了解人际交往的特点和掌握人际交往的技巧,正确对待海上生活的特殊性,加强自我修养,创造和谐的人际环境和保持良好的心境。

任务6　了解影响船员人际关系的因素

在一个群体中,人与人之间总会建立各种各样的关系,然而其密切程度各不相同,例如同船工作,有的成为莫逆之交,有的仅有点头之谊。一般说来,人与人在地理位置上越接近,或彼此之间的交往频率越高,或兴趣爱好越相似,或彼此的需求及性格等互补性越强,理想、信念、人生观、价值观或对某个问题的态度越相似,就越容易形成共同的经验、共同的话题和共同的感受,思想上和感情上就越容易引起共鸣,就越容易形成较为密切的关系。

社会心理学研究证明,人与人之间交往活动也常受到以下心理因素的影响。

一、认知偏差的影响

按认知心理学的观点,人生活在社会中,会产生对自我、对他人及对种种意义关系的认知。在人际接触中,如果存在认知偏差,就会影响人与人之间的正常交往。认知偏差主要有两种:对自我认知的偏差和对他人认知的偏差。

(一)对自我认知的两种偏差

一种是过高评价自己,孤芳自赏,过分相信自己,从而导致恃才傲物。对不如己者不屑一顾,恶语相向,以己之长量人之短,或者对别人的所作所为和喜好漠然置之,不屑与之交流。

还有一种是自卑型。认为自己这也不行那也不行,没有主见,看别人眼色行事,见到上级点头哈腰,与同事交往,怕别人笑话。这其实是自卑心理在作祟,自卑则无自信,无自信则轻视自己,轻视自己则行为畏畏缩缩,神情黯淡,一脸小心,唯唯诺诺,做事过于谨慎,低估自身能力。

(二)对他人的认知偏差

一是以貌取人,二是以成见待人,三是从众,缺乏主见,人云亦云,没有个性特色。这几种认知偏差在人际交往中均有不同的表现。

1. 以貌取人

以貌取人，常表现为第一印象。社会心理学实验表明，人们对初次印象更容易重视，对后来获得的信息往往不大注意或易忽视。第一印象好，对以后的信息就会起到掩饰作用，产生正向优先效应，认为此人样样好，于是喜欢、信任他并与之接近。反之，不好的第一印象在以后的认知中就会更多地注意其缺点，甚至把优点也当作缺点，产生负向优先效应，对他人则样样看不顺眼，于是排斥、疏远、嫌弃他。这种只看表面不看实质的认知倾向容易造成对人认识的失误，从而影响人际交往。在生活中常有"久闻其名，未见其人"的事，也是一种对人认知的偏差，可称之为以信息取人。在很多时候，与他人在未开始交往时，如果其中一方对另一方已掌握了某些信息，从而对对方形成一个先入为主的印象，那么就会造成认知上的偏差。部分船员就是第一印象给人不好，使得今后的船上生活很孤单。

2. 以成见待人

以成见待人在交往中常表现为晕轮效应和定势效应。晕轮效应是将认知对象的某种印象不加分析地扩展到其他各方面的印象。"情人眼里出西施"即是典型。交际中，人们在认识人时，由于对方的某一特征或某一行为使自己产生了突出印象，由此掩盖了对此人其他特征和行为的认识，于是得出整体只具有这些特点的错误判断。见木不见林，一好百好，一坏百坏，造成对人认知的偏差，从而影响交往。定势效应是指用一种固定的人物形象去认知他人，如在一些年轻人看来，老年人固执保守，思想僵化，旧框框多，缺乏改革、创新意识，当他们遇到某个老年人时，就会不自觉地将其归入此类。而老年人则认为青年人单纯、幼稚，缺乏经验，办事欠稳妥，当他们遇到某个青年人时也会不自觉地将其划入此类。这种定势效应若与认知对象的本质特征一致，可简化、缩短认知过程与时间；否则，往往也会导致认知者形成某种成见，陷入"物以类聚，人以群分"的小圈子，妨碍交往的正常进行。

3. 从众

从众是根据多数人的看法来确立自己的观点或态度的一种现象。这种人缺乏主见，人云亦云，看人看事随波逐流，没有自己的观点，不管别人的看法正确与否，一味随声附和。这样认识人，结果导致认识失真，影响与他人的交往。

人际交往中，正确认识自己还要正确认识他人，知己知彼才能建立和谐的人际关系。同时对双方交往的目的、内容、方法也要有正确认识，否则交往最终也会中止。例如交往动机不良，为了达到某种个人目的，一旦目的达到，交往活动也会随之而结束。

二、情绪失控造成人际交往的障碍

情绪，人们常称之为情感的外在表现，在人际交往中极为重要。情绪隐藏在交际过程中，是一种心灵的无声交谈。交往中，若没有良好的情绪状态，则直接会影响交际质量，单调的工作、单一的男性社群、恶劣的周遭环境、繁重的工作，使得船员情绪不稳、心情烦躁、有不安全感、容易疲劳、自觉脑子迟钝、动作迟缓、不爱活动，易怒、易争吵、冷漠、固执，这也对船员之间的交流产生了影响。

在船上工作的船员，超过一定航行时间以后，尤其是在经常受到外界不利因素袭扰之后，情绪极易受激惹，这在行为主义心理学家看来，称之为"移置性攻击"，就是外界的应激性因素使人无法回避、消退或躲避时，则可以增加人的非理性的攻击性倾向。在船上经常发生两个船员为小事而争吵甚至大打出手的事件,比如,为争着先看一份报纸,或为打扑克牌、娱乐等。

三、态度对人际交往的影响

态度是人们对一定对象较一贯、较固定的综合性的心理反应倾向,它不是某种心理过程,而是全部心理过程的具体表现,认知、情感、动机同时在其中起作用。态度相似,思想上和感情上就容易引起共鸣,形成密切的关系。

态度在人际交往中形成,对人际交往也会产生影响。在交往中,态度给交往一方造成心理压力,因为态度总是指向并倾注于某个对象,具有压迫性。如态度和蔼、真诚、坦荡,会使人有安全感并亲而近之;反之,态度圆滑、缺乏诚意、狂妄会使人有危机感并疏而远之。有的人在别人面前,自以为是,对别人轻蔑相向,即使有求于人也表现出一副考验别人的架势,长此以往,只会引起别人的反感。有的人则缺乏诚意,如评价别人一味吹捧、奉承,极尽吹拍之能事,或者当面一套,背后一套,使人产生虚伪之感。有的人只喜欢听好话,对批评意见不屑一听,甚至不满,如此交往态度,别人避之唯恐不及,谁还敢亲近?哲学家斯滨诺沙说,世界上没有两片完全相同的叶子。人与人之间由于家庭、环境、教育等因素的影响不同,而存在种种差异,这不足为奇,在人际交往中若对文化、身价、地位低的人持轻视、看不起的态度,这只会导致相互间增加隔阂与对立,事实上,一个看不起别人的人也一定会被人看不起甚至遭人唾弃。"水至清则无鱼,人至察则无徒。"一个有文化,身份、地位较高的人,由于自己各方面高度自律,有时就易推己及人,认为别人也应像自己一样,于是看不惯别人这,看不惯别人那,不善包容别人,待人的"弦"绷得过紧,缺乏一定的弹性,最终人际关系弄得很僵,和谁也将处不好。

每个人都有自己的生活方式和行为习惯,这并非缺点或不足。当不喜欢别人的行为方式和习惯时,大可不必表示鄙夷,留一点心灵的空间,容纳别人,善待别人,我们得到的将不仅是朋友,还有精神上的愉悦,因为我们对别人表示了理解。

四、语言对人际交往的影响

人际交往中,最经常使用的、最基本的工具是语言,由于语音的差异或语义歧义或语言结构不当会造成人际交往障碍。就现在远洋船上的船员安排,大部分是多个国家或地区的船员在一起,由于历史的影响、地域的差异性和民族传统的不同,语言必然存在差异,即各地均有自己的方言。在交际中,各自使用自己的方言,那么语言误会也可能影响交际甚至引起纠葛,这是不言而喻的。在此主要谈谈语义歧义所造成的交际障碍。语义即词语的意义,语义不明或语义含糊不能正确地传达信息,会使人产生误解,造成交际障碍,例如,船长是英国人,他对一个中国船员下了一道命令,而恰恰这个中国船员的英语不是很好,误会了船长的意思,很可能就会使船长不高兴。今后船长可能也会很少派任务给这个船员,也使得其他人不爱理会他,这就造成了人际关系的冷淡。可见,语义歧义在交往中会产生误导作用,从而影响交往。

五、个性对人际交往的影响

个性,心理学中又称之为人格,是指在一定的社会历史条件下的具体个人所具有的意识倾向性以及经常出现的较稳定的心理特征的总和,包括一个人的兴趣、爱好、思想、信念、性格、气质、能力等。每个人都有自己的个性,人际交往受到个性品质的影响。以下 10 种不良人格表现被认为是人际交往的障碍。

（1）为人虚伪。与这种人交往，人们没有安全感。

（2）自私自利。这种人只关心自己的需要，不关心他人，人们在与这种人的交往中会经常感到精神上、物质上受损。

（3）不尊重人。与这种人交往，易被挫伤自尊心。

（4）报复心强。与这种人交往，使人常担心稍有不慎，就会遭报复，感到心理紧张。

（5）嫉妒心强。与这种人交往，易使人感到自己被嫉恨、被排挤、被剥夺，从而感到不舒服、不安全。

（6）猜疑心重。常令人在交往中感到冤枉委屈，难以从内心去接近。

（7）苛求于人。这种人易使人感到紧张和压抑，并易使人自尊心受挫。

（8）过分自卑。这种人常被人们认为无能，与此种人交往使人感到有负担、沉闷。

（9）骄傲自满。使人感到有威胁或难以去信任。

（10）孤独固执。自我防御心理太强，相互间难以形成影响，使人感到交往无效或交往很累。

任务 7　掌握人际关系的调节

船员的人际关系问题可以影响到船员的身心健康和航运安全，不良的人际关系可以导致船员的不安全行为，从而酿成重大航运事故，甚至可以导致船员自杀身亡。故此，我们有必要也必须与周围的人们建立融洽的人际关系。

一、遵循人际交往原则

人生需要友情，人生需要交往，人生需要自我的形象推销与展示。不论从事何种工作，都必须学会处理各种人际关系。要改善人际关系，就必须明确建立良好人际关系应遵循的原则。

1. 平等原则

平等在交往中，表现为不骄狂，不我行我素，不自以为是，不厚此薄彼，更不傲视一切，目空无人，以貌取人，或以职业、地位、权势压人。生活在现实中的每一个人，无论职位高低、知识多寡、贫富、身体强弱、年龄长幼，在人格上都是平等的。因此，在人际交往中应该处处时时平等、谦虚待人，才能结交更多的朋友。如果在交际中出现以权压人、以势压人、以强凌弱的情况，把自己看得高人一等，把别人看得一钱不值，那就根本不可能有人人平等，不可能有和谐相处的人际关系。

2. 尊重原则

渴望受到尊重是每个人的基本心理需求。古人言："爱人者，人恒爱之；敬人者，人恒敬之。"自尊心是人的心灵里最敏感的角落，一旦挫伤一个人的自尊心，他就会以十倍的疯狂、百倍的力量来抗衡。其实做到尊重别人并不难，有时只需一个微笑、一句问候、一声敬称、一双善于倾听的耳朵、一张不刨根问底散布流言蜚语的嘴巴，就会给别人带来阳光和温暖，当然也会为自己带来真挚的友谊与和谐的交际。

尊重包括自尊和尊重他人。自尊就是在各种场合自尊自爱,维护自己的人格;尊重他人就是重视他人的人格、习惯与价值,不伤害他人的自尊,承认人际交往中双方的平等地位。在人际交往中,由于主、客观的原因,虽然在气质、性格、能力、知识等方面均存在差异,但在人格上则是平等的。无论是谁,不管其地位高低贵贱,都应该给予其应有的尊重。不仅要尊重他人的人格、个性、习惯、情感、兴趣和隐私,还要尊重彼此存在的外显或内在的心理距离,不要轻易地去突破它、破坏它,否则就是对对方的冒犯,势必会造成对方的戒备、反感和疏远。

3. 真诚原则

真诚是跨时代,跨国度的一条永恒的交往原则。真诚是打开别人心灵的金钥匙,是每个人所期待的交往态度。"人之相知,贵相知心"。真诚能使交往双方心心相印,彼此肝胆相照,只有彼此以心换心,才能相互理解、相互接纳、相互信任。真诚不是装出来的,也不是转瞬即逝的。

有的船员说:"我对别人很真诚,可我怎么常常感到被欺骗?"其实,更可能是自己对别人没有真诚或真诚不够。至于假装真诚,更会让别人看成是一颗最危险的定时炸弹。对朋友最怕虚情假意、虚与周旋,挚友交往的最高境界是利他的。用真诚与人交往,就可以充分认识到别人的长处,不会计较别人的短处和不足,就能以公平的心去评价和判断事物。当然,真诚不等于头脑简单、轻率从事、盲目冲动,真诚本身就是要求我们细致、谨慎和理智地去进行人际交往。而且真诚是允许朋友之间有各自的隐私的。

4. 宽容原则

雨果曾经说过:"世界上最宽阔的是海洋,比海洋更宽阔的是天空,比天空更宽阔的是人的胸怀。"天下没有两片相同的树叶,也没有两个完全相同的人。俗话说,"尺有所短,寸有所长",人人个性有异,特长也各不相同,接触如果密切,就会不可避免地产生误解和矛盾。在处理人际关系时就要有求同存异、相互谅解、不求全责备的宽广胸怀,不能强求一致。既然我们自身都不完美,我们又怎能苛求他人完美无缺呢?

宽容是文明的唯一考核。在人际交往中,对非原则性问题不要斤斤计较。而要以德报怨,宽容大度。能让人时且让人,能容人处且容人。一旦自己有过失,要勇于承担自己的行为责任;一旦对方犯了错误,要克制忍让,不计较对方的态度,不计较对方的言辞,应原谅别人的过失,帮助别人改正错误。"海纳百川,有容乃大",古语又说,"水至清则无鱼,人至察则无徒",正所谓"宽则得众"。

宽容克制并不是软弱、怯懦的表现。相反,它是有度量的表现,是建立良好人际关系的润滑剂,能化干戈为玉帛,赢得更多的朋友。

5. 信任原则

信任是一种有生命的感觉,也是一种高尚的情感。美国哲学家和诗人爱默生说过:"你信任人,人才对你忠实。"人与人之间不可以缺乏信任,一个人一旦失去了信任,那么他将是一个受人孤立的人。信任无比珍贵,它使人们走在了一起,建立了友情、亲情、爱情。信任如同空气,这种空气减少多少,情谊也会相应消失多少。

在人际交往中,信任就是要相信他人的真诚,从积极的角度去理解他人的动机和言行,而不是胡乱猜疑,相互设防。信任他人必须真心实意,而不是口是心非。与守信用的人交往有一种安全感,与言而无信的人交往内心会充满焦虑和怀疑。

6.自信原则

一个人自信与否通常在与人交往时表现得非常明显,而人际交往过程也常常会影响着人的自信。自信心差的人往往看不起自己,同时也常常瞧不起别人,以这样的态度与人交往和相处,往往会导致彼此关系紧张,也容易被人拒绝,招人非议。而这种人际交往中的挫折与失败,又会反过来进一步打击和影响一个人的自信程度。在人际交往中,自信的人总是能悦纳自我,采用一种积极、乐观、平等和自信的态度与人相处,不卑不亢、落落大方、谈吐从容,绝非孤芳自赏、盲目清高,而是对自己的不足有所认识,并善于接受别人的意见,勇于改正自己的错误。同时能发现别人的长处,能够赞美和欣赏别人的优点,那么,在这样交往的情景、气氛与过程中也会得到一种对自我的肯定,同时获得别人的接受与认同,从而进一步提高自信。

二、提升自身素养,完善交际人格

以影响人际交往的心理因素而言,值得注意的是:

(1)要实事求是地认识自己,不自高自大,也不自轻自贱。

(2)要正确认识他人,不以偏见和成见待人。

(3)要在交际中情绪稳定,善于控制自己的感情,不因自己的喜怒哀乐影响气氛,同时情绪的表达恰如其分,恰到好处。明代洪应明在《菜根谭》中写道:文章做到极处,无有他奇,只是恰好;人品做到极处,无有他异,只是本然。人际交往中,好感的表达也重在"恰好"。

(4)要善待他人,待人要"尊""真""诚",忌"傲""伪""妒"。"尊"即尊重他们;"真"即不是口是心非,阳奉阴违;"诚"即对别人的缺点、不足不讥笑,对别人的优点、长处不嫉妒、虚心学习,取人之长,补己之短。自傲、虚伪、妒忌是人际交往之大敌,大敌不除将带来大患,故非除不可。

(5)要学会推己及人,严己宽人,善于宽容、接纳他人,不苛求于人。要提高语言素养,谈吐得体,以诚相待,酿造亲切自然的交际环境。言谈中忌唯我独尊、尖酸刻薄、逢人诉苦。与人交谈时,若只顾口若悬河地自我炫耀或对别人的谈话心不在焉或挖苦嘲弄、言不由衷、故弄玄虚都会不受欢迎,从而影响交往。

(6)要不断完善交际人格。富有魅力的交际人格包含了丰富的内容,它包括知识、修养、能力、气质、性格等诸多方面。良好的知识素养使人去俗趋雅,气质优雅、内涵丰富、举止有度、口吐莲花会使人的交际形象赏心悦目。

如果从上述几个方面去提高自身素养,完善交际人格,相信我们一定能更好地与人相处,会更合群。由于历史的影响、地域的差异性和民族传统的不同,语言必然存在差异,即各地均有自己的方言。在交际中各自使用自己的方言,那么语言误会也可能影响交际甚至引起纠葛。这是不言而喻的。

三、注重心理训练与咨询

如果从管理角度考虑,国内专家提出的以下几点也可供参考。

1.心理训练的组织与教学

(1)科学有计划地组织船员进行心理训练,针对船员应该具备的心理品质,制定心理学训练大纲,采用相对定型的方法和方式评定心理训练结果。

(2)将航海心理学作为船员的必修课,公司可以组织员工在专业老师的领导下系统学习,并通过书籍、音像制品等手段加强船员的自身修养。

(3)编写船员人际交往知识的书籍和训练资料供船员学习使用,宣传船员人际交往的特点与和谐人际交往的有效方法及重要性,营造良好的人际氛围。

2. 定期开展全体员工聚会

目前国内企业通过组织员工聚会,增加内部和谐的人际氛围,并以此愉悦身心,达到理想的效果,使船员无论是在船上工作还是在陆地休假期间都可以享受企业的温暖与员工间的关爱。聚会内容形式多样,竞赛、外出旅行、聚餐和派队都是理想的聚会方式,对整体营造和谐人际氛围、增进船员间感情起到重要作用。

3. 开设心理咨询

心理问题已经不是人们不能接受的了,接受心理咨询也不再是心理障碍或心理疾病患者的专利。在国外,相当比例的人都相应有过心理咨询的经验,这对解决他们面临的问题和改变现状有很大的现实意义,船员的心理问题不容忽视,形成咨询的氛围,让专家直接和他们进行有效沟通,进而帮助他们解决疑难问题。

四、培养人际交往能力

人际交往能力是一个人的知识、人品、修养以及各种心理能力的综合,反映了一个人的综合素质,在培养和提高自己的人际交往能力的同时也要注意自己综合素质的培养和提高。

1. 微笑

微笑是人生最好的名片,是人与人之间最好的语言。微笑能缩短人与人之间的心理距离,为深入沟通与交往创造温馨和谐的氛围。人际关系就像是物理学上所说的力的平衡,我们怎样对别人,别人就会怎样对我们。我们对别人的微笑越多,别人对我们的微笑也越多。

微笑是一种修养。在人际交往中,保持微笑说明心情愉快,充实满足,乐观向上,对自己的能力有充分的信心,使人产生亲切感,容易被别人真正地接受。微笑反映自己心地坦荡,善良友好,待人真心实意,使对方在交往中自然放松。

2. 倾听

倾听是人际交往中最大的尊重。做一个合格的听众,在人际交往中的作用,绝对不可小觑。用心倾听,是一种友好的表现,一定要保持积极的态度,抱着理解的心态聆听。暂时把个人的成见与欲望放在一边,尽可能地体会说话者的内心世界与感受,双方更能相互了解并从中得到新的认知。学会正确倾听别人的讲话,不仅会让我们与倾听的对象相处得很好,也会让我们与更多的人成为知心朋友。

3. 认同

人在内心深处都有一种渴望被别人尊重的愿望,在交往中人们总是不断地寻求认同,因此,我们应该有意识地认同别人的感受。

人与人之间心理距离的远近,往往随着彼此相互认同的变化而变化。因此,应当从自身做起,克服"以偏概全""固执己见""自命清高"等错误观念,全面客观地认识事物,了解彼此的权利和责任,正视差异,设法沟通。

4. 赞美

法国作家拉封丹写过一则寓言:北风和南风比威力,看谁能把行人身上的大衣脱掉。北风首先来一个冷风,凛冽寒冷刺骨,结果行人把大衣裹得紧紧的。南风则徐徐吹动,顿时风和日丽,行人因为觉得春意上身,继而解开纽扣脱掉大衣,南风获得了胜利。赞美可以获得对方同样友好的回报。实事求是地、适当地赞美对方,可以创造一种热情友好、积极向上的交往气氛。要恰如其分地赞美别人,要努力发现对方引以为傲、喜欢被人称赞的地方,然后对此加以赞美。

5. 感激

如果我们接受了别人的恩惠,不管是礼物、忠告还是帮忙,都应该抽出时间,向对方表达谢意。以感恩的心来对待所有曾扶持过我们的朋友们,主动表达我们的由衷感激之情,慢慢地便会发现不但我们的人际关系愈加牢固,别人也将以我们为仿效的对象。

6. 心理换位

和不同性格、不同品行的人交往,要用不同的交往技巧,而且一个人在不同场合具有不同角色,在教室是学生,在阅览室是读者,在商店是顾客,在船舶是船员。那么,在交往活动中就要进行心理互换和角色互换,如果在心理上能经常地把自己想象成交往对方,了解一下自己处在对方情境中的心理状态和行为方式,体会一下他人的心理感受,就会理解他人的感情和行为,从而改善自己待人的态度,这种心理互换也是培养交往能力的好办法。

任务 8　熟悉船员群体及其心理特征

船员因在船上工作环境中长期生活形成了一个特殊的群体。例如,船舶昼夜航行,必须采取船员四小时轮班工作制,以保证值班时船员保持高度的精神集中和工作的连续性。又如,船上的噪声、振动、摇晃、温差和湿度等因素都会影响船员的工作能力、身体健康和心理变化。

在船舶远洋航行少则几天、多则数月的日子里,船员每天面对的是一望无际的大海,活动在一个十分有限的空间里,反复面对着几张同样的面孔;由于通信手段的限制和通信成本的昂贵,使得船员所得到的信息是十分有限的,甚至感到很闭塞。随着海上生活的连续延伸,人的心理会发生一系列的变化,情绪烦躁不稳定,易激动。有必要适当地调节心理,增强心理承受能力。

特殊的船上工作和生活环境确实会对船员的身心健康带来一定的影响,但并不是不能克服和适应的。实践证明,合理和科学的身心调节是最有效的方法。

一、绝对权威和服从意识的心理准备

在一艘船舶的船员群体中,职责及权力线十分明确。船长是船上的绝对领导,每个船员的工作都有明确的分工,这种特点既要求船员在某些方面对自己的上级必须服从,又在一定范围内使船员获得自主权。

为了保证船舶高效而安全地营运,法律和船公司赋予船长和各级领导者明确的决策和命令权,同时也体现在明文规定的领导者有关职责之中。通常,船长或部门负责人在相应的职责范围内所发布的命令不容下级讨价还价,只能执行,否则后果可能不堪设想。下级必须树立起服从意识,对上级发布的命令,即使有不同的看法,也必须首先执行,事后再与领导交换意见,以确保船舶工作的协调一致。

绝对权威和强烈等级观念的负面效应易产生上级对下级的不信任和下级对上级的对抗心理,这种上下级关系的非正常发展会阻碍船员良好人际交往的建立和持久,船员之间也会缺少友谊、理解和关怀。因此,单靠绝对权威的工作不可能使下级工作人员全面而协调地配合,从而大大降低船舶的工作效率。

二、船员非正式群体

船上群体与其他社会群体一样,既有正式组织群体,也存在着非正式群体。船员远离家庭与丰富多彩的人际交往,工作单调枯燥,生活节奏死板与外界变幻莫测同时并存,信息闭塞,非正式群体的存在和介入直接满足了船员的某些需要。这既是对一些无法在船上得到满足的需要起到了一定的补偿或替代作用,又是一种合理的心理调节。

(一)非正式群体的形成

非正式群体是人员之间非正式的交互行为所形成的社会关系网,这种关系并非循法定程序建立,而是基于人与社会关系所建立的交往系统,也就是社会学家所谓的"初级团体",因此,凡是有人聚集的地方,就有非正式群体的存在。

任何正式群体的成员,由于年龄不同,技术、专业不同,受教育程度不同,资历不同(在本船或本公司),社会因素不同(同学、同乡、同宗、同军、同信仰、同嗜好等)等因素必然形成许多情感集团,群体越大,这种情感集团越多,而且多是基于需要而结合。在正式群体中越难获得其需要的满足,则非正式结合越强。

(二)非正式群体的优点和缺点

1. 优点

(1)有助于正式群体工作的推行:正式群体的工作计划和程序多为事先制定,缺乏伸缩性及应变能力。而非正式群体则往往不受工作程序的拘束,具有高度弹性,对临时发生迫切问题,常能遵循非正式途径及时解决。

(2)可分担正式群体的主管领导责任,减轻其领导负担,弥补正式命令的不足。能使主管改变错误的领导观念,矫正不合理的管理措施,因而对正式群体产生制衡作用。

(3)可使员工的挫折行为或所遭遇的困难有发泄的通道,进而使员工获得社会满足感。

2. 缺点

(1)抵制变迁:非正式群体的功用是有助于人员去完成特定的个人目标,以满足个人愿望,所以非正式群体希望维持现状。

(2)角色冲突:人员为寻求个人满足,往往忽视正式群体的目标,在这双重角色关系下,往往使人左右为难,因为有利于人员的事情,并不一定都同时有利于机构。

(3)滋生谣言:谣言是非正式沟通的一种,很难在正式群体中消除。

　　总之,船员非正式群体是船员人际关系中不可忽视的重要方面,对船舶的安全操作和生产运输起着重要的正反两面的作用。一方面,就整体而言,非正式群体在正确的引导下,有利于船员通过该群体中的交流和活动补偿海上生活特殊性的负面影响,有利于船舶安全高效完成生产任务;对于个体而言,成为一个理想的非正式群体的成员可以从中获得友谊和知识,得到安慰和鼓励,激发进取精神。另一方面,非正式群体在不正确的思想指导下很容易形成具有负面作用的小团体,成员相聚只为娱乐或消磨业余时间;甚至出现帮派,轻者内耗不断,重者严重影响船舶安全操作和运输生产任务的完成,有的直接导致海上事故。因此,应该正确引导非正式群体,杜绝不健康的小团体的发展。

任务 9　熟悉团队工作的原则和方法

　　团队是由两个或两个以上的人组成的,通过彼此之间的相互影响、相互作用,在行为上有共同规范的介于组织与个人之间的一种组织形态。通俗地说,它是由一起工作以完成共同任务的个体组成的一个群体。其重要特点是,团队内各成员之间在心理上有一定联系,彼此之间发生相互影响。萍水相逢、偶然汇合在一起的一群人,虽然在时间和空间上有些共同的特点,但在心理上没有什么相互影响和相互作用,因而称不上团队。

一、团队的基本要素

1. 成员们有着共同的目标

　　为完成共同目标,成员之间彼此合作,这是构成和维持团队的基本条件。事实上,也正是这共同的目标,才确定了团队的性质。团队的目标赋予团队一种高于团队成员个人总和的认同感,这种认同感为如何解决个人利益和团队利益的碰撞提供了有意义的标准,使得一些威胁性的冲突有可能顺利地转变为建设性的冲突;也正因为有团队目标的存在,团队中的每个人才都知道个人的坐标在哪儿,团队的坐标应在哪儿,否则黑白颠倒,轻重不分,团队将面临灭顶之灾,也失去了其存在的价值。再说,正因为团队目标的存在,才使得团队成员能在遇到紧急情况、面临失败风险等情况下全身心地投入,统一思想,形成合力,除了团队,没有一个人能够做到这一点,因为这些事件是对他们整体的挑战。

2. 各成员之间相互依赖

　　从行为心理上来说,成员之间直接接触,彼此相互影响,相互作用,形成了一种默契和关心。不论何时何地,成员之间都会相互支持,彼此协作,共同努力完成所需要完成的各项工作。

3. 各成员具有团队意识

　　团队成员具有归属感,情感上有一种认同感,意识到"我们是这一团队中的人""我是这一群体中的一员"。每个人都有发自内心地感到有团队中他人的陪伴是件乐事,彼此心理放松,工作愉快,所以说,团队意识和归属感在团队工作中有深刻意义。

4. 成员具有责任心

　　所有真正的团队,其队员都要共同分担他们在达到共同目标中的责任。正常情况下,没有一个团队中的成员是不承担责任的,如果大家都不承担责任,实现共同的目标无疑是"空中楼阁"。请试想一下"领导让我负责"和"我们自己负责"之间的微妙却重要的区别。前者可导致后者,但是,没有后者,就不会有团队。"我们自己负责"这么一句简单的话,却道出了一个核心问题,那就是我们自己对团队的承诺,以及团队对我们的信任,事实上当我们为了一个共同的目标走到一起的时候,也就不可避免地承担起对团队的责任来。

二、良好团队的特征

一个处于良性运转的高绩效团队必须具备以下一些显著特征,而正是由于有了这些特征,一个群体组织才能称之为良好团队或高绩效团队。

1. 明确的目标

团队对于要达到的目标有清楚的了解,并坚信这一目标包含着重大的意义和价值。而且,这种目标的重要性还激励着团队成员把个人目标升华到团队目标中去。在有效的团队中,成员愿意为团队目标做出承诺,清楚地知道希望他们做些什么工作,以及他们之间怎样共同工作和完成任务。

2. 相关的技能

团队是由一群有特定能力的成员组成的。他们具备实现理想目标所必需的技术和能力,而且相互之间有能够良好合作的个性品质,从而能够出色完成任务。后者尤为重要,但却常常被人们忽视。有精湛技术能力的人并不一定就有处理好团队内成员关系的高超技巧,也不一定就能对团队目标实现做出贡献,但良好团队的成员往往兼而有之。

3. 良好的沟通

这是团队一个必不可少的特点。团队成员通过畅通的渠道交换信息,包括各种言语和非言语信息。此外,管理层与团队成员之间良好的信息反馈也是正常沟通的重要特征,有助于管理者知道团队成员行动,消除误解。就像一对已经共同生活多年、感情深厚的夫妇那样,团队中的成员能迅速地相互理解,具有一致的想法和情感。

4. 一致的承诺

团队成员表现出高度的忠诚和承诺,为了能使团队获得成功,他们愿意去做任何事情。我们把这种忠诚和奉献称为一致的承诺。对成功团队的研究发现,团队成员对他们的群体有认同感,他们把自己属于该群体的身份看作是自我的一个重要方面,因此,一致的承诺特征表现为对团队目标的奉献精神,愿意为实现这个目标而调动和发挥自己的最大潜能。

5. 有效的领导

有效的领导能够让团队跟随自己共同度过最艰难的时期,因为他们能为团队指明前途所在。他们向其他成员阐明变革的可能性,增强团队成员自信心,帮助其他成员更充分地了解自己的潜力。优秀的领导者不一定非得给出指示,高效团队领导者往往担任的是教练和后盾的角色,他们对团队提供指导和支持,但并不试图去控制它。当很多管理者已开始发现这种新型的权力共享方式的好处,或通过领导培训逐渐意识到它的益处,但仍然有些思想僵化、习惯于专制方式的管理者无法接受这种新概念,这些人应该尽快转换自己的老观念,否则就将被淘汰。

6. 相互的信任

成员间相互信任是团队的显著特征,这就是说,每个成员对其他成员的行为和能力要深信不疑。我们在日常的人际交往中都能体会到信任是相当脆弱的,需要花大量的时间去培养又很容易被破坏。而且,只有信任他人才能换来他人的信任,不信任只能导致相互的不信任。因此,要维持团队内的相互信任,还需要引起管理层足够的重视。组织和管理层的行为对形成相互信任的团队氛围很有影响。如果组织崇尚开放、诚实、协作的办事原则,同时鼓励团队成员的参与和自主性,则比较容易形成相互信任的氛围。

三、团队的组建与冲突的解决

在团队组建之初,团队成员比较关注工作的目标和工作程序。在人际关系的发展方面,成员之间相互了解和相互交往,彼此呈现出一种在一起的兴趣和新鲜感;在行为方面,他们不会轻易投入,大多保持礼貌和矜持等。

团队经过组建以后,虽然团队成员已接受了团队的存在,但对团队加给他们的约束可能会予以抵制,可能会对谁可以领导这个团队存在争执或互不服气的现象。在这一阶段,热情往往让位于挫折和愤怒,隐藏的问题逐渐暴露,团队内部冲突可能会加剧。冲突的类型主要包括成员与成员之间、成员与环境之间、新旧观念与行为之间等三种。此刻需要团队成员化解各种矛盾冲突,进行良好的沟通和协调。

(1)沟通协调一定要及时。一旦团队内部出现冲突,管理者必须在第一时间进行协调,以免影响员工之间的合作关系,冲突不处理就会越变越严重,带动团队风气向消极的方面发展。如果及时进行沟通协调,就会将某件产生分歧的事件影响力降至最低,有利于后期工作的进行。

(2)善于询问与倾听,努力地理解别人。管理者应当教导员工倾听对方说话,学会换位思考,理解对方的处境,有利于他们之间化解矛盾。如果产生分歧的双方总是站在自己的立场上,沟通就无法进行,理解他人也是让对方理解自己,障碍就容易被消除。

(3)良好的回馈机制。处理团队内部冲突,一定要形成良好的回馈机制,管理者应当对事件进行跟踪,看看员工是否真的知道如何处理工作了。回馈机制的建立能够让管理者随时掌握协调工作的进度,如果冲突双方没有按照协商结果办,管理者要继续进行协调,以免影响其他工作。

(4)在负面情绪中不要协调沟通。当发生冲突的双方处在负面情绪中,不要做出任何行动,也不要进行协调沟通,此时,最重要的工作是让他们整理好自己的情绪。当人处于负面情绪的时候,往往会做出不理智的行为,避免在这个阶段处理任何工作,是为了减少冲突升级的概率。

(5)控制非正式沟通。沟通是有技巧的,良好的沟通可以帮助员工处理冲突,反之,如果使用非正式的沟通,反而会降低沟通的效率。

经过一段时间的冲突,团队会逐渐走向规范。在这个阶段中,团队内部成员之间开始形成亲密的关系,团队表现出一定的凝聚力。这时团队成员会产生强烈的团队身份感和友谊关系,彼此之间保持积极的态度,表现出相互之间的理解、关心和友爱,并再次把注意力转移到工作任务和目标上来,大家关心的问题是彼此的合作和团队的发展。他们对新的技术、制度也逐步熟悉和适应,并在新旧制度之间寻求某种均衡。团队和环境之间的关系也逐渐地理顺。这时候,团队面临的主要危险是团队的成员因为害怕遇到更多的冲突而不愿提出自己好的建议。此时的工作重点就是提高团队成员的责任心,鼓励他们多提建议。

至此,人们已经学会了如何建设性地提出不同意见,能经受住一定程度的风险,并且能用他们的全部能量去面对各种挑战。大家高度互信、彼此尊重,也呈现出愿意接收团队外部新方法、新输入和自我创新的学习性状态。整个团队已熟练掌握如何处理内部冲突的技巧,也学会了团队决策和团队会议的各类方法,并能通过团队会议来集中大家的智慧做出高效决策,并通过大家的共同努力去追求团队的成功。

四、船上团队工作的原则和方法

船上团队工作应做到以下各点:

(1)我们可以把船上人员看作是一个有共同目标的团队。

船上人员的共同目标就是通过安全操纵和控制船舶,把货物或旅客从一个港口安全地运抵另一港口,所有船员都是为了这一共同目标而努力工作,从而形成了一个特定的团队。

(2)每一成员都需要充分利用自己的才能和技巧来完成既定的共同目标。

例如船舶在进出港口的航行中,船舶驾驶台团队成员中的船长、引航员、驾驶员和舵工都必须根据分工的安排,充分利用自己的才能和技巧来确保船舶航行的安全。

(3)船舶团队工作人员要防止任何人孤立地工作。

由于船上工作环境的特殊性,作为团队各成员之间的工作联系是非常紧密的,即各成员之间的工作既相互依赖又相互影响。因此,船上任何人孤立地工作是根本行不通的,要完成共同的目标,必须相互协作、相互支持。

(4)船舶团队工作人员应能临时与第三方进行良好合作。

比如说,船舶进出港口时需要引航员的引领,船舶靠离泊时需要拖船、带缆工的配合,船舶装卸货时需要装卸工的操作等。所有这些都表明船舶的安全操纵与控制都需要包括引航员、拖船、带缆工、装卸工等在内的第三方的良好协作。

(5)船长在确定工作目标时应与团队共同讨论和制订详细的计划。

作为船舶团队工作第一负责人的船长,有义务和权利根据公司的目标与要求来确定自己船舶的工作目标。但在确定这些工作目标的具体内容时,应安排相关的船舶团队成员加以充分的讨论,并制订出详细的实施计划,以确保工作目标的顺利实现。

(6)船舶团队工作人员能够提出自己的观点、发表意见与评论。

为了真正做好船舶的各项工作,每个船舶团队工作人员应体现出自己的归属感,在工作中,特别是对船舶的安全工作和在关键的时刻,能主动提出自己的观点,并发表有益于船舶团队工作的意见与评论。

五、团队协作的方法

所谓团队协作的方法,是指团队的每个成员都知晓行为的预期过程,并做出自己的最大贡献,以便最大限度地减少任何错误所导致的影响和把事故发生的可能性减低到最低限度。

船上良好的团队协作方法的要求如下:

（1）团队领导力求坚定,但又不失灵活和友好。决策的时候要基于事实,而不能基于个人偏见和主观臆断。这是与专制系统对照而言的,专制系统里所有的事情都是由一人决定。如果专制的领导犯了错误,就很少或没有检查或反馈。同样地,如果缺乏坚定的领导,各行其是的"自由主义"模式也一样糟糕。

（2）船舶团队每一成员各司其职,而船长则需要随时监督航行安全和防止海洋污染等行为的正确性。船长负总责但不能专制。船长的热情、友好的评价和幽默有助于激励团队。

（3）团队每一成员的贡献自有其价值,这有强烈的激励作用,因为所有的行动都是团队的共同决策而不仅仅是上级的决定。

（4）团队能顺利地接纳新的成员,如引航员,同样,引航员也要表现出相当的灵活性、应变性,尽快使自己成为团队的成员之一。

（5）团队工作应遵照规定的标准操作程序和航次计划等。团队成员间要相互提供支持,要共同按照船长的决策和授权办事,因为船长往往控制和了解全局。

（6）团队成员间要有良好的沟通,不要害怕询问;每一成员都应留心所发生的任何情况以便及早发现失误并避免失误链的形成;应能正确地应对各种紧急情况和环境的任何突然变化。

所有团队人员要时刻警惕:对设备、仪器和自动化的过分依赖;不愿请求援助;不愿指出上级的错误;对小问题纠缠不清而忽视了优先考虑的大问题。

一个人的能力是有限的,当一项工作或任务远远超出个人能力范围时,进行团队协作就势在必行。团队不仅能够完善和扩大个人的能力,还能够帮助成员加强相互理解和沟通,把团队任务化为自己的任务,真正做团队工作的主人,这样的团队会战胜一切困难,赢得最终的胜利。

思考题

1. 船员人际关系具有哪些特点?
2. 正确处理好船员人际关系的意义是什么?
3. 团队的基本要素包括哪些?
4. 高绩效团队必须具备哪些特征?

项目七　船上信息交流和语言技能

【知识目标】

1. 掌握信息交流的内涵、过程、渠道等基本知识；
2. 了解语言技能对信息交流的影响；
3. 熟悉船上个人和团队之间有效交流的障碍和原则。

【能力目标】

1. 选择恰当的交流方式和渠道进行有效交流的能力；
2. 在任何时候建立和保持有效交流的能力。

【内容摘要】

信息交流是把信息以可以理解的方式从发送者传递给接收者，从接收者反馈回到发送者，发送者与接收者在双向交流中是可以互换位置的。及时而正确的信息交流是管理者决策和计划的基础，是操作者进行组织和控制管理过程的依据，是人们建立和改善人际关系必不可少的条件。

作为信息交流的最重要方式，语言和文字在信息交流中是其他任何方式都无法比拟的，它表达手段丰富繁杂，表现内容包罗万象，因此，我们应当重视语言技能的提高，使信息交流更方便、更准确、更快捷。语言技能低而使信息发生失误既可能来自发送者，也会来自接收者，因为交流往往是双向的，语言障碍既影响发出正确的信息，又影响正确地理解信息。努力学好英语是国际船员必需的基本条件之一，中国船员必须提高英语语言能力以适应国际船员劳务市场的需要。

任务1　掌握信息交流的基本知识

信息交流作为现代社会生活的重要组成部分与人们的日常生活和工作有着千丝万缕的联系，也成为进行社会生活和高效工作必不可少的手段。

一、信息交流的内涵

信息交流是把信息以可以理解的方式从发送者传递给接收者，从接收者反馈回到发送者，发送者与接收者在双向交流中是可以互换位置的。组织成员中,通过信息交流的有效手段,明确组织任务以实现共同的组织目标。一位美国的管理学家认为,信息交流是人们进行的思想或情况交流,以此取得彼此的了解、信任及良好的人际关系。事实上,人与人之间进行思想、情况和情感等方面的交流,总是通过语言、文字、信号和电信等手段实施,从而在组织成员之间取得共同的理解和认识。因此,一个完整的信息必须具备三个基本条件:

(1)两个以上的交流主体,即发送者与接收者;

(2)交流载体,即信息的内容;

(3)交流手段,即以一定的方式,如语言、文字或其他方式。

二、信息交流的过程

信息交流的成功取决于过程中各要素共同作用的结果。信息交流过程一般由信息源、编码、传送、接收、译码、反应、干扰和反馈等要素组成,如图 4-7-1-1 所示。

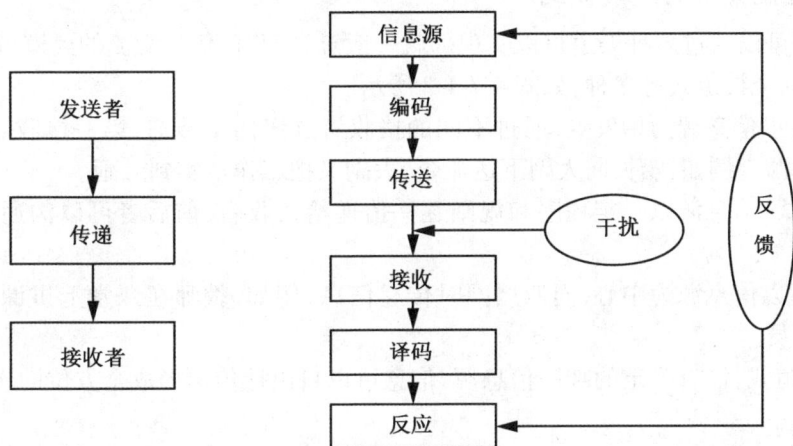

图 4-7-1-1 信息交流的过程

信息源是指发送者因某种需要而产生的某组信息的原始集合;发送者在发出信息前必须经过合适的编码成为某种让接收者可以感受和理解的信号或符号,如语言、文字、电话、电码等内容;这些经编码后的信号以一定的方式传递出去,如课堂讲授、无线电通信、电话、船舶口令、船长的夜航命令簿等。信息到达接收者后,该接收者要对信息进行译码,即理解、识别、翻译等;然后在接收者的知识、经验、文化背景和系统的相互作用下,形成接收者的反应。反应的质量直接影响到对信息的正确理解和接收者的行动,发送者发送信息不清或传送有问题都会被接收者误解。接收者往往会通过相似的信息交流过程给予信源的反馈。另外,信息传递过程中还会受到干扰的影响;干扰的强度直接影响传递的质量,甚至阻塞传递。

信息交流中所有的要素都处于连续不断的运动过程中。人们在接受信息和译码的同时,又正在编码和发送,信息流是双向沟通。信息交流过程中对信息的理解和接受程度,受到专业水平、知识水平、工作经验及社会文化背景等诸多因素的影响,对同一个信息会有不同的看法,从而造成信息传递上的失真和编码、译码、释义上的失误。船上的信息交流最典型的是各人所用的母语不一样,尤其是中国船员在英语能力上相对较弱,很容易产生信息传递上的残缺,甚至错误。

三、信息交流的作用

及时而正确的信息交流是管理者决策和计划的基础,是操作者进行组织和控制管理过程的依据,是人们建立和改善人际关系必不可少的条件。信息沟通对于协调组织内部、外部以及各部门、各个人有效地完成组织目标,有着重要的意义。通过有效的信息交流,可以使组织内部分工合作协调一致,保证组织体系统一指挥、统一行动,实现高效率的管理。

现代海上船舶运输中,船员的国际化已十分普遍,一条船上可以由多国籍的船员组成。由于各人的英语水平不一样,文化背景、知识层次和工作经验也不一样,正确地运用英语进行交流显得更为重要,是安全航行和高效运输的基础。

四、信息交流的渠道

1. 信息交流渠道的一般模式

信息交流可以通过多种渠道得以实现。就一般意义而言,信息交流的渠道可以分为链式、圆周式、轮式和全渠道式等多种,如图4-7-1-2所示。

(1)链式:以信息源为始发点,通过不同的接收者逐级向下传递,第一接收者又成为第二接收者的信息源。例如,船长向大副下达命令,大副又把工作落实到二副。

(2)圆周式:信息源以一定程序和规则逐一传递给接收者,前后者可以沟通,但不能跨越沟通。

(3)轮式:以信息源为中心,向四周同时传递信息,例如,教师在课堂上讲课,把信息同时传递给每位学员。

(4)全渠道式:没有确定的唯一信息源,信息可以自由地传递形成全方位的沟通。

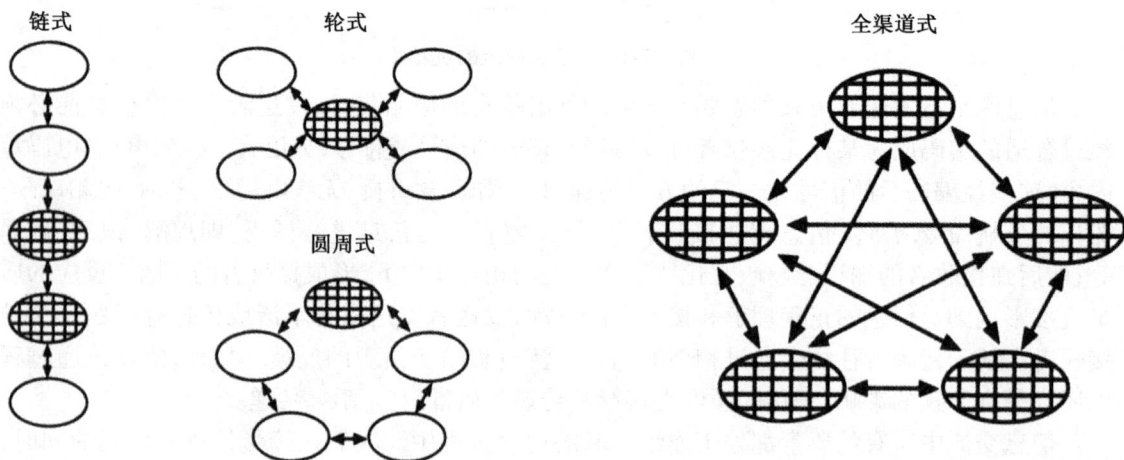

图 4-7-1-2　信息交流的网络结构

2. 不同信息交流渠道的比较

不同信息交流渠道的比较如表4-7-1-1所示。

表 4-7-1-1　不同信息交流渠道的比较

沟通渠道	轮式	链式	圆周式
解决问题速度	快	次快	慢
正确性	高	高	低
领导者的突出	非常显著	相当显著	不发生
士气	非常低	低	高
团体的组织化	迅速稳定	缓慢稳定	不易组织

五、信息交流的方式

交流是信息、知识、情感等交换的过程,也是彼此相互理解的过程。该过程可以通过语言交流和非语言交流来实现,其中语言交流主要包括口头沟通,文字、图像式交流等形式。

1. 口头沟通

主要指面对面的交谈、讲课、讨论、电话等以讲话形式的交流,其特点是:

(1)费时少,迅速交换意见;

(2)随时提问与解答,提高交流效率;

(3)方便、便于准备;

(4)除语言外,可以通过脸部表情、手势和语气等帮助交流者了解彼此的真实感情;

(5)口头表述随意性大,会因为考虑不周而无法全面阐明问题,或因疏忽而造成不必要的误解;

(6)受表达者身体素质、表达能力的限制,使口头交流的质量受到影响。

2. 文字、图像式交流

其一般比较正式和严肃。

(1)表达较准确而正式;

(2)因有文字、图像记录,具有可追索性;

(3)便于反复阅读和理解;

(4)信息沟通往往是单向的、不易交流。

3. 非语言交流

除口头、书面表达形式以外,现实生活中的非语言交流也是客观存在的,例如,手势、表情、语气、眼神等。如果环境太过嘈杂或交流双方之间的距离过远,非语言交流可能会成为传递者传递信息的唯一途径。如果我们将非语言沟通方法与口头信息相结合,那么与单纯的口头表达相比,信息传输的影响力会增加,并且可能会被更快解读和理解。

无论上述哪种表现形式的交流,都可以通过单向和双向交流来实现。单向交流的特点包括:快速、简单;直接从发送人传至接收人,没有任何反馈的要求和意向;但由于没有反馈,无法确定对方是否听到或理解了所要传送的信息;也可能由于没有听到完整的信息而曲解或误解,甚至造成混乱,使沟通双方都十分沮丧并倍感压力。双向交流的特点包括:信息在各方之间来回传送;交流过程需要更多的时间;会及时收到反馈信息,便于确定信息是否已被对方接收并正确理解;如果信息被曲解或误解,信息传送者会立刻知晓并适当提高音量或使用不同的措辞再次传送消息。

任务 2　了解语言技能对信息交流的影响

语言是人们最重要的交际工具。语言交流可以分为口头交流和书面交流两种形式。口头交流是指人们用说出声的语言来传递信息,书面交流是指人们用文字书写的语言来传递信息。书面交流是在人类创造文字之后在口头交流的基础上产生和发展起来的。

一、语言技能对信息交流的影响

语言交流是信息交流中最常用、最直接的交流方式。信息交流上的沟通障碍会阻止信息的传递或歪曲信息,这种障碍是由于发送者、接收者或其他要素的不适当造成的,其中语言技能的水准直接影响信息源的编码、传递、译码和反应;语言技能的低下直接破坏信息交流链的连续性和有效性,也就是说语言技能直接影响信息交流的质量。

在信息交流的过程中,尤其是在船员多国籍群体中,各自的母语无法交流,只能使用航海通用语言——英语作为交流工具。如果船员英语表达能力弱,例如,用词不准确,丢字少词,语句表达不严密,词汇贫乏,中心意思表达不清楚,甚至做相反意思的表达,诸如此类表达上的问题都会构成对航行安全的威胁。

曾经有一条船在进入德国不来梅港前,港口控制台向船舶驾驶员询问一系列有关船舶航行、货物和进港的问题,由于这位船员听时感到似懂非懂,一切问题都回答"Yes"。当问到船上是否有传染病时,他也回答"Yes",结果德国有关部门出动大量船舶和人员包围该船以采取封闭措施,弄得哭笑不得。也曾经有一条船在澳大利亚悉尼港接受 PSC 检查时,被 PSC 检查官问及问题的轮机员由于英语不够好,多次回答"I don't know",结果检查官宣布对船舶进行详细检查并最终导致船舶被滞留的结果。

语言技能低而使信息失误既可能来自发送者,也会来自接收者,因为,交流往往是双向的,语言障碍既影响发出正确的信息,又影响正确地理解信息。

语言和文字是一种非常复杂、弹性极强、容量极大的音义形结合符号体系,在信息交流中是其他任何方式都无法比拟的,它表达手段丰富繁杂,表现内容包罗万象。作为信息交流的最重要方式,我们应当重视语言技能的提高,使信息交流更方便、更准确、更快捷。

因此,努力学好英语是国际船员必需的基本条件之一。中国船员必须尽快提高英语语言能力以适应国际船员劳务市场东移的国际态势。

二、提高语言技能,保持有效交流

对于船员来说,提高语言技能首先是掌握这门语言,然后是熟练地使用这门语言。语言技能的提高主要有两个方面:一是努力提高语言的书面交流能力,二是提高语言的口语交流能力。

1. 书面交流的基本要求

书面交流的最基本要求是准确,它包括用词贴切、造句规范和书写正确。

(1)用词贴切就要求该用哪个词就用哪个词,对于意义相同或相近的同义词,更要谨慎选择,否则就会词不达意,影响信息的传递。

(2)造句规范就是要求组词成句要符合语法规则,口头交流中的语句重复、成分残缺、语序混乱等在书面交流中是不允许存在的,会妨碍对方的接受和理解。

(3)书写规范就是不要写错别字。书面交际是以文字传递信息的,要注意用词准确无误。

(4)书面交流还要求自然,尽量接近口语。书面色彩太浓,会影响信息的传递。

2. 口语交流的基本要求

(1)发音准确,语调自然。要吐音清楚,把每个音节都真切地送到对方的听觉器官,避免因语音误差而产生歧义,这是把话说得让人听懂的关键。

(2)用词通俗,表达浅显。选择词语一定要通俗,让人一听就懂,使用双方都熟悉的词语,便于沟通感情和传递信息。

(3)思路清晰,自然流畅。只有思路清晰,说话才不会颠三倒四,自相矛盾。

(4)态势得体,表情自然。体态、手势、表情等直接作用于人的感官,是口头交际的重要辅助手段,也是口头交际的特长和优势所在,但在运用时要自然得体,不可故作姿态。

(5)注意突出重要信息。口语表达的语音具有易逝性特点,信息保留时间短,因此应注意突出重要信息,以强化记忆,增强表达效果。运用语音的停顿交代层次,让听者理清头绪;控制语速,特别是双方都在使用不熟悉的语言时;运用重音刻意强调重要信息;运用必要的重复以强调、渲染、突出重要的表达内容,便于听者听清、弄懂、记牢。

(6)注意纠正信息失真。口语表达所传递的信息容易被曲解,这是因为听者受某种干扰或自身原因而漏听、误听造成信息接受不准确、不完整而形成的。一定要注意口语的正确性和明晰性,力求做到准确、明白、清楚、无误,另一方面要注意检查交流对象的接受情况,进行必要的重复、回复,比如驾驶员发出舵令后要求值班水手重复和回复舵令。

三、IMO 标准航海通信用语

英语是船舶航海和海上货物运输最重要的公共交流语言。为了快速便捷沟通以保证船舶航行安全和高效操作,每个从事船舶航海的船员必须掌握和正确使用基本的航海用语。经修订后的1978年STCW公约要求500总吨及以上船舶负责航行值班的人员知晓、理解和具备使用标准海事通信用语的语言能力,应尽可能经常将这些通信用语优先于其他近义的词汇加以使用,并作为航海教育和培训的一个指导部分。

国际海事组织根据STCW 78/95公约和修订后的1979年SOLAS公约关于口语通信方面的要求,并为了使船舶航行和操纵更加安全,使海上、港口附近航道、港内及船上在进行通信联系时所使用的语言标准化,编制了IMO标准航海通信用语。通过这一途径,使这些英语通信用语能成为广大船员接受的安全语言。当在对正确意义和翻译有疑问的诸多情况下,所有航海国家的人员可通过标准用语进行信息语言交流,提高海上现代条件下通信的标准性。为此,标准海事通信用语立足于英语的基础知识,以最大限度地减少语法、词汇和习语的多样性,并规范其结构,以减少语言通信中有关方面的误解,从而达到标准海事通信用语的使用目的。

任务3 熟悉船上个人和群体之间有效交流的障碍和原则

一、有效交流的障碍

障碍有效交流的因素很多,如语言、信仰、文化、习俗、伦理道德、政治背景、社会制度等诸多方面的差异。以下主要根据任务1中交流过程的分析,我们总结出:影响交流效果的障碍既可以来自传送者,也可以来自接收者。

1. 传送者的障碍

(1)目的不明:若传送者对自己将要传递的信息内容、交流的目的缺乏真正的理解,即不清楚自己到底要向对方倾诉什么或阐明什么,那么,信息沟通的第一步便碰到了无法逾越的障碍。正如古语所说"以其昏昏,使人昭昭"。因此,传送者在信息交流之前必须有一个明确的目的和清楚的概念,即"我要通过什么通道向谁传递什么信息并达到什么目的"。

(2)表达模糊:无论是口头演讲或书面报告,都要表达清楚,使人一目了然,心领神会。若传送者口齿不清、语无伦次、闪烁其词,或词不达意、文理不通、字迹模糊,都会造成传递失真,使接收者无法了解对方所要传递的真实信息。

(3)选择失误:对传送信息的时机把握不准,缺乏审时度势的能力,会大大降低信息交流的价值;信息沟通通道选择失误,则会使信息传递受阻,或延误传递的时机;若沟通对象选择错误,无疑会造成不是"对牛弹琴"就是自讨没趣的局面,直接影响信息交流的效果。

(4)形式不当:当我们使用语言(即文字或口语)和非语言[即形体语言(如手势、表情、体姿等)]表达同样的信息时,一定要相互协调,否则会使人"丈二和尚摸不着头脑";当我们传递一些十万火急的信息,若不采用电话、传真或因特网等现代化的快速通道,而通过邮递寄信的方式,那么接收者收到的信息往往会由于时过境迁而成为一纸空文。

2. 接收者的障碍

(1)过度加工:接收者在信息交流过程中,有时会按照自己的主观意愿,对信息进行"过滤"和"添加"。在企业里,由部下向上司所进行的上行沟通,某些部下"投其所好",报喜不报忧,所传递的信息往往经过层层"过滤"后或变得支离破碎,或变得完美无缺;又如由决策层向管理层和执行层所进行的下行沟通,经过逐级领会而"添枝加叶",使得所传递的信息或断章取义,或面目全非,从而导致信息的模糊或失真。

(2)知觉偏差:接收者的个人特征,诸如个性特点、认知水平、价值标准、权力地位、社会阶层、文化修养、智商、情商等,会直接影响对被知觉对象(即传送者)的正确认识。人们在信息交流或人际沟通中,总习惯于以自己为准则,对不利于自己的信息要么视而不见,要么熟视无睹,甚至颠倒黑白,以达到防御的目的。

(3)心理障碍:由于接收者在人际沟通或信息交流过程中曾经受到过伤害或有过不良的

情感体验,而造成"一朝遭蛇咬,十年怕井绳"的心理定式,因此对传送者心存疑惑、怀有敌意,或由于内心恐惧、忐忑不安,而拒绝接受传送者所传递的信息甚至抵制参与信息交流。

(4)思想差异:由于接收者认知水平、价值标准和思维方式上的差异,往往会出现传送者用心良苦而仅仅换来"对牛弹琴"的局面,或者造成思想隔阂或误解,引发冲突,导致信息交流的中断以及人际关系的破裂。

二、有效交流的原则

1. 克服交流障碍

尽管存在上述那么多的交流障碍,但是交流现状并非那么令人绝望。俗话说"不怕做不到,只怕想不到",只要认识到沟通障碍的存在,就给我们妥善处理并排除交流障碍带来了希望。研究表明,沟通交流是科学与艺术结合在一起的问题。因而,解决沟通交流中的思路、理念上的问题和障碍以及沟通交流中的方法、手段等技术问题就显得非常重要。克服障碍,实现有效交流需要注意以下几点:

(1)使用恰当的沟通节奏;

(2)考虑接收者的观点和立场;

(3)充分利用反馈机制;

(4)以行动强化语言;

(5)避免一味说教。

2. 提升团队成员中积极角色分担比例

每个团队都由若干个成员组成,这些成员在团队成立之后到团队解体之前都扮演着不同的角色。我们按照团队成员扮演的角色对团队工作起到的不同作用,将其分成两大类:积极角色和消极角色。

(1)积极角色

领导者——能确定团队目标任务并激励下属完成的成员。

创始者——能为团队工作设想出最初方案的队员。其行为包括明确问题,为解决问题提出新思想、新建议。

信息搜寻者——能为团队工作不断澄清事实、找出证据,提供相关信息的成员。

协调员——能协调团队活动、整合团队成员不同思想或建议并能减轻工作压力、解决团队内分歧的成员。

评估者——分析方案、计划的队员。

激励者——起到保持团队凝聚力作用的队员。

追随者——按计划实施的队员。

旁观者——能以局外人的眼光评判团队工作并给出建设性意见的队员。

(2)消极角色

绊脚石——固执己见,办事消极的队员。

自我标榜者——总想通过自吹自擂、夸大其词寻求他人认可的队员。

支配者——试图操纵团队、干扰他人工作以便提高自己地位的队员。

逃避者——总是跟他人保持距离,对工作消极应付的队员。

团队中一个队员可能同时扮演着几个角色,也有可能由几个队员扮演着同一个角色。另外各队员所扮演的角色不是一成不变的,譬如,一个团队成立后,队员希望自己的领导是民主型的,能为团队工作提供指导,并鼓励各队员全力参与工作。但该领导可能是属于支配型的,他喜欢独断专行,谁不服从就采取惩罚手段。这样的团队领导同队员的期待相去甚远。在沟通中,经过一段磨合期,两者就会相互适应,领导与队员的角色都会发生相应的变化。

如果一个团队积极角色甚多,消极角色占很小比例,则该团队还是有效率可言的;如果两类角色比例相差无几,或者消极角色大大超过积极角色,那么这样的团队就无效率可言了。无论是以上哪种情况,团队内的"领导者""旁观者"都要及时做出诊断,并根据工作需要调整队员,可以增加积极角色,减少或剔除消极角色。

3. 重视团队内的规范或惯例

"规范"是指团队成员所共同遵守的一套行为标准。这套标准可以源自该团队所属的组织,也可以由团队自身发展而来。团队的规模越大,规范可能越复杂。团队内的行为规范可以明文规定的形式存在,如船舶上各种劳动规章等;也可以心照不宣的方式存在,如中国船员特别是一些年纪较大的船员吃鱼时忌讳将鱼翻身。前者容易被遵守,后者往往被团队新成员所忽略,或在不经意中触犯。一旦发生这种情况,其他成员会以不同的方式对"犯规者"施加压力,迫使其遵守。在这一方面,团队内的沟通有时就会显得很微妙。

一般来说,向违规者施压有以下几种方式:给违规者以时间,让其自己改正;以幽默轻松的方式同违规者谈话,以便"提醒"他;适当嘲笑违规行为;严肃劝说违规者遵守团队规范;同违规者讨论此事;孤立或开除违规者等。这些方式可以是递进关系。例如,给了时间,违规者自己还不改正,那就采用第二种幽默的方式;再不行,就嘲弄他、孤立他。

团队内的规范、惯例对团队来说非常重要,主要是基于以下两个原因:一是有助于减少不确定性。当团队成员理解并遵守规范时,他们对自己行为的正当性就更自信。二是有助于增强同他人合作的可预见性。为了更好地合作共事,团队成员必须有共同遵守的行为规范。

另外,团队内的行为惯例也有其消极的一面。例如,它们会阻碍创造性地工作,维护低效率或已经过时的做法。如果这些做法以"团队传统"的形式存在,那么就可能强化团队内的不公平现象等。所以团队的领导者或旁观者就要及时诊断,把规范的消极作用降到最低程度。

4. 发挥团队领导者角色的激励作用

领导者角色在团队中的作用举足轻重。领导者个人的性格特征、管理风格同团队沟通交流是否有效密切相关。正如前文所述,一个成功的、高效的团队,其内部沟通交流必然是通达顺畅的。所以如果团队领导者是专制型的,或是放任自流型的,那么团队沟通交流就会低效或无效。前者压制了来自团队成员的新思想、新建议,后者则会使团队成员间沟通交流显得漫无目的,或少于沟通。

一般来说,现代管理越来越强调柔性管理,所以如果团队领导采用民主型的领导风格,则无疑会使团队沟通更加有效。因此,船长的行事风格对于在船船员间的沟通起着关键的作用。

任务4　掌握建立和保持有效交流的能力

一、船上有效交流的重要性

在船上,恰当的交流不仅能够确保安全,维护船员之间的友好关系,还能够使船上的日常生活更加愉快。要维持船舶在海上正常运转,所有在船的船员之间既要有明确的分工,又必须作为一个整体通力协作。全体船员作为一个团体既需要与外界沟通,如船岸间通话以确定船舶进出港的时间;该团体内部的成员之间也得进行必要有效的沟通交流,如分配工作任务、应急响应、日常交谈等。作为团体成员的船员之间既要有正式的沟通,如在航行时船长对驾驶员所下达的指令;也要有非正式的沟通,如在餐厅里船员间的闲谈。

船员之间如果没有有效的沟通交流,就不能完成拟订的航行任务,遇到紧急情况时甚至可能付出生命的代价,特别是随着船员行业的进一步国际化,一艘船舶上可能有来自几个国家的船员在一起工作,此时沟通的有效性显得更为重要。

二、建立和保持有效交流

建立和保持有效交流,需要注意以下方面:

(1)如果我们使用多于一种的传送信息的方式,我们务必确保所传达的信息是同步且一致的。否则,接收人会收到混淆的信息,不知所措。

(2)交流中要使用标准的、已知的并商定好的短语来简化程序,降低混乱的概率;要仔细聆听所有回应,确保信息已被接收并理解;如果未收到反馈或者所收到的反馈与预期不符,则该条信息需要重复一遍或通过增大音量、使用手势等予以加强。

(3)船上的有效沟通也依赖于船员是不是很好的听众。在海上风声和海浪为背景噪声的情况下,聆听可能相当困难,必须保持专心,以接收并解读完整的信息。在聆听过程中,尝试运用眼神、表情等肢体语言,使说话的人感受到自己在被倾听并得到了理解,从而提高信息有效性。如果听众的注意力不在说话的人身上,仅接收到了部分信息,会导致混乱或者双方敌对。

(4)不断变化的环境条件,或者是机械故障等会增加船上的紧张程度,使船上的情绪氛围陷入慌乱。陡增的压力会削弱我们传送信息与有效聆听的能力,导致信息误解以及双方摩擦的产生,使交流过程受到干扰,甚至可能完全被中断。环境的不断变化需要船员具有敏捷的思维、反应、情绪控制和解决问题的能力。

(5)临近危险时,"命令"紧急发出,几乎没有时间进行双向交流,船员需要迅速且精准地做出反应,反应时间对船员及船只安全都是至关重要的。此时的交流信息应简洁明了,并通过语气和音量的加强使船员即刻对命令做出响应,无须犹豫或等待支持。当然,如果命令使用得太过频繁,船员们就会分不清什么情况是重要的,安全会受到影响。

(6)若船员之间间隔距离较大,背景噪声也非常大,眼神交流也很少甚至没有,在这些情况下,提前制订一个行动计划并与船员提前沟通好是非常重要的。行动计划要想得到有效传达和交流,各方就都要明确自己的任务。这意味着在完成这项任务前,极少有信息需要交流,船员们集中精力完成预先分配给自己的任务就可以了。

(7)若采用无线电交流,则双方获取信息的唯一工具就是声音,没有手势、表情和眼神交流,由于彼此看不到对方,不知道彼此在哪里,只能凭借讲话的语气和音量来传达信息。在这种情况下,措辞必须精心挑选,给接收人描绘一幅自身情况的真实画面,避免混淆。我们需要了解接收人所面临的问题并讲得慢些、清楚些,要字正腔圆、抑扬顿挫,以帮助他们克服障碍。我们能确定对方已经接收且理解了我们所传送信息的唯一途径就是让对方复述一遍。由于看不到对方,就不会知道对方是否采取了行动或有何种反应,除非是对方主动告诉我们,所以我们可能需要刻意询问一下。

思考题

1. 简述信息交流的内涵和过程。
2. 试比较"口头沟通"和"文字图像交流"的优缺点。
3. 举例说明信息交流的四种渠道。
4. 语言技能对信息交流有何影响?
5. 从交流过程分析船上沟通的主要障碍是什么?

项目八　船员疲劳的预防控制

【知识目标】

1. 了解必要休息的重要性；

2. 熟悉睡眠、作息时间与生理节律、身体紧张刺激因素、船舶内外环境的紧张刺激因素、作息时间的改变对海员疲劳的影响；

3. 了解消除疲劳的方法和措施。

【能力目标】

能够始终遵循疲劳管理的良好做法并采取适当的措施。

【内容摘要】

船员疲劳属于职业疲劳，是船员在船上工作负荷和生活环境综合作用下，人的机体功能和工作能力下降到某种程度时，反映出来的生理和心理现象。

船员疲劳不仅对人体机能产生影响，也对作业和值班安全产生不良影响。因此，必须认识清楚影响船员疲劳的因素，针对性采取措施预防和消除疲劳，保障身心健康，保障作业和值班安全。

任务1　了解船员疲劳的不良影响

一、船员疲劳的定义

疲劳是由于体力、脑力或情绪的消耗，造成体力或脑力下降，使得几乎所有的机体能力、力量、速度、反应时间、协调性、决策性或平衡性都受到削弱的现象。疲劳是一种处于睡眠和警觉状态之间的觉醒状态，是动物机体自我保护的本能，以避免身体因过度疲劳而损伤，具有积极的一面。但对作业安全而言，过度疲劳常常导致事故，具有消极的一面。疲劳所产生的负面影响对人类生命安全产生了灾难性的危害，损害了海洋环境和人类财产。它被公认为是造成多种交通事故的原因之一。疲劳之所以危险还因为无论一个人的技术、知识和培训水平如何，都会受到疲劳的影响。它不是人的缺点，而是人所处的状态。

船员疲劳属于职业疲劳,是船员在船上工作负荷和生活环境综合作用下,人的机体功能和工作能力下降到某种程度时,反映出来的生理和心理现象。由于航运业是一个技术性和专业性都非常强的行业,要求船员保持持续的警觉性和高度的注意力。

二、船员疲劳的不良影响

对于包括海运业在内的需要一天 24 h 运行的连续运输方式和行业来说,疲劳被认为是一个关系到船员职业健康和安全的重要问题,它的存在使得在船上工作场所发生事故和伤害的可能性有了极大的提高。

IMO 通过对 1995 年的 6 个月所发生的事故进行评估显示,在 16% 的重大船舶事故及 33% 的伤亡事故中,有船员疲劳的因素在里面。显然,解决疲劳问题会对船员的安全产生积极的影响,它会通过减少对财产和环境的破坏及损害潜在地削减船舶所有人、经营人或管理者的营运成本。

1. 疲劳对人体机能的影响

在最近的研究中发现,疲劳对人体机能的负面影响可以与酒精的作用相比。研究发现,连续 18 h 不睡觉对人体机能造成的影响相当于人体血液中酒精浓度达到 0.05% 时的影响。当连续没有睡觉的时间达到 24 h,此时疲劳的影响与人体血液中酒精浓度达到 0.10% 时的影响相同。更需要注意的是,此次研究的对象是一些得到了很好休息的学生,他们在整个研究期间没有被要求从事任何繁重的体力劳动。对于其他的人群,可能会受到相似的影响。

因为人们难以正确判断自己的疲劳程度,所以发生疲劳后是危险的。疲劳可以降低船员个人和群体的行为的有效性和工作效益,并可能会导致错误的发生。除非采取措施减少疲劳,否则在注意力持续集中一段时间之后,疲劳感会长时间存在,从而引起对船舶安全的损害。以下是疲劳对人体机能产生的影响:

(1)注意力不能集中。不能组织有效的活动,注意一些琐碎的小事而忽略了重大的问题,警惕性降低。

(2)记忆力降低。遗忘掉某一项任务或任务的一个部分,工作程序错漏,工作不认真等。身体疲劳的人在注意力和记忆力方面更容易犯错误。例如,身体疲劳的人经常会忽略连贯性工作程序中的一些步骤。

(3)决策能力降低。错误判断和理解,没有注意应该做的事情具有冒险倾向。身体长时间疲劳的人为了节省精力,常常会选择一些具有高风险的工作策略。

(4)对正常、非正常或紧急情况的反应迟钝。疲劳能够影响一个人对刺激的反应、感知、领会或理解的能力,一旦出现这些刺激,疲劳的人需要更长的时间对它们做出反应。疲劳还会影响到解决问题的能力,而这种能力是处理新出现或新奇任务的组成部分。

(5)活动失去控制。自感晕晕乎乎,大脑不听使唤,不能保持清醒,体力不支。

(6)行为改变。沉默寡言,沮丧易发怒,由欢快变为沉默,面容呆滞疲惫,言语和动作迟钝等。

(7)态度改变。估计不出危险,观察不到警告信号,具有较高的冒险倾向。

这些影响中的每一项都会对船上的任何职位产生威胁,特别是对于那些具有重要安全责任的职位。如果一名船员因疲劳问题而没有完成被分配的工作任务,该船员无形中对船舶和在船人员就造成了伤亡或事故的隐患。

2.船员疲劳对作业安全的影响

疲劳会降低作业的效率和质量,更为重要的是,船员在疲劳状态下工作会无意识地产生不安全行为而引发事故,危及人身安全与船舶安全。疲劳会降低船员对危险的感知和判断能力,妨碍消除危险的能力的发挥,使危险无法得到及时有效的消除或限制。

任务 2　熟悉影响船员疲劳的主要因素

探究影响船员疲劳的主要因素,进而防止并及时消除疲劳,避免在过度疲劳情况下作业,是确保船上持续性安全的必要条件之一。

一、睡眠不足

人体所获得的睡眠质量应能够使其精神饱满并保持警觉性,连续几天的睡眠不充足会使其警觉性降低,精神状态不佳,从而引发急性疲劳,不过通常经过一晚良好的睡眠就能够将其消除。如果这种睡眠不足,经过长时间的积累,就会发展成为慢性疲劳,慢性疲劳通常经过一晚的良好睡眠是不可能消除的。而疲劳对人体的各方面应变机能、操作技巧也会造成诸多不良影响,易使船员无意识地产生不安全的行为,从而引发事故。

二、生理节律的影响

负责值班安排和作业的船员,以及每个从事值班和作业的船员,应当了解人体生理节律和失效浴盆曲线对疲劳和事故的影响。

人体在23—次日5时左右会处于松弛和休眠状态,6—9时左右机体活力上升,10—11时左右机体活力最强,12时体力总动员,13—14时左右机体反应迟钝,15—22时左右机体处于又一个兴奋期。同样的工作强度,易使处于人体生理节律低谷的人员疲劳而产生人为失误。这印证了海事为何最高峰值在23—次日4时,次高峰值在12—16时(该时段包括了前后交接班的失效浴盆曲线影响)。其预防措施主要在于充分的休息,适时进入工作角色,留有余地的操作方案和行动。

图4-8-2-1是经大量统计所得的产品或系统的故障(失效)规律,即失效浴盆曲线。早期失效期是系统的适应期,失效率随时间推移而下降;偶然失效期的特点是失效率低而稳定;耗损失效期的故障随时间的推移迅速上升。每个值班和作业过程同样存在人为失误的浴盆曲线,早期失误是因为对情况不熟悉和对环境不适应,尚未全身心进入工作角色所致;后期失误是身心疲倦、思想分散所致。许多事故发生于值班/作业刚开始时和临结束时就是明证。

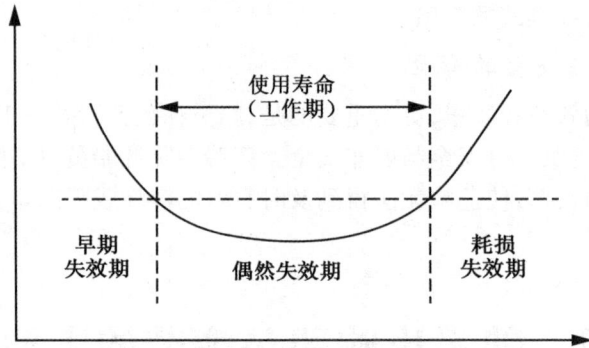

图 4-8-2-1　失效浴盆曲线

由此可见,应尽可能避免安排作业人员在人体生理节律的低谷时段作业,如果必须在该时段作业,则作业人员应具备充沛的精力和采取尽可能安全的做法。在作业的后期,疲劳的人员极易产生诱发事故的不安全行为,应避免将高难度、高强度和高危险度的工作放在作业后期。

三、工作负荷

工作负荷是指脑力劳动和体力劳动时传入系统的负荷,是引起疲劳的主要原因。疲劳会对一个人的机能产生不利的影响,它可以降低船员个人和群体的行为的有效性和工作效益,并可能导致错误的发生,从而引起对船舶安全的损害。

四、精神压力

诸多身心刺激因素导致船员的精神压力,为了消除或缓解船员的疲劳,首要问题就是要缓解船员们的精神压力。

(1)工作的不安全性或工资、奖金的延发、扣发造成的士气低落;

(2)船员间的相互歧视等引起的人际关系紧张;

(3)与社会、家庭分离,信息贫乏;

(4)被迫长期与一群不同语言、国籍、宗教信仰和文化背景的人生活在一起。

五、生活和工作环境的紧张刺激

(1)人群固定、单一,空间狭小,业余生活单调,使船员在工作之余也不能得到很好的放松和调整。许多船员又没有业余爱好,沾染不良嗜好,甚至有少数船员变成吸毒者,损害身心健康。

(2)长时间暴露在噪声大、振动大、高温、污染严重的环境中,以及船舶的移动等,都干扰了船员的工作和休息,极易使船员疲劳。

(3)由于航行时船舶的上下颠簸和左右摇晃,为了维护身体的平衡,必须消耗大量的体能。

(4)在险恶情况下,船员连续工作,睡眠更不能满足,使他们记忆力、注意力均减退,情绪低沉,易激怒,产生各种心理障碍,反应变慢,影响工作效率。

六、作息时间的改变

轮换值班制度对海员的影响也不可忽视。因为人体在长期的进化中保持了自然的生物钟节律,当经常人为地破坏这种节律时,海员的身心两方面都会受到影响,甚至酿成身心疾病。轮值夜班、睡眠不稳,加上再受时差、季节差的影响,干扰海员的生活节律,使生理和心理疲劳难以恢复。

七、公休时间

船员连续在船工作时间过长,容易造成疲劳积累。为了缓解疲劳,船员工作一段时间后,应及时安排一段时间上岸公休。

总之,影响疲劳的原因很多,以上所述是最主要的因素,其他如抽烟、酗酒、身体状态不佳、营养不良等,也是造成船员疲劳的不可忽视的因素。

任务3　了解消除船员疲劳的措施

船员在船上工作,疲劳是不可避免的,应采取适当的预防措施,防止疲劳,及时消除疲劳,避免在过度疲劳情况下作业。

一、有效的睡眠

除了受不睡觉的时间长短影响以外,疲劳程度还受到其他因素的影响。诸如所从事工作的类型、工作和生活的环境、工作的时间等都能影响到疲劳的程度。减少疲劳影响的最好方式之一是储存充足的恢复性睡眠。然而,由于诸如工作安排、生理节奏以及外在环境等因素的存在,获得充足的恢复性睡眠可能会存在一定的困难。

1996年一份提交给MSC第67次会议的报告中也指出:疲劳主要与睡眠的连续性持续时间和质量有直接关系,没有足够睡眠时间的人很容易产生疲劳。日本海事研究学会1993年的一份报告指出:50%的搁浅和38%的碰撞事故是由于疲劳和缺少睡眠引起的。1994年某法国研究小组的一份报告也表明:41.6%的交通事故源于睡眠。而IMO专家们认为对付疲劳的最有效方法是保证船员获得高质量和足够的睡眠。睡眠是解决疲劳的最有效的策略。一个有效的睡眠必须同时具有以下3个条件:

(1)合适的持续时间。每个人所需睡眠时间不尽相同,通常认为平均7~8 h是合适的;而且一个人开始睡眠的时间必须与其生物钟保持同步,以确保睡眠的质量。如果睡眠的时间与生物钟不同步,将很难获得彻底的睡眠。

(2)高质量的睡眠。睡眠的质量并不都是一样的,也并不都能收到完全恢复体力的效果。每个人需要保持自己的睡眠处于深睡的过程中,要注意到失眠和嗜睡都会使人各方面的机能下降,如决策能力、反应时间、判断力、手眼协调能力及其他技能。

(3)较好的连续性。睡眠不应被打断,实践证明,一个持续7 h的睡眠其效果远胜于7个持续 1 h 的打盹。

二、适当的休息

能影响疲劳和体能的另一个重要因素是休息。除了睡眠以外,可采用中断工作或改变工作的形式来休息。影响休息需要的因素是在休息前进行的工作持续的时间和工作强度、休息的时间、新工作的变化和性质。对于维持人体机能来说,休息或小憩是必须的。

研究表明,"短暂的小睡"作为短时间的缓解措施可以帮助在较长时间的清醒中保持身体机能。小睡最有效的时间是 20 min。也就是说,如果有机会就应该小睡。但是小睡也有某些缺点,一个潜在的危险是小睡如果长于 30 min,将会导致睡眠惯性,而情景意识将会受到影响,醒来之后的 20 min 内将会头昏眼花和迷失方向。小睡也可能会干扰后来的睡眠,在应该睡眠时可能感觉不困。

在 STCW 公约的规则Ⅷ/1 中要求各主管机关为了防止疲劳应制定和实施值班人员的休息时间,并且要求值班制度的安排能使所有值班人员的效率不致因疲劳而削弱并且班次的组织能使航次开始的第一个班及其后各班次的人员均已充分休息。同时公约还规定 500 总吨位以上航行值班人员应接受培训,以识别导致疲劳的因素,并在操船中做决定时予以考虑。

三、适度的工作强度

在船舶配员日趋精简的形势下,有时需要船员长时间从事高强度的工作,要防止疲劳引发事故,需要公司、船长和部门长、船员的共同努力。公司在满足船舶最低安全配员的情况下,很少考虑增加配员,但有责任提供充足的饮食和营养,适当考虑船员的工作强度,否则可能受到港口国的质询和滞留;当然适当增加配员更有利于缓解疲劳。船长和部门长,应当公布航次任务,正确估计本航次的工作和工作量,合理安排作业、休息和膳食,准确地把握作业量、作业时间和人力,不使作业人员过度疲劳。在不得已需要额外作业的情况下,应尽可能采取必要的安全措施,避免过度疲劳情况下可能引发的事故。各船应将值班安排表张贴在易见之处。船上应做好船员工作小时和休息时间的记录,以备主管机关检查,以保证有关工作小时和休息时间的规定得以执行。这种检查每 6 个月进行一次。

鉴于控制生理因素比控制心理因素有效和简单得多,我国《海船船员值班规则》完全采纳了 IMO 在 STCW 公约中的休息时间的规定,而国际劳工组织(ILO)也做出了类似的规定,这些规定由 PSC 予以保证。公司和船长应执行国际公约及相关法律关于船员工作时间的规定。

四、良好的生活习惯和工作作风

船员应当养成良好的生活习惯,尽可能保持充裕的体力和精力,以满足日常作业和可能要求的额外工作需要。

(1)为了保证船舶安全和顺利完成航次任务,船员应当做好随时作业的准备;

(2)在过度疲劳的情况下作业,更应严格遵循安全操作规程,采取安全的做法;

(3)船员应当明了,足够营养的膳食、必要的休息和适度的娱乐,是消除疲劳,保持充沛精力的有效途径;

(4)良好的人际关系和心境,能避免不良心理因素导致的身心功能紊乱和由此诱发的容

易疲劳和不安全行为;

(5)严禁船员酗酒;严禁船员服用可能导致不能安全值班的药物。

总之,在船上工作,适度的疲劳是必然的,但可以通过适当的休息、足够的膳食营养和适度的娱乐使疲劳消除。

思考题

1.疲劳对人体机能和作业安全的影响有哪些?

2.影响船员疲劳的主要因素有哪些?

3.为防止和消除船员疲劳,应采取哪些措施?

4.试述生理节律、失效浴盆曲线对疲劳和作业安全的影响。

项目九　实操训练与评估

【技能目标】

1. 能够准确识别警报信号并运用警报系统正确发送警报的能力；

2. 听到紧急警报后，能够迅速做好个人安全装备并选择合适路线到达集合地点的能力；

3. 能够自觉遵守船上的安全操作规程的能力；

4. 能够安全进行封闭舱室作业的能力；

5. 对是不是污染源能够准确辨别并自觉遵守排放控制标准的能力；

6. 具备将船舶垃圾正确分类并处理的能力；

7. 正确使用围油栏、木屑、吸油毡等防止油污染器材的能力；

8. 具备运用语言技能进行有效交流，防止和化解船员冲突，处理好人际关系的能力。

【内容摘要】

根据中华人民共和国《海船船员培训大纲（2021 版）》、中华人民共和国《海船船员考试大纲（2022 版）》、《中华人民共和国海船船员培训合格证评估规范》（2012 年），实操训练涉及船舶应急、应变知识和程序、安全作业方法、防止海洋环境污染等部分的内容，分别从实训内容和要求、实训场地和器材、实训步骤、评估方式和评估参考标准等方面做了介绍，方便实操训练和评估的组织开展。其中船员人际关系部分关于开展防止船上冲突及冲突解决办法训练的内容，在评估规范中没做要求，由教师在课堂上举例讲解，不再组织学生训练。

任务 1　熟悉船舶火灾、碰撞、搁浅、进水/沉没应急反应程序

一、实训内容与要求

主要开展火灾应急、碰撞应急、进水/沉没应急等应急程序和方法的演示和分析讨论，要求能掌握应急程序和方法，尤其是发现紧急情况后的报警信息要迅速、准确、完整、清晰，最初行

动要符合既定的应急反应程序。

二、实训场地与器材

多媒体教室。

三、实训步骤

（1）全班分成若干小组，每组6~10人，指定一名组长；
（2）布置讨论内容：
①讨论船舶火灾的应急反应程序；
②讨论船舶碰撞的应急反应程序；
③讨论船舶进水的应急反应程序。

组长抽签确定本组讨论内容，组织讨论和记录，汇总形成本组人员的讨论报告，报告应包含船舶驾驶台、机舱值班的主要应急职责，现场应变行动、损害情况的判断，救助以及应急过程中的主要注意事项等内容。

四、评估方式

以小组讨论或口述回答问题形式进行评估，根据小组形成的应急反应程序的文字总结的质量或回答问题的准确性及熟练程度给出小组评分。

五、评估参考标准

（1）火灾应急，满分30分；语言表达不够通顺准确扣6分；驾驶台、机舱值班的主要应急职责，现场人员的职责分工，应急反应程序（包括报警、人员集合、火场防护、探火调查、小型器材扑救、人员撤离、大型灭火系统使用、灭火效果检查、灭火后的通风以及损害评估、火场清理等步骤），指定部位的主要灭火措施，以及应急过程中的主要注意事项等要素出现一处阐述不清晰或明显错漏扣6分；本项得分分为30、24、18、12、6、0，低于18分为不及格。

（2）碰撞应急，满分30分；语言表达不够通顺准确扣6分；驾驶台、机舱值班的主要应急职责，现场应变行动，损害情况的判断，救助以及应急过程中的主要注意事项等要素出现一处阐述不清晰或明显错漏扣6分；本项得分分为30、24、18、12、6、0，低于18分为不及格。

（3）进水应急，满分30分；语言表达不够通顺准确扣6分；驾驶台、机舱值班的主要应急职责，现场应变行动，损害情况的判断以及应急过程中的主要注意事项等要素出现一处阐述不清晰或明显错漏扣6分；本项得分分为30、24、18、12、6、0，低于18分为不及格。

任务2 了解船舶垃圾的分类以及防止油污染器材的使用

一、实训内容与要求

主要了解防止油污染器材的使用并能对船上垃圾进行分类与处理,要求始终遵守为保护海洋环境而制定的组织程序。

二、实训场地和器材

实训室1处,围油栏1节,分类垃圾桶各1个,吸油毡、木屑、消油剂若干等。

三、实训步骤

(1)全班分成若干小组,每组6~10人,指定一名组长;

(2)组长组织讨论和记录,大家通过查阅资料或网络查询,以小组为单位列表说明垃圾的种类名称、举例、海上处理标准等;

(3)老师带领大家认识消油剂、吸油毡、围油栏等防止油污染器材,统一模拟演示说明使用方法和注意事项,然后以小组为单位进行练习,特别是围油栏的连接训练。

四、评估方式

(1)由组长抽签确定本组评估内容;

(2)垃圾分类,以小组总结列表的准确性进行评分;

(3)防止油污染器材,以现场实物演示或说明的方式评估,以表述准确性和熟练程度进行评分。

五、评估参考标准

(1)垃圾分类,满分30分;垃圾分类或处理标准每出现一处错误扣6分;本项得分分为30、24、18、12、6、0,低于18分为不及格。

(2)防止油污染器材,满分30分;说明的要素出现一处明显错漏或阐述不清晰扣6分,要素包括防止油污染器材的作用、使用时机、使用方法、使用中的注意事项等;本项得分分为30、24、18、12、6、0,低于18分为不及格。

任务3　掌握个人安全防护用品的装备及进入封闭舱室作业的安全措施

一、实训内容与要求

主要进行个人安全防护用品的装备和进入封闭舱室作业演习训练,要求始终遵守安全作业方法并在任何时候都能使用合适的安全防护设备。

二、实训场地和器材

实训场地包括模拟封闭舱室一处、安全防护用品陈列室一间;实训器材包括三脚架1支、保险带2根、保险绳2根、通风机1台、气体测量仪1台、货灯1盏、罗伯逊担架1个、模拟人1具、防毒面具2个、呼吸器1台、安全帽(每人1顶)、对讲机1对、线手套(每人1副)、消毒酒精等。

三、实训步骤

1. 分组

全班分成若干小组,每组6~10人,指定一名组长。

2. 个人安全防护用品的装备训练

指导教师带领大家到陈列室认识个人劳动安全保护用品,然后按小组进行安全带、安全帽等防护用品的佩戴训练。

3. 进入封闭舱室作业演习训练

全班集中到实操场地,将器材准备到位并一一检查,确保性能可靠;指导教师集中讲解演习程序,强调每一步中的安全注意事项;抽选一个小组进行操作步骤示范,然后进行小组训练。程序和口令如下:

(1)指挥员整队、清点人员,然后进行分工,例如:

1号控制通风,2号测量气体含量,3号控制照明,4号下舱作业,5号救助,6~9号舱口协助(包括架设三脚架、拉保险绳、牵引模拟人、抬担架、急救等),各自准备。注意1~3号完成任务后也可作为协助人员。

(2)指挥员下令:1号打开通风。

1号回答:"是,打开通风。"接着迅速打开逃生口道门,机械通风机接好并开启电源。然后报告:"通风已全部打开,机械通风已接通。"报告后站在通风机控制处所待命。

(3)指挥员:2号测量气体含量。

2号回答:"是。"接着用测量仪在道门口测量气体后报告,如:氧气含量21%,可燃气体、有毒气体含量0,二氧化碳含量1%。然后待命,必要时协助6~9号。

（4）指挥员：根据气体含量，可以下舱作业。3号立即打开照明。

3号回答："是。"接着拉接照明灯并控制，向指挥员报告："照明已开启。"然后待命，必要时协助6~9号。

（5）指挥员：4号进舱作业。

4号回答："是。"然后扎保险带，带对讲机，连接保险绳，从道门下舱。6~9号舱口值守并负责控制保险绳。4号在舱内喊"头晕"后便联系不通。

（6）指挥员：5号立刻下舱救人。

5号回答："是。"接着迅速佩戴呼吸器或防毒面具、扎保险带、连接保险绳，下舱救人。6~9号负责控制保险绳。1~3号也可协助。

（7）指挥员：6~9号准备吊升营救。

6~9号回答："是。"然后协助人员搭三脚架、连接滑车救生绳、准备好担架等。舱内4、5号将模拟人用保险带固定，连接保险绳后用对讲机通知上拉。协助人员将模拟人吊拉救出。

（8）指挥员：迅速抢救。

协助人员将模拟人放至担架，抬至空放处急救。

（9）集合讲评，器材归位。

四、评估方式

以安全防护用品的装备和演习的准确性和熟练程度进行评分。

五、评估参考标准

满分40分；

个人劳动安全保护用品的装备选用错误扣个人8分；

封闭舱室作业的安全防范措施中指挥员口令、通风、照明、气体检测、下舱动作、安全绳的控制、内外的联系、救助等要点，每出现一处错误，扣作业者个人8分；

本项得分分为40、32、24、16、8、0，低于24分为不及格。

个人安全与社会责任模拟题一

一、判断题

1. 个人安全与社会责任培训的唯一目的就是提高船员的基本素质和专业技术技能。（　）
　　A. 对　　　B. 错

2. 应急的成败直接关系着人命财产和环境的损失程度,所以应急必须是迅速和有效的。（　）
　　A. 对　　　B. 错

3. 当一船撞入对方船体时,应迅速脱开,以便查明破损程度。（　）
　　A. 对　　　B. 错

4. 船舶发生搁浅/触礁事故后,船员应本着"货主至上"的原则,在任何时候都应保证货物的安全,更不能有意抛货。（　）
　　A. 对　　　B. 错

5. 任何人发现船体裂缝,都应立即打入木楔,压以木板并用木柱固定。（　）
　　A. 对　　　B. 错

6. 油污事件中联系人名单包括沿海国联系人、港口联系人和船舶利益方联系人。（　）
　　A. 对　　　B. 错

7. 当人员遇到任何需要向全船报警的紧急情况时,可使用就近的火警按钮及时发出警报。（　）
　　A. 对　　　B. 错

8. 据统计,由于船舶设备和技术原因造成的船舶安全和污染事故占船舶事故总量的80%以上。（　）
　　A. 对　　　B. 错

9. 对事故苗子和潜在危害的识别是正确评估和采取有效措施的基础。（　）
　　A. 对　　　B. 错

10. 船舶的各项规章制度是长期实践经验的总结,是科学性、实践性和针对性的有机结合,具有强制性和严肃性,但不具有法律效力。（　）
　　A. 对　　　B. 错

11. 不充足地考虑环境因素的变化往往是海难事故的直接原因。（　）
　　A. 对　　　B. 错

12. 无毒有机物(含脂肪、糖、蛋白质的物质),含氮、磷的营养盐不属于海洋污染物,可任意向海中排放。（　）
　　A. 对　　　B. 错

13. 大风浪中为了船舶安全而撒布镇浪油造成的海洋污染,船东不承担经济赔偿责任。（　）

    A. 对　　　B. 错

14. 盛装有害物质的包装件应耐久地标以运输名称并指明该物质为海洋污染物。（　）

    A. 对　　　B. 错

15. 在特殊区域外,食品废弃物若不经粉碎加工必须在距最近陆地 12 n mile 以外才可处理入海。（　）

    A. 对　　　B. 错

16. 不足 400 总吨的非油船可以不设防污设备,但必须有专用容器回收废油。（　）

    A. 对　　　B. 错

17. 气焊时为防止氧气瓶、乙炔瓶倒塌滚动发生危险,气瓶必须平放且两瓶间距在 3 m 以上。（　）

    A. 对　　　B. 错

18. 撇缆时应先招呼后撇出。（　）

    A. 对　　　B. 错

19. 足够营养的膳食、必要的休息和适度的娱乐是消除疲劳、保持充沛精力的有效途径。（　）

    A. 对　　　B. 错

20. 系统要素分析方法的优点在于能有效地避免事故原因的遗漏,避免片面强调船员责任,有利于从管理角度采取预防措施,防止同类事故的再次发生。（　）

    A. 对　　　B. 错

21. 多国籍船员在同一船上,由于宗教信仰及民族利益的冲突和政治观点的不同,应提高警惕,相互独立。（　）

    A. 对　　　B. 错

22. 船员要有强烈的服从意识,对上级领导的命令必须无条件服从,只有这样才能确保人际关系的协调持久。（　）

    A. 对　　　B. 错

23. 船员非正式群体的作用对船舶的安全操作和生产运输起着重要的正负两方面的作用。（　）

    A. 对　　　B. 错

24. 及时而正确的信息交流是操作者进行组织和控制管理过程的依据。（　）

    A. 对　　　B. 错

25. 就一般意义而言,信息交流的渠道可以分为链式、轮式、圆周式和全渠道式等多种形式。（　）

    A. 对　　　B. 错

二、选择题

26. 船员不仅应该掌握过硬的专业知识和业务技能,而且应该是_____的现代人。

    A. 具有较高道德品质　　　　　　B. 思想政治素质可靠

    C. 符合时代发展　　　　　　　　D. 以上都对

27. 成功的应急依赖于_____。

　　A.训练有素的人员　　　　　　　　　　B.高效率的应急预案

　　C.完备的应急设施和器材　　　　　　　D.以上都是

28.下列关于触礁/搁浅的应急描述,错误的是_____。

　　A.及时报警,召集船员应急,报告船长,通知机舱

　　B.了解搁浅/触礁部位,测压载舱、淡水舱、油舱液位等

　　C.机舱根据船长指示备妥主、辅机,适时换用低位海水吸入阀

　　D.低潮搁浅应积极采取调整吃水、减少压载水、转移燃油或部分货物等起浮措施

29.下列关于堵漏毯使用方法的阐述,错误的是_____。

　　A.使用时,下端坠以重物使能垂到船底

　　B.派人潜入海中,将堵漏毯敷设于漏损处

　　C.堵漏毯被破口钢板挂住时避免硬拉

　　D.底索应有足够长度绕过船底

30.在油污应变部署中,总指挥由_____担任。

　　A.轮机长　　　　　　　　　　　　　　B.大副

　　C.部门长　　　　　　　　　　　　　　D.船长

31.下列紧急情况不属于人身安全紧急事件的是_____。

　　A.严重伤病　　　　　　　　　　　　　B.战区遇险

　　C.进入封闭场所　　　　　　　　　　　D.弃船

32.下列有关 SOLAS 公约对弃船集合地点的规定表述,错误的是_____。

　　A.容易到达的地方

　　B.靠近救生艇筏登乘地点

　　C.通往集合地点的通道至少有 1 h 的照明

　　D.人均至少占地 0.35 m²

33.在主电源停止供电情况下,船上的应急电源会向所有船内通信设备持续供电_____。

　　A.12 h　　　　　　　　　　　　　　　B.18 h

　　C.24 h　　　　　　　　　　　　　　　D.3 h

34.SOLAS 公约、MARPOL 公约等国际公约主要是从_____方面的规范以指定船舶的安全性。

　　A.船舶设备　　　　　　　　　　　　　B.管理

　　C.技术　　　　　　　　　　　　　　　D.A+C

35._____主管船舶推进装置、锅炉。

　　A.大管轮　　　　　　　　　　　　　　B.二管轮

　　C.三管轮　　　　　　　　　　　　　　D.电机员

36.航海规章制度具有_____。

　　A.科学性　　　　　　　　　　　　　　B.强制性和严肃性

　　C.实践性和针对性　　　　　　　　　　D.A+B+C

37.不属于操作性油污染的具体形态是_____。

　　A.管系泄漏事故　　　　　　　　　　　B.机舱含油污水排放浓度超过 15ppm

　　C.舱柜满溢事故　　　　　　　　　　　D.倾倒含有有害物质的扫舱垃圾

38. 下列不属于特殊区域外油船(机器处所除外)的排放条件是_____。

    A. 油船正在途中航行

    B. 油量瞬间排放率不超过 12 L/n mile

    C. 油船距最近陆地 50 n mile 以上

    D. 排油监控系统正在运转

39. 下列有关垃圾记录簿的记载说法错误的是_____。

    A. 向海中排放垃圾时应记载

    B. 向港口接收设施排放垃圾时应记载

    C. 在船上焚烧垃圾时也应记载

    D. 船舶意外排放垃圾不必记载

40. 海洋环境包括_____。

    A. 海洋水体和海底   B. 海水表层上方的大气空间

    C. 深层海洋影响的沿岸和河口区域   D. A+B+C

41. 按 MARPOL 73/78 公约的基本要求,在特殊区域外,海上可以排放处理的垃圾是_____。

    A. 焚烧炉灰   B. 生活垃圾

    C. 塑料   D. 食物垃圾

42. 下列说法错误的是_____。

    A. 船长应提前 24 h 通知轮机长预计开航时间

    B. 开航前 1 h,值班驾驶员同轮机员核对车、钟、舵

    C. 机舱试车、并车不必通知驾驶台,但航行中调换发电机必须通知驾驶台

    D. 因装卸造成船舶过度倾斜,影响机舱正常工作,轮机长应通知大副或值班驾驶员纠正

43. 下列说法错误的是_____。

    A. 船员安全教育须因材施教

    B. 事例研究、角色演练、个别谈话也属于安全教育的方法

    C. 理想的师资可在船员中寻找,只要有较好的表达能力和海人不倦的热情

    D. 任何教育遗漏者和不合格者都是安全隐患

44. 值班驾驶员应_____检查自动舵的运转情况,_____至少试验手操舵一次。

    A. 每小时;每班   B. 每 2 h;每 2 h

    C. 每半小时;每班   D. 每小时;每小时

45. 下列有关高空作业要求不当的是_____。

    A. 船身晃动明显时,尽可能不进行上高作业

    B. 作业前一定要严格检查所用器具的可靠性

    C. 作业者向下方抛掷工具时一定要先打招呼

    D. 高空作业下方一定范围内禁止人员通过

46. 值班轮机员的主要职责是_____。

    A. 对影响船舶安全的机械设备进行安全有效的操作和保养

    B. 测试责任范围内的一切机械设备

    C. 监督机工值班

D. 代表轮机长组织机舱日常工作

47. 下列属于公民的基本权利的是_____。

    A. 选举权、被选举权
    B. 对国家工作人员批评、建议等权利

    C. 言论、出版、宗教信仰等自由
    D. A+B+C

48. 下列船员个人责任要求表达错误的是_____。

    A. 忠于祖国、热爱人民、立场坚定、爱憎分明

    B. 遵守国际公约、国内法规和船公司制度

    C. 树立"安全第一"的思想,增强自我保护意识

    D. 保持民族风俗,抵制外国文化

49. 下列属于船员组织纪律的是_____。

    A. 严禁延误船期或漏船
    B. 严守国家和船公司秘密

    C. 坚持 8 h 工作制,不迟到
    D. 以上都是

50. 以信息源为中心向四周同时传递信息的渠道是_____。

    A. 链式
    B. 轮式

    C. 圆周式
    D. 全渠道式

个人安全与社会责任模拟题二

一、判断题

1. 船员只要掌握了过硬的专业知识和业务技能，便可杜绝海难事故的发生。（ ）
   A. 对　　B. 错

2. 船员应保持民族风俗和习惯，抵制资本主义腐蚀，抵制外国民俗。（ ）
   A. 对　　B. 错

3. 救生艇筏是船舶遇难后船员最好的生存基地，因此船上一旦出现紧急情况，船员便应竭尽全力保护救生艇筏。（ ）
   A. 对　　B. 错

4. 船舶堵漏警报为警铃或汽笛三长声一短声连放 1 min。（ ）
   A. 对　　B. 错

5. 战区航行，应选用尽快驶过战区的航向和航速，值班人员应加强瞭望和 VHF 守听，做到及早发现、及早行动。（ ）
   A. 对　　B. 错

6. SOLAS 公约将同时包含弃船和消防的应急计划称为应变部署表，明确规定每个人应到达的岗位和执行的任务。（ ）
   A. 对　　B. 错

7. 人身安全紧急事件中包括海盗/暴力行为。（ ）
   A. 对　　B. 错

8. 每一层甲板走廊内的手动火警按钮的距离最多为 20 m。（ ）
   A. 对　　B. 错

9. 所有的警报确认、任务确认、穿衣服、拿取规定器材和到达集合地点都必须在 2 min 内完成。（ ）
   A. 对　　B. 错

10. 科学而合理的船员组织系统及其相关的岗位职责是确保船舶安全营运和经济效益的基础。（ ）
    A. 对　　B. 错

11. 对船舶进行安全评估时，既要抓住隐患的根本原因，又要注意环境因素和船舶操纵性的不良影响。（ ）
    A. 对　　B. 错

12. 防止船舶对海洋环境污染是指通过限制和控制污染物的产生和排放，将污染损害降低到最

低限度,但要彻底消除船舶污染源是不现实的。(　)

　　A. 对　　　B. 错

13. 150 总吨及以上的油船、400 总吨及以上的非油船均应备有油类记录簿的两个部分。(　)

　　A. 对　　　B. 错

14. 货物记录簿每记完一页由船长签字,全部记完后留船保存 2 年。(　)

　　A. 对　　　B. 错

15. 进出货舱尽量由舱内专用的梯子通行,若需要也可借助吊货设备进出货舱。(　)

　　A. 对　　　B. 错

16. 保护海洋环境是每位船员应尽的法律义务,也是一个社会人应有的职业道德和应承担的社会责任。(　)

　　A. 对　　　B. 错

17. 危险货物和有毒有害物质的装卸和积载属于关键操作。(　)

　　A. 对　　　B. 错

18. 上船任职的干部船员必须熟悉船上的有关设备和船舶特性,而普通值班船员只要熟悉本人职责即可。(　)

　　A. 对　　　B. 错

19. 驾驶员值班刚开始时由于精力较充沛不易发生海难事故,而值班临近结束时身心疲惫、思想分散,易发生海难事故。(　)

　　A. 对　　　B. 错

20. 船员的疲劳属于职业疲劳。防止疲劳和及时消防疲劳,避免在过度疲劳情况下作业是确保船上持续性安全的必要条件之一。(　)

　　A. 对　　　B. 错

21. 良好的人际关系也有利于促进船员个性的健康发展和完美人格的形成。(　)

　　A. 对　　　B. 错

22. 非正式群体就是指船上的小帮派,只为娱乐和消磨业余时间,容易形成帮派矛盾,因此应杜绝小团体的存在和发展。(　)

　　A. 对　　　B. 错

23. 船员人际交往的频繁流动性也是船员人际关系的特点之一。(　)

　　A. 对　　　B. 错

24. 多国籍船员之间语言不通很容易产生信息传递上的失真,甚至出现错误。(　)

　　A. 对　　　B. 错

25. 信息交流往往是双向的,因此由于语言技能低而使信息失误可能来自发送者也可能来自接收者。(　)

　　A. 对　　　B. 错

二、选择题

26. 个人安全与社会责任培训的目的就是_____。

　　A. 提高船员的基本素质和专业技术技能

　　B. 增强船员的社会责任感和使命感

C. 保障水上人命和财产的安全

D. 以上都对

27. 下列不属于隔离队职责的是_____。

A. 控制通风

B. 在机舱配合下截断局部电路和油路

C. 隔离易燃易爆物品

D. 维持现场秩序、救护伤员

28. 下列关于进水堵漏的说法,错误的是_____。

A. 一经发现船舶进水部位,应立即通知机舱排水,同时隔离进水舱

B. 船舶进水应迅速控制,不论能否完全堵住,都能不同程度减缓进水速度

C. 堵漏时应尽可能将破洞置于下风

D. 发现进水部位后应迅速将量水及查看吃水的人员抽回,全力堵漏

29. 战区航行,应_____。

A. 选用尽快驶过战区的航向和航速

B. 加强海空瞭望

C. 认真守听 VHF

D. 以上都对

30. 船舶发生搁浅、触礁后,值班水手应及时按《国际海上避碰规则》显示号灯号型,夜间为锚灯_____,白天为_____。

A. 垂直 2 盏红灯;垂直 3 个黑球

B. 垂直 1 盏红灯;垂直 2 个黑球

C. 垂直 3 盏红灯;垂直 3 个黑球

D. 垂直 2 盏红灯;垂直 2 个黑球

31. 下列不属于应变部署表基本内容的是_____。

A. 船舶紧急警报信号

B. 消防应变、弃船求生、放救生艇筏的详细分工内容

C. 航行中驾驶台、机舱、电台固定人员及其任务

D. 救生衣的穿戴方法及防火控制图的位置

32. 听到警报信号后,船员切忌_____。

A. 没有弄清情况而盲目行动

B. 不穿衣服就行动

C. 携带应急不需要的物品而妨碍行动

D. A+B+C

33. SOLAS 公约对集合地点的要求之一是:通往集合与登乘地点的通道、楼道和出口应有至少_____的应急照明。

A. 6 h

B. 3 h

C. 1 h

D. 0.5 h

34. 负责货舱系统和舱外淡水、压载水和污水系统的使用和保养的部门是_____。

A. 甲板部

B. 业务部

C. 轮机部

D. 甲板部和轮机部共同进行

35. 安全管理的基本方针是_____。

A. 安全第一,预防为主

B. 以防为主,防消结合

C. 以防为主,防抗结合

D. 人人关心安全,时时注意安全

36. 最早建立区域性港口监控体系的是_____。

A. 亚洲

B. 美洲

C. 非洲

D. 欧洲

37. 下列不属于船舶生活污水污染的具体形态是_____。

A. 人粪便水和尿液　　　　　　　B. 医务室脸盆和洗澡盆排出物

C. 活动物处所的排出物　　　　　D. 冲洗甲板水

38. 船舶机舱进行_____作业时应填入油类记录簿。

A. 燃油舱的压载或清洗

B. 机器处所积存的舱底水向舷外的排放或处理

C. 燃油舱污压载水或洗舱水的排放

D. 以上都对

39. 下列说法错误的是_____。

A. 总长 12 m 及以上的船舶都应张贴垃圾处理公告

B. 垃圾处理公告牌使用船旗国官方文字及英文、法文或西班牙文中的一种

C. 垃圾管理计划应用本船船员工作语言编写

D. 垃圾记录簿记完最后一页留船保留 3 年

40. 船舶食物垃圾经粉碎处理,粉径小于 25 mm 的可在距最近陆地_____ n mile 以外投弃,未经粉碎的应在距最近陆地_____ n mile 外投弃。

A. 3;12　　　　　　　　　　　B. 6;12

C. 1;3　　　　　　　　　　　　D. 3;50

41. 垃圾记录簿记完最后一项后应留船保留_____。

A. 3 年　　　　　　　　　　　B. 2 年

C. 1 年　　　　　　　　　　　D. 5 年

42. 疲劳对船员的不良影响不包括_____。

A. 降低作业的效率和质量　　　B. 无意识产生不安全行为

C. 反应迟钝,记忆消失　　　　　D. 妨碍判断感知危险

43. 按照四阶段安全教育法,下列排列顺序正确的是_____。

Ⅰ.不明白时即确定其为提问对象;Ⅱ.令其边作业边加以说明;Ⅲ.讲解、示范和写出主要步骤;Ⅳ.让受训人员明确应掌握的程度和要求

A. Ⅰ、Ⅱ、Ⅲ、Ⅳ　　　　　　B. Ⅳ、Ⅲ、Ⅱ、Ⅰ

C. Ⅲ、Ⅱ、Ⅰ、Ⅳ　　　　　　D. Ⅲ、Ⅰ、Ⅱ、Ⅳ

44. 在失效浴盆曲线中,耗损失效期的故障随时间的推移迅速_____。

A. 下降　　　　　　　　　　　B. 上升

C. 上升或下降　　　　　　　　D. 不确定

45. 下列有关系解缆的注意事项,错误的是_____。

A. 系泊所用的撇缆、引缆、碰垫等用品应提前备妥

B. 现场工作人员必须戴安全帽

C. 撇缆时应先招呼后撇出

D. 带缆时可跨越受力缆绳,但不可骑坐上面休息

46. 船舶在港内停泊期间的值班安排应始终_____。

A. 确保人命、船舶、货物、港口和环境的安全

B. 遵守国际的、船旗国、港口国的规定

C. 保持船上秩序和日常工作

D. A+B+C

47. 下列属于公民的基本社会义务的是_____。

    A. 文化教育权利和自由   B. 参加劳动和接受教育

    C. 宗教信仰自由   D. A+B+C

48. 下列有关船员的任职条件表达正确的是_____。

    A. 德才兼备   B. 熟悉岗位职责

    C. 持有相应的资格证书   D. 以上都是

49. "严禁吸食、注射、携带及贩运毒品"是船员的_____。

    A. 劳动纪律   B. 组织纪律

    C. 涉外纪律   D. A+B

50. 下列有关信息交流作用的说法错误的是_____。

    A. 及时而正确的信息交流是人们建立和改善人际关系必不可少的条件

    B. 可以使组织内部协调一致

    C. 信息交流及时而正确便可杜绝海难事故

    D. 信息交流及时而正确为安全航行打下基础

附录

附录一　求生设备和装置相关图形符号

IMO A.760(18)

LIFEBOAT	RESCUE BOAT	LIFERAFT	DAVIT LAUNCHED LIFERAFT
EMBARKATION LADDER	EVACUATION SLIDE	EXIT / Evacuation chute	LIFEBUOY
LIFEBUOY WITH LINE	LIFEBUOY WITH LIGHT	Lifebuoy with light and line	LIFEBUOY WITH LIGHT AND SMOKE
LIFEJACKET	Childs lifejacket	IMMERSION SUIT	AES Anti-exposure suit
TPA Thermal protective aid	SURVIVAL CRAFT PORTABLE RADIO	SURVIVAL CRAFT PYROTECHNICS	EPIRB
RADAR TRANSPONDER	ROCKET PARACHUTE FLARES	LINE-THROWING APPLIANCE	Emergency Evacuation Breathing Device

 集合站：右侧可加放集合站的编号	 登乘站：右侧为登乘站的编号
 方向指示：在箭头左边插入合适的符号（即以上的符号）	 出口
 紧急出口	

附录二　船舶防火控制图识别符号

IMO A. 952(23)

1. 结构防火识别符号

序号	识别符号	名称	使用说明
1.1		A级分隔	
1.2		B级分隔	
1.3		主竖区	
1.4		A级铰链防火门	符号应标在门的位置上,且显示防火门的实际方位 如是水密门,则在符号右侧加上 WT 字样 如是半水密门,则在符号右侧加上 SWT 字样
1.5		B级铰链防火门	符号应标在门的位置上,且显示防火门的实际方位 如是水密门,则在符号右侧加上 WT 字样 如是半水密门,则在符号右侧加上 SWT 字样
1.6		A级自闭式防火门	符号应标在门的位置上,且显示防火门的实际方位 如是水密门,则在符号右侧加上 WT 字样 如是半水密门,则在符号右侧加上 SWT 字样
1.7		B级自闭式防火门	符号应标在门的位置上,且显示防火门的实际方位 如是水密门,则在符号右侧加上 WT 字样 如是半水密门,则在符号右侧加上 SWT 字样
1.8		A级滑动防火门	符号应标在门的位置上,且显示防火门的实际方位 如是水密门,则在符号右侧加上 WT 字样 如是半水密门,则在符号右侧加上 SWT 字样

续表

序号	识别符号	名称	使用说明
1.9		B 级滑动防火门	符号应标在门的位置上,且显示防火门的实际方位 如是水密门,则在符号右侧加上 WT 字样 如是半水密门,则在符号右侧加上 SWT 字样
1.10		A 级自闭式滑动防火门	符号应标在门的位置上,且显示防火门的实际方位 如是水密门,则在符号右侧加上 WT 字样 如是半水密门,则在符号右侧加上 SWT 字样
1.11		B 级自闭式滑动防火门	符号应标在门的位置上,且显示防火门的实际方位 如是水密门,则在符号右侧加上 WT 字样 如是半水密门,则在符号右侧加上 SWT 字样
1.12		遥控通风或关闭	圆圈和符号右侧字母的颜色表示 A＝起居处所和服务处所为蓝色 M＝机器处所为绿色 C＝装货处所为黄色
1.13		遥控天窗	
1.14		遥控水密门或防火门	在符号右侧加上 WT 字样表示遥控水密门,加上 FD 字样表示遥控防火门
1.15		防火风闸	圆圈和符号右侧字母的颜色表示 A＝起居处所和服务处所为蓝色 M＝机器处所为绿色 C＝装货处所为黄色 风闸的识别号可在符号底部标明
1.16		通风进口或出口的关闭装置	圆圈和符号右侧字母的颜色表示 A＝起居处所和服务处所为蓝色 M＝机器处所为绿色 C＝装货处所为黄色 关闭装置的识别号可在符号底部标明
1.17		遥控防火风闸	圆圈和符号右侧字母的颜色表示 A＝起居处所和服务处所为蓝色 M＝机器处所为绿色 C＝装货处所为黄色 风闸的识别号可在符号底部标明
1.18		通风进口或出口的遥控关闭装置	圆圈和符号右侧字母的颜色表示 A＝起居处所和服务处所为蓝色 M＝机器处所为绿色 C＝装货处所为黄色 关闭装置的识别号可在符号底部标明

2. 消防装置识别符号

序号	识别符号	名称	使用说明
2.1	Fire Plan	消防装置或结构消防图	
2.2		遥控消防泵	
2.3		消防泵	每单位时间排放的消防用水类型和用量以及压力头应在符号右侧或图注中标明
2.4		遥控应急消防泵或由应急电源供电的消防泵	
2.5		应急消防泵	每单位时间排放的消防用水类型和用量以及压力头应在符号右侧或图注中标明
2.6		燃油泵遥控关闭	
2.7		滑油泵遥控关闭	
2.8		遥控舱底泵	
2.9		遥控应急舱底泵	
2.10		遥控燃油阀	
2.11		遥控滑油阀	
2.12		遥控消防泵阀	

续表

序号	识别符号	名称	使用说明
2.13	CO₂	遥控施放站	在符号底部标明所保护的处所。灭火剂种类应在符号下端用颜色指示,并在符号右侧用一个字母标明:灰色—CO₂ 代表二氧化碳或 N 代表氮气,棕色—H 代表除 CO₂ 或 N₂ 以外的气体,标明气体种类,白色—P 代表干粉,绿色—W 代表水
2.14		国际通岸接头	
2.15	W	消火栓	
2.16	W	消防总管阀组	在符号右侧标明阀组的参考号
2.17	S	喷淋器阀组	在符号右侧标明阀组的参考号 本符号还适用于同类水型灭火系统 自动干管喷淋器系统的阀组应在图注中标明
2.18	P	干粉阀组	在符号右侧标明阀组的参考号
2.19	F	泡沫阀组	在符号右侧标明阀组的参考号
2.20	F	固定式灭火装置	灭火剂种类应在符号中部用颜色指示,并在符号上方用一个字母标明:灰色—CO₂ 代表二氧化碳或 N 代表氮气,黄色—F 代表泡沫,棕色—H 代表除 CO₂ 或 N₂ 以外的气体,标明气体种类,白色—P 代表干粉,绿色—W 代表水

续表

序号	识别符号	名称	使用说明
2.21	CO_2	固定式灭火钢瓶组	灭火剂种类应在符号下端用颜色指示,并在符号上方用一个字母标明:灰色—CO_2代表二氧化碳或N代表氮气,黄色—F代表泡沫,棕色—H代表除CO_2或N_2以外的气体,标明气体种类,白色—P代表干粉,绿色—W代表水
2.22	H	放置在所保护区域的固定式灭火瓶	灭火剂种类应在符号下端用颜色指示,并在符号上方用一个字母标明:灰色—CO_2代表二氧化碳或N代表氮气,黄色—F代表泡沫,棕色—H代表除CO_2或N_2以外的气体,标明气体种类,白色—P代表干粉,绿色—W代表水
2.23		高倍泡沫供应导管(排出管)	如有必要,在符号底部标明所保护的处所
2.24		喷水系统阀	如有必要,在符号底部标明所保护的处所
2.25	IG	惰性气体装置	
2.26	F	炮	灭火剂种类应在符号中部用颜色指示,并在符号上方用一个字母标明:黄色—F代表泡沫,白色—P代表干粉,绿色—W代表水
2.27	W	消防水带和水枪	在符号右侧标明水带的长度;如果只使用一种水带,可在图注中标出。灭火剂种类应在符号下部用颜色指示,并在符号上方用一个字母标明:黄色—F代表泡沫,白色—P代表干粉,绿色—W代表水
2.28	F 6 L	灭火器	在符号右侧标明灭火剂(CO_2代表二氧化碳,F代表泡沫,H代表除CO_2以外的气体,标明气体种类,P代表干粉,W代表水)和容量(气体和干粉用kg表示,水和泡沫用L表示)。灭火剂种类应在符号下端用颜色指示:灰色代表CO_2,黄色代表泡沫,棕色代表CO_2以外的气体,白色代表干粉,绿色代表水

续表

序号	识别符号	名称	使用说明
2.29	F 50 L	舟车式灭火器	在符号右侧标明灭火剂(CO_2 代表二氧化碳,F 代表泡沫,H 代表除 CO_2 以外的气体,标明气体种类,P 代表干粉,W 代表水)和容量(气体和干粉用 kg 表示,水和泡沫用 L 表示)。灭火剂种类应在符号下端用颜色指示:灰色代表 CO_2,黄色代表泡沫,棕色代表除 CO_2 以外的气体,白色代表干粉,绿色代表水
2.30		手提式泡沫喷枪或相关备用箱	
2.31	FL	消防贮存箱	在符号右侧标明消防贮存箱号。每个消防贮存箱里的主要贮存物应在图注中标明
2.32	F	由灭火系统保护的处所或处所群	在符号上方标明灭火剂(CO_2 代表二氧化碳,F 代表泡沫,H 代表除 CO_2 以外的气体,标明气体种类,P 代表干粉,W 代表水,S 代表喷淋器或高压水型灭火系统)和容量(气体和干粉用 kg 表示,水和泡沫用 L 表示)。添加后缀 L 表示固定式局部应用消防系统。灭火剂种类应在符号下端用颜色指示:灰色代表 CO_2,黄色代表泡沫,棕色代表除 CO_2 以外的气体,白色代表干粉,绿色代表水,橘黄色代表喷淋器或高压水型灭火系统
2.33		水雾喷枪	
2.34	G	应急电源(发电机)	
2.35	+　-	应急电源(电池)	
2.36	⚡	应急配电板	

续表

序号	识别符号	名称	使用说明
2.37		压缩空气呼吸装置	
2.38		探火和报警系统控制屏	
2.39		火警按钮/开关	
2.40		手操呼叫点	由主管机关自行决定是否使用本符号
2.41		由感烟探测器监控的处所或处所群	应标明受监控的处所
2.42		由感温探测器监控的处所或处所群	应标明受监控的处所
2.43		由火焰探测器监控的处所或处所群	应标明受监控的处所
2.44		由可燃气探测器监控的处所	

3.脱险通道和相关脱险设施的识别符号

序号	识别符号	名称	使用说明
3.1		主脱险路线	
3.2		副脱险路线	
3.3		应急逃生呼吸装置（EEBD）	在符号右侧标明所装载的 EEBD 数量

附页　货船应变部署表

救生设备的位置		**船舶应变部署表**		消防设备位置	
救生衣				消防员装备	
救生服				手提式灭火器	
救生圈		船名：　　IMO 编号：　　公司：		便携式泡沫枪	
双向无线电话				消防栓、水龙带	
应急无线电示位标		根据船长命令，用汽笛或报警器发出如下报警信号，如有可能可伴随有广播，船员听到报警信号后，应立即着装就位。 消防：●●●●●●●●●●（短声连放一分钟） 弃船救生：●●●●●●●●——（七短一长重复连放一分钟）		紧急逃生 呼吸器	
搜救雷达应答器		人落水：———（三长声） 解除警报：—（一长声）		固定灭火系统	
				消防控制站	
				应急消防泵	

船员编号															
职务															
姓名															
艇号															
筏号															

弃船救生动作

弃船时任务	执行人	弃船时任务	执行人
降国旗，发出 DSC/Imarsat 等遇险信号		携带管理应急无线电示位标	
携带船舶证书及重要文件、现金及帐册		携带双向无线电话	
携带有关海图、航海日志、轮机日志、无线电记录		携带雷达应答器	
关闭有关机器，操作遥控阀门和开关			
关闭水密门、舷窗、泄水孔、舱门和其他类似开口			
携带食品和毛毯			

放救生艇筏动作与任务

左舷　　　　　　　　　　　　　　　　　　　　　　　　　　　右舷

2号艇	2号筏	4号筏	开敞或部分开敞式救生艇	全封闭式救生艇	救生筏	1号艇	1号筏	3号筏
执行人						执行人		
			艇长：持有艇员名单，核对艇员，指挥放艇	艇长：持有艇员名单，核对艇员，指挥放艇	筏长：持有筏员名单，管理集合地点应急照明			
			薪副长：持有艇员名单检查救生衣救生服，操纵放艇机	副艇长：持有艇员名单检查救生服，操纵放艇机	解除救生筏系固装置，抛投救生筏			
			管理集合地点照明、救生艇电器设备	管理集合地点照明、救生艇电器设备	管理登艇筏，检查登乘人员救生衣救生服			
			解除救生艇前系索及保险装置	解除救生艇前系固索及保险装置	抛投救生筏，救助落水人员登筏			
			解除救生艇后系索及保险装置	解除救生艇后系固索及保险装置	解除救生筏系统绳，使筏脱离船舷			
			检查艇底塞，出首揽，止荡索，脱首吊艇钩	放妥登乘梯	管理挡绳索，控制救生筏离船速度			
			出尾揽，止荡索，脱后吊艇钩，操舵	检查艇底塞及应急操纵装置				
			操纵脱钩装置，救生艇艇机	操作救生艇脱钩装置，脱开首揽，操纵艇机				
			放妥登乘梯，带首尾缆					

救生部署

	驾驶台		海上无线电通讯	
驾驶员	协助船长，瞭望，操纵车钟	**船长**	无线电操作员	管理 GMDSS 设备。 协助船长负责船内外通讯联系。
值班水手	操舵，协助瞭望 联络传令、悬挂、释放信号，抛救生圈。			

消防部署

消防队			技术队			机舱		
任务	执行人	集合地点	任务	执行人	集合地点	任务	执行人	集合地点
队长：现场指挥			队长：现场指挥			管理操纵主机		
副队长：协助队长工作			副队长：协助队长工作			管理操纵辅机和应急发电机		
探火员：探火、抢险			管理固定灭火系统					
皮龙组：负责消防水灭火			管理应急消防泵					
灭火机组：携带灭火机灭火			管理国际通岸接头					

隔离队			救护队		
任务	执行人	集合地点	任务	执行人	集合地点
切断有关电路，关闭风机			携带担架和急救药箱		
隔离货场附近易燃物品					
关闭机舱天窗、孔道通风筒					
切断有关油路					

注：1. 应变部署表中的任务可以一人多职，也可一职多人
2. 船长的接替人为大副，轮机长的接替人为大管轮，驾驶员互为接替人，轮机员互为接替人，艇长的接替人为持证人员。
3. 航行中发生人落水，驾驶室固定人员为船长、值班驾驶员、值班水手。机舱固定值班人员为轮机长、值班轮机员，值班机工。
4. 表中"执行人"一栏应填写船员编号。
5. 救助艇的降落参照救生艇降落，有船长现场决定增加救助、救护人员。
6. 救生、消防设备维护保养责任者分别为驾驶员和舵机员，大副和舵机长负责监督指导。

船长：　　　　　　　　日期：

参考文献

[1] 迟双龙. 船舶消防手册. 北京：人民交通出版社, 2010.

[2] 单浩明, 李琳, 刘彦东. 基本安全——个人求生. 大连：大连海事大学出版社, 2012.

[3] 王新, 曹铮. 基本安全——船舶防火与灭火. 大连：大连海事大学出版社, 2012.

[4] 中国海事服务中心. 基本安全——海上急救. 北京：人民交通出版社, 2012.

[5] 中国海事服务中心. 基本安全——个人安全与社会责任. 北京：人民交通出版社, 2012.

[6] 中华人民共和国海事局. 中华人民共和国海船船员培训大纲. 大连：大连海事大学出版社, 2021.

[7] 中华人民共和国海事局. 中华人民共和国海船船员考试大纲. 大连：大连海事大学出版社, 2022.

[8] 杨壮来. 人体结构学. 北京：人民卫生出版社, 2004.

[9] 沈洪. 急诊医学. 北京：人民卫生出版社, 2008.

[10] 徐叔云. 临床药理学. 3 版. 北京：人民卫生出版社, 2005.

[11] 郝伟. 精神病学. 6 版. 北京：人民卫生出版社, 2008.

[12] 小泉俊三. 图解临床医师基本技术. 北京：华夏出版社, 2005.

[13] 吴小兰. 海上急救. 武汉：武汉理工大学出版社, 2009.

[14] 戚发勇. 个人安全与社会责任. 大连：大连海事大学出版社, 2013.

[15] 刘明桂. 船舶与船上人员管理. 北京：人民交通出版社, 1998.

[16] 张晓. 船员劳动安全与职业保障. 北京：人民交通出版社, 2011.

[17] 陆再英, 钟南山. 内科学. 7 版. 北京：人民卫生出版社, 2008.

[18] 王有权. 航海心理学. 2 版. 大连：大连海事大学出版社, 2007.

[19] 冯德银, 王成海. 船舶高级消防. 大连：大连海事大学出版社, 2022.

[20] 张德佳. 精通急救. 大连：大连海事大学出版社, 2022.

[21] 姜正林. 航海医学. 北京：科学出版社, 2012.

[22] 杨宝峰, 陈建国. 药理学. 9 版. 北京：人民卫生出版社, 2019.

[23] 葛均波, 徐永健, 王辰. 内科学. 北京：人民卫生出版社, 2018.

[24] 陈孝平, 王建平, 赵继宗. 外科学. 9 版. 北京：人民卫生出版社, 2018.

[25] 中国红十字总会. 救护. 北京：社会科学文献出版社, 2009.

[26] 中国红十字总会. 救护员指南. 北京：社会科学文献出版社, 2007.